Badach/Hoffmann
Technik der IP-Netze

Anatol Badach
Erwin Hoffmann

Technik der IP-Netze

TCP/IP incl. IPv6

HANSER

Die Autoren:
Prof. Dr. Anatol Badach, Fachhochschule Fulda
Dr. Erwin Hoffmann, Köln

Fachliche Beratung für den Carl Hanser Verlag:
Prof. Dr.-Ing. Werner Heinzel, Fulda

www.hanser.de

Die Deutsche Bibliothek – CIP-Einheitsaufnahme

Ein Titeldatensatz für diese Publikation
ist bei Der Deutschen Bibliothek erhältlich

© 2001 Carl Hanser Verlag München Wien
Lektorat: Margarete Metzger
Copy-editing: Manfred Sommer, München
Herstellung: Irene Weilhart
Umschlaggestaltung: Zentralbüro für Gestaltung, Augsburg
Datenbelichtung, Druck und Bindung: Kösel, Kempten
Printed in Germany

ISBN 3-446-21501-8

Inhaltsverzeichnis

Vorwort

Bei der Kommunikation zwischen Rechnern sind bestimmte Regeln notwendig, die vor allem die Datenformate und deren zeitliche Reihenfolge festlegen. Diese Regeln werden als Kommunikationsprotokolle bezeichnet. TCP/IP *(Transmission Control Protocol / Internet Protocol)* stellt eine derartige Protokollfamilie dar, die im weltweiten Internet, in privaten Intranets und in anderen Netzen verwendet wird. Die Netze mit dieser Protokollfamilie bezeichnet man als *IP-Netze*.

Um den steigenden Anforderungen gerecht zu werden, wurde bereits das Internet Protokoll der nächsten Generation – IPv6 – entwickelt, das eine Reihe von neuen Möglichkeiten mit sich bringt. Da eine schnelle und vor allem volle Umstellung auf IPv6 oft nicht in Frage kommt, sind solche Konzepte von großer Bedeutung, in denen parallel das „herkömmliche" Protokoll und das neue effektiv eingesetzt werden können.

Dieses Buch gibt eine fundierte Darstellung von einzelnen Komponenten *Zielstellung* der TCP/IP-Protokollfamilie wie z.B. IP, TCP, UDP, ARP, DHCP, ICMP und des Routing beim Einsatz sowohl des herkömmlichen Protokolls IP als auch des zukünftigen Protokolls IPv6. Der Aufbau der IP-Netze auf Basis verschiedener Netztechnologien (d.h. IP over X), die Realisierung von Virtual Private Networks (VPN) und Remote Access Services (RAS) sowie die Übermittlung von Multimedia, insbesondere *Voice over IP*, wird ebenfalls ausführlich präsentiert. Hierbei stehen die praktischen Aspekte bei der Planung und Verwaltung der IP-Netze in Vordergrund.

Das Buch ist so aufgebaut, daß jeweils sowohl die notwendigen Grundlagen *Aufbau* dargestellt als auch Aspekte bei der Planung und Verwaltung der IP-Netze diskutiert werden. Damit eignet es sich nicht nur als Lehrbuch für Studenten und Neueinsteiger, sondern auch als ein Nachschlagewerk für alle Interessenten, die für die Planung, Realisierung, Verwaltung und Nutzung des Internet, von privaten Intranets und anderer IP-Netze verantwortlich sind. Es ist z. Z kein Buch verfügbar, in dem die Technik der IP-Netze so breit dargestellt wäre. Somit kann dieses Buch als ein Handbuch für Netzwerk-Verantwortliche dienen.

Inhalte der Das Kapitel 1 präsentiert die Entwicklung des Internet und die notwendigen
Kapitel Grundlagen der Netzprotokolle. Einen Überblick über die Komponenten der Protokollfamilie TCP/IP gibt Kapitel 2.

Eine fundierte Darstellung des herkömmlichen Protokolls IP (sog. IPv4) und anderer Hilfsprotokolle wie ARP, ICMP enthält Kapitel 3. Die Möglichkeiten der Nutzung von privaten IP-Adressen und die Realisierung des Multicasting wird hier ebenfalls präsentiert. Den sog. Transportprotokollen TCP und UDP wird das Kapitel 4 gewidmet.

Die dynamische Vergabe und Ermittlung von IP-Adressen präsentiert Kapitel 5. Hierbei wird vor allem das Protokoll DHCP und der Internet-Verzeichnisdienst DNS dargestellt.

Die Kapitel 6, 7 und 8 sind dem neuen Internet Protokoll IPv6 gewidmet. Außer einer breiten Beschreibung von IPv6 werden hier praktische Aspekte der Migration zum Einsatz von IPv6 diskutiert.

In IP-Netzen werden Router als Netzknoten eingesetzt, um die Datenpakete zu vermitteln. Die einzelnen Router müssen nach bestimmten Regeln zusammenarbeiten, die man als Routing-Protokolle bezeichnet. Diesen Protokollen und dem Einsatz von Routern widmet sich Kapitel 9.

Das Protokoll IP kann in verschiedenen Netztypen wie ISDN, LANs, X.25-, Frame-Relay-, ATM- und WDM-Netze eingesetzt werden, so daß man von *IP over X* spricht. Diese Problematik wird ausführlich im Kapitel 10 dargestellt. Insbesondere wird hier auf das neue Konzept MPLS ausführlich eingegangen.

Die Bildung von privaten Netzen auf Basis öffentlicher IP-Netze (VPN) sowie die Erweiterung von Unternehmensnetzen mit den öffentlichen IP-Netzen (RAS) werden in Kapitel 11 breit diskutiert.

Von großer Bedeutung ist die Integration von Daten und Sprache in IP-Netzen (z.B. Voice over IP). In diesem Zusammenhang spricht man von Multimedia über IP. Hierfür sind spezielle Protokolle wie z.B. RTP und RSVP nötig und die *Quality of Service* muß garantiert werden. Diese Problematik stellt das Kapitel 12 dar.

Support Die TCP/IP-Protokollfamilie stellt immer „work in progress" dar. Wir wollen diesem Charakter durch eine Internet-Webseite enstprechen, die unter htttp:/www.fehcom.de/tipn/ erreichbar ist und ein „virtuelles" Diskussionsforum darstellen soll. Dem Buch liegt eine CD bei, auf der eine aktuelle Liste der Internet-RFCs und weitere wichtige Internet-Adressen als Hyperlinks zu finden sind.

In diesem Buch sind zum Teil enthalten einige Manuskripte von Prof. Dr. Badach zu den Vorlesungen *Kommunikationsnetze, Integrierte Netze* und *Multiservice Networking*, die an der Fachhochschule Fulda, Fachbereich Angewandte Informatik gehalten wurde. Für kritisches Korrekturlesen und viele Anregungen möchte er sich bei allen Studenten, insbesondere bei Herrn Sebastian Rieger, bedanken.

Ein so breit angelegtes Buch kann nicht geschrieben werden ohne Anregungen von außen und des Austausches der Erfahrung. An dieser Stelle danken wir allen Firmen und Personen, die uns mit ihren Anregungen unterstützt haben.

Ein besonderer Dank gilt dem Hanser Verlag für die Bereitschaft dieses Buch zu veröffentlichen, insbesondere Frau Margarete Metzger, Frau Irene Weilhart und Herrn Prof. Dr. Werner Heinzel, die uns überzeugt haben dieses Buch zu schreiben.

Nicht zuletzt möchten wir unseren Familien für das entgegenbrachte Verständnis danken.

Fulda und Köln, September 2000

Anatol Badach
Erwin Hoffmann

Die Autoren

Prof. Dr.-Ing. Anatol Badach

Jahrgang 1947, studierte Rechnersysteme an der TU Danzig. Er arbeitet seit über 20 Jahren auf den Gebieten *Informatik* und *Telekommunikation*: Promotion (1975) auf dem Gebiet *Datenkommunikation*, Habilitation (1983) auf dem Gebiet *Rechnernetze*. Während der Tätigkeit in der Industrie, an der TU Danzig, Universität Karlsruhe und der TU Braunschweig hat er mehrere Projekte mit informations- und kommunikationstechnischen Fragestellungen geleitet. Er ist seit 1985 Professor im Fachbereich Angewandte Informatik an der Fachhochschule Fulda. Die Schwerpunkte seiner Tätigkeit in Lehre und Forschung sind: *Rechnerkommunikation*, *Netzwerktechnologien* und *Multiservice Networking*. Prof. Badach ist Autor zahlreicher Veröffentlichungen und mehrerer Fachbüchern wie z. B. „High Speed Internetworking" (Mitautor), „Integrierte Unternehmensnetze", „Datenkommunikation mit ISDN". Seine Erfahrung vermittelt er auch als Leiter und Referent an Fachkongressen und -seminaren.

Näheres unter: *http://www.fh-fulda.de/fb/ai/profs/badach.htm*

Dr. Erwin Hoffmann

ist 1958 geboren und studierte Physik und Astrophysik an der Universität Bonn. Promoviert hat er am Max-Planck-Institut für Physik und Astrophysik in München (1989). Durch seine Tätigkeit in der experimentellen Teilchenphysik kam er insbesonders auch am CERN und Fermilab mit vielen Rechnerbetriebssystemen in Kontakt und wechselte mit dieser Kenntnis zur Firma Fibronics. Hier war er vornehmlich im Bereich Hochgeschwindigkeitsnetze (FDDI) und Implementierung von TCP/IP auf IBM-Großrechnern tätig. Seit 1994 ist er Netzwerk- und Systemberater in Köln. Schwerpunkt seiner freiberuflichen Tätigkeit ist Projektmanagement, System- und Intranet-Administration. Zusammen mit Prof. Badach ist er Co-Autor von „High Speed Internetworking".

Homepage: *http://www.fehcom.de*

1 Entwicklung des Internet und der Netzprotokolle

TCP/IP ist eine Protokollfamilie, die sich seit mehr als 30 Jahren entwickelt. Hervorgegangen aus einem Projekt des US Verteidigungsministeriums, hat das Internet heute weltweite Bedeutung und wird als wichtiger Informationsträger und Wirtschaftsfaktor eingestuft. Wir wollem im folgenden die Entwicklung des Internet kurz beleuchten, seine Organisation und einige Aspekte der Datenkommunikation darstellen. Zu diesem Zweck hat sich das sog. ISO/OSI-Referenzmodell als hilfreich erwiesen, das zusammen mit den wichtigen Verfahren zur Flußkontrolle kurz abgehandelt wird.

1.1 Geschichte des Internet

Am 15. Dezember 1999 lautete die Hauptschlagzeile der Zeitung USA TODAY „The Net at 30" – das Internet wird 30. Obwohl niemand exakt die Geburtsstunde des Internet datieren kann, ist das Jahr 1969 durchaus als wichtiger Meilenstein zu betrachten.

Getragen vom US *Defense Advanced Research Project DARPA* als Organisation des *Department of Defense (DoD)*, wollte man zunächst digitale Telekommunikation auf Grundlage einer „packet switching"-Methode über unterschiedliche Netze – einschließlich Kabelnetze, mobile Radiosysteme und Satelliten – bereitstellen. Als erster Schritt hierzu wurde am 2. September 1969 an der *University College of Los Angeles (UCLA)* ein Computer an einen sog. *Internet Message Processor (IMP)* angeschlossen. *DoD und DARPA*

Der IMP war auf Basis eines Honeywell 516 Rechners von der kleinen Firma Bolt, Beranek & Newman (BBN) auf der Grundlage einer Anforderung und Ausschreibung des US Verteidigungsministeriums gebaut worden, bei *IMP* der besonderer Wert auf die Zuverlässigkeit und die Wartungsfreiheit des Systems Wert gelegt wurde. Hintergrund für diese Entwicklung war der Wunsch, sich nicht jeweils auf proprietären Systemen und Terminals anmelden zu müssen, sondern den Computer selbst als Kommunikationseinrichtung benutzen zu können. Zu dieser Zeit, die als Pionierzeit des Computers gelten kann, gab es nämlich – im Vergleich zu heute – viele sehr unterschiedliche und natürlich auch inkompatible „Großrechnersysteme" der verschiedensten Hersteller wie WANG, Honeywell, Hewlett Packard (HP), Perkin Elmer (PE), Motorola, Data General (DG), National Semiconductor (NS), DEC (Digital Equipment Corporation), IBM (International Business Machines) und Control Data (CDC), um nur einige zu nennen. Die ersten IMPs wurden zwischen den Standorten Stanford, Santa Barbara und Salt Lake City eingerichtet. Nach erfolgreichen Ping-Tests ging es zunächst darum, vom Labor des Projektleiters Leonard Kleinrock am UCLA aus ein Login auf einem Rechner im 1000 km entfernten Salt Lake City vorzunehmen. Der Rechner „stürzte ab" – eine unliebsame Eigenschaft, die uns bis heute begleiten soll.

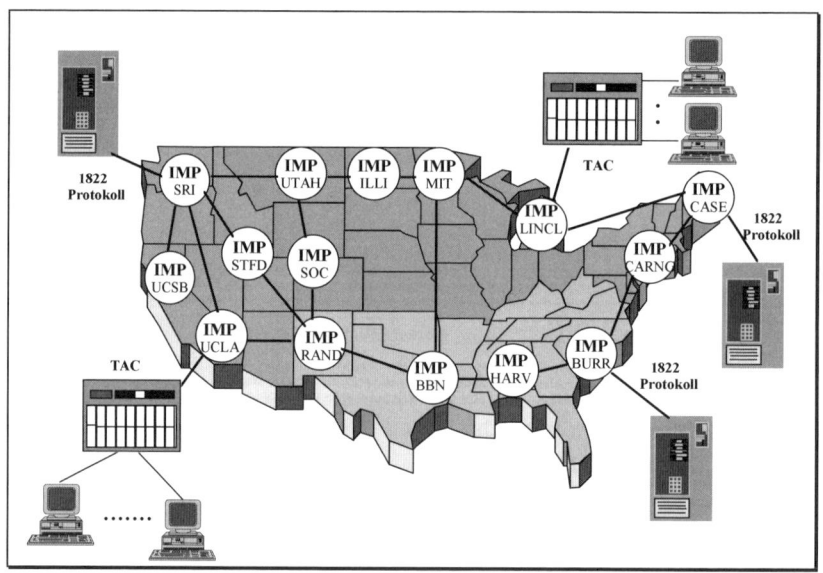

Abbildung 1.1-1:   Beispielhafter Aufbau des ARPANET
                         TAC: Terminal Access Controller, IMP: Internet Message Processor

ARPANET Anfang der 70er Jahre wurden die mittlerweile 15 zusammengeschalteten IMPs unter dem Namen *ARPANET* gehandelt (=> Abbildung 1.1-1). Das Kommunikationsprotokoll der IMPs trug die Bezeichnung „BBN1822" und kann als Vorläufer des IP-Protokolls gelten. Es stellte sich alsbald die Frage, wie das ARPANET mit anderen Paketnetzen zusammenarbeiten kann. Mit dieser Anforderung konfrontiert, wurden von den DARPA-Mitarbeitern V. Cerf und R. Kahn 1974 ein Internetwork-Protokoll sowie Gateways definiert, mit denen die ersten Architekturmerkmale der sog. DARPA-Protokolle festgelegt wurden (=> Abbildung 1.1-2).

Zeitgleich mit dieser Phase des ARPANET wurde am Xerox *Palo Alto Research Center* (*PARC*) unter der Leitung von Bob Metcalfe der Versuch unternommen, das damals vorhandene Koaxialkabel-basierende Firmennetz MAXC ans ARPANET anzuschließen. Das Resultat wurde 1976 als „Ethernet: Distributed Packet for Local Computer Networks" veröffentlicht. *PARC*

Die weitere technische Entwicklung der zunächst *NCP* (*Network Control Program*) genannten Protokolle wurde vom DARPA entkoppelt und in die Obhut des *Internet Configuration Control Board* (*ICCB*) gegeben. Mit der von der *Defense Communication Agency DCA* 1983 vorgenommenen Trennung des militärisch genutzten Teils des Netzes *MILNET* vom ARPANET war ein weiterer wichtiger Schritt für die breite öffentliche (und später auch kommerzielle) Entwicklung des Internet vorgenommen. *ICCB und NCP*

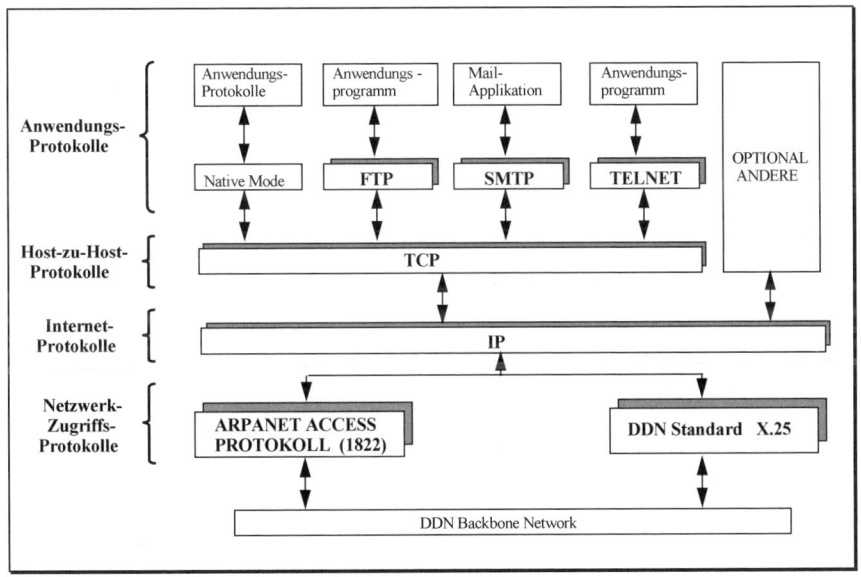

Abbildung 1.1-2:   ARPA Protokollhierarchie des DoD
DDN: Defense Data Network, IP: Internet Protocol,
TCP: Transmission Control Protocol,
SMTP: Simple Mail Transport Protocol, FTP: File Transfer Protocol

BSD und Sockets Diese Trennung hatte auch entscheidenden Einfluß auf das Betriebssystem UNIX, das 1969/1970 von der Firma AT&T entwickelt wurde. Wiederum am UCLA, wurde in dieses Betriebssystem (genauer unter UNIX System III) eine Netzwerk-Programmierschnittstelle *Sockets* implementiert, die es erlaubte, eine direkte Rechnerkommunikation mit dem ARPANET aufzunehmen. Dieses UNIX wurde als *Berkley Software Distribution BSD* gegen eine nur geringe Gebühr abgegeben und fand daher schnellen Einzug in Lehre und Forschung. Von nun an gingen die weitere Verbreitung von UNIX und Internet sowie ihre technische Fortführung Hand in Hand, d.h. Änderungen und Ergänzungen der Standards wurden für UNIX in der Programmiersprache C entwickelt und standen auch dort zuerst zur Verfügung. Nach der ersten Version BSD 4.0 folgte 4.2 und anschließend noch 4.3, wobei die spätere kommerzielle Weiterentwicklung durch die Firma SUN Microsystems als Betriebssystem SUN OS und später Solaris erfolgte.

IAB und TCP/IP Eine 1983 stattfindende Reorganisierung des ICCB durch den Leiter Dr. Barry Leiner und Nachfolger von Vinton Cerf führte nicht nur zur Konstituierung des *Internet Activity Board* (*IAB*) anstelle des ICCB, sondern auch zur Festlegung der als Standard geltenden, nun TCP/IP genannten Protokollfamilie. Mit der weiteren Entwicklung wurde auch dieser organisatorische Rahmen zu eng. Das IAB wurde zum *Internet Architecture Board* umfirmiert und um weitere nachgeordnete Gremien ergänzt:

- *IESG Internet Engineering Planning Group*, der die Aufgabe zufällt, die Tagesaufgaben des IETF zu managen und eine erste technische Stellungnahme zu neuen *RFCs* (Request for Comments => Abschnitt 1.4) zu beziehen.

- *IRTF Internet Research Task Force* mit seinen angeschlossenen Arbeitsgruppen als Gremium zur Grundlagendiskussion langfristiger Internet-Strategien und -Aufgaben.

- *IETF Internet Engineering Task Force* als großes offenes Gremium von Netzwerk-Architekten und -Designern, vor allem aus interessierten Firmen und Einzelpersonen gebildet. Seine Aufgabe besteht darin, die kurz- und mittelfristige Entwicklung des Internet hinsichtlich Betrieb, Management und Evolution zu koordinieren. Neue Standards werden vom IETF vorbereitet, bevor sie dem IAB zum Beschluß vorgelegt werden. Hierzu tagt das IETF dreimal im Jahr und veröffentlicht seine Meetings in Protokollen.

- *IEPG Internet Engineering and Planning Group*, eine offene Arbeitsgruppe von Internet-Systemadministratoren, die sich dem Ziel verpflichtet sehen, einen koordinierten Internet-Betrieb zu gewährleisten.

- *ICANN Internet Corporation for Assigned Names and Numbers*, die die Verwendung und die Konsistenz der im Internet benutzten Zahlenwerte (Nummernkreise), Optionen, Codes und Typen regelt.

Nach der Trennung des militärischen vom zivilen Teil des ARPANET wur- *NSFNet* de dieses zunächst zum Austausch wissenschaftlicher Informationen genutzt und von der *National Science Foundation* (*NSF*) betreut. Diese baute 1986 den zivilen Teil als nationales Backbone-Netz aus, was als *NSFNet* bekannt geworden ist. Drei Jahre später (1989) waren ca. 100 000 Rechner am NSFNet angeschlossen, die sich an Universitäten und Forschungslabors, in der US Regierung und in Unternehmen befanden. In nur einem Jahr (1990) sollte sich die Anzahl der angeschlossenen Rechner auf 200 000 verdoppeln, wobei das NSFNet ca. 3 000 lokale Netze umfaßte. Dies war auch der Zeitpunkt, zu dem die lokale Host-Datenbank nicht weiter gepflegt werden konnte: das *Domain Name System* wurde eingeführt.

In Europa wurden die ersten Ansätze zur Vernetzung der Forschungsinsti- *EARN* tute durch das *European Academic Research Network EARN* durchgeführt, um die bislang nationalen Netze, wie z.B. BitNet in England und das vom DFN-Verein (Deutsches Forschungsnetz) getragene WiN, miteinander zu koppeln.

Neben dem direkten, d.h. festgeschalteten und teuren Anschluß ans Internet, *USENET* wie dies bei Universitäten und Forschungseinrichtungen wie dem CERN (siehe nächster Abschnitt) oder auch Firmen üblich ist, wurde bald ein loser Verbund von Systemen – vor allem basierend auf UNIX-Rechnern – aufgebaut, die über Telefonleitungen und Modems gekoppelt waren: das USENET. Hierzu wurden die Rechner über das Protokoll *UUCP* (*UNIX to UNIX Copy*) zeitweise miteinander verbunden und Nachrichten ausgetauscht. Hauptzweck des USENET war bzw. ist die Verbreitung von E-Mail, sowie vor allem sog. NetNews, die in sog. *Newsgroups* themenstrukturierte, virtuelle Nachrichtenbretter darstellen, in denen zunächst technische Fragen zu Rechnern, Betriebssystemen, Programmiersprachen und dem Internet behandelt wurden. Die NetNews werden über das Protokoll *NNTP* (*NetNews Transport Protocol*) übertragen. Das USENET war zeitweise so populär, daß es mit dem Internet selbst identifiziert wurde.

Die „kopernikanische Wende" des Internet vollzog sich mit der Einführung *Cyberspace* des *World Wide Web* oder *WWW* (siehe folgender Abschnitt), durch das die Notwendigkeit geschaffen wurde, „on line" und mit hoher Datenrate auf Internet-Ressourcen, sprich Web-Server, zuzugreifen. Das Internet „explodierte", was die gleichzeitige Anzahl der Teilnehmer bzw. die Anwender, die Server und die Datenmenge betraf. Das Internet mutierte vom Wissenschaftsnetz zum multimedialen *Cyberspace* und zum kommerziellen, immer geöffneten Einkaufsparadies. Der US-amerikanische Vize-Präsident Al Gore stellt 1994 in einer bemerkenswerten Rede das Internet als „Information Superhighway" dar, bundesdeutsche Politiker prägen den Begriff von der „Bundesdatenautobahn".

ISPs und PoPs Begleitet wurde diese Evolution durch eine Gründerstimmung bei neuen *Internet Service Providern* (*ISP*). Neben den genannten traditionellen, im Wissenschaftsbereich angesiedelten Netzbetreibern sollten sich nun weltweit neue Firmen gründen, die auf kommerzieller Basis Internet-Dienste anbieten. Diese unterhalten lokale sog. *Points of Presence* (*PoP*), wo sich der Internet-Nutzer über Modem oder via ISDN aufschaltet. In Deutschland sind hier vor allem EUNET, NTG/XLINK, MAZ, Contrib.Net und Nacamar zu nennen. Diese betreiben teilweise in Konkurrenz, teilweise gemeinsam in Hanau bei Frankfurt ein Netzwerk-Zentrum, DE-CIX genannt, wo sich die Netze verbinden. Für die Verwaltung der IP-Adreßbereiche wurde die DE-NIC eG gegründet (=> http://www.denic.de), die dies im Zusammenspiel mit der in Amsterdam ansässigen *RIPE* (*Réseaux IP Européens* => http://www.ripe.net) vornimmt. Der Betrieb des DE-CIX obliegt dem *Electronic Commerce Forum (ECO)*, über den auch der Zugang in das europäische Backbone-Netz EBONE geregelt wird, was über die Firma ECRC erfolgt.

1.2   World Wide Web (WWW)

Der Aufschwung und die umfassende Verbreitung des Internet ist einer Errungenschaft zu verdanken, die sich in der DD Division am europäischen Labor für Elementarteilchenforschung *CERN* (*Conseil Européen pour la Recherche Nucléaire*) abspielte. Mit dem raschen Wachsen (und der Internationalisierung der Forschergruppen) der Experimente am *Super Protonen Synchrotron SPS*, wo einige Jahre zuvor grundlegende – und nobelpreiswürdige – Entdeckungen gemacht wurden, sowie am neu entstehenden *Large Electron/Positron Synchrotron LEP*, stellte sich heraus, daß die bisherige Infrastruktur des Internet, das maßgeblich zum Austausch der Forschungsergebnisse genutzt wurde, nicht mehr adäquat war.

CERN Neben dem Ablegen der Informationen in FTP-Archiven und dem Austausch über E-Mail wurde ein Verfahren gesucht, das mittels sog. *Hyperlinks* die Informationsquellen untereinander direkt verknüpft. Bislang waren zwar die Server bekannt, auf denen relevante Informationen abgelegt waren, das Suchen nach Informationen jedoch war zeitaufwendig, weil keine einheitlichen Abmachungen existierten, *wo was* zu finden ist. Diese Informationen mußten vielmehr auf externen Wegen, z.B. per E-Mail, jedem einzelnen Interessenten mitgeteilt werden. Erschwerend kam hinzu, daß dieses Verfahren für Änderungen wenig brauchbar war. Wurde eine Information (z.B. ein Forschungsergebnis in Form von Dateien) *X* im Verzeichnis *Y* auf dem Server *Z* auf einen neuen Server *Z1* verschoben, änderte sich auch die Dateiablage nach *Y1*. Zudem gab es damals sehr viele unterschiedliche Systeme mit jeweils anderer Organisationslogik und Zugangsweise. Als Großrechner wurden Rechner der Firmen CDC (unter dem Betriebssystem NOS/BE), IBM (Betriebssystem VM/CMS), DEC (VMS), kleinere Rechner mit unterschiedlichen UNIX-Betriebssystemen sowie Rechner vom Typ NEXT und Apple Macintosh eingesetzt. Der Dynamik der Forschungsergebnisse war dieses Verfahren nicht mehr angemessen, es wirkte kontraproduktiv.

An dieser Stelle trat der CERN-Mitarbeiter Tim Berners-Lee 1990 auf den Plan. Tim Berners-Lee hatte die Idee (http://public.web.cern/Public/ACHIEVEMENTS/web.html), *Geburtsstunde des Web*

- Dokumente in einer sog. tagged language aufzubereiten und diese untereinander durch Hyperlinks zu verbinden (*HTML Hypertext Markup Language*), wobei
- die Dokumenten-Referenzen über einheitliche Adressen (*URL Uniform Resource Locator*) erfolgen und
- die Verknüpfung über eine neues, einfaches Protokoll (*HTTP Hypertext Transport Protocol*) abgewickelt wird.

Dies brachte den Vorteil, daß nun nicht mehr der Systemadministrator des Servers, sondern der Physiker (bzw. Dokumenten-Eigentümer) für die Verknüpfung der Informationen verantwortlich war (=> Abbildung 1.2-1). Dieses System stellt heute unter dem Namen *World Wide Web – WWW* oder auch kurz *Web* genannt – die zentrale Informationsquelle weltweit überhaupt dar.

Zusammen mit seinem Kollegen Robert Cailliau schrieb Tim Berners-Lee den ersten graphischen sog. *Web-Browser* unter dem Betriebssystem NeXTStep sowie den ersten Web-Server. Diese Software wurde über den CERN Software Katalog (*WWWLib*) zunächst den interessierten Physikern weitergereicht. Neben der graphischen Version unter NeXTStep wurde auch bald eine zeichenorientierte Version entwickelt, die weitgehend plattformunabhängig war und heute speziell unter UNIX als *Lynx* bekannt ist und weiter gepflegt wird. *Web-Server und Web-Browser*

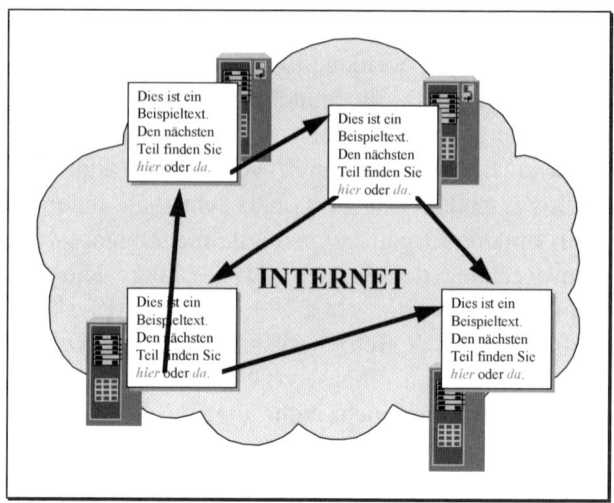

Abbildung 1.2-1:   Verknüpfung von Dokumenten auf unterschiedlichen Servern mittels
                         Hyperlinks

Die Relevanz und die Mächtigkeit dieser Lösung wurde bald erkannt und
ebenso die Notwendigkeit, die Entwicklung breiter zu fundieren. Aus diesem Grund startete Berners-Lee 1993 einen Aufruf im Internet, daß sich
Entwickler für die Weiterentwicklung des Web-Standards auch außerhalb
des CERN finden und engagieren sollen.

NCSA   Eine weitere Stütze für die Web-Entwicklung sollte sich bald unter der Ho-
heit des *National Center for Supercomputing Applications (NCSA)* an der
Universität von Illinois bilden. Dort wurde der erste X-Windows-, d.h.
UNIX-basierte, graphische Web-Browser Namens *Mosaic* entwickelt; daß
sowohl eine Version für den Macintosh als auch eine Win32s-API-Version
für das damals sich schnell verbreitende Microsoft Betriebssystem Windows
3.1 fertiggestellt und kostenfrei verteilt wurden, machte ihn schnell populär.

WISE   Die weitere Förderung der Web-Entwicklung geschah zunächst über die
Europäische Gemeinschaft (EU) unter der Bezeichnung *WISE*. 1994 fand
am CERN die erste internationale Web-Konferenz mit mehr als 400 Teilnehmern statt. Das rapide Wachstum der Web-Lösung läßt sich daran ablesen, daß nur ein halbes Jahr später am NCSA eine weitere WWW-
Konferenz einberufen wurde, an der bereits 1300 Web-Entwickler teilnah-
men.

IW3C2   Nahezu zeitgleich bildete sich im Rahmen des Internet eine Interessenge-
meinschaft, das *International WWW Conference Committee (IW3C2)*, das
die weitere Fortschreibung des Web tragen soll. Mit der im Jahr 1994 abge-
haltenen WWW-Konferenz bei der Fraunhofer Gesellschaft in Darmstadt

war praktisch gesehen der Schlußstrich gezogen worden für die bislang unter maßgeblicher Beteiligung der Physiker-Gemeinschaft geleistete Pionierarbeit am Web. Ohne Übertreibung läßt sich konstatieren: Das Jahr 1994 war „das Jahr des Web".

Die ersten Web-Server arbeiteten zunächst am CERN aktiv und bildeten Anfang 1993 mit anderen Forschungsstätten eine „Phalanx" von 50 Servern. Noch Ende des gleichen Jahres waren mehr als 500 Server bekannt. Wiederum ein Jahr später war deren Anzahl bereits auf 10 000 gestiegen, von denen 2 000 für kommerzielle Zwecke genutzt wurden. Die Gesamtzahl der Web-Nutzer zu diesem Zeitpunkt kann bereits auf 10 Millionen geschätzt werden. *Web-Server im Internet*

Bis 1994 waren vor allem wissenschaftliche Institutionen an der Entwicklung des Web beteiligt und die weltweite Verbreitung des Internet auf Forschungseinrichtungen und wenige Interessierte begrenzt. Dies änderte sich durch die Entscheidung der EU, die weitere Fortschreibung des Web nicht – wie vom CERN vorgetragen – im Rahmen des ESPRIT-Programms zu forcieren, sondern in die Obhut einer Kommission zu geben, die als *WebCore* gedacht war. Das internationale *Web-Consortium W3C* bildete sich als Nachfolger des IW3C2 durch die Kollaboration des europäischen *INRIA* (*Institut National pour la Recherche en Informatique et en Automatique*), des US-amerikanischen *MIT* (*Massachusetts Institute for Technology*) sowie der asiatischen *Keio University*. Hiermit wurde ein Gremium geschaffen, das der internationalen, nicht-kommerziellen und offenen Weiterentwicklung des Web Rechnung tragen soll. *W3C*

In den folgenden Jahren erfolgte der Siegeszug des Webs und damit des Internet nicht mehr in den Forschungslabors, sondern wurde maßgeblich von interessierten Firmen, wie z.B. SUN, und neuen sog. Start-Up-Firmen und den sich nun etablierenden kommerziellen Internet-Providern (siehe Abschnitt 1.1) getragen. Tim Berners-Lee nahm ein Angebot des MIT wahr, um seine Web-Software weiter zu entwickeln und ist heute Mitglied des W3C. *Kommerzialisierung des Web*

Die Nutzung der Mosaic-Software unter Windows war zugleich verknüpft mit der Anforderung, dieses Betriebssystem zusätzlich zum Win32s-API mit einer *WinSock* genannten TCP/IP-Schnittstelle auszustatten. Unter DOS gab es verschiedene monolithische TCP/IP-Versionen, nicht zuletzt vom NCSA. Die Handhabung unter Windows war aber schwierig und – bedingt durch die Unzulänglichkeiten dieses Systems – von häufigen „Abstürzen" und Neustarts begleitet. Microsoft hatte erst kurz zuvor Schritte in Richtung eines 32-Bit- und Multitasking-fähigen Betriebssystems unternommen und war stark in die Entwicklung eines neuen gemischten 16-Bit/32-Bit- *Microsoft*

Betriebssystems für die Allgemeinheit involviert, das später als „Windows 95" bekannt werden sollte.

WinNT und MSN Der damalige Microsoft-Chef und -Gründer Bill Gates plante aber zu diesem Zeitpunkt noch die Entwicklung eines weitgehend proprietären Netzwerk-Betriebssystems auf Grundlage des gemeinsamen IBM/3Com/-Microsoft-Konglomerats LAN-Server mit NetBIOS/SMB-Diensten (als Konkurrenz zu der bis dato gemeinsam mit IBM getragenen OS/2-Plattform), der von nun an LAN-Manager hieß, und dem Aufbau eines eigenen Microsoft Netzdienstes MSN, für den das damals populäre CompuServe-Netzwerk als Vorbild diente. Erst mit dem wachsenden Erfolg des Internet – und auf den guten Rat des jetzigen Microsoft Chefs Steve Ballmer hin – sah sich Bill Gates gezwungen, zu den nun auf den Plan tretenden Entwicklungen – die vor allem von der Internet Spin-Off-Firma Netscape vorangetrieben wurden – einen Kontrapunkt zu setzen und mit der Bereitstellung eines eigenen Web-Servers und vor allem Web-Browsers die Kontrolle über den (seinen) „Desktop" zurückzugewinnen.

MSIE Unabhängig von den bisherigen Entwicklungen entwickelte Microsoft einen eigenen Browser für Windows, den Internet Explorer (MSIE), der speziell auf die Belange von Microsoft abgestimmt war. Zugleich bemühte sich Microsoft, einen Windows-kompatiblen Web-Server bereitzustellen, als Konkurrenz zum unter UNIX frei verfügbaren Web-Server *Apache*. Dieser nutzte eine Architektur, die als *Active Server Pages* (*ASP*) bezeichnet wird und sich teilweise auf Microsoft-proprietäre HTML-Erweiterungen (Active-X) stützt.

Java Neben Microsoft war es vor allem die Firma SUN Microsystems – als UNIX-Hersteller und sehr früher Internet-Promoter – von der Impulse für die Weiterentwicklung des Web ausgingen. Abweichend von den Microsoft-Versuchen, mittels Active-X eine (proprietäre) Programmierschnittstelle für verteilte System zu schaffen, gelang SUN mit der objektorientierten und plattformunabhängigen Programmiersprache *Java* der Durchbruch in diesem Bereich.

1.3   Die Zukunft des Internet

Bislang kann die Entwicklung des Internet grob in folgende Phasen eingeteilt werden:

- 1970-1980: Aufbau -und Experimentierphase als ARPANET
- 1980-1990: Verbreitung des Internet vor allem als Forschungs- und Wissenschaftsnetz

- 1990-2000: Das Internet als weltweite Basiskommunikationsstruktur für wissenschaftliche, private und kommerzielle Nutzung

Wie dargestellt, hat dies nicht nur Auswirkungen auf die *Quantität* der zu versorgenden Endteilnehmer, Anzahl der Server, Router und ISPs, auch die *Qualität* des Datenverkehrs hat sich den veränderten Anwendungsprofilen angepaßt. Wir wollen im folgenden beide Aspekte näher beleuchten.

Als quantitative Größen sollen die Anzahl der im Internet angeschlossenen Endknoten und hier vor allem der Server, Router und Netze, der Endanwender und des übertragenen Datenvolumens (pro Zeiteinheit) betrachtet werden. Als Trigger fungiert hierbei ganz wesentlich die Zahl der Internet-Endanwender. Es läßt sich vorhersehen, daß in Zukunft jeder Haushalt und vielleicht der Großteil aller Personen über 15 Jahre einen quasi-privaten Zugang zum Internet erlangen wird. *Quantitäten*

Die erste Phase hierzu („Grundversorgung der Haushalte mit Internet") ist praktisch gesehen durch das mittlerweile geschlossene Netz von ISPs erreicht. Mit der sich entwickelnden *xDSL* (*Digital Subscriber Line*)-Technologie, d.h. Kabelmodems, entfällt auch die Notwendigkeit, sich beim Provider speziell anzumelden. Zugleich werden Übertragungsraten möglich sein, die im Bereich von 2 MBit/s liegen – ausreichend, um *Video-On-Demand* in hinreichender Qualität zu nutzen. Der Zugriff aufs Internet wird durch das Anschalten des PC erfolgen, so wie das Einschalten des Fernsehers heute mit der Auswahl eines Programms bzw. Senders verbunden ist. Diese Entwicklung kann am besten mit der Versorgung der Gesellschaft mit Automobilen verglichen werden. *ISPs und xDSL*

Eine weitere Phase befindet sich durch das *Wireless Access Protocol WAP* bereits in der Umsetzung. Die Voraussetzung wird durch die Integration von *Personal Digital Assistant* (*PDA*) und der zweiten Generation der digitalen Mobilfunktechnologie (*Universal Mobile Telecommunications System UMTS*) geschaffen. Die hierfür notwendigen Ergänzungen der IP-Standards sind bereits in der Definitionsphase (=> Kapitel 12), und ihre flächendeckende technische Realisierung wird ebenfalls nicht mehr lange auf sich warten lassen. *WAP und Mobile-IP*

Parallel zur Zahl der Netzbenutzer steigt auch die Zahl der Netzprovider bzw. ISPs und somit der Netze selbst sowie der Router ständig. Die mit den Gründerjahren einhergehende starke Fluktuation der ISPs durch ständig neue Anfragen nach Transfernetzen brachte ein neues Internet-Routing-Protokoll mit sich, mit dem dieses Wachstum erst möglich wurde: das *Classless Inter Domain Routing* (*CIDR* => Abschnitt 9.2). Dieses Verfahren *CIDR* löst die bislang vorgenommene klassische Einteilung in IP-Netze und IP-Subnetze sowie das Routing entsprechend dieser Aufteilung auf.

Bits und Preise Die Versorgung der Endanwender mit Daten hat sich nicht zuletzt aufgrund des WWW mit seinen animierten Darstellungen als kritisch herausgestellt. Vergleichbar mit dem Einfluß, den das Windows-Betriebssystem auf die Hardware-Entwicklung und den Preisverfall der Hardware bei gleichzeitigem Anwachsen der Leistungsfähigkeit hatte, wirkt sich der Internet-Boom direkt auf den leistungsgerechten Ausbau der Netze aus. Bei neuesten Technologien, wie *Wavelength Division Multiplexing* (*WDM*) gilt es, auch die Preisentwicklung zu berücksichtigen. In den 80er Jahren wurden Modems mit Baudraten von 2400 Bit/s von der damaligen Deutschen Bundespost für Monatsmieten (!) von 2000 DM bereitgestellt, zu denen noch die nicht unbeträchtlichen Standleitungskosten kamen. Heute sind 56 kBit/s-Modems zu einem Straßenpreis von 60 DM zu bekommen, wobei einige ISPs sog. Flatrates für den Internet-Zugang von wenigen DM pro Monat anbieten.

IP-Adressen Bis Anfang der 90er Jahre war es üblich, die lokalen Netze von Instituten bzw. Firmen über die Vergabe der IP-Adressen der angeschlossenen Geräte direkt im Internet anzuschließen. Mit der zunehmenden Internet-Kriminalität, Wirtschaftsspionage über das Internet und Datenmanipulation (Hacker) sind heute praktisch alle lokalen Netze über *Firewalls* geschützt, während das lokale Netz in einem privaten IP-Adreßbereich betrieben wird (=> Abschnitt 3.5). Hierdurch entkoppelt sich die Endnutzerzahl im Internet vom möglichen IP-Adreßraum. Die Internet-Zugangsadressen sind „virtualisiert" und den Endteilnehmern dynamisch zugeteilt (=> Abschnitt 5.1).

IPv4, IPv6 Dies nimmt einigen Druck von der Einführung des IPv6-Protokolls (=> Kapitel 6), das als Lösung dieses IPv4-Adreßengpasses gedacht war. Die Migration in die nächste Generation des IP-Protokolls kann daher stufenweise erfolgen (=> Kapitel 8).

Qualitäten Mit der wachsenden Kommerzialisierung des Internet hat sich der Charakter der über das Internet ausgetauschten Informationen stark verändert. Die Information wird kurzlebig, die Informationsfülle größer, der Informationswert nimmt ab.

Information Auch für Information gilt der klassische Erntefaktor: Wert/Kosten. In bezug auf die beiden abgeleiteten Größen (Wert und Kosten jeweils in DM, € oder $)

- *Effizienz = Kosten/Informationseinheit* und
- *Gehalt = Wert/Informationseinheit*

läßt sich paradoxorweise konstatieren, daß prinzipiell die Effizienz zugenommen hat, der Informationsgehalt jedoch gleichzeitig abnimmt. Ursache hierfür ist die Unmenge an Füllinformationen im Internet, die volumenmäßig immer weiter zunimmt.

In die gleiche Richtung zielen die im Web gebräuchlichen Werbeanimationen von Bewegtbildern, die viel Bandbreite im Internet benötigen, aber nahezu keinen Informationsgehalt aufweisen. *Animationen*

Mit der Technologie des *Voice over IP* (*VoIP*) wird ein neuer kritscher Pfad beschritten: Echtzeitübertragung von Informationen im Internet. Dies erfordert die Priorisierung des Datenverkehrs nach Typ; eine Anforderung an den Internet-Datenverkehr, der bislang zwar theoretisch durch Protokolle entsprochen wurde, die aber technisch mit der Beschränkung der Bandbreiten kollidiert. Zudem basieren die meisten Datennetze auf Sprachnetzen der entsprechenden Telekom-Provider (z.B. ISDN oder *SDH – Synchronous Digital Hierarchy*). Es entspricht einer ökonomischen Nische, daß Sprachverkehr erst in (IP-) Datenpakete zerlegt wird, um ihn dann zeitgetaktet über Sprachnetze zu übertragen. *Echzeitanforderung*

Das Internet versteht sich als Zusammenschluß unterschiedlicher autonomer Netze, die auf den Internet-Prinzipien aufsetzen. Vielfach wurde dies auch als anarchischer Ansatz bezeichnet. Mit der Kommerzialisierung des Internet entstehen neue Interessengruppen, die diese Möglichkeiten einerseits ökonomisch nutzbar machen wollen, andererseits aber auch Druck auf Regierungsgremien ausüben, das Internet in ihrem Sinne zu formen. Hinzu kommen verstärkt Rivalitäten zwischen Staaten – vor allem zwischen Europa und den USA als Gründungsland des Internet –, die sich z.B. in der Freigabe und Verfügbarmachung von IP-Adreßbereichen und den *generic Top Level Domains gTLDs* (=> http://www.isoc.org) sowie in der Besetzung von Internet-Gremien bemerkbar machen. Zugleich sind Bemühungen zu verzeichnen, diese Widersprüche auf Regierungsebene (z.B. im Rahmen der G7-Staaten bzw. der UNO) zu regeln, und es stellt sich die Frage, ob das Internet als regierungsnahe Organisation oder aber als NGO (*Non Government Organisation*) anzusehen ist. *Organisation des Internet*

Vielfach ist in diesem Zusammenhang auch der Begriff der „informationellen Teilung der Welt" gefallen. Während sich die hochtechnisierten Nationen ihren Anteil am Internet – verbunden mit der entsprechenden Vorherrschaft – sichern, haben weniger entwickelte Staaten kaum die Möglichkeit, vom Boom des Internet zu profitieren. Die (potentielle) Wissensakkumulation ist ungleich verteilt, der (einseitige) Wissensvorsprung vergrößert das sozioökonomische Gefälle. *Informationelle Teilung*

Strategische Die strategische Bedeutung des Internet für den weltweit offenen – und bis-
Bedeutung lang zumindest unkontrollierten – Datenverkehr ist auf jeden Fall unbestrit-
ten. Aufgrund dieser Situation versuchen einige Staaten bzw. die Judikative
verschiedener Staaten, Druck auf die Internet-Entwicklung bzw. die jeweiligen lokalen ISPs auszuüben. Erinnert sei an die US-Exportbeschränkungen
für hochwertige Verschlüsselungstechnologien, an die Versuche Russlands
und Chinas, die Weitergabe von Informationen im Internet aus Krisenge-
bieten zu unterdrücken, die Maßnahmen gegen sexistische, pornographische
sowie faschistische bzw. menschenverachtende Inhalte im Internet und die
Gegenreaktion durch die Blue-Ribbon-Kampagne „Free Speech in the Internet".

Offenheit und Das Internet war ursprünglich als „offenes" Netz gedacht, d.h. jeder konnte
Sicherheit ohne Einschränkungen und spezielle Sicherheitsmaßnahmen an der Kommunikation teilnehmen. Mit der Kommerzialisierung und Ausbreitung des
Internet wächst der Bedarf an Sicherheit und Schutzmechanismen. Sicherheit wird im Internet durch folgende Paradigmen beschrieben:

- *Internet zum LAN:*
  - Zugriffsschutz auf die lokalen Netze und Abschottung der Rechner,
    was häufig mit dem Begriff *Firewall* umschrieben wird.
  - Einschränkung auf gewünschte Protokolle (*Filtering*).
  - Maßmahmen zur Eindämmung unerwünschter Werbe-E-Mails, sog.
    Spam E-Mail sowie *Viren* und *Würmer*.
- *LAN zum Internet:*
  - Beschränkung der zugelassenen Protokolle auf einige wenige (z.B.
    HTTP und FTP).
  - *Authentisierung* der lokalen Nutzer über sog. *Proxies* (z.B. *Web-
    Proxy* und *SOCKS-Server*).
  - *Network Address Translation* (*NAT*), d.h. lokale Nutzer/Rechner sind
    im Internet nur über eine „virtuelle" IP-Adresse bekannt.
- *Authentisierung:*
  - Authentisierung von E-Mails mittels des sog. *Pretty Good Privacy*
    (*PGP*)-Protokolls.
  - Nutzung von verteilten Schlüsseln nach dem *RSA*-Verfahren (*Rivest,
    Shamir* und *Adlemann*) und Ablage des geheimen Schlüssels in einem
    Trust-Center und/oder *X.509 Zertifizierung*.
  - Sicherung der Authentizität von Mitteilungen über einen sog. *Finger-
    print* (digitaler Fingerabdruck).
- *Verschlüsselung:*

- Übertragung verschlüsselter Kennwörter.
- Verschlüsselung von wichtigen Mittelungen über *DES* (*Data Encryption Standard*) oder über *RSA*.

Diese Verfahren sind in umfangreichen RFCs festgehalten (=> Abbildung 1.5-1) und werden ständig den wachsenden Anforderungen angepaßt. In diesem Umfeld haben sich auch einige Internet-Dienstanbieter angesiedelt, die spezielle Sicherheitsdienste anbieten, z.B. den Betrieb eines sog. Trust-Centers und Organisationen wie *ORB (Open Relay Blacklist)*, die teilweise in einer Internet-Grauzone arbeiten.

1.4   Request for Comments

Die Internet-Standards stehen in Form sog. *Requests for Comments* (*RFCs*) zur Verfügung. Die Erzeugung eines neuen RFC und seine Entwicklung ist innerhalb des IAB (*Internet Activity Board*) geregelt. Es steht jedermann/-frau offen, einen neuen Standard vorzuschlagen, wobei die Verfahrensweise in RFC 2500 festgelegt ist. Zum Zeitpunkt der Erstellung dieses Buches sind nahezu 2800 RFCs bekannt.

Der RFC 2026 beschreibt das Selbstverständnis des Internet. Daher soll   *RFC 2026* daraus kurz zitiert werden:

„Das Internet – eine lose organisierte internationale Kollaboration von autonomen, verbundenen Netzwerken – unterstützt die als Internet-Standards definiert Host-zu-Host-Kommunikation. Neben diesen gibt es viele isolierte verbundene Netzwerke, die nicht über das globale Internet verbunden sind, nichtdestotrotz aber Internet-Standards benutzen.

Der Internet-Standardisierungsprozeß, der in diesem Dokument beschrieben ist, umfaßt alle jene Protokolle, Prozeduren und Vereinbarungen, die im oder vom Internet benutzt werden, unabhängig davon, ob sie Teil der TCP/IP-Protokollfamilie sind. Falls jedoch Protokolle von Organisationen entwickelt bzw. standardisiert wurden, die keine Internet-Gremien sind, nimmt der Internet-Standardprozeß Bezug auf die Anwendung dieser Protokolle bzw. Prozeduren, nicht jedoch auf das Protokoll selbst.

Im allgemeinen versteht sich ein Internet-Standard als stabile, wohlverstandene, technisch kompetente Spezifikation. Er besitzt vielfältige, unabhängige und interoperable Implementierungen mit umfangreicher Betriebserfahrung und öffentlicher Unterstützung. Zugleich hat er sich als nützlich in einigen oder allen Teilen des Internet erwiesen.

Jede sich wesentlich unterscheidende Version eines auf das Internet Bezug nehmenden Standards wird veröffentlicht in der „Request for Comments"

RFC-Dokumentenreihe. Diese archivierte Reihe ist der offizielle Publikationskanal für Internet-Dokumenten-Standards sowie andere Veröffentlichungen des IESG, IAB und der Internet-Gemeinschaft. RFCs können bezogen werden von mehreren Internet-Hosts mittels anonymem FTP, über Gopher, das World Wide Web oder andere Internet-Dokumenten-Bezugsdienste."

RFC 2000 In Ergänzung hierzu sagt RFC 2000:

„Die Dokumente, die Requests for Comments (oder RFCs) genannt werden, sind Arbeitspapiere der 'Network Working Group', also der Internet-Forschungs- und -Entwicklungsgemeinschaft. Ein Dokument in dieser Reihe kann im wesentlichen jedes Gebiet betreffen, das sich mit Computer-Kommunikation befaßt, oder kann ein Arbeitsprotokoll bis hin zur Spezifikation eines Standards darstellen.

Hinweis: Alle Standards werden als RFC veröffentlicht, aber nicht jeder RFC spezifiziert einen Standard.

Jeder kann ein Dokument zur Veröffentlichung als RFC einreichen. Die Einreichung geschieht mittels elektronischer Post an den RFC-Editor."

Protokoll- Aus RFC 2000 geht bereits hervor, daß die RFCs in erster Linie Protokolle
typen darstellen und nicht unbedingt eine Spezifikation zum Inhalt haben. In der langjährigen RFC-Entwicklung bildeten sich folgende Protokolltypen heraus:

- *Standard Protokolle*
  Offizieller Internet-Standard mit einer zugewiesenen STD-Nummer. Es wird unterschieden zwischen (1.) schichtenspezifischen Standards (z.B. IP und TCP) und (2.) netzwerkspezifischen bzw. allgemeinen Standards.

- *Draft Standard Protokolle*
  Protokolle, die vom IESG als zukünftige Standards eingestuft werden, deren technische Ausgereiftheit aber noch durch umfangreiche Tests belegt werden muß.

- *Proposed Standard Protokolle*
  Mögliche Standards, bei denen zunächst noch die Tauglichkeit durch mehrere unabhängige Implementierungen gesichert werden muß.

- *Experimentelle Protokolle*
  Protokolle, die aus laufenden Entwicklungen heraus entstehen, aber keinen unmittelbaren Bezug zu betrieblichen Aspekten des Internet haben.

- *Informative Protokolle*
  Ergebnisse von anderen Standardisierungs-Organisationen, die als Protokolle aufgenommen wurden.

- *Historische Protokolle*
  Bereits von neuen RFCs überholte Protokolle oder solche, die es nie zu einem Standard geschafft haben.

Eng mit den Protokolltypen verbunden ist die Frage, welche Empfehlungs- *Empfehlungs-*
stufe oder welchen Status sie besitzen, wobei zwischen fünf Stufen unter- *stufen*
schieden wird:

- *Required* (verlangt)
  Als *required* bezeichnete Protokolle bzw. Vorschriften müssen implementiert werden.

- *Recommended* (empfohlen)
  Diese Protokolle bzw. als solche bezeichnete Bestandteile sollten nach Möglichkeit vorhanden bzw. eingerichtet sein.

- *Elective* (optional bzw. wahlweise)
  Dem Hersteller steht es frei, diesen Protokollen bzw. Bestandteilen von Protokollen zu entsprechen. Dies gilt insbesondere dann, wenn es unterschiedliche Protokolle zum gleichen Thema gibt (z.B. Routing-Protokolle).

- *Limited Use* (beschränkter Nutzen)
  Als solche eingestufte Protokolle sind nur für einen beschränkten Anwenderkreis sinnvoll zu implementieren.

- *Not Recommended* (nicht empfohlen)
  Aus historischen oder technischen Gründen überholte Protokolle.

	Status				
Typ	Required	Recommended	Elective	Limited	Not
Standard	X	XXX	XXX		
Draft	X	X	XXX		
Proposal		X	XXX		
Information					
Experimental				XXX	
Historic					XXX

Tabelle 1.4-1:   Zustandsmatrix der Internet-RFCs
Die Zahl der in den Zellen eingetragenen X korrespondiert mit der Häufigkeit der RFCs in den entsprechenden Zuständen (=> RFC 2000).

Es ist zu beachten, daß sich diese Einstufungen nicht nur auf ganze Protokolle (RFC) beziehen können, sondern daß sich diese Nomenklatur auch in
den einzelnen Bestandteilen von Protokollen wiederfindet. Tabelle 1.4-1
zeigt den quantitativen Zusammenhang zwischen Protokolltypen und ihrer
Empfehlungsstufe (=> RFC 2000).

Technical *Standard* In RFC 2026 wird die Unterscheidung getroffen zwischen *Technical Standard* (*TS*) und *Application Standard*. Unter TS wird hierbei die normative
Definition eines Netzwerkprotokolls, eines Dienstes, einer Applikation oder
die Beschreibung von Konventionen bzw. Formaten verstanden, mithin also
das, was landläufig als Standard bezeichnet wird.

Application *Standard* Der *Application Standard* (*AS*) beschreibt hingegen, wie und unter welchen
Bedingungen ein Technical Standard implementiert und eingesetzt werden
soll. Während der TS daher eine abstrakte Definition darstellt, wird im AS
festgelegt, in welchem Kontext ein TS anzuwenden ist.

Best Current *Practice* Ergänzend zum AS hat sich eine Beschreibung mit weniger normativem
sondern empirischem Charakter als sinnvoll herausgestellt: die *Best Current
Practice* (*BCP*). Hier werden ergänzende Hinweise zum Gebrauch und Einsatz der Internet-Technologien und -Methoden vorgenommen.

1.5   Umfang der TCP/IP-Standards

Über das Zustandekommen von RFC wurde bereits im vorigen Abschnitt
informiert. Der Umfang der vorliegenden etwa 2800 Protokolle kann jedoch
nur übersichtsmäßig dargestellt werden. Abbildung 1.5-1 zeigt einen Versuch, dies zu systematisieren.

„Netzwerk- *kuchen"* In Abbildung 1.5-1 sind vier zentrale TCP/IP-Gebiete als „Netzwerk-
kuchen" dargestellt, der auf einem „Boden" ruht. Diese Darstellung ist naturgemäß unvollständig und stellt eine aktuelle Auswahl dar.

- *TCP/IP*
  Dies sind die schichtenspezifischen Übertragungsprotokolle, das Internet
  Protocol (IP), das Transmission Control Protocol (TCP) und das User
  Datagram Protocol (UDP), die Hilfsprotokolle Internet Control Message
  Protocol (ICMP) und das Address Resolution Protocol (ARP) sowie fer-
  ner die Protokolle Point-to-Point Protocol (PPP) und Serial Line Internet
  Protocol (SLIP).

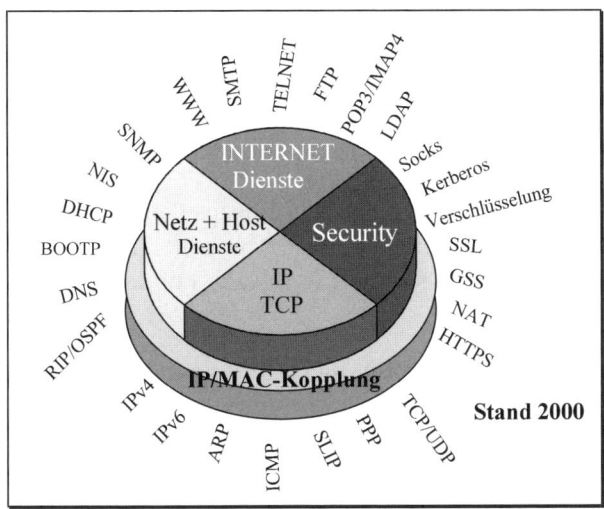

Abbildung 1.5-1:   Von den wichtigsten TCP/IP-Protokollen im Zustand Standard und
Draft-Standard umfaßte Sachgebiete. Die Erklärung der Abkürzungen
erfolgt im nachfolgenden Text.

- *Netz- und Hostdienste*
  In diese Kategorie fallen Protokolle, die das Management von Endgeräten sowie von Routern im Internet (d.h. die Hardware-Komponenten)
  und deren Kommunikation beschreiben. Dies sind die Routing-Protokolle *RIP (Routing Information Protocol)* und OSPF (*Open Shortest Path
  First*), der *Domain Name Service* DNS, die *Boot-Protokolle* BOOTP und
  als Erweiterung das *Dynamic Host Configuration Protocol* DHCP, das
  Überwachungsprotokoll *Simple Network Management Protocol* SNMP
  sowie ferner die *Network Information Services* NIS.

- *Internet-Dienste*
  Hier sind diejenigen Anwendungen aufzunehmen, die in RFCs beschrieben sind. Vor allem handelt es sich hier um die Protokolle TELNET und
  das *File Transfer Protocol* FTP, Anwendungen zum Verschicken bzw.
  Empfang elektronischer Post (E-Mail), das *Simple Mail Transfer Protocol SMTP*, das *Post Office Protocol* POP3 sowie das *Internet Mail Access Protocol* IMAP4; ferner ist hier das *Lightweight Directory Access
  Protocol* LDAP zu nennen.

- *Sicherheitsdienste*
  Einen wichtigen Bereich stellen diejenigen Protokolle dar, die sich mit
  den Komplexen Authentisierung, Verschlüsselung sowie Zugriffsschutz
  beschäftigen. Hierzu zählen allgemein Verschlüsselungs- und sog. Hash-
  Verfahren, die Zugangs- und Authentisierungsdienste *Kerberos* und

SOCKS, die *Generic Security Service* (GSS), das *Network Address Translation* (NAT) sowie gesicherte Applikationen, von denen an dieser Stelle das *Secure Hypertext Transport Protocol* (S-HTTP) erwähnt sei.

- *IP/MAC-Kopplung*
  Viele Standards nehmen Bezug auf die Übertragung von IP-Paketen über unterschiedliche Netze, d.h. das sog. Encapsulation in MAC- bzw. LLC-Frames auf der OSI-Schicht 2 (=> Abschnitt 1.6), z.B. für IEEE 802 LANs (Ethernet, Token Ring), ATM, X.25, Frame Relay und viele andere (=> Kapitel 10).

Weitere Protokolle In dieser Auflistung fehlen wesentliche Protokolle und Verfahren, die verbreitet eingesetzt werden. Dazu zählen vor allem UNIX-spezifische Erweiterungen wie z.B. NFS (*Network File System*), die sog. UNIX r-Protokolle (*rpc, rsh ...*) und die Druckdienste *LPR*. Ferner Standards, die dem Bereich der *OSF* (*Open Software Foundation*) entstammen. Hier seien *X-Window* (*X.11*) sowie das *Distributed Computing Environment DCE* genannt. Das gleiche gilt für Protokolle, die von der *ITU-T* (*International Telecommunications Union T*) entwickelt wurden, wozu *X.400* und *X.500* sowie im besonderen das aktuelle *Voice over IP* (*VoIP*) nach dem Standard *H.323* zu zählen sind. Weiterhin ließen sich herstellerspezifische Protokolle auflisten. Auch sind einige ältere Protokolle wie GOPHER oder Archie nicht genannt.

Internet-Standards Eine kleine Gruppe von RFCs hat den Stellenwert sog. *Internet-Standards* (=> Abschnitt 1.4). Diese sind im Anhang A aufgelistet.

1.6   OSI-Referenzmodell

In den 70er Jahre gab es erstmals Ansätze, die Computerkommunikation durch ein sog. Schichtenmodell zu beschreiben und im Rahmen dieses Regelwerkes als verbindlich zu erklären: *Open System Interconnect* (OSI). Hintergrund war das sich entwickelnde „Switched Packet"-Netzwerk, das wir bereits beim TCP/IP kennengelernt haben. Dieses Netzwerk wird von der ITU-T, die damals noch CCITT (*Comité Consultatif International Télégraphique et Téléphonique*) hieß, als Standard X.25 geführt.

ISO TC97 In Verbindung mit dem wachsenden ARPANET und den Entwicklungen der lokalen Netze (LANs => Abschnitt 10.1) entstand ein zunehmender Druck auf die *International Organisation for Standardization* (ISO), ein allgemeines Rahmenwerk für die Computerkommunikaton zu schaffen. Die ISO gründete die Arbeitsgruppe TC 97 (*Technical Committee on Dataprocessing*), die sich als „Open System Interconnection" verstand. Dieses Rah-

menwerk – heute als ISO/OSI-Siebenschichtenmodell bzw. OSI-Referenzmodell bezeichnet – wurde 1983 im ISO-Standard ISO 7498 und in der
ITU-T Empfehlung X.200 festgehalten (=> Abbildung 1.6-1).

1.6.1 Arbeitsweise des OSI-Referenzmodells

Das OSI-Modell gilt als Referenzmodell und definiert somit keine internen
Verhaltensweisen, sondern beschreibt das externe Verhalten von Endsyste-
men. Hintergrund dieses Modells war einfach, die Vielzahl der existenten
Protokolle und Netzwerktechnologien – verschiedenster Anbieter – mitein-
ander zu verbinden, ohne dabei bestimmte Technologien oder bestimmte
Funktionalitäten auszuschließen. An diesem Modell sollen sich die Netz-
Anbieter orientieren, um eine Zusammenarbeit zu ermöglichen.

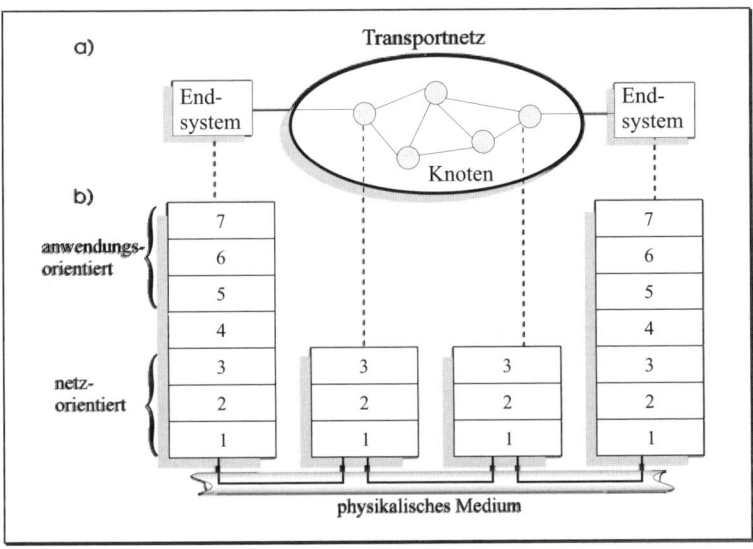

Abbildung 1.6-1:   Kommunikation im OSI-Referenzmodell:
a) physikalische Struktur
b) logische Struktur im Schichtenmodell

Die untersten 3 Schichten in diesem Modell repräsentieren netzorientierte *Netz-*
Funktionen (Übertragung, Vermittlung). Die obersten 3 Schichten sind an- *orientierte*
wendungsorientiert und spezifizieren die höheren Kommunikationsproto- *Funktionen*
kolle. Diese Protokolle, insbesondere innerhalb von Schicht 7, sind oft anwendungsspezifisch. Schicht 4 wird *Transportschicht* genannt und soll ermöglichen, daß die unterschiedlichen Transportnetze für den Verbund von
Endsystemen eingesetzt werden können. Die Transportschicht hat die

Hauptaufgabe, die anwendungsorientierten Schichten vom eingesetzten physikalischen Transportnetz (Schichten 1, 2 und 3) unabhängig zu machen.

Bei diesem OSI-Modell werden die Regeln und Vereinbarungen so „offen" gehalten, daß keinerlei Implementationsvorgaben gegeben werden. Eine generelle Umsetzung in entsprechende Produkte ist nicht möglich. Schließlich soll dieses Modell nur generelle Regeln vorgeben, die einzuhalten sind, um die Kommunikation zwischen Rechnern verschiedener Hersteller zu garantieren.

Kommuni-kations-instanzen Das OSI-Referenzmodell geht von sieben getrennten Kommunikations-schichten aus, die in dem Kommunikationsendpunkt (Hostrechner, PC) vorhanden sein müssen (=> Abbildung 1.6-1). Die Implementierung der einzelnen Schichten in einem Endsystem wollen wir als *Kommunikationsinstanz* (bzw. kurz *Instanz*) bezeichnen. Betrachten wir die Abbildung 1.6-2a, so stellen wir zwei wesentliche Beziehungen fest:

- *Hierarchischer Kommunikationsablauf* für den Informationsaustausch zwischen den Schichten einer Kommunikationsinstanz, also der Schichten untereinander, und eine sog.

- *Peer-zu-Peer-Kommunikation* zwischen den Schichten verschiedener Instanzen, den Kommunikationspartnern.

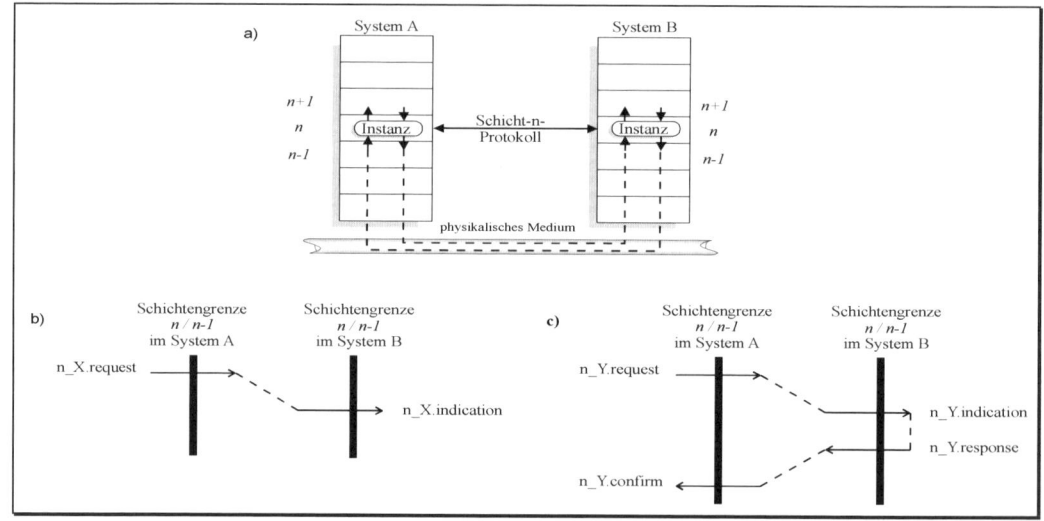

Abbildung 1.6-2:   Kommunikation innerhalb der Schicht *n*:
  a) Kommunikationsbeziehung zwischen zwei Instanzen;
     zeitlicher Ablauf des Schicht-n-Protokolls für
  b) den verbindungslosen X-Dienst
  c) den verbindungsorientierten Y-Dienst

Die Grundidee des Referenzmodells ist die Zerlegung des Kommunikationsvorgangs in eine Hierarchie von aufeinanderliegenden Funktionsschichten. Eine Schicht realisiert gewisse Funktionen, die sie der nächsthöheren Schicht über *Dienstprimitive* als Dienste zur Verfügung stellt. Um das Prinzip der Kommunikation näher zu erläutern, zeigt Abbildung 1.6-5 die Schichten detaillierter.

Eine Instanz der Schicht *n* ist als Software-Modul zu verstehen, das die Aufgabe hat, die Funktionen der Schicht *n* bei der Kommunikation zwischen beiden physikalischen Systemen zu realisieren. Dafür sind bestimmte Regeln nötig, nach denen die zwei Partner-Instanzen innerhalb der Schicht *n* zusammenarbeiten können, um einen bestimmten Dienst für eine höhere Schicht zu erbringen. Die hierfür erforderlichen Kommunikationsregeln und Datenformate sind im Protokoll der Schicht *n*, kürzer: *Schicht-n-Protokoll*, definiert.

Funktionen der Schichten

Um einen Dienst innerhalb der Schicht *n* für die Schicht *n+1* zu erbringen, müssen innerhalb der Schicht *n* zwischen zwei Partner-Instanzen in beiden Systemen entsprechende *Protokolldateneinheiten* als Kommandos, Antworten oder eine andere Nachrichtenart nach dem Schicht-n-Protokoll ausgetauscht werden.

In den Rechnernetzen sind die zwei Kommunikationsarten

Verbindungslose und verbindungsorientierte Kommunikation

- *verbindungslose* und

- *verbindungsorientierte* Kommunikation

zu unterscheiden.

Unter der verbindungslosen Kommunikation versteht man den Fall, daß eine Instanz die Daten an ihre Partnerin sendet, ohne eine Vereinbarung mit ihr hinsichtlich des Kommunikationsablaufs zu treffen. Solche Kommunikationsformen findet man beim Netzmanagement, wo Kommandos gesendet werden, um bestimmte Parameter abzufragen oder einzustellen. Die Netzfunktionen, die zur Realisierung der verbindungslosen Kommunikation dienen, bilden einen *verbindungslosen* Dienst.

Unter der *verbindungsorientierten* Kommunikation versteht man den Fall, in dem eine Instanz die Daten nur nach einer vorherigen Vereinbarung an ihre Partnerin sendet, was bedeutet, daß eine Kommunikationsbeziehung bereits besteht. Diese Kommunikationsform ist dann sinnvoll, wenn sie dauerhaft ist.

Zwischen den Instanzen der Schichten 1 bis 4 sowie 7 können sowohl verbindungslose als auch verbindungsorientierte Dienste realisiert werden. Netzfunktionen, die die verbindungslose/verbindungsorientierte Kommunikation realisieren, werden daher als verbindungsloser/verbindungsorientierter Dienst bezeichnet.

Dienst-
primitive Den zeitlichen Ablauf des Schicht-n-Protokolls für einen verbindungslosen und einen verbindungsorientierten Dienst zeigen die Abbildungen 1.6-2b und 1.6-2c. Um dem Peer-Partner den Übergang von einer Kommunikationsphase in eine andere mitzuteilen, verfügt jede Schichteninstanz über sog. *Dienstprimitive* oder *Grundfunktionen*. Dabei werden folgende Bezeichnungen verwendet:

- *.request*
- *.indication*
- *.response*
- *.confirm*

Die korrespondierenden Protokolldateneinheiten für einen Dienst (hier als *X* bezeichnet) werden durch den Primitivennamen ergänzt. Der vollständige Name einer Protokolldateneinheit besteht aus Kennbuchstaben für die Schicht, z.B. (=> Abbildung 1.6-5)

- *P: presentation*
- *S: session*
- *T: transport*
- *N: network*
- *DL: data link*

und einem Namen für den zu realisierenden Dienst:

- *CONNECT:*   für Verbindungsaufbau
- *DISCONNECT:*   für Verbindungsabbau
- *DATA:*   für Transport von Daten

Ein Beispiel für eine Nachricht wäre:

T-CONNECT.request, T-CONNECT.response

Kommuni-
kationsphasen Die Kommunikation vollzieht sich stets in mehreren Phasen. Am wichtigsten sind folgende drei Phasen (=> Abbildung 1.6-3):

- Aufbau einer Kommunikationsverbindung (*establishment*)
- Datentransferphase
- Abbau (bzw. Auflösen) der Verbindung (*release*)

Es ist zu beachten, daß diese drei Phasen nur für die verbindungsorientierte Kommunikation zutreffend sind (Abbildung 1.6-3c). Die verbindungslose Datenübertragung (Abbildung 1.6-3b) kennt hingegen nur einen Dienst:

- *UNIT DATA TRANSFER*   Datenübertragung

Es wird vorausgesetzt, daß die Partnerinstanz immer empfangsbereit ist, so daß hier lediglich die *Datentransferphase* existiert. *Datentrans-ferphase*

Generell sind die folgenden Bedingungen zur Durchführung eines Verbindungsaufbaus bzw. für den Datentransfer zu beachten:

- Beide Partner-Instanzen müssen sich in einem Zustand befinden, der es ihnen erlaubt, in die gewünschte Kommunikationsphase einzutreten (z.B. genügend großer Datenpuffer).
- Die Verfügbarkeit von Kommunikationsdiensten unterliegender Schichten zur Übermittelung der *n-1* Protokolldateneinheiten an die Schicht *n* muß gewährleistet sein.

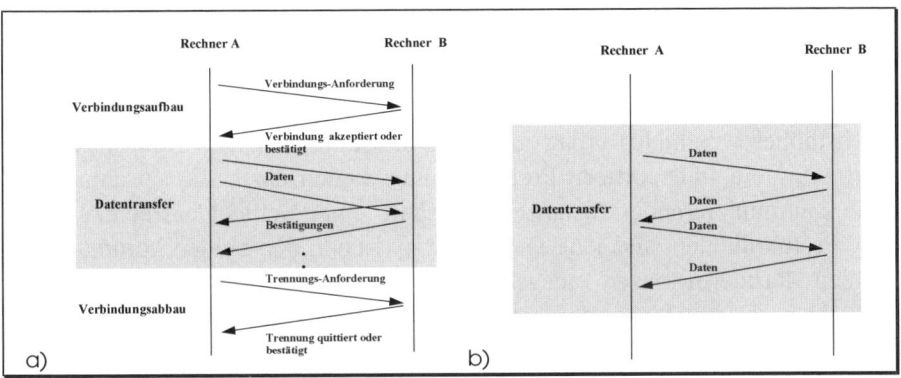

Abbildung 1.6-3:   Kommunikationsphasen für
a) verbindungsorientierte Kommunikation
b) verbindungslose Dienste

Jede *Protokolldateneinheit* (*PDU – Protocol Data Unit*) setzt sich aus zwei Teilen zusammen: *PDU/SDU*

- Der *Service Data Unit* (*SDU*), d.h. den Benutzerdaten, die im weiteren kurz *Daten* genannt werden, und der
- *Protocol Control Information* (*PCI*), d.h. den Kontrollinformationen bzw. Protokolldaten, die aus dem *Protokoll-Header* und ggf. einem *Trailer* bestehen.

Abbildung 1.6-4 zeigt die Ergänzung einer Schicht-*n*-SDU aus der Schicht-*n-1*-PCI und der hiermit generierten PDU.

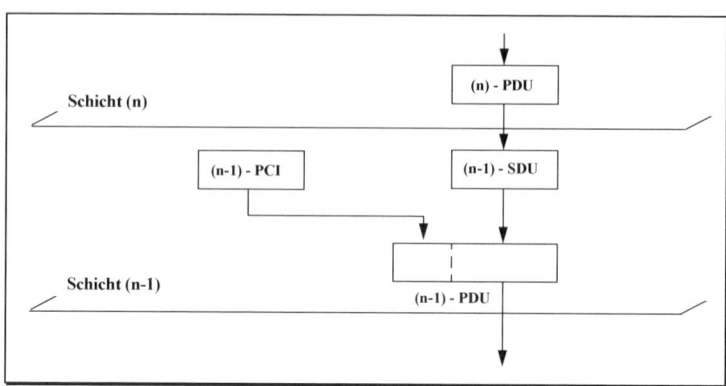

Abbildung 1.6-4:   Zusammenspiel zwischen PDU, PCI und SDU auf benachbarten
Kommunikationsschichten
PDU: Protocol Data Unit, SDU: Service Data Unit, PCI: Protocol
Control Information

Benutzerdaten sind Daten, die eine Instanz von einem Benutzer (von der nächsthöheren Schicht) erhält und über ihre Partnerinstanz zum entfernten Partnersystem transportiert. Protokolldaten dienen dazu, die Zusammenarbeit kommunizierender Instanzen innerhalb einer Schicht aufrechtzuerhalten. Protokolldaten sind jene Daten, die zwischen den beiden kommunizierenden Partnerinstanzen ausgetauscht werden. Die Protokolldaten der Schicht *n* sind im Header dieser Schicht enthalten. Abbildung 1.6-5 zeigt die Verhältnisse unter Zugrundelegung der gesamten sieben OSI-Schichten.

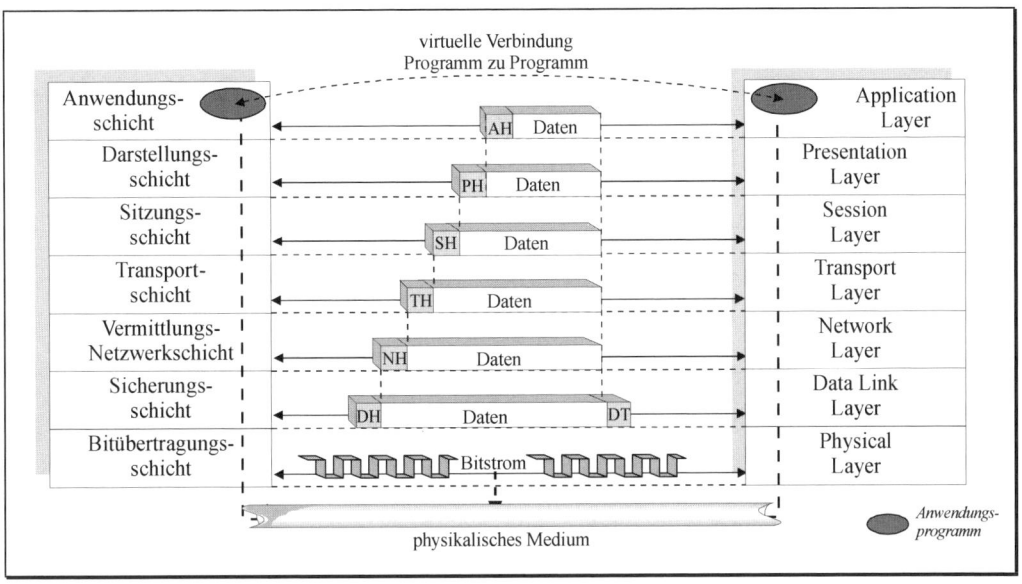

Abbildung 1.6-5: Kommunikationsprinzip nach dem OSI-Referenzmodell

AH – Header der Anwendungsschicht

NH – Header der Netzwerkschicht

PH – Header der Darstellungsschicht

DH – Header der Sicherungsschicht

SH – Header der Sitzungsschicht

DT – Trailer der Sicherungsschicht

TH – Header der Transportschicht

Mit Ausnahme der Applikationsschicht besitzen die Schichteninstanzen eine *SAP* Kommunikationsschnittstelle zur jeweils übergeordneten Instanz. Diese Schnittstelle wird als *Service Access Point SAP* bzw. auf der Schicht *n* als n-SAP bezeichnet. Es ist bemerkenswert, daß eine Schicht-n-Instanz über mehrere wohlunterschiedene n-SAPs verfügen kann. Zugleich ist es möglich, daß auf einer Schicht nicht nur eine, sondern durchaus mehrere Instanzen existieren können. Auch diesbezüglich muß jede Instanz über einen wohlunterschiedenen SAP verfügen. Hierfür sind verschiedene Begriffe gebräuchlich, z.B SAP-Name, Verbindungs-Endpunkt (*Connection-Endpoint-Identifier*) oder auch *Protokoll-Identifier* (=> Abbildung 1.6-6).

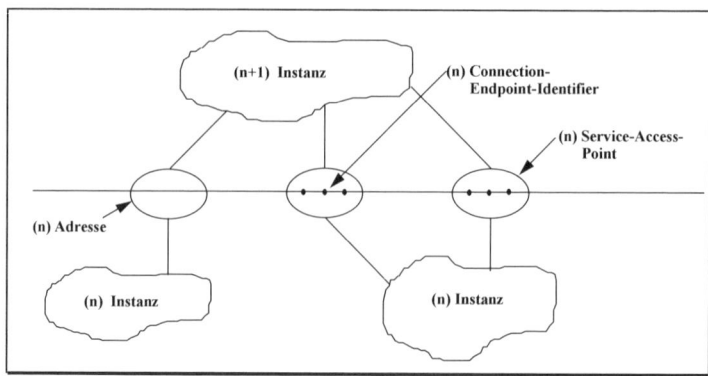

Abbildung 1.6-6:   Zusammenhang von Service Access Point (SAP) und Endpunkten
zwischen den Instanzen n und n+1

Folgender Zusammenhang ergibt sich daraus:

- *Service Access Point (SAP)*
  Verknüpfungspunkt, mit dem die Instanz der Schicht *n* ihre Dienste der
  Instanz der Schicht *n+1* zur Verfügung stellt.

- *Endpoint Identifier*
  Die Endpunktkennung bestimmt den *n*-Dienst, der bei einer Verbindung
  der Instanz der Schicht *n+1* zur Verfügung gestellt wird.

SSAP, DSAP Hieraus kann gefolgert werden, daß die sendende und die empfangende
Kommunikationsinstanz unterschiedliche SAPs aufweisen können. Diese
werden *Sender-SAP* (*SSAP*) und *Destination-SAP* (*DSAP*) genannt. Normalerweise ist – außer für Authentisierungszwecke – der DSAP von Relevanz.

NSAP, Während die Bezeichnung der Endpunkte auf der Schicht 3 (Netzwerk) glo-
Adressen, bal und widerspruchsfrei im Rahmen der ISO geregelt sind (diese Adressen
Selector werden als Network SAP oder NSAP bezeichnet), muß die sendende Instanz
zunächst die Endpunktkennung des Kommunikationspartners feststellen,
was als *Name-Lookup* bezeichnet wird. Der unter ggf. mehreren Antworten
ausgewählte Wert heißt *Selector*. Dieses Verfahren spielt vor allem beim
Übergang der Transportschicht auf die höheren Schichten und hier speziell
von der Präsentationsschicht zur Anwendungsschicht eine entscheidende
Rolle, da der Name-Lookup für jede Schicht vorzunehmen ist. Der zusam-
mengesetzte Name aus diesen Operationen wird als schichtenspezifische
Adresse bezeichnet. Beispiel:

Presentation Address = P selector, S selector, T selector, NSAP

1.6.2 Schichtenspezifische Funktion

Innerhalb des OSI-Referenzmodells besitzen die Schichten interne Funktionen, von denen die wichtigsten im folgenden kurz dargestellt werden sollen:

- *Puffern und Entpuffern*
  Eine Instanz einer niedrigeren Schicht kann PDUs einer höheren Schicht puffern und beim Erreichen des Zieles wieder entpuffern. Dies kann u.U. den Datendurchsatz erhöhen (=> Abbildung 1.6-7a).

- *Splitten und Wiedervereinigen*
  Splitting und Wiedervereinigen erlaubt einer *n*-Schicht, auf der *n-1*-Schicht in mehrere Verbindungen eingeteilt zu werden (=> Abbildung 1.6-7b).
  - Beispiel: X.25-Multilink-Prozeduren erlauben der Single Data Link-Schicht Zugriff auf mehrere physikalische Leitungen.

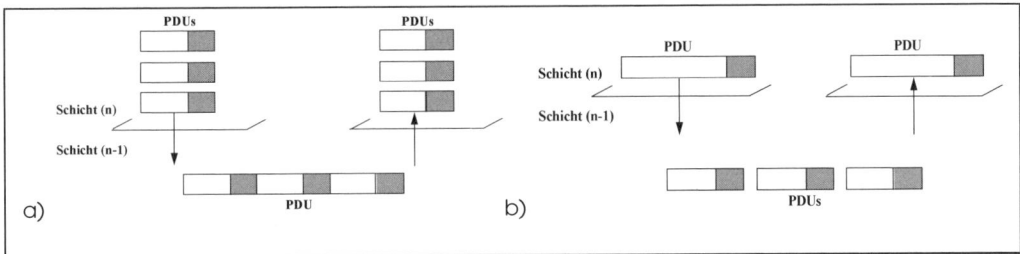

Abbildung 1.6-7: Schicheninterne Funktionen:
a) Puffern und Entpuffern von PDUs
b) Splitten und Wiedervereinigen von PDUs

- *Multiplexen*
  Multiplexen erlaubt mehreren *n*-Schichtverbindungen, auf nur eine *n-1*-Schichtverbindung zuzugreifen (=> Abbildung 1.6-8a).
  - Beispiel: Logische Kanäle der gemultiplexten Netzwerkschicht können auf nur einer Single Data Link-Verbindung in X.25 übertragen werden.

- *Segmentierung und Reassemblierung*
  Eine Instanz einer niedrigeren Schicht kann PDUs einer höheren Schicht segmentieren und beim Erreichen des Zieles wieder vereinigen, was zur Steigerung der Übertragungsrate oder zum Puffern führen kann. Verschiedene Netzwerke haben unterschiedliche charakteristische Größenlimitierungen (=> Abbildung 1.6-8b).

Im folgenden werden kurz die Vor- und Nachteile von Segementierung vorgestellt.

Vorteile der Segmentierung:
- Kleinere Nachrichten können zu höheren Durchsatzraten bei Netzwerken mit hoher Fehlerrate führen
- gerechterer Zugriff auf geteilte Übertragungsmedien
- Anwendungen mit großen Datenblocks könnten die Performance anderer Anwendungen herabsetzen
- effizientere Pufferausnutzung, da die Puffergröße nicht auf die Größe der längsten Nachricht heraufgesetzt werden muß
- effizientere Übertragung, da der Verlust eines Segments nicht unbedingt zur erneuten Übertragung der gesamten Sequenz führt
- Bruttodatenrate vergrößert sich bei gleichbleibender Nettodatenrate (Anmerkung: Dies sollte ausgeglichen werden durch den besseren Durchsatz kleinerer Nachrichten in Netzwerken mit hoher Fehlerrate)

Nachteile der Segmentierung
- Größerer Verarbeitungsoverhead, da jedes Fragment unabhängig von der Größe eine gewisse Prozeßzeit in Anspruch nimmt
- durch den steigenden Verarbeitungsoverhead kommt es öfters zu Unterbrechungen beim Empfänger
- mehr Bestätigungsnachrichten, was zur Erhöhung des Netzwerkoverheads beiträgt.

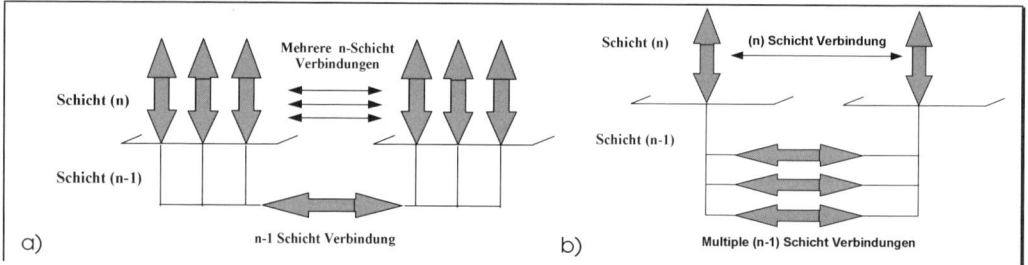

Abbildung 1.6-8:   Beispiel für schichteninterne Funktionen:
a) Multiplexen von Verbindungen
b) Segmentierung und Reassemblierung von PDUs

1.6.3 Detailbeschreibung der sieben OSI-Schichten

Im folgenden werden die Funktionen der einzelnen Schichten kurz erläutert.

- *Schicht 1 – Bitübertragungsschicht (Physical Layer):*
  Schicht 1 spezifiziert das Übertragungsmedium und die Regeln für die Übertragung von einzelnen Bits. Zu dieser Spezifikation gehören u.a.:
  - Leitungscodes (NRZ-Code, Manchester-Code etc.)
  - Funktionale Spezifikation von Kabeln und Steckerverbindern (V.24, X.21, RJ-45 etc.) sowie ihren mechanischen und elektrischen/-optischen Parametern
  - Bitübertragungsverfahren

- *Schicht 2 – Sicherungsschicht (Data Link Layer):*
  Die Sicherungsschicht hat die Aufgabe, eine sichere Übertragung zwischen zwei direkt benachbarten Stationen zu garantieren. Dazu werden die übertragenen Bits in sogenannte *Rahmen* (*Frames*) zusammengefaßt und mit einer Prüfsumme versehen. Dadurch ist eine Fehlererkennung möglich. In der Sicherungsschicht wird zwischen einem *gesicherten* und einem *ungesicherten Dienst* unterschieden. Der ungesicherte Dienst eliminiert – aufgrund eines entdeckten Fehlers – fehlerhafte Frames. Die Wiederholung eines verworfenen Rahmens, um Datenverluste auszuschließen, wird durch eine der höheren Schichten vorgenommen. Beim gesicherten Dienst werden fehlerhafte Frames erneut angefordert.
  In LANs wird die zweite Schicht in zwei Teilschichten aufgeteilt: Schicht 2a als sogenannte *MAC-Schicht* (*Media Access Control*). Sie regelt den Zugriff auf das Übertragungsmedium. Schicht 2b als sogenannte *LLC-Schicht* (*Logical Link Control*). Sie stellt die eigentliche Sicherungsschicht in LANs dar.

- *Schicht 3 – Vermittlungs-/Netzwerkschicht (Network Layer):*
  Diese Schicht hat die Aufgabe, Ende-zu-Ende-Verbindungen aufzubauen. Zu diesem Zweck muß für die einzelnen Datenblöcke ein Weg (*Route*) durch das Netz festgelegt werden. Die Aufgabe, die aus der Festlegung von Routen für eine Übertragung von Datenblöcken besteht, nennt man *Routing-Aufgabe*. Die Regeln, die dazu beitragen, eine Routing-Aufgabe zu lösen, werden in einem *Routing-Protokoll* zusammengefaßt. Die innerhalb von Schicht 3 übertragenen Datenblöcke werden oft *Pakete* genannt. Diese Schicht 3 stellt eine *Paketvermittlungsschicht* dar.

- *Schicht 4 – Transportschicht (Transport Layer):*
  Die Transportschicht hat die Aufgabe, eine virtuelle Ende-zu-Ende-

Verbindung für den Transport von Daten in Form von festgelegten Paketen zwischen den Endsystemen bereitzustellen. Die Aufgaben der Transportschicht bestehen vor allem in der Korrektur der Übertragungsfehler und sind von den Protokollen der Schicht 2 und 3 sehr stark abhängig. Aus diesem Grund definiert man verschiedene Klassen von Transportdiensten, die an die unterschiedlichen Protokolle innerhalb der Schichten 2 und 3 angepaßt werden.

- *Schicht 5 – Sitzungsschicht (Session Layer):*
  Schicht 5 ist die unterste Schicht der mehr für die *datenverarbeitungstypischen* (anwendungsorientierten) Aufgaben definierten Schichten 5, 6 und 7. Hier findet die Synchronisation und somit der geregelte Dialogablauf zwischen zwei Kommunikationsprozessen statt. Um den Dialogablauf optimal zu synchronisieren, sind Haupt- und Nebensynchronisationspunkte festgelegt worden. Diese Punkte erhalten fortlaufende Nummern, so daß bei einem auftretenden Fehler die verlorengegangene Synchronität wiederhergestellt werden kann.

- *Schicht 6 – Darstellungsschicht (Presentation Layer):*
  Die Umsetzung unterschiedlicher Darstellungen der Information (z.B. die Zeichensätze ASCII und EBCDIC) auf ein einheitliches Format auf der Senderseite ist die Aufgabe der Darstellungsschicht. Darüber hinaus kann diese Schicht geeignete Funktionen beinhalten, um Daten zu komprimieren, zu konvertieren und zu verschlüsseln. Von großer Bedeutung ist für diese Schicht das *ASN.1*-Konzept (*Abstract Syntax Notation*).

- *Schicht 7 – Anwendungsschicht (Application Layer):*
  In dieser Schicht werden Anwendungsprogramme angesiedelt. Einige von ihnen wurden bereits standardisiert. Zu den wichtigsten Standardanwendungen gehören u.a.:
  - E-Mail: Elektronische Post (CCITT-Standard X.400)
  - Verteilter Verzeichnisdienst (CCITT-Standard X.500)
  - FTAM (*File Transfer, Access and Manipulation*) als Standard für den Austausch von Dateien.

Gateways Wie Abbildung 1.6-1 weiter zeigt, sind Kommunikationsinstanzen vorgesehen, die zwischen unterschiedlichen Netzen vermitteln: Gateways. Diese Komponenten umfassen lediglich die untersten drei OSI-Schichten. Diese Begrifflichkeit wird inzwischen allerdings anders genutzt. Als *Gateway* wird eine Kommunikationskomponente bezeichnet, die unterschiedliche Protokolle (z.B. TCP/IP und OSI) auf der Applikationsschicht umsetzt. Unter dem OSI-Begriff „Gateway" werden heute unterschiedliche Netzwerkkomponenten verstanden, die auf den OSI-Schichten 1 bzw. 3 arbeiten:

- *Repeater* bzw. *Hubs* zur Kopplung, Erweiterung bzw. Trennung von Netzen auf der OSI-Schicht 1 (Bitübertragung bzw. physikalische Schicht)

- *Bridge* bzw. *Brücken* oder auch *Switches* zur Erweiterung und Kopplung der Netze auf der Schicht 2 (Datensicherungsschicht)

- *Router* auf der Netzwerk- bzw. Vermittlungsschicht 3, in der OSI-Nomenklatur im engeren Sinne als *Gateway* bezeichnet.

1.7 Funktionen der Kommunikationsprotokolle

In einem Netz können die zu übertragenden Daten verfälscht werden. Die Ursachen dafür sind meist auf die schlechte Qualität des Übertragungsmediums zurückzuführen. Des weiteren kann eine Verfälschung der Daten auch durch äußere Einflüsse wie etwa starke elektromagnetische Felder in der Umgebung oder durch das sogenannte Nebensprechen entstehen. Übertragungsstörungen führen entweder zu einer Datenverfälschung oder sogar zu einem Datenverlust. Um dies zu vermeiden, müssen entsprechende Funktionen in den Kommunikationsprotokollen enthalten sein. Im allgemeinen lassen sich diese Funktionen in drei Gruppen aufteilen:

- Fehlerkontrolle (*Fault Control*)

- Flußkontrolle (*Flow Control*)

- Überlastkontrolle (*Congestion Control*)

Die Fehlerkontrolle umfaßt alle Maßnahmen in einem Kommunikations-protokoll, die dazu dienen, Datenverfälschungen und -verluste während der Übertragung zu entdecken und zu beseitigen. Die Flußkontrolle bedeutet eine gegenseitige Anpassung der Sende- und der Empfangsseite in bezug auf die übertragene Datenmenge. Die Überlastkontrolle betrifft alle Vorkehrungen, die dazu dienen, ein Netz nicht zu überlasten. Bei der Überlastung eines Netzes müssen die übertragenen Datenblöcke oft verworfen werden und die Verweilzeit von Datenblöcken im Netz durch „Staus" in Knoten nimmt sehr stark zu. Im weiteren werden die Funktionen von Kommunikationsprotokollen näher erläutert.

Datenver-fälschungen und -verluste

1.7.1 Fehlerkontrolle

Die Fehlerkontrolle hat die Aufgabe, jede fehlerhafte Situation während der Datenübertragung zu entdecken und entsprechend zu beseitigen. Sie ist Bestandteil jedes Kommunikationsprotokolls und wird beim Empfänger mit Hilfe von festgelegten Quittungen (Bestätigungen) und beim Sender durch die Zeitüberwachung realisiert. Im weiteren werden alle möglichen Fehlersituationen dargestellt und notwendige Maßnahmen für deren Beseitigung aufgezeigt.

Allen Kommunikationsprotokollen liegen zwei „eiserne Regeln" zugrunde. Zunächst die erste eiserne Regel:

Erste
„eiserne
Regel"

> *Datenblöcke können während der Übertragung verfälscht werden. Deshalb muß nach dem Aussenden eines Datenblockes eine Kopie davon auf der Quellstation gehalten werden, für den Fall, daß eine wiederholte Übertragung notwendig wird.*

Datenblöcke haben in verschiedenen Kommunikationsprotokollen und Kommunikationsebenen unterschiedliche Namen. Insbesondere werden sie auch als Datenpakete, kurz Pakete (Schicht 3), Datenrahmen oder Frames (Schicht 2) bezeichnet. Im folgenden wird einheitlich das Wort Datenblock verwendet.

Im weiteren wird gezeigt, daß negative Auswirkungen infolge der Verfälschung von übertragenen Datenblöcken durch die Realisierung dieser Regel und durch die wiederholte Übertragung ausgeglichen werden können. In diesem Zusammenhang zeigt Abbildung 1.6-1a eine fehlerlose Übertragung eines Datenblocks. Daraufhin wird von der Empfangsseite positiv quittiert (bestätigt) und seine Kopie in der Quellstation gelöscht. Eine Quittung stellt ebenfalls einen kurzen, vom Protokoll festgelegten Datenblock dar.

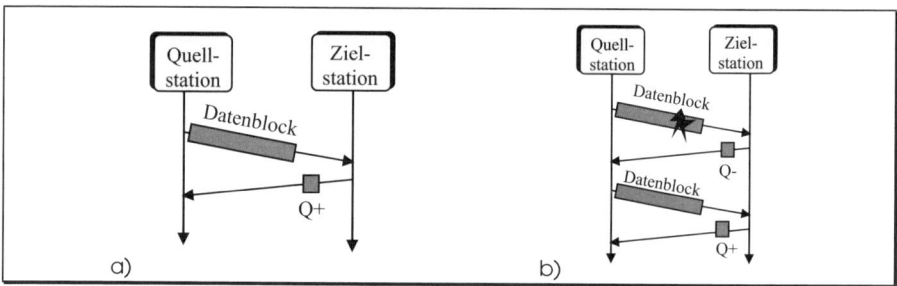

Abbildung 1.7-1:   Übertragung eines Datenblocks:
a) fehlerlos
b) fehlerhaft
Q+: positive Quittung, Q–: negative Quittung

In Abbildung 1.7-1b tritt bei der Übertragung des Datenblocks eine Störung *Negative* auf, was eine negative Quittierung zur Folge hat. Der gestörte Datenblock *Quittung bei* wird durch die Zielstation einfach verworfen. Da eine Kopie des betreffen- *Störungen* den Datenblocks in der Quellstation gehalten wird, sendet die Quellstation den gleichen Datenblock wiederholt – diesmal fehlerfrei – zu der Zielstati- on, die ihn positiv quittiert. Die Kopie des übertragenen Datenblocks kann nun in der Quellstation gelöscht werden.

Eine besondere Situation entsteht dadurch, daß nicht nur die Datenblöcke *Verfälschung* während der Übertragung verfälscht werden können, sondern auch die *von* Quittungen. Wird eine positive Quittung so verfälscht, daß die Quellstation *Quittungen* sie als negative Quittung interpretiert, führt dies zu einer unnötigen wieder- holten Übertragung des betreffenden Datenblocks und zur „Verdoppelung" von Daten am Ziel.

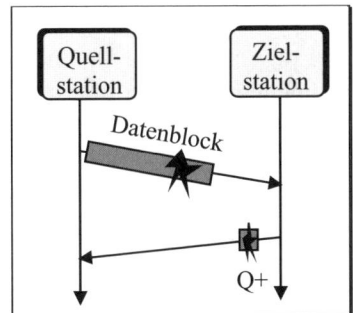

Abbildung 1.7-2:   Worst-case einer Datenübertragung:
                            Daten und Quittung werden verfälscht

Der schlimmste Fall (*worst-case*) bei der Übertragung eines Datenblocks entsteht dann, wenn sowohl der übertragene Datenblock als auch dessen negative Quittung verfälscht werden. Wie Abbildung 1.7-2 veranschaulicht, empfängt die Quellstation in diesem Fall eine positive Quittung und könnte die Kopie des Datenblocks löschen. Dies würde zum Verlust des Daten- blocks führen. Um einen solchen Fall in den Griff zu bekommen, müssen bei den Kommunikationsprotokollen zwei Stufen der Fehlerkontrolle reali- siert werden. Die hier angesprochene Fehlerkontrolle bezieht sich nur auf die Übertragung einzelner Datenblöcke. Sie entstehen oft aufgrund der Segmentierung von zu übertragenden Dateien (Nachrichten). Die Fehler- kontrolle muß auch auf Dateiniveau realisiert werden. Die einzelnen Daten- blöcke, die zu einer Datei gehören, werden in der Zielstation zu einer Datei zusammengesetzt. Ist ein Datenblock der Datei in der Zielstation nicht vor- handen, so sendet sie eine negative Quittung, die sich auf diese Datei bezieht. Die Quellstation muß dann entweder den verlorengegangenen Datenblock oder sogar die ganze Datei nachsenden.

Die zweite eiserne Regel, die bei allen Kommunikationsprotokollen realisiert werden muß, um Datenverluste während der Übertragung erkennen zu können, lautet:

Zweite
„eiserne
Regel"

Datenblöcke können bei der Übertragung verlorengehen, man kann also nur eine begrenzte Zeitlang auf eine positive oder negative Quittung für einen Datenblock warten.

Dies muß mit Hilfe einer Zeitüberwachung realisiert werden, um die Verluste von Datenblöcken während der Übertragung erkennen zu können. Dazu ist im Protokoll eine maximale Wartezeit auf eine Quittung festzulegen. Eine solche Wartezeit wird auch als *time-out* bezeichnet und kann als „Geduldzeit" interpretiert werden. Nach dem Absenden eines Datenblocks muß die Überwachung der maximalen Wartezeit auf die Quittung aktiviert werden. Es stellt sich die Frage, wann die Datenblöcke während der Übertragung eigentlich verlorengehen. Daß ein übertragener Datenblock bei einem plötzlichen Bruch der Leitung verlorengeht, ist selbstverständlich, doch selten der Fall. Die häufigste Ursache für den Verlust eines Datenblocks ist eine Verfälschung im Header oder Trailer, so daß er auf der Leitung nicht vollständig erkannt und damit in der Zielstation nicht aufgenommen werden kann.

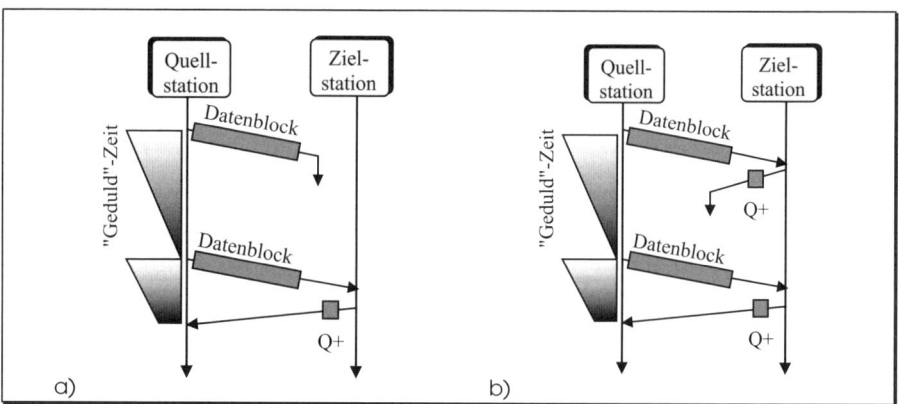

Abbildung 1.7-3:   Fehlerhafte Übertragung:
a) Datenblockverlust
b) Quittungsverlust

Geduldzeit Abbildung 1.7-3a illustriert eine fehlerhafte Situation, in der ein Datenblock verlorengegangen ist. Nach dem Absenden des Datenblocks wird die

„Geduld"-Zeit überwacht. Kommt innerhalb dieser Zeit keine Quittung an, so interpretiert dies die Quellstation als verlorengegangenen Datenblock und wiederholt die Übertragung. Nach dem wiederholten Absenden kommt eine positive Quittung noch während der „Geduldzeit" an, und die Kopie des Datenblocks kann gelöscht werden. Auch eine Quittung kann verlorengehen. Wie Abbildung 1.7-3b zeigt, kann dies ebenfalls mit Hilfe der Zeitüberwachung erkannt werden. In einem solchen Fall kann ein Datenblock in der Zielstation doppelt vorhanden sein. Deswegen muß für die Zielstation irgendwie klar werden, daß es sich um keinen neuen Datenblock handelt, sondern um eine wiederholte Übertragung. Werden die übertragenen Datenblöcke nicht numeriert, kann das zur Verdopplung von Daten am Ziel führen. Derartige Datenverdopplungen kann man mit der Numerierung von Datenblöcken ausschließen. Aus diesem Grund werden bei allen Kommunikationsprotokollen die übertragenen Datenblöcke entsprechend numeriert.

Bei einer fortlaufenden Numerierung der übertragenen Datenblöcke kann die Zielstation erkennen, ob es sich um eine wiederholte Übertragung handelt. Ein doppelt vorhandener Datenblock kann auf diese Weise entdeckt werden. Eine Numerierung der übertragenen Datenblöcke besteht darin, daß jedem Datenblock eine bestimmte Sequenznummer zugeteilt wird. Die Numerierung der Informationsrahmen kann aber nicht beliebig fortgesetzt werden. Die Ursache dafür ist die begrenzte Anzahl von Bits für die Nummernabspeicherung im Header des Datenblocks, so daß die Datenblöcke nach dem Modulo-Verfahren zu numerieren sind. In den meisten Fällen wird die Numerierung entweder nach dem Modulo-8- oder dem Modulo-128-Verfahren realisiert. Bei Modulo 8 werden die einzelnen Datenblöcke von 0 bis 7 gekennzeichnet und verschickt. Ist die 7 als letzte Nummer vergeben worden, wird der Zähler zurückgesetzt, und die Numerierung startet bei 0. Äquivalent dazu funktioniert die Numerierung nach dem Modulo-128-Verfahren, bei dem Nummern bis 127 vergeben werden.

Numerierung der Datenblöcke

Bei der Numerierung von Datenblöcken kann eine Gruppe von empfangenen Blöcken gleichzeitig durch die Zielstation quittiert werden und dadurch die Verkehrslast auf dem Netz – infolge einer geringeren Anzahl von Quittungen – reduzieren.

Numerierung

Beim Aufbau einer Verbindung muß sichergestellt sein, daß die Quellstation den Datenblöcken diejenigen Sequenznummern zuteilt, die auch von der Zielstation erwartet werden. Aus diesem Grund ist zu vereinbaren, welchen Zahlenwert das Fenster hat und mit welcher Sequenznummer bei der Übertragung der Datenblöcke begonnen wurde.

1.7.2 Flußkontrolle

Bei der Datenübermittlung tritt häufig der Fall ein, daß die Daten beim Sender rascher „produziert" werden, als sie der Empfänger „konsumieren" kann. So ist ein Situation vorstellbar, in der ein Großrechner im Netz eine große Menge von Daten an einen entfernten kleinen Drucker übermittelt. Der Großrechner muß, um ein Überfließen des Druckerspeichers zu verhindern, die Menge von zu übertragenden Daten der Aufnahmefähigkeit des Druckers anpassen. Die Anpassung muß durch entsprechende Kommandos vom Drucker gesteuert werden. Dieses einfache Beispiel deutet auf die Wichtigkeit der gegenseitigen Abstimmung zwischen Quell- und Zielstation in bezug auf die Menge von zu übertragenden Daten hin.

Maßnahmen Unter der Flußkontrolle versteht man alle Maßnahmen, die zur Anpassung der gesendeten Datenmenge der Quellstation an die Aufnahmekapazität der Zielstation führen. Die Flußkontrolle kann realisiert werden:

- mit Hilfe von Meldungen: Halt, Weitersenden
- mit Hilfe von Krediten
- über einen Fenstermechanismus.

Flußkontrolle mittels Meldungen: Halt, Weitersenden Dieses Verfahren regelt den Datenfluß in nur einer Richtung. Hierbei verfügt der Empfänger über zwei Extrameldungen: „Halt und Weitersenden", die er dem Sender zurückschicken kann. Stellt der Empfänger fest, daß er nicht mehr in der Lage ist, die empfangenen Daten aufzunehmen, schickt er dem Sender die Halt-Meldung. Der Sender ist nach dem Empfang dieser Halt-Meldung verpflichtet, das Senden von Daten einzustellen, bis der Empfänger die Weitersenden-Meldung übermittelt und damit den Halt-Zustand aufhebt. Ein Nachteil dieses einfachen Verfahrens besteht in der Tatsache, daß eine Verfälschung der Meldungen Halt oder Weitersenden besondere Konsequenzen mit sich bringt. Wird die Meldung Halt während der Übertragung verfälscht und vom Sender als Weitersenden empfangen, so sendet er die Daten weiter. Kommt die Meldung Weitersenden beim Sender als Halt an, wird der Sendeprozeß auf Dauer gestoppt.

Flußkontrolle mittels Krediten Bei einer Flußkontrolle mit Hilfe von Krediten erteilt der Empfänger dem Sender einige Kredite für die Übermittlung von Datenblöcken. Sind diese Kredite aufgebraucht, muß der Sender die Übertragung einstellen. Ein Kredit definiert eine Anzahl von Datenblöcken, d.h. deren Sequenznummer, die der Sender abschicken darf, ohne auf eine Quittung vom Empfänger warten zu müssen. Hierbei ist die maximale Länge der Datenblöcke festgelegt. Im Normalfall werden die Kredite laufend erteilt, so daß ein ununterbrochener Datenverkehr aufrechterhalten werden kann.

Die Übertragung von Krediten muß vor Störungen geschützt werden. Bei der Störung einer Kreditmeldung könnte der Sender ohne weitere Kredite bleiben und der Empfänger auf weitere Datenblöcke warten. Damit wäre die Datenübermittlung blockiert. Es muß sichergestellt sein, daß eine Kreditmeldung nicht verdoppelt wird. Wäre dies nicht der Fall, könnte der Sender weitere Informationsrahmen senden, die vom Empfänger nicht aufgenommen werden könnten.

Diese Methode stützt sich vor allem auf die Sequenznummern von übertragenen Datenblöcken. Vor der Datenübermittlung sprechen sich Quell- und Zielstation über ein sogenanntes *Fenster* innerhalb des Wertebereiches der Sequenznummern ab. Die Fenstergröße W bedeutet: Die Quellstation darf maximal W Datenblöcke absenden, ohne auf eine Quittung warten zu müssen, d.h. W ist bei der Quellstation als die Anzahl der Kredite zu interpretieren. Bei der Zielstation ist W als Kapazität des Empfangspuffers für die ankommenden Datenblöcke zu interpretieren. *Flußkontrolle über Fenster-Mechanismus*

Abbildung 1.7-4 zeigt ein Beispiel, in dem die Fenstergröße W=3 und die Datenblöcke nach dem Modulo-8-Verfahren numeriert werden.

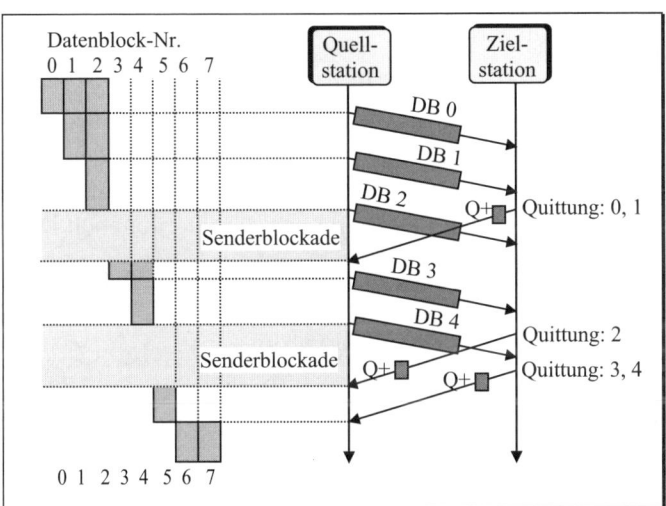

Abbildung 1.7-4:   Veranschaulichung der Flußkontrolle über den Fenster-Mechanismus

Bei W=3 darf die Quellstation drei Datenblöcke absenden, ohne auf eine Quittung warten zu müssen. Diese Abbildung zeigt gleichzeitig die freie Sequenznummer, die der Sender für die Numerierung verwenden darf. In diesem Fall sind maximal drei Nummern zu vergeben. Wie aus dieser Abbildung ersichtlich, ist während der Übertragung der ersten drei Datenblök- *Beispiel eines Fenster-mechanismus* ke keine Quittung angekommen, also muß die Quellstation den Sendeprozeß unterbrechen. Dies führt zu einer Senderblockade. Nach der ersten positiven Quittung, mit der die Datenblöcke mit den Nummern 0 und 1 positiv quittiert wurden, darf sie zwei weitere Datenblöcke senden. Dieses Beispiel zeigt, welche Auswirkungen die Fenstergröße auf die Auslastung des Übertragungsmediums hat. Insbesondere im Fall W=1 muß man nach dem Absenden jedes Datenblocks den Sendeprozeß stoppen. Dies führt selbstverständlich zu einer schlechten Ausnutzung des Übertragungsmediums.

Die Fenstergröße ist als fester Kredit für die Vergabe von Nummern für die abzusendenden Datenblöcke zu betrachten. In den meisten Kommunikationsprotokollen wird die Flußkontrolle nach dem Fenstermechanismus eingesetzt.

1.7.3 Überlastkontrolle

Ein Netz hat eine bestimmte Aufnahmekapazität, d.h. zu einem bestimmten Zeitpunkt kann sich nur eine begrenzte Anzahl von Datenblöcken hierin befinden. Wird diese Anzahl überschritten, entstehen für den Netzbenutzer folgende negative Auswirkungen:

- Die Aufnahmepuffer im Netz (in Knoten) sind voll, was dazu führt, daß die im Netz eintreffenden Datenblöcke verworfen werden müssen.
- Es bilden sich Warteschlangen von Datenblöcken vor den Übertragungsleitungen, was große Verweilzeiten der Datenblöcke im Netz verursacht. Dadurch entstehen große Verzögerungen der übertragenen Datenblöcke.

Congestion Control Um derartige Auswirkungen zu vermeiden, müssen Maßnahmen ergriffen werden. Vorkehrungen, die verhindern, daß das Netz überlastet wird, faßt man unter dem Begriff der Überlastkontrolle (*Congestion Control*) zusammen. Die wichtigsten Kriterien für die Beurteilung der Überlastung von Netzen sind:

- Durchsatz
- Datenverweilzeit im Netz (Verzögerung).

Durchsatz Unter dem Durchsatz eines Netzes versteht man den Anteil des Datenverkehrs, der von dem Netz akzeptiert wird. Den Verlauf des Durchsatzes in Abhängigkeit vom Gesamtdatenverkehr zeigt Abbildung 1.7-5a. Ist der Datenverkehr im Netz klein (kleine Belastung), so werden alle ankommenden Datenströme durch das Netz aufgenommen. Bei einer geringen Belastung des Netzes müssen normalerweise keine Vorkehrungen gegen die Überlast ergriffen werden. Hingegen müssen bei einer hohen Netzbelastung bestimmte Maßnahmen vorgenommen werden, um die Überlastung zu vermeiden. Diese Maßnahmen führen zur Einschränkung der Datenmenge, die ins Netz gesendet wird.

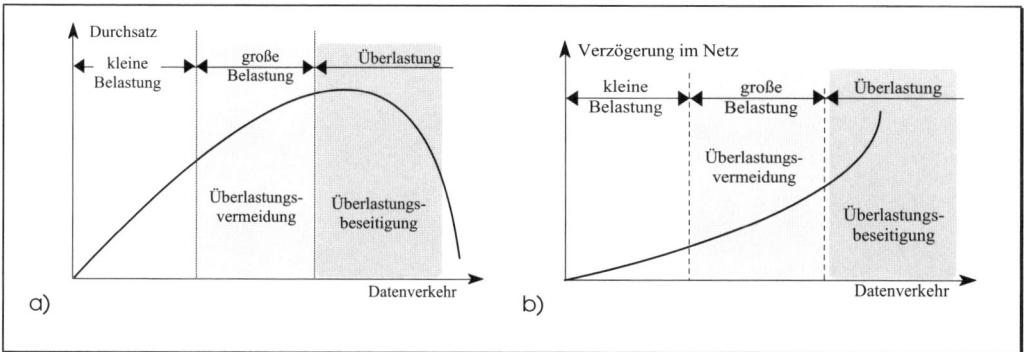

Abbildung 1.7-5:   Auswirkungen der Netzüberlastung:
                        a) auf den Durchsatz
                        b) auf die Datenverweilzeit im Netz

Ist der Datenverkehr im Netz so groß, daß das Netz als überlastet zu bezeichnen ist, müssen andere Aktionen eingeleitet werden, mit denen die bestehende Überlastung beseitigt werden kann. Wie aus Abbildung 1.7-5a ersichtlich ist, nimmt der Durchsatz in der Überlastsituation mit zunehmendem Datenverkehr sehr stark ab.

Die Abbildung 1.7-5b veranschaulicht, welche Auswirkungen die Netzbelastung auf das Verhalten der Datenverweilzeit (*Latenzzeit*) im Netz hat. In einer Überlastsituation muß mit großen Verzögerungen für die Datenübertragung im Netz gerechnet werden.   *Netzlatenzzeit*

Die wichtigste Maßnahme für die Vermeidung von Überlasten besteht in der Einschränkung der Datenströme, die ins Netz fließen. Welche Maßnahmen gegen die Überlastung in einzelnen Netzen und Kommunikationsprotokollen ergriffen werden, hängt auch von der Realisierung der Flußkontrolle ab.

2 Komponenten der TCP/IP-Protokollfamilie

TCP/IP und das Internet sind den meisten aufgrund ihrer populären Anwendungen wie dem *World Wide Web* (*WWW*) vertraut. Das dem WWW zugrundeliegende *Hypertext Transfer Protocol HTTP* soll in diesem Kapitel zusammen mit den anderen wichtigen Standardanwendungen *TELNET*, *FTP* (Filetransfer) und dem E-Mail Protokoll *SMTP* besprochen werden.

Zuvor gilt es aber, die prinzipielle Arbeitsweise des TCP/IP-Kommunikationsmodells zu diskutieren, was auf Grundlage des im vorigen Kapitel vorgestellten ISO/OSI-Referenzmodells erfolgen soll. Zur Orientierung dient ferner der Versuch, den Umfang der in Internet-Standards festgehaltenen RFCs nach inhaltlichen Kriterien zu kategorisieren. Spätestens an dieser Stelle wird dem Leser bewußt werden, daß selbst nach der Lektüre dieses Buchs „Technik der IP-Netze" viele in Internet-RFCs festgehaltene Standards an anderer Stelle vertieft werden müssen. Hierzu zählt z.B. das Netzmanagement (SNMP) sowie andere, in aktivem Einsatz befindliche Verfahren, speziell auch im Hinblick auf Internet-Sicherheit (Authentisierung, Verschlüsselung).

2.1 TCP/IP-Protokolle im Schichtenmodell

TCP/IP sieht im Gegensatz zum OSI-Referenzmodell (=> Abschnitt 1.6) lediglich vier Kommunikationsschichten vor:

- *Data Link DL*, die mit dem jeweiligen LAN bzw. Trägernetz identifiziert wird, entsprechend den Schichten 1 und 2 im OSI-Referenzmodell)

- *Netzwerkschicht* mit den Protokollen IPv4 sowie IPv6 und DHCP und weiteren, die funktionsidentisch ist mit der Schicht 3 im Siebenschichtenmodell

- TCP und UDP und andere als Implementierungen auf der *Transportschicht*, wobei auch diese Aufgabe der OSI-Schicht 4 1:1 entspricht,

- *Anwendungsschicht*, auf der die TCP/UDP-Dienste wie z.B. TELNET oder WWW zu finden sind.

Das TCP/IP-Modell verzichtet auf die Unterteilung in die Schichten 5 und 6. Die hier anfallenden Aufgaben und Funktionen sind in die Applikationen integriert. Abbildung 2.1-1 verdeutlicht die funktionale Gliederung der TCP/IP-Protokollfamilie auf dem Hintergrund des Schichtenmodells. Wie daraus ersichtlich ist, besteht der TCP/IP-Protokollsatz nicht nur aus den Protokollen TCP und IP, sondern beinhaltet eine ganze Reihe weiterer Protokolle. Das TCP/IP-Kommunikationsmodell macht für ein einzelnes Protokoll nur sehr spärliche Aussagen, auf welcher expliziten Schicht es angesiedelt ist. Unter Berücksichtigung dieses Umstands wollen wir die wichtigsten Internet-Protokolle zunächst schichtenspezifisch in Kurzform vorstellen.

Netzwerk-schicht IPv4 und IPv6 benötigen aufgrund der unterschiedlichen Adreßstrukturen jeweils angepaßte Versionen der Protokolle ARP/RARP, ICMP/IGMP und BGP/OSPF sowie alle Dienste, deren Aufgabe die Verwaltung von IP-Adressen und von Ressourcen (z.B. Bandbreite) auf Schicht 3 ist.

- *IP: Internet Protocol*
  Das IP-Protokoll liegt sowohl in der alten Version 4 (IPv4) als auch in der aktuellen Version 6 (IPv6) vor. Dieses Protokoll stellt einen verbindungslosen Datagrammdienst für das TCP- und das UDP-Protokoll dar. IPv4 und IPv6 sind unterschiedliche Implementierungen auf der Netzwerkschicht und nutzen getrennte Adreßräume bzw. Adressierungsverfahren.

- *ARP: Address Resolution Protocol*
  Dieses Protokoll ist ein Broadcast-Dienst zur dynamischen Ermittlung einer MAC-Adresse aufgrund einer gegebenen IP-Adresse.

- *RARP: Reverse Address Resolution Protocol*
  Dieses Protokoll unterstützt ebenfalls die Adressierung und stellt das Gegenstück zu ARP dar. Es hat die Aufgabe, für eine bekannte MAC-Adresse die zugewiesene IP-Adresse zu bestimmen.

- *ICMP: Internet Control Message Protocol*
  Dieses Protokoll dient der Übertragung von Fehlermeldungen und anderen Steuerungsinformationen.

- *IGMP: Internet Group Management Protocol*
  gilt als Erweiterung von ICMP und dient vornehmlich dazu, IP-Systeme
  in sog. Multicast-Gruppen aufzunehmen bzw. hieraus zu entfernen.

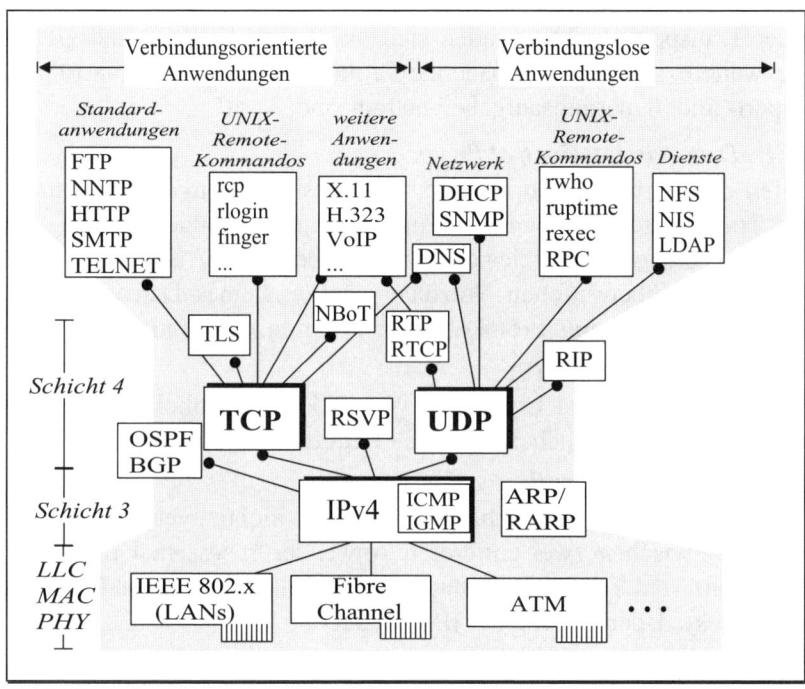

Abbildung 2.1-1: TCP/IPv4-Protokolle im Schichtenmodell
FTP: File Transfer Protocol, NNTP: Network News Transfer Protocol,
HTTP: Hypertext Transport Protocol, SMTP: Simple Mail Transport
Protocol, TELNET: Terminalprogramm, VoIP: Voice over IP, DNS: Do-
main Name System, DHCP: Dynamic Host Configuration Protocol,
SNMP: Simple Network Management Protocol, RPC: Remote Procedure
Calls, NFS: Network File System, NIS: Network Information Services,
LDAP: Leightweight Directory Access Protocol, TLS: Transport Layer
Security, NBoT: NetBIOS over TCP, RTP: Real Time Protocol, RTCP:
Real Time Control Protocol, RSVP: Reservation Protocol, RIP: Routing
Information Protocol, OSPF: Open Shortest Path First, BGP: Border Ga-
teway Protocol, ATM: Asynchronous Transfer Mode, RSVP: Resource
Reservation Protocol

- *OSPF: Open Shortest Path First*
  ist ein Routing-Protokoll, das vor allem bei Internet-Routern Verwendung findet.

- *BGP: Border Gateway Protocol*
  Das BGP-Protokoll stellt eine aktuelle Implementierung *eines Exterior Gateway Protocols* (*EGP*) dar und dient zum Routing zwischen sog *Autonomer Systeme*.

Transport-schicht Auf der Transportschicht befinden sich die Protokolle TCP und UDP und einige weitere auf UDP aufbauende Protokolle, die mit weiterführenden Transport- und Steuerungsaufgaben betraut sind.

- *TCP: Transmission Control Protocol*
  liefert eine verbindungsoriertierte, zuverlässige Datenkommunikation auf der Transportschicht. TCP ist kein Datagramm-, sondern ein sog. Bytestream-Protokoll, d.h. relevant für die Übertragung sind keine Pakete, sondern die übermittelten Nutzdaten in Form eines Datenstroms. TCP besitzt für die höheren Protokolle eine Programmie rschnittstelle.

- *T/TCP: TransactionTCP*
  eine Erweiterung und Ergänzung von TCP im Hinblick auf die Bereitstellung eines zusätzlichen schnellen Request/Response-Modus.

- *UDP: User Datagram Protocol*
  ist ein Protokoll für die verbindungslose und nicht zuverlässige Kommunikation zwischen zwei entfernten Anwenderprozessen. UDP bietet im Gegensatz zum TCP einen Datagrammdienst und gibt keine Garantie für die korrekte Übermittlung der IP-Pakete.

- *RIP: Routing Information Protocol*
  dient als internes Routing-Protokoll vornehmlich in kleineren Netzen.

- *RTP: Real Time Protocol*
  hat die Aufgabe, zeitkritische Anwendungen, wie Audio- und Videoübertragungen, über ein UDP/IP-Netz zu unterstützen. Ihm steht das *Real Time Control Protocol RTCP* zur Seite.

- *RSVP: Resource Reservation Protocol*
  Dem RSVP fällt die Steuerungsaufgabe zu, einen *Quality of Service QoS* für die Übertragungsstrecke zu sichern.

- *NBoT: NetBios over TCP/IP*
  NetBIOS (*Network Basic Input Output System*) ist eine Programmschnittstelle (API), die häufig von Windows- und OS/2-Endsystemen genutzt wird. Das Protokoll NBoT legt fest, wie NetBIOS über TCP/IP-Netze zu übertragen ist.

- *TLS: Transport Layer Security*
  ist der offizielle Nachfolger der *Secure Socket Layer (SSLv3)-*

Implementierung von Netscape und bietet eine Applikations-transparente Sitzungs-Authentisierung und Verschlüsselung auf Grundlage von TCP.

Wir wollen die in Abbildung 2.1-1 dargestellte Systematik der Anwendungsprotokolle mit Hilfe der wichtigsten Applikationen kurz erläutern.

Anwendungsprotokolle

- *TELNET*
  Wie bereits im Abschnitt 1.1 kurz dargestellt, kann das TELNET-Protokoll – mit dem sich der Anwender in einer interaktiven Sitzung auf einem entfernten Computer einloggen kann – als Urvater der anwendungsbezogenen TCP/IP-Protokolle verstanden werden.

- *FTP: File Transfer Protocol*
  FTP dient zur Übertragung von Dateien zwischen zwei über ein TCP/IP-Netzwerk verbundene Endsysteme. Es ist bewußt einfach und robust aufgebaut, so daß die Nutzdatenübertragung auch über schlechte Verbindungen (Satellitenkommunikation) und zwischen sehr unterschiedlichen Rechnersystemen möglich ist.

- *SMTP: Simple Mail Transport Protocol*
  Die Übertragung von elektronischer Post geschieht im Internet mittels des SMTP. Heute wird in der Regel das *Extended SMTP* (*ESMTP*) eingesetzt, das eine 8-Bit-transparente Übertragung der Nachrichten ermöglicht.

- *HTTP: Hypertext Transport Protocol*
  Neben SMTP ist HTTP die wichtigste Anwendung im Internet, da es für die Übertragung zwischen Web-Browser und Web-Client sorgt. HTTP ist eine Weiterentwicklung des *Network News Transport Protocols NNTP*, unterscheidet sich aber von diesem inhaltlich durch die Kenntnis und Mitteilung des sog. MIME-Contents (*Multipurpose Internet Mail Extension*) der Nachricht.

- *Weitere auf TCP basierende Anwendungen*
  Hierzu zählen solche Anwendungen, die nicht originär als Internet-RFCs sondern von dritter Seite entwickelt wurden. Als Beispiel hierfür kann das *X-Windows-System* (aktuell *X.11R6*) genannt werden, das einen graphischen, fensterorientierten Zugriff mit Mausunterstützung auf ein bzw. mehrere entfernte (vorwiegend UNIX-) Systeme bietet. Auch die Erweiterung *NetBios* über TCP/IP läßt sich hier einreihen, sowie die Übertragung von Sprache über TCP/IP (*Voice over IP VoIP*) oder mittels des CCITT-Standards *H.323* auf RTP/UDP.

- *UNIX-Kommandos*
  Im Rahmen der Entwicklung von UNIX BSD haben einige spezifische UNIX-Kommandos eine Netzwerk-Erweiterung (*r: remote*) erfahren.

Hierzu zählen z.B. *rlogin*, *rcp*, *rexec* und Protokolle zur Druckeransteuerung *lpr/lpq/lpd*. Aufbauend auf den SUN OS *Remote Procedure Calls RPC* hat sich das *Network File System NFS* entwickelt, das in UNIX-Netzen stark verbreitet ist. Diese Protokolle setzen sowohl auf TCP als auch bevorzugt auf UDP auf.

- *Netzwerkanwendung*
  Zum Einrichten und zum Management großer IP-basierender Netze wurden eine ganze Reihe von Internet-Protokollen geschaffen. Das wohl wichtigste Protokoll im Internet ist das *Domain Name System DNS*, mit dem der Internet-Namensraum dynamisch verwaltet wird. Zur Konfiguration von IPv4-Clients hat sich das aus dem *BOOTP* hervorgegangene Protokoll *DHCP* (*Dynamic Host Configuration Protocol*) bewährt, die Überwachung von IP-Netzen obliegt dem *Simple Network Management Protocol SNMP*.

- *Weitere Dienste*
  Zu diesen lassen sich bereits erwähnte *NFS* zählen wie auch die verteilten Datenbankanwendungen *Network Information Service NIS* (früher auch *Yellow Pages YP* genannt) und das aktuelle *Lightweight Directory Access Protocol LDAP*.

2.2 Kommunikationsprinzipien der TCP/IP-Protokollfamilie

Die Zusammenarbeit der TCP/IP-Protokolle soll auf Grundlage der Kommunikationsprinzipien erfolgen, die im Abschnitt 1.6 als ISO/OSI-Referenzmodell vorgestellt wurden.

Schichten-aufbau und Verkapselung Wie wir bereits festgestellt haben, gliedert sich die TCP/IP-Protokollfamilie lediglich in die drei Schichten Applikation, Transport und Netzwerk. Applikations- und Transportschicht werden auch häufig gemeinsam als *Hostschicht*, die Netzwerkschicht auch als *Gatewayschicht* bezeichnet. Eine vierte Schicht – *Data-Link* (*DL*) – rundet das TCP/IP-Schichtenmodell nach unten ab (=> Abbildung 2.2-1a). Anwendungsdaten werden um den Applikationsheader ergänzt und als *Nachricht* von der Transportschicht entgegengenommen. Unter Nutzung der Dienste von TCP wird eine Nachricht in *Segmente* eingeteilt und um den TCP-Header bereichert. Würde die Applikation hingegen auf dem verbindungslosen UDP aufsetzen, so würde dies in der Erzeugung eines *UDP-Datagramms* mit entsprechendem UDP-Header resultieren. TCP bzw. UDP reichen das Segment bzw. das Datagramm an die Netzwerkschicht weiter, wo entweder ein IPv4- oder ein IPv6-Paket erzeugt wird. Letzteres liegt allein in der Kontrolle der sendenden Station und ist von der Applikation abgeschirmt. Dieses Verfahren wird generell als *Verkapselung* (engl. *Encapsulation*) bezeichnet.

Entsprechend Abbildung 2.2-1 kommen hierbei auf jeder Schicht entsprechende Dienstgrundfunktionen zum Zuge. Im Gegensatz zum OSI/ISO-Referenzmodell sind diese weniger formell als funktional definiert, worauf wir weiter unten eingehen werden.

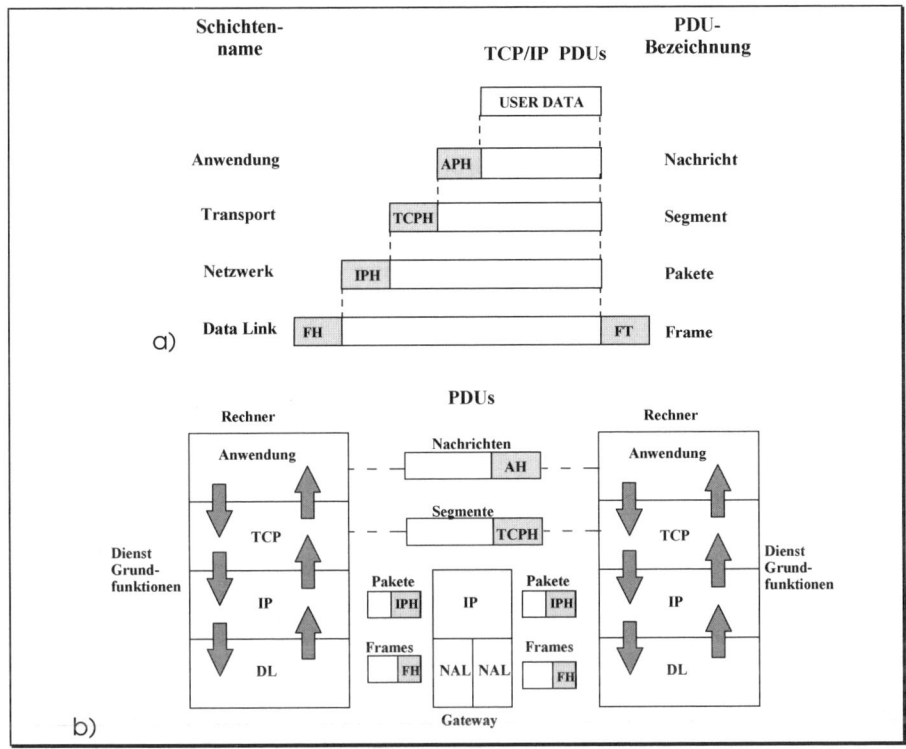

Abbildung 2.2-1: Eigenschaften der TCP/IP-Kommunikation:
a) Verkapselung der Nutzdaten auf den TCP/IP-Schichten
b) Kommunikationsablauf zwischen benachbarten Schichten
DL: Data-Link, FH: Frame-Header, FT: Frame-Trailer,
IPH: IP-Header, TCPH: TCP-Header, APH: Applikations-Header

Eine wichtige innere Eigenschaft einer Schicht ist ihr Vermögen, eine Nachricht entsprechend ihrem internen Datenpuffer bzw. den Anforderungen der unterliegenden Schicht zu fragmentieren, in kleinere Segmente aufzusplitten und mit einer Sequenznummer eindeutig zu kennzeichnen. Im Fall von TCP

Fragmentierung

beträgt die maximale Größe eines Segments 64 kByte. Die TCP-Instanz im Zielrechner setzt die empfangenen Segmente mit einer eindeutigen Sequenznummer wieder zusammen. Gehen Daten bei der Übertragung verloren bzw. werden diese verfälscht, so fordert die Empfänger-TCP-Instanz die Retransmission der Daten ab dem letzten korrekt empfangenen Segment erneut an. Diese Aufgabe ist beim Einsatz von UDP auf der Transportschicht nicht vorgesehen und muß daher von der Applikationsschicht vorgenommen werden.

Abbildung 2.2-2 illustriert, daß eine Fragmentierung nicht nur die UDP- und TCP-Instanz des Senders vornimmt, indem die Nachricht in Segmente bzw. UDP-Datagramme aufgespalten wird, sondern auch von den im Übertragungsweg liegenden Routern bzw. Gateways auf der Netzwerkschicht, d.h. durch die Teilung von IPv4- und IPv6-Paketen und Erzeugung von neuen IP-Headern mit entsprechender Kontrollinformation.

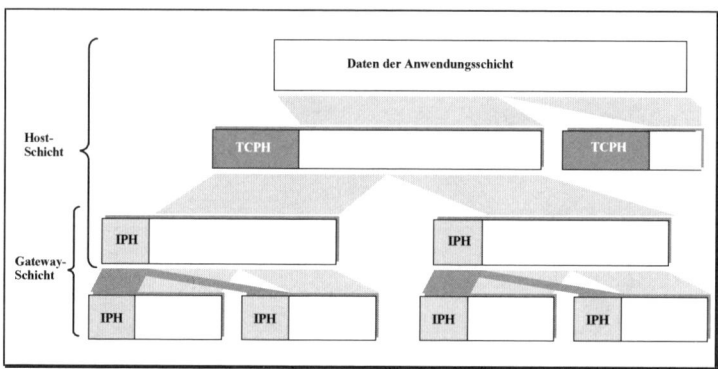

Abbildung 2.2-2: Fragmentierung auf der Hostschicht in TCP-Segmente und auf der Gatewayschicht in IP-Pakete

IP-Adressen Die wichtigsten Angaben, die den zu übertragenden Daten von IP hinzugefügt werden, sind die Adresse von Quell- und Zielrechner. Für die Adressierung wird bei IPv4 eine 32 Bit lange IP-Adresse benutzt. Der Aufbau der IP-Adressen wird in Abschnitt 3.3 dargestellt. IPv6-Adressen besitzen hingegen eine variable Länge, die sich nach den Erfordernissen der Schicht-3-Kommunikation ausrichtet (=> Abschnitt 6.7). Eine IP-Adresse ist mit einer postalischen Adresse vergleichbar. Analog zu Postadressen unterscheiden sich die IP-Adressen nach

- *Unicast-*,
- *Multicast-* und
- *Broadcast-Adressen.*

Während für die TCP/IP-Kommunikation in der Regel Unicast-Empfänger-Adressen genutzt werden, finden Multicast- bzw. Broadcast-Adressen für bestimmte Steuerungsaufgaben Verwendung, wie dies in Kapitel 3 ausführlich dargestellt ist.

Der Kommunikationsaufbau über TCP ist ähnlich wie beim Telefonieren. Es *Ports* gibt einen aktiven Partner – den Anrufer – und einen passiven – den Angerufenen. Bevor zwei Programme miteinander kommunizieren können, müssen sich die Kommunikationsendpunkte untereinander verständigen. Diese Punkte werden als *Empfängerport* und *Sender-Port* bezeichnet und müssen als Adressen bei den Protokollangaben in den einzelnen Schichten verwendet werden. Die Portnummer haben somit die gleiche Funktion inne wie die *Service Access Points* (*SAP*) im ISO/OSI-Referenzmodell. Beide Kommunikationspartner müssen daher eine Ziel-Portnummer vereinbart haben, unter der der passive Partner auf das Zustandekommen einer Verbindung wartet (Abbildung 2.2-3). Der Datenübermittlung nach dem Protokoll TCP ist das Kapitel 4 gewidmet.

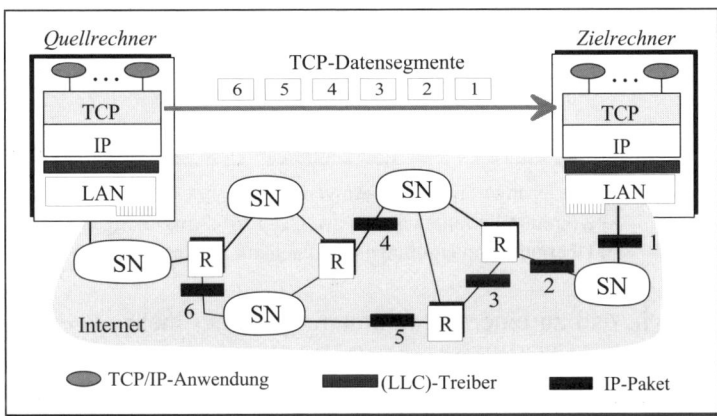

Abbildung 2.2-3: Zusammenarbeit von TCP und IP
SN: Subnetwork

Die TCP/IP-Applikationen, wie z.B. SMTP oder FTP, sind feste Standard- *Well Known* anwendungen, die unter den allgemein bekannten und weltweit eindeutigen *Ports* Portnummern (in Zielrechnern!) erreichbar sind (=> Abbildung 2.2-4a). Eine derartige Nummer wird in der TCP/IP-Welt als *Well Known Port* bezeichnet. Eine Zusammenstellung von Standardanwendungen und deren Portnummern kann in der Datei */etc/services* in Rechnern unter UNIX eingesehen werden. Eine Auflistung der wichtigsten Well-Known-Ports befindet sich im Anhang A3 dieses Buches.

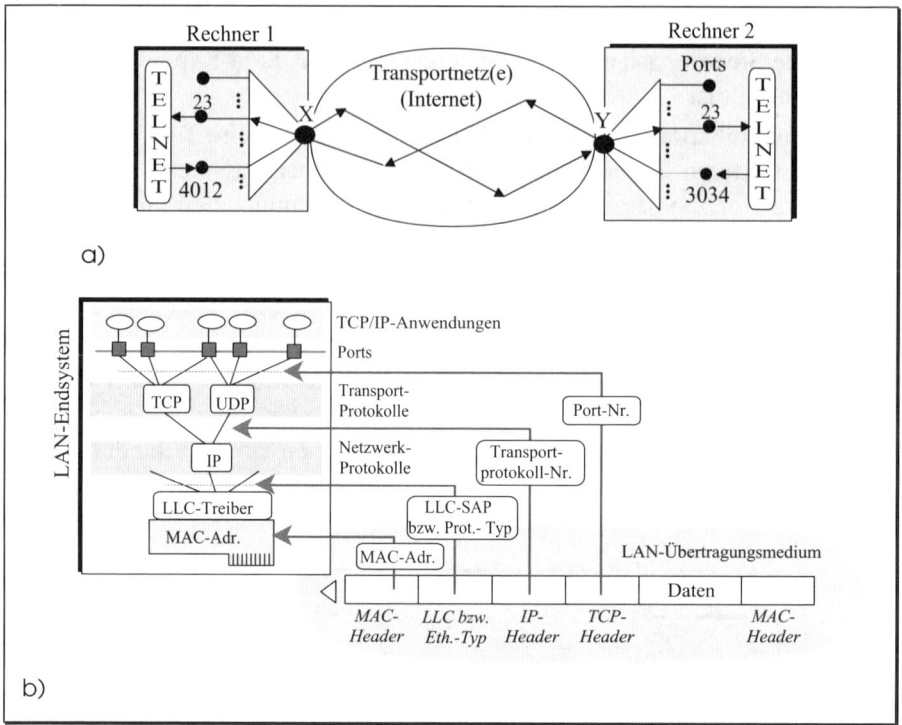

Abbildung 2.2-4: Adressierung von TCP/IP-Anwendungen:
a) Kommunikation zwischen zwei TCP/IP-Anwendungen
b) Übergabe von empfangenen Daten zur Anwendung

Sockets Es ist möglich, daß zu einem bestimmten Zeitpunkt mehr als eine Anwendung die Protokolle TCP/IP oder UDP/IP benutzen kann. Um das zu realisieren, muß IP mit TCP bzw. UDP entsprechend zusammenarbeiten. Als
Socket definieren wir die beiden Tupel

$$\textit{Socket: } \{(IP\text{-}Adr,Port)\text{-}Sender),(IP\text{-}Adr,Port)\text{-}Empfänger)\},$$

d.h. die IP-Adresse und die Portnummer des Senders bzw. Empfängers, die
den Endpunkt einer TCP-Verbindung darstellen. Sockets sind somit auf die
Kommunikationspartner sowie auf die Zeitdauer der Verbindung beschränkt. Es genügt, wenn eines der vier Kriterien sich unterscheidet, z.B.
die Portnummer des Senders. Jedem Socket steht im Rechner ein reservier-
ter Speicherplatz als Kommunikationspuffer zur Verfügung. Die zu übertragenden und zu empfangenden Daten werden jeweils in dem für die Sockets
reservierten Kommunikationspuffer abgelegt.

Eine TCP-Verbindung zwischen zwei Anwendungen ist vollduplex und *Multiplexing* setzt sich aus zwei gegengerichteten unidirektionalen Verbindungen zusammen. In bezug auf die oben eingeführten Sockets dreht sich für jede unidirektionale Verbindung die Sender- und Empfängerreihenfolge bei IP-Adresse und Portnummer um. Aufgrund der Lokalität reicht dies für einen wohldefinierten Socket aus.

> *Beispiel:* Abbildung 2.2-4a illustriert eine TCP-Verbindung zwischen TELNET-Anwendungen. Da dem TELNET weltweit die Portnummer 23 zugewiesen wurde, bedeutet dies, daß die TELNET-Anwendung in jedem Zielrechner immer unter der Portnummer 23 erreichbar ist. Wie hier ersichtlich ist, wird für die Richtung von Rechner *1* zu Rechner *2* dem TELNET im Quellrechner 1 die Portnummer 4012 und im Zielrechner *2* die Portnummer 23 zugewiesen. In der Gegenrichtung wurde dem TELNET im Quellrechner *2* die Portnummer 3034 und im Zielrechner *1* die Portnummer 23 zugewiesen. Beim Aufbau einer TCP-Verbindung wird mit der Angabe der Ziel-Portnummer mit TCP-Segment dem Zielrechner mitgeteilt, daß die „ankommende" TCP-Verbindung die TELNET-Anwendung verlangt. Es ist selbstverständlich, daß diese Verbindung im Quellrechner ebenfalls durch die gleiche TELNET-Anwendung initiiert wurde. Der TELNET-Anwendung im Rechner *1* kann aber eine andere Portnummer (hier z.B. 4012) zugeordnet werden. Abbildung 2.2-4b verdeutlicht, wie die empfangenen Daten an die richtige Anwendung übergeben werden.

Das gleiche Konzept gilt auch für UDP-Verbindungen. Da UDP und TCP *UDP-Port-* unterschiedliche Kommunikationsinstanzen sind, können für diese durchaus *mappper* gleiche Portnummern belegt werden. Ein Problem für das Socketkonzept bei UDP ist seine Verbindungslosigkeit. Während beim TCP der Verbindungsaufbau und auch der -abbau nach Regeln erfolgt und somit die Wiederverwendbarkeit eines Sockets von der TCP-Instanz selbst verwaltet werden kann, benötigt UDP hierzu einen Hilfsdienst, der als *Portmapper* bezeichnet wird. Der Portmapper kann als Buchhalterdienst verstanden werden, der einerseits auf Anforderung UDP-Ports dynamisch zuweisen kann, andererseits die lokale Freigabe eines Sockets regelt. Seine Hauptaufgabe besteht darin, dafür zu sorgen, daß der gleiche Socket nicht zur gleichen Zeit mehrfach benutzt wird.

Jedes LAN-Endsystem ist unter einer MAC-Adresse erreichbar, die als phy- *MAC-* sikalische LAN-Adresse zu sehen ist. Ob ein MAC-Frame von einem LAN- *Adressen* Endsystem empfangen werden muß, entscheidet man nach der MAC-Adresse.

Eine der Aufgaben der LLC-Schicht in LANs besteht darin, die Multiproto- *LLC-* kollfähigkeit zu gewährleisten. Die LLC-Schicht wird oft mittels eines *Schnittstelle*

LLC-Treibers implementiert. Beispielsweise wird ein LLC-Treiber unter dem Netzwerkbetriebssystem:

- Windows von Microsoft als *NDIS* (*Network Driver Interface System*) bezeichnet.
- NetWare von Novell *ODI* (*Open Data Link Interface*) genannt.

Der LLC-Treiber entscheidet nach der Angabe SAP (*Service Access Point*) im LLC-Header, zu welchem Netzwerkprotokoll die einlaufenden Daten übergeben werden sollen.

Im IP-Header gibt das Feld *Protokoll* Auskunft darüber, an welches Transportprotokoll (z.B. UDP, TCP) die Daten weitergegeben werden sollen. Die Portnummern von TCP und UDP dienen also dazu, die Inhalte aus den empfangenen IP-Pakete der richtigen Anwendung zu übergeben. Unter UNIX sind die wichtigsten IP-Anwendungen in der Date */etc/protocols* (=> Anhang A2) aufgelistet.

Peer-to-Peer Das Kommunikationsmodell von UDP und TCP basiert auf einer sog. *Peer-to-Peer-Kommunikation*, d.h. einem gleichberechtigten Partnermodell. Hierbei gibt es im Gegensatz zum konkurrierenden Client/Server-Kommunikationsmodell keinen bevorzugten, die Kommunikation steuernden Partner.

Client/Server Anders verhält sich der Sachverhalt auf der Applikationsschicht. Hier fällt z.B. dem TELNET-Server die Aufgabe zu, seinen Dienst für einen Anwender, den (TELNET-)Client, bereitzustellen. Client und Server können sich sowohl auf dem gleichen System als auch auf Rechnern befinden, die über ein TCP(UDP)/IP-Netzwerk verbunden sind. Im Gegensatz zu einigen anderen Protokollen, wie beispielsweise NetBIOS, nimmt der Server kein sog. *Advertising* seines Dienstes vor. Vielmehr sind die Serverdienste explizit durch zugeordnete TCP-Ports allgemein bekannt (*Well Known Port*) bzw. werden bei UDP durch den Portmapperdienst, dem selbst ein fester UDP-Port zugewiesen ist, verwaltet.

2.3 Wichtige Anwendungsprotokolle

Generell können alle Anwendungen in zwei Klassen aufgeteilt werden:

- verbindungsorientierte Anwendungen,
- verbindungslose Anwendungen.

Sitzung Kriterium für die Entscheidung, ob eine Anwendung verbindungslos oder verbindungsorientiert ist, stellt die Tatsache dar, daß die Applikationsinstanz den Zustand ihres jeweiligen Kommunikationspartners aufgrund entsprechender Steuerungsinformationen kennt. Als wichtiges Merkmal gehört hierzu die Unterteilung des Kommunikationsablaufs in Phasen, die normalerweise durch

- einen *Verbindungsaufbau*,
- die *Datenübertragung* und
- den *Abbau der Verbindung*

gekennzeichnet sind. In diesem Zusammenhang wird von einer *Sitzung* gesprochen. Zu den verbindungsorientierten verteilten Anwendungen gehören diejenigen, für die eine virtuelle Verbindung zwischen zwei Endsystemen aufgebaut werden muß. Diese Anwendungen nutzen für die Kommunikation in der Regel das Protokoll TCP oder die Kombination von RTP und UDP (=> Abbildung 2.1-1). Zu den verbindungslosen verteilten Anwendungen gehören diejenigen, für die keine virtuelle Verbindung zwischen zwei Endsystemen aufgebaut werden muß. Diese Anwendungen nutzen für die Kommunikation das Protokoll UDP.

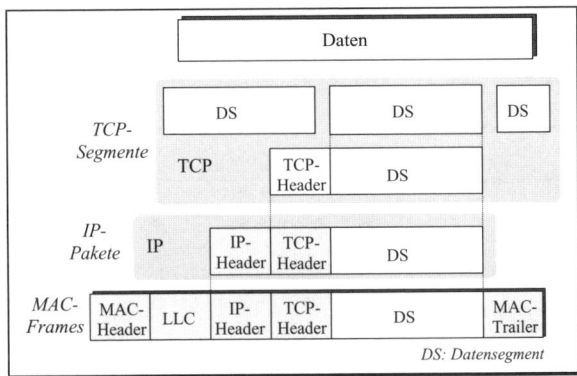

Abbildung 2.3-1: Vorbereitung der Daten für die Übertragung nach TCP/IP über ein IEEE 802.x-LAN

Bei der Datenübertragung wird die anfallende Arbeit in einem TCP/IP-Netz unter den Protokollen aufgeteilt. In Abbildung 2.3-1 wird gezeigt, daß eine zu übertragende Datei von TCP in einzelne Segmente aufgeteilt ist. Danach wird jedes Segment mit einem eigenen TCP-Header versehen und bildet ein TCP-Segment. Anschließend gibt TCP die Segmente an IP weiter. IP wiederum versieht jedes TCP-Segment mit einem IP-Header, in dem die entsprechende IP-Adresse aufgeführt ist. Auf diese Weise entstehen die IP-Pakete. Schließlich wird das IP-Paket an ein Netzwerk weitergeleitet. Dort kommen ein MAC-Header und der übliche MAC-Trailer hinzu. Jetzt erst

Arbeitsteilung der Protokolle

kann ein Datensegment in Form eines MAC-Frames über das Netz zum Ziel geschickt werden. Am Ziel angekommen, erfolgt die Umwandlung des Frames in umgekehrter Reihenfolge.

2.3.1 TELNET

Das TELNET-Protokoll (RFC 854) setzt auf TCP auf und erlaubt das Einloggen und zeichenorientierte, interaktive Arbeiten auf einem entfernten, über TCP/IP erreichbaren Zielsystem. Initiator ist der TELNET-Client, der die Verbindung zum TELNET-Server – in der Regel einem Mehrplatzsystem – aufnimmt. Der TELNET-Server ist unter dem TCP-Port 23 zu erreichen. TELNET unterstützt das Einloggen auf einem entfernten System durch die Übermittlung einer Benutzerkennung, der Übertragung eines unverschlüsselten Kennwortes, sowie optional einer sog. Account-Kennung.

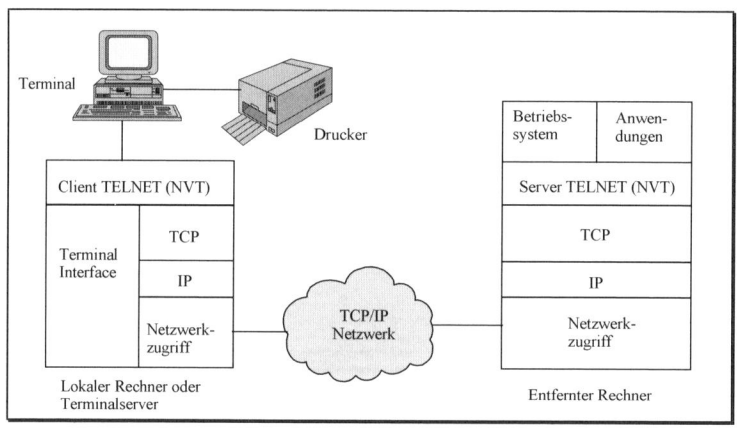

Abbildung 2.3-2: Konzept des Network Virtual Terminals

NVT Das Arbeitsmodell von TELNET fußt auf dem Konzept eines Network Virtual Terminals NVT, dessen Funktionsumfang und Arbeitsweise von einem realen und früher stark verbreiteten DEC VT52 Terminal abgeleitet ist. Das NVT besteht aus einer virtuellen Tastatur, die 128 US-ASCII-Zeichen erzeugen kann und einem an diesen angeschlossenen (virtuellen) Drucker, der nur bestimmte ASCII-Zeichen drucken kann („*quoted-printable*"), wobei andere als Steuerungsparameter dienen. Das TELNET-Protokoll arbeitet *halbduplex* insofern, als der Client Kommandos abgibt, auf die der Server im Gegenzug mit zeilenweisen Änderungen der (virtuellen) Bildschirminhalte reagiert. Anschließend werden diese vom Server an den Client übertragen und auf dem (realen) Bildschirm angezeigt.

Für den zeilenweisen Betrieb ist wichtig, daß eine Übertragung durch ein *CRLF*
Zeilen-Endezeichen getriggert wird. Dieses Zeilen-Endezeichen (*End-of-Line EOL*) ist durch die Sequenz *Carriage Return <CR>* und *Line Feed <LF>*, d.h. *<CRLF>*, mit dem hexadezimalen ASCII-Code x'0D0A' bestimmt und wird auch von vielen weiteren Protokollen wie z.B. FTP, SMTP etc. eingesetzt. Der TELNET-Datenstrom besteht normalerweise aus einem 8-Bit-Bytes ASCII-Code, durch den die zu übertragenden Zeichen dargestellt werden.

Die Umschaltung zwischen dem Nachrichtenübertragungs- und dem Kom- *TELNET-*
mandomode geschieht durch das Kontrollsignal x'FF', was als „Interpret As *Kommandos*
Command" IAC verstanden wird und an den sich ein TELNET-Kommando anschließt. Als Konsequenz hieraus wird ein Nachrichtenbyte x'FF' durch die Kombination x'FFFF' dargestellt. Tabelle 2.3-1 gibt einen Überblick über die im Anschluß an das IAC zur Verfügung stehenden TELNET-Kommandos, z.B. <IAC, DO>.

Name	ASCII-Code (dezimal)	Beschreibung
EOF	236	Dateiende
SUSP	237	Halte laufenden Prozeß an
ABORT	238	Prozeß abbrechen
EOR	239	Zeilenende
SE	240	Ende der Unterverhandlungsparameter
NOP	241	Keine Operation
DM	242	Datenteil eines SYNCH-Signals
BRK	243	Pausen -Signal
IP	244	Unterbrechungsprozeß
AO	245	Unterbreche Ausgabe
AYT	246	Are You There? (Lebenszeichen)
EC	247	Lösche Zeichen
EL	248	Lösche Zeile
GA	249	"Geh weiter"-Signal
SB	250	Start der Unterverhandlungsparameter
WILL	251	Befehle zur Änderung von Optionen
WON'T	252	Befehle zur Änderung von Optionen
DO	253	Befehle zur Änderung von Optionen
DON'T	254	Befehle zur Änderung von Optionen
IAC	255	Interpretiere als Befehl (muß vor allen hier genannten Codes stehen)

Tabelle 2.3-1:   TELNET Steuerungskommandos

Der TELNET-Client gelangt in den Kommandomode, indem er eine Esca-
pe-Sequenz auf der Tastatur eingibt, die im allgemeinen in der Zeichenfolge
„^]" besteht. Eine Unterbrechung der Übertragung (z.B. eines Bildschirmin-
haltes) wird üblicherweise erzwungen durch die Eingabe eines „^C" beim
TELNET-Client. Dies führt zur Auslösung des TELNET-Kommandos
<IAC, IP>. Es schließt sich eine Kontrollsequenz <IAC, DO, TM> an, die
dem Server mitteilt, daß alle zuvor empfangenen Daten hinfällig geworden
sind. Dieses synchronisiert der TELNET-Server mit der Sequenz <IAC,
WILL, TM> und <IAC,DM>.

Verbindungs- Das TELNET-Protokoll arbeitet in drei Phasen:
phasen
1. Verbindungsaufnahme und Verhandlung der Bildschirmeigenschaften
2. TELNET-Sitzungsphase
3. Abbau der TELNET-Verbindung

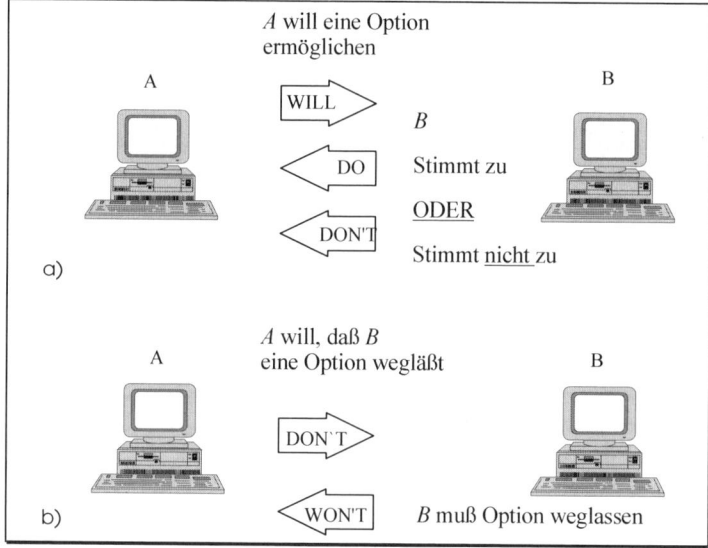

Abbildung 2.3-3: Mögliche Verhandlungsabläufe der TELNET-Optionen:
a) erfolgreiche Verhandlung
b) mit abgelehnten Verhandlungsparametern

Suboption Die Phase der Verbindungsaufnahme ist hierbei von besonderem Interesse,
Negotiation da hier zu Beginn der Sitzungsaufnahme die Bildschirm- bzw. TELNET-
Übertragungsparameter (*Option Negotiation*) von jedem der Partner ange-
fragt und anschließend gemeinsam ausgehandelt werden. Hierzu wird, wie
in Tabelle 2.3-1 dargestellt, die Kombination IAC mit jeweils einem folgenden Kommando WILL, DO, WONT bzw. DONT genutzt (Abbildung 2.3-3).

Wie aus Abbildung 2.3-3b hervorgeht, kann kein Partner einen anderen zwingen, einem bestimmten Modus zu entsprechen. Die Ablehnung eines Übertragungsmodus muß honoriert werden, wobei die Minimalkonfiguration der des NVT entspricht – also eine halbduplex, zeilenorientierte TELNET-Sitzung.

Suboption Nummer (dezimal)	Bezeichnung	RFC
0	Binary Transmission	856
1	Echo	857
3	Suppress And Go Ahead	858
5	Status	859
6	Timing Mark	860
7	Remote Controlled Trans And Echo	726
8	Output Line Width	NIC 20196
9	Output Page Size	NIC 20197
10	Output Carriage-Return Disposition	652
11	Output Horizontal Tab Stops	653
12	Output Horizontal Tab Disposition	654
13	Output Formfeed Disposition	655
14	Output Vertical Tabstops	656
15	Output Vertical Tab Disposition	657
16	Output Linefeed Disposition	658
17	Extended ASCII	698
18	Logout	727
19	Byte Macro	732
20	Data Entry Terminal	735
23	Send Location	779
24	Terminal Type	930
25	End Of Record	885
29	TN3270 Regime	1041
30	X.3 PAD	1053
31	Window Size	1073
32	Terminal Speed	1079
33	Remote Flow Control	1372
34	Linemode (Kludge)	1184
35	X Display Location	1096
36	Environment Variablen	1408
37	Authentication	1409
38	Encryption	
39	Environment	1572
40	TN3270E	2355

Tabelle 2.3-2:   Wichtige TELNET Suboptionen
NIC: Network Information Centre

TN3270 Zur Ausnutzung der Möglichkeiten moderner Terminals, die sich durch die Verwendung des Full-Screen-Modus auszeichnen und insbesondere zur Unterstützung von Bildschirmen, die wie die IBM-3278-Modelle im Blockmodus statt im Zeilenmodus arbeiten, gestattet es TELNET durch eine sog. *Suboption Negotiation*, die Spezifika des (virtuellen) Terminals zwischen TELNET-Server und -Client festzulegen (Tabelle 2.3-2).

Die spezielle Nutzung des TELNET-Protokolls zur Emulierung eines IBM 3278-Terminals wird als TN3270 bezeichnet und ist ein gutes Beispiel, wie die TELNET-Suboptionen erfolgreich eingesetzt werden können. Die Charakteristik von IBM 3270-Bildschirmen weicht in nahezu allen Fällen vom vorgestellten NVT ab und zwar

- arbeiten 3270-Bildschirme im sog. Block- und nicht im Zeilenmodus, d.h. es wird immer ein gesamter (geänderter) Bildschirminhalt übertragen;
- wird statt eines ASCII-Zeichensatzs ein IBM-spezifischer EBCDIC-Zeichensatz verwendet (=> System/370 Extended Architecture Reference Summary);
- nutzt ein 3270-Bildschirm spezielle Funktionstasten wie ATTN, SYS-REQ und PA1 bis PA3.

TN3270 *Verbindungs- aufnahme* Eine typische TELNET-Verbindungsaufnahmesequenz mit den in Tabelle 2.3-2 erläuterten Codes sieht folgendermaßen aus:

IBM Host mit TN3270 Server	TN3270 Client	Ablauf
<IAC,DO,24>	<IAC,WILL,24>	Server möchte Bildschirmtyp-Verhandlung und Client gibt Zustimmung
<IAC,SB,24,1,IAC,SE>	<IAC,SB,24,0, "IBM3278-2",IAC,SE>	Server geht in SB-Mode und fragt mit „1" den Modus des Clients nach, worauf dieser mit „IBM3278-2" antwortet
<IAC,DO,0>	<IAC,WILL,0>	Binary Mode
<IAC,DO,25>	<IAC,WILL,25>	End of Record Mode

Tabelle 2.3-3:   Suboptionen Verhandlung für den TN3270 Modus

Mitgift Aus der Diskussion des TELNET-Protokolls mit seinem zugrundeliegenden Konzepts des NVT wollen wir drei zentrale Aspekte festhalten, die uns als Vererbungsmerkmale auch bei den weiteren Protokollen begegnen werden:

- Adressen und Kommandos werden als *7-Bit-Byte US-ASCII-Zeichen* (quoted-printable) dargestellt; daher sind insbesondere auch keine Umlaute erlaubt.

- Kommandos sind *case-insensitive*, da sie für die Übertragung immer in Großbuchstaben darstellt werden.

- Als *Zeilen-Endezeichen* fungiert die Kombination *<CRLF>*, d.h. die hexadezimale Sequenz x'0D0A'.

2.3.2 FTP

Das *File Transfer Protocol FTP* ist ein Dateien-Übertragungsprotokoll, das Dienste auf der Sitzungs-, Darstellungs- und Anwendungsschicht bereitstellt. FTP ist so aufgebaut, daß es auch bei schlechten Übertragungsstrekken (Satellitenverbindungen) und unter Zugrundelegung stark unterschiedlicher Rechnerarchitekturen eine robuste und sichere Dateienübertragung gewährleistet. Ein statuskontrollierter Wiederanlauf der Datenübertragung bei Verbindungsunterbrechung ist aber nicht vorgesehen.

FTP benutzt daher folgende Merkmale: *FTP-Modell*

- FTP setzt auf dem verläßlichen, verbindungsorientierten Transportprotokoll TCP auf.

- Das FTP-Modell definierte eine symmetrische Client-/Server-Kommunikation (FTP-Client und FTP-Server).

- FTP nutzt im Gegensatz zum TELNET getrennte TCP-Verbindungen für Initiierung und Aufrechterhaltung der Sitzung (Port 21) bzw. Kommando/Kontroll- und die Datenübertragung (Port 20). Dies kann auch als *Out-of-Band-Signalisierung* bezeichnet werden.

- Für die Abwicklung der FTP-Sitzung (Kommandoverbindung) zieht FTP eine Untermenge des TELNET-Protokolls heran. Sowohl Kommando-(Kontroll-)Verbindung als auch Datenverbindung arbeiten vollduplex.

- Durch die Trennung des Kommando- vom Datenübertragungsmodus ist prinzipiell ein „Drei-Partner-Betrieb" möglich, der aber kaum genutzt wird.

- Die FTP-Kommandoverbindung zieht nur eine relativ geringe Anzahl von Kommandos für die Datenübertragung heran, die im Gegenzug durch einen dreistelligen Statuscode quittiert werden.

Die Arbeitsweise des FTP-Modells kann aus Abbildung 2.3-4 entnommen *Inactivity* werden. Bei vielen FTP-Server-Implementierungen wird ein *Inactivity Ti-* *Time-Out Limit me-Out Limit* auf die Kommando-Verbindung von 900 Sekunden gesetzt (15 Minuten). Die Uhr läuft zwischen zwei abgegebenen FTP-Kommandos.

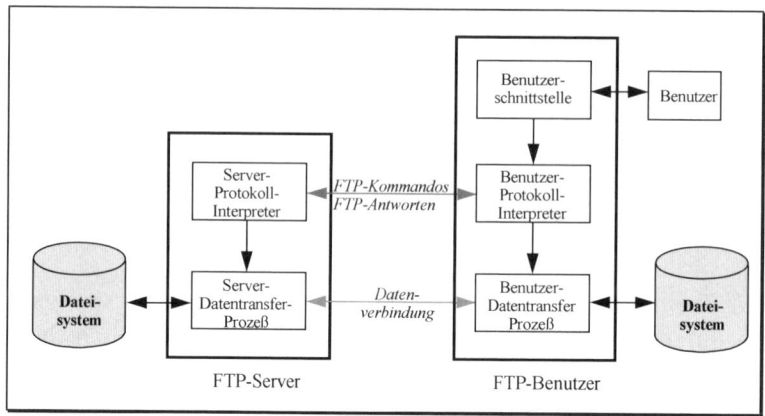

Abbildung 2.3-4: FTP-Funktionsmodell

Dienst-merkmale FTP stellt die folgenden Dienste an Dateien und Verzeichnissen bereit:

- Wechselweises Übertragen von Dateien zwischen Client und Server.
- Die Übertragung von mehreren Dateien ist möglich, aber keine Übertragung von ganzen Verzeichnissen bzw. Verzeichnisbäumen. Zugriffsrechte auf Dateien werden i.d.R. nicht übernommen.
- Erzeugen von Dateien und Verzeichnissen.
- Löschen von Dateien und Verzeichnissen.
- Wechseln des aktuellen Verzeichnisses.
- Anhängen von Dateien bzw. Daten an existierende Dateien.

Es ist zu beachten, daß bei der FTP-Datenübertragung evtl. vorhandene gleichnamige Dateien ohne Rückfragen überschrieben werden, unabhängig davon, ob die Übertragung erfolgreich war oder nicht. Das FTP-Modell verlangt ferner, daß alle von den Defaultgrößen abweichenden Einstellungen vor der Übertragung explizit angegeben werden. Hierzu zählt die Auswahl des Dateityps, seiner Repräsentierung und des Übertragungsmodus.

Dateientypen- und -repräsenta-tionen Unterschiedliche Datenrepräsentationen werden im FTP behandelt, in dem der Benutzer einen Dateityp angeben kann:

- *Text-Typen*
  - ASCII (Standard Typ)
  - EBCDIC

- *Nicht-Text-Typen*
    - Binary bzw. Image (ein ununterbrochener Bitstrom), i.d.R. Default.
    - Lokale Bytegröße (von Interesse, wenn die Wortgröße von zwei Rechnern, die Daten austauschen wollen, unterschiedlich ist).

FTP unterstützt für diese Dateitypen drei unterschiedliche Datenstrukturen:

- *Dateistruktur*
  Die Datei hat keine interne Struktur und ist als ununterbrochene Sequenz von Datenbytes zu sehen.

- *Satzstruktur*
  Die Datei besteht aus sequentiellen „Sätzen", wobei <CRLF> für ASCII und <NL> für EBCDIC das empfohlene Satzende darstellen.

- *Seitenstruktur*
  Die Datei besteht aus unabhängigen indizierten Seiten und wird manchmal als Zufalls-Zugriffs-Datei bezeichnet.

FTP unterstützt drei Übertragungsmodi: *Über-*
                                                          tragungsmodi

- *Strom* (Standard)
  Im Strommodus werden Daten als Bytestrom übertragen. Es gelten keine Einschränkungen bezüglich des Dateityps.

- *Block*
  Im Blockmodus wird eine Datei als Serie von Datenblöcken übertragen, denen jeweils ein oder mehrere Kopfbytes vorangestellt werden.

- *Komprimiert*
  Dieser Modus erlaubt die Unterdrückung von replizierten Zeichen und Füller-Bytes bei der Übertragung.

Der Implementierungsumfang der FTP-Kommandos kann sich zwischen *FTP-*
Client und Server unterscheiden und ist in der Regel Betriebssystem- *Kommandos*
spezifisch. Bei UNIX-Implementierungen gestattet FTP normalerweise einen nahezu transparenten Zugriff auf die Dateiensysteme unter Beibehaltung der UNIX-Dateiattribute.

Während der FTP-Client lediglich eine Kommandozeilen-Steuerung vorsieht, sind viele FTP-Anwendungen unter den Betriebssystemen Windows, MacOS und UNIX/X.11 mit einem graphischen Benutzer-Frontend ausgestattet. In Tabelle 2.3-4 findet sich eine Auswahl wichtiger, allgemein verfügbarer FTP-Kommandos.

Kommando	Bedeutung
FTP	FTP-Sitzung starten
?	[Subkommando] Online Hilfefunktion
ACct	Ausgabe des "Account:" Prompt
APPend	[local-data-set] [remote-file] Anhängen des zu übertragenden an das Ende des entfernten Files
AScii	Übertragungsart auf ASCII setzen
BInary	Übertragungsart auf Binär setzen
BYe	beendet die FTP-Client-Sitzung
CD	wechselt das Arbeitsverzeichnis am externen Rechner
CDUP	wechselt das Arbeitsverzeichnis zum nächst höheren
CLose	schließt die FTP-Verbindung, ohne FTP zu verlassen
DEBUG	Toggle-Kommando für den Debugging-Modus
DIr	[Verzeichnisname] Anzeige des Verzeichnisinhalts des externen Rechners
GET	[remoter Filename] [lokaler Filename] kopiert eine Datei vom externen auf den lokalen Rechner
HAsh	[Byte]- {500 ... 256000 Byte, Default 1024} Anzeige der übertragenen Bytes
HElp	Aufrufen der Online Hilfefunktion (wie ?)
Image	Übertragungsart auf Binär setzen. Übertragungsart bleibt in Effekt bis zur Eingabe von ASCII, CLOSE, QUIT oder BYE
LCD	wechselt das Arbeitsverzeichnis auf dem lokalen Rechner
LDIR	Anzeige des aktuellen Verzeichnisinhaltes auf dem lokalen Rechner
LS	[Verzeichnisname] Anzeige einer Liste aller Dateien im aktuellen Verzeichnis
MDELETE	[Filename|*] löscht mehrere Dateien auf dem entfernten Rechner
MKdir	[Verzeichnisname] Anlegen eines neuen Verzeichnisses auf dem externen Rechner
MGET	[Filename|*] kopiert mehrere Dateien vom externen auf den lokalen Rechner
MPUT	[Filename|*] kopiert mehrere Dateien vom lokalen auf den externen Rechner
Name	Ausgabe des "Enter Userid:" Prompt (wie USER)
NOstrip	Trailing-Blanks bleiben beim ASCII-Filetransfer erhalten
Open	[Domain-Name|lokaler Hostname|IP-Adresse] FTP-Verbindung öffnen mit einem externen Rechner
PASsive	Toggle-Kommando für den FTP Passive Modus
PUt	[local-file] [remote-file] Kopieren einer Datei auf den externen Rechner
PROXy	[Kommando] Auswahl eines alternativen FTP-Ports für Kommando
PRompt	Toggeln des PROMPT-Kommandos (MPUT, MGET, MDELETE)
PWd	Anzeige des Arbeitsverzeichnisses am externen Rechner

Kommando	Bedeutung
QUIt	Beendet die FTP-Verbindung und verläßt FTP (wie BYE)
QUOte	[arg1] [arg2] .... [arg10] sendet eine nicht interpretierte Zeichenkette zum externen Rechner
REMotehelp	[Kommando] fordert Hilfe vom externen Rechner an
REName	[old-name] [new-name] Umbenennen einer Datei am externen Rechner
RMDir	[Verzeichnisname] löscht Verzeichnis am externen Rechner
RMFile	[Filename] löscht die Datei auf dem entfernten Rechner
SIte	[arg1] [arg2] ... [arg10] sendet die für den Dateitransfer erforderlichen Informationen
STatus	fordert den aktuellen Status vom FTP-Server an
STRip	unterdrückt Trailing-Blanks beim ASCII-Filetransfer
TIMEOUT	[Sekunden] { 1 .... 900 Sekunden, Default 60} legt die Antwort-Wartezeit vom entfernten Rechner fest
User	Ausgabe des "Enter Userid:" Prompt (wie NAME)
!	Shell-Exit [Kommando] erlaubt die Abgabe eines Kommandos bei laufender FTP-Sitzung

Tabelle 2.3-4: Auswahl von FTP-Kommandos. Der in Großbuchstaben geschriebene Teil des Kommandos ist zur Angabe zwingend erforderlich; der „*" ist ein Jokersymbol.

FTP setzt immer voraus, daß der Anwender auf dem entfernten Rechner einen Benutzer-Account und ein -Verzeichnis besitzt. Das Betriebssystem hat im Zusammenspiel mit dem FTP-Server dafür zu sorgen, daß die Authentisierung vergleichbar der einer TELNET-Anmeldung durchgeführt wird. Während die meisten FTP-Kommandos neben der Authentisierung für die Steuerung der Dateienübertragung vorgesehen sind, erlauben einige wenige sowohl die Ausführung eines Kommandos auf dem lokalen als auch auf dem entfernten System, z.B. in der Kombination mit QUOTE SITE *Kommando*.

Der FTP-Peer-Partner antwortet auf ein Kommando mit einem dreiziffrigen Rückgabe-Code, der entsprechend folgender Systematik aufgebaut ist.

FTP-Returncodes

1. Ziffer	2. Ziffer	3. Ziffer
Legt fest, ob das Kommando ein gutes, schlechtes oder unvollständiges Ergebnis lieferte.	Gibt an, auf welche Systemfunktion das Kommando bezogen ist.	Ermöglicht eine feinere Abstufung der 2. Ziffer. (Keine einheitlichen Definitionen)
1: Positiv einleitende Antwort	1: Syntax	
2: Positiv vollendete Antwort	2: Information	
3: Positive Zwischenantwort	3: Verbindungen	
4: Vorübergehend negative Abschlußantwort	4: Authentisierung und Abrechnung	
5: Permanent negative Abschlußantwort	5: Dateisystem	
6: Secure FTP-Mode		

Tabelle 2.3-5:   FTP-Returncodes

FTP-Beispiel Die Arbeitsweise von FTP kann vergleichbar der des TELNET-Protokolls in drei Phasen – Verbindungsaufnahme und Authentisierung, Dateienübertragung sowie Verbindungsabbau – gegliedert werden. Abbildung 2.3-5 zeigt den Prototypen einer FTP-Aktion einschließlich Returncodes.

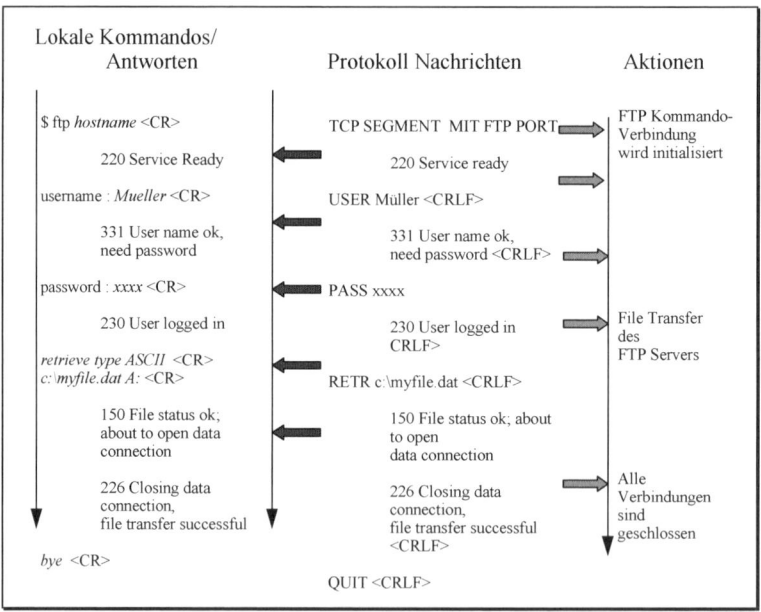

Abbildung 2.3-5:   Ablauf einer typischen FTP-Sitzung mit Binär-Transfer der Datei „myfile.dat" vom Laufwerk *C:* des FTP-Servers zum Laufwerk *A:* des Clients.

Während die FTP-Kommando/Kontrollverbindung während der Sitzung mit *FTP-Daten-* den zu Beginn festgelegten Portzuweisungen bzw. Sockets bis zum Ende *verbindungen* bestehen bleibt, wird für jede vorgenommene Datenübertragung (und sei es nur die Ausgabe des Kommandos LS) eine neue TCP-Verbindung aufgebaut. In der traditionellen FTP-Implementierung entsprechend RFC 959 wird davon ausgegangen, daß ein Socket wiederverwendbar ist. Abbildung 2.3-6a zeigt, daß für die Übertragung der *Datei 1* und der *Datei 2* jeweils der identische Server- und Client-Port zum Einsatz gebracht wird. Wird aber die vorherige Datenverbindung noch nicht abgeschlossen oder befindet sie sich im TCP-Zustand *Time-Out* (=> Abschnitt 4.1.2), so ist der gesamte FTP-Prozeß blockiert (*Blocking I/O*).

Zeitgemäße FTP-Implementierungen nutzen hingegen die in Abbildung 2.3-6b dargestellte Verbindungslogik. Hierbei wird für jede neue Datenverbindungsanforderung ein weiterer Socket aufgebaut. Dies entlastet die FTP-Instanz davon, eine Buchhaltung der TCP-Verbindungen vorzunehmen, indem diese Aufgabe an TCP delegiert wird.

Einen Spezialfall weist die Abbildung 2.3-6c auf. Hier wird die Auswahl *Passive Mode* eines FTP-Sendeports nicht vom Sender, sondern mittels des FTP *Passive* Kommandos vom Server vorgegeben. Diese Implementierung ist besonders nützlich im Zusammenspiel mit Firewalls.

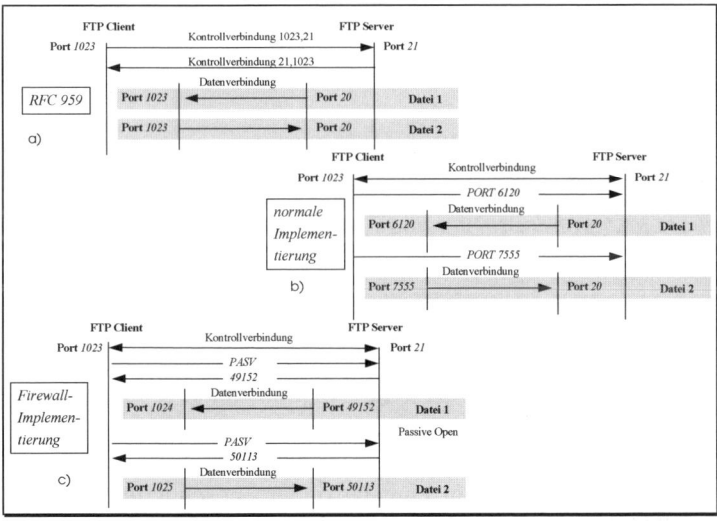

Abbildung 2.3-6: Mögliche-FTP-Datenverbindungen:
a) herkömmlicher, RFC 959-kompatibler Modus mit gezeigter Kommandoverbindung
b) normaler und aktueller Modus mit mehrfacher Socketbildung
c) Passive Mode mit Invertierung der Portzuweisungslogik

Batch-FTP FTP kann nicht nur für die interaktive Nutzung zur Datenübertragung herangezogen werden, sondern ist im besonderen auch leistungsstark im Hinblick auf einen automatisierten und gesteuerten Dateientransfer im sog. *Batch-Modus*. Hierzu können beim FTP-Client FTP-Kommandos in einer Stapeldatei hinterlegt werden, die anschließend z.B. zeitgesteuert bzw. auf Bedarf abgearbeitet werden. Kritisch ist hierbei allerdings die Hinterlegung der Authentisierungsinformation, d.h. der Benutzerkennung und des Kennworts.

Anonymous- Einen weiteren weit verbreiteten Einsatz findet FTP durch die Bildung sog.
FTP FTP-Archive. Kennzeichen hierfür ist die Einrichtung eines speziellen *Anonymous-Benutzers* auf dem FTP-Server, dem nur bestimmte Zugriffsrechte auf das FTP-Archiv zugesprochen werden. Der Anwender, der auf das FTP-Archiv zum Up- oder Download von Dateien zugreifen will, meldet sich als Anonymous unter Hinterlegung seiner E-Mail-Adresse als Kennwort an. Hierbei muss allerdings die Möglichkeit der Einschleusung von Betriebssystemkommandos mittels FTP unterbunden werden, wie sie bei den meisten FTP-Implementierungen ansonsten üblich sind (=> Tabelle 2.3-4). Entsprechende FTP-Kommandos (wie beispielsweise *Site* oder *Quote*) sind für den Anonymous-Benutzer zu sperren. Zugleich ist Sorge dafür zu tragen, daß sowohl Begrenzungen der Dateigrößen für den Upload gesetzt sind, als auch, daß er nicht Dateien außerhalb des dafür vorgesehenen Teils des Dateisystems ablegen kann.

Secure FTP Mit dem RFC 2228 wurde FTP um *Security Extensions* ergänzt. Mittels der optionalen Kommandos

- *AUTH (Authentication/Security Mechanism),*
- *ADAT (Authentication/Security Data),*
- *PROT (Data Channel Protection Level),*
- *PBSZ (Protection Buffer Size),*
- *CCC (Clear Command Channel),*
- *MIC (Integrity Protected Command),*
- *CONF (Confidentiality Protected Command)* und
- *ENC (Privacy Protected Command)*

wird die Möglichkeit geboten, eine besonders geschützte Anmeldung und Datenübertragung zu ermöglichen. Hinzu kommt der Returncode *6xy* als Rückgabewert im geschützten Mode.

FTP Mit FTP als zweitem zentralen TCP/IP-Applikationsprotokoll haben in Er-
Vererbungs- gänzung zum TELNET folgende Merkmale Einzug gehalten:
merkmale

- Neben dem spezifischen Protokollelement *Kommando* gibt es nun ein allgemeines Protokollelement *Returncode*. Kommandos werden durch einen dreiziffrigen Returncode bestätigt, dessen grundsätzlicher Aufbau aus Tabelle 2.3-5 hervorgeht.

- Die *Sitzung* wird aufgeteilt in eine *permanente* TCP-Verbindung als *Out-of-Band-Signalisierung* für Kommandos und Returncodes und in *transiente* TCP-Verbindungen mit unterschiedlichen Server-Port-Zuweisungen für die *Nutzdatenübertragung*.

- FTP besitzt keine *Content-Awareness*. D.h. der Anwender muss zur erfolgreichen Nutzdatenübertragung die Struktur der zu transferierenden Dateien kennen, um damit die geeigneten FTP-Übertragungsparameter auszuwählen.

2.3.3 SMTP

Das *Simple Mail Transport Protocol SMTP* ist im Gegensatz zu TELNET und FTP keine Benutzer-zu-Benutzer-Anwendung, sondern dient zum Austausch elektronischer Post – also E-Mail – auf Grundlage einer TCP-basierten, verbindungsorientierten Rechner-zu-Rechner-Kommunikation. Die SMTP-Instanz auf einem Rechner wird auch als *Mail Transfer Agent MTA* bezeichnet. SMTP stand früher in Konkurrenz zum OSI-Pendant X.400 E-Mail, das aber heute im Internet kaum mehr eingesetzt wird. Das X.400 E-Mail-Protokoll besitzt einen wesentlich größeren Funktionsumfang, der jedoch im Laufe der Zeit in die Internet-E-Mail-Applikationen integriert wurden.

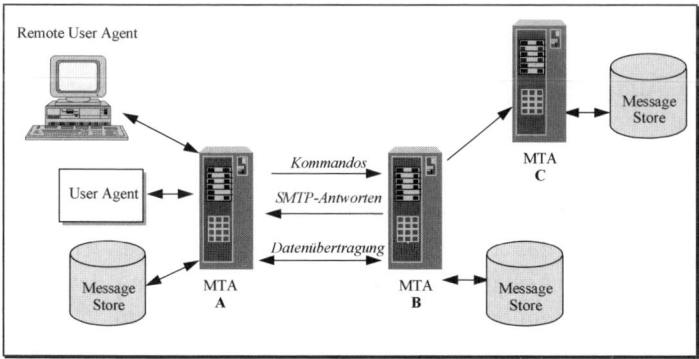

Abbildung 2.3-7: Aufbau des Mail-Transportsystems MTS mit den Bestandteilen SMTP Mail Transport Agent (MTA), Message Store (MS) sowie dem lokalen User Agent (UA) und ggf. abgesetzten Remote User Agents (RUA)

MTS Für SMTP ist es irrelevant, wie der Anwender an seine E-Mails kommt; es genügt, die zuzustellenden E-Mails lokal in einem sog. *Message Store* (MS) zu deponieren oder sie an den nächsten MTA weiterzuleiten. Das Abholen der E-Mails und ihre Aufbereitung ist Aufgabe eines *User Agents* (UA) als Applikation auf dem MTA-Host selbst, oder aber als *Remote User Agent* (RUA) auf einem abgesetzten Rechner. Die Gesamtheit – bestehend aus einem Verbund von MTA, MS, UA und RUA – wird auch als *Message Transport System MTS* verstanden und ist in Abbildung 2.3-7 dargestellt.

Aufbau einer Bevor wir weiter auf die Details von SMTP-E-Mail eingehen, muß „E-
E-Mail Mail" zunächst definiert werden. Klassischerweise versteht sich E-Mail als Nachricht (*Message*). Die Nachricht besteht analog zu einem Brief (Abbildung 2.3-8) aus folgenden Bestandteilen:

• dem Umschlag (*Envelope*) mit der Angabe
  – des Empfängers (*Adressat* oder auch *Recipient*) und
  – des Absenders (*Sender,* auch *Originator* genannt).

  Diese „postalischen" Adressen – auch als *O/R-Adresse* (Originator/-Recipient) bezeichnet – werden alleine von den MTAs verwandt. SMTP E-Mail kennt darüber hinaus keine weiteren Zustellungsmerkmale wie Prioritäten, „Vertraulich" oder „Rückantwort".

• der Mitteilung (*Content*), die aus den Teilen
  – Mitteilungskopf (*Header*) besteht, der seinerseits noch einmal für den Empfänger Sender und Absender benennt, eine Betreff-Zeile (*Subject*), evtl. weitere Angaben wie Prioritäten sowie – von zentraler Bedeutung – eine genaue Beschreibung des weiteren Mitteilungsinhalts;
  – einem Textkörper (*Body*) gemäß RFC822, in dem mittlerweile die Zeichen als 8-Bit-Bytes vorliegen dürfen, sowie
  – den Anhängen (*Attachments*), die heute normalerweise auch den eigentlichen Nachrichtentext – häufig in X-HTML-Darstellung – enthalten.

MTA SMTP sieht zur Kommunikation der MTAs untereinander den Aufbau einer Sitzung vor, die an das TELNET-Protokoll angelehnt ist. Abbildung 2.3-8 zeigt den typischen Ablauf einer E-Mail-Übertragung mit den Phasen Verbindungsaufbau, Datenübertragung und Verbindungsabbau.

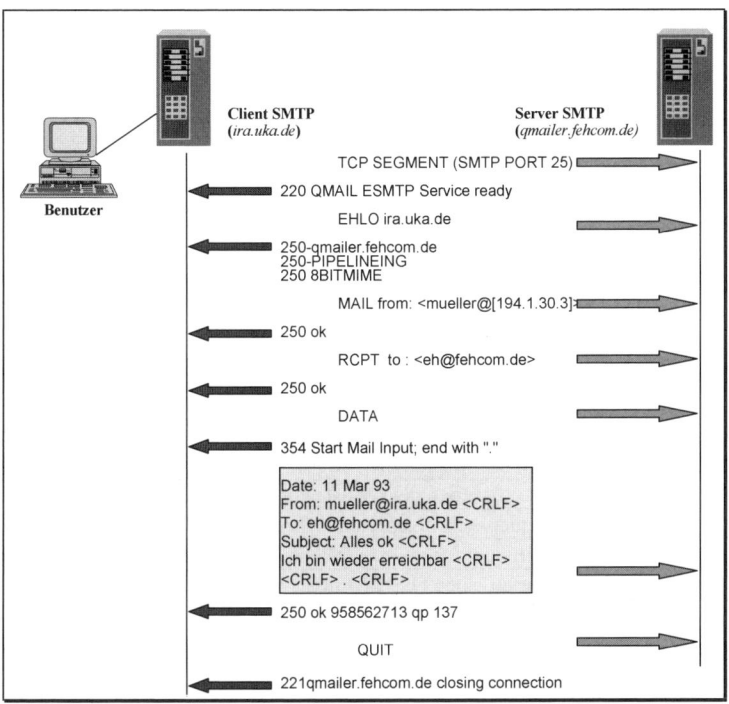

Abbildung 2.3-8: Typischer ESMTP-Dialog mit der Übertragung einer Mitteilung.
Es ist zu beachten, daß E-Mail-Adressen in spitzen Klammern „<>" dar-
zustellen sind, IP-Adressen in rechteckigen Klammern „[ ]".

Heutige SMTP-MTAs nutzen in der Regel den erweiterten, in Tabelle 2.3-6   *Arbeitsweise*
dargestellten Kommandosatz, der Bestandteil des *extended* SMTP, *ESMTP,*
ist. Den Ablauf eines typischen ESMTP-Dialogs findet sich in Abbildung
2.3-8 und ist durch folgende Protokollelemente gekennzeichnet:

- Während der Verbindungsaufbauphase qualifiziert sich der SMTP-Server
  durch ein „ESMTP", worauf der Client mit „EHLO" antwortet, was wiederum vom Server durch ein „PIPELINING" und „8BITMIME" quittiert
  wird.

- Anschließend erfolgt die Kennung des Absenders durch ein „MAIL
  from:" und die der Empfänger mit „RCPT to:". Die Übertragung der Mitteilung beginnt mit dem Statement „DATA". Jede Zeile der Mitteilung
  wird durch ein „<CRLF>" abgeschlossen, das Ende der Nachricht bildet
  die Sequenz „<CRLF> . <CRLF>".

- Der SMTP-Server übergibt an den Client nach erfolgreichem Empfang
  der Mitteilung im Returncode eine sog. *Message-ID* (*MID*), und die Verbindung wird durch ein „QUIT" beendet.

SMTP-Kommando	Bedeutung
HELO	Vorstellung des Clients beim Server
MAIL	Angabe des Absenders der Nachricht
RCPT	Angabe des Empfängers der Nachricht
DATA	Text der Nachricht im ASCII-Format
QUIT	Beenden des SMTP-Dialogs
VRFY	Verifizieren des Benutzernamens
EXPN	Expandieren von Verteilerlisten
SEND	Senden der Nachricht an das Terminal
SAML**	Senden an das Terminal und E-Mail
SOML**	Senden oder neue MAIL-Adresse
TURN*	Wechseln der Senderichtung
RSET	Abbruch der augenblicklichen Mailtransaktion
EHLO*	ESMTP Hello (SMTP V2)
AUTH	Authentifizierung der MTAs und/oder Senders
8BITMIME*	Daten werden als 8-Bit-Bytes übertragen
PIPELINING*	Sequentielles Absetzen mehrerer Kommandos
SIZE	Teilt dem Client die Größe der Nachricht mit
STARTTLS*	Starten einer TLS-Sitzung
ETRN*	Wechseln der Senderichtung bei nächster Möglichkeit

Tabelle 2.3-6:   (E)SMTP-Kommandos
(ESMTP-Kommandos sind mit einem * gekennzeichnet,
Kommanods mit ** sind kaum mehr gebräuchlich).

ETRN, Während der oben geschilderte Dialog die Regel darstellt, sind drei Aus-
AUTH, nahmen bemerkenswert:
STARTTLS

- Durch die Abgabe des Kommandos „TURN" bzw. „ETRN" (*Extended Turn*) wird die Sende-/Empfangsrichtung zwischen den Partnern vertauscht. Dies ist besonders für solche MTAs nützlich, die nur gelegentlich E-Mails über ihren ISP versenden, anschließend aber zum Empfang der für sie bestimmten Mails übergeben.

- Die Option „AUTH" kann dazu genutzt werden, eine MTA-Authentisierung vorzunehmen, indem eine Authentisierunginformation sowie ein Dekodierungsschema mitgeteilt wird.

- Nach dem EHLO-Dialog können sich ESMTP-Client und -Server darauf verständigen, die anschließende Übertragung von Kommandos und Nutzdaten über die *Transport Layer Security* TLS durchzuführen. Dazu dient das Kommando STARTTLS. Alle vorher empfangenen Kommandos werden hierbei verworfen.

Zur Bestätigung der Kommandos nutzt SMTP die bereits beim FTP dargestellten dreiziffrigen Returncodes (Tabelle 2.3-5). Zusätzlich läßt sich laut

RFC 1893 eine genauere Statusinformation mitgeben, die hier aber nicht weiter beschrieben werden soll.

Eine SMTP E-Mail-Adresse (beispielsweise „RCPT to:") besteht aus einem *E-Mail* lokalen und einem hostspezifischen Teil, die in spitze Klammern gesetzt *Adressen* und durch einen „Klammeraffen" „@" getrennt sind, also beispielsweise <user@host.domain.suf>. Da die Adresse in 7-bit US-ASCII vorliegen muss, sind hier keine Umlaute erlaubt. Groß- und Kleinschreibung werden ignoriert. Es ist zu beachten, daß der Punkt im Hostteil der Adresse ihre hierarchische Struktur beschreibt, im Beispiel also den Hostnamen, die Domäne und den Domän-Suffix. Der lokale Teil der E-Mail-Adresse spezifiziert den Namen des lokalen Postfachs (*Mailbox*) auf dem Zielrechner. Die häufig anzutreffende Adressensyntax <Vorname.Nachname@...> hat hingegen keine strukturelle Bedeutung, sondern stellt lediglich eine Konvention dar und dient oft als Aliasname für die lokale Mailbox.

Die Verkettung von Adressen ist prinzipiell gestattet. Hierbei werden dann *Relays* nicht nur der Zielrechner selbst, sondern auch zwischengeschaltete SMTP-MTAs adressiert: <empfaenger@zielrechner.de@relay.com>. Diese Art der Adressierung wird auch *Relaying* genannt.

Ein Zielrechner kann direkt über seine IP-Adresse angesprochen werden, die *DNS und MX* dann allerdings in rechteckige Klammern zu setzen ist, beispielsweise <empfaenger@[194.170.3.111]>. Der übliche Weg besteht aber darin, den Zielrechner über seinen Namen zu adressieren. Um die Verwaltung der SMTP-MTAs im Internet zu vereinfachen, werden solche Systeme im *Domain Name System DNS* mit einem *Mail Exchange* (*MX*)-Eintrag qualifiziert (=> Abschnitt 5.2). Außer entsprechend angewiesen, nimmt der SMTP-Sender immer einen sog. DNS-LookUp vor, um festzustellen, ob das Zielsystem über einen MX-Eintrag verfügt. Andernfalls findet keine Zustellung statt. Auf diese Weise ist nicht nur eine Host-, sondern auch eine Domänen-basierte Zustellung möglich. Über einen entsprechenden DNS-Eintrag wird ein Rechner als verantwortlicher MTA für eine Domäne benannt.

Häufig kommt es auch vor, daß E-Mails aufgrund fehlerhafter Adressen *Bouncing* oder anderer Umstände gar nicht zugestellt bzw. ausgeliefert werden können. Diese werden dann dem Absender zurückgesandt (sog. *Bouncing*). Ist dies augrund einer fehlerhaften Rücksendeadresse nicht möglich, landet die unzustellbare E-Mail bei einem allgemeinen Benutzer, in der Regel dem *Postmaster* (*Double-Bounce*).

Lokale E-Mails sind hingegen in die Postfächer der Zielempfänger zu über- *MS* führen. Die Postfach-Verwaltung übernimmt der *Message Store* (*MS*). Dessen Aufgaben sind im Rahmen der SMTP-Standards allerdings nicht spezifiziert. In diesem Zusammenhang ist z.B. die Nutzung von E-Mail-

Verteilerlisten (*Listenserver*) zu nennen sowie die Möglichkeit, Rückantworten auf einlaufende E-Mails, z.B. in Form von Abwesenheitsmitteilungen, und ein automatisches Weiterleiten von E-Mails vorzunehmen.

MIME Die *Multipurpose Internet Mail Extensions MIME* bieten die Möglichkeit, den syntaktischen Aufbau einer E-Mail mit ihren Attachments zu beschreiben. MIME stützt sich hierbei auf ein System von Typen und Subtypen (Tabelle 2.3-7).

Content-Typ	Subtyp	Beschreibung
multipart	mixed	unterschiedliche, getrennt zu verarbeitende Inhalte
	parallel	unterschiedliche, gemeinsam zu verarbeitende Inhalte
	digest	Auszug (Bericht)
	alternative	unterschiedliche Inhalte mit identischer Semantik
	signed	Secure-MIME-Option
	encrypted	Verschlüsselt / Secure-MIME-Option
	related	HTML-Mail mit gelinkten Objekten
text	plain	Unformatiert
	richtext	RTF-Text mit Attributen (Font, fett, kursiv...)
	enriched	wie oben, nur einfacher
	html	HTML-formatierter Text (X-HTML)
message	rfc822	Mitteilung beinhaltet andere RFC822 E-Mail
	partial	Mitteilung ist in mehrere Mails fragmentiert
	external body	Mitteilung verweist auf die eigentliche Mail
application	octet-stream	Beliebige Binärdatei
	postscript	Postskript-Datei
	pkix-cert	CERT-Zertifizierung
image	jpeg	ISO 10918 Format
	gif	Compuserve GIF
audio	basic	8-Bit ISDN encoded
video	mpeg	ISO 11172 Format

Tabelle 2.3-7: MIME-Typen und Auswahl einiger MIME-Subtypen

Neben dem jeweiligen Typ identifiziert MIME die Dokumententeile über eine *Content-ID* (*CID*) und separiert sie im Falle eines Multipart-Typs durch eine *Boundary*-Signatur. Für jeden Typ kann hierbei der sowohl der verwendete Zeichensatz als auch das Kodierungsschema (7 Bit, 8 Bit, Binär, Base64 etc.) spezifiziert werden, so daß der Empfänger die E-Mail korrekt interpretieren kann.

E-Mail- Zentrale Anlaufstelle zur Hinterlegung der MIME-Information ist der *E-*
Header *Mail-Header*. Der E-Mail-Header enthält neben der MIME-Beschreibung des Dokuments zusätzliche Angaben, die einerseits vom sendenden UA/RUA erzeugt, andererseits vom empfangenden ausgewertet werden. Eine umfangreiche Auflistung möglicher E-Mail-Headerfelder ist im An-

hang A4 zu finden. Neben dem UA/RUA fügt auch der MS und der MTA Zeilen in den E-Mail-Header hinzu, die Übermittlungs-/Auslieferungs-informationen beinhalten. Wichtige, aber häufig nicht richtig angewandte Kontrollelemente stellen die Message-ID (MID) und der absolute Time-stamp (GMT) dar. Hierdurch kann im Prinzip jede E-Mail weltweit eindeu-tig identifiziert werden.

In der heutigen Client/Server-Umgebung und unter der Prämisse des Inter-net-Zugangs über einen ISP, spielen die *Remote User Agents* (*RUA*) eine herausragenden Rolle. Während der Internet Service Provider in der Regel den MTA und den MS betreibt, greift der Endanwender auf sein E-Mail-Postfach mit einem benutzerfreundlichen Client zu. Drei Varianten sind gebräuchlich: *POP3, IMAP4*

- Der ISP bietet die Möglichkeit, mittels eines Web-Browsers auf die E-Mail zuzugreifen (vgl. nächster Abschnitt).

- Der Anwender holt seine E-Mail vom (beim ISP eingerichteten) Postfach auf der Grundlage des *Post Office Protokolls* (*POP3*) ab.

- Der ISP bietet dem Anwender Zugriffsmöglichkeiten auf mehrere Post-fächer über das *Internet Mail Access Protocol IMAP4*.

Für diese Aufgaben gibt es eine Reihe populärer E-Mail-Clientprogramme. Mit diesen Programmen verwaltet der Anwender sowohl die lokal einge-gangenen E-Mails in lokalen Postfächern (Mailbox) als auch seine privaten (E-Mail-) Adreßlisten.

Bereits früh mit dem Einsatz von Internet E-Mail gab und gibt es Versuche, diese zu mißbrauchen. Als dieser Abschnitt verfaßt wurde, machte gerade der „I-LOVE-YOU" Virus von sich reden, der Schäden in Höhe mehrerer Milliarden Euro verursacht haben soll. E-Mail-Angriffe werden in drei Ka-tegorien eingeteilt: *Würmer, Viren, Spam*

- *Würmer* – Programme, die das lokale E-Mail-Adreßbuch ausspionieren und sich hierüber replizieren.

- *Viren* – Programme, die entweder Manipulationen an weiteren Daten vornehmen oder diese löschen bzw. sich selbst als Teil anderer ausführ-barer Dateien befallen.

- *Spam* E-Mail – im Englischen auch als *Unsolicited Commercial E-Mail* (*UCE*) bezeichnet – sind unerwünschte, massenweise E-Mail-Zusendun-gen.

Viren und Würmer sind immer betriebssystemspezifisch, d.h. der „Er-zeuger" nutzt die Eigenschaften und Schwächen von E-Mail-Clients und Betriebssystemen aus. Spam E-Mail basiert hingegen auf der Offenheit des

Internet und des SMTP-Protokolls und ist vom MTA-Betreiber durch sorg-fältiges Einrichten seiner Software zu filtern, wobei insbesondere das weiter oben beschriebene Relaying von E-Mails zu unterbinden ist.

SMTP-Er-weiterungen In Ergänzung der bislang definierten Standards bringt SMTP zusätzlich die folgenden Merkmale mit:

- SMTP kann über die Protokollparameter AUTH und STARTTLS explizit Verfahren der *Authentisierung* sowie die *Transport Layer Security* nut-zen (*Authentication- und Security-Awareness*).

- Mit der Definition der *Multipurpose Internet Mail Extensions MIME* wird zum ersten Mal ein Konzept eingeführt, das eine syntaktische Be-schreibung der E-Mail-Nachrichten enthält, aber auch ganz allgemein zur Beschreibung von Dateien eingesetzt werden kann (*Content-Awareness*).

Zwar ist MIME für SMTP transparent, da die MIME-Klassifizierung als Teil des E-Mail-Headers übertragen wird. Im Zusammenspiel mit dem MS und dem UA/RUA findet der MIME-Mechanismus als *Content-Identifier* (*CID*) jedoch eine intensive Nutzung. Die Weiterentwicklung des MIME-Konzepts beim anschließend zu diskutierenden *Hypertext Transport Proto-col HTTP* führt dazu, daß die MIME-Informationen nun als Bestandteil des Kommandos selbst eingesetzt werden.

2.3.4 HTTP

Das Hypertext Transport Protokoll HTTP ist heute neben SMTP die zentrale Anwendung im Internet und wurde im Zusammenhang mit dem World Wi-de Web (WWW) bereits im ersten Kapitel in einem historischen Abriß dar-gestellt. Neben der Beschreibungssprache HTML (in ihren verschiedenen Versionen und Dialekten)

- stellt das Hypertext Transport Protokoll in der Version 1.1 (*HTTP 1.1*) ein zustandsloses und „persistentes" Übertragungsverfahren dar,

- mittels dessen die Referenzen und Ressourcen über einheitliche Adres-sen (*URI Uniform Resource Identifier*) angesprochen werden und

- eine Dokumenten- bzw. allgemeine Objektbeschreibung nach *MIME-*Konventionen erfolgt.

Alle diese Standards sind umfangreich, komplex und entwickeln sich rasant. Viele Definitionen haben zudem „ad hoc"-Charakter und müssen in um-fangreichen Erörterungen zwischen den beteiligten Parteien ausgehandelt werden.

Diese Einschätzung fand auch expliziten Eingang in den RFC 2774 („An *RFC 2774*
HTTP Extension Framework"), in dem die Autoren selbstkritisch bemerken:

> „Dieses Dokument sollte zunächst für den Proposed-Standard-Status vorge-
> schlagen werden. Bedingt jedoch durch unterschiedliche Gutachten seit seiner
> letzten Erörterung und in der HTTP-Arbeitsgruppe selbst, wird es hiermit als
> Experimentelles Dokument veröffentlicht. Dies ist nicht notwendigerweise
> ein Zeichen für eine technische Fehlerhaftigkeit, sondern betrifft vor allem
> das allgemeine Verständnis, ob dieses Dokument den Konsens der Gemein-
> schaft hinsichtlich der Weiterentwicklung von HTTP repräsentiert."

Ein zentrales neues Konzept sieht der HTTP-Standard in bezug auf die *URL, URI,*
Adressierung von Internet-Ressourcen vor: *Universal Resource Locator* *URN*
URL. Ein URL besteht aus den Bestandteilen Zugriffsschema und (logische)
Netzadresse in der Syntax <schema>://<netzadresse>. Dieses Konzept – das
sich an die *Universal Naming Convention UNC* in LAN-Manager/LAN-
Server-Netzen anlehnt – hat sich als sehr erfolgreich erwiesen und ist mitt-
lerweile um zwei Eigenschaften ergänzt worden:

- die Unterscheidungen zwischen relativen und absoluten Pfadangaben, die
  entsprechend als relative und absolute *Universal Resource Identifier*
  (*URI*) bezeichnet werden. Hierzu dient eine Erweiterung der obengenannten Syntax durch ein hierarchisches Strukurelement: den Schrägstrich „/" (Slash): <schema>://<pfad_1>/<pfad_2>/<pfad_3>. Der relative Pfadname, z.B. „.../<pfad_2>/<pfad_3>" ergibt nur im Gesamtkontext
  Sinn.

- die Definition eines persistenten Namesraums *Universal Resource Names* (*URN*). Hintergrund für diesen Ansatz ist die Registrierung von
  URLs im Internet und die Suche nach diesen. Hierzu muß eine URL unter Einhaltung bestimmter Syntaxregeln beim IETF hinterlegt werden.
  Mit Hilfe eines URN können Netzressourcen mithin in einer Datenbank
  – ähnlich dem Domain Name System (DNS) – hinterlegt werden.

Ein URL besteht immer aus der Angabe eines Zugriffsschemas und einer *URL-Syntax*
Adresse. Verbreitet sind drei Standardformen für die Syntax von URLs:

- <schema>:<schema-spezifischer-teil>
- <schema>://<user>:<passwort>@<host>:<port>/<url-pfad>
- <schema>://netz_pfad/pfad_1/pfad_2#fragment

Als *Schema* fungiert hier das Protokoll, also HTTP, FTP und andere. Bei- *Schema*
spiele für diese Adressierung und einige wichtige Schemata:

- ftp://ftp.is.co.za/rfc/rfc1808.txt

- http://www.math.uio.no/faq/compression-faq/part1.html
- mailto:mduerst@ifi.unizh.ch
- ldap://ldap.umich.edu
- news:comp.infosystems.www.servers.unix
- telnet://melvyl.ucop.edu/
- file://a/b/index.html

Eine Applikation wie z.B. der TELNET-Client muß diese Schreibweise verstehen und in die internen Formate umsetzen können, was aber beileibe noch nicht üblich ist.

Im URI-Konzept ist ferner vorgesehen, daß URIs mittels Zeichen auch über Suchfunktionen verfügen sollen (z.B. http://a/b/c/d;p?q) sowie als *Content-* und *Message-Identifier* genutzt werden können.

Browser, Der HTTP-Standard sieht das Client-/Server-Prinzip mit folgenden Funkti-
Server, Proxy onselementen vor:

- den HTTP-Client bzw. User-Agent, der Browser (bzw. Web-Browser) genannt wird;
- den HTTP-Server, der die HTML-Dokumente sowie die ablauffähigen Skripte beherbergt, sowie
- den HTTP-Cache-Server bzw. auch HTTP-Proxy genannt, zum zeitweisen Ablegen (Cachen) der HTML-Dateien sowie einiger HTTP-Informationen.

Proxy Abbildung 2.3-9 zeigt das Zusammenspiel dieser Komponenten in drei typischen Szenarien (von oben nach unten):

1. Der Browser richtet seinen HTTP-*Request* direkt über den TCP-Port an den Web-Server und erhält auch von diesem die Antwort (*Response*).
2. Der Browser nimmt zunächst Kontakt mit seinem lokalen Proxy-Server auf (TCP-Port 3128), der – falls die Daten nicht lokal in seinem Cache vorliegen – diese vom angegrauten Server bezieht und sie dann über seinen Zwischenspeicher an den Browser weiterleitet. Im vorliegenden Fall soll angedeutet werden, daß der Proxy die Daten lokal vorliegen hat, was er aufgrund eines Zeitstempelmechanismus beurteilen kann.
3. Hier nimmt der Browser zunächst Rücksprache mit einem sog. SOCKS-Gateway, gegenüber dem sich der Anwender authentisiert. Das SOCKS-Gateway fungiert zugleich als Cache-Server, leitet aber den Request an den Web-Server weiter.

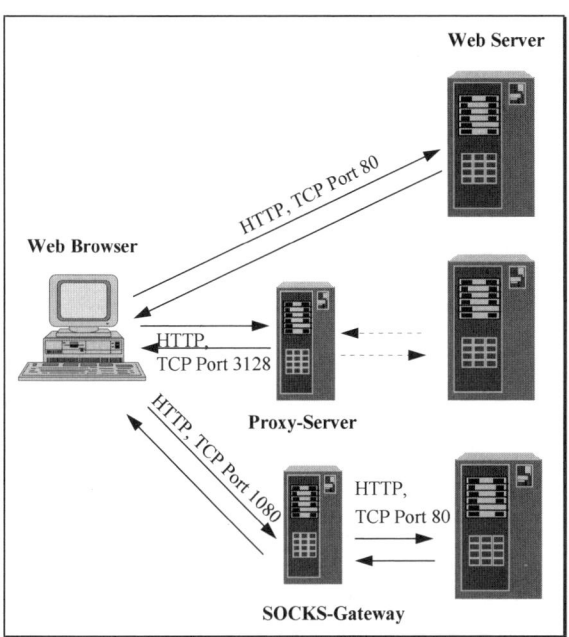

Abbildung 2.3-9: HTTP-Request in drei unterschiedlichen Fällen
Oben: direkter Zugriff auf den Web-Server
Mitte: Zugriff über einen HTTP-Proxy-Server mit Dokument im Cache
Unten: SOCKS-Gateway mit HTTP-Proxy-Funktion

Jeder Cache- bzw. Proxy-Server läßt sich auch so einrichten, daß er auf dem *Caching* TCP-Port 80 antwortet. Der Anwender kann dann nicht mehr nachvollziehen, ob die Antwort vom eigentlichen Server oder vom Cache stammt. Das HTTP-Protokoll sieht in diesem Zusammenhang Proxy-Kontrollinformationen wie Authentisierung und Autorisierung vor. Es besteht die Forderung an die Proxies, zwischen „cacheable" und „non-cacheable" Antworten unterscheiden zu können. Dies ist mit der Anforderung verknüpft, daß Proxies die Kontrollinformation in den HTTP-Mitteilungen mitlesen (*parsen*) und interpretieren.

Das schnelle Fortschreiben der Web-Applikationen zeigt sich für den An- *Browser* wender in den regelmäßigen Updates seines Web-Browsers. Ein Web-Browser stellt im Grunde genommen ein Betriebssystem *(Virtuelle Machine VM)* im Betriebssystem dar und sollte durch geeignete Mechanismen beide voneinander isolieren. Abbildung 2.3-10 zeigt den prinzipiellen Aufbau eines Web-Browsers unter dem Betriebssystem Windows. Es ist beachtenswert, daß ein Browser hinsichtlich der TCP/IP-Applikationen über mehrere Protokollstacks (HTTP, TELNET, FTP) verfügt, die ihn als universellen

Client prädestinieren. Weiterhin muß er mehrere Web-Sprachen, wie HTML und XML, interpretieren können. Eine heute wichtige Eigenschaft des Browsers besteht darin, die Web-Programmiersprachen Java, Java-Skript oder Active-X zu unterstützen. Hierbei empfängt der Browser vom Server die Instruktionen, die er dann in eigener Regie durchführt. Unterstützt wird er von sog. Klassenbibliotheken, die die Regeln für die Interpretation der Instruktionen beinhalten.

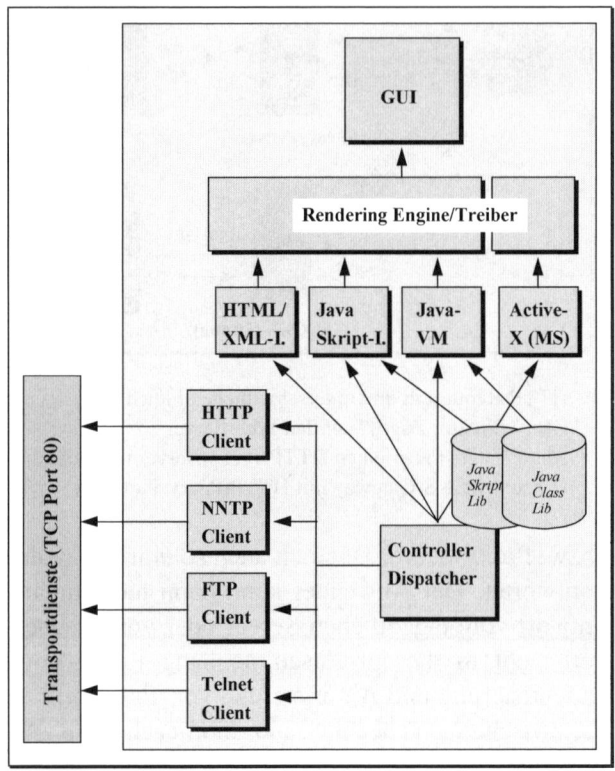

Abbildung 2.3-10: Prinzipieller Aufbau eines Web-Browsers mit den TCP/IP-Clients HTTP, NNTP, FTP und TELNET, den Interpretern für die Sprachen HTML und XML sowie für Java-Skript, Java und Active-X (Microsoft).

GUI und *Rendering* Mit wenigen Ausnahmen (WAP, Lynx) arbeiten alle Browser mittels einer graphischen Benutzeroberfläche. Dies bringt die Notwendigkeit mit sich, daß der Browser möglichst auch intern alle Web-Graphikformate unterstützt (JPEG, TIFF etc.), um sie dann der graphischen Benutzerschnittstelle (GUI) des Betriebssystems anbieten zu können. Die graphische Aufbereitung der Objekte (Bilder, Schriften, Animationen) wird als *Rendering* bezeichnet.

Auf dem Web-Server sind die HTML-Seiten sowie die Skripte hinterlegt. *Web-Server*
Diese bietet der Web-Server dem Browser über das Protokoll HTTP bzw.
das *Secure HTTP (S-HTTP)* an. Auf einen Web-Server greifen in der Regel
viele Clients zu. Pro Client werden wiederum viele Requests gestartet. Dies
verlangt vom Web-Server eine Fähigkeit, die als Multithreading bezeichnet
wird. Die TCP-Instanz muß hierbei viele parallele TCP-Verbindungen verwalten und der eigentliche HTTP-Server mit vielen geöffneten Dateien umgehen können. Jeder HTTP-Server unterstützt wiederum über Mechanismen
wie das *Common Gateway Interface CGI* die Ausführung von Programmen
und Skripten auf dem Server (im Gegensatz zu Java-Skripts bzw. -Applets).
Hinzu kommen Aufgaben wie Authentisierung und Verschlüsselung, die für
eine Vielzahl unterschiedlicher Browser verfügbar gemacht werden müssen.

Im Vergleich zu den bereits vorgestellten Protokollen wie SMTP und FTP *HTTP/1.1*
ist das aktuelle HTTP-Protokoll 1.1 ein sehr komplexes Übertragungsverfahren mit einer großen Anzahl von Optionen bzw. Protokollelementen, so
daß hier nur eine Auswahl dargestellt werden können. Die Protokollkennung
lautet HTTP/1.1 und kann somit vom Vorgänger HTTP/1.0 unterschieden
werden.

HTTP-Ressourcen werden über die Basis-URL angesprochen: *HTTP URL*

• „http:“„//“host [„:“port] [absoluter_pfad#fragment [„?“query]]

HTTP-Mitteilungen werden durch fünf Informationsfelder nach Request- *HTTP Mit-*
und Response-Mitteilungen unterschieden und setzen sich immer zusammen *teilungen*
(jeweils durch ein <CRLF> getrennt) aus einer (1) *generischen Mitteilung*
mit einer *Request-* bzw. *Status-Zeile* und einem *Message-Header sowie* dem
(2) *Message-Body*.

Der Message Body ist der Container für die Nutzinformation für *Request* *Message-*
und *Response*. Bei einem Request stehen hier z.B. Benutzerkennung oder *Body*
Abfragewörter für Suchmaschinen. Bei einer Response-Mitteilung ist dies
der eigentliche HTML-Code.

Die Präsenz eines Message-Body wird dem Empfänger durch Hinzufügen *Message-*
einer *Content-Length* sowie eines evtl. zusätzlichen *Transfer-Encoding* im *Header*
Message-Header mitgeteilt. Es wird unterschieden nach Request-, Respon-
se-, Entity- sowie General-Header. Die Header stellen somit eine *Metain-*
formation über den zu übertragenden *Payload* zur Verfügung.

Ein HTTP-Request beinhaltet in der Request-Zeile die Request-Methode. *Request*
Bei HTTP/1.1 sind die folgenden Methoden erlaubt: OPTIONS, GET,
HEAD, POST, PUT, DELETE, TRACE sowie CONNECT. Nach Angabe
der Methode folgt die Angabe der Ressource im URL-Format einschließlich
der HTTP-Versionskennung mit einem <CRLF> als Begrenzer, also z.B.:

GET http://www.w3.org/pub/WWW/TheProject.html HTTP/1.1 <CRLF>

Die obengenannten Methoden erfüllten daher den gleichen Zweck wie beim FTP-Protokoll beispielsweise die Kommandos PUT und GET. Beachtenswert ist ferner die Methode CONNECT. Hiermit kann die zusätzliche Anforderung formuliert werden, auf *Transport Layer Security* umzuschalten, vergleichbar der STARTTLS-Option bei SMTP.

Ferner können über den Request-Header vom Client zusätzliche Angaben über sich selbst bzw. den Request gemacht werden, z.B. welche Sprache (Language) und welches Encoding-Schema der Browser unterstützt.

Response Die Response-Mitteilung gibt in der Status-Zeile an, ob und wie der Request erfolgreich ausgeführt werden konnte oder nicht. Wie bereits in Tabelle 2.3-5 bei FTP vorgestellt, wird auch hier von einem dreiziffrigen Returncode Gebrauch gemacht, wobei in RFC 2616 diese Codes wesentlich genauer beschrieben sind.

Der Response-Header gibt dem Server die Möglichkeit, allgemeine Kontrollinformationen mitzugeben. Hierzu zählen insbesondere Angaben über Proxy- und WWW-Authentisierung sowie mittels des VARY-Felds die Cache-Möglichkeit der Response.

General Ergänzend zu den Request- und Response-Headern kann ein sog. General-
Header Header eingefügt werden. Diese beinhalten spezielle Informationen zu *Cache-Control*, *Connection*, *Date*, *Pragma*, *Transfer-Encoding*, *Upgrade*, *Via* und *Warning*, worauf aber hier nicht weiter eingegangen werden soll.

MIME Beim Zugriff auf Web-Seiten werden heutzutage nicht mehr ausschließlich HTML-Daten übertragen, sondern in der Regel komplexe Dokumente mit Graphiken, animierten Bannern (animierte GIFs), evtl. sogar Video-Sequenzen und Audio-Daten (Multimedia-Dokumente). Damit der Browser diese Informationen richtig interpretieren kann, muß ihm die Art der Daten mitgeteilt werden. Die im Internet gebräuchlichen Medientypen sind über den MIME-Typ (Multipurpose Internet Mail Extensions => Tabelle 2.3-7) in kanonischer Form – als MIME-Applikationen-Datenbank – registriert.

Entity Zwar unterstützt HTTP/1.1 in einem Kompatibilitätsmodus zur Version 1.0 MIME-Typen bei der Übertragung, jedoch benutzt es eine eigene Kennung und Semantik der zu transferierenden Medientypen. Diese werden im Message-Body als *Entity* mit *Entity-Body* eingebunden und durch die Voranstellung eines individuellen *Entity-Headers* identifiziert. Im Entity-Header werden u.a. die Angaben *Content-Type*, *Content-Length* und *Content-Encoding* für den *Entity-Bodys* mitgegeben, sofern diese unterschiedlich von der Transfer-Encoding sind.

Das folgende Beispiel soll die Arbeitsweise einer HTTP-Sitzung deutlich *Beispiel* machen:

```
Trying          192.168.192.2...
Connected to web.fehom.de.
Escape character is '^]'.
Get /apache.gif HTTP/1.1          # Request-Line, relativer Pfad
From: erwin@fehcom.de <CRLF>      # Header-Feld
HTTP/1.1 200 OK                   # Status-Line
Date: Saturday, 4-June-2000 20:23:52 GMT   # Header-Felder
Server: Apache/1.3
MIME-Version: 1.0
Content-Type: image/gif
Last-Modified: Monday, 13-Mar-95 01:47:51 GMT
Content-Length: 2859

# Leerzeile als Endmarkierung des Headers
# Übertragung der Bilddatei
Connection closed by foreign host.    # Verbindungsende
```

Im Unterschied zum Vorgängerprotokoll HTTP/1.0 sieht Version 1.1 in *HTTP-* Anschluß an die Verbindungsaufnahme (eingeleitet durch ein TCP-SYN- *Arbeitsweise* Segment auf Port 80 und dem HTTP-Request) vor, daß Client und Server die TCP-Verbindung auch nach Übermittlung der Response aufrechterhalten, was als *persistent connection* bezeichnet wird. Über den bestehenden TCP-Socket werden daher mehrfache Requests abgewickelt, was den Namen *Pipelining* trägt und speziell bei komplexen Web-Dokumenten die Anzahl der zu öffnenden und zu schließenden TCP-Verbindungen stark reduziert.

HTTP arbeitet zustandslos; Verbindungsabbrüche bedingt durch Netzpro- *Content-* blem, User-Abort oder Server-Failure müssen vom Partner vernünftig abge- *Awareness* fangen werden. Um feststellen zu können, ob eine Übertragung erfolgreich oder fehlerhaft abgeschlossen wurde, wird als Teil des Message-Headers die Größe der Payload mitgeteilt (*Content-Length*), die vom Browser ausgewertet wird. Über diesen Mechanismus besitzt HTTP also eine dedizierte Content-Awareness: Art und Umfang der Payload wird als Headerinformation in Requests und Responses zwischen User-Agent und Server bzw. Proxy mitgegeben. In diesem Zusammenhang gilt es zu beachten, daß HTTP die Komprimierung von Nachrichten und Inhalten gestattet, was hier ebenfalls mit einbezogen werden muß.

Connection Mittels des *Connection* Feldes im General-Header ist es möglich, eine
Tokens HTTP-*Sitzung* zwischen Browser und Server mittels eines Tokens zu qualifizieren. Die Sitzung wird beendet mit einem „Connection: Close"-State-
ment. Dies ist vergleichbar einem Keep-Alive-Mechanismus, wie er früher
unter HTTP/1.0 üblich war.

Authen- Die Basis HTTP-Authentisierung läuft in folgenden Schritten ab:
tisierung
- Browser fordert eine URL an und nimmt normalen HTTP-Zugriff
  (Request) vor.

- Server verweigert Übertragung und übermittelt dem Browser einen Returncode 401. Im HTTP-Header erfolgt die Mitteilung „WWW-Authen-
  ticate" mit evtl. der vorgeschriebenen Methode.

- Browser erfragt Benutzerkennung und Kennwort lokal ab und übermittelt
  diese an den Server.

- Server überprüft beides und gibt bei Erfolg URL (Entity) frei. User-ID
  und Kennwort werden nach Base64-Kodierung unverschlüsselt übertragen.

Mit diesen äußerst konzentriert dargestellten Merkmalen soll die Diskussion
des Hypertext Transport Protocols HTTP abgeschlossen werden. Wir wollen
noch einmal zusammenfassen:

- HTTP ist ein *transaktionsorientiertes*, *zustandsloses* Übertragungsproto-
  koll.

- HTTP ermöglicht zugleich die Ende-zu-Ende-Etablierung von *Sitzungen*
  mit einer Basis-*Authentisierung* des Anfragers.

- HTTP ist ein stark *asymmetrischen* Protokoll, was den Umfang der
  Nachrichten eines Requests (wenige hundert Bytes) und einer Response
  (in der Regel mehrere Kilobytes) betrifft.

- Über die HTTP-Message-Header verfügt das Protokoll über einen um-
  fangreichen *Signalisierungsmechanismus*, mit dem die Eigenschaften der
  zu übertragende Nachrichten (Payload bzw. Entity) den beteiligten
  Kommunikationspartnern (Server, Proxy, User-Agent) mitgeteilt werden
  (Content-Awareness). In diesem Sinne ist HTTP ein *Nachrichtenproto-
  koll*.

- Die *Content-Awareness* nutzt Elemente des MIME-Standards, ist aber
  von diesem unabhängig.

HTTP setzt als nachrichten- und transaktionsorientiertes Protokoll in der
Regel auf dem verbindungsorientierten Bytestrom-Protokoll TCP (=> Ab-
schnitt 4.2) auf. Die hierdurch ersichtlichen Nachteile durch das Öffnen und
Schließen vieler TCP-Verbindungen wurden bei HTTP/1.1 durch die Festle-

gung einer *persistenten* TCP-Verbindung zwischen den Partnern abgemildert. Problematisch ist jedoch im Zusammenspiel mit TCP der Slow-Start sowie der Nagle-Algorithmus (=> Abschnitt 4.2.2). Hierdurch gab es Ansätze, HTTP nicht über TCP, sondern über das Protokoll Transaction/TCP (T/TCP, => RFC 1644) zu übertragen.

3 Internet-Netzwerkprotokolle IPv4, ARP, ICMP und IGMP

Bis vor wenigen Jahren stand das *Internet-Protokoll IP* der *Version 4 (IPv4)* gleichberechtigt in einer Reihe von herstellerspezifischen Kommunikations-protokollen *DECNet* (ehemals DEC), *IPX* (Novell) und *SNA* (IBM) sowie dem OSI/ISO Protokoll *ISO-IP* bzw. *CLNP*. Mit dem umfassenden Sieges-zug des Internets entwickelte sich IPv4 jedoch zum Standardprotokoll für Rechnerkommunikation schlechthin. Diese Rolle wird IPv4 noch einige Zeit beibehalten, obwohl mit dem *Internet Protocol Version 6 (IPv6)* ein ad-äquater Nachfolger geschaffen wurde (=> Kapitel 6). Nachfolgend wird das Protokoll IPv4 kurz als IP bezeichnet. Ziel dieses Kapitels ist es, zunächst einen umfassenden Einblick in den Aufbau und die Charakteristika von IPv4 zu gewähren.

Die Nutzung von IP ist für den Anwender in erster Linie mit der Vergabe einer *IP-Adresse* für seinen Rechner verknüpft. Die Definitionen sowie der Einsatz von lokalen IP-Adressen und der sog. *Subnetz-Masken* wird in den Abschnitten 3.3 bis 3.5 besprochen.

Dem IP stehen einige wichtige Hilfsprotokolle zur Seite, die nicht wegzu-denken sind. An erster Stelle ist hier das *Address Resolution Protocol (ARP)* zu nennen, das eine dynamische Verknüpfung der IP-Adresse mit einer *Hardware-* bzw. *MAC-Adresse* (und umgekehrt) gestattet (siehe Abschnitt 3.6). IP besitzt keinerlei Kontroll- und Steuerungsmechanismen. Diese lie-gen, wie in Abschnitt 3.7 erläutert, in Form des *Internet Control Message Protocol (ICMP)* vor.

3.1   IPv4-Aufgaben

Das Protokoll IP ist auf Schicht 3 des ISO/OSI-Referenzmodells angesiedelt und umfaßt drei Hauptaufgaben:

Träger der Transportprotokolle TCP und UDP
1. IP dient als Träger der Transportprotokolle TCP und UDP und einiger anderer. Diese Aufgabe verrichtet IP in einer verbindungslosen Arbeitsweise und nicht zuverlässig. Verbindungslos ist es, weil zwischen Absender und Empfänger keine Vereinbarung in bezug auf die Steuerung des Kommunikationsverlaufs getroffen wird. Nicht zuverlässig ist das Protokoll IP deswegen, weil es weder Funktionen für eine Ende-zu-Ende-Empfangskontrolle (*Quittierungsmechanismus*) noch solche zur Sicherstellung der Unverfälschtheit (*Prüfsumme*) der Nutzinformation besitzt. Das Protokoll IP gibt daher weder eine Garantie für die Zustellung noch für die Integrität der Information.

Paketweise Daten-übermittlung
2. Die zu übertragenden Informationen der Transportprotokolle werden paketiert, d.h. in einen Umschlag mit Ziel- und Absenderadresse versehen und als *IP-Pakete* in das Netz gesendet. Da dies verbindungslos erfolgt, heißen IP-Pakete auch *Datagramme*. Die einzelnen IP-Pakete werden voneinander unabhängig zum Ziel abgeschickt. Infolgedessen können sie am Ziel in einer anderen Reihenfolge ankommen als der, in der sie abgeschickt wurden. Auch ist es möglich, daß die Pakete über unterschiedliche physikalische oder logische Trägernetze gehen. Für die Einordnung der empfangenen IP-Pakete in ihre korrekte Reihenfolge und deren Zusammensetzung zu einer Nachricht (z.B. eine Datei) ist das Protokoll TCP bzw. UDP verantwortlich.

Steuerungs-angaben im IP-Header
3. Den zu übertragenden Daten wird vom Protokoll IP ein Protokollkopf (*Header*) hinzugefügt, der als wesentliche Information die logische (IP-) Adressen des Quell- und des Zielrechners beinhaltet. Dadurch ist das eigenständige Versenden der einzelnen IP-Pakete möglich. Hinzu kommen einige weitere Steuerungsinformationen. Die Integrität des IP-Headers wird durch Hinzufügen einer Prüfsumme sichergestellt.

3.2   Aufbau von IPv4-Paketen

Wir wollen hier den Aufbau von IPv4-Paketen diskutieren. Die Struktur einer IP-Adresse (Internet-Adresse) wird im nächsten Abschnitt detailliert vorgestellt.

IP Paket-struktur
Die Funktionen des Protokolls IP ergeben sich aus der Struktur des IP-Pakets, die in Abbildung 3.2-1 dargestellt wurde.

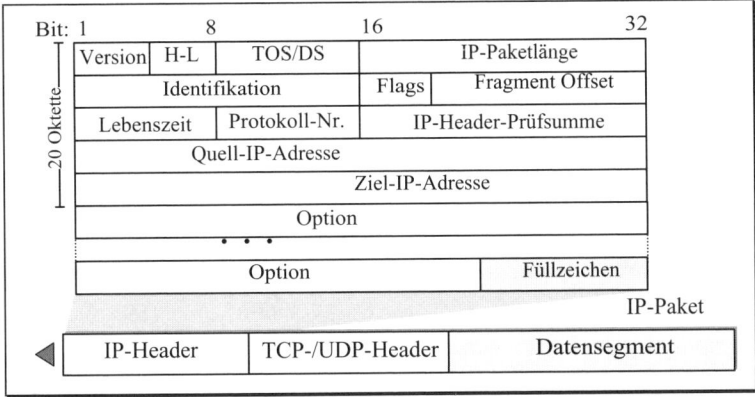

Abbildung 3.2-1: Aufbau des IP-Headers
H-L: Header Length,
TOS/DS: Type of Service / Differentiated Service

Die einzelnen Angaben im IP-Header haben folgende Bedeutung:

- *Version*
  Dieses Feld enthält die Versionsnummer des Protokolls IP. Die Versionsnummer des klassischen Protokolls IP ist 4. Das neue Protokoll IP hat die Versionsnummer 6.

- *Header Length (Header-Länge)*
  Dieses Feld enthält die Länge des IP-Headers. Die Länge wird in 32-Bit-Worten ausgedrückt. Der kleinste IP-Header enthält die ersten fünf 32-Bit-Worte.

- *TOS/DS (Type of Service / Differentiated Service)*
  Diese Angaben verwendet man, um die *Quality of Service*, die durch die Prioritätsvergabe an die zu sendenden IP-Pakete erfolgt, zu unterstützen. Auf die Bedeutung dieses Feldes wird im weiteren näher eingegangen (=> Abbildung 3.2-2). Durch die TOS-Angaben läßt sich z.B. erkennen, ob es sich um einen Netzkontrolldienst bzw. um ein mit Priorität versehenes Paket handelt.

- *IP-Paketlänge (Total Length)*
  Dieses Feld gibt die gesamte Länge eines IP-Pakets in Byte an.

- *Identifikation (Identification)*
  Dieses Feld wird sowohl bei der Segmentierung von zu sendenden Dateien (Nachrichten) als auch bei der Fragmentierung von großen IP-Paketen verwendet. An dieser Stelle wird eine eindeutige Identifikation jeder zu übertragenden Datei (Nachricht) im Quellrechner vergeben. Aufgrund dieser Angabe ist es im Zielrechner möglich, ankommende IP-

Pakete eindeutig einer bestimmten Datei zuzuordnen (=> Abbildung 3.2-3).

- *Flags*
  Dieses drei Bit große Feld enthält Flags zur Steuerung des Protokolls IP. Ist das Bit DF = 1 (*DF: Don't Fragment*), darf dieses IP-Paket nicht weiter fragmentiert werden. Ist das Bit MF = 1 (*MF: More Fragments*), bedeutet dies, daß dem IP-Paket noch weitere IP-Pakete aus einer Datei folgen. Mit MF = 0 wird das letzte IP-Paket aus einer Paketfolge markiert.

- *Fragment Offset (Fragmentabstand)*
  Wenn MF = 1 gesetzt ist, dann gibt der Fragmentabstand die relative Position dieses Dateisegments in bezug auf den Dateianfang an und ermöglicht es dem Zielrechner, mehrere Dateisegmente aus den empfangenen IP-Paketen in der richtigen Reihenfolge zusammenzusetzen (=> Abbildung 3.2-4).

- *Lebenszeit (Time to Live)*
  Da die IP-Pakete im Netz zirkulieren können, ist es notwendig, die Verweilzeit der IP-Pakete im Netz kontrollieren zu können. Der Quellrechner gibt an, wie lange das IP-Paket im Netz verweilen darf. Weil diese Zeit in jedem Router (Netzknoten) um 1 verringert wird, ist sie gleichbedeutend mit der maximalen Anzahl von Router unterwegs (d.h. der sog. *Hop-Count*), die ein IP-Paket durchlaufen darf. Fällt der Wert der Lebenszeit auf 0, muß das IP-Paket im Router verworfen werden. Der Quellrechner wird in diesem Fall mit einer Nachricht des Protokolls ICMP darüber informiert.

- *Protokoll-Nr. (Protocol)*
  In diesem Feld wird die Nummer des Protokolls der höheren Schicht angegeben, an die das IP-Paket weitergegeben werden muß. Eine Liste von einigen bereits vergebenen Protokollnummern kann Tabelle 3.2-1 entnommen werden.

- *IP-Header-Prüfsumme (Checksum)*
  Dieses Feld enthält die Prüfsumme, mit der der IP-Header – einschließlich Optionen – auf das Vorhandensein von Übertragungsfehler geprüft wird. Die Prüfung von Nutzdaten aus den IP-Paketen findet innerhalb des TCP-Protokolls statt.

- *Quell-IP-Adresse (Source IP-Address)*
  Das Feld beinhaltet die IP-Adresse des Quellrechners, der das IP-Paket erzeugt und abgeschickt hat.

Protokoll-Nr.	Protokoll
1	Internet Control Message Protocol (ICMP)
2	Internet Group Management (IGMP)
3	Gateway-to-Gateway Protocol (GGP)
4	IP in IP (encapsulation)
6	Transmission Control Protocol (TCP)
8	Exterior Gateway Protocol (EGP)
9	User Datagram Protocol (UDP)
29	ISO Transport Protocol Class 4 (ISO-TP4)
46	Reservation Protocol (RSVP)
89	Open Shortest Path First (OSPF)

Tabelle 3.1-1:   Auswahl einiger Protokollnummern im IP-Header

- *Ziel-IP-Adresse (Destination IP-Address)*
  Das Feld beinhaltet die IP-Adresse des Zielrechners, der das IP-Paket empfangen soll.

- *Option*
  Die Angaben in diesem Feld ermöglichen eine besondere Nutzung des Protokolls IP (=> Abbildung 3.2-5). Beispiele für die Nutzung dieses Feldes sind: Bereitstellung von Zeitmarken, Sicherheit, Unterstützung von Routing-Funktionen etc. Dieses Feld muß, wie der Name schon sagt, nicht vorhanden sein. Auf die Nutzung von Optionen wird im weiteren noch eingegangen.

- *Füllzeichen (Padding)*
  Wenn das Option-Feld nicht ein Vielfaches des 32-Bit-Wortes lang ist, dann füllt dieses Feld den IP-Header auf ein Vielfaches von 32 Bits auf.

3.2.1 Differentiated Services

Das Oktett TOS/DS im IP-Header dient dazu, die Art und Weise der Behandlung des IP-Pakets in Routern zu spezifizieren. Somit kann dieses Oktett für die *QoS*-Unterstützung (*Quality of Service*) benutzt werden. Wie Abbildung 3.2-2 illustriert, gibt es zwei Festlegungen für die Nutzung dieses Oktetts:

- Nutzung als *Type Of Services TOS* (=> RFC 1349),
- Nutzung als *Differentiated Services DS* (=> RFC 2474).

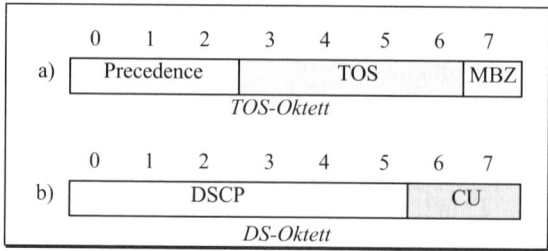

Abbildung 3.2-2:   TOS-Nutzung nach:
a) RFC 1349,
b) RFC 2474

*Type of
Servce*   Nach dem RFC 1349 enthält das TOS-Feld folgende Angaben:

- *Precedence*: Hier wird die Klasse des IP-Pakets angegeben. Beispielsweise:
  - 001   Priority
  - 101   Internetwork control
  - 110   Traffic Routing
  - 111   Network control
- *TOS-Werte* sind:
  - 1000   minimize delay
  - 0100   maximize throughput
  - 0010   maximize reliability
  - 0000   normal service
- *MBZ*:   Must Be Zero (MBZ = 0)

*Differentiated
Service*   Um die QoS-Anforderungen bei der Multimedia-Kommunikation über IP-
Netze zu unterstützen, hat sich herausgestellt, daß die 3 Precedence-Bits
nach dem RFC 1349 und die damit möglichen 8 Verkehrsklassen zukünftig
nicht ausreichend sind. Somit wurde das neue Konzept für die sog. *Differentiated Services (Diff-Serv)* im RFC 2474 vorgelegt. Nach diesem Konzept können die virtuellen Verbindungen in Klassen aufgeteilt werden. Um
die QoS-Anforderungen zu unterstützen, werden die Ressourcen im Netz
nicht pro Verbindung, sondern für eine bestimmte Klasse reserviert. Das
herkömmliche TOS-Oktett vom RFC 1349 wird beim RFC 2474 als DS-
Oktett (Diff-Serv) bezeichnet.

Die Angaben im DS-Oktett haben folgende Bedeutung:

- *DSCP* (*Differentiated Service Code Point*). Die möglichen Bitkombinationen werden hier in folgende drei Mengen (sog. Pools) eingeteilt:

Pool	DSCP	Bedeutung
1	xx xx x0	Standardisierung
2	xx xx 11	experimentelle oder lokale Nutzung
3	xx xx 10	zuerst lokale Nutzung

Tabelle 3.2-1:   Pools und Bedeutung im Differentiated Service

- *CU (Currently Unused)*. Zur Zeit noch nicht verwendet.

Das DS-Oktett wurde so konzipiert, daß die Kompatibilität zum herkömmlichen TOS-Oktett gewährleistet wird. Dies soll ermöglichen, daß die neuen und Diff-Serv-basierten Lösungen mit den klassischen IP-Systemen zusammenarbeiten können. Mit RCF 2474 wird RCF 1394 abgelöst, so daß nur das DS-Oktett in den zukünftigen Lösungen relevant ist.

3.2.2 Fragmentierung der IP-Pakete

In den Netzen ist die Länge der übertragenen Datenblöcke immer eingeschränkt. Abhängig vom Netz wird die maximale Größe der IP-Pakete in einem Netz als *Maximum Transfer Unit (MTU)* in Oktetten (Bytes) angegeben. Zur Anpassung der übertragenen IP-Pakete an unterschiedliche MTU-Werte ist das Protokoll IP in der Lage, die Pakete entsprechend den MTU-Werten der einzelnen Netze unterwegs zu fragmentieren, d.h. große IP-Pakete auf eine Reihe von kleineren IP-Teilpaketen (*IP-Fragmente*) aufzuteilen. In einem X.25-Netz dürfen beispielsweise die Pakete nicht größer als 128 Oktette sein, während das Ethernet eine Frame-Länge von bis zu 1526 Oktette erlaubt.

Maximum Transfer Unit (MTU)

Unter Fragmentierung der IP-Pakete versteht man die Fähigkeit des Protokolls IP, in einem Router (Netzknoten) oder dem Quellrechner die zu sendenden IP-Pakete aufzuteilen, so daß sie zum nächsten Router oder zum Zielrechner übertragen werden können. Ein Quellrechner kann auch verbieten, daß ein IP-Paket fragmentiert werden darf. Hierfür muß der Quellrechner das Bit *DF (Don´t Fragment)* im Feld Flags des IP-Headers auf 1 setzen.

Die Größe des IP-Pakets liegt zwischen 576 und maximal 65 536 Oktetten. Wenn man die minimale Länge von 20 Oktetten des IP-Headers berücksichtigt, bleiben für die weiteren Daten und den TCP-Header noch 65 516 Oktette. Die minimale Größe von 576 Oktetten muß von jeder TCP/IP-Implementierung unterstützt werden.

Fragmen- Ein Beispiel für die Fragmentierung eines IP-Pakets veranschaulicht Abbil-
tierung eines dung 3.2-3. Hier wurde angenommen:
IP-Pakets

- die maximale Paketlänge im Netz 1 beträgt 1200 Oktette, d.h. MTU = 1200 Oktette,
- im Netz 2 ist MTU = 532 Oktette,
- im Netz 3 ist MTU = 276 Oktette,
- IP-Header minimaler Länge von 20 Oktetten (d.h. ohne Option-Feld und keine Füllzeichen).

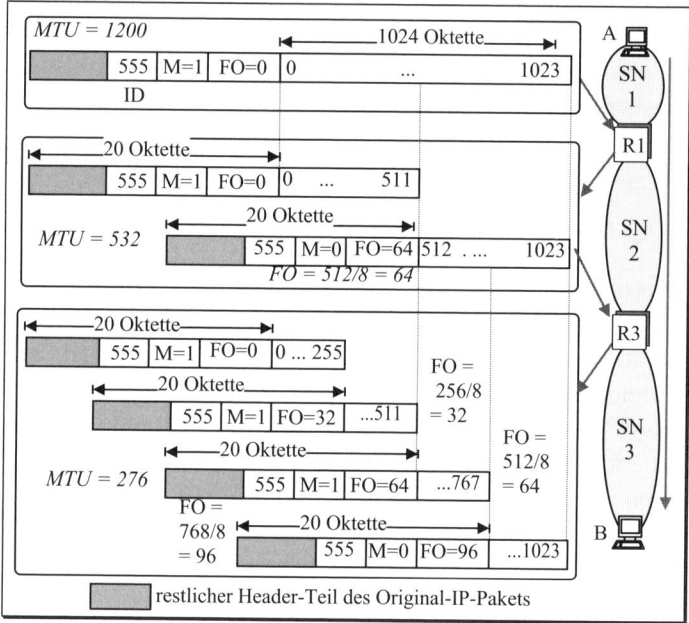

Abbildung 3.2-3:   Beispiel für die Fragmentierung eines IP-Pakets
                         FO: Fragment Offset, ES: Endsystem, R: Router

Fragment Soll ein IP-Paket mit der Länge 1044 Oktette vom Quellrechner *A* am Netz
Offset 1 zum Zielrechner *B* am Netz *3* übermittelt werden, muß es unterwegs fragmentiert (aufgeteilt) werden. Da MTU = 523 im Netz *2* ist, wird dieses Original-IP-Paket im Router *1* auf *zwei IP-Teilpakete* (auch *IP-Fragmente* genannt) aufgeteilt. Im ersten IP-Teilpaket hat das Feld Fragment Offset (FO)
den Wert 0. Damit wird die Position von Daten (Oktette 0 ... 511) dieses
Teilpakets in Daten (Oktette 0 ... 1023) des Original-IP-Pakets angegeben
(=> Abbildung 3.2-6). Die Länge von Daten in Oktetten im ersten Teilpaket
durch 8 gibt den *FO*-Wert im zweiten Paketteil, d.h. FO = 512/8 = 64. Im

ersten Teilpaket ist das Bit *M* (*More-Bit*) auf 1 gesetzt, da weitere IP-Teilpakete noch folgen. Im zweiten Teilpaket ist das Bit *M* gleich 0, da es sich hierbei um das letzte Teilpaket handelt.

Da im Netz *3* der MTU-Wert kleiner als MTU vom Netz *2* ist, muß jedes IP-Teilpaket im Router *3* nochmals fragmentiert werden. Hierbei ist folgendes zu erkennen: Der Header des Original-IP-Pakets muß in allen IP-Teilpaketen enthalten sein, da er die Adressen (=> *Routenwahl-Information*) enthält. Deshalb kann die Fragmentierung eines IP-Pakets nur durch eine Aufteilung seiner Daten (und nicht seines Headers!) erfolgen. In allen IP-Teilpaketen wird die Identifikation (ID) des ursprünglichen Pakets mitgeführt. Dies ermöglicht, die IP-Teilpakete im Zielrechner so zu sortieren, daß das Original-IP-Paket zurückgewonnen werden kann. Das Bit *M* wird in allen Teilpaketen, mit Ausnahme des letzten, auf 1 gesetzt. Der FO-Wert gibt an, an welcher Position sich die einzelnen „Datenportionen" in Originaldaten befinden. Mit Hilfe der FO-Angabe können die einzelnen IP-Teilpakete zum ursprünglichen Original-IP-Paket wieder zusammengesetzt werden, auch wenn sie nicht in der richtigen Reihenfolge ankommen. Dies wird in Abbildung 3.2-4 veranschaulicht.

IP-Teilpakete

Die einzelnen IP-Teilpakete werden erst im Zielrechner wieder zusammengesetzt. Das Zusammensetzen der IP-Teilpakete zeigt Abbildung 3.2-4. Es sei darauf hingewiesen, daß der Zielrechner mit Hilfe der Angabe ID ermittelt, welche Teilpakete zu einen Originalpaket gehören. Wie hier ersichtlich ist, enthält jedes Teilpaket den vollständigen IP-Header des Original-IP-Pakets. Im IP-Header jedes Teilpakets ist ein Identifikationsfeld ID = 555 vorhanden, mit dessen Hilfe alle Teilpakete eines Original-IP-Pakets erkannt und zusammengesetzt werden können. Die Zusammensetzung muß mit Hilfe der Angabe im Feld *Fragment Offset FO* (Fragmentabstand) erfolgen, damit die Lage von Datenfragmenten innerhalb des Original-IP-Pakets berechnet werden kann.

Zusammensetzen der IP-Teilpakete

Um zu verhindern, daß bei verlorengegangenen Teilpaketen unnötig Pufferspeicher beim Empfänger reserviert wird, wird bei Ankunft des ersten Teilpakets eine Zeitüberwachung (eine maximale Wartezeit auf alle Teilpakete) gestartet. Ist diese Wartezeit abgelaufen, bevor alle Teilpakete eingetroffen sind, werden die zu diesem Zeitpunkt ankommenden Teilpakete vom Empfänger verworfen. Eine wiederholte Übertragung des Original-IP-Pakets muß vom Transportprotokoll TCP veranlaßt werden. Diese erwähnte maximale Wartezeit ist in der Regel auf 30 Sekunden eingestellt.

Ein einfaches Mittel zur Überwachung des Datenflusses ist eine Sendeunterdrückungsnachricht des Protokolls ICMP, die von der IP-Schicht abgesetzt wird. Dies wird immer dann notwendig, wenn z.B. die Daten vom

ICMP

Sender so schnell beim Empfänger ankommen, daß er sie nicht mehr verarbeiten kann. Somit wird der Sender durch das ICMP über das zu schnelle Eintreffen der Daten informiert. Die TCP-Instanz erhält diese Information und dekrementiert die Anzahl der zu übertragenden Daten auf dieser Verbindung. Das Protokoll ICMP wird in Abschnitt 3.7 näher dargestellt.

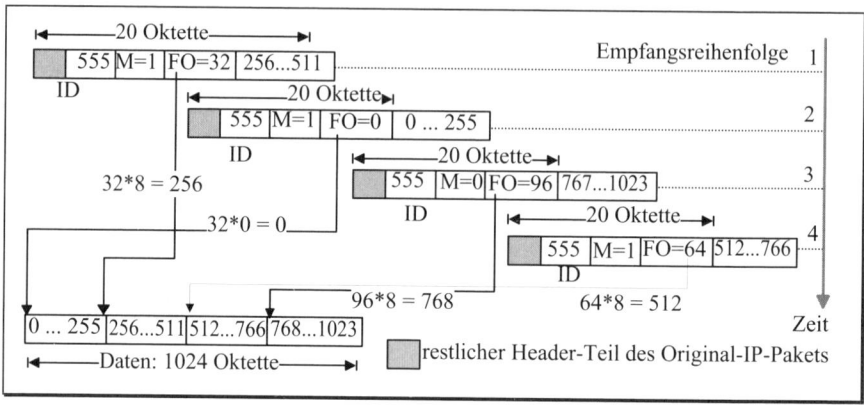

Abbildung 3.2-4:   Zusammensetzen von IP-Teilpaketen
ID: Identifikation, FO: Fragment Offset

3.2.3 Optionen in IP-Paketen

Im Header eines IP-Pakets können mehrere *Option-Felder* eingebettet werden (=> Abbildung 3.2-1). Diese Angaben werden insbesondere für die Diagnose- bzw. Testzwecke und für die Realisierung von bestimmten Sicherheitsmaßnahmen verwendet. In manchen TCP/IP-Implementierungen (z.B. unter UNIX) werden diese Optionen mit Hilfe des Dienstprogramms *ifconfig* eingestellt. Die Struktur von Optionsangaben zeigt Abbildung 3.2-5.

IP-Optionen Wie hier ersichtlich ist, beinhaltet das erste Byte den Optionstyp. Im Feld *Option Number* wird die Funktion kodiert. Mit dem ersten Bit *Fc* (*Flag copy*) wird angezeigt, ob die Optionsangaben in allen IP-Teilpaketen (bei der Fragmentierung eines IP-Pakets) kopiert werden sollen. Ist hier der Wert 0 gesetzt, wird die Option nur im ersten IP-Teilpaket übermittelt. Beispielsweise müssen Sicherheitsoptionen nicht in allen IP-Teilpaketen kopiert werden. Das Feld *Class* bezeichnet die Klasse der Option. Beispielsweise gehört die Option *Timestamp* zur Klasse 2. Die weiteren hier erwähnten Optionen gehören zur Klasse 0. Im Feld *Length* wird die gesamte Länge der Option eingetragen. Auf den Einsatz von einigen Optionen wird nun kurz eingegangen.

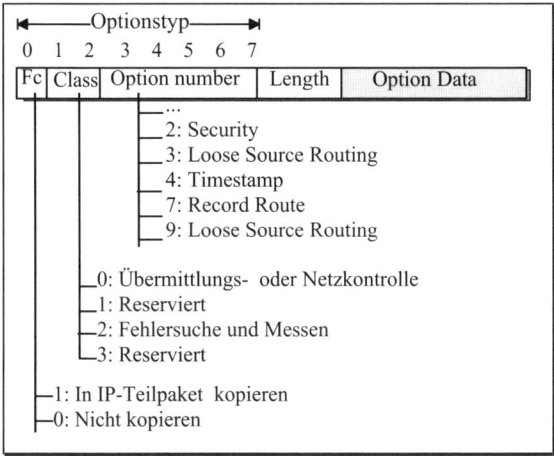

Abbildung 3.2-5:   Optionsangaben in IP-Paketen

Mit der Hilfe von Optionen *Strict Source Routing* und *Loose Source Routing* soll es möglich sein, daß IP-Pakete nur über bestimmte Router zwischen dem Quell- und dem Zielrechner übermittelt werden. Die Route für die Übertragung der IP-Pakete wird in diesem Fall durch den Quellrechner festgelegt. Somit spricht man in diesem Fall von *Source Routing*. Wird die Route im Quellrechner vollständig festgelegt, so handelt es sich um eine *genaue Route*. Hierfür kann die Option *Strict Source Routing* genutzt werden. Die Art und Weise der Nutzung dieser Option veranschaulicht Abbildung 3.2-6.

Source Routing bei der Übertragung von IP-Paketen

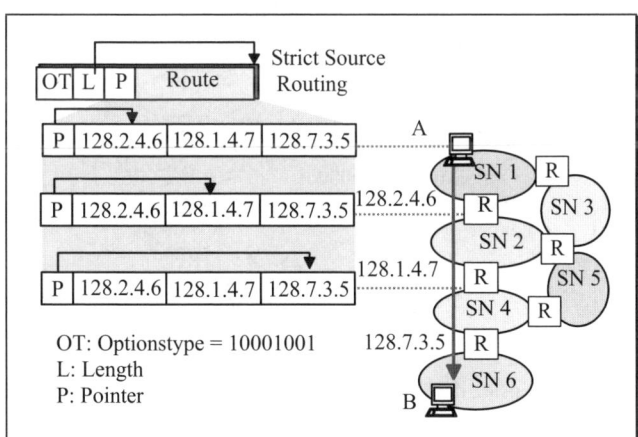

Abbildung 3.2-6:   Nutzung der Option Strict Source Routing

Wie hier ersichtlich ist, erfolgt die Festlegung der Route durch die Angabe der IP-Adressen von unterwegs liegenden Routern. Im Feld *Pointer* wird angegeben, welche IP-Adresse als nächste unterwegs zu erreichen ist. Im Quellrechner wird dann auf den ersten Router mit der Adresse 128.2.4.6 verwiesen. Der erste Router modifiziert diesen Pointer, indem er ihn auf die nächste IP-Adresse „verschiebt". Dieses Verfahren gilt auch für alle nachfolgenden Router. Auf diese Art und Weise erfolgt eine genaue Übermittlung des IP-Paketes gemäß der *Strict Source Routing* Angaben.

Loose Source Routing   Ist die Route im Quellrechner nicht vollständig festgelegt, so handelt es sich um eine *Loose Route*. Für diese Zwecke kann die Option *Loose Source Routing* verwendet werden. Den Einsatz dieser Option illustriert Abbildung 3.2-7. Unter Einsatz der Option *Loose Source Routing* sind nur einige Router auf dem Datenpfad zwischen Quell- und Zielrechner festgelegt. Enthalten die IP-Pakete die in Abbildung 3.2-7 gezeigten Route-Angaben, so werden sie vom Quellrechner an den Router *Ra* mit der IP-Adresse 128.2.4.6 geleitet. Für den Router *Ra* ist der Router *Re* mit der IP-Adresse 128.7.3.5 das Zielsystem. Der Router *Rb* leitet nach der eigenen Routing-Tabelle zum Router *Re* als Ziel das Paket weiter. Der Weg vom Router *Rb* zum Router *Re* kann über *Rb* bzw. über *Rc* erfolgen. Im Feld Pointer wird in diesem Fall auch angegeben, welche IP-Adresse als die nächste unterwegs zu erreichen ist. Jeder Router unterwegs muß den Pointer auf die IP-Adresse des nachfolgenden Routers „verschieben".

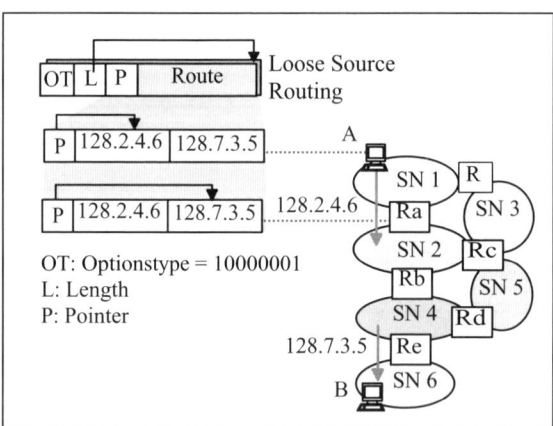

Abbildung 3.2-7:   Einsatz der Option Loose Source Routing

Recording Route   Mit der Option *Recording Route* werden Router aufgefordert, bei Durchlauf des Paketes ihre IP-Adresse im Paket zu hinterlassen. Auf diese Weise kann die Route zwischen Quell- und Zielrechner für jedes IP-Paket aufgezeichnet werden. Das Prinzip der Aufzeichnung der Route zeigt Abbildung 3.2-8.

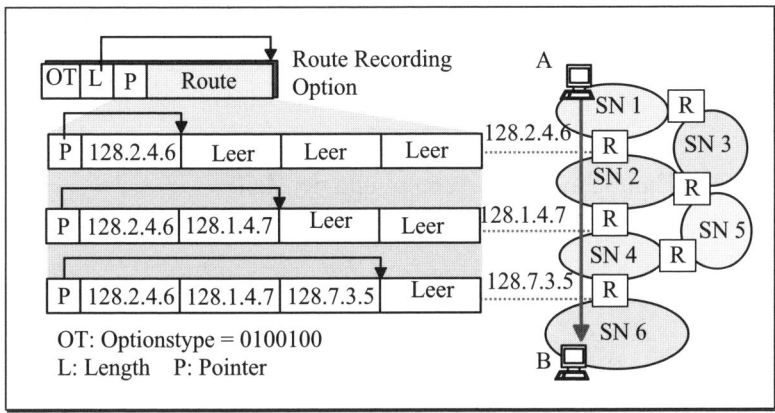

Abbildung 3.2-8:   Einsatz der Option Recording Route
R: Router

Der Pointer verweist hier auf den nächsten leeren Platz (Slot) für die Abspeicherung der IP-Adresse des Routers. Unterwegs muß jeder Router den Pointer, nachdem er seine IP-Adresse eingetragen hat, auf den nächsten Platz „verschieben". Anhand der Option Recording Route kann der Datenpfad, über den IP-Pakete einen bestimmten Router bzw. einen Zielrechner erreichen, ermittelt werden. Im IP-Paket muß dementsprechend genügend Platz zum Speichern der IP-Adressen reserviert werden.

Mit der Option *Timestamp* ist es möglich, die Uhrzeiten zu ermitteln, zu denen ein IP-Paket in verschiedenen Routern unterwegs war. Mit dieser Option lassen sich die Verzögerungen erfassen, die auf den einzelnen Teilstrecken entstehen. Die Struktur des Optionsfeldes Timestamp zeigt Abbildung 3.2-9.

Aufzeichnung der Zeit

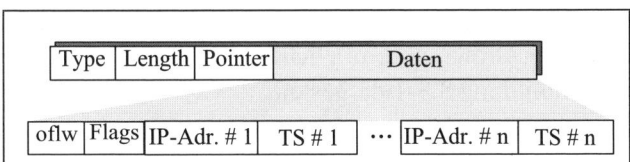

Abbildung 3.2-9:   Einsatz der Option Timestamp
oflw: Overflow, TS: Timestamp

Im Feld Data trägt jeder Router seine IP-Adresse und die Uhrzeit im 32-Bit-Feld TS ein. Falls die Optionslänge zu kurz ist, können die letzten Router unterwegs ihre Zeitangaben nicht eintragen. In diesem Fall wird im Feld *oflw* (overflow) die Anzahl von solchen Routern angegeben. Die Angaben im 4-Bit-Feld Flags lassen einige zusätzliche Möglichkeiten zu. Zum Beispiel:

- Flags = 0: Eintragen nur der Zeit im TS-Feld,
- Flags = 1: Eintragen der IP-Adresse und der Zeit.

3.3   Internet-Adressen

Jedes Endsystem (Rechner, Router) im Netz wird beim Einsatz der Protokollfamilie TCP/IP durch eine logische IP-Adresse identifiziert. Für alle Endsysteme und Netzkomponenten, die unter Verwendung von TCP/IP kommunizieren, ist eine eindeutige IP-Adresse erforderlich. Jede IP-Adresse (sog. *Unicast-Adresse*) hat im allgemeinen folgende Struktur:

Netz-ID , Host-ID (ID = Identifkation)

Die Netz-ID (auch als Netzwerk-ID bezeichnet) identifiziert sämtliche Systeme, die sich im gleichen Netz befinden. Alle Systeme im gleichen Netz müssen dieselbe Netz-ID tragen. Die Host-ID identifiziert ein beliebiges Endsystem (Arbeitsstation, Server, Router, ...) im Netz. Die Identifikation *Host-ID* muß für jedes einzelne Endsystem in einem Netz (d.h. für eine *Netz-ID*) eindeutig sein.

Die IP-Adresse ist mit einer postalischen Adresse zu vergleichen. Sie muß die Position eines Systems im Netz auf die gleiche Weise identifizieren wie die postalische Adresse ein Haus. Genauso wie jede postalische Adresse einen eindeutigen Wohnsitz identifiziert, muß eine IP-Adresse weltweit eindeutig einen Rechner bestimmen.

IP-Adreß-klassen Es werden fünf Klassen von IP-Adressen definiert, um den Aufbau der Netze unterschiedlicher Größe zu ermöglichen. Die einzelnen Klassen von IP-Adressen ist in Abbildung 3.3-1 dargestellt.

Die Adresse einer Klasse legt fest, welche Bits für die Netz-ID und welche für die Host-ID verwendet werden. Sie bestimmt ebenfalls die mögliche Anzahl der Netze und Endsysteme (Hosts).

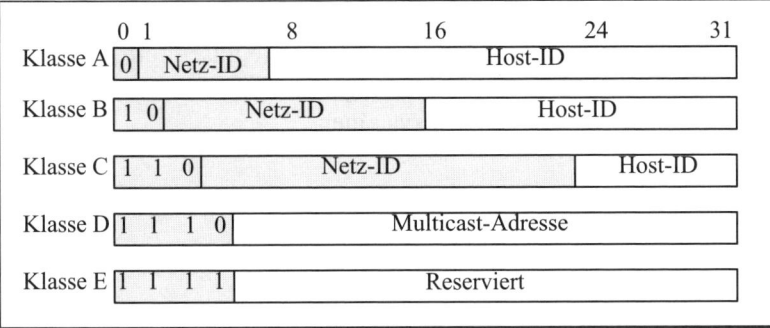

Abbildung 3.3-1: Klassen von IP-Adressen

- *Klasse A (Class A)*
  Die Adressen dieser Klasse werden Netzen mit einer sehr großen Anzahl von Endsystemen zugewiesen. Das höchstwertigste Bit einer Adresse der Klasse A ist immer auf 0 gesetzt. Die nächsten sieben Bits schließen die Netz-ID ab. Die restlichen 24 Bits (d.h. die restlichen 3 Oktette) bilden die Host-ID. Dies ermöglicht, $2^7 = 126$ Netze und circa 17 Millionen von Endsystemen pro Netz zu identifizieren.

- *Klasse B (Class B)*
  Die Adressen dieser Klasse werden mittelgroßen und großen Netzen zugewiesen. Die zwei höchstwertigen Bits einer Adresse der Klasse B sind immer auf 10 gesetzt. Die weiteren 14 Bits (zur Vervollständigung der ersten beiden Oktette) stellen die Netz-ID dar. Die letzten 2 Oktette bilden die Host-ID. Dies ermöglicht, $2^{14} = 16\ 384$ Netze und circa 65 000 Endsysteme pro Netz zu identifizieren.

- *Klasse C (Class C)*
  Die Adressen dieser Klasse C werden für kleine Netze (wie z.B. LANs) verwendet. Die 3 höchstwertigen Bits einer Adresse der Klasse C sind immer auf 110 gesetzt. Die weiteren 21 Bits (zur Vervollständigung der ersten 3 Oktette) stellen die Netz-ID dar. Das letzte Oktett bildet die Host-ID. Dies ermöglicht, etwa 2 Millionen Netze und $2^8 = 254$ Endsysteme pro Netz zu identifizieren.

- *Klasse D (Class D)*
  Die Adressen dieser Klasse D werden für den Einsatz bei Multicast-Gruppen (als geschlossene Benutzergruppen) verwendet. Eine Multicast-Adresse wird in der Regel mehreren Endsystemen zugeordnet. Die 4 höchstwertigen Bits einer Multicast-Adresse sind immer auf 1110 gesetzt. Die restlichen Bits bezeichnen eine Gruppe von Endsystemen. Die Multicast-Adressen enthalten keine Netz- bzw. Host-ID-Bits. Die IP-

Pakete werden an eine ausgewählte Gruppe der Endsysteme in einem Netz weitergeleitet. Eine Multicast-Adresse repräsentiert im Grunde genommen bei der Multicast-Verteilung eine Tabelle mit „normalen" IP-Adressen einer Gruppe von Endsystemen.

- *Klasse E (Class E)*
  Die Klasse E stellt eine experimentelle Adresse dar und ist nicht für den normalen Gebrauch bestimmt.

3.3.1 Darstellung von IP-Adressen

Jede IP-Adresse ist 32 Bit lang und besteht aus vier Feldern von je 8 Bit Länge, auch Oktette genannt. Die einzelnen Oktette werden durch Punkte voneinander getrennt. Ein Oktett repräsentiert eine Dezimalzahl zwischen 0 und 255. Abbildung 3.3-2 zeigt eine Zusammenstellung von IP-Adressen.

Bei dieser Adreß-Vergabe unterscheidet man drei Klassen von Netzen. Je nach Anzahl der im Netz vorgesehenen TCP/IP-Hosts bekommt man eine Adresse einer entsprechenden Klasse zugeteilt. Über die Netzadresse wird, unter anderem, eine Unterteilung in verschiedene Anwendungen (Wissenschaft, Militär...) und in Installationsorte (USA, Europa...) vorgenommen.

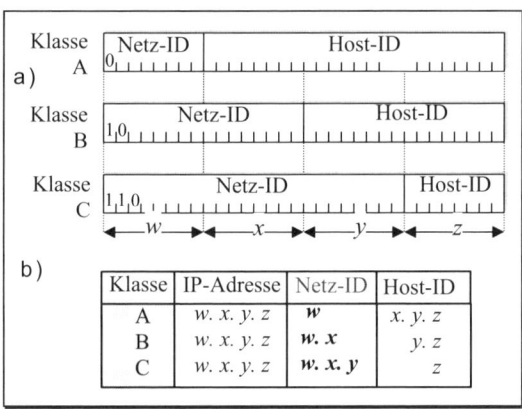

Abbildung 3.3-2:   Zusammenstellung von IP-Adressen

Aus der Abbildung 3.3-2 ist zu entnehmen, daß weltweit maximal $2^7-2 = 126$ Netze der Klasse A existieren können. Die IP-Adressen mit den Bit-Kombinationen „Alle Bits 0" und „Alle Bits 1" sind ungültige IP-Adressen (=> Abschnitt 3.4.2). Bei einem Netz der Klasse A können $2^{24}-2$ Stationen adressiert werden. Bei einem Netz der Klasse B wird eine IP-Adresse vergeben, die die ersten 16 Bit (14 Bit) festlegt. Hier können nur noch $2^{16}-2$ IP-

Adressen innerhalb eines Netzes vergeben werden. Einem Betreiber eines Klasse-C-Netzes bleiben genau 254 Adressen, die er seinen im Netz befindlichen Endsystemen (Hosts) zuordnen kann.

Nachfolgend sind drei Beispiele für IP-Adressen aufgeführt:

Beispiele für
IP- Adressen

Klasse A: **00001010** 00000000 00000000 00100000 = **10**.0.0.64

Klasse B: **10000010 00000011** 00000011 00111100 = **130.3**.3.60

Klasse C: **11000000 00001001 10010100** 10000000 = **192.9.148**.128

Im ersten Beispiel hat das Netz die feste Nummer 10, dort befindet sich ein Endsystem mit der Nummer 0.0.64, d.h. das Endsystem hat die IP-Adresse 10.0.0.64. Im Beispiel der Klasse B hat das Netz die Nummer 130.3 und ein Endsystem die Nummer 3.60, somit die IP-Adresse 130.3.3.60. Das Klasse-C-Beispiel hat die Netznummer 192.9.148, das Endsystem besitzt die Nummer 128, also ist die IP-Adresse 192.9.148.128.

Jede IP-Adresse hat somit die Form:

w. x. y. z (z.B. **135. 167**. 25. 8)

Diese Darstellung von IP-Adressen wird als *Dezimalformat* (auch *punktierte Dezimalnotation* bzw. engl. *dotted decimal notation*) bezeichnet. Die Netz-ID wird hierbei durch die fette Markierung hervorgehoben. Zur bitweisen Kalkulation wird eine IP-Adresse im *Binärformat* dargestellt. Gelegentlich wird auch von der Hexadezimaldarstellung von IP-Adressen Gebrauch gemacht, wie im nachfolgenden Beispiel dargestellt:

Dezimalformat: **135. 167**. 25. 11

Binärformat: **10000111 10100111** 00011001 00001011

Hexadezimalformat: **87A7**190B

Neben dieser klassenbasierten Einteilung von IP-Adressen findet insbesondere bei ISP's eine bitweise Beschreibung des Netzschemas Verwendung, das Grundlage des *Classless Inter-Domain Routings CIDR* geworden ist. Auf dieses Verfahren wird ausführlich in Abschnitt 9.2 eingegangen.

CIDR

3.3.2 Standard-Subnetz-Maske

Eine *Subnetz-Maske* (*Subnet Mask*) kann eine *Standard-Subnetz-Maske* (*Default Subnet Mask*) bzw. eine *benutzerdefinierte Subnetz-Maske* darstellen. Wird ein physikalisches Netz nicht auf die *Subnetze* (*Teilnetze*) aufgeteilt, so verwendet man in diesem Fall eine Standardmaske. Wird ein physikalisches Netz auf mehrere Subnetze (Teilnetze) aufgeteilt, so muß eine Subnetz-Maske vom Benutzer definiert werden. Auf diese Möglichkeit gehen wir später ein. Zunächst wird die Bedeutung einer Standardmaske näher erläutert.

Eine Standard-Subnetz-Maske ist eine 32-Bit-Kombination, die verwendet wird, um

- einen Teil der IP-Adresse auszublenden und auf diese Weise die Netz-ID von der Host-ID zu unterscheiden
- festzustellen, ob der Ziel-Host sich in demselben Netz oder einem anderen (Remote-) Netz befindet.

Jeder Host in einem TCP/IP-Netz benötigt eine Subnetz-Maske, d.h. entweder

- eine Standardmaske, falls keine Aufteilung des physikalischen Netzes vorgenommen wird, oder
- eine benutzerdefinierte Subnetz-Maske, falls das physikalische Netz auf mehrere Subnetze aufgeteilt wird.

Adreß-klasse	Standard-Subnetz-Maske		
	Binärnotation		Dezimalnotation
Klasse A	**11111111** 00000000 00000000 00000000		**255**. 0. 0. 0
Klasse B	**11111111** **11111111** 00000000 00000000		**255. 255**. 0. 0
Klasse C	**11111111** **11111111** **11111111** 00000000		**255. 255. 255**. 0

Tabelle 3.3-1:   Standard-Subnetz-Masken

Die Struktur der Standard-Subnetz-Maske ist von der Klasse der IP-Adresse abhängig. Eine Zusammenstellung findet sich in Tabelle 3.3-1. Wie hier ersichtlich ist, werden alle Bits, die zu einer Netz-ID gehören, auf 1 gesetzt. Der Dezimalwert jedes Oktetts beträgt jeweils 255. Alle Bits, die zur Host-ID gehören, werden auf 0 gesetzt.

Bit-Arithmetik Um die Identifikation des Zielnetzes (d.h. Ziel-Netz-ID) aus einer IP-Adresse „herauszufiltern", wird eine Operation *Bitweise_AND* für IP-Adresse und Subnetz-Maske ausgeführt. Diese Operation erläutert Abbildung 3.3-3.

Die Operation *Bitweise_AND* besteht darin, daß jedes einzelne Bit der IP-Adresse mit dem entsprechenden Bit in der Subnetz-Maske verglichen wird. Wenn beide Bits 1 sind, ist das resultierende Bit ebenfalls 1. Wenn eine andere Kombination von Bits vorliegt, ist das resultierende Bit 0. Die *Ope-*

ration Bitweise_AND wird als ein rechnerinterner Prozeß durchgeführt, so daß der Benutzer keinen Einfluß auf dessen Durchführung hat.

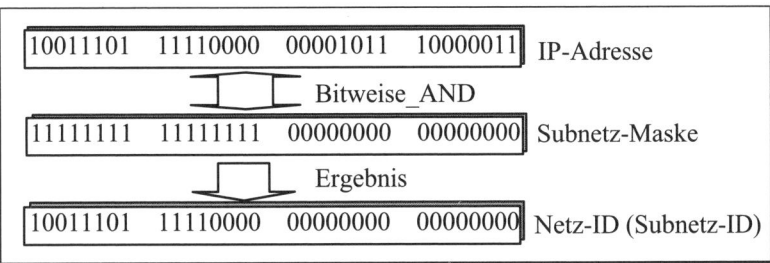

| 10011101 | 11110000 | 00001011 | 10000011 | IP-Adresse |

Bitweise_AND

| 11111111 | 11111111 | 00000000 | 00000000 | Subnetz-Maske |

Ergebnis

| 10011101 | 11110000 | 00000000 | 00000000 | Netz-ID (Subnetz-ID) |

Abbildung 3.3-3:   Herausfiltern der Netz-ID aus einer IP-Adresse mit Hilfe der Operation *Bitweise*_AND

3.3.3 Vergabe von IP-Adressen

Bei der Vergabe von IP-Adressen muß vordringlich darauf geachtet werden, daß die Adressen aller in einem physikalischen Netz liegenden Endsysteme (Stationen) sich nur in dem Netz-ID-Teil unterscheiden und daß keine IP-Adresse doppelt vorkommt. Für die Nutzung des IP-Adreßraums gelten darüber hinaus einige weitere Einschränkungen, auf die wir im folgenden kurz eingehen möchten. Diese betreffen die Verwendung bestimmter Netz-Adreßbereiche sowie die Vergabe lokaler IP-Adressen als Host- bzw. Interface-ID. Generell können unterschieden werden:

- (lokale) IP-Netzadressen,
- (lokale) IP-Broadcastadressen,
- Loopback-Adresse sowie
- private IP-Adreßbereiche.

Die lokale IP-Netzadresse, z.B. 135.167.0.0, darf nicht als Host-IP-Adresse verwendet werden. Falls alle Netz- und Host-ID-Bits auf 0 gesetzt sind, wird diese Adresse mit der Bedeutung „nur dieses Netz" interpretiert. Kritisch ist dieser Sachverhalt in Netzen mit gesetzten Subnetz-Masken. Bei benutzerdefinierten Subnet-Masken (=> Abschnitt 3.4.1) und eines Class-C-IP-Netzes kommt es vor, daß die IP-Subnetzadresse nicht auf den Wert '.0' endet. Ein Class-C-Netz mit der Subnetz-Maske *.192 hat z.B. die Subnetz-Adressen *.0, *.64, *.128 sowie *.192.

Lokale IP-Netz- und Broadcast-adresse

Eine Host-ID darf nicht der Netz- bzw. Subnetz-Broadcastadresse entsprechen. Ein so eingerichteter Rechner würde neben den an ihn gerichteten

Unicasts vom ganzen IP-Broadcast betroffen sein! Auch hier gilt, daß bei IP-Netzen mit nicht-trivialen Subnetz-Masken besondere Aufmerksamkeit gefordert ist. Bei einem Class-C-IP-Netz mit Subnetz-Maske *.192 gelten auch die Adressen *.63, *.127 sowie *.191 als Subnetz-Broadcastadresse, die zusätzlich zum universellen Broadcast *.255 zu berücksichtigen sind.

Loopback-Adresse Auch ohne konfigurierte IP-Adresse hat jedes Interface eine eigene sog. Loopback-Adresse. Hierfür ist die Netznummer

127. 0. 0. *

reserviert. Loopback-Adressen werden nach der Interface-Hierarchie vergeben. Das erste Interface hat somit die Loopback-Adresse **127.** 0. 0. 1, das zweite Interface **127.** 0 . 0 . 2 etc. Durch Ansprechen der Loopback-Adresse mittels der Kommandos *ping* und *ifconfig* (bzw *ipconfig* bei Windows) kann ein erster rudimentärer Test der Funktionsbereitschaft von IP erfolgen.

Private IP-Adreß-bereiche Zur Bildung privater IP-Netze innerhalb des Internets sind gemäß RFC 1597/1918 folgende Adreßbereiche vorgesehen:

- Class A: 10. 0. 0. 0 ...   10.255.255.255
- Class B: 172.16. 0. 0 ... 172.31.255.255
- Class C: 192.168. 0. 0 ... 192.168.255.255

Diese Adressen können von mehreren Organisationen als Netz-ID gemeinsam benutzt werden, ohne daß Konflikte auftreten, da diese IP-Adressen weder im Internet vergeben noch ins Internet geroutet werden. In diesem Zusammenhang wird auch von einem Wiedergebrauch (*reuse*) von IP-Adressen gesprochen. Innerhalb der privaten IP-Adreßsphäre lassen sich alle TCP/IP-Dienste (wie Domain Name Service) lokal ohne Einschränkungen aufbauen und benutzen. Für die Kommunikation mit dem öffentlichen Bereich des Internets gelten jedoch spezielle Verfahrensweisen, die in RFC 1631 *als Network Adress Translation* (*NAT*) beschrieben sind (=> Abschnitt 3.5). Spezielle Anforderungen stellen sich z.B. im Hinblick auf das Weiterleiten von ICMP- und SNMP-Mitteilungen sowie die Nutzung des Internet *Domain Name Systems*. Es ergibt sich eine asymmetrische Situation: Einerseits sollen für Client-Applikationen aus dem privaten IP-Netz heraus Server-Applikationen im Internet transparent verfügbar sein. Andererseits gilt, daß für Client-Anwendungen aus dem Internet heraus das private IP-Netz nicht sichtbar (wohl aber erreichbar!) sein darf.

Multi-Homing Die Host-ID muß in einem Netz (bzw. einem Subnetz) eindeutig sein. Die Netz-ID identifiziert sämtliche Endsysteme, die sich im gleichen physikalischen Netz befinden. Allen Endsystemen eines physikalischen Netzes ist somit dieselbe Netz-ID zuzuteilen. Falls die Netze über Router miteinander

verbunden sind, kann der Router als ein Multinetz-Endsystem gesehen werden, und pro Interface können mehrere IP-Adressen definiert sein. Jedem
Port des Routers muß mindestens eine entsprechende IP-Adresse (die *Interface-ID*) zugewiesen werden. Systeme mit mehreren IP-Adressen (bzw.
mehrere Interface-IDs) werden als *Multi-Homed* bezeichnet. Dies ist in Abbildung 3.3-4a näher illustriert.

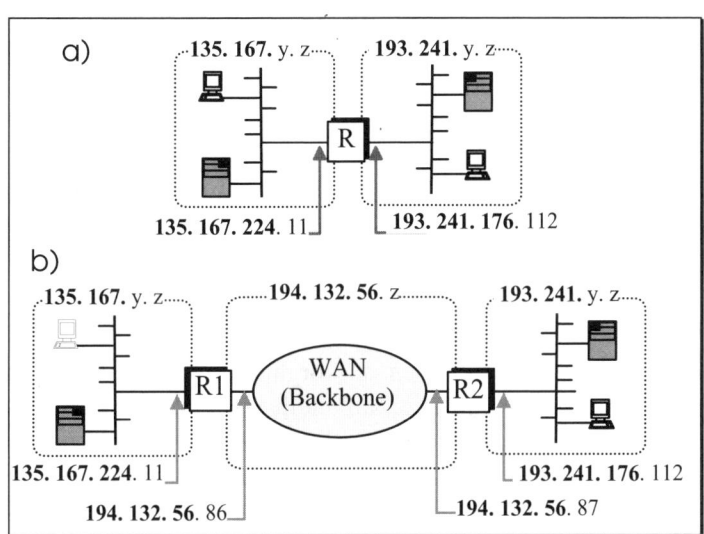

Abbildung 3.3-4:   Router als ein Multinetz-Endsystem
                           a) lokale Vernetzung
                           b) standortübergreifende Vernetzung

Wie in Abbildung 3.3-4b zu sehen ist, muß dem WAN auch eine Subnetz-
ID zugeordnet werden, wenn die lokalen Netze mit Hilfe von Routern
standortübergreifend über ein WAN verbunden sind. Zwischen diesen beiden Routern werden IP-Pakete über das WAN übermittelt, so daß die Router-Ports seitens des WANs durch die eindeutigen IP-Adressen identifiziert
werden. Da sich unterwegs zwischen den beiden Routern im WAN kein
Router mehr befindet, muß das ganze WAN aus der Routing-Sicht als ein
Subnetz gesehen werden. Damit muß dem WAN (formal!) eine Netz-ID
zugeteilt werden. In diesem Fall stellt das WAN nur eine Verbindung für
den Datenaustausch zwischen den Routern zur Verfügung.

3.4   Bildung von Subnetzen

Ein Subnetz stellt eine geschlossene Gruppe der Endsysteme (Hosts) dar, und diese Gruppe wird mit einer Subnetz-ID identifiziert. Wird ein physikalisches Netz auf mehrere Teilnetze aufgeteilt, so bezeichnet man diese Teilnetze als *Subnetze*. Das ganze physikalische Netz kann auch als ein „Sonder"-Subnetz gesehen werden. Die Subnetze entstehen, wenn autonome Netze in mehrere physikalische oder logische Netze aufgeteilt werden. Zu einem Subnetz können auch mehrere physikalische Netze zusammengefaßt werden. Dieser Gruppe von physikalischen Netzen muß eine gemeinsame Subnetz-ID zugewiesen werden.

Virtuelle Innerhalb von physikalischen LANs werden oft geschlossene Gruppen der
LANs Endsysteme gebildet. Diese Gruppen werden als virtuelle LANs (VLANs)
(VLANs) bezeichnet. Ein virtuelles LAN kann als ein logisches Subnetz innerhalb eines physikalischen LANs interpretiert werden. Somit muß jedem virtuellen LAN auch eine Subnetz-ID zugewiesen werden.

Die großen TCP/IP-Netze müssen aus organisatorischen bzw. politischen Gründen oft auf kleinere Subnetze aufgeteilt werden, was man als Strukturierung bezeichnet. Diese Subnetze werden oft IP-Subnetze genannt. Für die Vernetzung von einzelnen IP-Subnetzen miteinander können IP-Router bzw. IP-Switches (d.h. Layer-3-Switches) eingesetzt werden. Das Routing von IP-Paketen wird in Kapitel 9 näher erläutert.

Um ein Netz in Subnetze unterteilen zu können, muß jedes Subnetz eine andere Identifikation (ID) verwenden. Eine eindeutige Subnetz-ID wird geschaffen, indem man die Bits der Host-ID in zwei Bereiche aufteilt. Ein Bereich wird verwendet, um das Subnetz als eindeutige und selbständige Gruppe der Endsysteme zu identifizieren, der andere Bereich wird zur Identifizierung der Hosts in diesem Subnetz verwendet. Eine solche Aufteilung der Host-ID in der IP-Adresse wird auch als *Subnetting* oder *Subnetworking* bezeichnet. Dies illustriert Abbildung 3.4-1.

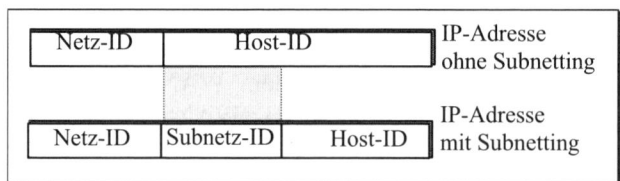

Abbildung 3.4-1:   Struktur der IP-Adresse mit Subnetting

Ein Beispiel für eine Aufteilung eines Netzes mit Netz-ID = 130.3 auf zwei Subnetze (Teilnetze) zeigt Abbildung 3.4-2.

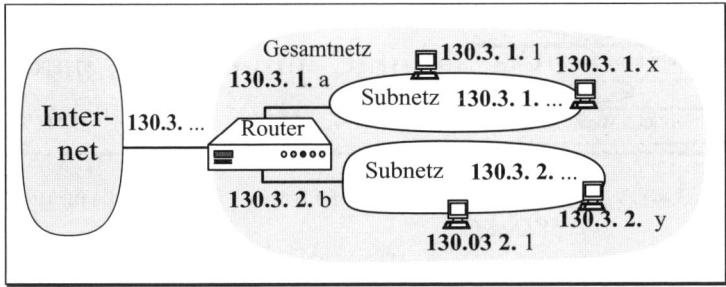

Abbildung 3.4-2:   Beispiel für Aufteilung eines Netzes auf zwei Subnetze

Wie hier ersichtlich ist, haben die zwei über einen Router verbundenen Subnetze unterschiedliche Subnet-IDs, nämlich 130.3.1 und 130.3.2. Die Nummern der Endsysteme können in beiden Subnetzen sogar gleich sein.

Die Vorteile von Subnetzen sind u.a.:

- Jeder Abteilung (Organisation) kann ein getrenntes Subnetz zugeordnet werden.
- Unterschiedliche LAN-Technologien (beispielsweise Ethernet und Token-Ring) können als unterschiedliche Subnetze definiert und dementsprechend über Router verbunden werden.
- Die Belastung des Netzes kann reduziert werden, indem man den Verkehr zu den einzelnen Subnetzen einschränkt.

3.4.1 Benutzerdefinierte Subnetz-Maske

Die Festlegung einer benutzerdefinierten Subnetz-Maske ist erforderlich, wenn ein physikalisches Netz vom Benutzer in mehrere Subnetze aufgeteilt wird. Bevor eine Subnetz-Maske festgelegt wird, ist zuerst

- die Anzahl der Subnetze und
- die Anzahl der Hosts pro Subnetz

zu ermitteln.

Das Verfahren der IP-Subnetzbildung ist in RFC 950 beschrieben, und die notwendigen Schritte zur Festlegung einer benutzerdefinierten Subnetz-Maske für IP-Adressen der Klasse C zeigt Abbildung 3.4-3.

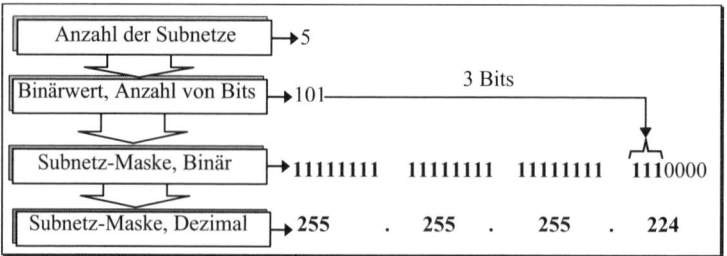

Abbildung. 3.4-3:   Festlegung einer benutzerdefinierten Subnetz-Maske für IP-Adressen der Klasse C

Hierbei sind folgende Schritte zu unterscheiden:

1. Zunächst ist die Anzahl der Subnetze zu ermitteln und in das Binärformat zu konvertieren.
2. Die Anzahl der Bits, die für die Darstellung der Zahl der Subnetze im Binärformat erforderlich ist, bestimmt die Anzahl von Bits der Subnetz-ID. Werden beispielsweise 5 Subnetze benötigt, beträgt der Binärwert 101. Die Darstellung von „fünf" im Binärformat erfordert drei Bits.
3. Sind beispielsweise drei Bits für die Identifikation der Subnetze erforderlich, werden die ersten drei Bits der Host-ID durch die Subnet-ID belegt.
4. Der Dezimalwert für die binäre Kombination 11100000 beträgt 224. Die Subnetz-Maske (dezimal) ist somit 255.255.255.224.

Anzahl der Subnetze	Bit-Anzahl für Subnetz-Maske	Subnetz-Maske	Max. Anzahl von Hosts im Subnetz
1 - 2	2	255.192.0.0	16382
2 -6	3	255.224.0.0	8190
7 - 14	4	255.240.0.0	4094
15 - 30	5	255.248.0.0	2046
31 - 62	6	255.252.0.0	1022
63 - 126	7	255.254.0.0	510
127 - 254	8	255.255.0.0	254

Tabelle 3.4-1:   Zusammenstellung von Subnetz-Masken für die IP-Adressen der Klasse B

Eine Zusammenstellung von Subnetz-Masken für die beiden Adreßklassen B und C findet sich in den Tabellen 3.4-1 und 3.4-2. Hier ist ersichtlich, daß bei der Verwendung einer IP-Adresse der Klasse C maximal 62 Subnetze möglich sind. Bei einer IP-Adresse der Klasse B lassen sich maximal 254 Subnetze einrichten. Falls eine größere Anzahl der Subnetze eingerichtet werden soll, muß man eine längere Subnetz-Maske verwenden, die sich über zwei Oktette erstreckt.

Anzahl der Subnetze	Bit-Anzahl für Subnetz-Maske	Subnetz-Maske	Max. Anzahl von Hosts im Subnetz
1 - 2	1	255.255.255.128	126
3 - 4	2	255.255.255.192	62
5 - 8	3	255.255.255.224	30
9 - 16	4	255.255.255.240	14
17 - 32	5	255.255.255.248	6
33 - 62	6	255.255.255.252	2

Tabelle 3.4-2:   Zusammenstellung von Subnetz-Masken für die IP-Adressen der Klasse C

Manchmal kann es sinnvoll sein, Subnetze unter Verwendung von mehr als 8 Bits, also mehr als einem Oktett, einzurichten. Dies wird im folgenden Beispiel näher erläutert.

Subnetz-Masken über 2 Oktette

> **Beispiel**: Ein Unternehmen plant eine Verbindung seiner Niederlassungen, die weltweit verteilt sind. Dies umfaßt 50 Standorte mit etwa 1000 Subnetzen und im Durchschnitt 500 bis 800 Endsysteme pro Subnetz. Um 1000 Subnetze zu identifizieren, sind mehr als 8 Bits nötig. Um dieses Problem zu lösen, kommen die folgenden beiden Möglichkeiten in Frage:
>
> 1. Es können mehrere IP-Adressen der Klasse B verwendet werden. Um die Host-Anforderungen pro Subnetz mit einer Adresse der Klasse B erfüllen zu können, muß eine Subnetz-Maske von 255.255.252.0 verwendet werden (=> Tabelle 3.4-1). Bei dieser Subnetz-Maske sind wiederum maximal nur 62 Subnetze möglich. Um 1000 Subnetze einrichten zu können, benötigt man mindestens 17 (1000/62 =>17) Adressen der Klasse B. Bei dieser Lösung ist das ganze Unternehmen im Internet unter 17 Adressen bekannt. Soll dieses Unternehmen unter einer Internet-Adresse nach außen auftreten, ist eine andere Lösung nötig.
>
> 2. Es wird eine IP-Adressse der Klasse A verwendet. Eine Subnetz-Maske wird über zwei Oktette festgelegt. Falls entschieden wird, eine Netzwerk-ID für das ganze Unternehmen als 15.0.0.0 zuzuweisen, kann eine einzige IP-Adresse der Klasse folgendermaßen strukturiert werden:
>
> Netz-ID   Subnetz-Maske (dezimal) Subnetz-Maske (binär)
>
> 10.0.0.0 255.255.248.0   1111111111 11111111 11111000 00000000

Bei der Verwendung von 13 Bits für die Subnetz-ID innerhalb einer IP-Adresse der Klasse A können maximal 8 190 Subnetze eingerichtet werden. Jedes dieser Subnetze kann maximal 2 046 Endsysteme enthalten. Damit können die Anforderungen mit Blick auf die Zukunft flexibel erfüllt werden.

3.4.2 Bestimmen von Subnetz-IDs und Host-IDs

Die Subnetz-IDs bestimmen diese Host-ID-Bits (=> Abbildung 3.4-1), über die sich die Subnetz-Maske erstreckt. Um eine Subnetz-ID zu bestimmen, werden zunächst die möglichen Bitkombinationen untersucht und dann in das Dezimalformat konvertiert (=> Abbildung 3.4-4).

$$
\begin{array}{llll}
11111111 & 11111111 & 11100000 & 00000000 \\
 & & 00000000 & \\
 & & 00100000 & = 32 \\
 & & 01000000 & = 64 \\
 & & 01100000 & = 96 \\
 & & 10000000 & = 128 \\
 & & 10100000 & = 160 \\
 & & 11000000 & = 192 \\
 & & 11100000 & \\
\end{array}
$$

Abbildung 3.4-4:   Bestimmen von Subnetz-IDs bei einer IP-Adresse der Klasse B

Wie hier ersichtlich ist, sind dafür folgende Schritte nötig:

1. Alle möglichen Bitkombinationen der durch die Subnetz-Maske „belegten" Bits werden ermittelt.
2. Alle Bitkombinationen, die entweder nur 0 oder nur 1 enthalten, sind ungültig.
3. Die Bitkombinationen „Alle Bits 0" und „Alle Bits 1" sind ungültige IP-Adressen. Die Kombination „Alle Bits 0" ist reserviert und hat die Bedeutung *„nur dieses Netzwerk"*. Mit der Kombination „Alle Bits 1" wird eine Subnetz-Maske identifiziert.
4. Die restlichen Kombinationen (über das ganze Oktett) werden in das Dezimalformat konvertiert. Jeder Dezimalwert stellt ein einzelnes Subnetz-ID dar.

Nach der Festlegung von Subnetz-IDs müssen die Host-IDs in den einzelnen Subnetzen bestimmt werden.

Bestimmen von Host-IDs Um Host-IDs innerhalb eines Subnetzes zu bestimmen, muß man zuerst berechnen, wie viele Bits für die Host-ID zur Verfügung stehen. Betrachten wir nun das Beispiel aus Abbildung 3.4.-5. Falls eine IP-Adresse der Klasse B verwendet wird, in der 16 Bits für die Netz-ID und 3 Bits für die Subnetz-ID bereits belegt worden sind, bleiben 13 Bits für die Host-ID. Die maximale Anzahl von Hosts beträgt in diesem Fall $2^{13} - 2$.

Tabelle 3.4-3 stellt den gültigen Bereich der Host-IDs bei der Verwendung von IP-Adressen der Klasse B und einer Subnetz-Maske mit 3 Bits dar.

Subnetz-ID	Dezimalwert von Subnetz-ID	Erster Wert von Host-ID	Letzter Wert von Host-ID
00000000	0	ungültig	ungültig
00100000	32	x. y. 32. 1	x. y. 63. 254
01000000	64	x. y. 64. 1	x. y. 95. 254
01100000	96	x. y. 96. 1	x. y. 127. 254
10000000	128	x. y. 128. 1	x. y. 159. 254
10100000	160	x. y. 160. 1	x. y. 191. 254
11000000	192	x. y. 192. 1	x. y. 223. 254
11100000	224	ungültig	ungültig

Tabelle 3.4-3:   Host-IDs bei der Verwendung von IP-Adressen der Klasse B und einer Subnetz-Maske mit 3 Bits

3.4.3 Zielbestimmung eines IP-Pakets beim Quellrechner

Beim Absenden jedes IP-Pakets muß im Quellrechner festgelegt werden, ob das Paket für einen Zielrechner in demselben Subnetz oder in einem anderen „Remote"-Subnetz bestimmt ist. Falls der Zielrechner sich in einem anderen Subnetz befindet, wird das IP-Paket an einen Router (*Gateway*) abgeschickt. Im allgemeinen besteht die Funktion eines Routers (genauer gesagt: eines IP-Routers) darin, die einzelnen Subnetze miteinander logisch so zu vernetzen, daß die Kommunikation zwischen zwei Rechnern, die zu unterschiedlichen Subnetzen gehören, ermöglicht werden kann. An dieser Stelle ist hervorzuheben, daß die primäre Funktion eines IP-Routers darin besteht, mehrere (IP-)Subnetze miteinander zu vernetzen.

In Abbildung 3.3-1 wurde die allgemeine Strukturierung von IP-Adressen gezeigt. Falls keine Aufteilung eines physikalischen Netzes vorgenommen wird, kann das ganze physikalische Netz aus Sicht des Internetworking als ein Subnetz gesehen werden. Das Prinzip der Bestimmung des Ziels eines

IP-Pakets bei der Quelle, falls das physikalische Netz nicht auf Subnetze aufgeteilt wird, zeigt Abbildung 3.4-5a.

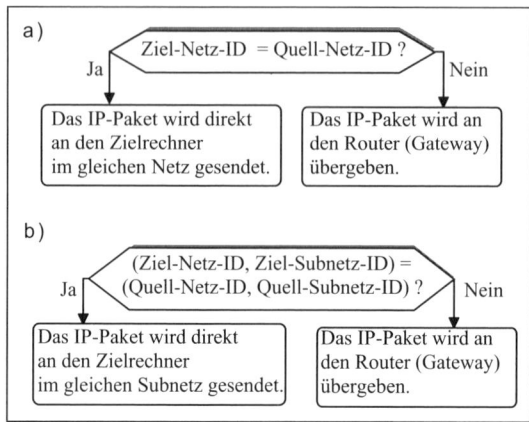

Abbildung 3.4-5:   Bestimmen des Ziels eines IP-Pakets bei der Quelle:
a) ohne Subnetting
b) mit Subnetting

Falls eine Aufteilung des physikalischen Netzes vorgenommen wurde, setzt sich das physikalische Netz aus einer Anzahl von Subnetzen zusammen. Da es sich nun um eine Vernetzung von Subnetzen handelt, ist dies beim Absenden jedes Pakets zu berücksichtigen. In diesem Fall muß zuerst bestimmt werden, ob der Zielrechner zum gleichen Subnetz gehört. Wie Abbildung 3.4-5b zeigt, muß hierfür das Paar (*Ziel-Netz-ID*, *Ziel-Subnetz-ID*) mit dem Paar (*Quell-Netz-ID*, *Quell-Subnetz-ID*) bitweise verglichen werden.

Standard-Subnetz-Maske Für die Unterstützung der in Abbildung 3.4-5 dargestellten Entscheidungen kann die Subnetz-Maske angewandt werden. Falls kein Subnetting verwendet wird, handelt es sich um eine *Standard-Subnetz-Maske* (genauer gesagt: *Netzmaske*). Beim Subnetting wird die Subnetz-Maske vom Benutzer definiert. In beiden Fälle kann die in Abbildung 3.3-3 dargestellte *Operation Bitweise_AND* verwendet werden. Wie Abbildung 3.4-5 zeigt, wird diese Operation vor dem Versand eines IP-Pakets sowohl für die Zieladresse als auch für die Quelladresse mit derselben Subnetz-Maske des Quellrechners ausgeführt. Wenn die Ergebnisse identisch sind, weiß man, daß der Zielrechner sich in demselben Netz befindet. In diesem Fall wird das IP-Paket direkt zum Zielrechner geschickt. Wenn die Ergebnisse der Operation *Bitweise_AND* unterschiedlich sind, gehört der Zielrechner zu einem anderen Netz und das IP-Paket wird zuerst an den Router (oft auch *Default Gateway* genannt) gesendet.

3.4.4 Adressierungsaspekte

Im folgenden wird auf einige Aspekte der Adressierung beim Versand der IP-Pakete näher eingegangen. Hierbei wird unter dem Begriff *Subnetz* sowohl ein logisches Subnetz als auch ein ganzes physikalisches Netz verstanden, falls dieses Netz auf die Teilnetze (Subnetze) nicht aufgeteilt wird.

Wenn der Zielrechner sich im gleichen Subnetz befindet, wird das IP-Paket direkt an den Zielrechner abgeschickt, sonst an einen Router (Gateway) übergeben. Im allgemeinen sind zwei Fälle zu unterscheiden: *Sendeprinzipien für IP-Pakete*

- Das Subnetz stellt ein herkömmliches Shared Medium LAN dar, d.h. ein verbindungsloses Netz, das nach dem Broadcast-Prinzip funktioniert. In diesem Fall wird das IP-Paket in einen MAC-Frame des LANs eingebettet, und dieser MAC-Frame enthält die MAC-Adresse des Ziel-Endsystems. Dies illustriert Abbildung 3.4-6a.

- Das Subnetz stellt ein leitungsvermittelndes Netz dar, wie z.B. ein WAN (ISDN, X.25-, ATM- bzw. Frame-Relay-Netz). In diesem Fall muß eine Verbindung zum Ziel-Endsystem für die Übermittlung des IP-Paketes aufgebaut werden. Eine solche Situation veranschaulicht Abbildung 3.4-6b.

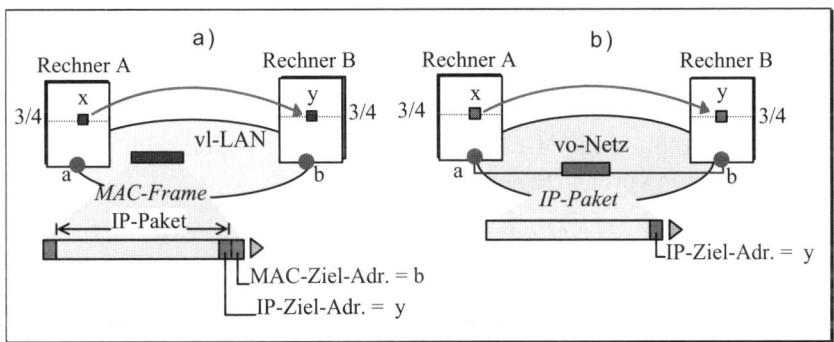

Abbildung. 3.4-6:   Übermittlung eines IP-Pakets zum Zielrechner im gleichen Netz:
a) Netz ist ein verbindungsloses LAN
b) Netz ist verbindungsorientiert
vl: verbindungslos; vo: verbindungsorientiert;
a, b: Netzadressen; x, y: IP-Adressen

Im allgemeinen ist eine IP-Adresse eines Rechners einem Kommunikationspuffer in diesem Rechner zuzuordnen. Dieser Kommunikationspuffer kann als Zugangsport zu der IP-Protokollinstanz im Rechner gesehen werden. Somit befindet sich dieser Kommunikationspuffer an der Grenze zwischen *Bedeutung einer IP-Adresse im Rechner* den Protokollen TCP und IP, nämlich an der Grenze zwischen den Schichten 3 und 4 im logischen Schichtenmodell des Endsystems. Dies soll in Abbildung 3.4-6 zum Ausdruck kommen (vgl. auch Abbildung 4.1-1). Im allgemeinen ist der Transport eines IP-Pakets vom Rechner *A* mit der IP-Adresse *x* zum Rechner *B* mit der IP-Adresse *y* als Übermittlung dieses Pakets vom Kommunikationspuffer *x* im Rechner *A* zum Kommunikationspuffer *y* im Rechner *B* zu interpretieren.

LAN-
Adressen
Wie aus Abbildung 3.4-6a ersichtlich ist, besteht die IP-Kommunikation in der Übergabe eines IP-Pakets von Kommunikationspuffer *x* im Quellrechner mit der MAC-Adresse *a* zum Kommunikationspuffer *y* im Zielrechner mit der MAC-Adresse *b*. Diese Kommunikationspuffer repräsentieren entsprechend Quell- und Ziel-IP-Adressen. Der Quellrechner muß die MAC-Adresse, d.h. die physikalische LAN-Adresse des Zielrechners, im zu sendenden MAC-Frame setzen. Hierfür muß eine Tabelle mit folgenden Zuordnungen vorhanden sein:

IP-Adresse => MAC-Adresse

Die Pflege dieser Tabelle gehört zur Aufgabe des Protokolls ARP (*Address Resolution Protocol*). Das Protokoll ARP wird im Abschnitt 3.6 näher dargestellt. Das ARP-Protokoll bietet somit einen dynamischen Mechanismus zur Ermittlung der MAC-Adresse des IP-Peerpartners.

WAN-
Adressen
Wenn ein Übermittlungsnetz verbindungsorientiert ist (z.B. X.25-, Frame-Relay-, ATM-Netz oder ISDN), muß der Quellrechner die physikalische Adresse des Zielrechners auch kennen, um die gewünschte Verbindung aufzubauen (=> Abbildung 3.4-6b). Hierfür muß eine Tabelle mit den folgenden Zuordnungen vorhanden sein:

IP-Adresse => Netzadresse (z.B. ATM-, X.25-Adresse)

Die Bestimmung von physikalischen Adressen in verbindungsorientierten Netzen muß anders als in verbindungslosen LANs gelöst werden. Da das Protokoll ARP aus der TPC/IP-Protokollfamilie als APR-Request einen MAC-Broadcast generiert, kann es in verbindungsorientierten Netzen nicht eingesetzt werden. Um dieses Problem zu lösen, wird oft eine Tabelle mit den Zuordnungen von physikalischen Adressen zu IP-Adressen in einem zentralen Server zur Verfügung gestellt. Ein solcher Server wird für die Adreßauflösung oft als *ARP-Server* bezeichnet.

Liegt ein IP-Paket in einem Rechner an einem verbindungsorientierten Netz zum Senden vor, so kann dieser Quellrechner die gesuchte physikalische Zieladresse beim ARP-Server abfragen und für die weitere zukünftige Verwendung bei sich speichern. In großen verbindungsorientierten Netzen werden in der Regel mehrere ARP-Server implementiert. Die einzelnen ARP-Server müssen miteinander u.a. die Zuordnungen *IP-Adresse => Netzadresse* nach einem Protokoll austauschen können. Die Kommunikation zwischen den einzelnen ARP-Servern erfolgt nach dem Protokoll NHRP (*Next Hop Resolution Protocol*). Auf diese Aspekte wird im Abschnitt 10.4.4 bei der Darstellung von IP Over ATM-Prinzipien näher eingegangen.

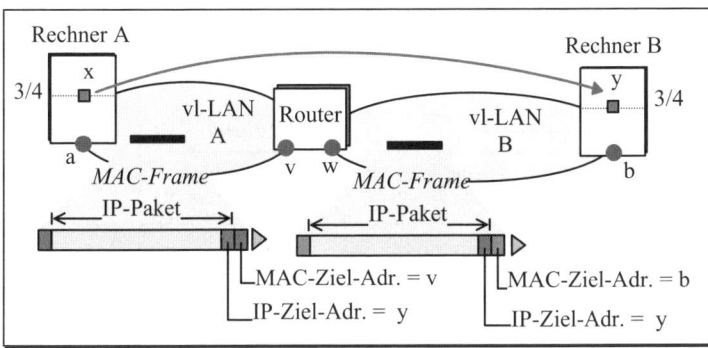

Abbildung 3.4-7:   Übermittlung eines IP-Paketes beim Verbund von verbindungslosen LANs
vl: verbindungslos; a, b, v, w: MAC-Adressen; x, y: IP-Adressen

Wenn sich der Zielrechner in einem anderen Subnetz befindet, wird das IP-Paket an den Router zur Weiterleitung abgegeben. Abbildung 3.4-7 veranschaulicht die Adressierung des IP-Pakets, falls die verbundenen Subnetze die verbindungslosen LANs darstellen.

Abbildung 3.4-8 illustriert die Übermittlung eines IP-Pakets, falls die verbundenen Subnetze verbindungsorientiert sind. In diesem Fall wird zunächst eine Verbindung über das erste Subnetz zum Router aufgebaut; anschließend baut der Router eine Verbindung über das zweite Subnetz zum Zielrechner auf.

Die hier dargestellten verbindungsorientierten Subnetze können zwei Teile eines physikalischen Netzes (z.B. eines ATM-Netzes) darstellen. Werden mehrere verbindungsorientierte Subnetze miteinander vernetzt, so können sich mehrere Router auf dem Datenpfad zwischen den kommunizierenden Rechnern, die zu unterschiedlichen Subnetzen gehören, befinden. In einem solchen Fall entstehen große Verzögerungen auf den Ende-zu-Ende-Verbindungen. Da jedes verbindungsorientierte Netz die Switching-Funktion (Vermittlungsfunktion) enthält, versucht man, um dieses Problem in den Griff zu bekommen, Switching und Routing in einem Netz entsprechend zu integrieren. Ein solcher Einsatz in ATM-Netzen ist unter dem Begriff MPOA (*Multi-Protocol over ATM*) bekannt (=> Abschnitt 10.4.5).

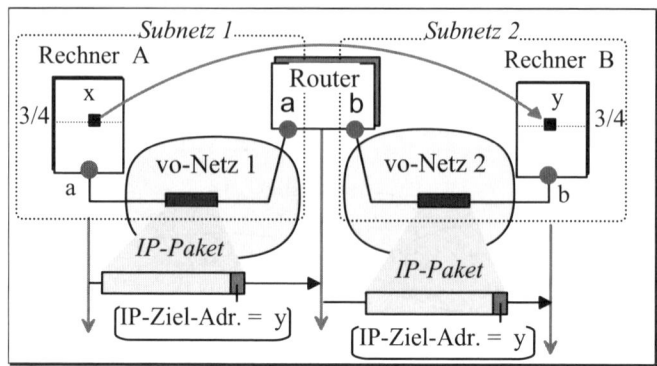

Abbildung 3.4-8:   Übermittlung eines IP-Paketes beim Verbund von verbindungsorientierten Subnetzen
vo: verbindungsorientiert; a, b, a, b: Netzadressen; x, y: IP-Adressen

3.5   Network Address Translation (NAT)

Häufig besteht die Notwendigkeit, aus Sicherheitsgründen ein Intranet komplett vom Internet abzuschotten, so daß die innere Struktur des Intranets nicht nach außen bekanntgegeben wird. Dieses Verhalten wird als *Network Address Translation* bzw. *Private Address Translation* (*NAT/PAT*) bezeichnet und ist auch unter dem Begriff *IP-Masquerading* bekannt. NAT/PAT kann interpretiert werden als eine semi-permeable Verbindung zwischen Intranet und Internet. Zwei Fälle sind zu unterscheiden:

- *Intranet zu Internet:*
  Der NAT-Router zwischen beiden Netzen nimmt eine Umsetzung der IP-Adressen in den Paketen (bzw. auch in den ICMP- und ggf. SNMP-Mitteilungen) vor. Dies bedingt zusätzlich eine Neuberechung der IP-Header *Checksumme*. In der Regel lassen sich hierdurch nur Dienste, die über eine feste (*Well Known*) Portnummer verfügen, zwischen Intranet und Internet abwickeln, wie z.B. FTP, TELNET und HTTP.

- *Internet zu Intranet:*
  Das Intranet tritt lediglich durch den NAT-Router auf. IP-Ziel und Dienste im Intranet lassen sich daher nur durch den Einsatz geeigneter Applikations-Gateways erreichen.

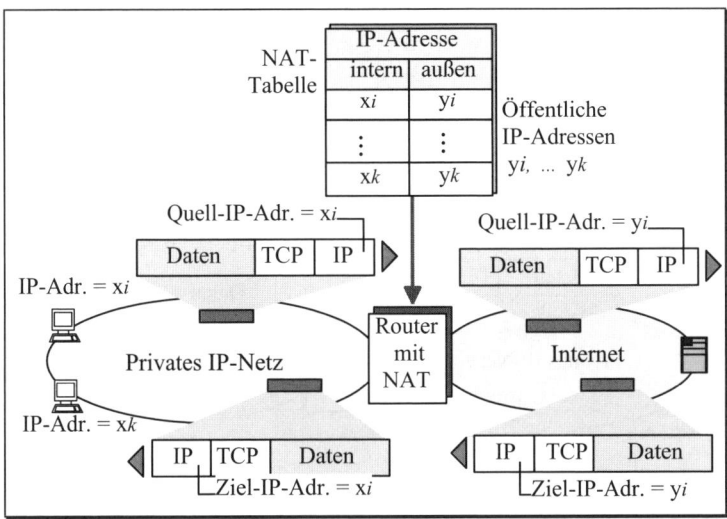

Abbildung 3.5-1:　　Externer Name-Server als Forwarder

Der Router verwaltet eine NAT-Tabelle, in der die Zuweisung von privaten *Umsetzung* und öffentlichen IP-Adressen abgespeichert ist. Diese Tabellen können sta- *der IP-* tisch oder dynamisch sein. In einer statischen Tabelle wird jeder internen *Adressen* IP-Adresse eine öffentliche fest zugeordnet. Dagegen wird in einer statischen Tabelle eine öffentliche IP-Adresse aus einem Pool bei Bedarf einer internen Adresse zugewiesen. Je nachdem, wie viele öffentliche IP-Adressen dem ganzen IP-Netz zur Verfügung stehen, sind in der Regel folgende Systemlösungen zu unterscheiden:

- *Systemlösungen n:m*
  In diesem Fall stehen m öffentliche IP-Adressen dem privaten IP-Netz mit n Rechnern zur Verfügung, so daß bis zu m Kommunikationsvorgänge nach außen gleichzeitig unterstützt werden können (Abbildung 3.5-1). Dies ist die ähnliche Situation, die bei den privaten Telefonanlagen mit m Amtsleitungen vorkommt, wo nur m Verbindungen nach außen gleichzeitig möglich sind.

- *Systemlösungen n:1*
  Dem privaten IP-Netz steht nur eine öffentliche IP-Adresse zur Verfügung. Hier muß der Router also alle privaten IP-Adressen auf eine einzige, öffentliche IP-Adresse abbilden (=> Abbildung 3.5-2). Um dies zu erreichen, werden die nach außen abgehenden Kommunikationsvorgänge mit Hilfe der Nummer des Quell-Ports identifiziert.

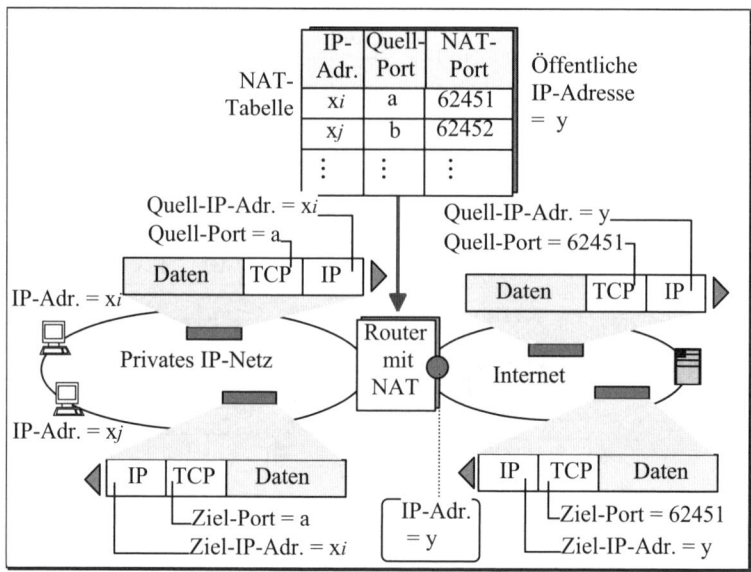

Abbildung 3.5-2:   Kopplung von Intranet und Internet mittels NAT-Router

Single User Die Nummer des Zielports bestimmt normalerweise den Dienst auf dem
Account Zielrechner und wird weltweit eindeutig festgelegt (=> Well Known Port).
Dagegen ist die Nummer des Quell-Ports frei wählbar und bestimmt den
Port, an den die Antwort zurückgeliefert werden soll. Die Nummer des
Quell-Ports wird vom Router neu vergeben und dient anschließend zur
Identifikation der „abgehenden" Kommunikationsvorgänge. Für diese spe-
zielle Form von NAT hat sich ein fester Begriff etabliert. Viele Hersteller
sprechen davon, daß sie NAT mit dem sogenannten *Single User Account
Feature* (*SUA*) unterstützen.

3.6 Protokolle ARP und RARP

In diesem Abschnitt werden die Protokolle ARP (*Address Resolution Protocol*) und RARP (*Reverse ARP*) kurz dargestellt. Diese Protokolle sind als
Hilfsprotokolle bei der Adressierung von IP-Paketen zu sehen. Sie stehen
als Vermittler zwischen der Schicht 2 (Medium Access Control *MAC*) und
der Netzwerkschicht. Das Protokoll ARP hat die Aufgabe, für eine Zieladresse die korrespondierende MAC-Adresse zu ermitteln. Das Protokoll
RARP ermöglicht, für eine MAC-Adresse die entsprechende IP-Adresse zu
bestimmen. RARP wird vorwiegend von Rechnern ohne Festplatte (z.B.

Netzwerk-Computer NCs) genutzt, die als die Stationen am LAN dienen und
ihre IP-Adresse nicht selbst speichern können.

In Routern wird oft eine zusätzliche Lösung für das Protokoll ARP eingesetzt, die als *Proxy ARP* bezeichnet und auf dessen Einsatz kurz eingegangen wird.

3.6.1 Protokoll ARP

Wie aus den Abbildungen 3.4-6 und 3.4-8 ersichtlich ist, sind zwei Adres-
sierungsstufen zu unterscheiden. Einerseits müssen die Hardwarekompo-
nenten (Endsysteme, Router) in jedem Netz eindeutig identifiziert werden.
Hierfür verwendet man *„physikalische" Netzadressen*. In Shared Medium
LANs (SM-LANs) werden die Netzadressen als *MAC-Adressen* bezeichnet.
Da diese Adressen unstrukturiert sind und somit keine Lokationshinweise
enthalten, werden sie auch als Nummern von LAN-Adapterkarten gesehen.
Andererseits müssen die Daten in Form von IP-Paketen zwischen zwei
Kommunikationspuffern in Endsystemen ausgetauscht werden. Diese
Kommunikationspuffer sind im logischen LAN-Modell an der Grenze zwi-
schen den Schichten 3 und 4 zuzuordnen (=> Abbildung 3.4-6).

Liegt ein IP-Paket in einem Endsystem am LAN zum Senden vor, so wird
dieses Paket in einen MAC-Frame eingebettet. Im Header des MAC-Frames
ist eine entsprechende MAC-Adresse des Zielsystems enhalten. Somit muß
eine Tabelle mit den Zuordnungen

>   IP-Adresse => MAC-Adresse

in LAN-Endsystemen vorhanden sein.

Früher wurde dieses Problem in jedem Rechner durch statische Tabellen
gelöst, in die man manuell alle Zuordnungen zwischen MAC- und IP-
Adressen eintragen mußte. In dieser Form war der Verwaltungsaufwand
sehr hoch und das ganze System unflexibel. In der heutigen TCP/IP-Welt
werden diese Zuordnungen mit dem Protokoll *ARP* realisiert. Das Protokoll
ARP ist ein Hilfsprotokoll zur Ermittlung einer physikalischen Interface-
Adresse (MAC-Adresse) für ein höheres Protokoll (z.B. IP), d.h., es ist für
die Zuordnung von MAC-Adressen zu Protokoll-Adressen verantwortlich.

Das Protokoll ARP legt eine dynamisch organisierte Adreßermittlungs-
Tabelle mit IP-Adressen und den zugehörigen MAC-Adressen an (=> Abbildung 3.6 -4). Oft wird diese Tabelle auch *ARP-Cache* genannt. Die Unterstützung der Adressierung mit dem Protokoll ARP veranschaulicht Abbildung 3.6-1.

ARP-Cache

Wenn das Protokoll IP die Anforderung erhält, ein Paket an eine IP-Adresse im gleichen Subnetz (!) zu senden (=> Abbildung 3.4-6a), sucht es zuerst im ARP-Cache nach der korrespondierenden MAC-Adresse. Falls kein Eintrag vorhanden ist, wird versucht, mit Hilfe von ARP die gesuchte MAC-Adresse zu ermitteln.

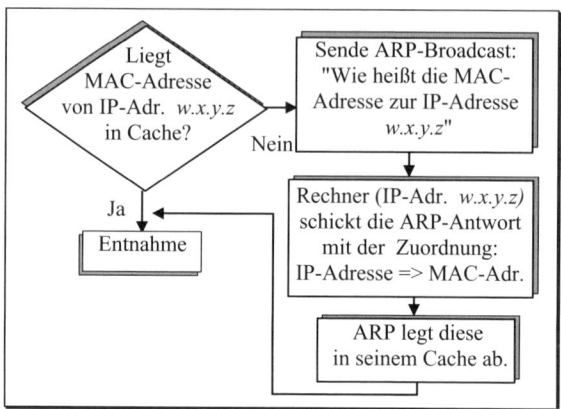

Abbildung 3.6-1:   Unterstützung der Adressierung mit Protokoll ARP

ARP-Request- Hierfür wird ein *ARP-Request* als ein MAC-Broadcast verschickt. In dieser
/Reply Nachricht werden die restlichen Endsysteme in demselben Subnetz gebeten, die gesuchte Adreßzuordnung *IP-Adresse => MAC-Adresse* zukommen zu lassen (=> Abbildung 3.6-2). Ein Endsystem schickt immer eine Antwort als ein ARP-Reply (MAC-Unicast) mit der gesuchten Zuordnung zurück. Anschließend wird dieses Paar von ARP in seinem Cache abgelegt.

Die Ermittlung einer MAC-Adresse im Endsystem *A* nach dem Protokoll ARP illustriert Abbildung 3.6-2. Die Broadcast-Nachricht ARP-Request enthält die IP-Adresse der angeforderten MAC-Adresse und wird in allen Endsystemen im LAN gelesen. Sobald ein Endsystem die eigene IP-Adresse im ARP-Request erkennt (hier Endsystem *B*), antwortet es mit einem *ARP-Reply*. Die beim Endsystem *A* eingehende Antwort wird im ARP-Cache vermerkt und steht damit für spätere Übertragungen zu Verfügung. Falls innerhalb einiger Sekunden keine Antwort eingeht, wird die Anforderung wiederholt.

Damit nicht bei jeder Übertragung erneut Anforderungen ARP-Request gesendet werden müssen, kopiert auch das Endsystem *B*, d.h. das auf ARP-Request antwortet, die Zuordnung von IP-Adresse und MAC-Adresse des ARP-Request-Absenders (Endsystems *A*) in seinen eigenen ARP-Cache. Bei einer eventuellen Übertragung in Gegenrichtung (von *A* zu *B*) ist es daher nicht mehr nötig, eine ARP-Anforderung in umgekehrter Richtung zu senden, da die MAC-Adresse der IP-Adresse, der gerade geantwortet wurde, bereits bekannt ist.

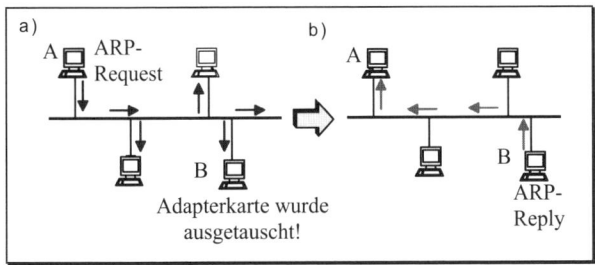

Abbildung 3.6-2:   Ermittlung einer MAC-Adresse nach dem Protokoll ARP:
a) Brodcast-Nachricht ARP-Request,
b) Antwort ARP-Reply

Den Aufbau von Nachrichten ARP-Request und -Reply (*ARP-PDU*) zeigt *ARP-PDU* Abbildung 3.6-3. Es ist hier hervorzuheben, daß diese Nachrichten direkt in MAC-Frames transportiert werden. Sie werden somit auf dem MAC-Level übermittelt. Die Folge dessen ist, daß der ARP-Request von Routern nicht weitergeleitet werden kann, da Router auf dem IP-Level operieren und somit auf MAC-Broadcast-Nachrichten nicht reagieren. Diese Tatsache hat in der Praxis einen Nachteil. Als Folge dessen ist eine *Proxy ARP* Lösung notwendig (=> z.B. Abbildungen 3.6-5 und 3.6-6).

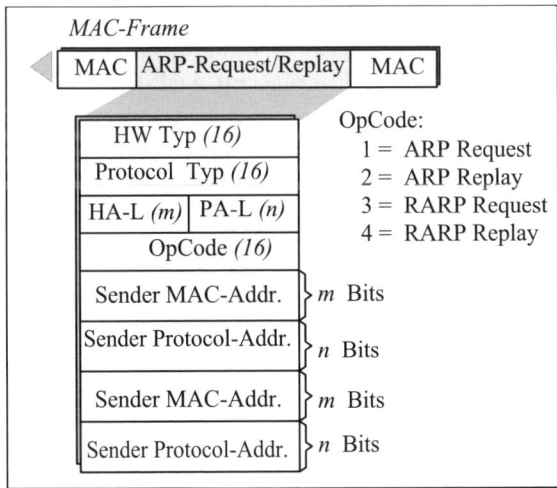

Abbildung 3.6-3:   Aufbau von Nachrichten ARP-Request und -Reply
H: Header, T: Trailer, Angaben in Klammern = Anzahl der Oktette

Die ARP-Nachrichten haben folgende Felder:

- *Hardware*
  Dieses Feld gibt an, in welchem LAN-Typ (z.B. Ethernet, IEEE 802.x-LANs, ...) die Nachricht generiert wurde.

- *Protokoll*
  Dieses Feld gibt an, von welchem Netzwerkprotokoll die Operation angefordert wurde. Das Protokoll IP hat den Wert x'0800'. Das Protokoll ARP unterstützt auch andere Netzwerkprotokolle.

- *HA-L (Hardware Address Length)*
  Dieses Feld gibt die Länge der Hardwareadresse (d.h. MAC-Adresse) in Oktetten an. Normalerweise ist HA-L = 6 bei einer LAN-MAC-Adresse.

- *PA-L (Protocol Address Length)*
  Dieses Feld gibt die Länge der Protokolladresse, d.h. IP-Adresse, in Oktetten an. Bei der IP-Adresse ist PA-L = 4.

- *Sender MAC Address*
  Hier ist die MAC-Adresse des Absenders enthalten.

- *Sender Protocol Address*
  Dieses Feld enthält die IP-Adresse des Absenders.

- *Target MAC Address*
  Hier wird die gesuchte MAC-Adresse (in ARP-Reply) angegeben.

- *Target Protocol Address*
  Dieses Feld enthält die IP-Adresse, für die die MAC-Adresse ermittelt wird.

Den Aufbau des ARP-Caches zeigt Abbildung 3.6-4. In manchen TCP/IP-Implementierungen werden für Einträge im ARP-Cache ein Zeitlimit (*time-out*) gesetzt. Falls der Eintrag innerhalb dieses Zeitraums, oft 15 Minuten, nicht verwendet wird, wird er gelöscht. Einige Systeme arbeiten wiederum mit einem zeitgesteuerten Aktualisierungsprinzip. Alle 15 Minuten wird dann eine Anforderung ARP-Request gesendet, um sicherzustellen, daß die Cache-Einträge dem aktuellen Systemzustand entsprechen. Da MAC-Adressen normalerweise nur verändert werden, wenn eine Adapterkarte bzw. der ganze Rechner ausgetauscht wird, scheint dieses Prinzip von keiner großen Bedeutung zu sein.

Route-Designator In den Token-Ring-LANs, falls mehrere LANs miteinander vernetzt werden, muß das sogenannte *Source Routing* in Endsystemen unterstützt werden. Um das Source Routing unterstützen zu können, enthält der ARP-Cache in Endsystemen am Token-Ring eine zusätzliche Spalte mit der Angabe des nächsten Router-Abschnittes Next-RD (*RD: Route Designator*).

a) IP-Adr.	MAC-Adr.	Zeitlimit		b) IP-Adr.	MAC-Adr.	Zeitlimit	Next-RD
A	x	5		A	x	5	aa
B	y	permanent		B	y	permanent	bb
...	...	...		...	...	...	...
		15				15	

Abbildung 3.6-4:   ARP-Cache in einem Endsystem:
a) am Ethernet LAN
b) am Token-Ring-LAN

Probleme kann es mit ARP geben, wenn in einem Netzwerk zwei Stationen *Adreß-* die gleiche IP-Adresse besitzen. In einem solchen Fall kann keine exakte *Kollisionen* Zuordnung zwischen IP-Adresse und MAC-Adresse getroffen werden, d.h. die Daten werden nicht korrekt weitergeleitet, oder es wird aufgrund einer nicht identifizierten Verbindung eine Fehlermeldung produziert. In einem gut organisierten Netzwerk ist mit diesem Problem nur ganz selten zu rechnen.

3.6.2 Proxy-ARP

Unter *Proxy-ARP* ist eine Lösung zu verstehen, die u.a. ermöglicht,

- einer Netz-ID bzw. einer Subnetz-ID mehrere physikalische Netze zuzuordnen;
- beim Subnetting auch diese Endsysteme (Hosts) weiter einzusetzen, die das Subnetting nicht unterstützen. Das Konzept von Proxy-ARP findet sich in RFC 1027.

Zunächst wird der Einsatz von Proxy-ARP an zwei Beispielen illustriert, in denen sich eine (Sub)Netz-ID auf mehrere physikalische Netze bezieht.

Abbildung 3.6-5 zeigt das Prinzip, nach dem ein Shared Medium LAN (hier *Shared Medi-* beispielsweise Ethernet LAN) mit dem ISDN integriert werden kann, daß *um LAN und* diese beiden physikalisch unterschiedlichen Netze logisch als ein Subnetz *ISDN bilden* gesehen werden können. Hier sind externe Rechner über das leitungsver- *Subnetz* mittelnde ISDN an ein Ethernet LAN angebunden. Aus organisatorischen Gründen müssen diese externen Rechner transparent, also mit IP-Adressen des lokalen Subnetzes (d.h. Ethernet LANs) eingebunden werden. Für die Übermittlung der IP-Pakete zwischen den externen Rechnern und dem Router wird das Protokoll PPP (*Point-to-Point Protocol*) verwendet. Dieses Protokoll wird in Abschnitt 10.2.2 näher dargestellt.

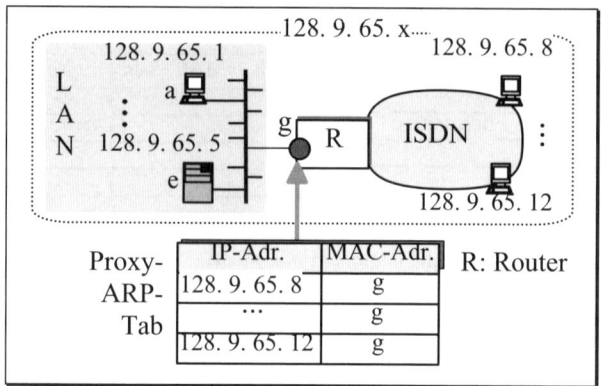

Abbildung 3.6-5:   LAN-Erweiterung mit dem ISDN
a, e, g: MAC-Adressen

Proxy-ARP   Im LAN werden die Endsysteme mit den MAC-Adressen als LAN-
und ISDN   Hardware-Adressen identifiziert. Außerdem ist das LAN ein broadcast orientiertes Netz, während das ISDN ein leitungsvermittelndes Netz darstellt
(=> ISDN-Verbindungen), in dem das Broadcast nicht unterstützt werden
kann. Wie bereits in Abbildung 3.6-2a gezeigt wurde, setzt das Protokoll
ARP ein broadcastorientiertes Netz voraus. Somit läßt sich dieses Protokoll
im ISDN nicht realisieren. Um die beiden Netze LAN und ISDN so zu integrieren, daß sie ein Subnetz bilden, ist die *Proxy ARP*-Funktion im Router
nötig. Diese Funktion soll es ermöglichen, für die LAN-Endsysteme die
ISDN-Endsysteme unter einer MAC-Adresse *g*, d.h. des Router-Ports seitens des LANs, zu „verstecken". Die Proxy-ARP-Funktion besteht in diesem
Fall darin, daß eine besondere ARP-Tabelle im Router an dessen LAN-Port
mit der MAC-Adresse *g* enthalten ist. In dieser Tabelle werden die IP-
Adressen von ISDN-Endsystemen eingetragen, und deren IP-Adressen wird
die MAC-Adresse *g* des Routers von der LAN-Seite zugeordnet. Mit einer
solchen ARP-Tabelle wird den LAN-Endsystemen „mitgeteilt", daß die
ISDN-Endsysteme unter der MAC-Adresse *g* des Routers zu erreichen sind.

Liegt bei einem LAN-Endsystem ein IP-Paket, das an ein ISDN-Endsystem
z.B. mit der IP-Adresse *y* gesendet werden soll, so prüft dieses LAN-Endsystem zunächst, ob das Ziel sich im gleichen Subnetz befindet (=> Abbildung 3.4-5). Da dies gerade der Fall ist, wird das IP-Paket in einem MAC-
Frame direkt an das Ziel gesendet (=> Abbildung 3.4-6a). Ist die Ziel-MAC-
Adresse dem Quell-Endsystem unbekannt, so sendet es nach dem Protokoll
ARP eine Brodcast-Nachricht *ARP-Request* an alle Systeme in dessen Subnetz. Diese Brodcast-Nachricht wird auch vom Router empfangen, der mit
einem *ARP-Reply* antwortet, indem der IP-Adresse *y* des ISDN-Endsystem

die MAC-Adresse g zugeordnet wird. Nach dem Empfang von ARP-Reply vermerkt das Quell-Endsystem in seinem ARP-Cache, daß der IP-Adresse y die MAC-Adresse g entspricht. Somit wird der MAC-Frame im nächsten Schritt direkt an den Router abgeschickt. Der Router leitet gemäß der Routing-Tabelle das empfangene IP-Paket an den ISDN-Port weiter. Für zusätzliche Informationen über die Funktionsweise von Routern ist auf Kapitel 9 zu verweisen.

Wie man an diesem Beispiel sieht, ist es mit Hilfe der Proxy-ARP-Funktion möglich, mehrere physikalische Netze mit Hilfe eines Router so zu koppeln, daß sie ein heterogenes Netz bzw. Subnetz bilden und damit nur eine (Sub)Netz-ID besitzen. Es ist hierbei darauf hinzuweisen, daß eine Proxy-ARP-Lösung eine „Not"-Lösung ist (!), wenn man kein Subnetting realisieren kann. Wäre Subnetting möglich, so sollte man dem Ethernet LAN eine Subnetz-ID und dem ISDN eine weitere Subnetz-ID zuweisen. Bei einer derartigen Lösung ist auch die Proxy-ARP-Funktion im Router nicht nötig. *Transparentes Subnetting*

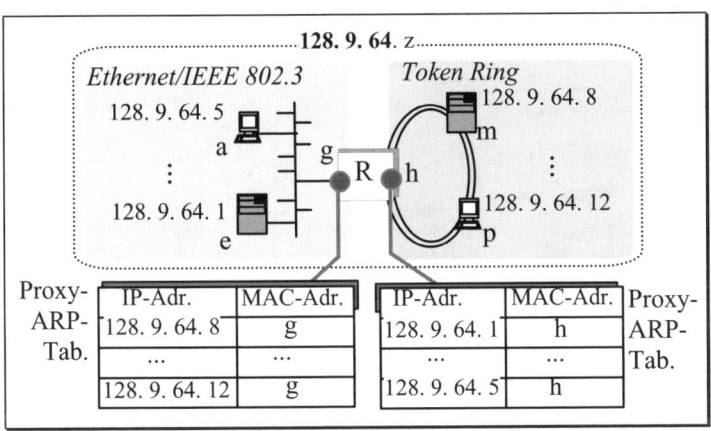

Abbildung 3.6-6:   Unterschiedliche LANs bilden ein Subnetz
a, e, m, p: MAC-Adressen

In diesem Beispiel zeigen wir, wie die unterschiedliche LANs zu vernetzen sind, damit sie ein Subnetz bilden. Die Bedeutung der Proxy-ARP-Funktion wird aus Abbildung 3.6-6 ersichtlich. In diesem Fall stellen Ethernet und Token-Ring zwei getrennte Broadcast-Netze dar. An dieser Stelle ist hervorzuheben, daß ARP-Nachrichten die Nachrichten der MAC-Schicht sind (=> Abbildung 3.6-3), so daß sie über den Router nicht weitergeleitet werden können. Dies bedeutet, daß eine Broadcast-Nachricht aus dem Ethernet-Teil das Token-Ring nicht erreichen kann. Umgekehrt können die Broadcast-Nachrichten aus dem Token-Ring die Ethernet-Seite nicht erreichen. *Unterschiedliche Shared Medium LANs bilden ein Subnetz*

Mit der Proxy-ARP-Funktion im Router kann ein solcher Effekt erreicht werden, daß die Endsysteme am Ethernet den Eindruck gewinnen, die Token-Ring-Endsysteme wären am Ethernet angeschlossen. Umgekehrt wird den Token-Ring-Endsystemen vorgemacht, daß sich ihre Kommunikationspartner am Token-Ring statt am Ethernet befänden. Eine solche „Täuschung" ist mit Hilfe entsprechender ARP-Tabellen möglich. Eine Tabelle seitens des Ethernet, signalisiert den Ethernet-Endsystemen, daß die Token-Ring-Endsysteme unter der MAC-Adresse g zu erreichen sind. Dabei handelt es sich um die MAC-Adresse des Ethernet-Ports im Router. Die zweite ARP-Tabelle seitens des Token-Ring-LANs signalisiert den Endsystemen am Token-Ring, daß die Ethernet-Endsysteme unter der MAC-Adresse h „erreichbar" sind.

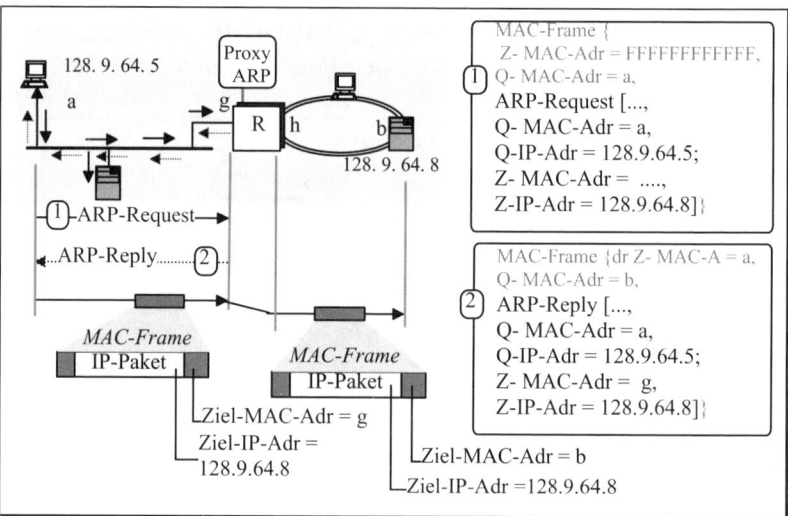

Abbildung 3.6-7:   Proxy-ARP Funktion bei der Übermittlung eines IP-Pakets
Q: Quelle; Z: Ziel; a, b, g, h: MAC-Adressen

Beispiel: Abbildung 3.6-7 illustriert die Übermittlung eines IP-Pakets von einem Quellrechner am Ethernet zu einem Zielrechner am Token-Ring. Liegt beim Ethernet-Endsystem mit der IP-Adresse 128.9.64.5 ein IP-Paket vor, das an ein Token-Ring-Endsystem mit der IP-Adresse 128.9.64.8 gesendet werden soll, so prüft dieses LAN-Endsystem zunächst, ob das Ziel sich im gleichen Subnetz befindet. Da dies gerade der Fall ist, muß das IP-Paket in einem MAC-Frame direkt an das Ziel gesendet werden. Ist die Ziel-MAC-Adresse dem Quell-Endsystem unbekannt, so sendet es eine Brodcast-Nachricht ARP-Request an alle Systeme in dessen Subnetz. Der Aufbau von ARP-Reply wurde bereits in Abbildung 3.6-3 gezeigt. Diese Nachricht wird auch vom Router mit ARP-Reply beantwortet. In dieser Nachricht wird die MAC-Adresse g

(d.h. des Ethernet-Ports im Router) der IP-Adresse *y* des Token-Ring-Endsystems zugeordnet. Nach dem Empfang von ARP-Reply trägt das Quell-Endsystem am LAN in dessen ARP-Cache ein, daß der IP-Adresse 128.9.64.8 die MAC-Adresse *g* entspricht. Somit wird der MAC-Frame im nächsten Schritt an den Router abgeschickt und er leitet das IP-Paket ins Token-Ring-LAN weiter.

In einigen Fällen kann es sinnvoll sein, Endsystemen auf unterschliedlichen Medien (z.B. Ethernet und Token-Ring, bzw. Ethernet und FDDI) das gleiche IP-(Sub-)Netz zu definieren. In diesem Fall stellt die Proxy-ARP-Funktionalität ein geeignetes Instrument zur Kopplung dieser Frontend Netze an das Hochgeschwindigkeitsnetz Backend-Netz zur Verfügung, wo z.B. ein Host an seinem FDDI-Interface zwei getrennte IP-Adressen in den IP-Netzen *A* und *B* zugewiesen bekommt. Über diese IP-Adressen ist er dann sowohl für Stationen am Ethernet über das IP-Netz *A* wie auch für Rechner am Token-Ring am IP-Netz *B* transparent erreichbar. Die Router mit Proxy-ARP-Funktionaliät gewährleisten hierbei nicht nur die Umsetzung der MAC-Adressen, sondern auch die notwendige Fragmentierung der IP-Pakete entsprechend der maximalen MTU für das jeweilige LAN. *Backend-Anschluß ans Frontend*

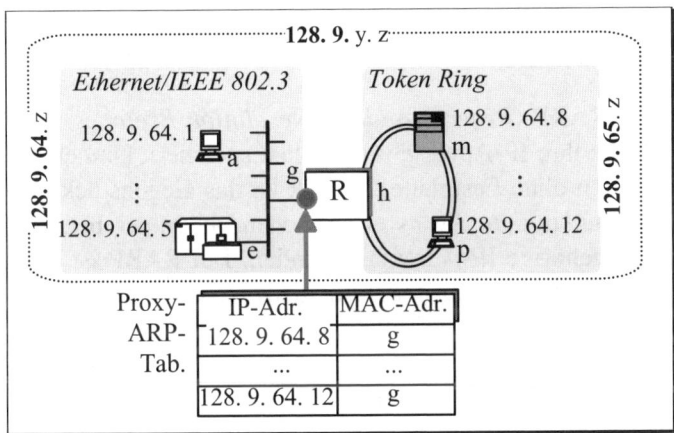

Abbildung 3.6-8:   Subnetting mit Endsystemen ohne Subnetting-Unterstützung

Proxy-ARP ist insbesondere dann hilfreich, wenn Endsysteme (Hosts) den Internet-Standard für die Subnetz-Adressierung nicht unterstützen, d.h. sie unterstützen kein benutzerspezifisches Subnetting. In diesem Fall handelt es sich um die alte Generation von Endsystemen (Hosts). Abbildung 3.6-8 zeigt eine Vernetzung von Ethernet mit Token-Ring, bei der diese physikalischen LANs unterschiedliche Subnetze darstellen. Ein Ethernet-Endsystem mit der IP-Adresse 128.9.64.5 ist hier ein Host der alten Generation, in dem *Subnetting mit End-systemen ohne Subnetting-Unterstützung* das Subnetting noch nicht unterstützt wird. In diesem Endsystem wird nur die Standardmaske (Default Mask, => Tabelle 3.3-1) verwendet. Da es sich hier um die IP-Adresse der Klasse B handelt, sieht dieses „alte" Endsystem das gesamte Netzwerk nur als ein Netz mit der Netz-ID = **128.9.** y.z.

Ist beim Ethernet-Endsystem mit der IP-Adresse 128.9.64.5 ein IP-Paket zu senden, so prüft dieses Endsystem zunächst, ob das Ziel sich im gleichen Netz befindet. Da es das ganze Netz (Ethernet und Token-Ring) als ein Subnetz sieht, wird das IP-Paket in einem Ethernet-Frame direkt an das Ziel gesendet.

Ist die Ziel-MAC-Adresse z.B. eines Endsystems am Token-Ring diesem Quell-Endsystem am Ethernet nicht bekannt, so sendet es ARP-Request an alle Systeme im Netz. Diese Nachricht wird nun vom Router mit ARP-Reply beantwortet. Darin wird die MAC-Adresse *g* der IP-Adresse *y* des Ziel-Endsystems zugeordnet. Nach dem Empfang von ARP-Reply trägt das Quell-Endsystem diese Adreßzuordnung in dessen ARP-Cache ein. Im nächsten Schritt sendet dieses Endsystem einen Ethernet-Frame mit dem IP-Paket an den Router. Der Router verpackt nun das IP-Paket in einen Token-Ring-Frame und sendet ihn ins Token-Ring-LAN.

3.6.3 Protokoll RARP

Das Protokoll RARP (*Reverse Address Resolution Protocol*) ist für Stationen gedacht, die ihre IP-Adresse nicht selbst speichern können (z.B. Remote-Boot-Stationen ohne Festplatte). RARP ist das Gegenstück zu ARP, d.h. RARP bietet Funktionen, die es ermöglichen, aus einer bekannten MAC-Adresse die zugehörige IP-Adresse zu finden. Bei RARP ist es notwendig, einen speziellen Server festzulegen, in dem eine RARP-Tabelle enthalten ist. Der Server sucht in dieser Tabelle nach der IP-Adresse, die mit der angeforderten MAC-Adresse übereinstimmt und gibt die gesuchte IP-Adresse als RARP-Antwort (-Reply) bekannt.

RARP-Server Das RARP-Prinzip setzt voraus, daß mindestens ein Rechner als *RARP-Server* fungiert und daß dieser Server über eine Tabelle verfügt, in der allen MAC-Adressen eine eindeutige IP-Adresse zugeordnet ist. Das Protokoll RARP illustriert Abbildung 3.6-9.

Wie aus der Abbildung 3.6-3 ersichtlich ist der Aufbau von RARP-Nachrichten wie bei ARP identisch. Beim Protokoll RARP werden im Feld *Operation* die Werte 3 für *RARP-Request* und 4 für *RARP-Reply* verwendet. Wenn ein RARP-Request gesendet wird, kennt das aussendende Endsystem nur die eigene MAC-Adresse und kann daher auch nur diese Adresse im MAC-Frame angeben. In der Antwort RARP-Reply vom Server wird die gesuchte IP-Adresse eingetragen. In dieser Antwort kann auch die IP- und MAC-Adresse des RARP-Servers angegeben werden. Dies ist allerdings nicht erforderlich.

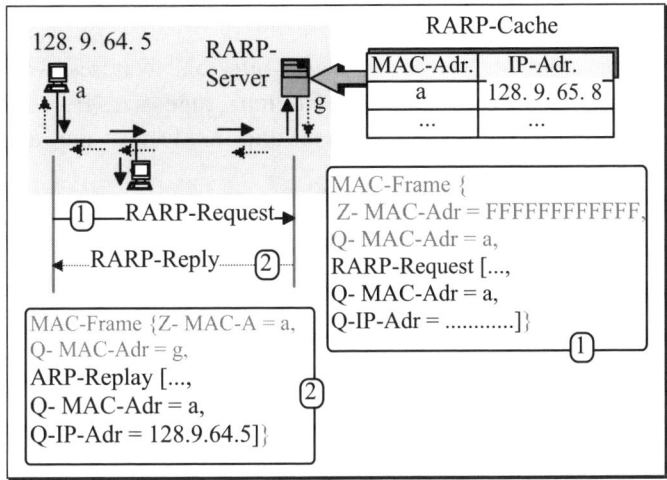

Abbildung 3.6-9: Konzept des Protokolls RARP
a, g: MAC-Adressen

3.7 Protokoll ICMP

In jedem Netz treten von Zeit zu Zeit Fehler auf, die an Verursacher oder davon Betroffene gemeldet werden müssen. Diese Aufgabe wird in Netzen mit der Protokollfamilie TCP/IP vom Protokoll *ICMP (Internet Control Message Protocol)* übernommen. Hierfür stellt das ICMP eine Vielzahl von sog. ICMP-Nachrichten zur Verfügung. Das ICMP wurde bereits im Jahr 1981 im RFC 792 spezifiziert. Der Funktionsumfang von ICMP wurde später im RFC 1256 erweitert. An dieser Stelle ist hervorzuheben, daß es sich hier um das ICMP für das Protokoll IP der Version 4 gehandelt hat. Das hier kurz dargestellte Protokoll ist daher als *ICMP für IPv4* zu bezeichnen. Das Protokoll ICMP für IP der Version 6 wird in Abschnitt 6.10 dargestellt.

Zu den wichtigsten Aufgaben des Protokolls ICMP gehört u.a.:

ICMP-Aufgaben

* Unterstützung der Diagnose
    * Hilfsprogramm *ping*
      Üblicherweise wird in Netzwerken zum Feststellen der Erreichbarkeit des Kommunikationspartners das Programm *ping* verwendet. Dieses

Hilfsprogramm sendet ICMP-Echo-Anforderung an eine IP-Adresse und wartet auf ICMP-Echo-Antworten. Das Programm *ping* meldet die Anzahl der empfangenen Anworten und die Zeitspanne zwischen Senden der Anfrage und Eingang der Antwort.

– Hilfsprogramm *tracert*

Das Programm *tracert* (bzw. *traceroute*) als weiteres Analysewerkzeug wird zum Verfolgen von Routen eingesetzt. Es sendet Echo-Anforderung an eine IP-Adresse und analysiert die eingehenden ICMP-Fehlermeldungen.

• Unterstützung der Aufzeichnung von Zeitmarken (*Timestamps*) sowie Ausgabe von Fehlermeldungen bei abgelaufenen Timestamps von IP-Paketen.

• Verwaltung von Routing-Tabellen.

• Berichtigung der Flußkontrolle, um eine Überlastung des Routers bzw. des Zielrechners zu vermeiden (*ICMP Source Quench*).

• Mitwirken bei der Auffindung der zulässigen Größe von IP-Paketen, d.h. von MTU *(Maximum Transfer Unit)*.

Das ICMP wird normalerweise als Teil der Schicht 3 betrachtet, aber ausnahmsweise werden die Daten dieses Protokolls in IP-Paketen transportiert. Dies illustriert Abbildung 3.7-1. Somit werden die ICMP-Nachrichten wie Daten eines Transportprotokolls in IP-Paketen transportiert, obwohl ICMP kein Transportprotokoll, sondern ein Hilfsprotokoll auf Schicht 3 ist. Dem ICMP wurde die Protokollnummer 1 im IP-Header zugeordnet (= > Tabelle 3.1-1).

3.7.1 ICMP-Nachrichten

Den Aufbau von ICMP-Nachrichten zeigt Abbildung 3.7-1. Da ICMP unterschiedliche Informationen zu transportieren hat, enthalten die ICMP-Nachrichten einen Header, der in allen Nachrichten immer gleich ist. Die Bedeutung von ICMP-Nachrichten (-Angaben), die direkt nach dem Header folgen, ist von einzelnen Fehlern bzw. Diagnosesituationen abhängig. Für die Struktur des Teils ICMP Data bei den einzelnen ICMP-Nachrichtentypen ist auf die Dokumente RFC 792 und RFC 1256 zu verweisen.

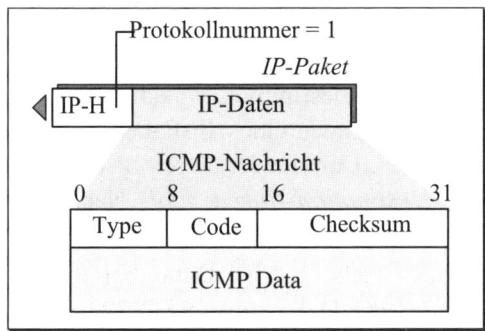

Abbildung 3.7-1:   Aufbau von ICMP-Nachrichten
IP-H: IP-Header

Die einzelnen Angaben im ICMP-Header lauten:

*ICMP-
Header*

- *Type*
  Diese Angabe dient als Unterscheidung der Bedeutung von einzelnen ICMP-Nachrichten.

- *Code*
  Eine weitere Unterteilung der Bedeutung der Nachricht innerhalb eines Typs. Beispielsweise in der Nachricht „Destination unreachable" wird dem Absender eines IP-Pakets mitgeteilt, warum es nicht übermittelt werden konnte; z.B.
  - 0 = Netz nicht erreichbar,
  - 1 = Rechner nicht erreichbar,
  - 2 = Protokoll nicht erreichbar,
  - 3 = Port nicht erreichbar,
  - 4 = Fragmentierung erforderlich und DF-Bit gesetzt

- *Checksum (Prüfsumme)*
  Dieses Feld enthält eine Prüfsumme, die nur die ICMP-Daten auf Fehler überprüft.

Falls eine Fehlermeldung zu einem Rechner in einer ICMP-Nachricht ankommt, so stellt sich die Frage, auf welches IP-Paket und welches Protokoll sich die Fehlermeldung bezieht. Abhängig vom Typ (und manchmal auch Code) werden in den ICMP-Nachrichten noch weitere Informationen als ICMP-Daten (Fehler-, Diagnose-Angaben etc.) direkt nach dem Header übermittelt. Die Bedeutung von ICMP-Daten ist von einzelnen Fehler- bzw. Diagnose-Situationen abhängig. Die ICMP-Fehlermeldungen beinhalten neben der Fehlermeldung auch immer den IP-Header und die ersten 64 Bits des diese fehlerhafte Situation verursachenden IP-Pakets.

Empfängt ein Rechner beispielsweise eine ICMP-Nachricht mit Typ = 3 und Code = 1 (d.h. *Destination Unreachable Message*), so kann er nach der Type- und Code-Angabe genau bestimmen, was die Ursache des Fehlers ist. In diesem Fall wird dem Absender eines IP-Pakets mitgeteilt, daß der Zielrechner nicht erreichbar ist. Der Header dieses IP-Pakets und dessen weitere 64 Bits sind in der *Destination-Unreachable*-Nachricht als ICMP-Daten enthalten.

Für die Struktur des Teils ICMP Data bei den einzelnen ICMP-Nachrichtentypen ist auf die Dokumente RFC 792 und RFC 1256 zu verweisen.

ICMP-Nachrichten-typen Die einzelnen ICMP-Nachrichten sind:

Type	Bedeutung der ICMP-Nachricht
0	Echo Reply Message (Echo-Antwort)
3	Destination Unreachable Message
4	Source Quench Message (Senderate drosseln)
5	Redirect Message (Route ändern)
8	Echo Request Message (Echo-Anforderung)
9	Router Advertisement Message (Router-Bekanntmachung)
10	Router Solicitation Message (Suche nach einem Router)
11	Time Exceeded Message (Lebenszeit des IP-Pakets ist überschritten)
12	Parameter Problem Message (Parameterfehler im IP-Paket)
13	Time Stamp Request Message (Uhrzeitangabe-Anforderung)
14	Time Stamp Reply Message (Uhrzeitangabe-Antwort)
15	Information Request Message (Anforderung der Information)
16	Information Reply Message (Antwort auf Informationsanforderung)
17	Adress Mask Request (Abfrage der Subnetz-Maske)
18	Adress Mask Response (Antwort auf Abfrage der Subnetmaske)

Tabelle 3.7-1:   ICMP-Nachrichtentypen

3.7.2 ICMP-Fehlermeldungen

Der häufigste Einsatz von ICMP liegt in der Meldung verschiedener Arten von fehlerhaften Situationen. Ein Rechner oder ein Router gibt eine ICMP-Fehlermeldung zurück, wenn er feststellt, daß ein Fehler oder eine außergewöhnliche Situation während der Weiterleitung bzw. der Übergabe an ein Transportprotokoll (TCP oder UDP) eines IP-Pakets aufgetreten ist. Diese außergewöhnlichen Situationen, die eine ICMP-Fehlermeldung verursachen, sind:

- *Destination Unreachable Message* (Ziel nicht erreichbar)
  Ein IP-Paket kann nicht an den Zielrechner übergeben werden. In diesem Fall wird die Nachricht *Destination Unreachable* an den Quellrechner gesendet, um darauf hinzuweisen, daß der Empfänger nicht erreichbar ist. Die Ursachen hierfür sind unterschiedlich. Eventuell existiert der Zielrechner nicht mehr, oder es ist kein passendes Protokoll im Zielrechner geladen.

- *Time Exceeded Message* (Zeit überschritten)
  Befindet sich ein IP-Paket so lange im Netz, daß die „*Time To Live*" im IP-Header abgelaufen ist, so wird die Nachricht *Time Exceeded* vom Router, in dem das betreffende IP-Paket „vernichtet" wurde, an den Quellrechner zurückgeschickt.

- *Parameter Problem Message* (Ungültige Parameter)
  Ein oder mehrere Parameter im Header des IP-Pakets enthalten ungültige Angaben bzw. unbekannte Parameter. In diesem Fall wird die Nachricht *Parameter Problem* verschickt.

- *Source Quench Message* (Übertragungsrate reduzieren)
  Ist ein Rechner nicht in der Lage, die zu schnell ankommenden IP-Pakete rechtzeitig zu verarbeiten, wird die Nachricht *Source Quench* an die Quelle gesendet, damit diese die Sendung von IP-Paketen für einen gewissen Zeitraum unterbricht.

- *Redirect Message* (Umleitung im Netzwerk)
  Bemerkt ein Router, daß es für ein IP-Paket eine bessere Route gibt als über diesen Router, so kann er dem Quellrechner eine Empfehlung mit der Nachricht *Redirect* geben, weitere IP-Pakete zum gleichen Zielrechner über einen anderen Router zu verschicken. Die IP-Adresse dieses Routers wird im Feld ICMP-Data übermittelt (=> Abbildung 3.7-1).

  > ***Beispiel für eine Umleitung im Netzwerk:*** Abbildung 3.7-2 zeigt ein einfaches Netzwerk, das aus drei Subnetzen besteht. Es ist offensichtlich, daß die kürzeste Route von Rechner *B* zu Rechner *A* über den Router *R1* führt. Die kürzeste Route von Rechner *B* zu Rechner *C* verläuft über den Router *R2*.
  >
  > Nehmen wir an, daß Rechner *B* in seiner Router-Liste nur einen Eintrag für den Standard-Router hat (d.h. Router *R2*). Somit verfügt er über keine Route zum Subnetz *1*, und er sendet daher das an Rechner *A* adressierte IP-Paket an Router *R2*, um es in das Subnetz *1* zu Rechner *A* weiterzuleiten. Router *R2* stellt aufgrund seiner Routing-Tabelle fest, daß er dieses Paket an Router *R1* weiterleiten soll. Somit gibt er das Paket an Router *1* weiter und sendet danach eine Nachricht *Redirect* an Rechner *B*. Diese Nachricht enthält die IP-

Adresse von Router *1*. Dadurch wird Rechner *B* mitgeteilt, daß er alle Pakete, die in das Subnetz *1* gelangen müssen, besser direkt an Router *1* übergeben soll. Die darauffolgenden IP-Pakete zu Rechner *A* im Subnetz *1* übergibt Rechner *B* direkt an Router *1*.

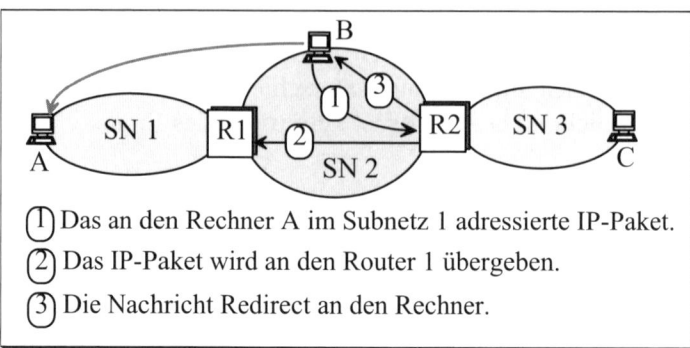

① Das an den Rechner A im Subnetz 1 adressierte IP-Paket.

② Das IP-Paket wird an den Router 1 übergeben.

③ Die Nachricht Redirect an den Rechner.

Abbildung 3.7-2:   Beispiel für eine Umleitung im Netzwerk
R: Router, SN: Subnetz

3.7.3 ICMP-Anfragen

Zusätzlich zu den ICMP-Meldungen, die in den fehlerhaften Situationen generiert werden, gibt es eine Reihe weiterer ICMP-Nachrichten, die für die Anfrage von Informationen und zur Antwort auf eine ICMP-Anfrage verwendet werden können. Hierzu gehören:

- *Echo Request /Reply Message* (Echo-Funktion)
  Die häufigsten Anfragemeldungen sind die ICMP-Nachrichten für die Implementierung des Programms *ping* zum Versenden von Diagnose-Nachrichten. Die Nachrichten *Echo Request/Reply* werden für die Implementierung einer sog. „Bist Du noch da"-Funktion verwendet. Hierbei wird von dem ping-Programm ein *Echo-Request* zu einem bestimmten Ziel (Rechner bzw. Router) gesendet. Das Ziel muß auf den *Echo Request* mit einem *Echo Reply* antworten. Die *Nachricht Echo Request* ist die einzige ICMP-Nachricht, auf die jeder IP-fähige Rechner antworten muß.

- *Timestamp Request/Reply Message* (Zeitmarkenanfrage)
  Ein Rechner oder ein Router gibt eine Zeitmarkenanfrage ab, um von einem anderen Rechner oder Router eine Zeitmarke zu erhalten, die das aktuelle Datum und die Uhrzeit angibt. Ein Rechner oder Router, der ei-

ne Zeitmarkenanfrage in der Nachricht *Timestamp Request* empfängt, antwortet mit der Nachricht *Timestamp Reply*.

Wie in Abbildung 3.7-3 gezeigt, können die Nachrichten *Timestamp Request* und *Reply* verwendet werden, um die Laufzeit eines IP-Pakets über das Netz zu messen.

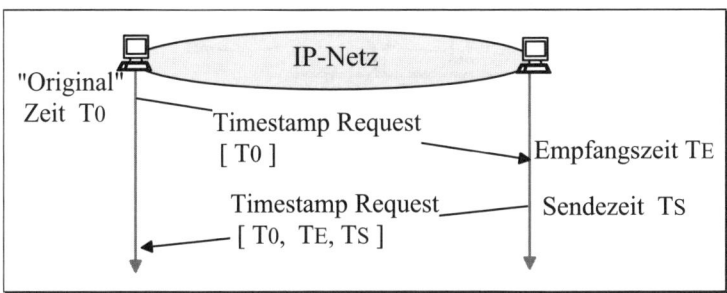

Abbildung 3.7-3: Bestimmung der Laufzeit eines IP-Pakets

- *Information Request/Reply Message* (Informationsanfrage)
  Diese Nachrichtentypen sollen es einem Rechner ermöglichen, seine IP-Adresse (z.B. von einem Adreß-Server) abzufragen. Da die dynamische Vergabe von IP-Adressen heutzutage mit dem Protokoll DHCP (*Dynamic Host Configuration Protocol*) gemacht wird, hat diese ICMP-Funktion an Bedeutung verloren.

- *Address Mask Request/Response* (Abfrage der Subnetz-Maske)
  Diese Nachrichtentypen ermöglichen es einem Rechner, die zu verwendende Subnetz-Maske abzufragen. In einem Subnetz, in dem diese Funktion unterstützt wird, sind ein oder mehrere Rechner als Subnetz-Masken-Server gekennzeichnet. Ein Rechner, der seine Subnetz-Maske zu ermitteln versucht, sendet eine Abfrage in der Nachricht *Address Mask Request*, auf die ein Subnetz-Masken-Server mit einer *Nachricht Address Mask Response* antwortet, in der die zu verwendende Subnetz-Maske enthalten ist.

Jedem Rechner in einem Subnetz muß die IP-Adresse eines Routers als „Grenzübergang" zu anderen Subnetzen bekannt sein. Diese Adresse wird üblicherweise bei der IP-Konfiguration eines Rechners als *Default Gateway* angegeben. Das ICMP stellt zwei Nachrichten zur Verfügung, die es ermöglichen, einen Router zu entdecken. Das Prinzip der Entdeckung des Routers illustriert die Abbildung 3.7-4.

Entdeckung eines Routers mit ICMP-Hilfe

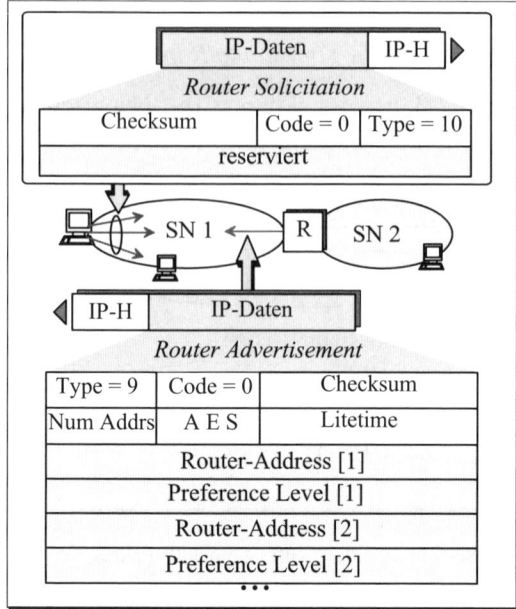

Abbildung 3.7-4:   Entdeckung des Routers
IP-H: IP-Header, R: Router, SN: Subnetz

Diese Nachrichten, die die Entdeckung von Routern in einem Subnetz do-
kumentieren, sind:

- *Router Solicitation* (Suche nach einem Router)
- *Router Advertisement* (Router-Bekanntmachung)

Ein Rechner kann während seiner Konfigurationsphase eine Nachricht
Router Solicitation an alle Systeme (Rechner, Router) in demselben Subnetz
verschicken. Diese Nachricht bedeutet „Ich suche einen Router" und enthält
im IP-Header eine IP-Multicast-Adresse 244.0.0.1 bzw. eine Limited-
Broadcast-Adresse 255.255.255.255. Der Router antwortet mit der Nachricht *Router Advertisement*, in der er seine IP-Adresse von diesem physikalischen Port bekannt macht, auf dem die Nachricht *Router Solicitation* empfangen wurde.

Einem physikalischen Port im Router können mehrere IP-Adressen zugeordnet werden, so daß in der Nachricht *Router Advertisement* alle IP-
Adressen des entsprechenden Router-Ports enthalten sein können.

3.7.4 Pfad-MTU Ermittlung

Eine wichtige Funktion von ICMP besteht in der Unterstützung der Feststellung der *Maximum Transfer Unit* (*MTU* => Abschnitt 3.2.2) für ein entferntes, über Router zu erreichendes IP-Netz. Dieses Verfahren wird als *Path MTU (PMTU) Discovery* bezeichnet, und ist laut RFC 1191 in Routern zu unterstützen.

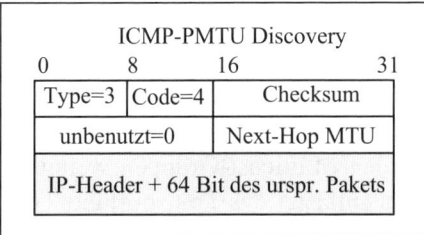

Abbildung 3.7-5:   Aufbau von ICMP-Nachrichten vom Typ PMTU-Discovery

Die PMTU wird im Zusammenspiel zwischen IP-Sender und den in der *PMTU* Übertragungsstrecke liegenden Routern entsprechend folgendem Ablauf festgestellt:

1. Die IP-Instanz des Senders generiert zunächst IP-Pakete mit gesetztem *Don't Fragment*-Bit (*DF = 1*) und der maximalen MTU des lokalen Netzes. Diese MTU entspricht in der Regel auch der des in diesem Netz liegenden IP-Interfaces des Default Gateway und somit des ersten Hops.
2. Überschreitet ein erzeugtes IP-Paket die MTU eines Transfernetzes, so daß der zugehörige Router es eigentlich fragmentieren müßte, wird es von diesem verworfen und der Sender erhält die ICMP-Nachricht *Destination Unreachable* mit dem Statuscode „*fragmentation needed and DF set*". Ferner fügt der Router gemäß Abbildung 3.7-5 die maximal mögliche IP-Paketgröße (in Bytes) in die ICMP-Nachricht ein.
3. Der Sender ist somit aufgefordert, seine ursprüngliche MTU auf die nun bekannte Obergrenze zu reduzieren und die Datagramme erneut zu übertragen.
4. Dieses Verfahren kann periodisch wiederholt werden, um z.B. wechselnden Routen zu entsprechen.

3.8   IP-Multicasting

In diesem Kapitel war bislang vorwiegend von der Verwendung von IP-Unicast-Adresssen entsprechend der Klassen A, B und C die Rede. Die Adreß-Klasse D beinhaltet hingegen sog. IP-Multicast-Adressen, die den Adreßbereich 224.0.0.0 bis 239.255.255.255 überstreichen dürfen, was einem Umfang von ca. 250 Millionen potentiellen Adressen entspricht.

Aufgabe des IP-Multicasting ist es, eine Information, z.B. einen Video- oder Audio-Datenstrom – z.B. über das RTP-Protokoll (=> Abschnitt 12.3) – nicht einfach an *n* Teilnehmer von der Quelle aus zu replizieren, sondern über eine bestehende Multicast-Infrastruktur über geeignete Router gezielt an *m* lokale Multicast-Router zu verteilen, die diese dann an die *k* Zielempfänger der entsprechenden Multicast-Gruppen weiterleiten. Diese *Faktorierung* des Datenverkehrs entlastet das Transportnetz (z.B. Internet), erfordert aber zusätzliche Intelligenz sowohl in den Routersystemen als auch in den Endgeräten. Der Absender selbst muß kein Mitglied einer Multicast-Gruppe sein.

Multicast-Anforderungen   Im Zusammenhang mit dem IP-Multicasting sind daher vier Problemfelder zu lösen:

- *Adressen-Mapping*: Abbildung von IP-Multicast auf MAC-Multicast-Adressen.

- *Endsystem-Registrierung*: Der Empfänger eines Multicast-IP-Pakets muß einer ensprechenden IP-Multicast-Gruppe angehören und kann dieser beitreten bzw. sie verlassen. Dies ist Aufgabe des Internet Group Message Protocols (IGMP).

- *Multicast-Routing*: Informationen über die Multicast-Gruppen müssen verteilt und gepflegt werden. Hierzu stehen die Protokolle *Protocol Independent Mulicast PIM*, das *Multicast Open Shortest Path First MOSPF* sowie das *Distance Vector Routing Multicast Protocol DVMRP* zur Verfügung. Diese Protokolle wollen wir in Kapitel 9 vorstellen.

Mbone   Eine reale Implementierung der Multicast-Infrastruktur stellt das *Multicast Backbone Mbone* dar, das 1992 ins Leben gerufen wurde Das MBone kann als logisches Netz innerhalb des Internet verstanden werden, dessen „M-Router" Multicast-Routing unterstützen. Sind die IP-Pakete zusätzlich über Netze mit Standardrouter zu übertragen, werden die Multicast-Pakete in Unicast-Pakete eingebettet (IP-/IP-Encapsulation) und somit über diese Netze getunnelt.

3.8.1 Multicast-IP- und -MAC-Adressen

Im reservierten Klass-D Adreßraum für IP-Multicast-Zwecke werden zunächst noch einmal – ähnlich dem generellen IP-Adressraum – *dedizierte* Multicast-Adressen festgelegt (=> RFC 1700):

- *lokales Multicasting:* 224.0.0.0 bis 224.0.255, deren Adressen nicht geroutet werden
- *Source-specific Multicasting*: 232.0.0.0 bis 232.255.255.255 entsprechend IGMPv3 und
- *All-Host-Group:*   224.0.0.1 sowie
- *All-Router-Group:* 224.0.0.2 mit der Unterteilung
  - *All DMVRP Routers*   224.0.0.4
  - *All OSPF Routers*   224.0.0.5
  - *All OSPF Designated Routers* 224.0.0.6
  - *All RIP2 Routers*   224.0.0.9
  - *All PIM Routers*   224.0.0.13
  - *All CBT Routers*   224.0.0.15
- *Applikationsspezifische Multicasts* (Auswahl):
  - *Network Time Protocol (NTP)*   224.0.1.1
  - *Rhwo Daemon (RhwoD)*   224.0.1.3
  - *IETF-1-LOW-AUDIO*   224.0.1.10
  - *IETF-1-AUDIO*   224.0.1.11
  - *IETF-1-VIDEO*   224.0.1.12
  - *IETF-2-LOW-AUDIO*   224.0.1.13
  - *IETF-2-AUDIO*   224.0.1.14
  - *IETF-2-VIDEO*   224.0.1.15

Alle anderen Multicast-Adressen werden temporär eingesetzt. Kennzeichnend für das IP-Multicasting ist, daß hierdurch einem IP-Interface zusätzlich zu seiner Unicast- mehrere Multicast-Adressen zugesprochen werden. Eine spezifische Multicast-Adresse steht hierbei für eine Anzahl von k Endsystemen, die der gleichen Multicast-Gruppe angehören. Zusätzlich gehören alle diese Systeme zur *All-Host-Group.*. Für die Endsysteme ist es wiederum leicht, ihren lokalen Multicast-(M-)Router zu ermitteln: Hierzu reicht eine IGMP-Request-Nachricht an die Adresse 224.0.0.2.

Würde sich IP-Multicasting nur auf IP-Adressen beziehen, müßte der M-Router zusätzlich eine $k:1$ Adreßtabelle aller zu erreichenden Endsysteme pflegen, wobei hier k für die MAC-Adressen steht. Tatsächlich wird jedoch der umgekehrte Weg beschritten: Multicast-fähige Endsysteme verwalten neben ihrer MAC-Unicast-Adresse auch noch eine MAC-Multicast-Adresse, die entsprechend Abbildung 3.8-1 aus der IP-Adresse abgeleitet wird.

G/L-Bit und OUI Die 48 Bit MAC-Adresse wird unter Verwendung des G/L-Bits (Group/-Local) als Multicast-Adresse gekennzeichnet. Der erste Teil der Adresse stellt den sog. *Organisation Unique Identifier OUI* dar, dessen Werte in RFC 1700 festgelegt sind. Dies gilt auch für das Bit 25 (in der hier gezeigten kanonischen Darstellung der MAC-Adresse), das den IP-Multicast-Typ festlegt. Es ist beachtenswert, daß durch diese Einschränkung lediglich 23 Bit zur Abbildung der IP-Adresse auf die MAC-Adresse verfügbar sind. Die höchstwertigen 5 Bit der IP-Adresse werden hierbei verworfen, so daß prinzipiell Adreßüberschneidungen auftreten können.

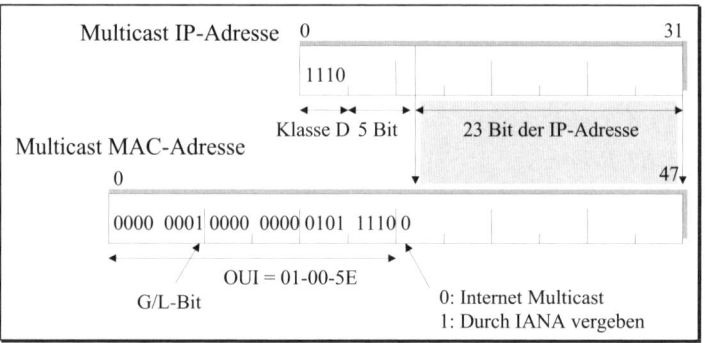

Abbildung 3.8-1:   Mapping von IP- auf MAC-Multicast-Adresse
OUI = Organisation Unique Identifier, G/L = Group/Local

TTL Ein simples Routingschema wird mit Hilfe des *Time To Live* (*TTL*)-Bits im IP-Header realisiert. Befindet sich die Multicast-Gruppe in einem lokalen IP-Netz, wird der TTL-Wert auf eins gesetzt, bei Empfängern in entfernten Netzen auf einen höheren Wert (Defaultwerte: 15, 63 oder 127). Die M-Router entscheiden aufgrund dieses TTL-Wertes, ob der Multicast weiterzuleiten ist oder nicht. Wie üblich, wird bei jedem Hop die TTL um 1 herabgesetzt. Im Gegensatz zum Standard-IP erhält der Multicast-Absender jedoch beim Erreichen des Wertes 0 für TTL keine ICMP-Benachrichtigung (*Destination Unreachable*), sondern das Multicast-Paket wird einfach verworfen.

3.8.2 Internet Group Management Protocol (IGMP)

Wie bereits in Abbildung 2.1-1 gezeigt wurde, ist das IGMP ebenso wie das ICMP auf der Schicht 3 des OSI/ISO-Referenzmodells angesiedelt und unterstützt IPv4 und die Multicast-Routing-Protokolle. IGMP liegt mittlerweile in der Version 2 vor (IGMPv2 => RFC 2236), eine Version 3 mit umfangreicheren Eigenschaften wird alsbald erwartet.

IGMP ist auf allen Endsystemen und Routern zu implementieren, die Multicasting unterstützen (=> RFC 1054). Abbildung 3.8-2 zeigt den Aufbau von IGMP-Nachrichten. *IGMP-Nachrichten*

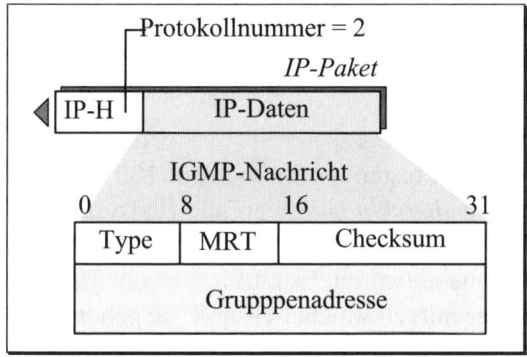

Abbildung 3.8-2:   Aufbau von IGMP-Nachrichten als Teil des IP-Pakets
MRT: Maximum Response Time, IP-H: IP-Header

Die IGMP-Nachricht wird in ein IP-Paket mit der Protokollkennung 2 eingefügt und weist folgende Kenngrößen auf:

* *Type* (Nachrichtentyp für die Endsystem/M-Router-Kommunikation)
  - *Membership Query* (x'11')
    mit den Möglichkeiten einer allgemeinen (Welche Gruppen gibt es?) und einer Gruppen-spezifischen Anfrage (Welche Mitglieder gibt es in der gewünschten Gruppe?) je nach Gruppenadresse.
  - *Version 1 Membership Report* (x'12') aus Kompatibilitätsgründen.
  - *Distance Vector Multicast Routing Protocol* (*DVMRP-V3-*)Nachricht (0x'13') => Abschnitt 9.6.2.
  - *Version 2 Membership Report* (x'16')
    zur Aufnahme von Endsystemen in Multicast-Gruppen (*Membership Request*).
  - *Leave Group* (x'17')
  - *Version 3 Membership Report* (x'22')

- *Maximum Response Time* (MRT)
  unterstützt die *Membership Query* in bezug auf die M-Router, die erst nach Ablauf dieser Zeit Updates der Routing-Information vornehmen müssen.

- *Checksum*
  16-Bit-Checksumme der gesamten IGMP-Nachricht.

- *Gruppenadresse*
  Für die *Membership Query* wird diese Adresse zunächst auf 0 und anschließend in der Antwort auf den Wert der Multicast-Gruppe gesetzt. In einem *Membership Report* oder einer *Leave Group*-Nachricht entspricht diese natürlich der entsprechenden Multicast-Gruppe.

- *Sonstige Felder*
  sind möglich und im Hinblick auf neuere Protokoll-Versionen vorgesehen.

IGMP Arbeitsweise Ein M-Router sendet in festen Zeitintervallen (100 Sekunden) IGMP-Nachrichten vom Typ *Membership Query* an alle Endsysteme im LAN über die Multicast-Adresse 224.0.01 (All-Host Group) mit einem TTL von 1. Die Multicast-Endsysteme antworten hierauf mit einem *Membership Report* und teilen dem M-Router mit, zu welcher Gruppe sie gehören.

Soll ein Endsystem in eine Multicast-Gruppe eingefügt werden, so sendet dieses einen MAC-Multicast mit einem IGMP *Host Membership Report* und der entsprechenden Multicast-Adresse aus, wobei die Zuordnung zwischen IP- und MAC-Multicast-Adresse mittels des in Abbildung 3.8-1 dargestellten Schemas erfolgt.

Ein Endsystem kann auf die gleiche Weise über eine IGMP *Leave Group*-Nachricht die Gruppe verlassen. Als Konsequenz daraus antwortet das Endsystem anschließend nicht mehr auf die zugehörige *Membership Query* des M-Routers.

Es obliegt dem M-Router, die Buchführung für die aktiven Multicast-Gruppen in seinem LAN und den zugehörigen Endsystemen vorzunehmen. Für den M-Router spielt es keine Rolle, ob in einer bestehenden Multicast-Gruppe zwanzig oder lediglich ein Mitglied vorhanden sind. Änderungen von Multicast-Gruppen teilt er jedoch über die ihm zur Verfügung stehenden Multicast-Routing-Protokolle mit, auf die wir in Kapitel 9 eingehen möchten.

4 Transport-Protokolle TCP und UDP

Die TCP/IP-Protokollfamilie stellt für die Übertragung der Nutzdaten zwei sehr unterschiedliche Transportprotokolle auf IP-Basis zur Verfügung:

- Das *Transmission Control Protocol TCP*, das einen gesicherten, verbindungsorientierten Vollduplex-Datenstrom zwischen Sender und Empfänger ermöglicht.
- Das *User Datagram Protocol UDP*, über das das eine ungesicherte, verbindungslose Kommunikation zwischen Sender und Empfänger abgewickelt werden kann.

Neben diesen beiden Protokollen umfaßt die TCP/IP-Protokollfamilie noch weitere Transportprotokolle, die jedoch auf TCP und UDP aufsetzen und sich deren jeweilige Eigenschaften zunutze machen:

- Übertragung der *ISO-Protokolle TP0* bis *TP4* (=> RFC 905, 1240 und 2126)
- *NetBIOS* über TCP/UDP (=> RFC 1001/1002)
- *Real Time Protocol* (*RTP*) über UDP (=> RFC 1889)
- *System Network Architecture* Protokoll *SNA* über UDP (=> RFC 1538)

Während TCP im Laufe der Entwicklung mit seinen Kontrollmechanismen zusehends verfeinert wurde, ist das UDP Protokoll aufgrund seines sehr schmalen Funktionsumfangs im wesentlichen unverändert geblieben, sieht man von den *Portmapper*-Diensten ab, die seinen Einsatz stark vereinfachen.

4.1 Funktion des Protokolls TCP

Das Protokoll TCP wurde bereits in Kapitel 2 kurz vorgestellt. Nun gehen wir auf die Besonderheiten von TCP-Verbindungen sowie auf die Prinzipien der Datenübermittlung näher ein. Die Bedeutung des Protokolls TCP kommt in Abbildung 4.1-1 zum Ausdruck. Die Protokolle IP und TCP sind im Schichtenmodell des Endsystems entsprechend den Schichten 3 und 4 zuzuordnen. Die Aufgabe des IP-Protokolls besteht in der Übermittlung von IP-Paketen über ein privates IP-Netz bzw. das weltweite Internet als selbständige Datagramme. Die IP-Adresse in einem Schichtenmodell kann der Grenze zwischen den Schichten 3 und 4 zugeordnet und als ein Kommunikationspuffer interpretiert werden. Die Datenkommunikation zwischen zwei Rechnern kann somit als ein Austausch von IP-Paketen zwischen Kommunikationspuffern in diesen Rechnern gesehen werden. Da das Protokoll IP keine Fehlerkontrolle bei der Übermittlung dieser Pakete realisiert, ist der Datenaustausch unsicher. Beispielsweise werden die Verluste bzw. Verfälschungen (Verletzung) von Daten während der Übermittlung mit dem Protokoll IP nicht entdeckt. Das Protokoll TCP ist als ein Transportprotokoll zu bezeichnen, dessen Aufgabe es ist, den Datenaustausch zwischen zwei kommunizierenden Rechnern auf einer sicheren Basis zu gewährleisten, d.h. Datenverluste und -verfälschungen während der Übertragung zu entdecken und dementsprechend eine wiederholte Übertragung zu veranlassen.

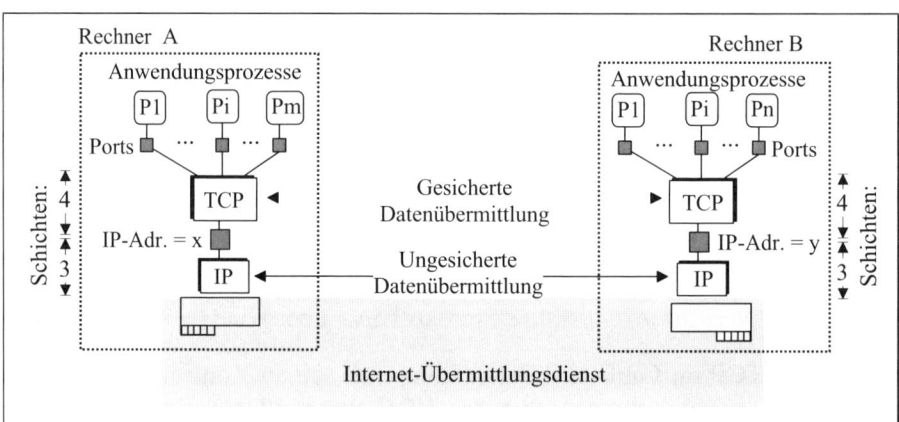

Abbildung 4.1-1:   TCP als Sicherungsprotokoll zwischen zwei entfernten Endsystemen

Ports Wie bereits im Abschnitt 2.2 gezeigt wurde, werden sogenannte Ports den aktiven TCP/IP-Anwendungen als Anwendungsprozessen zugeordnet. Diese Ports stellen die individuellen Kommunikationspuffer einzelner Anwendungsprozesse dar. Die Ports werden den Anwendungsprozessen nach Bedarf (auch dynamisch) zugeordnet. Da die Port-Nummern 16 Bits lang sind, könnte ein Rechner theoretisch gleichzeitig bis zu 65 535 Ports organisieren. Die Ports mit den Nummern 0 bis 1023 sind weltweit eindeutig für Standarddienste (sog. *Well Known Services*) wie z.B. TELNET, FTP, HTTP von vornherein reserviert. Die reservierten Ports von Standardanwendungen werden auch als *Well Known Ports* bezeichnet. Unter den Nummern im Bereich von 1 024 bis 65 535 können sie im Rechner den Anwendungsprozessen frei zugeteilt werden.

Abbildung 4.1-1 demonstriert überdies, daß das Protokoll TCP auch als ein logischer Multiplexer von Anwendungsprozessen gesehen werden kann. Das Protokoll TCP ermöglicht es, daß mehrere Anwendungsprozesse auf die Dienste des Protokolls IP gleichzeitig zugreifen können. Jedes Sicherungsprotokoll ist verbindungsorientiert (=> z.B. HDLC). Dies setzt voraus, daß eine „Beziehung" zwischen zwei entsprechenden Kommunikationspuffern in den kommunizierenden Rechnern zustande kommen muß. Um die Datenübermittlung nach dem Protokoll TCP sicher zu machen, muß ebenfalls eine logische Verbindung aufgebaut werden. Diese logische Verbindung wird im folgenden als *TCP-Verbindung* bezeichnet. Es stellt sich nun die Frage, wie man TCP-Verbindungen identifiziert?

TCP als Sicherungsprotokoll

4.1.1 Aufbau von TCP-Paketen

Über eine TCP-Verbindung werden die Daten in Form von festgelegten Datenblöcken – von nun an „TCP-Pakete" genannt – ausgetauscht. Aufgabe von TCP ist es, die zu übertragenden Daten im Quellrechner in numerierte Segmente zu zerlegen, was man als *Segmentierung* bezeichnet. Dabei versieht TCP jedes Datensegment mit einem TCP-Header. Vor Beginn einer Übertragung wird zwischen den TCP-Instanzen im Quell- und im Zielrechner die maximale Segmentgröße vereinbart (z.B. 15 000 Byte). Die TCP-Pakete werden dann vom IP-Protokoll als zusammenhanglose IP-Pakete (*Datagramme*) übertragen. Die TCP-Instanz des Zielrechners setzt die empfangenen IP-Pakete in der richtigen Reihenfolge in die ursprünglichen Daten (*Nachricht*) zurück. Erreicht ein IP-Paket den Zielrechner nicht, wird die Wiederholung der Übertragung eines entsprechenden Datensegments von TCP veranlaßt.

Abbildung 4.1-2 zeigt den Aufbau des TCP-Headers.

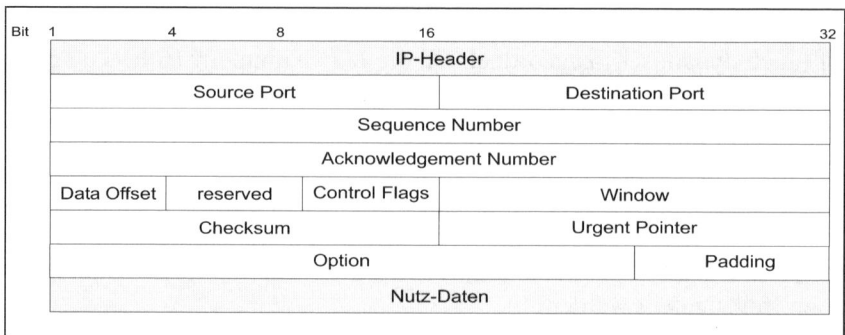

Abbildung 4.1-2:   Aufbau des TCP-Headers

Die Steuerungsinformationen im TCP-Header haben folgende Bedeutung:

- *Source Port (Quell-Port):*
  Der Quell-Port enthält die Portnummer des Anwenderprozesses im Quellrechner, der die Verbindung initialisiert hat.

- *Destination Port (Ziel-Port):*
  Der Ziel-Port enthält die Portnummer des Anwenderprozesses im Zielrechner, an den die Daten adressiert sind. Die Bedeutung der Portnummer wurde bereits in Abschnitt 2.2 erläutert.

- *Sequence Number (Sequenznummer):*
  Die Sequenznummer gilt in der Senderichtung und dient der Numerierung von gesendeten Datensegmenten. Beim Aufbau einer virtuellen Ende-zu-Ende-Verbindung generiert jedes TCP-Modul eine Anfangs-Sequenznummer. Diese Nummern werden ausgetauscht und gegenseitig bestätigt. Um die gesendeten TCP-Pakete eindeutig am Zielrechner zu identifizieren, muß der Fall ausgeschlossen werden, daß sich zu einem Zeitpunkt – im Netz – mehrere TCP-Pakete mit der gleichen Sequenznummer befinden. Aus diesem Grund darf sich die Sequenznummer innerhalb der festgelegten Lebenszeit für die IP-Pakete nicht wiederholen. Im Quellrechner wird die Sequenznummer immer jeweils um die Anzahl bereits gesendeter Bytes erhöht.

- *Acknowledgement Number (Quittungsnummer):*
  Die Quittungsnummer gilt in der Empfangsrichtung und dient der Bestätigung von empfangenen Datensegmenten. Diese Nummer wird vom Zielrechner gesetzt, um dem Quellrechner mitzuteilen, bis zu welchem Byte die Daten korrekt empfangen wurden.

- *Data Offset (Datenabstand):*
Das vier Bit große Feld gibt die Länge des TCP-Headers in 32-Bit-Worten an und damit die Stelle, ab der die Daten beginnen.

- *Control Flags (Kontroll-Flags):*
Die Kontroll-Flags legen fest, welche Felder im Header gültig sind, und steuern die Verbindung. Die Struktur sieht 6 Bits vor, und wenn das entsprechende Bit gesetzt ist, gelten die folgenden Bedingungen:

  - *URG*: Der Urgent Pointer (Zeiger im Urgent-Feld) ist gültig.

  - *ACK*: Die Quittungsnummer ist gültig.

  - *PSH*: Push-Funktion: Die Daten sollen sofort an die nächsthöhere Schicht weitergegeben werden. UNIX-Implementierungen senden PSH immer dann, wenn sie mit dem Segment gleichzeitig alle Daten im Sendepuffer übergeben.

  - *RST* (Reset): Die Verbindung soll zurückgesetzt werden.

  - *SYN*: Verbindungsaufbauwunsch; es muß quittiert werden.

  - *FIN*: Einseitiger Verbindungsabbau und das Ende des Datenstroms aus dieser Richtung. Es muß quittiert werden.

- *Window (Fenstergröße):*
Mit dieser Angabe, die der Flußkontrolle nach dem Fenster-Mechanismus dient (=> Abbildung 4.2-1), steuert der Zielrechner den an ihn gesendeten Datenstrom im Quellrechner. Das Feld gibt die Fenstergröße an, d.h. wie viele Bytes – beginnend ab der Quittungsnummer – der Zielrechner in seinem Aufnahme-Puffer noch aufnehmen kann. Empfängt der Quellrechner ein TCP-Paket mit der Fenstergröße gleich 0, muß der Sendevorgang gestoppt werden. Wie die Fenstergröße die Effizienz der Übermittlung beeinflussen kann, ist aus Abbildung 4.2-4 ersichtlich (Senderblockade). Die Ermittlung einer optimalen Fenstergröße gehört zu den wichtigsten Aufgaben bei der TCP/IP-Implementierung.

- *Checksum (Prüfsumme):*
Diese Prüfsumme erlaubt es, den TCP-Header, die Daten und einen Auszug aus dem IP-Header (u.a. Quell- und Ziel-IP-Adresse), der an das TCP-Protokollmodul zusammen mit den Daten übergeben wird, auf das Vorhandensein von Fehlern (Bitfehler, Datenverlust) zu überprüfen. Bei Berechnung der Prüfsumme wird dieses Feld selbst als null angenommen.

- *Urgent Pointer (Urgent-Zeiger):*
Das Protokoll TCP ermöglicht es, wichtige (dringliche) und meist kurze Nachrichten (z.B. Interrupts) den gesendeten normalen Daten hinzuzufügen und an Kommunikationspartner direkt zu übertragen. Damit können

außergewöhnliche Zustände signalisiert werden. Derartige Daten werden hierbei als Urgent-Daten bezeichnet. Ist der Urgent-Zeiger gültig, d.h. URG = 1, so zeigt er auf das Ende von Urgent-Daten. Sie werden immer direkt nach dem TCP-Header übertragen. Erst danach folgen „normale" Daten.

- *Option:*
  Das TCP erlaubt es, Service-Optionen anzugeben. Das erste Byte im Optionsfeld legt den Optionstyp (*kind*) fest, wobei das Optionsfeld nun entsprechend Tabelle 4.1-1 zu interpretieren ist. Mit den RFC 1323 und 2018 wurde das Optionsfeld in seiner Bedeutung wesentlich erweitert und besitzt folgende Bedeutung:

  - *Maximum Segment Size* (*MSS*): Diese Option wird beim Verbindungsaufbau genutzt, um dem Kommunikationspartner mitzuteilen, welche maximale Segmentgröße verarbeitet werden kann.

  - *Window Scale* (*WSopt*): Mittels der Option *WSopt* können die Kommunikationspartner optional während der Initialisierung (also beim SYN-Segment) festlegen, ob die Größe des 16 Bit *Window* (siehe oben) um einen konstanten Skalenfaktor multipliziert wird. Dieser Wert kann unabhängig für den Empfang (*R*) und das Versenden (*S*) von Daten ausgehandelt werden. Als Konsequenz dieses Verfahrens wird nun die Fenstergröße von der TCP-Instanz nicht mehr als 16 Bit-sondern als 32 Bit-Wert aufgefaßt. Der maximale Wert für den Skalenfaktor von *WSopt* beträgt 14, was einer neuen oberen Grenze für *Window* von 1 GByte entspricht. Auf Grundlage des Skalenfaktors von *WSopt* wird auch der übertragene Wert von *Window* im TCP-Segment neu berechnet.

  - *Timestamps Option* (*TSopt*): Dieses Feld besteht aus den Teilen *Timestamp Wert* (*TSval*) und *Timestamp Echo Reply* (*TSecr*). Letzteres Feld ist nur bei ACK-Segment erlaubt. Mit diesen Informationen informieren sich die TCP-Instanzen über die sog. *Round Trip Zeit*, was im nächsten Abschnitt genauer erläutert ist.

  - Mit RFC 2018 wurde das Verfahren *Selective Acknowledgement* (*SACK*) eingeführt, das sich wesentlich auf das Optionsfeld stützt und es zuläßt, dieses Feld variabel zu erweitern. Auch auf dieses Verfahren wollen wir später im Detail eingehen.

  - Ergänzt werden die Optionen schließlich noch um den *Connection Count CC*, sowie *CC.NEW* und *CC-ECHO*, die bei der Implementierung T/TCP (=> RFC 1644) anzutreffen sind und die wir in Abschnitt 4.2.3 diskutieren.

Optionstyp [kind]	Länge des Optionsfelds [Byte]	Bedeutung
0	nicht vorgesehen	Ende der Optionsliste
1	nicht vorgesehen	No-Operation
2	4	Maximum Segment Size (MSS)
3	3	Window Scale (WSopt)
4	2	SACK erlaubt
5	variabel	SACK
8	10	Times-Stamp-Abgleich
11	6	Connection Count CC (T/TCP)
12	6	CC.NEW (T/TCP)
12	6	CC.ECHO (T/TCP)

Tabelle 4.1-1: Belegung des Optionsfeldes im TCP-Header

- *Padding (Füllzeichen):*
  Die Füllzeichen ergänzen die Optionsangaben auf die Länge von 32 Bits.

TCP verhindert den gleichzeitigen Verbindungsaufbau zwischen zwei Stationen, d.h. nur eine Station kann den Aufbau initiieren. Des weiteren ist es nicht möglich, einen mehrfachen Aufbau einer Verbindung durch den Sender aufgrund eines Timeouts des ersten Verbindungsaufbauwunsches zu generieren. Der Datenaustausch zwischen zwei Stationen erfolgt nach dem Verbindungsaufbau. Gehen Daten bei der Übertragung verloren, wird nach Ablauf eines Timeouts die Wiederholung der fehlerhaften Segmente gestartet. Durch die Sequenznummer werden doppelt übertragene Pakete erkannt. Aufgrund der Sequenznummer ist es möglich, $2^{32}-1$ Daten (8 Gigabyte) pro bestehender Verbindung zu übertragen. *TCP Timeouts*

Die Flußkontrolle nach dem Fenster-Mechanismus (*Window*-Feld) erlaubt es einem Empfänger, dem Sender mitzuteilen, wieviel Pufferplatz zum Empfang von Daten zur Verfügung stehen. Ist der Empfänger zu einem bestimmten Zeitpunkt der Übertragung einer höheren Belastung ausgesetzt, kann er dies dem Sender über das Window-Feld bekanntgeben. *Fenster-Mechanismus*

Jedes übertragene TCP-Paket unterliegt einer Zeitüberwachung (*Retransmission Time*); das bedeutet, daß ein Empfänger nach einer bestimmten Zeitdauer eine Quittung über die erhaltenen Frames aussenden muß. Da diese Zeitdauer stark von der aktuellen Belastung des Netzes abhängt, muß der Retransmission Timer für jedes TCP-Paket neu berechnet und eingestellt werden. *Retransmission Time*

4.1.2 Konzept der TCP-Verbindungen

Eine TCP-Verbindung wird mit dem Ziel aufgebaut, einen sicheren Datenaustausch zwischen den kommunizierenden Anwendungsprozessen in entfernten Rechnern zu gewährleisten. Als Beispiel nehmen wir an, daß die Kommunikation zwischen zwei FTP-Anwendungen (*File Transfer Protocol*) stattfinden soll. Die FTP-Anwendung ist eine TCP/IP-Standardanwendung und hat den *Well Known Port* Nummer 20. Aus Sicht der Kommunikation kann die Nummer des Well Known Ports auch als die weltweit eindeutige Identifikation einer TCP/IP-Standardanwendung gesehen werden.

Three Way Handshake Die TCP-Verbindungen sind vollduplex. Man kann eine TCP-Verbindung als ein Paar von gegenseitig gerichteten unidirektionalen Verbindungen interpretieren. Der Verbindungsaufbau zwischen zwei Rechnern, die das TCP-Protokoll benutzen, erfolgt immer mit Hilfe des *Three Way Handshake* (*3WHS*)-Verfahrens, das für eine Synchronisation der Kommunikationspartner sorgt und sicherstellt, daß die TCP-Verbindung in jede Richtung korrekt initialisiert wird (=> vollduplex). An dieser Stelle ist hervorzuheben, daß der Anwendungsprozeß im Quellrechner mit dem TCP über einen wahlfreien Port kommuniziert, der dynamisch (aber nur im Quellrechner!) zugewiesen wird.

TCP-Zustandsmodell Das TCP-Modell geht von einer sog. *Zustandsmaschine* aus. Eine TCP-Instanz befindet sich immer in einem wohldefinierten Zustand. Die Hauptzustände sind hierbei (engl.) *Listen* und (Verbindung) *Established*. Zwischen diesen stabilen Zuständen gibt es gemäß Abbildung 4.1-3 eine Vielzahl zeitlich befristeter (Zwischen-)Zustände. Mittels der TCP-Kontroll-Flags ACK, FIN, SYN und ggf. auch RST wird zwischen den Kommunikationspartnern der Wechsel bzw. der Verbleib in einem Zustand signalisiert.

Zur effizienten Nutzung des Fenstermechanismus stehen zwei Parameter zur Verfügung, die zwischen den TCP-Instanzen im Verlauf der Kommunikation dynamisch angepaßt werden:

Windowsize (WSIZE) Die *Windowsize* (*WSIZE*) ist zu interpretieren als die Größe des TCP-Empfangspuffers in Byte. Aufgrund des maximal 2^{16}-1 großen Feldes im TCP-Header kann dieses maximal einen Wert von 65 535 Byte, d.h. rund 64 KByte (K = 1024) aufweisen. Moderne TCP-Implementierungen nutzen allerdings die in den TCP-Segmenten vorgesehene Option des *WSopt*, so daß nun Werte bis 2^{30}, also rund 1 GByte möglich sind.

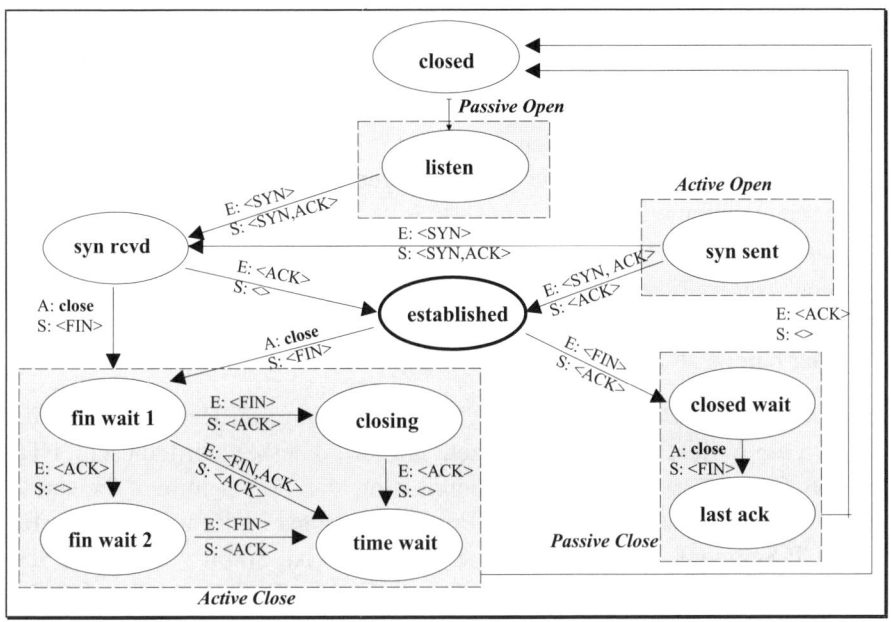

Abbildung 4.1-3:   TCP-Zustandsdiagramm
E: Empfänger, S: Sender, A: Applikation

Die *Windowsize,* ein Konfigurationsparameter der TCP-Implementierung, ist üblicherweise auf einen Wert von 4, 8, 16 oder 32 kByte initialisiert. Beim Verbindungsaufbau teilt die TCP-Empfängerinstanz ihre *Windowsize* dem Sender mit, was als *advertised Windowsize* (*advWind*) bezeichnet wird.

Die *Maximum Segment Size MSS* stellt das Gegenstück zu *WSIZE* dar, ist *Maximum* also der maximale Wert des TCP-Sendepuffers. Für übliche TCP- *Segment Size* Implementierungen gilt die Ungleichung *MSS < WSIZE*. Die dynamische *(MSS)* Aushandlung dieser Parameter zusammen mit der Methode der Bestimmung der sog. *Round Trip Time* begründet ursächlich das gute Übertragungsverhalten von TCP auf sehr unterschiedlichen Trägernetzen (=> Abschnitt 4.2.2).

4.1.3 Auf- und Abbau von TCP-Verbindungen

Den Aufbau einer TCP-Verbindung illustriert Abbildung 4.1-4. Hier soll insbesondere zum Ausdruck gebracht werden, daß eine TCP-Verbindung vollduplex ist und als ein Paar von zwei unidirektionalen logischen Verbindungen gesehen werden kann. Die Kommunikationspartner befinden sich zum Anfang der Übertragung immer in folgenden Zuständen (=> Abbildung 4.1-3):

- *Passives Öffnen:*
  Eine Verbindung tritt in den Abhörstatus ein, wenn eine Anwendungsinstanz TCP mitteilt, daß sie Verbindungen für eine bestimmte Portnummer annehmen würde.

- *Aktives Öffnen:*
  Eine Anwendungsinstanz teilt TCP mit, daß es eine Verbindung mit einer bestimmten IP-Adresse und Portnummer eingehen möchte, was mit einer bereits abhörenden Anwendungsinstanz korrespondiert.

Beispiel: FTP Im vorliegenden Beispiel wird die TCP-Verbindung im Rechner *A* mit der IP-Adresse *x* durch den FTP-Prozeß initiiert. Hierbei wird diesem FTP-Prozeß für die Zwecke der Kommunikation die Port-Nummer (beispielsweise 3028) zugewiesen. Die TCP-Protokoll-Instanz im Rechner *A* generiert ein TCP-Segment, in dem das Flag SYN gesetzt ist. Somit wird dieses Segment hier als <SYN>-Segment bezeichnet. Der Verbindungsaufbau beginnt damit, daß die beiden Kommunikationspartner einen Anfangswert für die jeweiligen Sequenznummern festlegen. Dieser Anfangswert für eine Verbindung wird als *Initial Sequence Number* (*ISN*) bezeichnet.

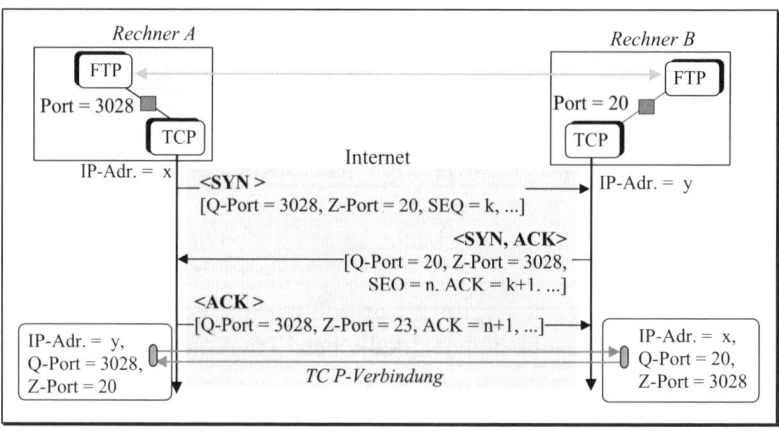

Abbildung 4.1-4:   Beispiel für den Aufbau einer TCP-Verbindung
                        Q: Quell, Z: Ziel

Die TCP-Instanz im Rechner *A* sendet dazu an den Rechner *B* ein <SYN>-Segment, in dem u.a. folgende Informationen enthalten sind:

- SYN-Flag im TCP-Header wird gesetzt (=> <SYN>-Segment),
- frei zugeteilte Nummer des Quell-Ports,

- Zielport als Well Known Port,
- SEQ: Sequenznummer der Quell-TCP-Instanz (hier SEQ = k).

Das gesetzte SYN-Bit bedeutet, daß die Quell-TCP-Instanz eine Verbindung *SYN-Bit* aufbauen (synchronisieren) möchte. Mit der Angabe des Zielports (als Well Known Port) wird die gewünschte Standardanwendung TCP im Rechner *B* gefordert.

Die Ziel-TCP-Instanz befindet sich im sogenannten Listenmodus, so daß sie auf ankommende <SYN>-Segmente wartet. Nach dem Empfang eines <SYN>-Segments leitet die Ziel-TCP-Instanz ihrerseits den Verbindungswunsch an den Ziel-Anwendungsprozeß (hier FTP-Prozeß) gemäß der empfangenen Nummer des Zielports weiter und generiert eigene Initial Sequence Number (ISN) für die Richtung zum Rechner *A*. Im zweiten Schritt des Verbindungsaufbaus wird ein TCP-Segment im Rechner *B* mit folgendem Inhalt an den Rechner *A* zurückgeschickt:

- Die beiden Flags SYN und ACK im TCP-Header werden gesetzt (=> <SYN+ACK>-Segment).
- Die beiden Quell- und Ziel-Port-Nummern werden angegeben.
- Die Sequenznummer SEQ der Ziel-TCP-Instanz (hier SEQ = n) wird mitgeteilt.

Das ACK-Bit signalisiert, daß die Quittungsnummer (hier kurz ACK) in *ACK-Bit* diesem <SYN,ACK>-Segment von Bedeutung ist. Die Quittungsnummer ACK enthält die nächste von der TCP-Instanz im Rechner *B* erwartete Sequenznummer (SEQ).

Die TCP-Instanz im Rechner *A* bestätigt den Empfang des <SYN,ACK>-Segments mit einem <ACK>-Segment, in dem das *ACK*-Flag gesetzt wird. Mit der Quittungsnummer ACK = n +1 wird der TCP-Instanz *i* Rechner *B* bestätigt, daß die nächste Sequenznummer n+1 erwartet wird.

Aus Abbildung 4.1-4 geht außerdem hervor, daß sich eine TCP-Verbindung aus zwei unidirektionalen Verbindungen zusammensetzt. Jede dieser gerichteten Verbindungen wird im Quellrechner durch die Angabe der Ziel-IP-Adresse und von beiden Quell- und Zielports eindeutig identifiziert.

Wurde eine TCP-Verbindung aufgebaut, so kann der Datenaustausch zwischen den kommunizierenden Anwendungsprozessen erfolgen, genauer gesagt zwischen den mit der TCP-Verbindung logisch verbundenen Ports. Bevor wir auf die Besonderheiten der Datenübermittlung nach dem Protokoll TCP eingehen, wollen wir zunächst den Abbau einer TCP-Verbindung kurz erläutern.

Aufbau einer TCP-Verbindung Den Abbau einer TCP-Verbindung illustriert Abbildung 4.1-5.

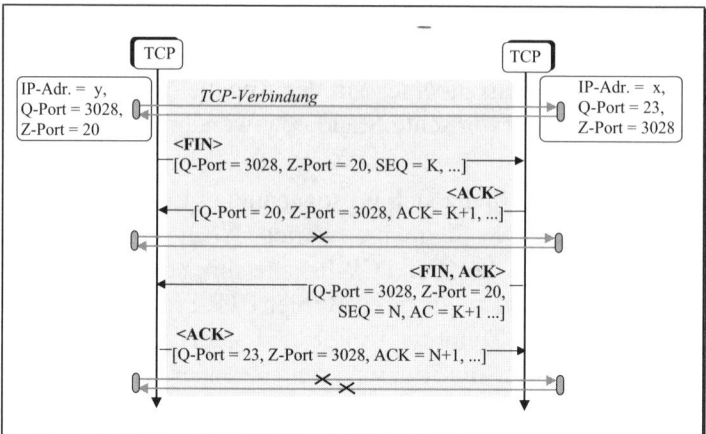

Abbildung 4.1-5:   Beispiel für den Aufbau einer TCP-Verbindung

Im Normalfall kann der Abbau einer TCP-Verbindung von beiden kommunizierenden Anwendungsprozessen initiiert werden. Da jede TCP-Verbindung sich aus zwei gerichteten Verbindungen zusammensetzt, werden diese gerichteten Verbindungen quasi nacheinander abgebaut. Jede TCP-Instanz koordiniert den Abbau seiner gerichteten Verbindung zu seiner Partner-TCP-Instanz und verhindert hierbei den Verlust von noch unquittierten Daten.

Abbau einer TCP-Verbindung Der Abbau wird von einer Seite mit einem TCP-Segment initiiert, in dem das FIN-Flag im Header gesetzt wird (=> <FIN>-Segment bezeichnet). Dies wird von der Gegenseite durch das ACK-Segment mit dem gesetzten ACK-Flag positiv bestätigt. Die positive Bestätigung erfolgt hier durch die Angabe der Quittungsnummer ACK = K+1, d.h. der empfangenen Sequenznummer SEQ= K plus 1. Damit wird eine gerichtete Verbindung abgebaut. Der Verbindungsabbau in der Gegenrichtung wird mit dem Segment, in dem die beiden FIN- und ACK-Flags gesetzt sind, begonnen (=> <FIN,ACK>-Segment). Nach der Bestätigung dieses <FIN+ACK>-Segments durch die Gegenseite wird der Abbauprozeß beendet.

Maximum Segment Lifetime Beim Abbau einer Verbindung tritt u.U. ein zusätzlicher interner Time-Out-Mechanismus in Kraft. Die TCP-Instanz geht in den Zustand Aktive-Close, versendet ein abschließendes ACK und befindet sich dann im Status Time-Wait (=> Abbildung 4.1-3). Dessen Zeitdauer beträgt zweimal die maximale Segment-Lebensdauer (*Maximum Segment Lifetime MSL*), bevor die TCP-Verbindung letztlich geschlossen wird. TCP-Segmente, die länger als die

MSL-Zeit im Netz unterwegs sind, werden verworfen. Der Wert von MSL beträgt bei heutigen TCP-Implementierungen in der Regel 120 Sekunden. Anschließend wird der Port freigegeben und steht über eine neue ISN für spätere Verbindungen wieder zur Verfügung.

Das TCP-Protokokoll verfügt über nur wenige Programmschnittstellen (=> *TCP-API* RFC 793), mit denen Applikationen den Auf- und Abbau von Verbindungen sowie die Datenübertragung beeinflussen können. Diese Programmschnittstellen werden *TCP Application Program Interface API* genannt und beinhalten die folgenden Funktionen:

- *Open* – Öffnen von Verbindungen mit den Parametern:
  - Aktives/Passives Öffnen
  - Entfernter Socket, d.h. Portnummer und IP-Adresse des Kommunikationspartners
  - Lokaler Port
  - Wert des Timeouts (optional)

  Als Rückgabewert an die Applikation dient ein lokaler Verbindungsname, mit dem diese Verbindung referiert werden kann.
- *Send* – Übertragung der Benutzerdaten an den TCP-Sendepuffer und anschließendes Versenden über die TCP-Verbindung. Optional kann das URG- bzw. PSH-Bit gesetzt werden.
- *Receive* – Daten aus dem TCP-Empfangspuffer werden an die Applikation weitergegeben.
- *Close* – Beendet die Verbindung, nachdem zuvor alle ausstehenden Daten aus dem TCP-Empfangspuffer zur Applikation übertragen und ein TCP-Segment mit dem FIN-Bit versandt wurde.
- *Status* – Gibt Statusinformationen über die Verbindung aus, wie z.B. lokaler und entfernter Socket, Größe des Sende- und Empfangsfensters, Zustand der Verbindung und evtl. lokaler Verbindungsname. Diese Informationen können z.B. mittels des Programms *netstat* ausgegeben werden.
- *Abort* – Sofortiges Unterbrechen des Sende- und Empfangsprozesses und Übermittlung des RST-Bits an die Partner-TCP-Instanz.

4.2 Flußkontrolle beim Protokoll TCP

Bei der Datenkommunikation entsteht das Problem, daß die Menge der übertragenen Daten an die Aufnahmefähigkeiten des Empfängers angepaßt werden muß. Die übertragene Datenmenge sollte nicht größer sein als die Datenmenge, die der Empfänger aufnehmen kann. Die Menge der übertragenen Daten muß zwischen den kommunizierenden Rechnern entsprechend abgestimmt werden. Diese Abstimmung bezeichnet man oft als Flußkontrolle (*Flow Control*). Die Flußkontrolle bei der Datenübermittlung über eine TCP-Verbindung erfolgt nach dem Prinzip des Sliding Windows. In Abschnitt 1.7 wurde bereits das Window-Prinzip (*Fensterprinzip*) bei der Numerierung nach dem Modulo-8-Verfahren kurz erläutert. Bevor wir auf die Besonderheiten der Flußkontrolle beim Protokoll TCP eingehen, wollen wir noch das allgemeine Sliding-Window-Prinzip näher veranschaulichen.

Für die Zwecke der Flußkontrolle nach dem Sliding-Window-Prinzip dienen folgende Angaben (im TCP-Header):

- *Sequence Number* (Sequenznummer),
- *Acknowledgement Number* (Quittungs- bzw. Bestätigungsnummer),
- *Window-Größe*.

Sequenz- Mit der Sequenznummer werden die zu sendenden TCP-Segmente fortlau-
numerierung fend numeriert. Die Sequenznummer im TCP-Header eines Datensegments stellt dessen laufende Nummer in der gesendeten Segmentreihe dar. Mit der Quittungsnummer teilt der Empfänger dem Sender mit, welche Sequenznummer als nächste bei ihm erwartet wird. Seitens des Senders stellt die Window-Größe die maximale Anzahl der Datensegmente dar, die der Sender absenden darf, ohne auf eine Quittung vom Empfänger warten zu müssen. Seitens des Empfängers kann die Window-Größe als die maximale Anzahl der Datensegmente gesehen werden, die beim Empfänger immer aufgenommen werden. Wird die maximale Länge von TCP-Datensegmenten festgelegt, so kann die übertragene Datenmenge, bzw. die Menge von Daten unterwegs, mit den erwähnten drei Parametern (Sequenz- und Quittungsnummer sowie Window-Größe) immer kontrolliert werden.

Flußkontrolle Abbildung 4.2-1 veranschaulicht die Flußkontrolle nach dem Sliding-Window-Prinzip mit der Window-Größe = 4. Wie hier ersichtlich ist, läßt sich das Window als ein Sendefenster interpretieren.

> **Beispiel:** Betrachten wir zunächst das Beispiel in Abbildung 4.2-1a. Da die Window-Größe 4 beträgt, darf der Sender 4 Datensegmente absenden, ohne auf eine Quittung warten zu müssen. Dies bedeutet, daß er die Segmente mit den Nummern 1, 2, 3 und 4 absenden darf. Nach dem Absenden der ersten drei Segmente ist eine Quittung eingetroffen, mit der das erste Segment quittiert wird. Dadurch verschiebt sich das Fenster (*Window*) mit den zulässigen Sequenznummern um eine Position nach rechts. Da maximal 4 Segmente unterwegs sein dürfen, kann der Sender nun die nächsten beiden Segmente mit

den Nummern 4 und 5 senden. Nach dem Absenden des Segments mit Sequenznummer 5 wird das Segment mit der Sequenznummer 2 durch den Empfänger positiv quittiert. Dadurch verschiebt sich das Fenster nach rechts um eine Position weiter usw.

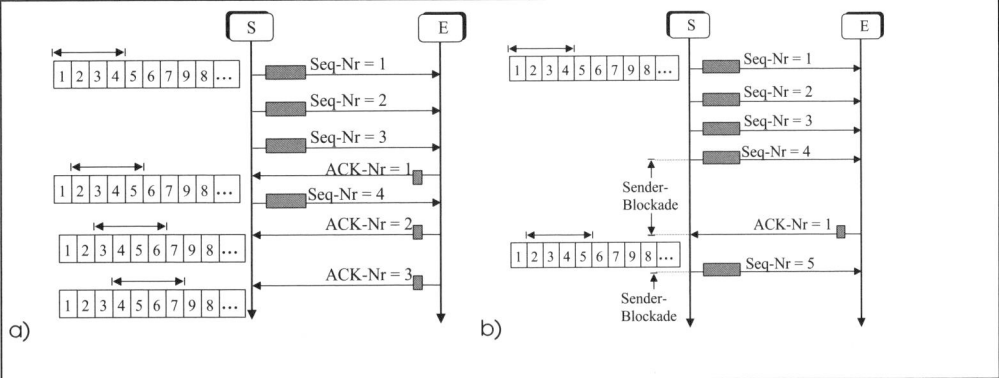

Abbildung 4.2-1:   Sliding-Window-Prinzip bei Window-Größe = 4:
a) fehlerfreie Übertragung
b) Bedeutung der Sender-Blockade
ACK: Quittungsnummer (Acknowledgement Number),
Seq-Nr.: Sequenznummern; E: Empfänger, S: Sender

Abbildung 4.2-1b zeigt die Situation, in der der Sendeprozeß blockiert werden *Sende-* muß (*Sendeblockade*). Sie kommt dann oft vor, wenn einerseits die Verzöge- *blockade* rungszeit im Netz groß und andererseits die Window-Größe zu klein ist. Mit großen Verzögerungszeiten ist immer zu rechnen, wenn eine Satellitenstrecke als ein Übertragungsabschnitt eingesetzt wird. Wie hier ersichtlich ist, muß der Sender nach dem Absenden der Segmente mit Sequenznummer 1, 2, 3 und 4 auf eine Quittung warten. Hier wurden die Daten aus dem Sendefenster abgesendet, und deren Empfang wurde noch nicht bestätigt. Bevor einige Segmente quittiert werden, darf der Sender keine weiteren Segmente senden. Nach dem Eintreffen der Quittung für das Segment mit Sequenznummer 1 verschiebt sich das Sendefenster um eine Position nach rechts. Das Segment mit der Sequenznummer 5 darf nun gesendet werden. Anschließend muß der Sendevorgang wiederum bis zum Eintreffen der nächsten Quittung blockiert werden.

4.2.1 TCP Sliding-Window-Prinzip

Beim Protokoll TCP wird eine modifizierte Version des *Sliding-Window-Prinzips* verwendet. Diese Modifikation besteht darin, daß die Window-Größe in Bytes (und nicht in der Anzahl der Segmente) angegeben wird.

Damit legt die Window-Größe die maximale Anzahl von Bytes fest, die die Sendeseite absenden darf, ohne auf eine Quittung vom Ziel warten zu müssen. Die Interpretation von Window beim Protokoll TCP illustriert Abbildung 4.2-2.

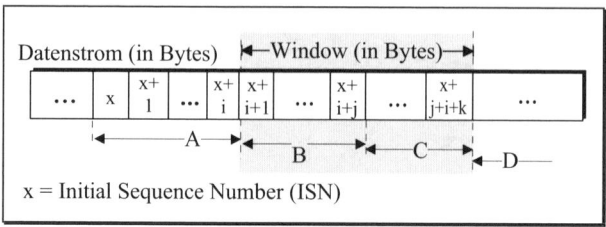

Abbildung 4.2-2:   Interpretation von Window beim Protokoll TCP

Mit dem Parameter *Window* wird ein Bereich von Nummern markiert, die den zu sendenden Datenbytes zuzuordnen sind. Dieser Bereich kann als Sendefenster gesehen werden. Es sind vier Bereiche *A*, *B*, *C* und *D* im Strom von Datenbytes zu unterscheiden:

- *A*: i Datenbytes, die abgesendet und bereits vom Zielrechner positiv quittiert wurden.

- *B*: j Datenbytes, die abgesendet und vom Zielrechner noch nicht quittiert wurden.

- *C*: k Datenbytes, die noch abgesendet werden dürfen, ohne auf eine Quittung warten zu müssen.

- *D*: Datenbytes außerhalb des Sendefensters. Diese Datenbytes dürfen erst dann abgesendet werden, wenn der Empfang von einigen vorher abgeschickten Daten bestätigt wird.

Fehlerfreie Datenüber-mittlung Im folgenden wird der Datenaustausch nach dem Protokoll TCP verdeutlicht und damit auch das Sliding-Window-Prinzip näher erläutert. Abbildung 4.2-3 zeigt ein Beispiel für eine fehlerfreie Datenübermittlung.

Die hier dargestellten einzelnen Ereignisse sind wie folgt zu interpretieren:

1: Das erste TCP-Segment von Rechner *A* zu Rechner *B* mit der Sequenznummer SEQ = m. Dieses Segment enthält die ersten 500 Datenbytes. Die *SEQ* = m verweist darauf, daß den einzelnen übertragenen Datenbytes die Nummern m, m+1, ..., m+499 zuzuordnen sind.

2: Von Rechner *B* wird mit einem TCP-Segment, in dem 200 Datenbytes enthalten sind und das ACK-Flag gesetzt wurde, bestätigt, daß das erste Datensegment von Rechner *A* fehlerfrei aufgenommen wurde und das nächste Datenbyte mit der Nummer m+500 erwartet wird. Die Sequenznummer *SEQ* ist SEQ = n, so daß die Nummern n, n+1, ..., n–199 den hier übertragenen Datenbytes zugeordnet werden sollen.

3: Das zweite TCP-Segment von Rechner *A* zu Rechner *B* mit den nächsten 400 Datenbytes und mit der Sequenznummer *SEQ* = m+500. Somit enthält dieses Segment die Datenbytes mit den Nummern m+500, m+501, ..., m+899. Damit wurden bereits 900 Datenbytes beim Rechner *A* abgeschickt und vom Ziel-Rechner *B* noch nicht quittiert. Da die Window-Größe in Richtung zum Rechner *B* 1500 Bytes beträgt, können weiter nur noch 1500–900 = 600 Datenbytes abgesendet werden.

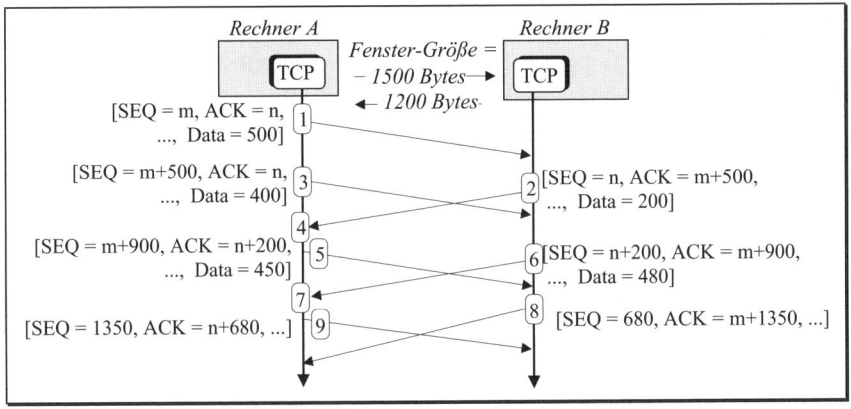

Abbildung 4.2-3:   Beispiel für den TCP-Ablauf bei der fehlerfreien Datenübermittlung
SEQ: Sequenznummer, ACK: Quittungsnummer

4: Nach dem Empfang dieses TCP-Segments werden 500 Datenbytes vom Zielrechner *B* positiv quittiert. Somit verschiebt sich das Sendefenster im Rechner *A* um 500. Da der Empfang von 400 Bytes (=> das 2-te Segment) noch nicht bestätigt wurde, können noch 1500–400 = 1100 Datenbytes gesendet werden.

5: Das dritte TCP-Segment von Rechner *A* zu Rechner *B* mit der Sequenznummer SEQ = m+900 und mit 450 Datenbytes. Dieses Segment enthält die Datenbytes mit den Nummern von m+900 bis m+1349. Somit sind bereits 850 Datenbytes abgeschickt, die noch nicht quittiert wurden. Darüber hinaus können nur noch weitere 650 (d.h. 1500–850) Datenbytes abgesendet werden. Mit diesem TCP-Datensegment wird dem Rechner *B* auch mitgeteilt, daß die nächsten Datenbytes ab Nummer n+200 erwartet werden.

6: Rechner *B* quittiert mit einem TCP-Segment, in dem das ACK-Flag gesetzt wird, das dritte Datensegment von Rechner *A* und sendet zu Rechner *A* die nächsten 480 Datenbytes. Diesen Datenbytes sind die Nummern n+200, ..., n+679 zuzuordnen.

7: Nach dem Empfang dieses TCP-Segments werden die an Rechner *A* abgeschickten Datenbytes mit den Nummern m+900–1 positiv quittiert. Damit verschiebt sich in Rechner *A* das Sendefenster entsprechend.

8: Rechner *B* bestätigt mit einem TCP-Segment, in dem das ACK-Flag gesetzt wird, die Datenbytes einschließlich bis zur Nummer m+1350–1. Auf diese Weise wurden alle zu Rechner *B* abgeschickten Daten quittiert. Rechner A kann nun zu Rechner *B* die durch die Window-Größe festgelegte Datenmenge (d.h. 1500 Bytes) unmittelbar weitersenden, ohne vorher auf eine positive Quittung von Rechner *B* warten zu müssen.

9: Rechner *A* quittiert positiv Rechner *B* alle Datenbytes bis zur Nummer n+680–1.

Sende-blockade bei der Datenübermittlung Den Ablauf des Protokolls TCP bei einer fehlerbehafteten Datenübermittlung illustriert Abbildung 4.2-4.

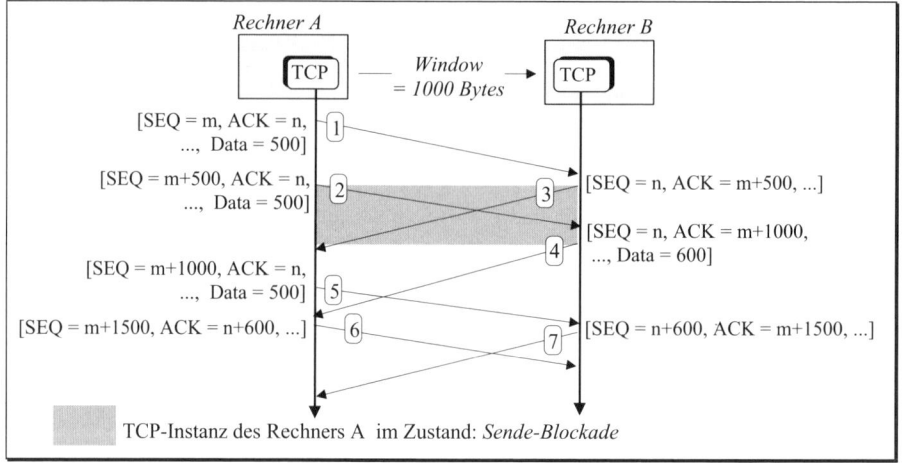

Abbildung 4.2-4:   Beispiel für den TCP-Ablauf bei einer fehlerbehafteten Datenübermittlung

Die einzelnen Ereignisse sind hier folgendermaßen zu interpretieren:

1: Das erste TCP-Segment von Rechner *A* zu Rechner *B* mit der Sequenznummer SEQ = m. Dieses Segment enthält die ersten 500 Datenbytes und die Sequenznummer SEQ = 500 und verweist darauf, daß diesen Datenbytes die Nummern m, m+1, ..., m+499 zuzuordnen sind. Mit der Quittungsnummer ACK = n wird dem Rechner *B* mitgeteilt, daß das nächste Datenbyte mit der Nummer n von ihm erwartet wird.

2: Das zweite TCP-Segment von Rechner *A* zu Rechner *B* mit den nächsten 500 Datenbytes und mit der Sequenznummer SEQ = m+500. Somit enthält dieses Segment die Datenbytes mit den Nummern m+500, ..., m+999. Mit dem Absenden dieser 200 Datenbytes wurden die Nummern zur Vergabe der zu sendenden Datenbytes „verbraucht" (=> Window = 1000 Bytes). Aus diesem Grund muß der Sendeprozeß blockiert werden.

3: Es werden 500 Datenbytes vom Zielrechner *B* positiv quittiert. Damit verschiebt sich das Sendefenster in Rechner *A* um 500, so daß die weiteren 500 Datenbytes gesendet werden dürfen.

4: Rechner *B* sendet 600 Datenbytes und quittiert Rechner *A* alle Datenbytes bis zur Nummer m+1000–1 einschließlich.

5: Das dritte TCP-Segment von Rechner *A* zu Rechner *B* mit den nächsten 500 Datenbytes und mit der Sequenznummer SEQ = m+1000.

6: Rechner *A* quittiert Rechner *A* alle Datenbytes bis einschließlich Nummer n+600–1.

7: Rechner *B* quittiert Rechner *A* alle Datenbytes bis einschließlich Nummer m+1500–1.

Da IP zu den ungesicherten Protokollen gehört, muß TCP über Mechanismen verfügen, die in der Lage sind, mögliche Fehler (z.B. Verlust von IP-Paketen, Verfälschung der Reihenfolge usw.) zu erkennen und zu beheben. Der Mechanismus der Fehlerkorrektur von TCP ist einfach: Wenn für ein abgesendetes Datensegment nicht innerhalb eines bestimmten Zeitraums eine Bestätigung eingeht, wird die Übertragung des Segments wiederholt. Im Unterschied zu anderen Methoden zur Fehlerkontrolle kann hier der Empfänger zu keinem Zeitpunkt eine wiederholte Übertragung erzwingen. Dies liegt zum Teil daran, daß kein Verfahren vorhanden ist, um negativ zu quittieren, so daß keine wiederholte Übertragung von einzelnen Segmenten direkt veranlaßt werden kann. Der Empfänger muß einfach abwarten, bis das von vornherein festgelegte Zeitlimit (*Maximum Segment Lifetime MSL*) auf der Sendeseite abgelaufen ist und infolgedessen bestimmte Daten nochmals übertragen werden. *Fehlerbehaftete Datenübermittlung*

Das Prinzip der Fehlerkorrektur beim Protokoll TCP demonstriert Abbildung 4.2-5. Um die Darstellung zu vereinfachen, wurden hier nur jene Angaben gezeigt, die nötig sind, um das Prinzip der Fehlerkontrolle während der Datenübermittlung zu erläutern. *TCP Fehlerkorrektur*

Wie hier ersichtlich ist, wird der MSL-Timer nach dem Absenden jedes TCP-Segments neu gestartet. Mit diesem Timer wird eine maximale Wartezeit (*Time Out*) auf die Quittung angegeben. Kommt innerhalb dieser festgelegten maximalen Wartezeit keine Quittung an, wird die Übertragung des betreffenden Segments wiederholt. Darin besteht das eigentliche Prinzip der Fehlerkontrolle beim Protokoll TCP.

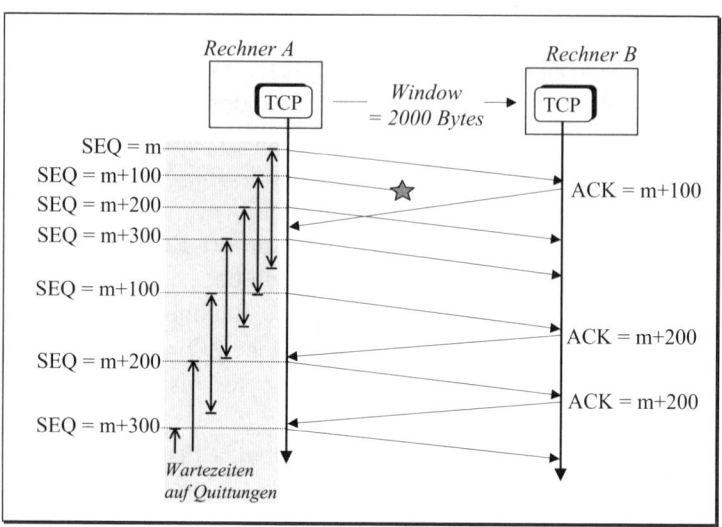

Abbildung 4.2-5:   Prinzip der Fehlerkorrektur beim TCP
ACK: Quittungsnummer, SEQ: Sequenznummer

Das Segment mit der Sequenznummer m+100 hat den Empfänger nicht erreicht, obwohl die später abgeschickten Segmente (mit den Sequenznummern m+200 und m+300) dort ankamen. Die TCP-Instanz im Rechner B sendet somit keine Bestätigung für den Empfang des Segments mit der Sequenznummer m+200, da die Datenbytes mit den Nummern m+100, ..., m+199 noch nicht empfangen wurden. Das nächste Segment mit SEQ = 300 wird ebenfalls nicht bestätigt. Dies hat zur Folge, daß das Zeitlimit für die Übertragung des Segments mit der Sequenznummer x+100 abläuft und dieses Segment infolgedessen erneut übertragen wird.

Bestätigung Die TCP-Segmente werden von der Empfangsseite nur dann bestätigt, wenn ihre Reihenfolge vollständig ist. Somit kann die Situation eintreten, daß eine Reihe von TCP-Segmenten (sofern die Window-Größe dies zuläßt) sogar dann wiederholt übertragen werden müssen, wenn sie bereits fehlerfrei beim Zielrechner ankamen. Wie dem Beispiel in Abbildung 4.2-5 zu entnehmen ist, betrifft dies die Segmente mit den Sequenznummern m+200 und m+300, die in diesem Fall nochmals zu übertragen sind.

Round Trip Die maximale Wartezeit auf die Quittung ist ein wichtiger Parameter des *Time* Protokolls TCP. Er hängt von der zu erwartenden Verzögerung im Netz ab. Die Verzögerung im Netz kann durch die Messung der Zeit, die bei der Hin-

und Rückübertragung zwischen dem Quell- und Zielrechner auftritt, festgelegt werden. In der Literatur wird diese Zeit als *Round Trip Time (RTT)* bezeichnet. In Weitverkehrsnetzen, in denen die Satellitenverbindungen eingesetzt werden, kann es einige Sekunden dauern, bis eine Bestätigung ankommt. Es ist schwierig, die Verzögerungsrate eines Netzes im vorhinein zu wissen.

Im Laufe einer Verbindung können zudem durch Netzbelastung bedingte Schwankungen von RTT auftreten. Daher ist es nicht möglich, einen festen Wert für die maximale Wartezeit auf die Quittung einzustellen. Wenn ein zu kleiner Wert gewählt wurde, läuft die Wartezeit ab, bevor eine Quittung eingehen kann. Infolgedessen wird das Segment unnötig erneut gesendet. Wird ein zu hoher Wert gewählt, hat dies lange Verzögerungspausen zur Folge, da die gesetzte Zeitspanne abgewartet werden muß, bevor eine Übertragungsüberholung stattfinden kann. Der Verlust eines Segments kann in diesem Fall den Datendurchsatz erheblich senken.

4.2.2 Implementierungsaspekte von TCP

Das TCP-Protokoll wurde in der Vergangenheit den sich ändernden Gegebenheiten der Netze (LANs und WANs) angepaßt. Dies betrifft nicht die Protokollparameter, die über die Jahre unverändert geblieben sind, sondern vielmehr die Implementierung der Algorithmen in den TCP-Instanzen, d.h. den sog. TCP-Stack als Bestandteil der Kommunikations-Software in Betriebssystemen und Routern. Ziel ist es, den TCP-Stack so zu optimieren, daß er unter den heute gegebenen Netzen und Anwendungen eine maximale Performance und eine hohe Übertragungssicherheit gewährleistet (=> RFC 1323, 2001, 2018).

Zuvor wollen wir jedoch einige klassische TCP-Problemfälle betrachten (=> RFC 1122):

Klassische TCP-Algorithmen

- *Nagle Algorithmus*
  Der *Nagle Algorithmus* nimmt Bezug auf das Problem, daß die TCP-Instanz auf Anforderung der Anwendungsschicht sehr kleine Segmente sendet. Zur Reduzierung der Netzlast und damit zur Verbesserung des Durchsatzes sollten die pro Verbindung von der Anwendungsschicht ankommenden Daten möglichst konkatiniert, d.h. in einem Segment zusammen gesendet werden. Dies hat nicht nur zur Folge, daß auf diese Weise der Protokoll-Overhead verringert wird, sondern daß die TCP-Empfänger-Instanz nicht jedes (kleine) Segment per ACK bestätigen muß, was wiederum Auswirkungen auf die Gesamtlaufzeit hat.

  In den Nagle Algorithmus gehen vier Faktoren ein:

- Die *TCP-Haltezeit* für das Zusammenführen von Applikationsdaten in Segmente.
- Der verfügbare *TCP-Pufferbereich* für Applikationsdaten.
- Die *Verzögerungszeiten* im unterliegenden Netz (z.B. LAN oder WAN) => *Round Trip Time*.
- Der *Applikationstyp*.
  In diesem Zusammenhang sind die „interaktiven" Protokolle wie TELNET, RLOGIN, HTTP und speziell auch X-Windows besonders kritisch, da hier z.T. jedes einzelne Zeichen (Tasteneingabe bzw. Mausklick) für die Bildschirmanzeige geechot wird.

- *Silly Window Syndrome*
  Das *Silly Window Syndrome* (*SWS*) kennzeichnet den Zustand, wenn ein TCP-Empfänger sukzessive mit der Erhöhung des zunächst kleinen internen TCP-Puffers dies der sendenden TCP-Instanz durch ein weiteres ACK-Segment mit der neuen *Windowsize* umgehend mitteilt. Hierdurch kann es bei der Übertragung großer Datenmengen vorkommen, daß sich Sender und Empfänger hinsichtlich der *Windowsize* nicht mehr vernünftig abstimmen und der Sender nur noch sehr kleine Datensegmente übermittelt. Dieser Fehler im Fenstermanagement ist dadurch zu vermeiden, daß der Empfänger mit der Sendung des ACK wartet, bis er hinlänglich TCP-Puffer allokieren kann.
  Es ist zu beachten, daß dies ein zum *Nagle Algorithmus* komplementärer Effekt ist.

- *Zero Window Probe*
  Ist eine TCP-Verbindung etabliert (=> 4.1-3), kann eine TCP-Instanz der anderen durch Setzen der Windowsize auf 0 mitteilen, daß es seinen TCP-Empfangspuffer auf null reduziert hat. Dies kann z.B. eine Folge davon sein, daß die TCP-Instanz die bereits anstehenden Daten nicht mehr an die Applikation weiterreichen kann, was typischerweise der Fall ist, wenn sich in einem Netzwerk-Drucker kein Papier mehr befindet. In Anschluß daran ist es nach Ablauf des *Timeouts* Aufgabe des Senders, mit einer *Zero Window Probe* festzustellen, ob der Empfänger wieder aufnahmebereit ist. Hintergrund hierfür ist, daß ACK-Segmente ohne Daten nicht verläßlich übertragen werden. Sollte der Empfänger hierauf nicht antworten, wird der *Retransmission-Algorithmus* in Gang gesetzt.

- *TCP Keep-Alives*
  TCP verzichtet in der Regel auf ein sog. *Keep-Alive Verfahren*, ohne ein solches jedoch ausdrücklich auszuschließen. TCP-Keep-Alive-Informationen werden in ACK-Segmenten mit einem bedeutungsfreien Daten-

byte oder völlig ohne Daten eingeschlossen. Sie dürfen aber nur versendet werden, wenn keine anderen regulären Daten zwischen den TCP-
Instanzen ausgetauscht werden. Entscheidend ist, daß die generierte Se-
quenz-Nummer (=> Abbildung 4.2-2) dem obersten Wert des Sendefensters abzüglich einem Byte entspricht. Dieser Wert liegt außerhalb des
ausgehandelten Sendefensters, was den TCP-Partner veranlaßt, mit einem ACK zu antworten.

Das Einsatzgebiet von TCP hat sich mit der Erweiterung des Internets und
den Entwicklungen der lokalen Netze stark erweitert. Folgende Aspekte
spielen dabei eine zentrale Rolle:

- Schnelle, d.h. durchsatzstarke und latenzzeitarme LANs, wie z.B. Gi-
  gabit-Ethernet bzw. geswitchte Fast-Ethernet Netze.

- Ausgedehnte, große Netzstrukturen (WAN) mit unterschiedlichen Trägernetzen wie ATM oder Frame-Relay mit z.T. signifikanten Verzögerungszeiten bei der Übertragung sog. *Long Fat Networks* (*LFN*).

- Zu übertragende Datenvolumen, die im Bereich von Gigabyte liegen,
  d.h. außerhalb den Bereich der einfach-adressierbaren TCP-Sequenz-
  nummern überschreiten.

Eine konzeptionelle Eigenheit von TCP besteht darin, auch ohne positives *Round Trip*
ACK nach einer gewissen Zeit (dem Timeout) die Daten erneut zu versen- *Time Measu-*
den. Hierzu bedient sich TCP einer Abschätzung der sog. *Round Trip Time* *rement*
(*RTT*). Diese Abschätzung sollte möglichst präzise erfolgen, da dies speziell
für die oben bezeichneten LFNs den maximalen Durchsatz bestimmt. Drei
unterschiedliche Methoden sind sowohl in Endstationen wie in Routern
gebräuchlich:

- *Originalimplementierung*
  Sieht vor, die RTT für jedes einzelnen TCP-Paket zu ermitteln und hieraus ein gewichtetes Mittel rekursiv berechnen:

  $$RTT_{Eest} = a * RTT_{Est} + (1-a) * RTT_{Samp}$$

  Hierbei stellt RTT_{Samp} den für den ACK gemessenen Wert für RTT dar.
  Da am Anfang RTT_{Est} nicht bestimmt ist, wird $RTT_{Est} = 2s$ angenommen.
  Hieraus ergibt sich auch eine Abschätzung für den *Timeout*:

  $$Timeout = b * RTT_{Est}$$

  Für die Parameter wird üblicherweise $a = 0,9$ und für $b = 2$ angenommen.
  Problematisch an diesem Ansatz ist, daß sich einerseits ein „verlorenge-

gangenes" Paket in einer Unterschätzung des RTT auswirkt und damit andererseits keine Korrelation mit den ACKs des Empfängers gegeben ist (=> Abbildung 4.2-6).

- *Karn/Partridge-Implementierung*
  Umgeht die letzte Einschränkung, da erst das ACK den Datenempfang bestätigt, wobei wiederholte TCP-Pakete nicht in den Algorithmus einbezogen werden. Zudem wird die Timeout-Zeit nach jedem Empfang angehoben:

  Timeout = 2 * Timeout

- *Jacobsen/Karel-Implementierung*
  Verfeinert den Karn/Partridge-Algorithmus durch Einbeziehen der Varianz in RTT_{Samp}, d.h. den Schwankungen dieser Werte:

  $$\delta(RTT) = RTT_{Samp} - RTT_{Est}$$
  $$RTT_{Est} = RTT_{Est} + g_0 * \delta(RTT)$$

  Hierbei beträgt der Wert $g_0 = 0,125$. Auch wird die Berechnung des Timeouts angepaßt. Zunächst wird eine Hilfsgröße definiert:

  Abweichung = Abweichung + g_1 * $\delta(RTT)$

  mit $g_1 = 0,25$. Somit wird der neue Timeout berechnet nach:

  Timeout = p * RTT_{Est} + q * Abweichung

  wobei für *p* und *q* die Erfahrungswerte *p = 1* und *q = 4* gewählt sind.

Congestion Control Das Erkennen und Beheben möglicher Durchsatzprobleme (*Congestion*) beinhaltet mehrere Aspekte, die den Aufbau der Verbindung, ihre Unterhaltung und die Reaktion auf Fehler betreffen: *Slow Start, Congestion Avoidance, Fast Retransmit/Fast Recovery* sowie *Selective Acknowledgements (SACK)*.

- *TCP Slow Start*
  sagt aus, daß eine TCP-Instanz die Datenübermittlung von TCP-Segmenten mit einem kleinen sog. *Congestion Window cwnd* beginnt, i.d.R. *cwnd = 1 Segment* (Defaultwert: 536 Byte, => RFC 1122). Anschließend wird *cwnd* mit jedem empfangenen ACK-Segment exponentiell vergrößert, d.h. *cwnd = cwnd * cwnd* und die Anzahl der übertragenen TCP-Segmente entsprechend erhöht, bis der Empfänger bzw. ein zwischengeschalteter Router Paketverluste signalisiert. Dies teilt dem Sender mit, daß er die Kapazität des Netzwerks bzw. des Empfängers überschritten hat, was eine Reduktion von *cwnd* zur Folge hat.

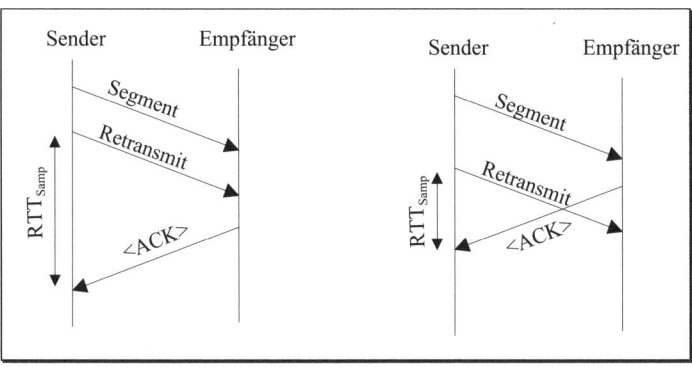

Abbildung 4.2-6:   Abschätzung von RTT nach
a) original TCP-Implementierung
b) Karn/Partridge-Algorithmus

- *Congestion Avoidance*
  geht von der Annahme aus, daß Datenpakete in heutigen Netzen kaum mehr verlorengehen, sondern im Falle von *Timeouts* und doppelt empfangener ACKs (sog. *dACKs*) eine Überlast im Netzwerk aufgetreten ist. Eine TCP-Instanz kann dem vorbeugen, indem sie neben der Congestion Window *cwnd* eine Variable *Slow Start Threshold ssthresh* nach folgendem Schema nutzt:

  1. Initialisierung:
  $cwnd = 1$ *Segment, ssthresh = max. Windowsize (64 kByte)*
  2. Maximale zu sendende Datenmenge:
  min (cwnd, advWin)
  3. Beim Empfang von *dACKs* wird *ssthresh* neu berechnet:
  $ssthresh = max\ (2,\ min(cwnd/2, advWin))$
  Falls Timeouts registriert werden, gilt:
  $cwnd = 1$
  4. Beim Empfang neuer ACKs
  wird *cwnd* nach Slow Start oder nach Congestion Avoidance wieder erhöht.

- *Fast Retransmit/Fast Recovery*
  geht davon aus, daß mehrere empfangene *dACKs* den Verlust lediglich *eines* TCP-Segment bedeuten, welches neu gesendet werden muß. Falls die Anzahl der *dACKs* einen Schwellwert überschreitet (z.B. 3 *dACKs*), tritt ein *Fast Retransmit* in Kraft, indem nicht der TCP-Timeout abgewartet wird, sondern sofort das letzte Segment zu wiederholen ist. Im Anschluß geht die TCP-Instanz in ein *Fast Recovery* über, was auf

der Annahme basiert, daß ein (noch) anhaltender Datenfluß vorliegt. Es wird die *Congestion Avoidance* statt des *Slow Starts* eingesetzt.

- *Selective Acknowledgement*
  Mit dem in RFC 2018 vorgestellten *Selective Acknowledgement (SACK)*-Verfahren wird dem Problem begegnet, daß mit hoher Wahrscheinlichkeit beim Registrieren von kumulativen *dACKs* nur ein Paket neu übertragen werden muß. Der *Fast Retransmit* würde hingegen mehrere u.U. fehlerfrei – aber mit Verzögerung – empfangene TCP-Segmente wiederholen. Um dieser Situation zu entgehen, muß der Empfänger dem Sender in einem ACK-Segment den Beginn und das Ende derjenigen Datenblökke mitteilen, die er als letzte zusammenhängend in seinem Empfangsfenster (Datenpuffer) verarbeitet hat.
  Die SACK-Option erweitert das Optionsfeld um bis zu maximal 40 Bytes. In Abbildung 4.2-7 ist dargestellt, daß höchstens 4 Blöcke gebildet werden können, in denen Informationen über vier unterschiedliche Pufferbereiche einfließen. Wird zusätzlich die *Timestamp* Option eingesetzt, sind lediglich 3 Blöcke möglich.

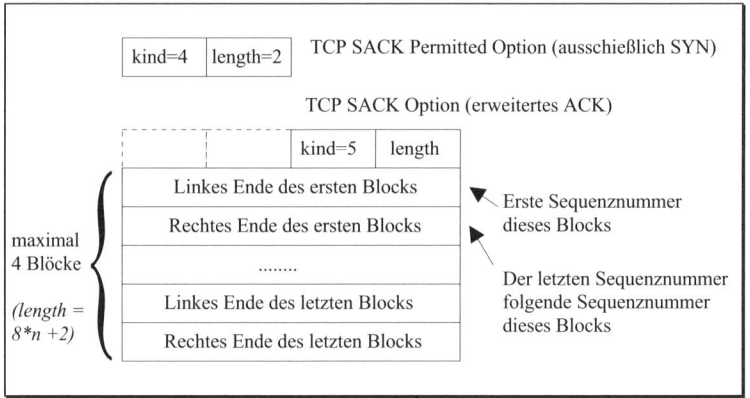

Abbildung 4.2-7:   Aufbau des SACK-Optionsfelds:
a) für SYN-Segmente beim Aushandeln der Option
b) bei der Übermittlung fehlerhafter oder fehlender Daten in ACK-Segmenten

- *Protection Against Wrapped Sequence Number*
  Ein Problem, das bei der Übertragung großer Datenmengen auftritt, ist der Überlauf des Sequenzzählers SEQ (Sequence Number) für die TCP-Segmente. Wie in Abbildung 4.1-2 dargestellt, ist SEQ ein 32-Bit-Wert, mit dem TCP-Segmente von maximal 4 GByte adressieren kann. Ist die Datenmenge größer, muß der Zähler neu von 1 initialisiert werden. Wie

soll die TCP-Instanz entscheiden, ob ein evtl. verlorengegangenes und zu wiederholendes TCP-Segment aus der aktuellen „Runde" oder aus einer früheren stammt? Die Lösung hierfür ist die in Abschnitt 4.1.1 vorgestellte Timestamp-Option. Zusätzlich zu SEQ enthält das TCP-Segment eine monotone steigende 4 Byte große Zeitinformation vom Kommunikationspartner, dessen jeweils aktueller Wert zu speichern ist. Ist das Zeitintervall eines „Uhrtick" nun 1 ms, reicht dies aus, die Datenübertragung über nahezu 25 Tage zu monitoren. Durch den Vergleich des Timestamps eines alten und evtl. wiederholten Segments mit der aktuell entgegen genommenen Zeitmarke, kann ersteres getrost verworfen werden.

4.2.3 Transaction TCP T/TCP

Eine Weiterentwicklung und Ergänzung von TCP liegt (=> RFC 1644) in Form des Protokolls Transaction TCP (T/TCP) vor. Wie wir bereits dargestellt haben, arbeitet TCP symmetrisch zwischen den Kommunikationspartnern und stellt den Anwendungen eine virtuelle Verbindung zur Verfügung. Viele Anwendungen – wie z.B. das in Abschnitt 2.3.4 dargestellte HTTP – besitzen jedoch einen asymmetrischen Kommunikationsablauf: auf einen Request (kleine Anfrage) erfolgt ein Response (umfangreiche Antwort). Dieses Frage/Antwort-Schema soll als Transaktion bezeichnet werden.

Eine virtuelle TCP-Verbindung ist durch die Phasen Verbindungsaufbau (*Three Way Handshake,* 3WHS), Datentransfer und Verbindungsabbau gekennzeichnet. Dies stellt einen erheblichen Protokolloverhead dar. Wie schon bei der Vorstellung von HTTP diskutiert, sind zwei Szenarien möglich: *Transaktionen*

1. Die Requests werden von der TCP-Instanz als unabhängig betrachtet, d.h. es wird jeweils eine neue TCP-Verbindung auf- und abgebaut. Dies entspricht dem Verhalten von HTTP 1.0.
2. Die Applikation nutzt eine persistente TCP-Verbindung, d.h. in einem Kommando-Streaming-Modus werden mehrere Antworten/Anfragen über eine bestehende TCP-Verbindung abgewickelt, vgl. von HTTP 1.1.

Beide Verfahren sind nicht optimal. Im ersten Fall treten für jeden Request Verzögerungen aufgrund des 3WHS auf. Die sequentielle Abarbeitung der Anfragen und Antworten wird der TCP-Instanz aufgebürdet, indem sie jeweils eine neue virtuelle Verbindung aufbaut. Hierdurch werden entsprechend viele TCP-Puffer (Transmission Control Blocks TCB) verbraucht, die *Transmission Control Blocks* im Fall des Verbindungsabbaus unter Umständen sehr lange im Time-Wait-Zustand hängen.

Im zweiten Fall ist es Aufgabe der Server-Applikation, zu entscheiden, ob ein verzögert einlaufender Request eine wirkliche Neuanfrage ist – die es erneut zu bearbeiten gilt – oder ob es sich lediglich um die Wiederholung eines TCP-Segments handelt (*duplicate request*), der noch über den Cache der TCBs bedient werden kann.

T/TCP-
Erweite-
rungen

T/TCP bietet für die effiziente Abwicklung von Transaktionsprozessen zwei TCP-Erweiterungen:

- Einführung eines *Connection Counts CC*, d.h. eines unabhängigen Transaktionszählers für jeden Request bzw. Response, der als Option in jedem TCP-Segment mitgegeben wird. Dieser Transaktionszähler wird bei jedem TCP-Open vom Sender monoton hochgezählt.

- Nutzung des *TCP Accelerated Open* (*TAO*), d.h. der Möglichkeit, den 3WHS zu umgehen, indem die Partner als Bestandteil des TCB den letzten Wert des empfangenen und gesendeten CC mitführen. Beim Empfang eines initialen <SYN>-Segments mit einem CC-Wert höher als dem im Cache befindlichen, geht die Empfänger-TCP-Instanz sofort in die Datentransferphase, da sie sicher sein kann, daß der TCP-Sender sich auf die vorige Transaktion bezieht. Sollte dies nicht der Fall sein, unternimmt der TCP-Empfänger den normalen Three Way Handshake.

Zur Synchronisation des CC-Zählers zwischen Empfänger und Sender werden die zusätzlichen TCP-Optionen (=> Tabelle 4.1-1) *CC.NEW* sowie *CC.ECHO* eingesetzt. Mit der gesetzten CC.NEW-Option im TCP-Segment fordert der Sender den Empfänger auf, mit dem normalen Three Way Handshake zu beginnen, dabei jedoch den in seinem Cache befindlichen Wert von CC durch CC.NEW zu überschreiben. Dies kann z.B. notwendig sein, wenn das 32-Bit-Wertefeld überschritten wurde. Die Option CC.ECHO wird hingegen vom Sender in einem <SYN,ACK>-Segment genutzt, um somit die CC-Werte zwischen beiden T/TCP-Instanzen zu validieren.

T/TCP stützt sich hierbei auf ein kompliziertes Zustandsdiagramm, das neben den in Abbildung 4.1-3 gezeigten noch spezielle TAO-Zustände kennt, die mit dem Empfang bzw. dem Senden der CC-Optionen verknüpft sind. Im besonderen unterscheiden sich die Zustände TAO-Syn-Sent und TAO-Syn-Received von dem des TCP, da ein zusätzliches FIN-Bit im TCP-Segment gesetzt sein muß.

TAO-
Mechanismus

Abbildung 4.2-8a demonstriert den TAO-Mechanismus unter der Voraussetzung, daß der T/TCP-Empfänger (d.h. der Server) den CC-Wert des Senders noch im Cache hat. In Abbildung 4-2.8b wird schließlich eine einfache

Transaktion gezeigt. Hierbei ist zu beachten, daß die Empfänger-T/TCP-Instanz bereits nach dem einlaufenden ersten TCP-Segment mit gesetztem FIN-Bit in den Zustand Close-Wait geht, dies über das ausgesendete Segment quittiert und unmittelbar nach Empfang des <ACK,CC>-Segments den Port schließt.

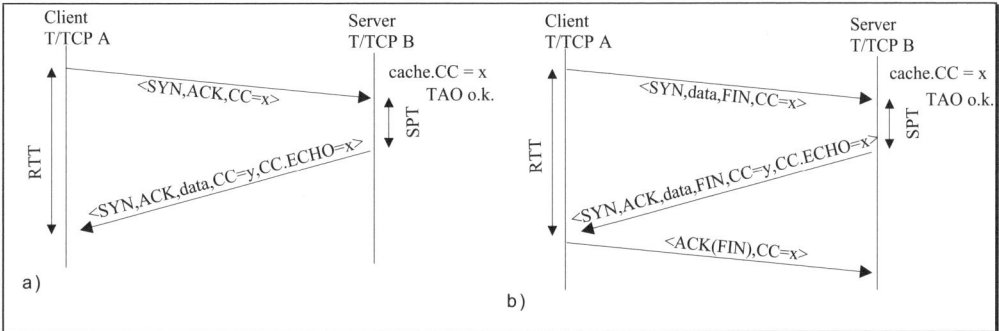

Abbildung 4.2-8:   T/TCP-Mechanismus:
a) TAO-Verfahren mit initaler CC-Nummer x
b) einfaches Transaktionsmuster mit initialem FIN-Bit im TCP-Segment
RTT: TCP Round Trip Time, SPT: Server Processing Time

4.3   Aufbau und Arbeitsweise von UDP

Bei *UDP (User Datagram Protocol)* handelt es sich um den einfachsten verbindungslosen Dienst, der auf IP aufsetzt. Durch UDP können Anwendungen Datagramme (selbständige Datenblöcke) senden und empfangen. UDP bietet – ähnlich dem IP – keine gesicherte Übertragung und keine Flußkontrolle. Ob die IP-Pakete auch wirklich beim Empfänger landen, ist nicht sichergestellt. UDP ist wie TCP der Schicht 4 zugeordnet, was für einen Anwenderprozeß bedeutet, daß er entweder mit TCP oder UDP Daten empfangen bzw. senden kann.

Den Aufbau von UDP-Paketen zeigt Abbildung 4.3-1. Der IP-Header und Teile des UDP-Header werden auch häufig zusammengefaßt und als UDP *Pseudo-Header* bezeichnet. Im Gegensatz zum TCP erfordert das UPD-Protokoll (=> RFC 768) nicht notwendigerweise die Berechnung einer Prüfsumme; auch wenn dies aktuelle UDP-Implementierungen in der Regel leisten.

UDP- Die Bedeutung von UDP liegt in seinem Transportdienst für andere wichtige
Aufgaben Internet-Protokolle. Hierzu zählen u.a.:

- Trivial File Transfer Protocol (TFTP),
- Remote Procedure Calls (RPC),
- Network File System (NFS),
- Domain Name Services (DNS),
- Simple Network Management Protocol (SNMP),
- BOOT Protocol,
- Lightweight Directroy Access Protocol (LDAP),
- TIME und DAYTIME Nachrichten sowie
- das Versenden von Broadcast-Nachrichten.

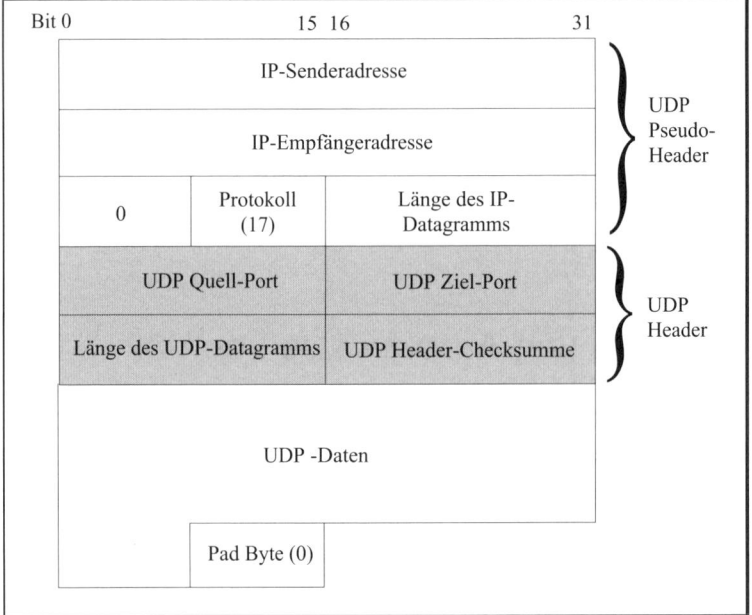

Abbildung 4.3-1:   Aufbau von UDP-Paketen

5 Dynamische Vergabe und Ermittlung von IP-Adressen

Durch die Vergabe von IP-Adressen können Rechner in IP-Netzen und speziell im Internet angesprochen werden. Im intuitiven Umgang sind IP-Adressen jedoch nicht „sprechend" genug. Es ist sinnvoll, statt einer IP-Adresse einen Rechner über seinen Namen zu adressieren. Dies kann im Prinzip durch eine statische Tabelle – die Host-Datei – erfolgen; sobald aber eine Vielzahl Rechner in entfernten IP-Netzen, d.h. speziell im Internet, erreicht werden sollen, wird die Pflege der Host-Dateien schnell unhandlich.

Um das Problem der dynamischen Namensauflösung im Internet zu lösen, wurde das *Domain Name System* (*DNS*) geschaffen. Das Domain Name System stellt eine verteilte Datenbank dar, die im Grunde genommen mit ihrem Informationsgehalt das Internet abbildet. Aufbau und Arbeitsweise des DNS ist Inhalt des Abschnitts 5.2.

Entsprechend der Bedeutung des DNS für das Internet hat sich die Vergabe dynamischer IP-Adressen im Intranet entwickelt. Über das *Dynamic Host Configuration Protocol* (*DHCP*) kann eine dynamische und konsistente Vergabe von IP-Adressen und anderen wichtigen IP-Informationen für Rechner im Intranet erreicht werden. Dies wird im folgenden Abschnitt erläutert.

5.1 Protokoll DHCP

Um die Rechner (wie z.B. PCs) ohne Festplatte als Endsysteme in TCP/IP-Netzen zu starten und automatisch zu konfigurieren, wurde das Protokoll BOOTP (*BOOT Protocol*) entwickelt (=> RFC 1532). Ein Rechner ohne Festplatte ist normalerweise nicht in der Lage, seine IP-Adresse, die benötigten Programme seines Betriebssystems oder den TCP/IP-Programmcode in ausgeschaltetem Zustand zu speichern. Das Protokoll *BOOTP* soll solche Rechner in die Lage versetzen, alle für den Betrieb am TCP/IP-Netz benötigten Informationen von einem BOOTP-Server abzurufen. Dabei handelt es sich um einen einen Rechner im Netz, der auf eingehende BOOTP-Anforderungen ständig wartet und die Antworten auf die Anforderungen erzeugt. Da heutzutage Rechner ohne Festplatte am Netz nur selten sind, hat das Protokoll BOOTP an Bedeutung verloren.

DHCP statt BOOTP Das Protokoll *DHCP* (*Dynamic Host Configuration Protocol*) kann als eine neue und erweiterte Generation des Protokolls BOOTP gesehen werden. Mit Hilfe des Protokolls DHCP ist es möglich, die IP-Adressen und anderen zusätzliche Konfigurationsparameter jenen Rechnern automatisch zuzuweisen, die für die Nutzung von DHCP konfiguriert sind. In diesen Rechnern muß das Protokoll DHCP implementiert werden, weswegen sie zwangsläufig über eine Festplatte verfügen. Mit Hilfe des Protokolls DHCP ist es somit möglich, sämtliche TCP/IP-Konfigurationsparameter zentral zu verwalten und zu warten. Insofern besteht auch die Möglichkeit die Endsysteme in TCP/IP-Netzen nach dem Prinzip *Plug and Play* zu installieren.

Statische Rechner-konfiguration Jeder einzelne Rechner in einem Netz muß sowohl über einen eindeutigen Namen als auch eine eindeutige IP-Adresse verfügen, um mit anderen Rechnern kommunizieren zu können. Die IP-Adressen können dem Rechner entweder manuell oder automatisch zugewiesen werden. Bei der manuellen Zuweisung handelt es sich um sogenannte *statische IP-Adressen*, die ein Administrator manuell konfigurieren und bei Bedarf neu zuordnen muß. Bei der dynamischen Zuweisung wird einem Rechner automatisch eine IP-Adresse zugewiesen, wenn er eingeschaltet wird. In diesem Fall spricht man von *dynamischen IP-Adressen*.

Durch den Einsatz des Protokolls DHCP lassen sich vor allem jene Probleme beseitigen, die mit dem manuellen Konfigurieren von IP-Adressen verbunden sind. Die erste Version des Protokolls DHCP wurde Ende 1993 im RFC 1541 veröffentlicht und als Standard im März 1997 durch den RFC 2131 mit einer neuen DHCP-Version abgelöst. Die neue DHCP-Version erweitert die alte um einige Besonderheiten.

Die Aufgabe des Protokolls DHCP soll in Abbildung 5.1-1a zum Ausdruck kommen.

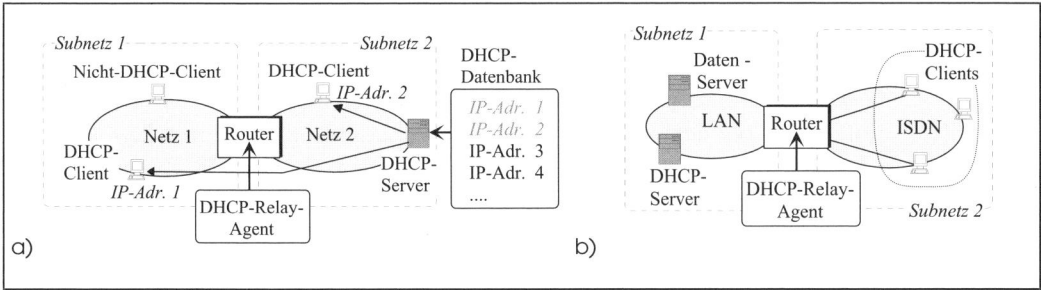

Abbildung 5.1-1:   Protokoll DHCP:
a) Veranschaulichung der Funktion
b) Einsatz beim Remote-Access auf LAN über ISDN

Das Protokoll DHCP funktioniert nach dem Client/Server-Prinzip. Ein *DHCP-Server* ist ein Rechner, in dem sämtliche Konfigurationsparameter für die Rechner (oft nur innerhalb eines Subnetzes) abgespeichert worden sind. Die Rechner, die auf den DHCP-Server zugreifen, um bestimmte Konfigurationsangaben abzufragen, werden als DHCP-Clients bezeichnet. Wenn ein DHCP-Client gestartet wird, fordert er von einem DHCP-Server die Information über dessen Konfigurationsparameter (wie IP-Adresse und Subnet Mask etc.) an. Optional kann der Client auch zusätzliche Angaben wie z.B. die Adressen von Routern (*Default-Gateway*), Domain Name Server (DNS) beim Server abrufen. Diese zusätzlichen Konfigurationsparameter werden als Optionen beim Protokoll DHCP definiert. Die Beschreibung von allen derartigen Optionen enthält das Dokument RFC 1533.

DHCP-Client/Server-Prinzip

Es ist hervorzuheben, daß einige Rechner weiterhin manuell konfiguriert werden können. Oft handelt es sich hierbei um die Rechner mit der Kommunikationssoftware der „alten Generation", so daß das Protokoll DHCP nicht unterstützt werden kann (=> Nicht-DHCP-Client).

Beim DHCP-Protokoll können sogenannte *DHCP-Relay-Agenten* implementiert werden. Ein solcher Agent hat die Aufgabe, DHCP-Nachrichten in andere Subnetze weiterzuleiten, die nicht über einen eigenen DHCP-Server verfügen. Ein Relay-Agent wird entweder in einen IP-Router oder in einen für diesen Zweck konfigurierten Rechner implementiert. Der Einsatz von Relay-Agenten hat den Vorteil, daß nicht für jedes Subnetz ein eigener DHCP-Server zur Verfügung gestellt werden muß. Andererseits besteht die Gefahr, daß beim Ausfall eines DHCP-Servers einige Clients nicht in der Lage sind, am Netzwerkbetrieb teilzunehmen. Es ist deswegen erforderlich, sowohl redundante DHCP-Server als auch redundante DHCP-Relay-Agenten immer einzuplanen. Aus diesen Gründen läßt das Protokoll DHCP

DHCP-Relay-Agenten

mehrere DHCP-Server sowie mehrere -Relay-Agenten zu (=> Abbildung 5.1-3).

DHCP beim Remote-Access Abbildung 5.1-1b illustriert den Einsatz des Protokolls DHCP beim Remote-Access auf ein LAN über das ISDN. Nehmen wir an, daß es sich um ein großes und bundesweit agierendes Versicherungsunternehmen handelt. Die einzelnen Filialen dieses Unternehmens werden über das ISDN an ein zentrales LAN angebunden. Eine Besonderheit dieser Vernetzung besteht einerseits darin, daß die Anzahl der PCs am ISDN sehr groß ist (z.B. über 500) und daß diese PCs nur sporadisch auf den zentralen Server im LAN des Unternehmens zugreifen. Andererseits ist es nicht sinnvoll, einen DHCP-Server am ISDN zu installieren, so daß die Funktion eines DHCP-Relay-Agenten im Router notwendig ist. Dieses Unternehmen verfügt über einen Pool von IP-Adressen der Klasse C. Falls nur zwei Subnetze organisiert werden, d.h. das LAN an der Zentrale als ein Subnetz und die Remote-PCs am ISDN als weiteres Subnetz, so kann die maximale Anzahl von Hosts in jedem Subnetz nur 62 betragen (=> Tabelle 3.4-2). In diesem Fall könnte folgende Lösung in Frage kommen: Die 62 IP-Adressen werden als ein Pool von Adressen im DHCP-Server im LAN für alle Remote-PCs zur Verfügung gestellt und den einzelnen PCs am ISDN nach Bedarf dynamisch zugewiesen. Da die Remote-PCs nur sporadisch auf das LAN zugreifen und die „Belegung" der IP-Adresse nicht lange dauert, kann man davon ausgehen, daß alle PCs (ca. 500) mit den 62 Adressen zufriedenstellend bedient werden.

DHCP Lease Bei der dynamischen Zuweisung wird einem Rechner eine IP-Adresse für einen bestimmten Zeitraum zugeteilt. Dieser Zeitraum wird mit dem englischen Wort *Lease* bezeichnet. Der Rechner kann aber auch von sich aus die Adresse vorher wieder freigeben, wenn er sie selbst nicht mehr benötigt. Der Vorteil besteht darin, daß eine von einem DHCP-Client nicht mehr benötigte IP-Adresse an einen beliebigen anderen DHCP-Client vergeben werden kann.

Wenn beim DHCP-Server eine Anforderung eintrifft, wählt er die IP-Adresse aus einem Pool von IP-Adressen aus und bietet sie dem DHCP-Client an. Falls der Client die angebotene IP-Adresse akzeptiert, wird sie ihm für einen festgelegten Zeitraum (=> *Lease*) zur Verfügung gestellt. Wenn keine IP-Adressen mehr im Pool beim DHCP-Server vorhanden sind, kann einem Client auch keine Adresse zur Verfügung gestellt werden, so daß er nicht initialisiert werden kann.

5.1.1 Aufbau von DHCP-Nachrichten

Zwischen einem DHCP-Client und einem DHCP-Server werden festgelegte DHCP-Nachrichten übermittelt, für die das verbindungslose Protokoll UDP eingesetzt wird. Der DHCP-Client stellt einen Anwendungsprozeß im einem Rechner dar und ist über den Well Known Port 68 zu erreichen. Der DHCP-Server ist ein Anwendungsprozeß in einem dedizierten Rechner und erreichbar über den Well Known Port 67. Wie Abbildung 5.1-2 illustriert, werden diese Port-Nummern im UDP-Header angegeben (vgl. auch Abbildung 4.3-1).

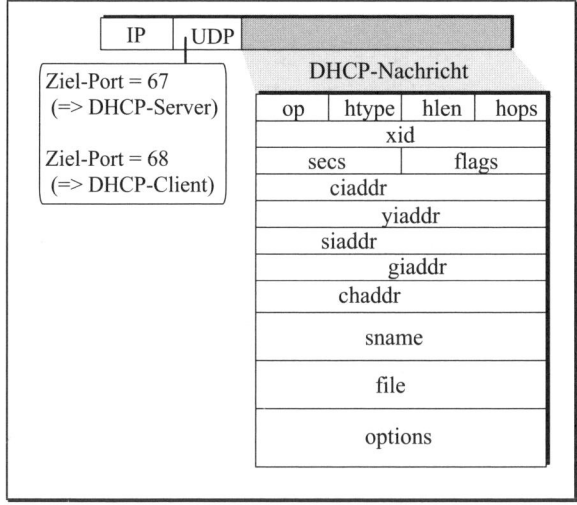

Abbildung 5.1-2:   Struktur von DHCP-Nachrichten

Die folgenden Felder werden in DHCP-Nachrichten verwendet: *DHCP-*
                                                                                       Nachrichten-
- *op* (1 Oktett), Operation: Angabe, ob es sich um eine Anforderung *felder*
  (Request) oder eine Antwort handelt.

- *htype* (1 Oktett): Hier wird der Netztyp gemäß RFC *1340 (Assigned Number)* mitgeteilt (z.B. 6 = IEEE 802.x-LANs).

- *hlen* (1 Oktett): Länge der Hardware-Adresse, d.h. physikalischen Netzadresse (6 für eine MAC- Adresse).

- *hops* (1 Oktett, optional). Hier wird die Anzahl von Routern mit der DHCP-Relay-Funktion auf dem Datenpfad angegeben.

- *xid* (4 Oktette), Transaktions-ID: Dies ist die Identifikation für die Transaktion zwischen dem Client und Server, um den DHCP-Clients im

Server die Antworten zu den richtigen Anforderungen (Requests) zuordnen zu können.

- *secs* (2 Oktette), Sekunden: Wird vom Client ausgefüllt und bedeutet die Zeit in Sekunden, die seit Beginn des Vorgangs abgelaufen ist.
- *flags* (2 Oktette): Das höchstwertige Bit dieses Feldes zeigt an, ob ein Client in der Lage ist, die IP-Pakete zu empfangen. Ist dies der Fall, verfügt der Client noch über eine gültige IP-Adresse. Die restlichen Bits dieses Feldes werden zur Zeit nur auf 0 gesetzt und sind für zukünftige Zwecke reserviert.
- *ciaddr* (4 Oktette), Client-IP-Adresse: Wird vom Client ausgefüllt, falls er eine IP-Adresse besitzt.
- *yiaddr* (4 Oktette), Your-IP-Adresse: Hier wird die IP-Adresse eingetragen, die der Server dem Client zugewiesen hat.
- *siaddr* (4 Oktette), Server-IP-Adresse: Hier wird die IP-Adresse des Servers angegeben (z.B. in der Nachricht DHCP-OFFER), der bei der nächsten Anforderung benutzt werden soll.
- *giaddr* (4 Oktette, optional), IP-Adresse des Gateways bzw. Routers mit der DHCP-Relay-Funktion.
- *chaddr* (16 Oktette), Client-MAC-Adresse.
- *sname* (64 Oktette, optional), Server-Name: Ein Client, der den Namen eines Servers kennt, von dem er Konfigurationsparameter haben will, trägt hier diesen Namen ein und stellt somit sicher, daß nur der angegebene Server auf dessen Anforderung antwortet. Enthält dieses Feld „Alle Bits 0" l, so kann jeder DHCP-Server im Netz antworten.
- *file* (128 Oktette, optional), File-Name: Der File-Name ist ein alphanumerischer String (Zeichenfolge). Diese Angabe ermöglicht einem DHCP-Client, eine bestimmte Datei zu bestimmen, die er vom Server abrufen will. Der Server ist somit in der Lage, die richtige Datei auszuwählen und sie z.B. mittels des Protokolls FTP dem Client zukommen zu lassen.
- *options* (312 Oktette, optional): Zusätzliche bzw. herstellerspezifische Konfigurationsparameter. Dieses Feld enthält sogenannte DHCP-Optionen, die im Dokument RFC 1533 festgelegt werden.

5.1.2 DHCP im Einsatz

Der Einsatz des Protokolls DHCP zur automatischen Konfiguration der IP-Adressen bedeutet, daß der Benutzer eines Rechners keine IP-Adressierungsinformationen mehr von einem Administrator benötigt, um TCP/IP-Parameter zu konfigurieren. Der DHCP-Server stellt allen DHCP-Clients die erforderlichen Konfigurationsinformationen zur Verfügung.

Den Ablauf von DHCP bei der Zuweisung der IP-Adresse zu einem Rechner illustriert Abbildung 5.1-3. Das Protokoll DHCP läßt mehrere DHCP-Server zu. Ein wichtiger Grund dafür ist die Server-Verfügbarkeit (!). Fällt ein Server aus, werden seine Funktionen automatisch durch andere Server übernommen.

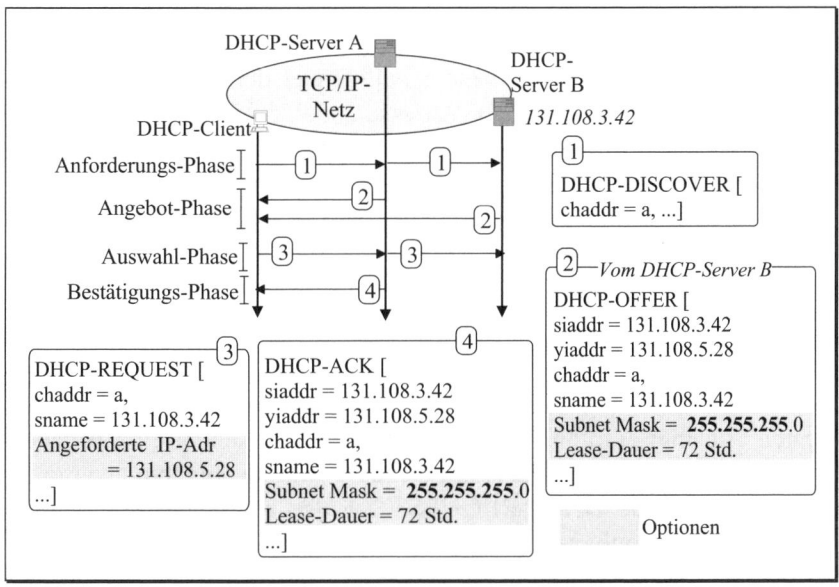

Abbildung 5.1-3:   Phasen bei der Konfiguration eines DHCP-Clients

Wie man sieht, sind vier Phasen nötig, um einem Rechner eine IP-Adresse zuweisen zu können:

DHCP-Phasen

* *Anforderungsphase*
  Der Client sendet die Nachricht DHCP-DISCOVER in einem IP-Broadcast-Paket (Ziel-IP-Adresse = 255.255.255.255) als eine Anforderung, um von einem Server die benötigten IP-Adressierungsinformationen (IP-Adresse, Subnet Mask etc.) zu bekommen. Ein Wert, der unbedingt in dieser Nachricht angegeben werden muß, ist die MAC-Adresse des Clients (im Feld: *chaddr*, => Abbildung 5.1-2).
  Die Client-Anforderung DHCP-DISCOVER als Broadcast wird normalerweise auf das eigene Subnetz eingeschränkt. Diese Client-Anforderung kann aber über eventuell vorhandene DHCP-Relay-Agenten in

die weiteren Subnetze weitergeleitet werden. Der Einsatz von DHCP-Relay-Agenten hat dann eine große Bedeutung, wenn nicht alle Subnetze über ihre eigenen DHCP-Server verfügen.

* *Angebot-Phase*
  Jeder DHCP-Server kann mit einer Nachricht DHCP-OFFER dem Client sein Angebot von IP-Adressierungsinformationen zukommen lassen (in der Abbildung 5.1-3 wurde nur das Angebot vom Server *B* gezeigt). Der Server versucht zuerst, dem Client direkt das Angebot zu senden. Aber dies ist nicht immer möglich. Hierbei sind zwei Fälle zu unterscheiden:

  1. Der Client wird gerade initialisiert, so daß er noch über keine eigene IP-Adressse verfügt. In diesem Fall sendet der Server sein Angebot als Broadcast-Nachricht (IP-Adresse 255.255.255.255). Diese DHCP-Nachricht enthält bereits die MAC-Adresse des betreffenden Clients, so daß nur der „richtige" Client diese Nachricht lesen darf.
  2. Der Client verfügt bereits über eine IP-Adresse, doch die Lease-Dauer geht zu Ende, so daß er diese Adresse auf die nächste Lease-Periode „verlängern" möchte. In diesem Fall wird das Angebot vom Server direkt an den Client gesendet.

* *Auswahlphase*
  In dieser Phase wählt der Client die IP-Adressierungsinformationen des ersten von ihm empfangenen Angebots aus und sendet eine Broadcast-Nachricht DHCP-REQUEST, um das ausgewählte Angebot anzufordern. In der Nachricht DHCP-REQUEST ist der Name des ausgewählten DHCP-Servers enthalten (=> Feld *sname*). Es kann hier auch die angebotene IP-Adresse mit Hilfe der *Option Requested IP Address* (Angeforderte IP-Adresse) bestätigt werden.
  Die Nachricht DHCP-REQUEST wird als Broadcast verschickt, um allen übrigen DHCP-Servern, die möglicherweise seine Angebote für den Client reserviert hatten, mitteilen zu können, daß sich der Client für einen anderen Server entschieden hat. Diese übrigen Server können die reservierten Parameter wieder freigeben, um sie anschließend anderen Clients anzubieten.

* *Bestätigungsphase*
  Dieser DHCP-Server, der vom Client ausgewählt wurde, antwortet mit der Nachricht DHCP-ACK, die alle Konfigurationsparameter für den Client enthält. Nach dem Empfang von DHCP-ACK und nach dem Eintragen von Parametern wird beim Client der Konfigurationsvorgang beendet. In dieser Phase können eventuell noch die weiteren „verspäteten" Angebote eintreffen. Sie werden nun vom Client einfach ignoriert.

Das Protokoll DHCP stellt die weiteren drei Nachrichten zur Verfügung: *DHCP-Nachrichten*

- *DHCP-NAK*

  Diese Nachricht wird in der Bestätigungsphase verwendet und dann von einem ausgewählten DHCP-Server an einen Client gesendet, um darauf zu verweisen, daß die in der Nachricht DCHP-REQUEST geforderten Konfigurationsparameter abgelehnt wurden. Dies kann dann erfolgen, wenn:

  - ein Client versucht, die Lease für seine bisherige IP-Adresse zu verlängern und diese IP-Adresse nicht mehr verfügbar ist.
  - die IP-Adresse ungültig ist, weil der Client in ein anderes Subnetz „umgezogen" ist.

- *DHCP-RELEASE*

  Mit dieser Nachricht teilt ein DHCP-Client einem Server mit, daß einige Parameter (z.B. IP-Adresse) nicht mehr benötigt werden. Damit werden diese Parameter freigegeben und stehen anderen Clients zur Verfügung (=> Abbildung 5.1-1b; dies müssen die Remote-PCs am ISDN tun).

- *DHCP-DECLINE*

  Mit dieser Nachricht teilt ein DHCP-Client dem Server mit, daß einige „alte" Parameter (wie z.B. dessen MAC-Adresse) ungültig sind.

- *DHCP-INFORM*

  Diese Nachricht ist nur in neuen Protokoll DHCP enthalten (=> RFC 2131). Diese Nachricht kann ein Client nutzen, dem eine statische IP-Adresse manuell zugeteilt wurde, doch er möchte dynamisch zusätzliche Konfigurationsparameter vom DHCP-Server zugeteilt bekommen.

Alle DHCP-Clients versuchen, ihre Lease zu erneuern, sobald die Lease-Dauer zu 50 Prozent abgelaufen ist. Um seine Lease zu erneuern, sendet der *Lease-Erneuerung* Client eine Nachricht DHCP-REQUEST direkt an den DHCP-Server, von dem er zuvor die Konfigurationsparameter erhalten hat. Der DHCP-Server bestätigt dies dem Client mit einer Nachricht DHCP-ACK, in der eine neue Lease-Dauer und alle aktualisierten Konfigurationsparameter enthalten sind. Wenn der Client diese Bestätigung erhält, aktualisiert er entsprechend seine Konfigurationsparameter.

Versucht ein Client, seine Lease zu erneuern, ist jedoch der gewünschte DHCP-Server nicht erreichbar, kann der Client die Parameter (IP-Adresse) dennoch weiter verwenden, weil noch 50% der Lease-Dauer verfügbar ist. Wenn die Lease nach dem Ablauf von 50% der Dauer nicht vom ursprünglichen DHCP-Server erneuert werden konnte, versucht der Client nach Ablauf von 87,5% der Lease-Dauer, einen anderen DHCP-Server in Anspruch zu nehmen. Hierfür sendet der Client eine Broadcast-Nachricht DHCP-REQUEST. Jeder beliebige DHCP-Server kann darauf antworten:

- mit einer Nachricht DHCP-ACK, wenn er diese Lease erneuert hat, oder

- mit einer Nachricht DHCP-NAK, wenn er den DHCP-Client zur Neuinitialisierung und Übernahme einer neuen Lease für eine andere IP-Adresse zwingen will.

Client-Neustart Wenn ein DHCP-Client neu gestartet wird, versucht er zuerst vom ursprünglichen DHCP-Server dieselbe IP-Adresse zu erhalten. Er erreicht dies, indem er einen DHCP-REQUEST als Broadcast verschickt und die zuletzt erhaltene IP-Adresse angibt. Wenn dies keinen Erfolg hat und die Lease-Dauer noch nicht zu Ende ist, kann der DHCP-Client dieselbe IP-Adresse über die verbleibende Lease-Dauer noch verwenden.

Lease-Ablauf Wenn die Lease-Dauer abläuft oder eine Nachricht DHCP-NAK empfangen wird, muß der DHCP-Client unmittelbar die Verwendung der IP-Adresse einstellen und einen neuen Prozeß der Vergabe von neuen IP-Adressen starten. Ist die Lease bei einem Client abgelaufen, der keine neue Lease erhalten hat, wird die TCP/IP-Kommunikation so lange eingestellt, bis eine neue IP-Adresse zugewiesen werden kann.

5.1.3 Implementierung von mehreren DHCP-Servern

Wenn in einem Netzwerk mehrere DHCP-Server benötigt werden, muß ein eindeutiger Bereich von IP-Adressen für jedes Subnetz eingeplant werden. Ein Pool von IP-Adressen ist eine Folge von IP-Adressen, die für die Vergabe an Clients zur Verfügung stehen. Um sicherzustellen, daß Clients möglichst immer eine IP-Adresse erhalten, ist es wichtig, für jedes Subnetz mehrere Bereiche auf den verschiedenen DHCP-Servern zu reservieren. Abbildung 5.1-4 illustriert das Prinzip der Verteilung von IP-Adresssen über mehrere DHCP-Server.

Im allgemeinen sollte man die verfügbaren IP-Adressen folgendermaßen auf die DHCP-Server verteilen:

- Jeder DHCP-Server sollte über einen Bereich mit ca. 75% der für das eigene Subnetz bestimmten IP-Adressen verfügen.

- Jeder DHCP-Server sollte für jedes Remote-Subnetz über einen Bereich mit ca. 25% der für dieses Remote-Subnetz bestimmten IP-Adressen verfügen.

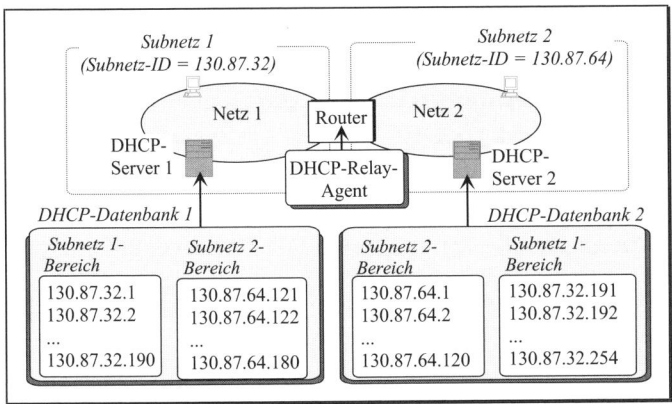

Abbildung 5.1-4:   Beispiel für die Implementierung vom mehreren DHCP-Servern

Wenn der DHCP-Server eines Clients nicht verfügbar ist, kann dieser Client *DHCP-Relay-* immer noch eine IP-Adresse von einem anderen DHCP-Server zugeteilt *Agent* bekommen, der sich in einem anderen Subnetz befindet, unter der Voraussetzung, daß ein DHCP-Relay-Agent im Router implementiert ist.

Wie aus der Abbildung 5.1-4 ersichtlich, verfügt der Server *1* über einen Bereich mit den Adressen von 130.87.32.1 bis 130.87.32.190 für das eigene Subnetz *1* und über einen Bereich mit den Adressen von 130.87.64.121 bis 130.87.64.180 für das Remote-Subnetz *2*. Server *2* verfügt über einen Bereich mit den Adressen von 130.87.64.1 bis 130.87.64.120 für das eigene Subnetz *2* und über einen Bereich mit den Adressen von 130.87.32.191 bis 130.87.32.254 für das Remote-Subnetz *1*.

Wenn z.B. ein Client in Subnet *1* keine Adresse von Server *1* beziehen kann, besteht auch die Möglichkeit, sie von Server *2* zu erhalten.

Bei der Installation eines DHCP-Servers sind u.a. folgende Punkte zu be- *Installa-* achten: *tionsaspekte eines DHCP-*

- Bevor ein DHCP-Server die IP-Adressen an DHCP-Clients vergeben *Servers* kann, muß er über einen Bereich von gültigen IP-Adressen verfügen.

- Deshalb ist es notwendig, jedem DHCP-Server eine eindeutige statische IP-Adresse (manuell !) zuzuweisen. Der DHCP-Server selbst kann kein DHCP-Client sein.

- Nicht-DHCP-Clients besitzen die statischen IP-Adressen, die manuell angegeben werden müssen.

- Die statischen IP-Adressen dürfen im Pool von für DHCP-Clients verfügbaren IP-Adressen nicht enthalten sein. Anderenfalls könnte der DHCP-Server dieselbe Adresse einem anderen Client zuweisen, was zu

Problemen aufgrund doppelt vorhandener Adressen führen würde.

- Falls die IP-Adressen mit einen DHCP-Server den Clients in mehreren Subnetzen vergeben werden, müssen alle Router, die die einzelnen Subnetze verbinden, auch als DHCP-Relay-Agenten dienen.

- Werden mehrere Subnetze mit Routern vernetzt, aber diese Router unterstützen nicht die DHCP-Relay-Funktion, ist in jedem Subnetz, das DHCP-Clients enthält, zumindest ein DHCP-Server erforderlich.

Das Protokoll DHCP ist Gegenstand mehrerer Internet-Dokumente (=> RFCs 1533, 1534, 1541, 1542 und 2131).

5.2   Domain Name System

Bei der bisherigen Darstellung der Kommunikationsprinzipien in TCP/IP-Netzen wurde unterstellt, daß die IP-Adresse des Partners gegeben ist. Dies ist aber normalerweise nicht der Fall. Beim Aufruf einer WWW-Seite wird diese in Form eines sog. *Uniform Resource Locators* (*URL*) angesprochen. Teil dieser URL-Adresse ist der Name des Rechners (und der Domäne), der als WWW-Server dient. Um Rechnernamen in IP-Adressen zu konvertieren, wurde das *Domain Name System* (*DNS*) entwickelt, das ein weltweit verteiltes Verzeichnis von Internet-Namen darstellt.

Das DNS ist so ausgelegt, daß sich die Benutzer die IP-Adressen von Rechnern nicht merken müssen, sondern statt dessen deren Namen verwenden können, um entfernte Rechner in TCP/IP-Netzen zu lokalisieren und um diese Verbindungen herzustellen. Obwohl das DNS eigentlich für das Internet entwickelt wurde, läßt es sich auch in privaten TCP/IP-basierten Netzen einsetzen, wobei auch eine Ankoppelung an das Internet möglich ist.

Host-Tabellen Vor der Implementation von DNS wurde die Zuordnung von IP-Adressen zu den Namen in einer zentralen Host-Tabelle (auch Host-Datei genannt) abgespeichert. Jede Host-Tabelle enthält eine Liste mit Host-Namen (Namen von Rechnern bzw. von anderen TCP/IP-Endsystemen) mit deren IP-Adressen. Mit dem ständigen Zuwachs an Rechnern in einem Netz und durch Integration einer immer größeren Zahl von Netzen in größeren Netzen wurde deutlich, daß die Ermittlung von IP-Adressen über zentrale Host-Tabellen keine richtige Lösung mehr ist. In einem großen Netz kann die Namensvergabe nicht den Entscheidungen der einzelnen Benutzer überlassen werden. Ein großes Netz wäre dann kaum noch zu verwalten. Das primäre DNS-Ziel war es, die Host-Tabellen durch eine verteilte und vernetzte Datenbank zu ersetzen. Mit der DNS-Hilfe ist es möglich, die Host-Namen – im gesamten Internet sowie in den privaten TCP/IP-basierten Netzen – so zu verwalten, daß sie weltweit eindeutig sind.

Bevor wir auf die Darstellung von DNS eingehen, wollen wir zunächst das allgemeine Prinzip der Ermittlung von IP-Adressen kurz erläutern.

5.2.1 Ermittlung von Ziel-IP-Adressen

Das Prinzip der Ermittlung von Ziel-IP-Adressen mit DNS-Hilfe illustriert Abbildung 5.2-1. Ein DNS-System wird durch die Interaktion von zwei Komponenten implementiert:

- *Resolver* und
- *Name-Server*.

Das DNS funktioniert nach dem Client/Server-Prinzip. Der Resolver ist die Client-Software auf dem Rechner eines Benutzers, die DNS-Server abfragt, um Rechnernamen in IP-Adressen zu übersetzen. Der DNS-Server ist ein Programm in einem dedizierten Rechner, das auf eine Datei mit Host-Namen und ihren zugehörigen IP-Adressen zugreift, um die entsprechenden Anfragen des Resolvers zu beantworten. Somit sind Resolver Clients, die auf Name-Server zugreifen.

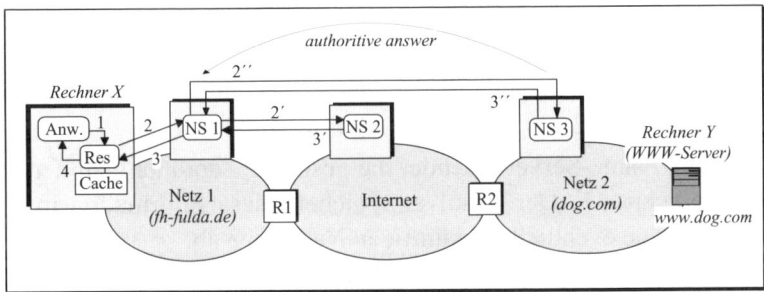

Abbildung 5.2-1:   Ermittlung von Ziel-IP-Adressen mit DNS-Referral-Hilfe
Anw: Anwendung, Res: Resolver, NS: Name-Server, R: Router

Im Beispiel in Abbildung 5.2-1 wurde angenommen, daß Rechner *X* am Netz *1* (der FH Fulda) eine Web-Seite unter der URL-Adresse *http://www.dog.com/alfa* abrufen will. Hierbei handelt es sich um die fiktive Firma dog. In diesem Fall ist *dog.com* als der Name des Zielnetzes zu interpretieren, und www verweist auf den WWW-Server in diesem Zielnetz.

Mittels Name-Server *Referrals* ermittelt der Resolve einer Ziel-IP-Adresse *Referrals* über folgende Schritte:

1. Die Anwendung im Quellrechner (hier z.B. WWW- Browser) leitet eine Abfrage (*Query*) an den Resolver. In diesem Beispiel hat der Inhalt den Sinn: Wie sieht die IP-Adresse vom Host *www.dog.com* aus?

2. Der Resolver leitet die Abfrage an den lokalen Name-Server *1* weiter.

Jeder Name-Server verfügt über eine Datenbank, in der u.a. die Zuordnungen *Host-Name => IP-Adresse* enthalten sind. Es handelt sich hierbei nur um die Zuordnungen vom Host in einer Domain (*Domäne*), für die dieser Name-Server autorisiert ist. Ein Server kann ebenfalls über einen Cache verfügen, in dem er u.a. auch die Zuordnungen *Host-Name => IP-Adresse* über eine festgelegte Zeit (z.B. 2 Tage) speichert. Diese Zuordnungen betreffen aber die „fremden" Hosts, die sich außerhalb seiner Domain befinden. Diese Zuordnungen repräsentieren einfach die Ergebnisse von früheren Abfragen. Antworten aus seinem Cache kennzeichnet der Name-Server als „not authoritive Answer".

2´. Der lokale Name-Server findet die gesuchte Zuordnung *Host-Name => IP-Adresse* weder in seiner eigenen Datenbank noch im Cache, so daß er diese Abfrage an einen übergeordneten Name-Server *2* weiterleitet.

3´. Name-Server *2* verweist den Name-Server *1* auf andere Name-Server, hier auf den Name-Server *3* im Zielnetz *2*.

2´´. Der lokale Name-Server *1* richtet die Abfrage an Name-Server *3* im Zielnetz.

3´´. Name-Server *3* sendet die gesuchte Zuordnung, d.h. www.dog.com => 194.33.7.2, als Antwort (*Response*) an Server *1*.

3. Der lokale Name-Server *1* sendet die gesuchte Zuordnung an den Resolver im Rechner *X*. Der Resolver speichert diese Information in seinem Cache für eine eventuelle zukünftigen Nachfrage ab.

4. In diesem Schritt wird die gesuchte IP-Adresse der Anwendung übergeben.

Resolver In Abbildung 5.2-1 wurde der *Name-Resolver (NR)* als ein „selbstständiges" Programm dargestellt. In der Literatur wird diese Resolver-Variante auch als *Full Resolver* bezeichnet und steht i.d.R. als separates Programm mit dem Namen *nslookup* zur Verfügung. Die Resolver-Funktion ist allerdings heute meist in der Anwendung integriert.

Sämtliche Namen, die in unterschiedlichen und weltweit verteilten Name-Servern gespeichert sind, bilden einen sogenannten *DNS-Namensraum*. Nun wollen wir die Strukturierung dieses weltweit verteilten Namensraums darstellen.

5.2.2 Aufbau des DNS-Namensraums

Bei DNS handelt es sich um eine baumförmige weltweite Vernetzung einzelner Name-Server, die eine weltweit verteilte Datenbank bilden. Sie wird auch als *DNS-Datenbank* bezeichnet. Das Prinzip der Vernetzung einzelner Name-Server und damit auch der Aufbau des verteilten DNS-Namensraums zeigt Abbildung 5.2-2.

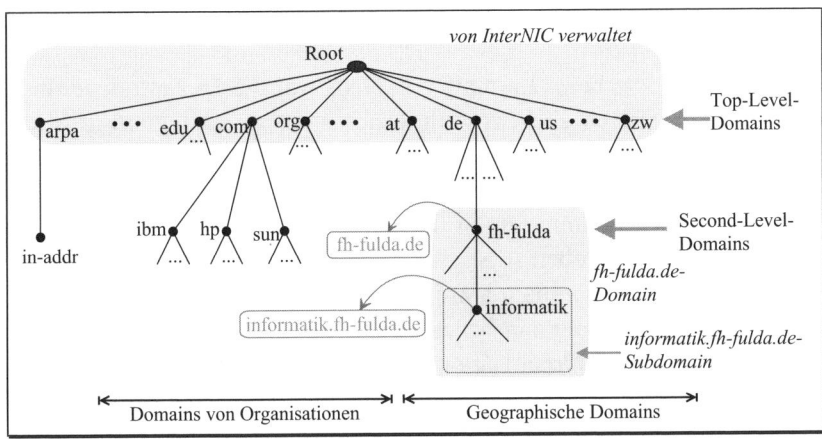

Abbildung 5.2-2:   Aufbau des DNS-Namensraums und die Domain
informatik.fh-fulda.de

Jedes Datenelement in einer verteilten DNS-Datenbank ist über einen Namen indiziert. Diese Namen sind im Grunde genommen nur Pfade in einem großen Baum. Dieser Baum besitzt ganz oben eine einzige Wurzel (*Root*), die man einfach „Root" nennt. Genau wie bei jedem anderen Dateisystem kann der DNS-Baum mehrere Abzweigungen haben, die als Knoten (*nodes*) dargestellt werden. Jeder Knoten des Baumes repräsentiert eine Domain (*Domäne*) und stellt einen Teil der gesamten Datenbank dar, also wie ein Verzeichnis in einem Dateisystem. Jede Domain (sowie jedes Verzeichnis) kann in weitere Teile untergliedert werden. Diese Teile werden im DNS als *Subdomains* bezeichnet und entsprechen den Unterverzeichnissen eines Dateisystems. Eine Subdomain wird, genau wie ein Unterverzeichnis, als Unterknoten (Sohn) des übergeordneten Knotens (Vater) interpretiert. Jeder Knoten des Baumes wird mit einem einfachen Namen versehen. Dieser Name kann bis zu 63 Zeichen lang sein. Dabei ist für die Root der Name „." reserviert.

Root,
Domains und
Subdomains

Der vollständige Domain-Name im Baum (*Full Qualified Domain Name*)
FQDN besteht aus den Namen einzelner Knoten bis zur Root. Dies bedeutet,

FQDN

daß der Name eines Knoten sich aus den einzelnen Namen im Pfad zusammensetzt, wobei diese einzelnen Namen durch einen Punkt voneinander getrennt werden. Z.B. setzt sich der Domain-Name *fh-fulda.de* aus den Namen *fh-fulda* und *de* zusammen. Der FQDN eines Knotens kann so interpretiert werden, daß er drei Bestandteile beinhaltet:

- den *Hostnamen* (bzw. dessen Alias-Namen),
- den *Domain-Namen* (einschließlich evtl. Subdomänen) und
- das *Domain-Suffix*.

Delegations-prinzip Eines der Hauptziele beim Entwurf von DNS war die Dezentralisierung der Administration. Dieses Ziel wird durch sogenannte Delegierung erreicht. Das Delegieren von Domains funktioniert so ähnlich wie das Delegieren in der Arbeit. Ein Projektleiter kann ein großes Projekt in kleinere Aufgaben unterteilen und die Verantwortung für jede dieser Teilaufgaben an verschiedene Mitarbeiter übergeben (delegieren). Auf die gleiche Weise kann eine Organisation, die eine Domain administriert, diese in Subdomains aufteilen. Jede dieser Subdomains kann an andere Organisationen delegiert werden. Dies bedeutet, daß die Organisation, der die Verantwortung dieser Domain übertragen wurde, für die Pflege aller Daten der Subdomain verantwortlich ist. Die Daten der Subdomain können unabhängig geändert und sogar in weitere Subdomains aufgeteilt werden, die sich dann wieder weiterdelegieren lassen. Die „Vater"-Domain enthält nur Zeiger auf die Quellen mit den Daten der Subdomain, so daß Anfragen entsprechend weitergeleitet werden können.

Die Domain *fh-fulda* wird z.B. auf mehrere Subdomains aufgeteilt, unter anderem *informatik.fh.fulda.de*. Dies bedeutet, daß die Fachhochschule Fulda dem Fachbereich Informatik die Verantwortung für die Pflege aller Daten seiner Subdomain *informatik.fh-fulda.de* übergeben hat. Die Verantwortung für die ganze Domain *fh-fulda.de* unterliegt der Fachhochschule Fulda (=> Abbildung 5.2-2).

InterNIC Die oberste Ebene des DNS-Namensraums wird vom InterNIC (=> *http://www.Internic.com* Internet Network Information Center) verwaltet. Das InterNIC übergibt die Verantwortung sowohl an öffentliche Organisationen als auch an private Unternehmen für die Verwaltung von deren Domains im DNS-Namensraum. Die Organisationen und Unternehmen setzen DNS-Server zum Verwalten der Namenzuordnungen zu IP-Adressen von Rechnern und anderen Endsystemen in deren Domains ein.

Domain-Namensraum Die oberste Ebene des Domain-Namensraums wird in drei Hauptgruppen unterteilt (=> Abbildung 5.2-2):

- *Domains von Organisationen*
  3-stelliger Name, der die Hauptfunktion bzw. -Aktivität der Organisation in der Domain angibt. Die meisten Organisationen in den USA sind in einer solchen Domain vertreten. Die einzelnen Domains sind in Tabelle 5.2-1 zusammengestellt.

- *Geographische Domains*
  Durch ISO 3166 festgelegte 2-stellige Länderkennzeichen, z.B. *at*: Österreich, *de*: Deutschland, *us*: USA, *zw*: Zimbabwe.

- *arpa-Domain*
  Eine besondere Domain mit dem Namen *in-addr.arpa* wurde für die Zuordnung von IP-Adressen zu Rechnernamen eingerichtet.

Domain	Bedeutung
com	kommerzielle Organisationen wie z.B. IBM *(ibm.com)*, Hewlett-Packard *(hp.com)*, Sun Microsystems *(sun.com)*; abgeleitet von *com*merce
edu	Bildungseinrichtungen z.B. Berkeley University *(berkeley.edu)*
gov	amerikanische Regierungsstellen z.B. National Science Foundation *(nsf.gov)*
mil	militärische Einrichtungen der Vereinigten Staaten z.B. *army.mil und navy.mil*
net	Netzwerk-Organisation*en* *z.B. National Science Foundation (nsf.net)*
org	nichtkommerzielle Organisationen z B. *Center for Networked Information*
int	Internationale Organisationen z.B. *NATO (nato.int)*

Tabelle 5.2-1:   Top-Level-Domains von Organisationen

Die Organisationen und Unternehmen, denen das InterNIC einen Bereich des Domain-Namensraums zugewiesen hat, sind für das Benennen der Rechner und anderer Endsysteme in der ihnen zugeteilten Domain verantwortlich.

5.2.3 DNS-Zonen und Name-Server

Ein Name-Server stellt einen dedizierten Rechner dar, in dem die Informationen (als *Ressource Records*) über den Domain-Namensraum gespeichert werden. Ganz allgemein enthalten Name-Server vollständige Informationen über einen Teil des Domain-Namensraums. Dieser Teil wird *Zone* genannt und man sagt, daß der Name-Server „die Autorität" über die Zone besitzt. Die Name-Server können auch die Autorität über mehrere Zonen besitzen.

Zonen und Der Unterschied zwischen einer Zone und einer Domain besteht darin, daß
Domänen der Name-Server einer Zone nur solche Namen und Daten einer Domain enthält, die in ihre Subdomains nicht delegiert wurden. Somit handelt es sich bei einer Zone nur um einen Bereich einer DNS-Domain. In kleinen Unternehmen kann eine Zone die gesamte Domain umfassen. Die DNS-Server können in der (Root)-Domain, der Zone und den Subdomains eines TCP/IP-Netzwerks installiert werden, also überall dort, wo ein DNS-Server zum Verwalten der DNS-Daten sowie des Datenverkehrs aufgrund von DNS-Namensabfragen benötigt wird.

Abbildung 5.2-3 veranschaulicht das Domain- und Zonen-Konzept.

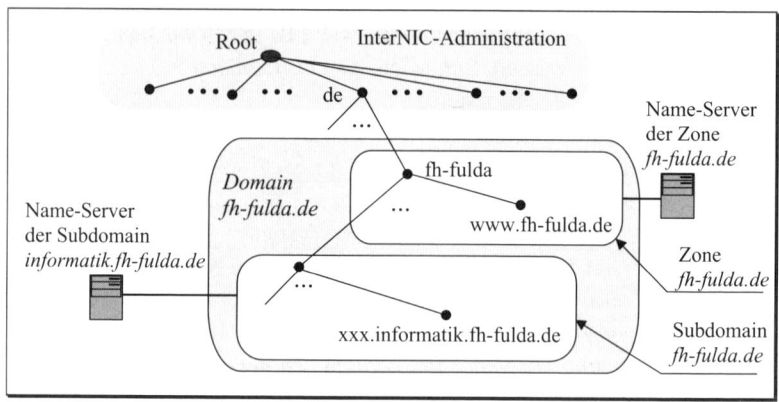

Abbildung 5.2-3:   Domain- und Zonen-Konzept

Zonen und Das Aufteilen einer Domain in Zonen und Subdomains hat den Vorteil,
Subdomains Verwaltungsaufgaben den verschiedenen organisatorischen Gruppen zuordnen zu können. In diesem Beispiel übergibt die Organisation FH Fulda die Verantwortung für die Pflege der Subdomain *informatik.fh-fulda.de* an den Fachbereich Angewandte Informatik. Der Name-Server der Zone *fh-fulda.de* enthält die Verweise auf entsprechende Namen und Daten in den einzelnen Subdomains. Auf diese Art und Weise ist es möglich, mehrere DNS-Server zur Verwaltung einer Domain zu verwenden.

Resource Bei der DNS-Server-Datenbank handelt es sich um einen Satz von Dateien,
Records die die Zuordnungen der Host-Namen zu den IP-Adressen sowie andere DNS-Informationsdaten für die Rechner in einem TCP/IP-Netz enthalten.

Diese Dateneinträge werden als Ressourcen-Einträge (*Resource Records*) *RR* bezeichnet. Zum Beispiel enthält ein Name-Server in Netzwerken unter dem Betriebssystem Windows NT u.a. folgende Eintragstypen:

- *A*: Eintrag mit den Zuordnungen *Host-Name => IP-Adresse* in einer Zone
  Die Entsprechung dazu, d.h. der *PTR*-Eintrag, enthält die Zuordnungen *IP-Adresse => Host-Name* einer DNS-Zone (verwendet in der DNS-Domäne *in-addr.arpa*).

- *CNAME*: Dieser Ressourceneintrag erstellt für den angegebenen Host-Namen einen *Aliasnamen* (*canonical name*). Man kann diese Einträge verwenden, um Implementationsdetails vor den Clients zu verbergen.

- *HINFO*: Dieser „Host-Informationen"-Eintrag identifiziert den Hardware-Typ und das Betriebssystem des Hosts. Die IDs für CPU-Typ und Betriebssystem sollten nach RFC 1700 vergeben werden.

- *ISDN*: Eintrag mit den Zuordnungen *Host-Name => ISDN-Rufnummer* in einer DNS-Zone.

- *PTR*: Eintrag mit den Zuordnungen *IP-Adresse => Host-Name* in einer DNS-Zone.

- *TXT*: Allgemeine Informationen über ein Element in der DNS-Datenbank. Dieser Eintrag wird oft verwendet, um die physikalische Position eines Endsystems (Hosts) zu beschreiben (Gebäude, Raum, etc.).

- *X.25*: Eintrag mit den Zuordnungen *Host-Name => X.25-Adresse.*

Unter dem Betriebssystem UNIX (und seinen Derivaten wie beispielsweise LINUX) sind die Name-Server Dienste als *BIND* (*Berkeley Internet Name Domain*) implementiert. Zwei Versionen von BIND sind gebräuchlich: BIND Version 4.9.x und Version 8.x.x. Diese unterscheiden sich maßgeblich hinsichtlich ihrer Syntax, aber auch in ihrer Arbeitsweise. BIND 8.x.x erlaubt eine umfangreichere Steuerung und Aufteilung in DNS-Zonen. Ziel dabei ist, über ein ausgeklügeltes System des *Cachings* sog. *Full-Lookups* möglichst zu minimieren. Da bei der Nutzung eines Resolvers von einem Client aus immer eine Namens-Auflösung vorausgeht, dauert es mitunter eine gewisse Zeit, bis der entfernte Server mit seiner IP-Adresse ermittelt worden ist. Dies gilt insbesondere beim Einsatz von SMTP, da hierbei zwangsweise das DNS bemüht wird. Mit Hilfe das Namens-Cachings kann diese Zeit reduziert werden.

BIND stützt sich auf vier Konfigurationsdateien:

- *named.conf,* in der BIND-Optionen sowie das Umfeld, d.h. die *forwarders* und die Zonen-Struktur, beschrieben werden;

- *named.boot* Referenzdatei, die die Namen und die Bedeutung *(primary, secondary, cache)* der beim Start einzulesenden Dateien enthält (Benennung frei; im Beispiel db.*);
- *db.127.0.0.0* Loopback-Adresse und Beschreibung des Name-Servers;
- *db.Domäne* Hosttabelle *(Name => IP-Adresse)* im BIND Format;
- *db.reverse-IP-Netzadresse* reverse Hosttabelle *(IP-Adresse => Name)* im BIND Format;
- *db.cache* temporärer DNS-Namen-Cache.

SOA Als *reverse IP-Netzadresse* wird z.B. die IP-Adresse „7.33.194.IN-ADDR.ARPA." verstanden, die sich aus der IP-Netzadresse 194.33.7 ergibt. Hierbei ist der Punkt am Ende zu beachten. Die mit *db** bezeichneten Konfigurationsdateien beginnen alle mit einem sog. *Start of Authority*-Eintrag, der die administrierte Zone beschreibt. Hierin werden einige grundsätzliche Verwaltungseinstellungen vorgenommen, die die Lebens- und Auffrischdauer von BIND-Informationen festlegen.

Da in den Konfigurationsdateien manuelle Änderungen vogenommen werden, ist über eine *Seriennummer* im SOA-Eintrag die aktuelle Bearbeitungsnummer einzutragen. Bei BIND 8.x.x werden alle Einträge ohne abschließenden Punkt „." (z.B. Hostnamen) in den *db.**-Konfigurationsdateien automatisch durch das Platzhaltersymbol „@ " mit dem Zonennamen ergänzt.

Primäre und Sekundäre Name-Server Um die Administration der Netze zu vereinfachen und sowohl Datensicherheit als auch Betriebssicherheit zu gewährleisten, können zwei Arten von Name-Servern in einer NDS-Zone zur Verfügung gestellt werden, nämlich:

- primäre *(primary)* Name-Server und
- sekundäre *(secondary)* Name-Server.

Zonendateien Ein primärer Name-Server erhält die Daten für die Zonen, über die er die Autorität besitzt, aus Dateien, die auf dem Host liegen, auf dem der Server läuft. Die Dateien, aus denen der primäre Name-Server seine Zonendaten liest, werden *Zonendateien* genannt. Bei Änderungen an den Zonendaten, z.B. durch Hinzufügen von Hosts zur Zone, müssen diese Änderungen auf dem primären Name-Server vorgenommen werden, so daß die neuen Daten in die lokale Zonendatei eingetragen werden.

Zonentransfer Ein sekundärer Name-Server erhält seine Zonendaten von einem primären Name-Server. Beim Start stellt der sekundäre Name-Server den Kontakt mit dem primären Name-Server her, um seine Zonendaten zu aktualisieren. Dieser Vorgang wird als *Zonentransfer* bezeichnet. Während eines Zonentransfers sendet der primäre Name-Server eine Kopie der Zonendatei an den sekundären Name-Server.

Generell sollte man den primären und den sekundären Name-Server in verschiedenen Subnetzen installieren, damit die DNS-Namensabfragen auch dann unterstützt werden können, wenn ein Subnetz ausfällt.

5.2.4 Prinzip der Namensauflösung

Die Name-Server gehen bei der Gewinnung von Daten aus dem DNS-Namensraum äußerst geschickt vor. Sie können nicht nur die notwendigen Informationen aus Zonen liefern, über die sie die Autorität besitzen, sondern auch den DNS-Namensraum nach Daten absuchen, für die sie nicht verantwortlich sind. Dieser Prozeß wird als Namensauflösung (*name resolution*) oder einfach nur als Auflösung (*resolution*) bezeichnet.

Weil der Namensraum wie ein auf den Kopf gestellter Baum strukturiert ist, kann ein Name-Server eine Abfrage nach jedem beliebigen Namen im NDS-Namensraum an einen Root-Name-Server richten, der ihm dann den Weg weisen wird.

Der Root-Name-Server weiß, wo die einzelnen Top-Level-Domains Name-Server zu finden sind. Für jede Abfrage auf einen beliebigen Domain-Namen hin kann der Root-Name-Server zumindest die Namen und Adressen des Name-Servers zurückgeben, der für die Top-Level-Domain die Verantwortung trägt, in der dieser Domain-Name liegt. Diese Top-Level-Name-Server können eine Liste von Name-Servern zurückgeben, die für die Second-Level-Domain verantwortlich sind. Jeder abgefragte Name-Server liefert genaue Angaben darüber, wie man der gesuchten Information näher kommt, oder erteilt selbst die gewünschte Antwort. *Root-Name-Server*

Die Root-Name-Server sind für die Auflösung sehr wichtig. Würden alle Root-Name-Server im Internet für eine längere Zeit nicht erreichbar sein, wäre auch jegliche Auflösung von Namen unmöglich. Um sich hiervor zu schützen, besitzt das Internet mehrere Root-Name-Server, die über verschiedene Teile des Netzes weltweit verteilt sind.

Die Auflösung eines Host-Namens auf dessen IP-Adresse wird nun anhand eines Beispiels näher veranschaulicht.

Beispiel:
Das allgemeine Prinzip der Ermittlung von Ziel-IP-Adressen wurde bereits in Abbildung 5.2-1 gezeigt. Um die Bedeutung des NDS-Namensraums zu verdeutlichen, zeigt Abbildung 5.2-4 eine reelle Situation. Hier wurde angenommen, daß ein Rechner im Netz *1* in der Domain *informatik.fh-fulda.de* eine WWW-Seite unter *www.atmforum.com/xxx* abrufen möchte.

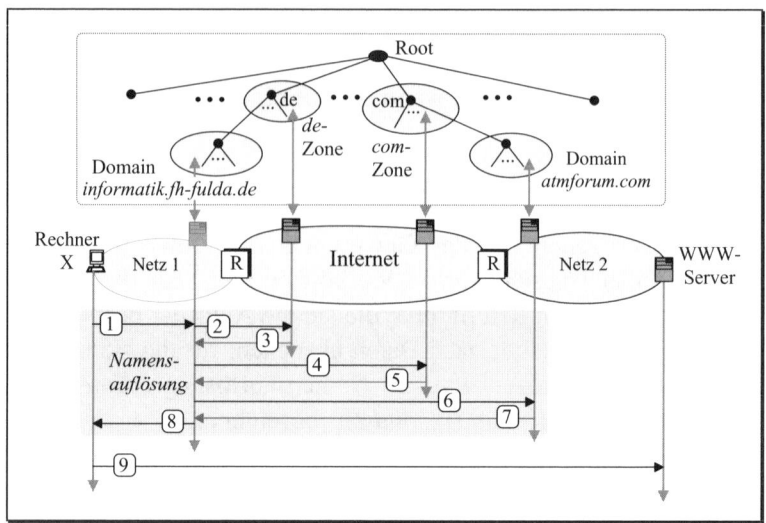

Abbildung 5.2-4:   Beispiel für die Auflösung einer IP-Adresse eines Host-Namens

Abfolge der Die hier gezeigten Schritte sind folgendermaßen zu interpretieren:
Namens-
auflösung 1. Rechner *X* in der Domain *informatik.fh-fulda*.de leitet eine Abfrage
   www.atmforum.com => IP-Adresse? an den lokalen Name-Server.

   2. Der lokale Name-Server enthält die gesuchte Zuordnung weder in seiner
   Datenbank noch in seinem Cache. Somit richtet der lokale Name-Server
   die Anfrage an den übergeordneten Name-Server der *de*-Zone.

   3. Der Name-Server aus der *de*-Zone antwortet mit einem Verweis auf den
   Name-Server der *com*-Zone.

   4. Der lokale Name-Server richtet die Anfrage an den Name-Server der
   com-Zone.

   5. Der Name-Server der *com*-Zone antwortet mit einem Verweis auf den
   Name-Server der Domain *atmforum.com*.

   6. Der lokale Name-Server richtet die Anfrage an den Name-Server in der
   Domain *atmforum.com*.

   7. Der Name-Server der Domain *atmforum.com* antwortet mit der gesuchten Zuordnung *www.atmforum.com => IP-Adresse*.

Damit ist die Ziel-IP-Adresse dem Quellrechner X im Netz *1* bekannt; er
sendet im letzten Schritt (7) ein IP-Paket mit einer Abfrage an den WWW-
Server im Netz *2*.

5.2.5 Struktur von DNS-Nachrichten

Die allgemeine Struktur von DNS-Nachrichten zeigt Abbildung 5.2-5. Bei den „normalen" Abfragen verwendet das DNS das verbindungslose Protokoll UDP. Für die Datenübermittlung zwischen einem primären und einem sekundären Name-Server in einer Domain (=> Zonentransfer) wird eine TCP-Verbindung aufgebaut. Anschließend werden die DNS-Nachrichten als TCP-Segmente transportiert. Bei den beiden Protokollen UDP und TCP wird dem DNS die Port-Nummer 67 zugeordnet.

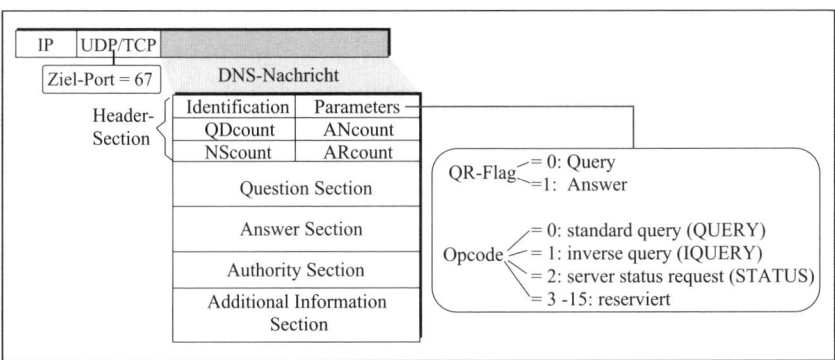

Abbildung 5.2-5:   Struktur von DNS-Nachrichten

Jede DNS-Nachricht setzt sich aus einigen Teilen, die als Sektionen (*Sections*) bezeichnet werden, zusammen. Die einzelnen Teile umfassen: *Aufbau der DNS-Nachricht*

- *Header Section*
  Dieser Teil stellt den eigentlichen Header der Nachricht dar. Er enthält 12 Oktette (=> 3 * 4 Oktette).

- *Question Section (Abfrage-Sektion)*
  Diese Sektion enthält Felder, die eine Abfrage an den Name-Server spezifizieren, d.h. dieser Teil gibt an, was gesucht wird.

- *Answer Section (Antwort-Sektion)*
  Dieser Teil enthält die Antwort eines Name-Servers in Form sogenannter RRs (Ressourcen-Einträgen, *Resource Records*).

- *Authority Section (Autoritäts-Sektion)*
  Diese Sektion enthält RRs eines autorisierten Servers.

- *Additional Information Section (Zusätzliche Informationen)*
  Dieser Teil enthält zusätzliche Angaben, die irgendwie zu einer Abfrage bzw. Antwort gehören.

DNS-Header Der Header ist immer vorhanden. Er enthält Felder, die angeben, welche anderen Sektionen vorhanden sind, und legt auch fest, wie eine DNS-Nachricht zu interpretieren ist. Die einzelnen Angaben im Header einer DNS-Nachricht haben folgende Bedeutung:

- *Identifikation (2 Oktette):*
  Hier wird die Identifikation der Anwendung angegeben, die diese Abfrage (*Query*) initiiert hat. Diese Angabe wird beim Name-Server in dessen Antwort kopiert, so daß der Resolver (Full Resolver) die empfangene Antwort der „richtigen" Anwendung zuordnen kann.
- *Parameters:*
  Hier wird u.a. angegeben, ob eine DNS-Nachricht eine Abfrage oder eine Antwort darstellt. Zusätzlich wird auch angegeben, ob es sich um eine normale Abfrage oder eine inverse Abfrage handelt. Eine inverse Abfrage bedeutet die Suche nach der Zuordnung *IP-Adresse => Host-Name?*. In diesem Fall ist die IP-Adresse bekannt, und es wird nach dem Host-Namen gefragt (=> Abbildung 5.2-6).
- *QDcount:*
  Anzahl der Einträge (d.h. der RRs) in der Question Section.
- *ANcount*:
  Anzahl der RRs in der Answer Section.
- *NScount*:
  Anzahl der Name-Server RRs in der Authority Section.
- *ARcount:*
  Anzahl der RRs in der Additional Information Section.

Für die detaillierte Beschreibung der Struktur von DNS-Nachrichten ist auf die RFCs 1035 und 1036 zu verweisen.

5.2.6 Auflösung von IP-Adressen auf Host-Namen

Oft kommt es vor, daß ein Benutzer nur über die IP-Adresse eines Rechners verfügt, jedoch den der entsprechenden IP-Adresse zugeordneten Host-Namen benötigt. In diesem Fall wird nach der Zuordnung *IP-Adresse => Host-Name* gefragt. Die Abbildung von Adressen auf Namen wird benutzt, um Ausgaben zu erzeugen, die für den Anwender einfacher zu lesen und zu interpretieren sind (beispielsweise in Logdateien). Darüber hinaus wird dieses Verfahren auch bei der Fehlerbehebung in TCP/IP-Netzen angewendet.

Reverse Auflösung Zur Verwaltung der Zuordnungen von IP-Adressen zu Host-Namen durch DNS-Server wurde eine besondere Domain *in-addr.arpa* durch *InterNIC* eingerichtet. Die Organisation dieser Domain am Beispiel einer Auflösung illustriert Abbildung 5.2-6.

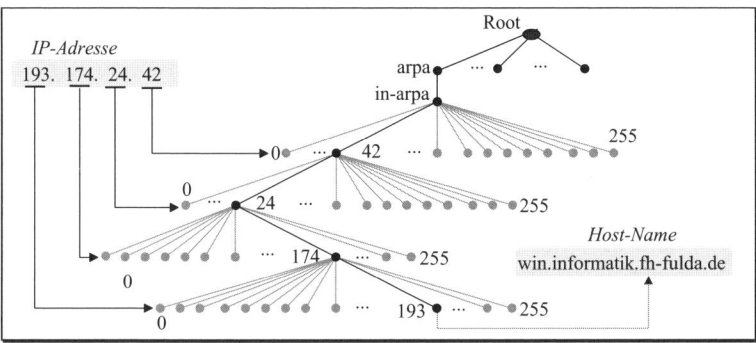

Abbildung 5.2-6:   Beispiel für die Auflösung einer IP-Adresse eines Host-Namens über die Domain *in-addr.arpa*

Man sieht, daß den Knoten in dieser Domain die Nummern zugewiesen werden. Beim Eintragen der Zuordnungen von IP-Adressen zu Host-Namen werden diese Knotennummern entsprechend belegt. Da die Hierarchien von IP-Adressen und Host-Namen „umgekehrt" sind, muß dies die Organisation der Domain *in-addr.arpa* berücksichtigen.   *in-addr.arpa* *Domäne*

Die Knoten der Domain *in-addr.arpa* sind nach den Zahlen in der für IP-Adressen üblichen Repräsentation benannt. Die Domain *in-addr.arpa* kann beispielsweise bis zu 256 Subdomains besitzen, von denen jede einzelne einem möglichen Wert des letzten Oktetts einer IP-Adresse entspricht. Jede dieser Subdomains kann wiederum 256 Subdomains aufweisen, die jeweils wiederum mit jedem möglichen Wert des zweiten (von rechts) Oktetts von IP-Adressen übereinstimmen. Schließlich werden – auf der vierten Unterteilungsstufe – den Knoten die entsprechenden Resource Records zugeteilt, die den vollen Host-Namen (*FQDN*) der jeweiligen IP-Adresse aufweisen.

Wenn ein lokales Netz an das Internet angeschlossen wird, so sollte man dieses Netz in der Domain *in-addr.arpa* eintragen lassen, um die Abbildung von IP-Adressen auf Host-Namen zu ermöglichen. Hierfür ist ein Formular nötig, das per E-mail (*hostmaster@internic.NET*) von InterNIC angefordert werden kann.

5.2.7 Name-Server und Internet-Anbindung

Heutzutage werden private Netze oft mit dem Internet verbunden, um auf die externen Ressourcen im globalen Netz zuzugreifen (=> z.B. WWW-

Anwendungen). Dies verlangt jedoch eine sorgfältige Planung, um potentielle Sicherheitsrisiken zu vermeiden, die durch das Öffnen des privaten Netzes für „fremde" Benutzer entstehen können.

Firewall-
Einsatz
Eine häufige Schutzmaßnahme ist daher der Einsatz eines als *Firewall* bezeichneten Rechners. Unter einer Firewall versteht man einen Rechner, der nur die Ausführung bestimmter Operationen oder Programme über das Internet erlaubt. Eine Firewall-Konfiguration kann, je nach den besonderen Anforderungen des jeweiligen Unternehmens, sehr einfach oder extrem komplex sein. Hier wird versucht, zu zeigen, daß das Konzept für den DNS-Einsatz mit dem Firewall-Konzept eng zusammenhängt.

Einsatz eines
externen
Name-Servers
Abbildung 5.2-7 zeigt eine Lösung, in der das Unternehmensnetz auf zwei logische Teile aufgeteilt wurde:

• interner Netzteil und

• externer Netzteil.

Der interne Netzteil enthält einen internen DNS-Server, der hauptsächlich durch die interne Kommunikation in Anspruch genommen wird. Der externe DNS-Server wird bei der Kommunikation über das Internet verwendet.

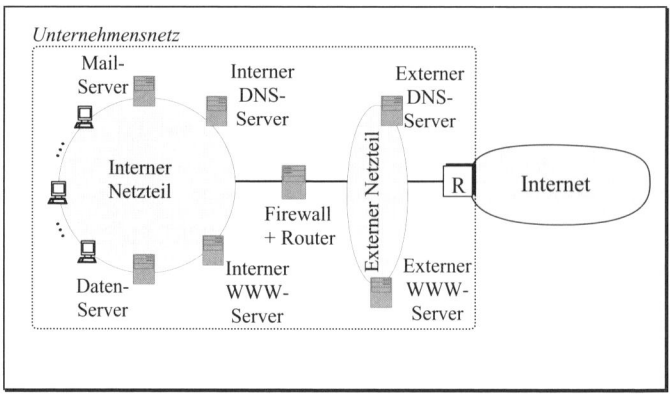

Abbildung 5.2-7:   Unternehmensnetz mit einem ausgelagerten externen Netzteil
R: Router

DNS-Server
und Firewall
Wie hier zu sehen ist, schützt die Firewall den internen Netzteil gegen Zugriffe durch die „fremden" Benutzer vom Internet, wobei den Rechnern im internen Netzteil der Zugriff auf Ressourcen im Internet gewährt wird. Die externen Server erlauben den Rechnern außerhalb des internen Netzteils, auf durch öffentliche Dienste zur Verfügung gestellte Ressourcen zuzugreifen. Diese externen Server müssen jedoch genau überwacht und gesichert werden, da sie direkt mit dem Internet verbunden sind und keine Zugriffskon-

trolle durch die Firewall ausüben. Der „Eingangs-" Router kann speziell erweitert (=> Filterfunktion für IP-Pakete) und zur Überwachung des Zugriffs von außen auf die externen Server eingesetzt werden.

Die DNS-Dienste für die externen und internen Netzwerke sollten vollständig voneinander getrennt sein, damit die Rechner außerhalb des internen Netzteils daran gehindert werden, die Namen und IP-Adressen von im internen Netzteil befindlichen Ressourcen ausfindig zu machen. Dadurch wird sichergestellt, daß die einzigen extern verfügbaren Informationen die Namen und IP-Adressen der externen Server (=> DNS- und WWW-Server) sind, die für die Bereitstellung öffentlicher Dienste des Unternehmens konfiguriert wurden.

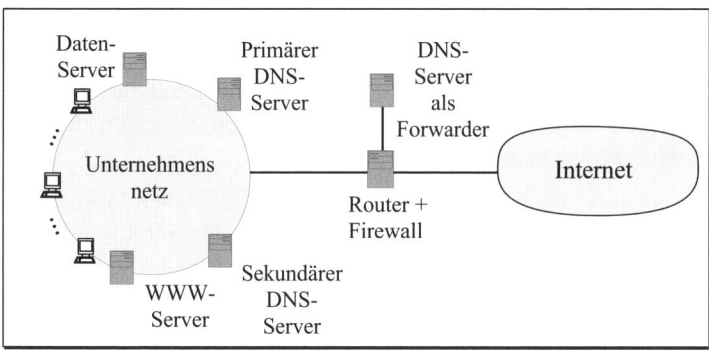

Abbildung 5.2-8:   Externer Name-Server als Forwarder

Den Rechnern aus dem internen Netzteil, die die Ermittlung von IP-Adressen auf den Internet-Zugriff fordern, müssen normalerweise die notwendigen Interaktionen mit den DNS-Servern im öffentlichen Internet ermöglicht werden. Aus diesem Grund sollte die Fähigkeit zum Datenaustausch außerhalb des internen Unternehmensnetzes nur bestimmten DNS-Servern eingeräumt werden. Ein DNS-Server, der zur Auswertung einer DNS-Abfrage außerhalb des privaten Netzes nach entsprechenden Daten sucht, wird als Forwarder bezeichnet. Den Einsatz eines Name-Servers als *Forwarder* illustriert Abbildung 5.2-8.

Einsatz eines Name-Servers als Forwarder

Nachdem ein externer DNS-Server als Forwarder eingerichtet wurde, sollten alle anderen DNS-Server im Netz für die Verwendung der Forwarder zur Auswertung von „fremden" Namen außerhalb des internen Netzes konfiguriert werden. Wenn ein Name-Server, der für die Verwendung eines Forwarders konfiguriert wurde, eine Abfrage erhält und diese anhand seiner Zonendateien nicht beantworten kann, gibt er die Abfrage an den Forwarder zurück. Daraufhin übernimmt der Forwarder die notwendigen Schritte, die zur Antwort auf diese Abfrage führen. In diesem Fall richtet er die Abfrage an einen übergeordneten Name-Server im Internet und gibt die erhaltene Antwort an den richtigen Name-Server im internen Netzteil zurück.

5.2.8 DNS und SMTP E-Mail

Eine wesentliche Anwendung des DNS besteht in der Unterstützung des Protokolls *SMTP* (*Simple Mail Transport Protocol* => Abschnitt 2.3.3), d.h. für die korrekte Zustellung von Internet E-Mail. Das DNS beinhaltet alle Informationen für die Übermittlung von SMTP E-Mail. Jede abgesandte SMTP E-Mail mit der Empfänger-Syntax *(MAIL TO:)*

> *user@host.domain.suffix*

wird zunächst hinsichtlich der Host-Information (der Teil der Adresse nach dem „@") einem DNS Lookup unterzogen, wobei zunächst der *MX-Record* des Zielrechners ermittelt wird und anschließend die Namensauflösung über den *A-Record* erfolgt (=> Abbildung 5.2-1).

MX-Records Zur Identifikation von SMTP *Mail Transfer Agents* (*MTA*) im Internet dienen die *Mail Exchange Records MX* in der DNS-Datenbank (vgl. Abschnitt 5.2.3), die das Aufsetzen eines Systems hierarchisch gestaffelter MTAs pro Zone gestatten. Über den MX-Record wird hierbei dem MTA ein (beliebiges) Gewicht zugeordnet, das im Zusammenspiel mit allen anderen MX-Einträgen dieser Zone die (inverse) Zusende-Reihenfolge bestimmt.

> *Beispiel*:
> In der BIND-Datei db.DOMAIN stehen untereinander die MX-Einträge:
>
> ```
>           IN   MX    5   smtp01.domain.com
>           IN   MX   10   smtp02.domain.com
> SMTP03    IN   MX   20   smtp03.domain.com
> ```
>
> Eine SMTP E-Mail an *empfaenger@host.domain.com* wird zunächst an den Rechner *SMTP01.domain.com* adressiert. Dieser ist zusammen mit *SMTP02* in der Zone *domain.com* für den Empfang der gesamten E-Mail vorgesehen, hat aber das geringere Gewicht (5) und wird daher bevorzugt angesprochen. Fällt *SMTP01* aus, verschickt der Sender die E-Mail automatisch an *SMTP02* (mit Gewicht 10). *SMTP01* und *SMTP02* sind für die weitere Verarbeitung der E-Mails in der Domäne verantwortlich, was z.B. über MX-Einträge auf einem internen Name-Server weiter detailliert wird. Es ist zu beachten, daß sich in den ersten beiden MX-Records kein Eintrag an erster Stelle befindet. Über den @-Substitutionsmechanismus wird hier automatisch die Zonenbezeichnung *domain.com* eingefügt. Der dritte MX-Eintrag beinhaltet das explizite Ansprechen von SMTP03 mit Gewicht 30.

MX-Records stellen neben den CNAME-Records einen Alias-Mechanismus bereit. Um eine indirekte Adressierung auszuschließen, verbietet RFC 1123 die Nutzung eines Alias-Namens (CNAME) im MX-Record. In der Praxis wird diese Einschränkung aber häufig umgangen. Wie im obigen Beispiel erläutert, erlauben die MX-Einträge eine Zonen- bzw. Host-bezogene Adressierung. Lediglich Rechner bzw. MTAs, die per MX-Record definiert sind, können über SMTP E-Mail erreicht werden.

6   Protokoll IPv6

Das massive Wachstum des Internets und die in diesem Zusammenhang entstehenden Probleme und neuen Anforderungen treiben die Entwicklung eines neuen Internetprotokolls zunehmend voran. Denn durch die nicht erweiterbare Adreßvergabe beim alten Protokoll IPv4 (v4 steht für Version 4) stößt der Adreßraum aufgrund der maximalen Länge einer IP-Adresse von nur 32 Bit bald an seine Grenzen. Darüber hinaus besteht zunehmend der Wunsch nach verbesserten Sicherheitsfunktionen sowie Multimedia und Echtzeitanwendungen. Diesen Forderungen soll mit einem neuen Protokoll IP entsprochen werden, das die Bezeichnung *IPv6* (v6 steht für Version 6) trägt. Oft wird IPv6 auch als IPnG *(next Generation)* bezeichnet. An dieser Stelle ist zu erwähnen, daß die Nummer 5 für das *Stream Protocol (ST)* als eine IP-Variante bereits vergeben wurde. Somit stellt das IPv6 die nächste Generation von IPv4 dar.

Mit IPv6 steht ein mächtiges Protokoll zur Verfügung, mit dem auch die Konfiguration und Verwaltung von LANs und WANs deutlich vereinfacht werden kann. Beim IPv6 wurde nicht nur der Adreßraum auf 128 Bits erweitert, sondern zugleich auch eine Vielzahl wichtiger Erweiterungen eingeführt. Diese reichen von eingebauten Sicherheitsfunktionen über mehr Flexibilität bis hin zu „Plug-and-Play"-Funktionalität sowie der Unterstützung von Multimedia und Echtzeitanwendungen.

6.1   IPv6-Besonderheiten

Bevor wir auf die wichtigsten Besonderheiten von IPv6 eingehen, wird zunächst der Aufbau des IPv6-Headers dargestellt. Eines der wichtigsten Ziele bei der Entwicklung von IPv6 war, die unter IPv4 recht umfangreiche und nur aufwendig zu bearbeitende Struktur der IPv4-Header einerseits zu vereinfachen und andererseits die Flexibilität und Möglichkeiten für zukünftige Erweiterungen zuzulassen.

Aufbau des Abbildung 6.1-1 zeigt die Struktur des Headers von IPv6. Man beachte, daß *IPv6-Headers* einige sogenannte Erweiterungs-Header direkt nach dem IPv6-Header ins Paket eingebettet werden können (=> Abbildung 6.2-1). Somit demonstriert Abbildung 6.1-1 nur den Fall, in dem keine Erweiterungs-Header *(Extension Headers)* im IPv6-Datenpaket enthalten sind.

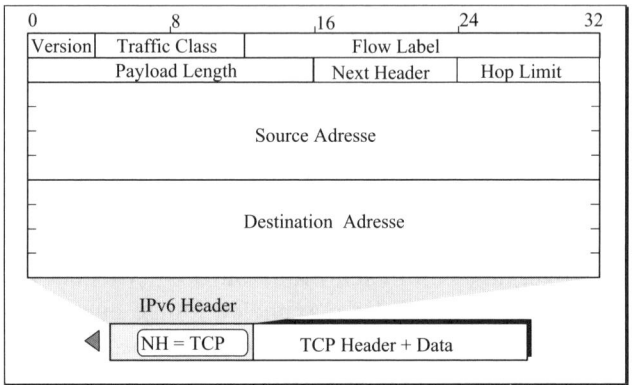

Abbildung 6.1-1:   Struktur des Headers von IPv6
NH: Next Header

Der IPv6-Header stellt eine deutliche Vereinfachung und Erweiterung gegenüber dem IPv4-Header dar. Wie bereits in Abschnitt 3.2 gezeigt wurde, besteht der Header des IPv4 aus zehn Feldern, zwei jeweils 32 Bit langen Adressen und einem Optionenfeld, das immer bis zur nächsten 32-Bit-Grenze aufgefüllt wird. Diese Konstruktion führt beim IPv4-Header zu einer Länge von 20 Bytes ohne Optionen. Die minimale Größe von IPv4-Paketen ist 48 Bytes.

128 Bit Im Gegensatz dazu verfügt der IPv6-Header nur über sechs Felder, zwei *IP-Adressen* jeweils 128 Bit lange Adressen und keine Optionen. Die Anzahl der Felder wurde auf das Minimum beschränkt, um den Paket-Overhead zu verringern und damit die Effizienz der Übertragung zu verbessern. Trotz viermal so langer Quell- und Ziel-Adressen, die allein 24 Bytes belegen, ist der IPv6-Header mit 40 Bytes nur doppelt so lang wie der IPv4-Header.

Die Angaben in den einzelnen Feldern des IPv6-Headers haben folgende Bedeutung:

*   *Version*
    In diesem 4-Bit-Feld wird die Version des IP-Protokolls angegeben. Für das Protokoll IPv6 enthält dieses Feld 6.

- *Traffic Class*

  Dieses 8-Bit-Feld ermöglicht dem Sender bzw. den Routern im Netz, die zu übertragenden IP-Pakete einer *Verkehrsklasse* zuzuordnen.

  Die Übermittlung unterschiedlicher Informationsarten (Daten, Sprache, Video) in Netzen über das IP-Protokoll stellt an diese Netze bestimmte QoS-Anforderungen (*Quality of Service*). Um sie zu erfüllen, müssen IP-Pakete mit zeitkritischen Daten (Sprache, Video) mit einer höheren Priorität im Netz behandelt werden. Hierzu werden IP-Pakete Verkehrsklassen zugeordnet, denen jeweils eine bestimmte Übertragungspriorität im Netz zugewiesen wird. Die Zuordnung eines IP-Paketes zu einer Verkehrsklasse erfolgt durch den Eintrag im Traffic-Class-Feld.

  Die Bildung von Verkehrsklassen aus den zu übertragenden IP-Paketen und die Vergabe den Verkehrsklassen von unterschiedlichen Prioritäten führt zur Differenzierung der übertragenen Ströme von IP-Paketen. Man bezeichnet dies als differenzierte Services (*Differentiated Services*, *DiffServ*). Bei den differenzierten Services wird das Traffic-Class-Feld in das DS-Feld (DiffServ-Feld) umdefiniert und bietet die Möglichkeit, den IP-Paketen festgelegte Prioritäten zuzuordnen, die man DiffServ-Code-Points nennt Die Struktur des DS-Feldes wurde bereits in Abbildung 3.2-2 dargestellt.

- *Flow Label (Übertragungsart)*

  Dieses 20-Bit-Feld stellt die zufällig gewählte Identifikationsnummer einer virtuellen Ende-zu-Ende-Verbindung dar. Diese Angabe kann dazu genutzt werden, jene Pakete zu kennzeichnen, die eine besondere Behandlung im Übermittlungsnetz benötigen. Die Router auf der Übertragungsstrecke können alle zu einer Ende-zu-Ende-Verbindung gehörenden Pakete anhand ihres Flow Label direkt weiterleiten, ohne den Rest des IPv6-Headers auswerten zu müssen. Eine derartige Weiterleitung der Pakete könnte beispielsweise ermöglichen, isochrone Bitströme bei der Multimedia-Kommunikation über TCP/IP-Netze zu übermitteln. Derzeit existiert noch keine feste Spezifikation der Codierung dieses Feldes. Im normalen Datenverkehr enthält dieses Feld den Wert 0.

- *Payload Length (Nutzlastlänge)*

  Hier wird angegeben, wie viele Bytes (Oktetts) nach dem IPv6-Header als Nutzlast *(Payload)* noch folgen. Somit kann diese Angabe als Nutzlastlänge gesehen werden. Da dieses Feld 16 Bits enthält, lassen sich theoretisch maximal $2^{16} = 65536$ Bytes als Nutzlast (weitere Steuerungsangaben und Daten) in einem IPv6-Paket transportieren. Eine Nutzlastlänge von 0 verweist auf ein sogenanntes *Jumbo-Paket* (=> Abschnitt 6.4).

- *Next Header (Nächster Header)*
  In diesem 8-Bit-Feld wird den Header-Typ (beispielsweise des nächst-höheren Protokolls TCP bzw. UDP) angezeigt, welcher unmittelbar nach dem IPv6-Header folgt. Der Next Header kann ebenfalls eine Erweiterung des IPv6-Headers darstellen, um bestimmte zusätzliche Steuerungsangaben über das Netz zu übermitteln (=> Abbildung 6.2-2).

- *Hop Limit (Hop-Anzahl)*
  Dieses 8-Bit-Feld gibt die maximale Anzahl von Routern an, die ein Paket durchlaufen darf, bevor es automatisch gelöscht wird. Dies entspricht dem Feld *Time to Live* des IPv4-Protokolls. Der hier eingetragene Wert wird in jedem durchlaufenen Router um 1 reduziert. Der Router, der den Wert auf 0 setzt, verwirft das betreffende Paket.

- *Source Address (Quell-Adresse)*
  In diesem Feld steht eine 128-Bit-IP-Adresse des Quell-Rechners.

- *Destination Address (Zieladresse)*
  Dieses Feld enthält eine 128-Bit-Adresse des Empfängers. Falls ein Routing Header als eine Erweiterung des IPv6-Headers existiert, kann hier aber auch die Adresse einer Zwischenstation (z.B. ein geforderter Router) angegeben werden.

Eine wichtige Besonderheit von IPv6 besteht darin, daß einige zusätzliche Steuerungsangaben in Form von festgelegten Erweiterungs-Headern (*Extension Headers*) zwischen dem IPv6-Header und dem TCP/UDP-Header eingebettet werden können.

6.2 Erweiterungs-Header

Das Feld *Next Header* im IPv6 Header nimmt eine zentrale Rolle bei der Strukturierung der IPv6-Pakete ein und mit dessen Hilfe können die Verweise auf die Erweiterungen des IPv6-Headers gemacht werden. Die Angabe *Next Header* im IPv6-Header weist darauf hin, was direkt nach dem IPv6-Header folgt. Es sind im allgemeinen zwei Fälle zu unterscheiden:

- entweder ein TCP- bzw. UDP-Header und mit den dazugehörigen Daten (=> Abbildung 6.1-1),

- oder ein weiterer *Erweiterungs-Header*, der wiederum ein Feld *Next Header* enthält.

Next Header Im *Next Header* wird auf eventuell zusätzlich vorhandene Optionen bzw. andere Steuerungsangaben im nächsten Erweiterungs-Header hingewiesen.

In einem IPv6-Paket lassen sich beliebig viele Erweiterungs-Header ver-
schachteln, bis schließlich der Header des entsprechenden Transportprotokolls (z.B. TCP) beginnt. Das Prinzip einer derartigen Erweiterung des
IPv6-Headers illustriert Abbildung 6.2-1. Ein IPv6-Paket kann keinen, einen
oder mehrere Erweiterungs-Header enthalten.

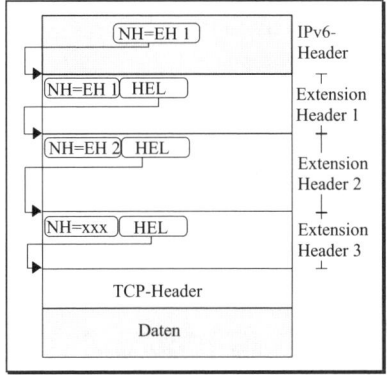

Abbildung 6.2-1:   Prinzip der Erweiterung des IPv6-Headers
                          EH: Extension Header, NH: Next Header,
                          HEL: Hdr Ext Len = Header Extension Length

Die zwei Beispiele für die Erweiterung des IPv6-Headers zeigt Abbildung   *Routing*
6.2-2. Im Beispiel in Abbildung 6.2-2a folgt ein *Routing-Header* dem IPv6-   *Header*
Header, in dem wiederum ein Verweis NH *(Next Header)* enthalten ist, welches auf den TCP-Header verweist. Abbildung 6.2-2b illustriert eine mehrfache Verschachtelung von Erweiterungs-Headern. Der IPv6-Header verweist zuerst auf den *Routing Header*, dieser wiederum verweist auf den
Fragment Header und dieser schließlich auf den TCP-Header mit den Daten
des nächsthöheren Protokolls.

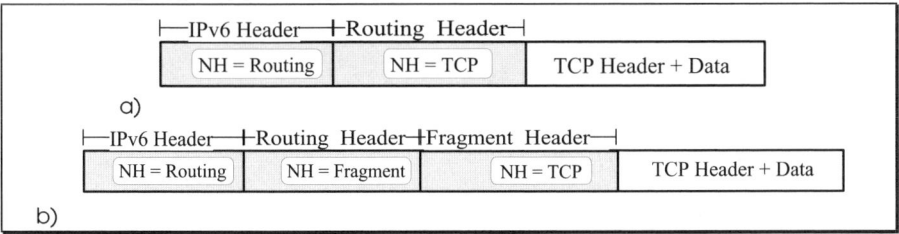

Abbildung 6.2-2:   Erweiterung des IPv6-Headers:
                          a) mit nur einem Erweiterungs-Header
                          b) mit mehreren verschachtelten Erweiterungs-Headern

Nach dem IPv6-Header kann im allgemeinen entweder

- ein Erweiterungs-Header oder
- ein Header eines Transportprotokolls (TCP, UDP), eines Routing-Protokolls bzw. eines sonstigen Protokolls (z.B. ICMP) folgen.

Header-Typen Eine Zusammenstellung der wichtigsten Header-Typen, die nach dem IPv6-Header folgen können, bietet Tabelle 6.2-1.

NH	Typ des nächste Headers
0	Hop-by-Hop Options Header
1	ICMP für IPv4
2	ICMP für IPv6
3	Gateway-to-Gateway Protocol
4	IPv4-Encapsulation
6	TCP Header
17	UDP Header
29	ISO Transport Protocol Class 4
43	Routing Header (IPv6)
44	Fragment Header (IPv6)
51	Authentication Header
52	Encapsulation Security Payload
59	kein nächster Header
60	Destination Options Header
89	OSPF-Header

Tabelle 6.2-1:   Mögliche Headers nach dem IPv6-Header
NH: Next Header, ICMP: Internet Control Message Protocol,
OSPF: Open Shortest Path First Routing

Im Protokoll IPv6 sind folgende Erweiterungs-Header vorgesehen:

- *Hop-by-Hop Options Header*,
- *Routing Header*,
- *Fragment Header*,
- *Destination Options Header*,
- *Authentication Header*,
- *Encapsulation Security Payload*.

Jeder Erweiterungs-Header mit Ausnahme des *Destination Options Header* sollte in einem Paket nur einmal enthalten sein. Der Destination Options Header kann maximal zweimal verwendet werden. Werden mehrere Erweiterungs-Header in einem IPv6-Paket eingesetzt, so wird eine festgelegte Reihenfolge vorgeschlagen. Diese Reihenfolge zeigt Abbildung 6.2-3. Hierbei wurde ein Sonderfall angenommen, in dem ein IPv6-Paket sämtliche Erweiterungs-Header enthält.

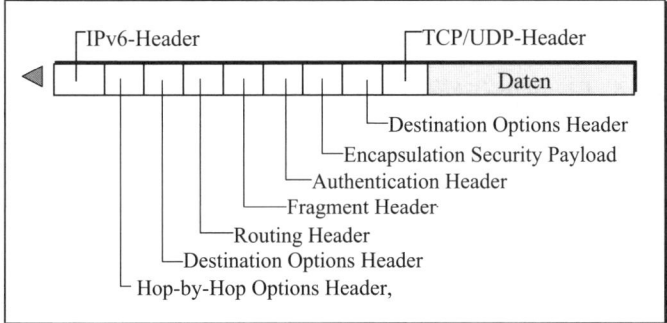

Abbildung 6.2-3:   IPv6-Paket mit allen zulässigen Erweiterungs-Headers in der vorgeschriebenen Reihenfolge

- *Hop-by-Hop Options Header*
  Der Hop-by-Hop Options-Header enthält sogenannte *Type-Length-Value*-Angaben (kurz *TLV-Angaben*), die als Optionen bezeichnet werden. Da diese TLV-Angaben in jedem Router (Zwischensystem) unterwegs interpretiert werden, muß dieser Options Header direkt nach dem IPv6-Header folgen. Dadurch läßt sich die für die Paketvermittlung notwendige Zeit in Routern reduzieren.

- *Destination Options Header*
  Der Destination Options Header kann in einem IPv6-Paket zweimal vorkommen. Diese Header können die TLV-Angaben sowohl für Router als auch für das Ziel-Endsystem enthalten. Enthält ein Destination Options Header die TLV-Angaben für Router, so folgt dieser Header direkt nach dem Hop-by-Hop Options Header. Die TLV-Angaben für das Ziel-Endsystem werden in einem anderen Destination Options Header transportiert, der als letzter Erweiterungs-Header auftritt.

- *Routing Header*
  Im Routing Header wird eine Liste von Routern bzw. von anderen Zwischensystemen angegeben, die das übermittelte Paket unterwegs „besuchen" muß (=> Abbildung 6.5.2). Mit Hilfe dieses Erweiterungs-Headers läßt sich ein IPv6-basiertes *Source-Routing* realisieren.

- *Fragment Header*
  Mit Hilfe des Fragment Headers ist es der Quelle von IPv6-Paketen

möglich, ein langes Paket (länger als die vereinbarte MTU-Länge) auf eine Reihe von Teilpaketen (Fragmenten) aufzuteilen. Der Fragment Header enthält auch die benötigten Steuerungsangaben, um eine Folge von Fragmenten am Ziel-Endsystem wieder zu einem Paket zusammenzusetzen.

6.3   IPv6-Flexibilität mit Options Headern

Die grundsätzliche Idee bei der Entwicklung von IPv6 bestand darin, daß der IP6-Header bei Bedarf mit optionalen Headern *(Options Headers)* zusätzlich ergänzt werden kann. Mit diesen Options Headern ist es möglich, die neuesten Entwicklungen wie RSVP *(Resource Reservation Protocol)*, Multicast (Gruppenadressierung), RTP *(Real Time Transport Protocol)*, Mobile-IP und Sicherheitsfunktionen zu unterstützen.

Options Es sind folgende Arten von Options Headern zu unterscheiden:
Header
- *Destination Options Header*
  Im diesem Header werden zusätzliche Steuerungsangaben als Empfänger-Optionen für den Empfänger des Pakets gemacht. Mit den Empfängeroptionen vom Typ 1 werden zusätzliche Steuerinformationen dem Empfänger (z.B. einem Router) des Pakets auf der ersten Zwischenetappe angegeben. Dagegen sind die Empfänger-Optionen von Typ 2 für das endgültige Zielsystem des Pakets gedacht.

- *Hop-by-Hop Options Head*er
  Es ist notwendig, daß ein Paket auf seinem Weg zum Ziel wichtige Informationen für die Zwischenstationen *(Hops)* enthält. Der Hop-by-Hop-Options Header dient der Übermittlung von Angaben, die in jedem zu passierenden Router bzw. einem anderen Zwischensystem auf dem Weg von der Datenquelle bis zum Datenziel beachtet werden müssen.

6.3.1   Aufbau der Options Header

Sowohl der Hop-by-Hop als auch der Destination Options Header weisen die gleiche in Abbildung 6.3-1 dargestellte Struktur auf. Diese Options Header besitzen eine variable Länge und lassen sich daher anwendungsspezifisch verwenden.

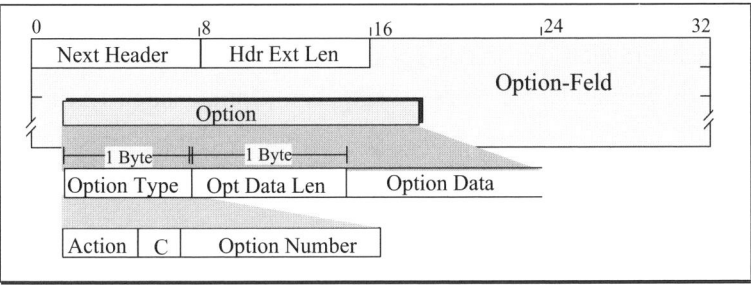

Abbildung 6.3-1:   Struktur von Options Headern

Die einzelnen Felder im Options Header haben folgende Bedeutung:

Options Header Felder

- *Next Header*
  Hier wird ein Verweis auf den nächsten Header gemacht (=> Abbildung 6.2-1)

- *Hdr Ext Len (Header Extension Length)*
  Dieses 8-Bit-Feld gibt die Länge des Options Headers an, die immer ein Vielfaches von 8 Bytes betragen muß.

- *Options*
  Dieses Feld enthält eine Liste von übermittelten Optionen. Jede Option setzt sich aus folgenden Angaben zusammen:

  – *Option Typ* (Optionstyp),

  – *Option Data Length* (Opt Data Len, Länge von Optionsdaten) und

  – *Option Data* (Optionsdaten).

Der Optionstyp ist ein 8-Bit-Wert, dessen zwei höchstwertige Bits die Aktion *(Action)* definieren, die das System ausführen muß, falls es die betreffende Option nicht kennt. Es sind folgende Aktionen vorgesehen:

- Aktion = 00 sorgt dafür, daß diese Option übersprungen wird und das betreffende System zur Bearbeitung der nächsten Option übergeht.

- Aktion = 01 bestimmt, daß das gesamte Paket verworfen und keine Fehlermeldung an den Absender des Pakets gesendet wird.

- Aktion = 10 veranlaßt, daß das gesamte Paket verworfen und eine Fehlermeldung (als ICMP-Nachricht) an den Absender gesendet wird, falls es sich bei der Zieladresse um eine Multicast-Adresse handelt.

- Aktion = 11 legt fest, daß das gesamte Paket verworfen und eine Fehlermeldung an den Absender gesendet wird, falls es sich bei der Zieladresse um keine Multicast-Adresse handelt.

Das Bit C zeigt an, ob die nachfolgenden Optionsdaten auf dem Weg zum Ziel verändert werden dürfen oder nicht:

– C= 0: verbietet eine Veränderung von Optionsdaten (z.B. in einem Router);

– C = 1: erlaubt die Modifikation von Optionsdaten.

Action Bits Mit den *Action Bits* wird eine wichtige Angabe in bezug auf die künftige Nutzung des Internets für die Übertragung von sicherheitsrelevanten Daten gemacht. Sie erlaubt dem Absender solcher Daten festzulegen, ob z.B. im Falle einer technisch bedingten oder bösartig herbeigeführten Unterbrechung seiner Standardroute Datenpakete verworfen werden sollen oder nicht.

6.3.2 Belegung des Option-Feldes

Das Option-Feld (=> Abbildung 6.3-1) innerhalb des Hop-by-Hop Headers bzw. des Destination Options Headers stellt eine Fläche zur Verfügung, die durch die verschiedenen Optionen natürlich auch mit unterschiedlichen Längen belegt werden kann. In diesem Zusammenhang sind einige Prinzipien der Belegung des Option-Feldes zu beachten: Ein x-Byte-Datenfeld sollte vom Header-Anfang um ein Vielfaches von x-Bytes plaziert werden. Somit kann die Entfernung des Option Headers (=> Abbildung 6.2-3) von Beginn des Hop-by-Hop Headers bzw. des Destination Options Headers nach einer der folgenden *Belegungsregeln*

• n*4-Bytes + 2-Bytes,

• n*4-Bytes + 3-Bytes bzw.

• n*8-Bytes + 2-Bytes (n = 0, 1, 2. ...)

vorgenommen werden. Empfehlung: Die Länge von Hop-by-Hop Headern und Destination Options Headern sollte immer ein Vielfaches von 8-Bytes betragen.

Um die erwähnten Regeln realisieren zu können, werden zwei Fülloptionen *(Padding Optionen)* definiert:

• Option *Pad1* mit der 1-Byte-Länge.
Diese Option wird verwendet, um eine 1-Byte-Fläche im Option-Feld mit „künstlichen" Daten zu füllen.

• Option *PadN* mit der N-Byte-Länge.
Diese Option wird verwendet, um eine (N–2)-Byte-Fläche im Option-Feld mit 0-Wert-Bytes (x'00') nach Bedarf zu füllen.

Das Prinzip der Belegung des Option-Feldes wird nun anhand einiger Beispiele näher dargestellt.

Beispiel 1: Das Option-Feld soll eine Option X mit folgenden beiden Datenfeldern enthalten:

- 1-tes Datenfeld ist 4-Byte lang und
- 2-tes Datenfeld ist 8-Byte lang.

Die Belegung des Option-Feldes in diesem Beispiel zeigt Abbildung 6.3-2 (vgl. auch Abbildung 6.3-1).

0	8	16	24	32
Next Header	Hdr Ext Len = 1	Option Type = X	Opt Data Len = 12	
4-Byte-Datenfeld				
8-Byte-Datenfeld				

Abbildung 6.3-2:   Belegung des Option-Feldes mit einer 12 Byte langen Option

Hier gilt die Belegungsregel n*4-Bytes + 2-Bytes (n = 0), d.h. die Option beginnt in der Entfernung 2-Bytes vom Anfang des Headers.

Beispiel 2: Das Option-Feld Y soll eine Option mit folgenden drei Datenfeldern enthalten:

- 1-tes Datenfeld ist 1-Byte lang,
- 2-tes Datenfeld ist 2-Byte lang und
- 3-tes Datenfeld ist 4-Byte lang.

Die Belegung des Option-Feldes in diesem Fall zeigt Abbildung 6.3-3.

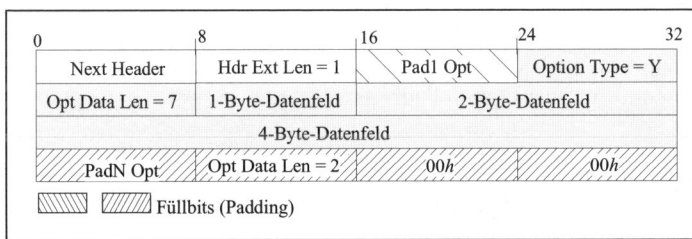

Abbildung 6.3-3:   Belegung des Option-Feldes mit 7-Byte langen Options-Angaben

Hier gilt die Belegungsregel n*4-Bytes + 3-Bytes. Die Option beginnt in der Entfernung 3-Bytes von Header-Beginn. Um dies zu erreichen, wird das 3-te Byte mit einer Option Pad1 gefüllt, die keine Steuerungsangaben enthält. Das 4-Byte-Datenfeld beginnt nach n*4-Bytes (n = 2) vom Anfang des Headers. Um die gesamte Länge des Options Header auf ein Vielfaches von 8 Bytes zu ergänzen, werden die letzten vier Bytes mit *PadN* gefüllt.

Beispiel 3: Der Hop-by-Hop bzw. Destination Options Header soll die beiden Optionen X und Y aus den vorherigen Beispielen 1 und 2 enthalten. Abbildung 6.3-4a demonstriert den Fall, wenn zuerst Option X und dann Option Y im Option-Feld plaziert werden. Es sei vermerkt, daß die letzten vier Bytes mit PadN gefüllt werden, um die gesamte Gesamtlänge auf ein Vielfaches von 8-Bytes zu ergänzen.

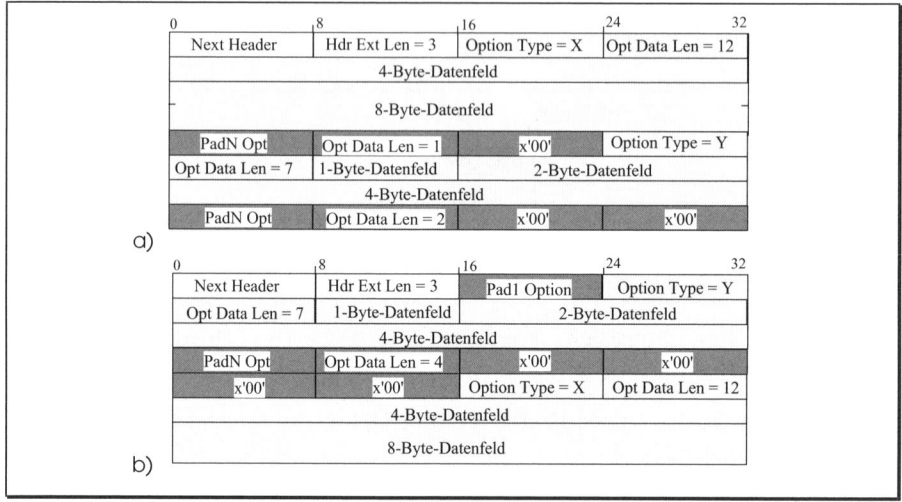

Abbildung 6.3-4:   Option-Feld mit mehreren Option-Typen folgender Belegung:
a) zuerst Option vom Typ X und dann Option vom Typ Y
b) zuerst Option vom Typ Y und dann Option vom Typ X

Abbildung 6.3-4b zeigt die Situation, in der zuerst die Option Y und dann die Option X im Option-Feld plaziert wird. Da ein 8-Byte-Datenfeld von Header-Anfang um ein Vielfaches von 8-Bytes plaziert werden sollte, wird hier die 4te „Zeile" mit der Option PadN gefüllt.

6.4   Übertragung großer Datenmengen mit Jumbo Payload Option

Ebenso wie beim Protokoll IPv4 stehen auch nur 16 Bits im Feld *Payload Length* des IPv6-Headers zur Verfügung, um die Länge von Nutzdaten anzugeben. Dadurch können die Nutzdaten nicht mehr als 65 535 Bytes betragen. Falls größere Mengen von Nutzdaten in einem IPv6-Paket übertragen werden sollen, kann dies mit Hilfe der sogenannten *Jumbo Payload Option* im Hop-by-Hop Options Header markiert werden.

Die Struktur eines Hop-by-Hop Options Headers mit Jumbo Payload Option illustriert Abbildung 6.4-1.

0	8	16	24	32
Next Header	Hdr Ext Len	Type = 194	Opt Data Len = 4	
Jumbo-Payload-Länge				

Abbildung 6.4-1:   Hop-by-Hop Options Header mit Jumbo Payload Option

Sollen in einem IPv6-Paket mehr Nutzdaten als 65 535 Bytes transportiert werden, so kann der Hop-by-Hop Options Header verwendet werden, indem die Paketlänge als *Jumbo Payload Length* angegeben wird. Dies veranschaulicht Abbildung 6.4-2.

Hop-by-Hop Options Header

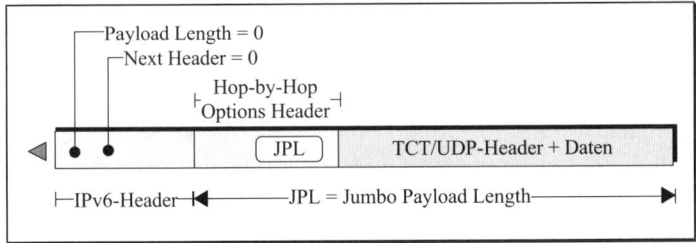

Abbildung 6.4-2:   IPv6-Paket mit Jumbo Payload

Hier zeigt sich, daß die Angaben *Payload Length* und *Next Header* im IPv6-Header den Wert 0 enthalten müssen.

6.5 Source Routing beim IPv6

Mit dem Protokoll IPv6 läßt sich das sogenannte *Source Routing* unterstützen, d.h. das Routing, mit dessen Hilfe der Weg von Daten durch ein Netz von der Quelle (Source) festgelegt wird. Um eine solche Art des Routings zu realisieren, kann der IPv6-Header mit einem Routing Header erweitert werden (=> Abbildung 6.2-2). Die allgemeine Struktur des *Routing Headers* ist in Abbildung 6.5-1a dargestellt.

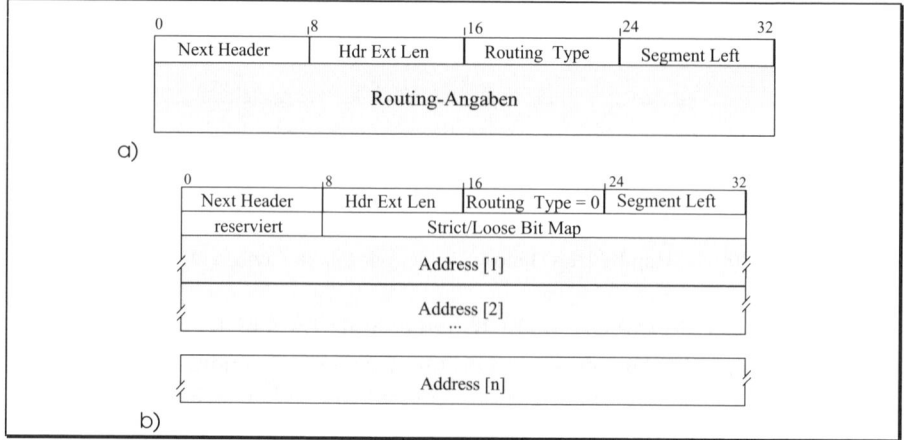

Abbildung 6.5-1:   Routing Header:
a) allgemeine Struktur
b) Header mit Routing Typ 0

Routing Type Mit der Angabe *Routing Type* sind unterschiedliche Source Routing Varianten möglich. Z.Z. ist nur das *Source Routing vom Typ 0* festgelegt. Die Struktur des Routing Headers bei diesem Routing-Typ zeigt Abbildung 6.5-1b. Die einzelnen Angaben in diesem Header haben folgende Bedeutung:

- *Segment Left*
  Hier wird die Anzahl der restlichen „*Routing-Segmente*", die das betreffende Paket bis zum Ziel durchlaufen muß, eingetragen. Ein Routing-Segment ist als *Hop* bzw. *Route-Abschnitt* zu sehen.

- *Strict/Loose Bit Map*
  Dies ist eine Bitfolge b0, b1, ..., bi, ..., b23, in der jedes Bit einem Routing-Segment entspricht, die eine Art *Route-Vorschreibung* darstellt. Mit Hilfe dieses Feldes entsteht die Möglichkeit, eine Teilstrecke einer Route fest vorzuschreiben bzw. deren Auswahl dem Router zu überlassen (=> Abbildung 6.5-2 und 6.5-3). Mit bi = 1 wird darauf verwiesen, daß Router *i* ein direkter Nachbar von Router *i–1* ist. Dies bedeutet, daß Router *i–1* das Paket direkt an Router *i* adressieren muß. Der Fall bi = 0 bedeutet nur, daß Router *i* kein direkter „Nachbar"-Router ist, sondern Router *i* das nächste Ziel des Paketes darstellt. Router *i–1* leitet das Paket nach seiner Routing-Tabelle zum Router *i* als Ziel weiter.

- *Address [i]*
  Hier wird die IPv6-Adresse des Routers *i* bzw. des Ziel-Endsystems angegeben.

Abbildung 6.5-2 demonstriert, wie eine Ende-zu-Ende-Route mit Hilfe des Feldes *Strict/Loose Bit Map* vollständig vorgeschrieben werden kann. In diesem Fall ist bi = 1, i = 1, 2, 3, 4. Das Feld *Address A[i]* wird vom Router *i* gelesen und enthält die IPv6-Adresse des nächsten Routers *i+1*.

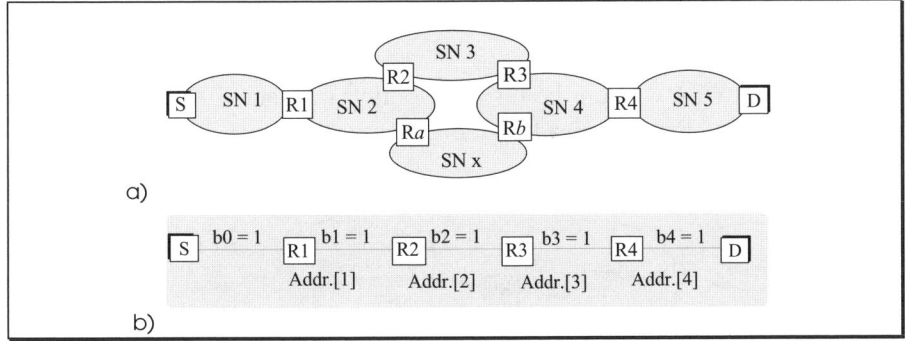

a)

b)

Abbildung 6.5-2:   Ende-zu-Ende-Kommunikation:
a) physikalischer Verbund von Subnetzen
b) Route mit festgelegten Routing-Abschnitten
S: Source, D: Destionation, R: Router, SN: Subnetz

Abbildung 6.5-3 zeigt eine teilweise festgelegte Ende-zu-Ende-Route. Da b1 = 0 ist, bedeutet dies, daß der Router *R2* kein direkter Nachbar-Router vom Router *R1* ist. Von Router *R1* bis zu Router *R2* wird das Paket geroutet, d.h. zwischen den beiden Routern *R1* und *R2* existiert ein freier (nicht festgelegter) Routing-Abschnitt. Das Feld *Address A[1]* wird von Router *R1* gelesen und als die IPv6-Adresse des nächsten Ziels interpretiert.

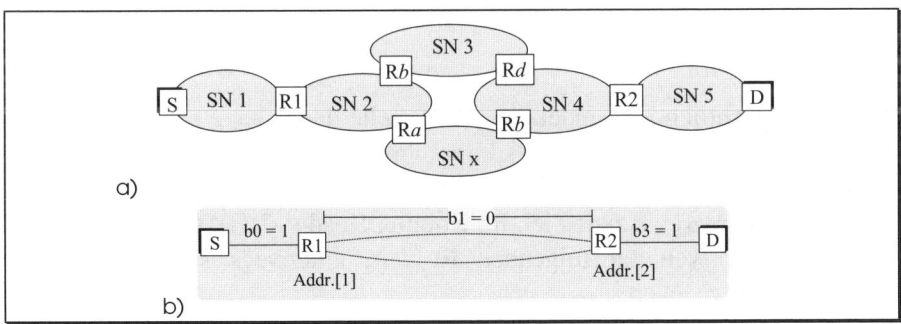

a)

b)

Abbildung 6.5-3:   Ende-zu-Ende-Kommunikation:
a) physikalischer Verbund von Subnetzen
b) Route mit zwei festgelegten Routing-Abschnitten und einem freien Routing-Abschnitt
S: Source, D: Destionation, R: Router, SN: Subnetz

Beispiel für Das Prinzip des Source Routing beim Protokoll IPv6 illustriert Abbildung
Source 6.5-4. Es wurde hier angenommen, daß die Daten zwischen der Quelle *S*
Routing *(Source)* und dem Ziel *D (Destination)* über die Router *R1*, *R2* und *R3*
übermittelt werden sollen. Die hierfür notwendigen Steuerungsangaben
werden von der Datenquelle im *Routing Header* festgelegt. Im diesem Fall
bestimmt die Quelle das Routing, so daß man von *Source Routing (Quell-
Routing)* spricht.

In Abbildung 6.5-4 werden die für das Routing relevanten Angaben in dem
IPv6-Header und Routing Header gezeigt.

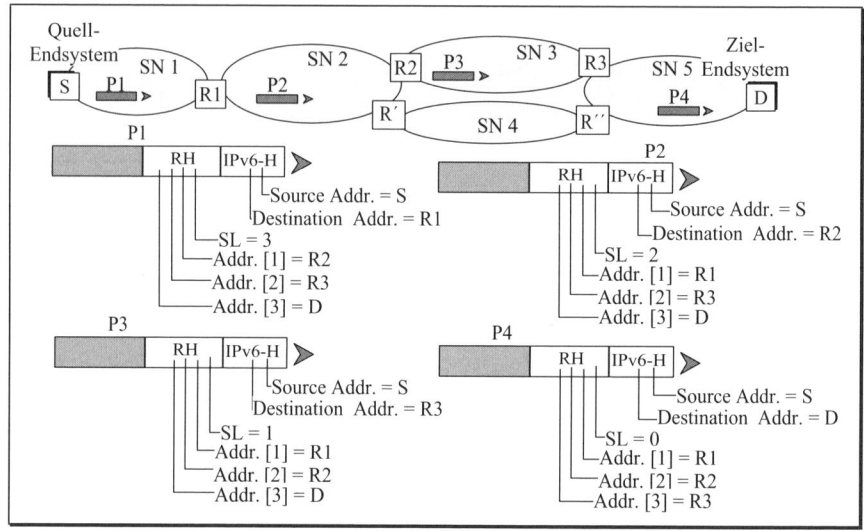

Abbildung 6.5-4:   Beispiel für einen Ablauf von Source Routing beim IPv6
IPv6-H: IPv6-Header, RH: Routing Header, SL: Segments Left,
SN: Subnetz

Wie hier ersichtlich ist, sendet die Datenquelle das Paket *P1* direkt an Rou-
ter *1*, so daß die Destination Address im IPv6-Header die Adresse von
Router *1* darstellt. Das Paket *P1* vom Subnetz *1* aus hat noch drei Routing-
Segmente (SL = 3) bis zum Ziel. Im Routing Header (RH) werden die IPv6-
Adressen von weiteren folgenden Routern unterwegs sowie des Ziel-
Endsystems angegeben.

Router *R1* sendet die Daten in Form des Paketes *P2* weiter, in dem die
Adresse von Router *R2* als Zieladresse im IPv6-Header gesetzt wird. An der
Stelle Addr.[1] im Routing Header wird nun die IPv6-Adresse von Router
R2 als Absender übertragen. Dem Paket *P2* bleiben noch zwei Routing-

Segmente zum Ziel, so daß SL = 2 ist. Die letzten beiden Adressen im Routing Header bestimmen den weiteren Weg von Daten.

Router *R2* sendet die Daten als Paket *P3* direkt an Router *R3*, in dem er die Adresse Router *R3* als Zieladresse im IPv6-Header setzt. An der Stelle Addr.[2] im Routing Header wird nun die IPv6-Adresse Router *R1* als Absender eingetragen. Dem Paket *P3* bleibt noch ein Routing-Segment zum Ziel, so daß SL = 1 ist. Die letzte Adresse im Routing Header bestimmt den weiteren Weg von Daten.

Router *R3* sendet die Daten als Paket *P4* direkt an das Ziel-Endsystem. In diesem Paket enthält der IPv6-Header die Adresse des Ziel-Endsystems. An der Stelle Addr.[3] im Routing Header wird nun die IPv6-Adresse von Router *R3* als Absender eingetragen. Das Paket *P4* hat keine weiteren Routing-Segmente (Routing-Abschnitte) zum Ziel, so daß SL = 0 ist. Der Routing Header im Paket auf dem letzten Routing Segment (d.h. Paket *P4*) enthält eine Liste von IPv6-Adressen aller unterwegs liegenden Router.

Es ist zu bemerken, daß folgender Austausch von Adressen (abgekürzt *Add.*) im Router Ri stattfindet: *Austausch von Adressen*

> (Add. [i+1] im Routing Header = Add. des Routers i+1 im Routing Header)
> => Zieladresse im IPv6-Header,
> (Zieladresse im IPv6-Header = Adresse des Routers i)
> => Add. [i] im Routing Header.

6.6 Fragmentierung langer IPv6-Pakete

Mit Hilfe des *Fragment Headers* ist ein IPv6-Paket, dessen Länge den vereinbarten MTU-Wert *(Maximal Transfer Unit)* überschreitet, auf eine Reihe zusammenhängender Teile (sogenannter *Fragment-Pakete*) zerlegbar. Die einzelnen Fragment-Pakete können selbständig übermittelt werden. Diesen Vorgang bezeichnet man als *Fragmentierung*. Es ist darauf hinzuweisen, daß die Fragmentierung von IPv6-Paketen nur bei der Quelle dieser Pakete erfolgen kann. Im Gegensatz dazu kann die Fragmentierung langer IPv4-Pakete in Routern stattfinden.

Liegt ein so langes IPv6-Paket bei der Quelle vor, daß der vereinbarte MTU-Wert überschritten wird, kann dieses Paket als Folge von mehreren und „kleineren" Fragment-Paketen übermittelt werden. Hierfür wird der Erweiterungs-Header *Fragment Header* verwendet. Dessen Struktur zeigt Abbildung 6.6-1. *Fragment Header*

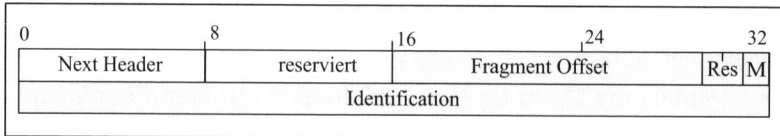

Abbildung 6.6-1:   Struktur des Fragment Headers
Res: Reserviert

Die einzelnen Steuerungsangaben im Fragment Header haben folgende Bedeutung:

- *Fragment Offset*
  Dieses 13-Bit-Feld gibt den Abstand (*Offset*) des Datensegments in Anzahl von Bytes ab Datenbeginn an.

- *M-Flag*
  Mit M-Flag wird das letzte Fragment-Paket mit M = 0 markiert. In anderen Paketen muß es M = 1 sein.

- *Identification*
  Für jedes Paket, das aufgeteilt werden muß, wird eine Identifikation (ID) generiert.

Fragment- Diese Identifikation muß auch in jedem Fragment-Paket enthalten sein. Da-
Identifikation durch ist es am Ziel möglich, die empfangenen Fragment-Pakete aus einem „Original"- Paket zu „sammeln", um es zu rekonstruieren.

Die Fragmentierung eines langen IPv6-Paketes illustriert Abbildung 6.6-2.

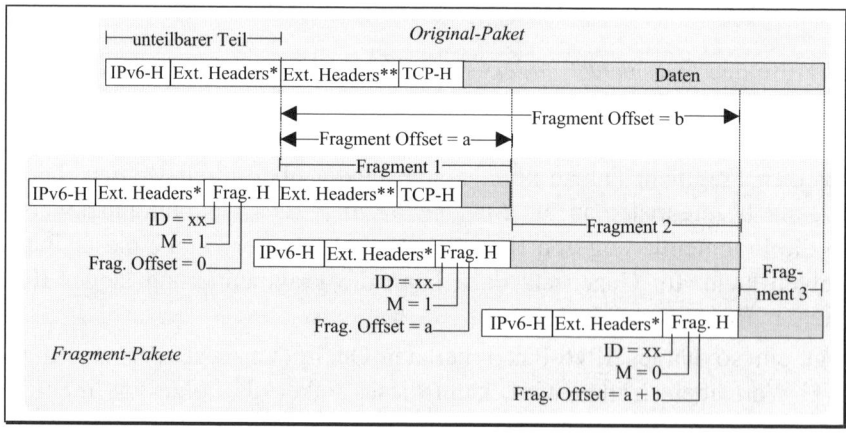

Abbildung 6.6-2:   Fragmentierung eines langen IPv6-Paketes
Ext. Headers*: Extension Headers, die in Routern interpretiert werden
Ext. Headers**: Extension Headers, die nur im Endsystem interpretiert werden

Im Originalpaket wird ein Teil (als Extension Header* bezeichnet) besonders hervorgehoben, der von den Routern unterwegs interpretiert wird. Dieser Teil darf nicht aufgeteilt werden, so daß er den unteilbaren Teil *(Unfragmentable Part)* des Pakets bildet. Ist im IPv6-Paket ein *Routing Header* bzw. *Hop-by-Hop-Options Header* vorhanden, so gehören sie zum unteilbaren Teil des Paketes. Der unteilbare Teil muß in jedem Fragment-Paket vorkommen. Der restliche und teilbare Teil des Paketes kann wiederum auf eine Reihe von Fragmenten aufgeteilt werden. Wie aus Abbildung 6.6-2 ersichtlich, wird jedem Fragment der unteilbare Teil des Originalpakets und anschließend der Fragment Header vorangestellt.

Für jedes Paket, das aufgeteilt werden muß, wird eine 32-Bit lange Identifikation (ID) generiert, die in jedem Fragment-Paket enthalten sein muß. Mit M-Flag wird das letzte Fragment-Paket markiert (M = 0). In jedem Fragment Header wird der Abstand des Fragments (d.h. *Fragment Offset*) in Anzahl von Bytes zum unteilbaren Teils des Originalpaketes angegeben. Beim ersten Fragment-Paket ist somit Fragment Offset = 0. Mit Hilfe der erwähnten Abgaben in Fragment Headern kann das Originalpaket aus den einzelnen Fragment-Paketen wiederum beim Ziel-Endsystem zurück gewonnen werden.

Fragment Offset

6.7 Adreßstruktur von IPv6

Bereits Anfang der 90er Jahre war festzustellen, daß der auf dem Protokoll IPv4 basierende Adreßraum bei dem weiteren rapiden Internet-Wachstum bald zu knapp sein würde. Einer der Hauptgründe, ein neues IP-Protokoll zu entwickeln, war die Erweiterung der Adressierung. Die Adreßlänge in IPv6 wird auf das Vielfache – jeweils 128 Bits für Quell- und Zieladresse – im Vergleich zu der Adreßlänge 32 Bits beim IPv4 erweitert. Somit sind 2^{128} Adressen beim IPv6 verfügbar. Dies bedeutet die Vergrößerung des Adreßraums um den Faktor 2^{96}.

Ähnlich wie beim Protokoll IPv4 identifiziert eine IP-Adresse nicht eine ganze Station, sondern deren Interface als ein physikalischer Port (Netzanschluß). Beispielsweise werden einer Station, die an zwei Netzen *(Dual-Homing)* „angeschlossen" ist, zwei IP-Adressen zugeteilt.

Interface-ID

Im allgemeinen wird zwischen folgenden Kategorien von IPv6-Adressen unterschieden:

- *Unicast*
- *Multicast*

- *Anycast*

Unicast-Adresse Die Unicast-Adressen werden für die Unterstützung von Punkt-zu-Punkt-Verbindungen verwendet. Somit repräsentiert dieser Typ die häufigste Adressierungsart, bei der ein Quellsystem die Daten an ein direkt angegebenes Zielsystem sendet. Eine Unicast-Adresse identifiziert einen Interface in einer Station.

Multicast-Adresse Eine Multicast-Adresse identifiziert eine Gruppe von Interfaces. Ein Paket mit einer Multicast-Adresse wird an die Interfaces aller Stationen einer Gruppe direkt übermittelt.

Anycast-Adresse Eine Anycast-Adresse identifiziert ebenfalls eine Gruppe von Stationen, genauer gesagt eine Gruppe von Prozessen. Der Unterschied zwischen Multicast- und Anycast-Adressen besteht in der Übermittlung von Paketen. Die Anycast-Adressen ermöglichen den Versand von Paketen über eine festgelegte Stelle an alle Stationen aus einer Gruppe. Ein Paket mit einer Anycast-Adresse wird zuerst an eine Station aus der Gruppe (z.B. einen speziellen – dedizierten – Router) übergeben, die im nächsten Schritt das empfangene Paket an die weiteren Stationen aus dieser Gruppe verteilt. Die Anycast-Adressen unterstützen also eine Art der Verteilung der Pakete und erlauben, unterschiedliche Rechner zu einer funktionellen Gruppe zusammenzufassen.

6.7.1 Textuelle Darstellung von IPv6-Adressen

Die IPv6-Adressen haben im allgemeinen folgende Form:

X:X:X:X:X:X:X:X

wobei jedes X-Zeichen einen 16-Bit-Wert in hexadezimaler Schreibweise darstellt. Eine IPv6-Adresse kann also folgendermaßen aussehen

ADCF:0005:0000:0000:0000:0000:0600:FEDC

Die führenden Nullen können weggelassen werden. Somit ist es erlaubt, z.B.

0 statt 0000

5 statt 0005

600 statt 0600

zu schreiben. Hierdurch läßt sich die bereits erwähnte Adresse nun in der gekürzten Form

ADCF:5:0:0:0:0:600:FEDC

darstellen.

Ebenso können mehrere aufeinanderfolgende Null-Werte unterdrückt und durch „::" abgekürzt werden. Eine korrekte Schreibweise für die eben gezeigte Adresse wäre damit auch:

ADCF:5::600:FEDC

Volle Darstellung	Vereinfachte Darstellung
ADCF:BA56:600:FEDC:0:0:0:0	ADCF:BA56:600:FEDC::
0:0:0:0:ADCF:BA56:600:FEDC	::ADCF:BA56:600:FEDC
0:0:0:ADCF:BA56:0:0:0	::ADCF:BA56:0:0:0 oder
	0:0:0:ADCF:BA56::

Beispiele für IPv6-Adressen

Das Symbol „::" darf nur an einer Seite der Adresse verwendet werden. Die Darstellung

::ADCF:BA56:: als   0:0:0:ADCF:BA56:0:0:0

ist nicht eindeutig.

Im Gegensatz zur einfachen Unterteilung von Adressen nach Class-A, -B, *Formatpräfix* -C und -E in Netzwerken beim IPv4-Einsatz ist die Unterscheidung von Adreßtypen beim Protokoll IPv6 sehr flexibel und somit aufwendiger. Um welchen Adreßtyp es sich handelt, bestimmt ein sogenannter *Formatpräfix*, der eine variable Länge besitzt und durch die ersten (von links gelesen) Bits bestimmt wird. Durch den Präfix-Einsatz kann der ganze Adreßraum auf bestimmte Adreßklassen aufgeteilt werden.

6.7.2 Aufteilung des IPv6-Adreßraums

Während IPv4-Adressen in verschiedene Netzwerkklassen A, B, C etc. unterteilt werden, gibt es bei IPv6-Adressen eine derartige statische Trennung von Netzwerk- und Host-ID nicht (=> Abbildung 3.3-2). Das Protokoll IPv6 nutzt flexiblere Adreßtypen. Um welchen Adreßtyp es sich handelt, wird in den führenden Bits der Adresse als *Format Prefix* hinterlegt. Mit dessen Hilfe lassen sich bestimmte Spezialadressen kennzeichnen, wie z.B. Multicast, Aggregatable Global, Link Local Use, Site Local Use etc. Die allgemeine Architektur der Adressierung im Protokoll IPv6 ist in RFC 2373 festgelegt. Die Aufteilung der Adreßraums und den derzeitigen Stand der Adreßzuordnungen zeigt Tabelle 6.7-1.

Beim Protokoll IPv6 ist im allgemeinen zwischen

- *Unicast-Adressen* und
- *Multicast-Adressen*

Zuordnung	Prefix	AR-Anteil
Reserved	0000 0000	1/256
Unassigned	0000 0001	1/256
Reserved for NSAP Allocation	0000 001	1/128
Reserved for IPX Allocation	0000 010	1/128
Unassigned	0000 011	1/128
Unassigned	0000 1	1/32
Unassigned	0001	1/16
Aggregatable Global Unicast Addresses	001	1/8
Unassigned	010	1/8
Unassigned	011	1/8
Unassigned	100	1/8
Unassigned	101	1/8
Unassigned	110	1/8
Unassigned	1110	1/16
Unassigned	1111 0	1/32
Unassigned	1111 10	1/64
Unassigned	1111 110	1/128
Unassigned	1111 1110 0	1/512
Link-Local Unicast Addresses	1111 1110 10	1/1024
Site-Local Unicast Addresses	1111 1110 11	1/1024
Multicast Addresses	1111 1111	1/256

Tabelle 6.7-1:   Aufteilung der Adreßraums beim IPv6 (=> RFC 2373)
AR: Adreßraum

Unicast- zu unterscheiden. Zwei Unicast-Adressen legen eine Punkt-zu-Punkt-
Adressen Verbindung fest, so daß dieser Typ von Adressen am häufigsten verwendet
wird. Eine Unicast-Adresse identifiziert eindeutig einen physikalischen Anschlußport (Interface) in einer Station. Ist eine Systemkomponente (z.B. ein
Server bzw. ein Router) über mehrere Netze erreichbar, d.h. wird sie an
mehreren Netzen angeschlossen, muß jedem Anschlußport eine Unicast-
Adresse zugeteilt werden. Enthält eine Systemkomponente zwei Adressen,
wird sie als *Dual-Homing* bezeichnet.

Es werden auch einige Adreßformate reserviert, um die anderen bekannten
Adressen in die IPv6-Adressen einbetten zu können. Hierzu gehören die
IPv6-Adressen für die Übertragung:

• von NSAP-Adressen, d.h. OSI-Adressen (Prefix 0000 001), und

• von IPX-Adressen (Prefix 0000 010).

6.8 Unicast-Adressen von IPv6

Unter den Unicast-Adressen sind wiederum folgende Klassen zu unterscheiden:

- *Provider Based Global Unicast Addresses*
  Diese Klasse von Adressen werden für normale Punkt-zu-Punkt-Kommunikation verwendet und unterscheidet sich von anderen Adressen durch das Prefix 010. Wie aus Tabelle 6.7-1 hervorgeht, werden 1/8 des Adreßraums dieser Klasse eingeräumt und dem Präfix nur 3 Bits zugeordnet. Die Struktur dieser Klassen von Unicast-Adressen wird im Dokument RFC 2078 festgelegt.

- *Aggregatable Global Unicast Addresses*
  Diese aggregierbaren globalen Unicast-Adressen unterscheiden sich von anderen Adressen durch das Prefix 001 und sind auch für normale Punkt-zu-Punkt-Verbindungen vorgesehen. Diese Klasse von Adressen wird in RFC 2374 beschrieben.

- *Adressen von lokaler Bedeutung*
  Hierbei werden zwei Arten definiert:
  - *Link Local Use Unicast Addresses*,
  - *Site Local Use Unicast Addresses*.

  Diese Adressen können nur ohne Internet-Anbindung verwendet werden.

- *Spezielle Unicast-Adressen*
  Zu dieser Klasse gehören vor allem:
  - *IPv4-kompatible IPv6-Adressen* und
  - *IPv4-mapped IPv6-Adressen*.

Diese Adressen werden für die Kommunikation zwischen den Endsystemen *Spezielle* mit dem klassischen Protokoll IPv4 und den Endsystemen mit dem neuen *Adressen* Protokoll IPv6 verwendet. Diese speziellen Adressen sind von großer Bedeutung bei der Migration zum IPv6-Einsatz, insbesondere wenn die beiden Protokolle in einem Netz implementiert werden (=> Abbildung 8.4.1).

Die einzelnen Typen von Unicast-Adressen werden nun näher dargestellt.

6.8.1 Provider-basierte globale Unicast-Adressen

Eines der größten Probleme beim Protokoll IPv4 ist der Umfang von Routing-Tabellen in großen Netzen und die damit verbundenen Leistungseinbußen. Dies ergibt sich aus der klassenbasierten Aufteilung der Internet-Adressen nach dem Protokoll IPv4, was durch die Einführung des *Classless*

Inter Domain Routing (CIDR) jedoch abgemildert werden konnte (=> Abschnitt 9.2). Die Struktur von IPv4-Adressen wurde bereits in Abbildung 3.4-1 dargestellt. Bei diesen Adressen wird der ganze Adreßraum direkt auf die einzelnen Netze aufgeteilt, ohne irgendwelche Verweise auf die Lokation der Netze auf der Erdkugel zu geben. Dies soll in Abbildung 6.8-1 zum Ausdruck kommen.

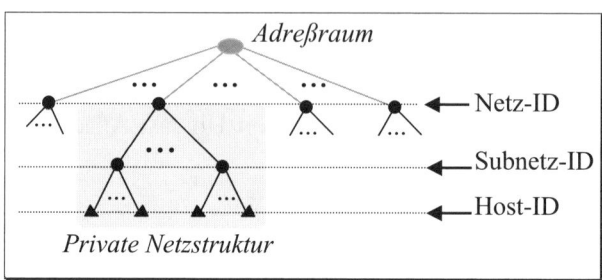

Abbildung 6.8-1:   Aufteilung des Adreßraum bei den IPv4-Adressen

Adreß- Die IPv4-Adressen haben den Nachteil, daß sie keine Hierarchie in dem
Hierarchien Sinne bilden, daß es möglich wäre, auf die Lokation eines Netzes auf der Erdkugel zu verweisen. Durch eine mehrstufige Strukturierung von Adressen und Bildung einer Hierarchie von Subnetzen läßt sich das „Wachsen" von Routing-Tabellen noch in akzeptierten Grenzen halten und damit auch die Verzögerung der Pakete in Routern.

Dem eben geschilderten Problem versucht man im Protokoll IPv6 durch eine hierarchische Strukturierung von Adressen entgegenzukommen. In diesem Zusammenhang wurden zuerst sogenannte Provider-basierte (Anbieter-basierte) Unicast-Adressen *(Provider Based Unicast Addresses)* im RFC 2073 definiert. Die Struktur von diesen Adressen zeigt Abbildung 6.8-2.

Die Provider-basierten Unicast-Adressen werden von anderen Klassen von Adressen durch das Prefix 010 unterschieden. Diese Adressen werden in erster Linie von den jeweiligen internationalen Organisationen verwaltet. Registry-ID (kurz *Reg-ID*) bezieht sich auf die internationale „Registrierungs"-Organisation, bei der diese Adresse registriert wird. Beispielsweise gelten z.Z. folgende Reg-ID-Zuweisungen:

- Reg-ID = 10000:   *ICAN (Internet Corporation for Assigned Names and Numbers* – http://www.icann.org/),

- Reg-ID = 01000:   *RIPE (Réseau IP Européen, Regional Internet Registry for Europe* – http://www.ripe.net/),

- Reg-ID = 11000:   *InterNIC (Internet Information Center)*,
- Reg-ID = 00100:   *APNIC (Asia Pacific Internet Information Center)*.

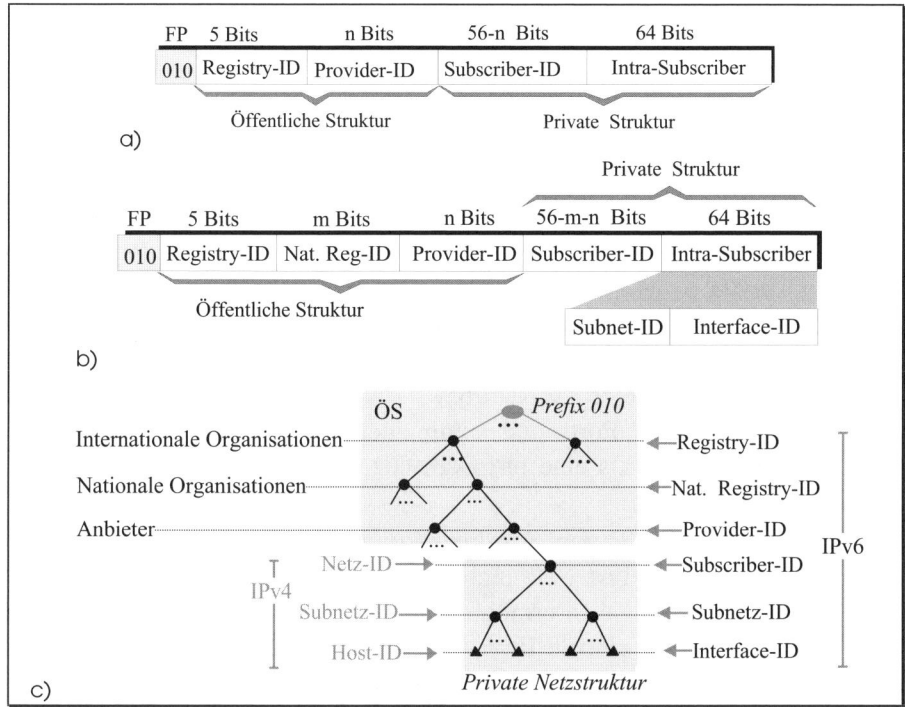

Abbildung 6.8-2:   Provider-basierte Unicast-Adressen:
a) Allgemeine Struktur der Adresse,
b) Struktur der Adresse mit National Registry-ID (Nat. Reg-ID),
c) Hierarchie in der Adressierung, FP: Format Prefix
ID: Identification, ÖS: Öffentliche Struktur, PS: Private Struktur

Durch die n-Bit-Angabe im Feld *Provider-ID* wird der Anbieter der Inter- *Provider-ID*
net-Dienste identifiziert. Aus Abbildung 6.8-2b ist ersichtlich, daß die Länge der Provider-ID variabel sein kann. Dadurch kann jede der bereits erwähnten internationalen Organisationen Provider-IDs von beliebiger Länge
zulassen und auf diese Art und Weise verschiedene Klassen von Anbietern
bilden. Wird eine kurze Provider-ID (=> n klein) einem großen weltweit
agierenden Anbieter zugewiesen, so kann er eine große Anzahl von Netzbetreibern mit Subscriber-ID (=> 56-n Bits) definieren.

Eine Subscriber-ID stellt die Identifikation des Betreibers eines privaten *Subscriber-*
Netzes dar und ist mit der Netz-ID bei der IPv4-Adresse zu vergleichen.   *ID*

Eine internationale Organisation für die Registrierung von IPv6-Adressen kann mehrere nationale Organisationen mit den Adressen „versorgen". Wie Abbildung 6.8-2c illustriert, kann eine internationale Organisation mehrere nationale Organisationen für die Vergabe von Adressen koordinieren. Diese nationalen Organisationen werden mit *National-Registry-ID* identifiziert. Die Registrierung in Deutschland wurde von DENIC-Inkasso übernommen *(www.intra.de)*.

Die letzten 64 Bits jeder Adresse werden als *Intra-Subscriber* bezeichnet und definieren die interne Netzstruktur bei einem Netzbetreiber. Für die Identifikation der Subnetze dient Subnet-ID. Die letzten 48-Bits als *Interface-ID* ermöglichen es, die Endsysteme in einem Subnetz zu identifizieren.

An dieser Stelle ist darauf hinzuweisen, daß man beim Protokoll IPv6 von Interface-ID statt Host-ID spricht. Die Interface-ID in der IPv6-Adresse entspricht vollkommen der Host-ID in der IPv4-Adresse. Ist ein Endsystem an unterschiedliche Netze (WANs bzw. LANs) angeschlossen, so hat es mehrere physikalische Ports und somit auch mehrere Interface-IDs. Ein Interface-ID ist somit als eine physikalische Netzadresse zu interpretieren (=> Abbildung 6.8-2c).

Registry-ID Wie in Abbildung 6.8-2c zum Ausdruck kommt, beschreiben die Teile: *Registry-ID, National Registry-ID* und *Provider-ID* eine *öffentliche Struktur der Adresse*. Diese Angaben ermöglichen, im Gegensatz zur IPv4-Adresse, eine Provider-basierte globale IPv6-Adresse auf der Erdkugel „fast" zu lokalisieren. Durch die Lokalisierung von Adressen ist u.a. das weltweit hierarchische Routing möglich, so daß die IPv6-Pakete oft über die von vornherein bekannten internationalen Routen transportiert werden können.

Interface-ID An dieser Stelle ist eine Besonderheit von IPv4-Adressen hervorzuheben: Die Interface-ID repräsentiert eine Netzadresse eines Ports im Endsystem und enthält 48 Bits. Jede physikalische Adresse in Shared Medium LANs (d.h. jede MAC-Adresse) ist ebenfalls 48 Bits lang. Wie des weiteren in Abbildung 6.8-6 gezeigt wird, kann im Feld Interface-ID eine MAC-Adresse eingebettet werden. Somit weist jede IPv6-Adresse zwei wichtige Besonderheiten auf:

- sie ist weltweit eindeutig und
- enthält die physikalische Netzadresse des Endsystems.

MAC Adresse in IPv6 Im Gegensatz zu den IPv4-Adressen ist in den IPv6-Adressen die Zuordnung *IPv6-Adresse => MAC-Adresse* enthalten – der große Vorteil von IPv6-Adressen (möglicherweise aber auch ihr größter Nachteil). Aus diesem Grund ist das Hilfsprotokoll ARP beim Protokoll IPv6 nicht notwendig (=>

Abschnitt 3.6), was auch bestimmte Auswirkungen auf die Funktionsweise von IPv6-Routern hat.

Da IPv6-Adressen die physikalische Netzadresse bereits enthalten, ist eine automatische Adreßkonfiguration (sog. *Stateless Autoconfiguration*) möglich. Dies wird in Abschnitt 7.2.1 näher dargestellt.

6.8.2 Aggregierbare globale Unicast-Adressen

Eine zweite Klasse von IPv6-Adressen für die Punkt-zu-Punkt-Kommunikation bilden sogenannte *aggregierbare globale Unicast-Adressen (Aggregatable Global Unicast Addresses)*. Diese Adressen werden im Internet-Standard RFC 2374 festgelegt und sollten die Provider-basierten globalen Adressen ersetzen. Im folgenden werden sie kurz *AG-Unicast-Adressen (AG: Aggregierbar Global)* genannt. Deren Struktur zeigt Abbildung 6.8-3.

Beim Entwurf von AG-Unicast-Adressen wurde davon ausgegangen, daß *Top Level* die gesamte Internet-„Welt" organisatorisch gesehen eine hierarchische *Aggregation* Struktur aufweist. An der Spitze dieser Hierarchie *(Top Level)* stehen internationale und nationale Organisationen wie z.B. Anbieter der Netz- bzw. Internet-Dienste. Der ganze Raum von AG-Unicast-Adressen wird zunächst auf jene Top-Level-Organisationen aufgeteilt, die als internationale Verwaltungen von IPv6-Adressen fungieren. Hierfür dient die Angabe TLA-ID *(Top Level Aggregation Identifier)* in den AG-Unicast-Adressen. Die TLA-ID in den AG-Unicast-Adressen entsprechen vollkommen der Registry-ID in den Provider-basierten Unicast-Adressen (vgl. Abbildung 6.8-2 und 6.8-3).

Die nächste Stufe *(Next Level)* in dieser Hierarchie bilden weitere Organi- *Next Level* sationen, die einerseits als Verwaltungen von IPv6-Adressen bzw. als An- *Aggregation* bieter der Netz- und Internet-Dienste fungieren können. Diese Organisationen können ebenfalls in einer Hierarchie zueinander stehen. Auf der letzten Stufe stehen individuelle Institutionen als „Endbenutzer" der Internetdienste. Die eben geschilderte Hierarchie im Bereich der Internet-„Welt" findet in den AG-Unicast-Adressen ihre Berücksichtigung.

Die einzelnen Angaben in den AG-Unicast-Adressen haben hier folgende Bedeutung:

- *Format Prefix*
  Die Bitkombination 001 dient den AG-Unicast-Adressen als Identifikation und ermöglicht, diesen Adreßtyp von anderen Adreßtypen zu unterscheiden (=> Tabelle 6.7-1).

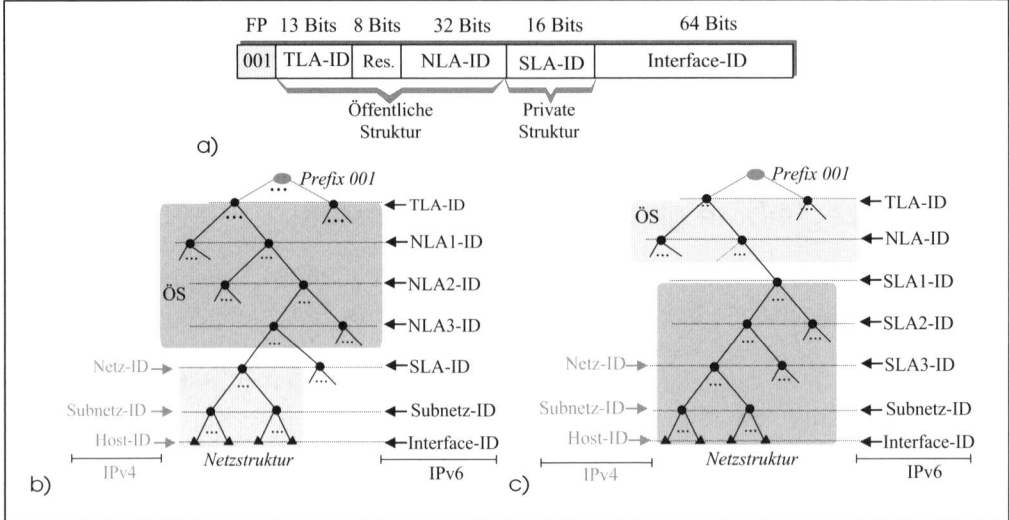

Abbildung 6.8-3:   Aggregierbare globale Unicast-Adressen:
a) Aufbau
b) Strukturierung durch NLA-ID-Aufteilung
c) Strukturierung durch SLA-ID-Aufteilung
FP: Format Prefix, ÖS: Öffentliche Struktur, Res: Reserviert

- NLA-ID *(Next Level Aggregation Identifier)*
  Eine Top-Level-Organisation mit einem Identifikator TLA-ID kann ihren
  Adreßraum an die weiteren Organisationen der „nächsten" Hierarchiestu-
  fe mit Hilfe des Identifikators NLA-ID aufteilen. Der NLA-ID kann
  weiter strukturiert werden (=> Abbildung 6.8-3b und 6.3-4), so daß sich
  die hierarchische Struktur zwischen den einzelnen Organisationen in den
  Adressen abbilden läßt. Diese Struktur stellt quasi eine *öffentliche
  Struktur* innerhalb der Internet-„Welt" dar.

- SLA-ID *(Site Level Aggregation Identifier)*
  An dieser Stelle wird die Identifikation einer individuellen Organisation
  (eines Kunden) als Endbenutzer angegeben. Der SLA-ID-Inhalt kann
  weiter hierarchisch strukturiert werden (=> Abbildung 6.8-3 und 6.8-5),
  um eine Subnetz-Hierarchie innerhalb eines physikalisches großen Netzes adressieren zu können. Man kann hier von einer *privaten Struktur*
  sprechen.

- Interface-ID *(Interface Identifier)*
  Dieses Feld enthält den Identifikator eines physikalischen Ports in einem
  Endsystem, einen Router etc. Im allgemeinen ist die Interface-ID als eine

physikalische (auch sog. Link-) Netzadresse eines Ports in einem Endsystem zu interpretieren.

Abbildung 6.8-3 zeigt, daß der Adreßraum einer Top-Level-Organisation *TLA-ID*
mit dem Identifikator TLA-ID auf Teil-Adreßräume von weiteren (z.B. nationalen) Organisationen aufgeteilt werden kann. Mit einem Identifikator
NLA-ID kann entweder eine Organisation oder eine hierarchische Struktur
von Organisationen identifiziert werden. Im allgemeinen können die Angaben NLA-ID und SLA-ID weiter strukturiert werden. Durch die Strukturierung der NLA-ID läßt sich eine weitgehende Hierarchie innerhalb der öffentlichen Struktur (=> Abbildung 6.8-3b und 6.8-4) aufstellen. Durch die
weitere Strukturierung der SLA-ID läßt sich die Netzstruktur eines Netzbetreibers hierarchisch strukturieren (=> Abbildung 6.8-3c und 6.8-5).

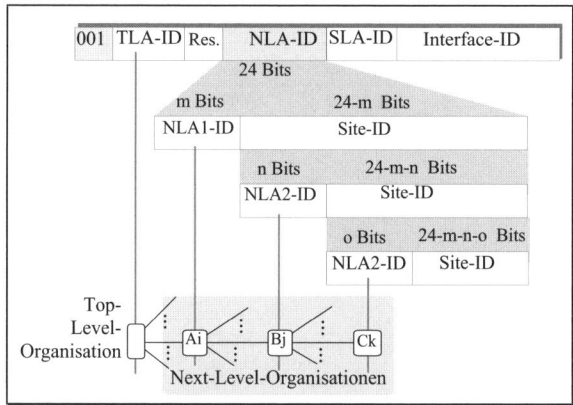

Abbildung 6.8-4:   Bildung von hierarchischen Adressen durch die NLA-ID-Aufteilung
TLA-ID: Top Level Aggregation Identification,
NLA: Next-Level Aggregation Identification

Wie aus Abbildung 6.8-4 ersichtlich ist, kann der NLA-ID als ein Adreß- *Bildung einer*
raum mit der Länge von 24 Bits weiter strukturiert werden, um eine hierar- *Hierarchie*
chische Struktur von Organisationen in Adressen zu berücksichtigen. Auf- *innerhalb*
grund der so strukturierten globalen Adressen läßt sich Routing in großen *einer Next-*
Netzen vereinfachen. *Level-*
Organisation
Hat eine „Next-Level"-Organisation A_i (z.B. eine nationale Organisation)
von der Top-Level-Organisation mit TLA-ID eine Identifikation NLA-ID
erhalten, so kann diese Organisation *Ai* für sich die ersten *m* Bits vom NLA-
ID als eigener Identifikator NLAD1-ID reservieren. Das restliche *24–m* Bits
lange Feld, *Site-ID,* stellt einen Adreßraum dar, der wiederum aufgeteilt
werden kann. Somit können weitere Organisationen (Institutionen, Provider)

B_j, j=1, 2, ... sich den *(24–m)*-Bit-langen Adreßraum teilen. Jede dieser Organisationen kann wiederum einen Identifikator NLA2-ID mit *n* Bits für sich festlegen und die restlichen *24–m–n* Bits als Adreßraum an weitere Organisationen C_k, k=1, 2, ... zur Verfügung stellen. Diese Organisation C_k kann einen *o* Bits langen Identifikator NLA2-ID als eigene „Vorwahl" nutzen und die restlichen *24–m–n–o* Bits als Adreßraum für individuelle Organisationen bzw. Unternehmen nutzen.

Bildung einer Hierarchie innerhalb eines Netzbetreibers Wie Abbildung 6.8-5 zeigt, läßt sich auf die gleiche Weise auch das Feld NLA-ID strukturieren. Private Netzstrukturen können somit auf Grundlage der Identifikator Site-ID im Feld NLA-ID gekennzeichnet und hierarchisch adressiert werden.

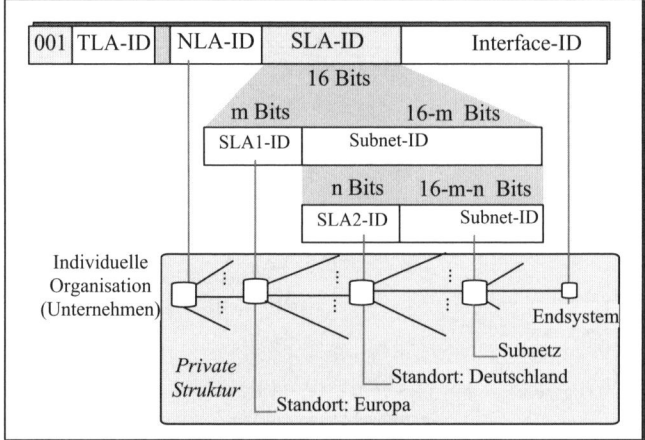

Abbildung 6.8-5:   Widerspiegelung von privaten Strukturen in Adressen durch die SLA-ID-Aufteilung

SLA-ID Abbildung 6.8-5 illustriert, wie eine Organisation in ihrer weltweit verteilten Netzstruktur die Komponenten effektiv adressieren kann. Hierfür nutzt sie das Feld SLA-ID als einen eigenen Adreßraum. Mit dem Identifikator SLA1-ID kann sie die Standorte auf den einzelnen Kontinenten kennzeichnen. Der Rest als Subnet-ID kann wiederum in SLA2-ID und Subnet-ID aufgeteilt werden. Der Identifikator SLA2-ID kann dem Standort innerhalb eines Landes zugeteilt werden. Das Feld Subnet-ID ermöglicht es, die einzelnen Subnetze innerhalb eines Landes zu identifizieren.

Man kann sich auch andere Beispiele für die SLA-ID-Aufteilung vorstellen. Handelt es sich um eine Netzstruktur innerhalb eines Standortes, wie dies häufig der Fall sein wird, so setzt sich diese Netzstruktur aus den Teilnetzen innerhalb einzelner Gebäude zusammen. Ein Teilnetz in einem Gebäude enthält einige Subnetze, wie z.B. Etagennetze bzw. virtuelle LANs. Um die Komponenten innerhalb einer solchen Netzstruktur effektiv zu identifizieren, kann das Feld NLA-ID einer Adresse ähnlich wie in Abbildung 6.8-5 aufgeteilt werden. Dies würde weitgehend der Subnetzbildung beim Protokoll IPv4 entsprechen.

Wie hier geschildert wurde, läßt sich jede AG-Unicast-Adresse mehrstufig strukturieren. Dadurch lassen sich sowohl „große" als auch „kleine" Organisationen bzw. Anbieter der Internet-Dienste definieren.

6.8.3 Globale Unicast IPv6-Adressen und MAC-Adressen in LANs

Beim Routing von IPv6-Pakete in IPv4-Netze ist folgendes Problem zu lösen: Der letzte Router auf einem Datenpfad erhält ein IP-Paket, das zu einem Endsystem im LAN weitergeleitet werden soll, aber im IP-Paket ist nur Ziel-IP-Adresse enthalten. Der Router (als der letzte unterwegs) muß ins LAN den vollständigen MAC-Frame mit der Ziel-MAC-Adresse abschikken. Um die richtige Ziel-MAC-Adresse (d.h. physikalische Host-Adresse) zu ermitteln, nutzt der Router das Hilfsprotokoll ARP *(Address Resolution Protocol)*. Dieses Protokoll hat die Aufgabe, die Zuordnung: *Ziel-IP-Adresse => Ziel-MAC-Adresse* zu bestimmen (=> Abschnitt 3.6).

Auf die Funktion des Hilfsprotokolls ARP könnte man verzichten, wenn eine Protokolladresse den Bezug zur entsprechenden physikalischen Adresse hätte. Dieser Ansatz wird bei den globalen Unicast-IPv6-Adressen verfolgt. Hier wird eine MAC-Adresse im Feld *Interface-ID* eingebettet. Dies illustriert Abbildung 6.8-6. Damit läßt sich die MAC-Adresse als physikalische LAN-Adresse aus der IPv6-Protokolladresse direkt ableiten, so daß man auf das Protokoll ARP beim IPv6 vollkommen verzichten kann.

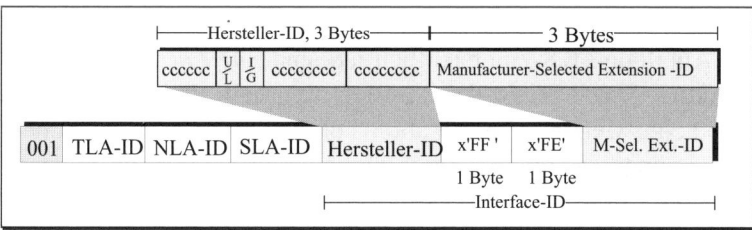

Abbildung 6.8-6:   Interface-ID als MAC-Adresse
U/L: Universelle/Lokale Adresse, I/G: Individual-/Gruppen-Adresse
cc...c: Bits vom Hersteller-ID

Beim Einkapseln ins Feld *Interface-ID* wird die MAC-Adresse aufgeteilt. Der erste Teil Hersteller-ID *(Company-ID)* wird direkt nach dem Feld SLA-ID „untergebracht", danach folgen zwei „Füll"-Bytes mit den Bitkombinationen x'FF' und x'FE', und anschließend wird die *Manufacturer-Selected Extension ID* eingetragen.

6.8.4 Unicast-Adressen von lokaler Bedeutung

Wie bereits erwähnt, werden zwei Arten von Unicast-Adressen für lokale Nutzung definiert:

- *Link Local Use Unicast Addresses*
- *Site Local Use Unicast Addresses*

LLU-Adresse Wie Abbildung 6.8-7a zeigt, handelt es sich bei *Link Local Use Unicast Address* (kurz *LLU-Unicast-Adresse*) um eine unstrukturierte Adresse. Da die LLU-Unicast-Adressen keine Identifikation von Subnetzen enthalten, können sie nur innerhalb „isolierter" IPv6-Subnetze verwendet werden. Die LLU-Unicast-Adressen dürfen von Routern nicht weitergeleitet werden, z.B. können sie nicht ins Internet geschickt werden.

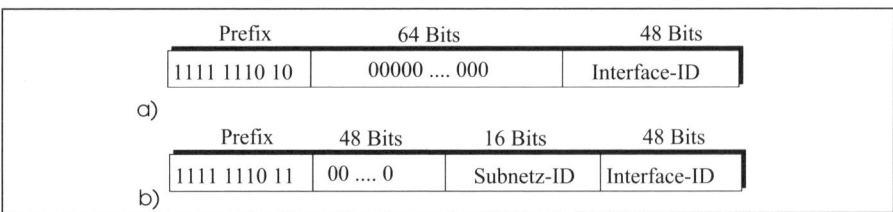

Abbildung 6.8-7:   Unicast-Adressen für lokale Nutzung:
                          a) unstrukturierte Adresse (Link Local Use Address)
                          b) strukturierte Adresse (Site Local Use Address)

SLU-Adresse Wie aus Abbildung 6.8-7b ersichtlich ist, sind *Site Local Use Unicast Addresses* (kurz *SLU-Unicast-Adressen*) strukturiert. Da die SLU-Unicast-Adressen keine weitere Identifikation höherer Hierarchie als Subnetz-IDs enthalten, können sie nur innerhalb einer Gruppe von IPv6-Subnetzen innerhalb eines „isolierten" Standorts *(Site)* verwendet werden. Die SLU-Unicast-Adressen ermöglichen, innerhalb einer nicht an das globale Internet angeschlossenen Organisation eindeutige Adressen zu vergeben, ohne dafür global eindeutige Adressen verwenden zu müssen. Die SLU-Unicast-Adressen sind nur innerhalb einer Organisation eindeutig und dürfen von Routern nach außen (z.B. ins Internet) nicht weitergeleitet werden.

6.8.5 Spezielle Unicast-Adressen von IPv6

Beim IPv6 werden einige spezielle Unicast-Adressen eingeführt. Es handelt sich hierbei um:

- *unspezifizierte Adressen* (Unspecified Addresses),
- *Loopback-Addressen* und
- *IPv6-Adressen mit eingekapselten IPv4-Adressen.*

Diese unspezifizierte Adresse ist 0:0:0:0:0:0:0:0 (oder vereinfacht „::") und kann z.B. als Absenderadresse eines Endsystems verwendet werden, dem die Adresse(n) noch nicht zugeteilt wurde(n). Dies ist z.B. der Fall, wenn ein Endsystem ein IP-Paket sendet, damit es die eigene IP-Adresse erfährt. *Unspezifizierte Adresse*

Die Loopback-Adresse ist 0:0:0:0:0:0:0:0:1 (oder vereinfacht „::1") und wird in IP-Paketen genutzt, die zwischen den Programmen innerhalb eines Rechner (z.B. beim Testen) ausgetauscht werden. Diese Adresse kann weder Quell- noch Zieladresse von Paketen sein, die ein Endsystem bzw. einen Router verlassen. *Loopback-Adresse*

Es werden zwei Arten von IPv6-Adressen mit eingekapselten IPv4-Adressen unterschieden: *Encapsulation Adressen*

- *IPv4-kompatible IPv6-Adressen*
- *IPv4-mapped IPv6-Adresse*n

Diese Unicast-Adressen werden im folgenden als IPv4-basierte Adressen bezeichnet. Deren Struktur zeigt Abbildung 6.8-8.

Abbildung 6.8-8:   IPv4-basierte IPv6-Adressen:
a) IPv4-kompatible IPv6-Adresse
b) IPv4-mapped IPv6-Adresse

Wie hier zu sehen ist, ergänzen die beiden Adreßtypen eine 32-Bit-lange „alte" IPv4-Adresse zu der vollen Länge der IPv6-Adresse. Diese Adreßtypen werden mit Hilfe des 80-Bit-langen Präfixes 000...0 identifiziert. Die *IPv4 Adress-Encapsulation*

nächsten 16-Bits ermöglichen es, diese beiden Adreßtypen voneinander zu unterscheiden. Diese IPv4-basierten IPv6-Adressen werden bei der Migration zum IPv6-Einsatz verwenden, d.h. in Netzen, in denen die Systemkomponenten mit dem Protokoll entweder IPv4 oder IPv6 bzw. mit den beiden Protokollen IPv4 und IPv6 betrieben werden. Den Problemen der Migration zum IPv6-Einsatz ist Kapitel 8 gewidmet.

6.9 Multicast- und Anycast-Adressen

Eine Multicast-Adresse identifiziert eine Gruppe von Systemen. Ein Paket, das an eine Multicast-Adresse gesendet werden soll, wird normalerweise an alle Systeme der Gruppe gesendet. Beim IPv6 gibt es keine Broadcast-Adressen. Diese Funktion wird durch Multicast-Adressen erfüllt. Die Broadcast-Adresse entspricht somit der „All-Nodes"-Multicast-Adresse.

Die Struktur einer IPv6-Multicast-Adresse zeigt Abbildung 6.9-1.

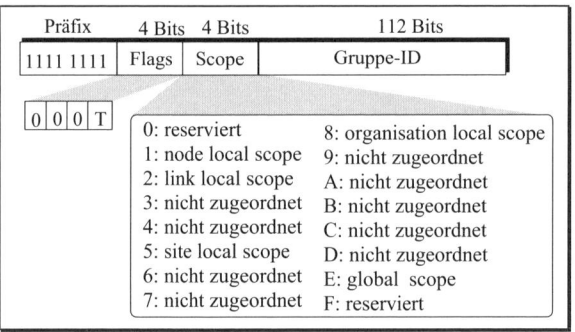

Abbildung 6.9-1:   Struktur einer IPv6-Multicast-Adresse

Die einzelnen Angaben haben hier folgende Bedeutung:

- *Präfix*
  Die Bitkombination 1111 1111 deutet auf eine Multicast-Adresse hin (=>Tabelle 6.7 -1).
- *Flags*
  Die ersten drei Bits sind z.Z. reserviert und müssen auf 0 gesetzt werden. Das Bit T hat folgende Bedeutung:
  - T = 0: eine ständig zugeordnete (d.h. well-known) Multicast-Adresse,
  - T = 0: eine temporär zugeordnete Multicast-Adresse.

- *Scope* (Gültigkeitsbereich)
  Hier wird der Gültigkeitsbereich eines Multicast-Paketes angegeben. Die Bedeutung einzelner Angaben in diesem Feld ist aus Abbildung 6.9-1 ersichtlich.

- *Group-ID* (Gruppen-ID)
  Dieses Feld kennzeichnet unabhängig vom Scope-„Wert", ob es sich bei der Multicast-Adresse um eine permanente oder um eine nur vorübergehend gültige Adresse handelt.

Es ist zu erwähnen, daß die Multicast-Adressen nicht als Quell-Adressen erscheinen dürfen.

6.10 Protokoll ICMPv6

Das Hilfsprotokoll ICMP (*Internet Control Message Protocol*) für das Protokoll IPv4 (kurz *ICMPv4*) wurde in Abschnitt 3.7 dargestellt. Die Hauptaufgabe von ICMPv4 liegt nämlich in der Übertragung von Fehlermeldungen und Diagnoseinformationen. Für das Protokoll IPv6 ist auch ein Hilfsprotokoll ICMP nötig. Ein solches Protokoll wird im folgenden kurz *ICMPv6* genannt. Im Gegensatz zum ICMPv4 ist die Aufgabe von ICMPv6 umfangreicher. Die ICMPv6-Funktionen umfassen sowohl die Übertragung von Fehlermeldungen und Diagnoseinformationen (z.B. Programm *ping*) wie auch die Unterstützung der automatischen Adreßkonfiguration. Das Protokoll ICMPv6 ist im Dokument RFC 2463 festgelegt.

Den Aufbau von ICMPv6-Nachrichten zeigt Abbildung 6.10-1.

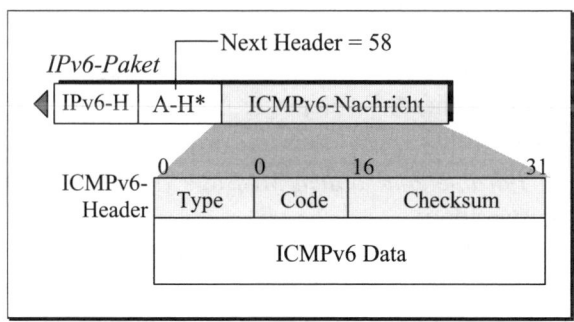

Abbildung 6.10-1:   Aufbau von ICMPv6-Nachrichten
A-H: Authentication-Header, *nach Bedarf

ICMPv6-
Header Der Header einer ICMPv6-Nachricht wird mit *Next Header = 58* in dem vorangestellten Header (d.h. entweder im IPv6- oder im Authentication-Header) identifiziert. Die einzelnen Angaben im ICMPv6-Hader haben die gleiche Bedeutung wie im ICMPv4-Header (vgl. Abbildung 3.7-1). Sie sind:

- *Type:* Hier wird die Funktion der Nachricht angegeben.
- *Code:* Diese Angabe dient einer weiteren Unterteilung der Funktion einer Nachricht.
- *Checksumme:* Dieses Feld enthält eine Prüfsumme, die die ICMPv6-Daten auf eventuelle Fehler überprüft.

ICMPv6- Es sind folgende ICMPv6-Nachrichten zu unterscheiden:
Nachrichten
- ICMPv6-Nachrichten für die Fehlermeldungen:
  - *Type = 1: Destination Unreachable Message* (Meldung: Ziel ist unerreichbar)
    Hier sind keine grundlegenden Änderungen gegenüber dem ICMPv4. Diese Meldung wird oft von Routern gesendet, um mitzuteilen, daß das Paket sein Ziel nicht erreichen kann. Die Ursachen können hier sehr vielfältig sein, z.B. existiert das Zielsystem nicht, das Netz ist überlastet etc.
  - *Type = 2: Packet Too Big Message* (Meldung: Paket zu groß)
    Diese Nachricht wird gesendet, wenn ein IPv6-Paket nicht weitergeleitet werden konnte, weil es zu groß war und nicht fragmentiert werden durfte. Diese Nachricht wird verwendet, um die zulässige Paketlänge (MTU) auf einem Datenpfad zu ermitteln. Dieser Prozeß wird als *Path MTU-Discovery* bezeichnet.
  - *Type = 3: Time Exceeded Message* (Meldung: Paket zu lang im Netz)
    Befindet sich ein IPv6-Paket zu lange im Netz, d.h. der Parameter Hop Limit im IPv6-Header hat in einem Router den Zustand 0 erreicht, so sendet dieser Router eine Nachricht *Time Exceeded* an das Quell-System zurück.
  - *Type = 4: Parameter Problem Message* (Meldung: Problem bei der Header-Auswertung)
    Ist ein Problem bei der Auswertung des IPv6-Headers bzw. eines Erweiterungs-Headers in einem Paket aufgetreten, das auf fehlerhafte bzw. unbekannte Parameter zurückzuführen ist, wird die Nachricht *Parameter Problem* an die Quelle des Paketes gesendet.
- Echo Request/Reply Messages:
  - *Type = 128: Echo Request Message* (Echo wird verlangt)
    Das bekannteste Programm, das auf dem Protokoll ICMP basiert, ist

das Programm *ping* zum Versenden von Diagnosemeldungen. Das *ping*-Programm kann durch das Absenden der Nachricht *Echo Request* ein Echo von einem angegebenen System anfordern. *Echo Request* ist die einzige ICMP-Nachricht, auf die jeder IP-fähige Rechner antworten muß.

– *Type = 129: Echo Reply Message* (Echo wird gesendet)
Die Nachricht *Echo Reply* stellt eine Antwort auf die Nachricht *Echo Request* dar.

• Group Membership Messages:
Diese Nachrichten enthalten Informationen über die Mitglieder einer Multicast-Gruppe und werden zwischen Multicast-Knoten und Router ausgetauscht. Die einzelnen Typen sind:

– *Type = 130: Group Membership Query*

– *Type = 131: Group Membership Report*

– *Type = 132: Group Membership Reduction*

• Unterstützung der automatischen Adreßkonfiguration
Das Protokoll ICMPv6 wird auch bei der automatischen Adreßkonfiguration verwendet. Dieses Prinzip der Konfiguration wird als *Stateless Autoconfiguration* bezeichnet. Hierfür dienen folgende ICMPv6-Nachrichten:

– *Type = 133: Router Solicitation Message*

– *Type = 134: Router Advertisement Message*

– *Type = 135: Neighbor Solicitation Message*

– *Type = 136: Neighbor Advertisement Message*

– *Type = 137: Redirect Message*

Die Bedeutung dieser Nachrichten wird bei der Darstellung der *Stateless Autoconfiguration* im nächsten Abschnitt näher erläutert.

Als Inhalte im Feld ICMPv6-Data (=> Abbildung 6.10-1) werden sogenannte Optionen übermittelt. Die einzelnen Optionen werden in den Dokumenten RFC 2463 und RFC 2461 festgelegt.

7 Plug&Play-Unterstützung bei IPv6

Das Protokoll IPv6 bietet umfangreiche Unterstützung für eine sog. *Plug&Play-Konfiguration* von IPv6-Endsystemen. Hierzu stehen die Hilfsprotokolle *Neighbor Discovery* (*ND*) und *DHCPv6* zur Verfügung. Das zunächst diskutierte Neighbor Discovery Protocol kann als Ergänzung des ICMPv6-Protokolls verstanden werden. Dem DHCPv6-Protokoll fallen hingegen vergleichbare Aufgaben wie dem in Abschnitt 5.1 dargestellten DHCP für IPv4 zu. DHCPv6 und das ND-Protokoll sollen im folgenden besprochen werden.

7.1 Neighbor Discovery Protocol

Beim Protokoll IPv6 wird ein Hilfsprotokoll *Neighbor Discovery Protocol* für die Unterstützung der automatischen Konfiguration von Endsystemen und für die Bestimmung von physikalischen Netzadressen eingeführt. Dieses Protokoll ist als *Protokoll für das Herausfinden von Nachbarn* zu bezeichnen und wird in der Folge kurz *ND-Protokoll* genannt.

Bei der Anwendung des Protokolls IPv6 bestehen keinerlei Einschränkungen bezüglich der Art des physikalischen Netzes. Somit kann das Protokoll IPv6 sowohl in den klassischen Shared Medium LANs (verbindungslose Netze) als auch in verbindungsorientierten Netzen (wie ISDN, Frame-Relay- sowie X.25- und ATM-Netzen) eingesetzt werden. In diesem Zusammenhang ist darauf hinzuweisen, daß die Prinzipien der Adressierung in den erwähnten Netzen unterschiedlich sind. Um das ND-Protokoll, das u.a. die automatische Adreßkonfiguration unterstützt, als vom physikalischen Netz unabhängig darstellen zu können, werden die Begriffe *Link* und *Link-*

Adresse verwendet. Die Bedeutung dieser Begriffe soll in Abbildung 7.1-1 zum Ausdruck gebracht werden.

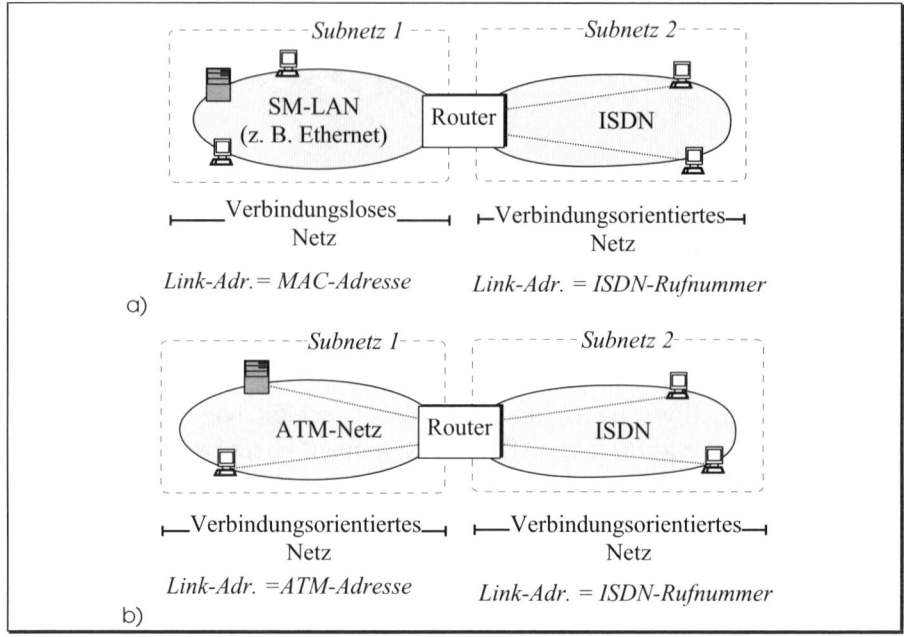

Abbildung 7.1-1:   Unterschiedliche Adreßstrukturen bei der Integration:
a) von ISDN mit einem Shared Medium LAN (SM-LAN)
b) von ISDN mit einem ATM-Netz

Im allgemeinen ist unter einem *Link* ein SM-LAN-basiertes Subnetz bzw. eine (physikalische oder logische) Verbindung in einem verbindungsorientierten Netz zu verstehen. Eine *Link-Adresse* stellt eine physikalische Netzadresse in einem Link dar; beispielsweise gilt in einem Shared Medium LAN:

$$\text{Link-Adresse} = \text{MAC-Adresse}$$

In einem ATM-Netz repräsentiert eine Link-Adresse eine ATM-Adresse. In ISDNs stellt eine Link-Adresse eine ISDN-Rufnummer dar.

Funktionen des ND-Protokolls Das ND-Protokoll kann auch als ein „Teil" des Protokolls ICMPv6 interpretiert werden. Für die Realisierung von Funktionen des ND-Protokolls werden einige ICMPv6-Nachrichten genutzt. Die wichtigsten Funktionen des ND-Protokolls sind:

- *Router-Herausfinden (Router Discovery)*
  Beim Absenden jedes IPv6-Pakets muß im Quell-Host zuerst festgelegt

werden, ob das Paket für einen Ziel-Host im gleichen Subnetz (Link) oder in einem anderen „Remote"-Subnetz bestimmt ist. Falls der Ziel-Host sich in einem anderen Subnetz befindet, wird das IP-Paket an einen Router (Gateway) übermittelt. Dies wurde bereits in den Abbildungen 3.4-5, 3.4-7 und 3.4-8 beim Einsatz des Protokolls IPv4 veranschaulicht. In diesem Zusammenhang muß die IP-Adresse des Routers bei der Konfiguration jedes Endsystems festgelegt werden. Um die Router-Adresse in einem IPv6-Endsystem nicht manuell angeben zu müssen, ermöglicht das ND-Protokoll, die am lokalen Subnetz angeschlossenen Router zu entdecken und dessen IPv6-Adressen zu bestimmen.

- *Link-Präfix-Erkennung (Prefix Discovery)*
  Beim ND-Protokoll wird angenommen, daß sich jede IPv6-Adresse aus einem *Link-Präfix* und einem *Link-Token* zusammensetzt. Dies soll aus Abbildung 7.1-2a ersichtlich werden. Unter einem Link-Token ist im allgemeinen eine Link-Adresse zu verstehen. Abbildung 7.1-2b illustriert, wie eine IPv6-Adresse von lokaler Bedeutung (=> Abbildung 6.8-7) auf ein Link-*Präfix* und einen Link-Token „aufgeteilt" wird. Mit dem Link-*Präfix* in einer IPv6-Adresse wird das Subnetz eindeutig identifiziert.

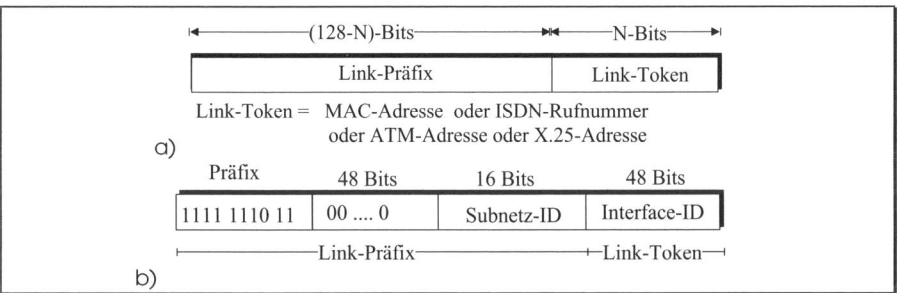

Abbildung 7.1-2:   IPv6-Adresse:
a) allgemeine Struktur
b) Adresse mit lokaler Bedeutung (=> Abbildung 6.8-7)

Die Endsysteme mit demselben Link-Präfix befinden sich immer im glei- *Link-Präfix* chen Subnetz, d.h. ein Quellrechner kann aufgrund des *Link-Präfixes* einer Ziel-IPv6-Adresse feststellen, ob sich der Zielrechner im gleichen Subnetz befindet oder nicht. Die Rechner, die nicht am selben Subnetz angeschlossen sind, können daher nur über einen Router erreicht werden.

Die Funktion Link-Präfix-Erkennung wird zusätzlich bei der automatischen Adreßkonfiguration verwendet.

- Parameter-Ermittlung *(Parameter Discovery)*
  Mit Hilfe bestimmter Nachrichten des ND-Protokolls sind die Endsysteme in der Lage, einige Link-spezifische Parameter wie die MTU-Größe oder Internet-spezifische Parameter wie den maximalen Wert *Hop-Limit* automatisch zu erlernen (*Time to Live* => Abbildung 6.1-1). Während zum Installieren der IPv4-Rechner bislang umfangreiche Mengen von Parametern vor dem Anschluß an das Netz zu konfigurieren waren, können daher die IPv6-Rechner automatisch konfiguriert werden.

- *Unterstützung der automatischen Adreßkonfiguration*
  Beim Protokoll IPv6 wird ein Verfahren (sog. *Stateless Autoconfiguration*) definiert, das eine automatische Adreßkonfiguration ermöglicht, ohne einen Konfigurationsserver einsetzen zu müssen. Diese Art der automatischen Adreßkonfiguration verwendet bestimmte Funktionen des ND-Protokolls.

- Ermittlung von physikalischen Netzadressen *(Address Resolution)*
  Die Bedeutung dieser Funktion soll Abbildung 7.1-3 zum Ausdruck bringen.

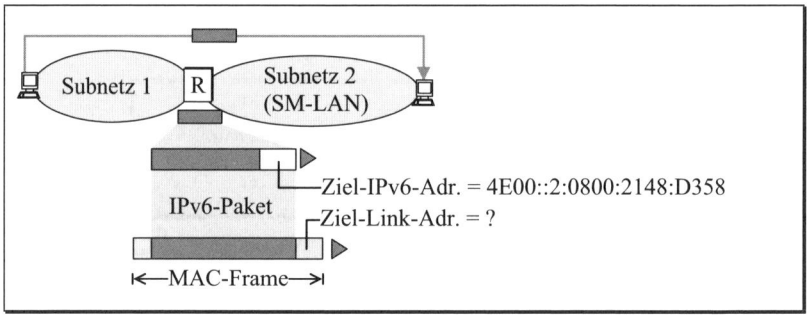

Abbildung 7.1-3:   Notwendigkeit der Ermittlung von physikalischen Netzadressen

Der letzte Router hat auf jedem Datenpfad folgendes Problem zu lösen: Er erhält ein IP-Paket, in dem er die Ziel-IP-Adresse ablesen kann. Für das Absenden dieses Pakets an das Zielsystem muß der Router aber noch die physikalische Netzadresse des Zielsystems kennen (z.B. MAC-Adresse in einem Shared Medium LAN). Die physikalische Netzadresse als Interface-ID kann in einer IPv6-Adresse enthalten sein (=> Abbildung 6.8-6). Würde der Router die Ziel-Netzadresse aus der IPv6-Adresse (als Interface-ID) ableiten, so hat man keine Sicherheit, daß diese Netzadresse noch aktuell ist. Handelt es sich um ein LAN-Endsystem, in dem die LAN-Adapterkarte gerade ausgetauscht wurde, so ist die Interface-ID in der IPv6-Adresse des beim Router vorliegenden Pakets nicht mehr aktuell. Ein ähnliches Problem entsteht, falls ein Endsystem am einem verbindungsorientierten Subnetz (z.B. an einer ISDN-TK- bzw. ATM-Anlage) umgezogen ist.

Das ND-Protokoll ermöglicht es, beim Absenden jedes IPv6-Pakets die „aktuelle" Netzadresse des Zielrechners zu ermitteln. Diese Funktion entspricht prinzipiell der Funktion des ARP-Protokolls beim Protokoll IPv4.

- Entdeckung der Unerreichbarkeit von Nachbarn (*Neighbor Unreachability Detection*)
  Mit Hilfe des ND-Protokolls kann ein Rechner feststellen, ob ein bestimmter Rechner an seinem Subnetz (Link) noch erreichbar ist oder nicht.

- Entdeckung von Adreßduplikaten (*Duplicate Address Detection*)
  Das ND-Protokoll ermöglicht, die Einmaligkeit von Adressen innerhalb eines Subnetzes festzustellen. Hierfür wird die Eindeutigkeit der Interface-ID im lokalen Subnetz überprüft.

- Umadressierungsfunktion (*Redirect-Funktion*)
  Falls ein Rechner *A* eine Zieladresse falsch interpretiert und ein Paket beispielsweise an einen Router abgeschickt hat, statt es an den Zielrechner im gleichen Subnetz direkt abzusenden, kann der Router das betreffende Paket umadressieren, d.h. es zum Zielrechner im gleichen Subnetz umleiten und gleichzeitig den Quellrechner *A* mit Hilfe einer Redirekt-Nachricht darauf hinweisen, daß das Ziel sich im gleichen Subnetz befindet.

7.1.1 Bestimmen des Ziels eines IPv6-Pakets beim Quell-Host

Das Bestimmen des Ziels eines Pakets beim Quell-Host in einem IPv4-Netz wurde im Abschnitt 3.4.3 dargestellt. Da jede IPv4-Adresse sich aus einer Subnetz-ID und einer Host-ID zusammensetzt, war es möglich, mit Hilfe einer Operation *Bitweise_AND* im Quell-Host festzustellen, ob der Ziel-Host sich im gleichen oder in einem anderen Subnetz befindet (=> Abbildung 3.4-5). In einem IPv6-Netz können den einzelnen Hosts unterschiedlichen Arten von IPv6-Adressen zugeordnet werden, so daß dies ein komplexeres Verfahren beim Absenden eines IPv6-Pakets verlangt. Hierfür wird das ND-Protokoll verwendet. Um das ND-Protokoll zu unterstützen, muß ein IPv6-Host bestimmte Parameter und Adreßzuordnungen erlernen und speichern. Diese Steuerinformationen werden im IPv6-Host in verschiedenen Caches abgespeichert. Die einzelnen Caches des ND-Protokolls zeigt Abbildung 7.1-4.

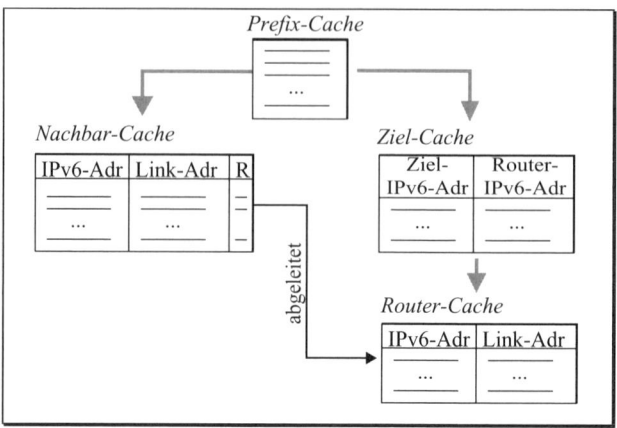

Abbildung 7.1-4:   Caches des ND-Protokolls in einem IPv6-Host

ND- Die einzelnen Caches des ND-Protokolls sind:
Protokoll-
Caches
- Präfix-Cache (*Prefix List*)
  Dieser Cache enthält die Liste von Link-Präfixes (=> Abbildung 7.1-2), die im lokalen Subnetz gelten, d.h. von diesen Endsystemen, die am gleichen Subnetz angeschlossen sind.
  Falls alle Systeme in einem Subnetz nur IPv6-Adressen von lokaler Bedeutung besitzen, stellt der Link-Präfix die Subnetz-ID dar (=> Abbildung 7.1-2b). Die Link-Präfixes können die Hostsysteme aus den von Routern erhaltenen ICMPv6-Nachrichten *Router Advertisements* (=> Abbildung 7.1-10) ermitteln. Jeder Eintrag im Präfix-Cache enthält zusätzlich eine Zeitangabe, wie lange der betreffende Link-Präfix gültig ist.

- Nachbar-Cache (*Neighbor Cache*)
  Als ein Nachbar eines Quellrechners wird jedes System im gleichen Subnetz bezeichnet. Dieser Cache entspricht dem ARP-Cache beim Protokoll IPv4 (=> Abbildung 3.6-1). In diesem Cache werden die Zuordnungen *IPv6-Adresse => Link-Adresse* von Nachbarn abgespeichert. Bei jedem Eintrag wird mit einem Flag-Bit *(R=IsRouter)* markiert, ob es sich hierbei um einen Router (R=1) oder ein normales Endsystem handelt. Aus diesem Cache wird der Inhalt des *Router-Cache* abgeleitet.

- *Router-Cac*he
  Der Cache eines IPv6-Hosts enthält die Zuordnungen *Router-IPv6-*

Adresse => Link-Adresse für alle am lokalen Subnetz angeschlossenen
Router.

- Ziel-Cache (*Destination Cache*)
  Dieser Cache enthält die Zuordnungen *Ziel-IPv6-Adresse => Router-
  IPv6-Adresse*. Mit Hilfe dieser Angaben wird ein ausgewählter Router
  für jedes Ziel in einem anderen Subnetz zugeordnet. Dieser Cache ermöglicht den Einsatz mehrerer Router in einem Subnetz.

Die erwähnten Caches werden beim Absenden jedes IPv6-Pakets gelesen.   *Ablauf*
Den Ablauf der ND-Protokolls beim Absenden eines IPv6-Pakets illustriert   *des ND-*
Abbildung 7.1-5.   *Protokolls*

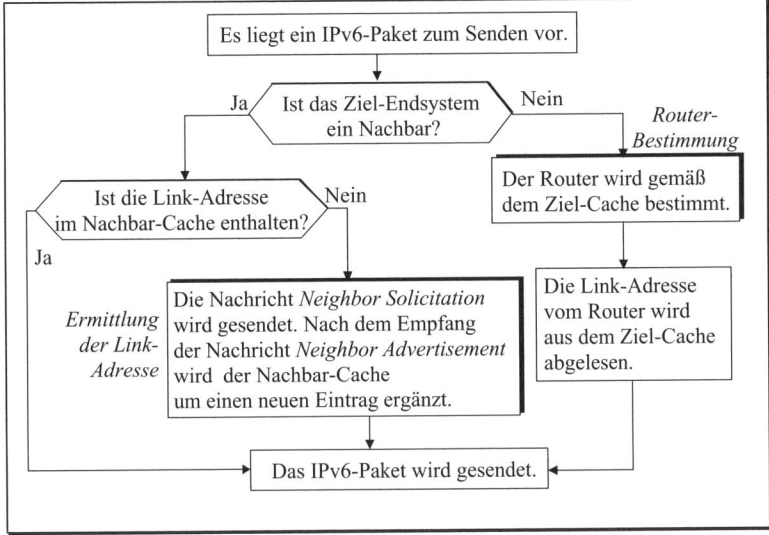

Abbildung 7.1-5:   Verlauf der ND-Protokolls in einem Quellrechner beim Absenden
                        eines IPv6-Pakets

Die einzelnen Schritte des ND-Protokolls beim Absenden eines IPv6-
Paketes lauten wie folgt:

1. Zuerst wird die Ziel-IPv6-Adresse mit den im Präfix-Cache enthaltenen
   Link-Präfixs verglichen, um festzustellen, ob das Ziel-Endsystem sich im
   gleichen Subnetz befindet. Dies entspricht der Durchführung der Operation *Bitweise-AND* in einem IPv4-Host (=> Abbildung 3.3-3).
2. Falls sich das Ziel-Endsystem im gleichen Subnetz befindet, wird der
   Nachbar-Cache gelesen, um die Link-Adresse (Netzadresse) des Zielrechners zu bestimmen. Enthält der Nachbar-Cache ein Eintrag mit die-

ser Ziel-IPv6-Adresse, so wird die Link-Adresse entnommen und das Paket unter dieser Link-Adresse gesendet.

3. Ist die gesuchte Link-Adresse im Nachbar-Cache nicht enthalten, wird eine ICMPv6-Nachricht *Neighbor Solicitation* gesendet, um die benötigte Link-Adresse zu ermitteln (=> Abbildung 7.1-8). Mit dieser Nachricht wird der Zielrechner gebeten, dessen Link-Adresse zukommen zu lassen. Ist der entsprechende Zielrechner am gleichen Subnetz angeschlossen und intakt, so sendet er eine Antwort mit der benötigten Link-Adresse in Form der ICMPv6-Nachricht *Neighbor Advertisement* zurück. Die erhaltene Link-Adresse wird im Nachbar-Cache abgespeichert und anschließend das wartende Paket abgeschickt. Der hier dargestellte Vorgang bei der Ermittlung einer Link-Adresse entspricht vollkommen dem Konzept des ARP-Protokolls (=> Abbildung 3.6-2).

4. Ist ein Subnetz ein Shared Medium LAN (d.h. broadcastorientiert), wird eine ICMPv6-Nachricht *Neighbor Solicitation* in einem Broadcast-MAC-Frame gesendet. Ist ein Subnetz ein verbindungsorientiertes Netz (z.B. Frame-Relay-, ATM-Netz), so muß ein entsprechender Multicast-Server eingesetzt werden. Für die Realisierung von IP-Multicast in verbindungsorientierten Netzen kann das MARS-Konzept *(Multicast Address Resolution Server)* verwendet werden.

5. Falls sich das Ziel-Endsystem in einem anderen Subnetz befindet, wird der Ziel-Cache gelesen, um den Router zu bestimmen, an den das vorliegende Paket übergeben werden soll. Hierbei wird zuerst die Router-IPv6-Adresse dem Ziel-Cache entnommen und danach aus dem Router-Cache die Link-Adresse des Routers abgelesen. Anschließend wird das Paket an den ausgewählten Router übergeben.

7.1.2 Ermittlung von Link-Adressen

Die Ermittlung von Link-Adressen wurde bereits in Abbildung 7.1-3 kurz dargestellt. Für die Lösung dieses Problems werden die folgenden beiden Nachrichten vom ICMPv6-Protokoll verwendet:

- *Neighbor Solicitation* und
- *Neighbor Advertisement.*

Neighbor Solicitation Die Nachricht *Neighbor Solicitation* wird von einem Endsystem gesendet, um ein anderes (bzw. mehrere) Endsystem(e) im gleichem Subnetz anzusprechen. Da alle Endsysteme in einem Subnetz (Link) als Nachbarn gesehen werden können, läßt sich damit der Name *Neighbor Solicitation (Nachbar-Ansprechen)* begründen. Das angesprochene Endsystem antwortet mit der ICMPv6-Nachricht *Neighbor Advertisement*. Mit dieser Nachricht werden u.a. seine Adressen bekannt gemacht. Damit ist auch der Name *Neighbor Advertisement (Nachbar-Bekanntmachung)* zu begründen.

Bereits in Abbildung 6.10-1 wurde gezeigt, wie die ICMPv6-Nachrichten in den IPv6-Paketen transportiert werden. Im folgenden wird die Nutzung der hier erwähnten IPv6-Nachrichten näher erläutert. Die Ermittlung einer Link-Adresse erfolgt mit Hilfe der ICMPv6-Nachrichten *Neighbor Solicitation* und *Neighbor Advertisement*. Die Struktur dieser Nachrichten zeigt Abbildung 7.1-6. *Neighbor Advertisement*

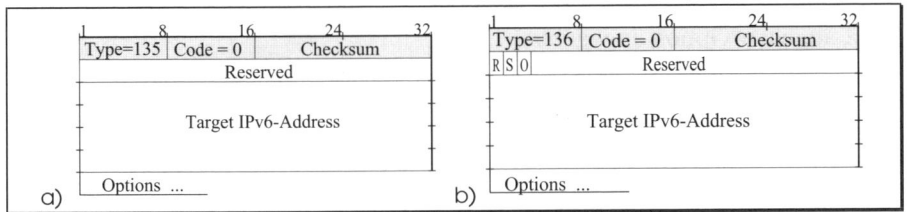

Abbildung 7.1.6:   ICMPv6-Nachrichten für die Ermittlung von Link-Adressen:
a) Neighbor Solicitation
b) Neighbor Advertisement

Die beiden Nachrichten *Neighbor Solicitation* und *Neighbor Advertisement* enthalten die Ziel-IPv6-Adresse (*Target IPv6-Address)* und bestimmte Optionen. Die einzelnen Bits R, S und O in der Nachricht *Neighbor Advertisement* haben folgende Bedeutung:

- *R: Router Flag*
  Mit diesem Bit wird markiert (R=1), falls der Absender ein Router ist.

- *S: Solicited Flag*
  Mit diesem Bit wird markiert (S=1), daß die Nachricht *Neighbor Advertisement* die Antwort des ausgewählten Ziel-Endsystems auf die Anforderung *Neighbor Solicitation* darstellt.

- *O: Override Flag*
  Falls dieses Bit auf 1 gesetzt ist, soll ein entsprechender Eintrag im Nachbar-Cache überschrieben (d.h. modifiziert) werden.

In den ICMPv6-Nachrichten können nach Bedarf zusätzliche Steuerungsangaben in Form sogenannter *Optionen* übermittelt werden. Welche Optionen in den einzelnen ICMPv6-Nachrichten übermittelt werden können, soll anhand von Beispielen verdeutlicht werden (=> Abbildungen 7.1-8, -10, -11 und 13). Der allgemeine Aufbau von Optionen und deren Arten zeigt Abbildung 7.1-7.

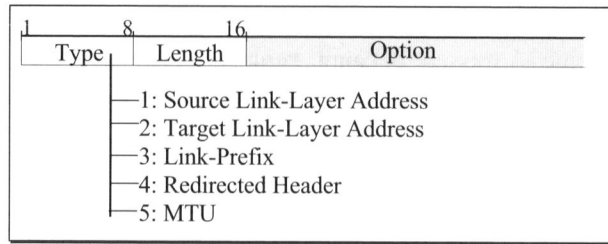

Abbildung 7.1-7:   Aufbau von Optionen in ICMPv6-Nachrichten

ICMPv6 Das Feld *Type* verweist auf die Bedeutung der Option. Im Feld *Length* wird
Optionstypen die Länge der Option angegeben.

Zur Zeit werden die folgenden vier Typen von Optionen verwendet:

- *Source Link-Layer Address (Quell-Link-Adresse)*
  Diese Option wird übermittelt, um die Link-Adresse eines Quellrechners
  bekannt zu machen.

- *Target Link-Layer Address (Ziel-Link-Adresse)*
  Um eine Ziel-Link-Adresse bekannt zu machen, wird diese Option
  übermittelt.

- *Link-Präfix*
  Mit dieser Option wird ein Link-Präfix bekanntgegeben (=> Abbildung
  7.1-2b).

- *Redirected Header (Umadressierter Header)*
  Ein Router kann ein IPv6-Paket, das an ihn zur Weiterleitung übergeben
  wurde, an einen anderen Router „umleiten" (d.h. auf dem Link-Level
  umadressieren). Danach teilt er dies dem Quellrechner mit Hilfe der
  ICMPv6-Nachricht *Redirect* mit. In dieser Nachricht kann der Router an
  den Quellrechner auch den Header des „umgeleiteten" IPv6-Pakets in
  Form der Option R*edirected Header* übergeben.

- *MTU (Message Transfer Unit)*
  Mit Hilfe dieser Option kann die maximale Länge der IP-Pakete bekanntgemacht werden.

Für die detaillierte Beschreibung von einzelnen Optionen sei auf das Dokument RFC 2461 verwiesen.

7.1.3 Abauf des ND-Protokolls bei der Ermittlung einer Link-Adresse

Den Ablauf des ND-Protokolls bei der Ermittlung einer Link-Adresse (z.B. einer MAC-Adresse in einem LAN) illustriert Abbildung 7.1-8.

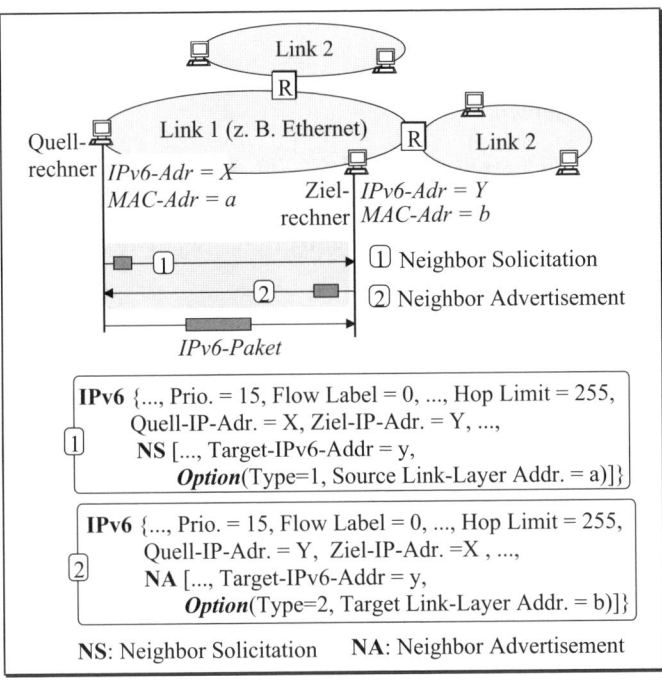

Abbildung 7.1-8:   Verlauf des ND-Protokolls bei der Ermittlung einer Link-Adresse

Um eine Link-Adresse für eine vorliegende IPv6-Zieladresse zu ermitteln, *Ermittlung* sendet ein Quellrechner eine Nachricht *Neighbor Solicitation* (NS) des ND- *der IPv6-* Protokolls. Diese Nachricht wird in einem direkt an den Zielrechner adres- *Zieladresse* sierten IPv6-Paket übermittelt. Die Nachricht ND enthält die Option *Source Link-Layer-Address*. Da die IPv6-Quell-Adresse im IPv6-Paket ebenfalls enthalten ist, kann der Zielrechner somit in seinem Nachbar-Cache zusätz- lich die Zuordnung *IPv6-Addresse => Link-Adresse* neu eintragen bzw. modifizieren. Der Zielrechner antwortet mit der ND-Nachricht *Neighbor Advertisement*, in der die gesuchte Link-Adresse in der Option *Target Link- Adresse* eingetragen wird. Nach dem Empfang dieser ND-Nachricht beim Quellrechner trägt er die Zuordnung *IPv6-Adresse => Link-Adresse* in sei- nem Nachbar-Cache ein (=> Abbildung 7.1-4). Auf diese Art und Weise hat der Quellrechner die gesuchte Ziel-Link-Adresse ermittelt.

7.1.4 Bekanntmachung von Netzparameter durch Router

Das ND-Protokoll stellt die Mechanismen zur Verfügung, die es den Rechnern in einem Subnetz ermöglichen, die im gleichen Subnetz vorhandenen Router zu entdecken, anzusprechen, und um deren Parameter zu ermitteln. Hierfür werden die folgenden beiden Nachrichten vom ICMPv6-Protokoll eingesetzt:

- *Router Solicitation* und
- *Router Advertisement*.

An dieser Stelle ist hervorzuheben, daß die Nachricht *Router Solicitation* der Funktion nach mit der Nachricht *Neighbor Solicitation* identisch ist. Die Nachricht *Router Advertisement* entspricht wiederum der Nachricht *Neighbor Advertisement*.

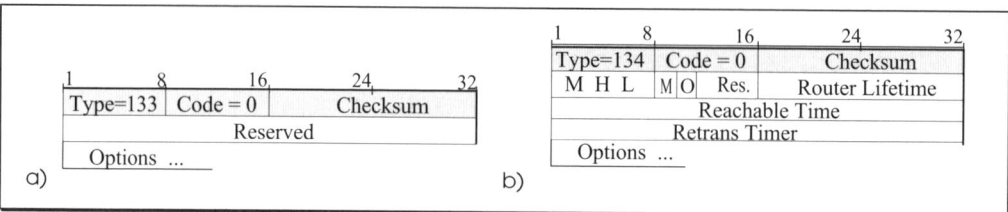

Abbildung 7.1-9:   ICMPv6-Nachrichten für das Ansprechen von Routern und Bekanntmachung von Netzparametern:
a) Router Solicitation
b) Router Advertisement
res.: Reserved

Router Advertisement-Nachrichten Die einzelnen Angaben in der Nachricht *Router Advertisement* haben folgende Bedeutung:

- *MHL: Max Hop Limit*
  Hier wird der Wert Hop Limit angegeben, der in den im nachhinein gesendeten IPv6-Paketen eingetragen werden soll.

- *M:* Flag *Managed Address Configuration*
  Falls M = 1, bedeutet dies, daß der Rechner eine *Stateful Autoconfiguration* (d.h. Server-basierte Autokonfiguration mit dem Protokoll DHCPv6, => Abschnitt 7.2.2) zusätzlich zu einer *Stateless Autoconfiguration* (=> Abschnitt 7.2.1) nutzen kann.

- *O:* Flag *Other Stateful Configuration*
  Das O = 1 bedeutet, daß der Rechner eine *Stateful Autoconfiguration* unterstützt.

- *Router Lifetime*
  Hier wird die Lebensdauer des Routers in Sekunden angegeben. Der Wert 0 bedeutet hier, daß der Router kein *Default Router* ist.

- *Reachable Time*
  In diesem Feld wird die Erreichbarkeitszeit des Rechners in Millisekunden angegeben. Nach Ablauf dieser Zeit soll wieder geprüft werden, ob der betreffende Rechner noch erreichbar ist.

- *Retrans Timer*
  Hier wird die Zeit in Millisekunden angegeben, die seit dem Absenden der letzten *Neighbor Solicitation* abgelaufen ist.

- *S: Solicited Flag*
  Mit diesem Bit wird markiert (S=1), daß die Nachricht *Neighbor Advertisement* die Antwort des mit der IPv6-Adresse ausgewählten Ziel-Endsystems auf die Anforderung *Neighbor Solicitation* ist.

- *O: Override Flag*
  Falls dieses Bit auf 1 gesetzt ist, soll ein entsprechender Eintrag im Nachbar-Cache überschrieben (=> modifiziert) werden.

7.1.5 Ablauf des ND-Protokolls bei der Bekanntmachung von Router-Parametern

Das Protokoll ND unterstützt die an einem Link angeschlossenen Rechner (genauer Rechner in einem Subnetz) bei der Erkennung der am Link aktiven Router. Die aktiven Router können von Rechnern mit Hilfe von ND-Nachrichten *Router Solicitation* aufgefordert werden, seine Parameter zukommen zu lassen. Jeder aktive Router macht zusätzlich periodisch seine Parameter bekannt. Den Verlauf des ND-Protokolls bei der Bekanntmachung von Router-Parametern illustriert Abbildung 7.1-10.

Jeder aktive Router sendet periodisch die ND-Nachrichten *Router Advertisement* (RA) an alle Rechner im gleichen Link. Diese ND-Nachrichten werden in IPv6-Paketen mit der Zieladresse als Multicast-Adresse FF02::1 gesendet. Wird ein aktiver Router von einem Rechner mit der Nachricht *Router Solicitation* aufgefordert, ihm seine Parameter zukommen zu lassen, sendet der Router die Nachricht *Router Advertisement* direkt an diesen anfordernden Rechner. Als Quelladresse enthalten die Nachrichten *Router Advertisement* und *Router Solicitation* immer jeweils die Link-Unicast-Adresse des Absenders.

Router Advertisement

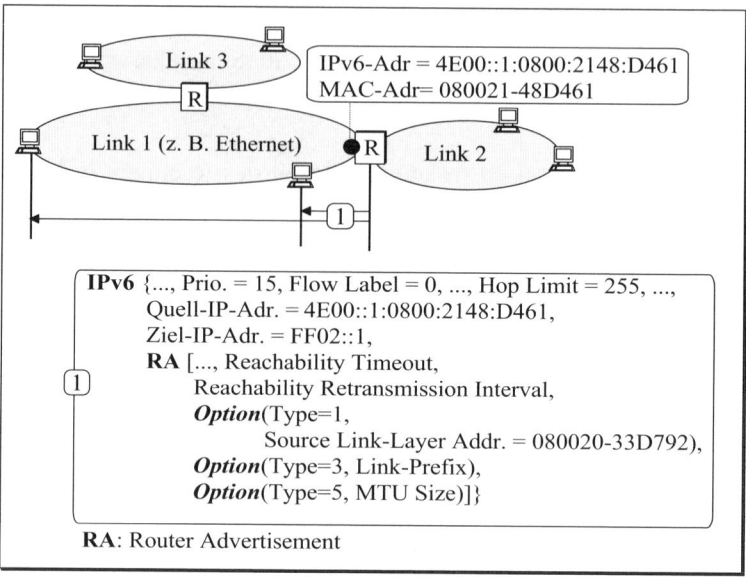

Abbildung 7.1-10:   Bekanntmachung von Parametern durch einen Router

Die Nachrichten *Router Advertisement* enthalten Präfix-Listen für den Link (Subnetz), auf dem das Router-Advertisement-Paket gesendet wurde. Rechner mit einem gemeinsamen Präfix befinden sich an einem gemeinsamen Link, d.h. ein Rechner kann durch das Vergleichen des Präfixes der eigenen Adresse mit dem Präfix der Adresse eines anderen Rechners feststellen, ob sich dieser Rechner am gleichen Link befindet oder nicht. Die Rechner mit den anderen Präfixen in der IPv6-Adresse sind nicht am selben Link angeschlossen und daher nur über einen Router erreichbar.

In der Nachricht *Router Advertisement* kann auch der MTU-Wert angegeben werden.

7.1.6 Entdeckung von Routern

Das ND-Protokoll versetzt einen Rechner in die Lage zu entdecken, welche Router in seinem Subnetz vorhanden sind. Hierfür verwendet er die ICMPv6-Nachrichten *Router Solicitation* und *Router Advertisement*. Das Prinzip der Entdeckung von Routern durch einen Rechner verdeutlicht Abbildung 7.1-11.

Router Solicitation Um festzustellen, welche Router vorhanden sind, sendet ein Rechner eine Multicast-IP-v6-ND-Nachricht *Router Solicitation* in einem IPv6-Paket mit der Multicast-Adresse FF2::2. Diese Adresse stellt eine „Alle-Router"-

Adresse dar, so daß mit ihr alle Router im gleichen Subnetz angesprochen werden. Im IPv6-Paket mit der Nachricht *Router Solicitation* ist die Quell-IP-Adresse (*X*) und die Quell-Link-Adresse (*a*) als eine Option enthalten. Jeder aktive Router sendet die Antwort direkt an den fordernden Rechner als eine ND-Nachricht *Router Solicitation*, in der dessen Link- und IP-Adressen und auch andere Parameter (Präfix, MTU) enthalten sind. Auf diese Art und Weise können die neu angeschlossenen Rechner die aktiven Router kennenlernen.

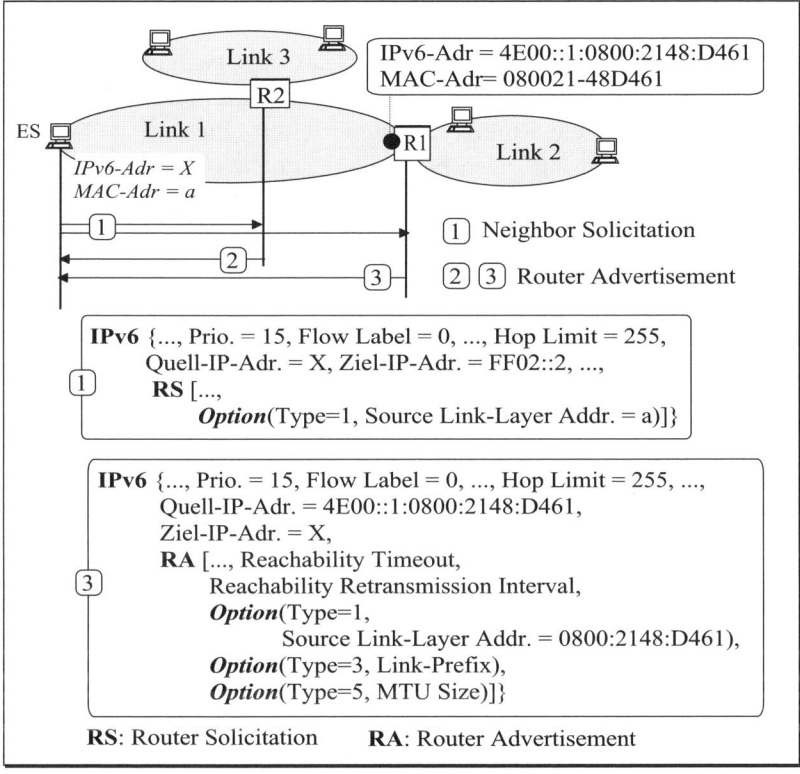

Abbildung 7.1-11:   Entdeckung von Routern durch ein Endsystem

Beim Vergleich der Protokolle IPv4 und IPv6 ist darauf zu verweisen, daß die Standardimplementierungen des Protokolls IPv4 pro Subnetz nur einen Router (als ein Gateway nach außen) zulassen. Bei den Installationen der Protokolle TCP/IP mit der IP-Version 4 muß die IP-Adresse des Routers (*Default Gateway*) angegeben werden. Die Angabe der Link-Adresse (d.h. MAC-Adresse) ist nicht notwendig, weil sie mit Hilfe des Protokolls ARP ermittelt wird (=>Abbildungen 3.6-1 und 3.6-2).

Aktive Das ND-Protokoll beim IPv6 unterstützt nämlich das Konzept „Plug&Play".
Router Ein neu angeschlossener Rechner ist in der Lage, nach den in Abbildung 7.1-11 dargestellten Prinzipien alle aktiven Router zu bestimmen und deren Adressen zu ermitteln. Im Gegensatz zum Protokoll IPv4 können in einem Subnetz mehrere Router (als Gateways nach außen) eingesetzt werden. Die Adressen von aktiven Routern werden im IP-Parameter-Cache der Rechner gespeichert (=> Abbildung 7.1-4).

7.1.7 IPv6-Paket-Umleitung

Sind mehrere Router in einem Subnetz als Gateways nach außen vorhanden, so entsteht ein Auswahlproblem beim Aussenden eines Paketes: Welches ist der am besten geeignete Router zur Weiterleitung dieses Pakets ins Ziel-Subnetz? Die Antwort auf diese Frage kann im Ziel-Cache des Quellrechners enthalten sein (=> Abbildung 7.1-4). Die Zuordnungen im Ziel-Cache können erlernt werden. Dies läßt sich mit der *Redirect-Funktion* des ND-Protokolls unterstützen.

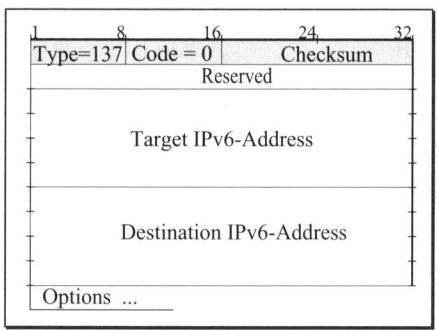

Abbildung 7.1-12:   ICMPv6-Nachricht Redirect

Redirect Ein Router kann ein ihm zur Weiterleitung übergebenes IPv6-Paket an ein Endsystem bzw. an einen anderen Router „umleiten". Diese Router-Funktion wird als *Redirect-Funktion* bezeichnet. Für die Realisierung dieser Funktion wird die ICMPv6-Nachricht *Redirect* verwendet. Die Struktur dieser Nachricht zeigt Abbildung 7.1-12.

Die einzelnen Angaben in der Redirect-Nachricht haben folgende Bedeutung:

* *Target IPv6-Address*
  In diesem Feld trägt ein Router *A* die IPv6-Adresse eines anderen Rou-

ters *B* ein, an den ein IPv6-Paket mit der IP-Adresse *X* umgeleitet wurde. Router *B* gilt als „besser" für die Pakete unter der IP-Adresse *X*.

* *Destination IPv6-Address*
  Die Ziel-IP-Adresse (*X*) des Paketes, das umgeleitet wurde.

Den Ablauf des ND-Protokolls bei der Realisierung der Redirect-Funktion illustriert Abbildung 7.1-13.

Ablauf des ND-Protokolls bei der Redirect-Funktion

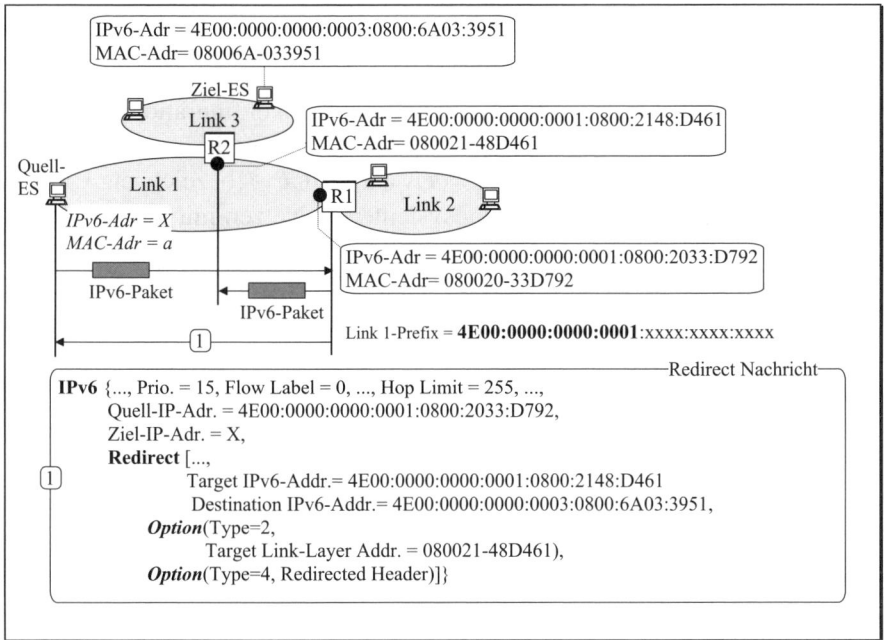

Abbildung 7.1-13:   Veranschaulichung der Redirect-Funktion

Beispiel: Der Quellrechner mit der IPv6-Adresse *X* und der MAC-Adresse *a* hat ein IPv6-Paket an den Router *R1* mit der MAC-Adresse 080020-33D792 zur Weiterleitung übergeben. Router *R1* hat nach der Routing-Tabelle festgestellt, daß Router *R2* für die Weiterleitung dieses Paketes „besser" geeignet ist. Somit leitet Router *R1* das „Original"-Paket Router an *R2* um, der dieses an den Zielrechner mit der MAC-Adresse 08006A-033951 weiterleitet.

Zusätzlich sendet der Router *R1* eine ND-Nachricht Redirect an den Quellrechner, um ihm mitzuteilen, daß Pakete mit der Ziel-IPv6-Adresse 4E00:0000:0000:0001:0800:2033:D792 an Router *R2* mit der MAC-Adresse 080021-48D461 zur Weiterleitung übergeben werden sollen. Die MAC-Adresse von Router *R2* wird als Option in der Nachricht Redirect angegeben. Diese Nachricht kann auch als Option den IPv6-Header des umgeleiteten Paketes enthalten.

Mit der ND-Nachricht *Redirect* wird die Zuordnung

Ziel-IPv6-Adresse => Link-Adresse (MAC-Adresse)

dem Quellrechner mitgeteilt, so daß dieser Rechner sein Ziel-Cache entsprechen modifizieren kann (=> Abbildung 7.1-4).

7.2   Automatische Konfiguration in IPv6-Netzen

In Abschnitt 5.1 wurde das Protokoll DHCP dargestellt, mit dessen Hilfe es möglich ist, die Konfiguration (insbesondere Adreßkonfiguration) von Endsystemen in Netzen mit dem Protokoll IPv4 zu automatisieren. Das Protokoll DHCP für IPv4 wird im folgenden als *DHCPv4* bezeichnet. Um die automatische Konfiguration von Endsystemen in Netzen mit dem Protokoll IPv6 zu unterstützen, steht bereits das Protokoll *DHCPv6* vor der Tür. Dieses Protokoll wird im Internet-Dokument RFC 2462 festgelegt.

Auto-configuration Das Protokoll DHCPv4 funktioniert nach dem Client/Server-Prinzip, so daß man von einem *DHCPv4-Client* und einem *DHCPv4-Server* spricht (=> Abbildung 5.1-1). Nach dem Client/Server-Prinzip funktioniert auch das Protokoll DHCPv6. Da bei der automatischen Konfiguration nach dem DHCP-Prinzip mindestens ein DHCP-Server (genauer: ein *DHCP-Konfigurationsserver*) notwendig ist, bezeichnet man diese Art der automatischen Adreßkonfiguration *als serverbasiert*. In RFC-Dokumenten wird sie als *Stateful Autoconfiguration* genannt.

Beim Protokoll IPv6 besteht auch die Möglichkeit, die automatische Adreßkonfiguration ohne Konfigurationsserver zu realisieren, d.h. *serverlos*. Diese Art der automatischen Adreßkonfiguration wird in RFC-Dokumenten *Stateless Autoconfiguration* genannt.

Im folgenden werden die beiden Arten der automatischen Konfiguration in Netzen mit dem Protokoll IPv6 näher dargestellt.

7.2.1 Stateless Autoconfiguration

Unter *Stateless Autoconfiguration* ist ein Verfahren zu verstehen, nach dem die Endsysteme in einem IPv6-Subnetz automatisch ohne Konfigurationsserver die IPv6-Adressen für sich festlegen können. Dabei ist hervorzuheben, daß es diese serverlose automatische Konfiguration ermöglicht, einem Endsystem eine IPv6-Adressen von nur lokaler Bedeutung (=> Abbildung 6.8-7) automatisch zuzuweisen und auch zu prüfen, ob diese Adresse im

Subnetz eindeutig, d.h. nicht doppelt vorhanden ist. Die Stateless Autoconfiguration ist somit auf ein Subnetz eingeschränkt.

Das Prinzip der Stateless Autoconfiguration basiert auf folgenden Besonderheiten:

Prinzip der Stateless Autoconfiguration

- Jede IPv6-Adresse von lokalen Bedeutung setzt sich im allgemeinen aus zwei Teilen zusammen, d.h. aus einem *Präfix* und einer Interface-ID (=> Abbildung 7.1-2a).

- Die Router tauschen in bestimmten Zeitabständen die Routing-Information untereinander nach einem Routing-Protokoll aus.

Wie bereits in Abbildung 7.1-2 dargestellt, setzt sich jede IPv6-Adresse von lokaler Bedeutung aus einem Link-Präfix und einem Token zusammen. In diesem Fall ist unter dem *Link-Token* eine physikalische Link-Adresse (z.B. MAC-Adresse, ISDN-Rufnummer, ATM-Adresse) oder eine zufällige Zahl zu verstehen. Dieser Zusammenhang kann als Grundlage der Stateless Autoconfiguration angesehen werden.

Eine Adresse muß in einem Endsystem in der Regel konfiguriert werden, wenn das Endsystem neu angeschlossen bzw. nach einer Fehlerbehebung neu gestartet wird. Den Verlauf der Stateless Autoconfiguration am Beispiel eines Shared-Medium-(SM)-LAN-Endsystems veranschaulicht Abbildung 7.2-1.

Bei der Stateless Autoconfiguration werden Nachrichten des Protokolls ICMPv6 verwendet. Diese ICMPv6-Nachrichten werden in IPv6-Pakete eingebettet (=> Abbildung 6.10-1), in denen die Priorität auf 15 und die Hop Limit auf 255 im IPv6-Header gesetzt werden. Im Verlauf der Stateless Autoconfiguration sind im allgemeinen die beiden folgenden Schritte zu unterscheiden:

Ablauf der Stateless Autoconfiguration

Schritt 1: Bekanntmachung der eigenen Link-Adresse und Überprüfung ihrer Einmaligkeit
Ein SM-LAN-Endsystem enthält normalerweise eine LAN-Adapterkarte, in der eine MAC-Adresse fest abgespeichert wird. Diese MAC-Adresse muß im lokalen Subnetz eindeutig sein, so daß das Endsystem zuerst überprüfen muß, ob dies der Fall ist. Hierfür sendet das zu konfigurierende Endsystem (hier mit der MAC-Adresse = *a*) eine ICMPv6-Nachricht vom Type 135, die als *Neighbor Solicitation (NS)* bezeichnet wird.

Solicited-Mode Multicast-Adresse

Das IPv6-Paket mit der Nachricht NS enthält eine besondere Multicast-Adresse als Ziel-IP-Adresse. Diese Multicast-Adresse wird als *Solicited-Mode-Multicast-Adresse* bezeichnet. Die Solicited-Multicast-Adresse entsteht durch Ergänzung der letzten 32-Bit des eigenen Link-Token

(eigener MAC-Adresse, => Abbildung 7.1-2) um ein 96-Bit-langes Präfix FF02:0:0:0:0:1.

Die Nachricht NS ist eine auf das lokale Subnetz eingeschränkte IP-
Broadcast-Nachricht, um die Einmaligkeit der eigenen MAC-Adresse zu
überprüfen. Mit der Nachricht NS werden alle Systeme (Endsysteme,
Router) als Nachbarn in einem Subnetz angesprochen. Somit ist diese
Nachricht als *Nachbar-Ansprechen* zu interpretieren. Die Nachricht NS
enthält die Option *Source Link Layer Address*, in der die MAC-Adresse
des Quellrechners angegeben wird, die auf die Einmaligkeit im Link
(Subnetz) gerade überprüft wird.

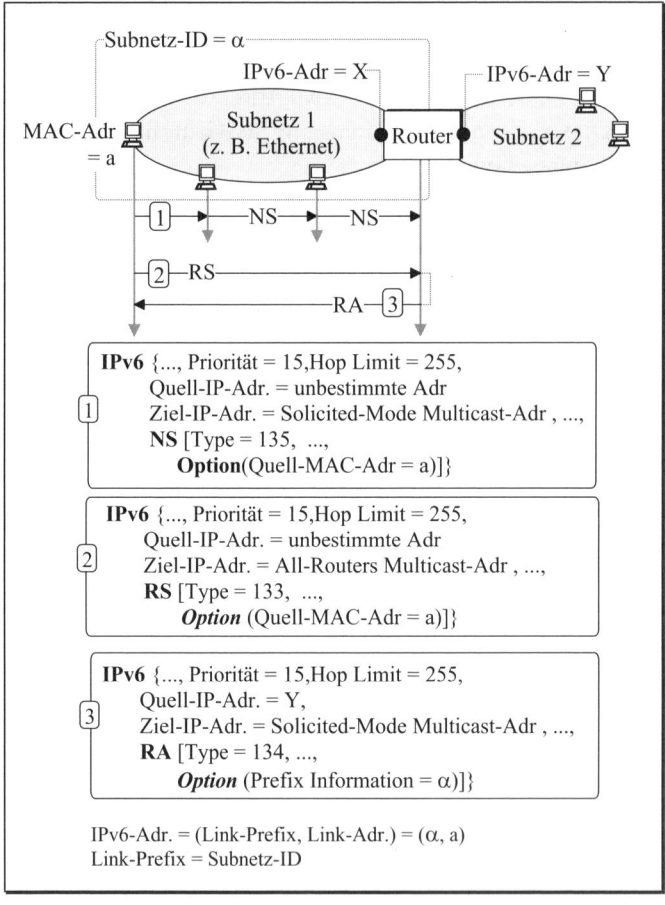

Abbildung 7.2-1:   Allgemeines Prinzip der Stateless Autoconfiguration
NS: Neighbor Solicitation, RS: Router Solicitation,
RA: Router Advertisement

Falls ein Rechner bereits eine IPv6-Adresse mit dem in der Nachricht NS enthaltenen Link-Token (hier MAC-Adresse) besitzt, antwortet er mit einer ICMPv6-Nachricht *Neighbor Advertisement (NA)*, die direkt an den Rechner gesendet wird, der die Einmaligkeit seiner Link-Adresse über- prüft. Wenn keine solche Nachricht NA ankommt, bedeutet dies, daß die Link-Adresse im Link (Subnetz) einmalig ist und sie verwendet werden darf. Hiermit ist der Schritt 1 abgeschlossen.

- *Schritt 2*: Präfix-Abfrage beim Router   *Router*
  Nach der Prüfung der Einmaligkeit der Link-Adresse ist ein weiterer *Solicitation*
  Link-Präfix, das bei einem Router abgefragt werden kann, nötig. Hierfür
  nutzt der Rechner eine ICMPv6-Nachricht *Router Solicitation* (RS). Sie
  wird in einem IPv6-Paket als Multicast an alle Router verschickt, d.h.
  dieses Paket enthält eine besondere Multicast-Adresse, die als *All-
  Routers Multicast-Address* bezeichnet wird. In der Nachricht RS wird als
  Option die Quell-MAC-Adresse angegeben, die in Schritt 1 auf die Einmaligkeit überprüft wurde.

  Existiert mindestens ein aktiver Router im Subnetz (am Link), so sendet *Router Ad-*
  er eine ICMPv6-Nachricht *Router Advertisement* (RA) mit der Präfix- *vertisement*
  Angabe als Option *Präfix Information* (Abbildung 7.2-1). Die Nachricht
  RA wird in einem IPv6-Paket mit der Solicited-Mode-Multicast-Adresse
  gesendet, so daß das „gefragte" Link-Präfix im ganzen Link (Subnetz)
  bekannt gemacht wird. Auf diese Art und Weise lernt der Rechner auch
  das Präfix kennen, das diese Bekanntmachung initiiert hat. Aus dem
  Link-Präfix und der Link-Adresse (hier MAC-Adresse) wird eine IPv6-
  Adresse von lokaler Bedeutung gebildet (=> Abbildung 6.1-2).

Die Stateless Autoconfiguration ist immer mit einem Risiko verbunden. Wurde in einem Subnetz nur ein Router installiert, und der ist gerade ausge- fallen, so kann keine Stateless Autoconfiguration durchgeführt werden. In diesem Fall kann der Rechner versuchen, seine IPv6-Adresse mit Hilfe der Stateful Autoconfiguration zu bestimmen. Dies ist nur dann möglich, wenn eine solche Autokonfiguration in diesem Rechner unterstützt wird.

Bildet ein Netzwerk eine „Insel", d.h. es ist kein Router vorhanden, kann nur eine unstrukturierte Link-Local -Adresse (=> Abbildung 6.8-7a) gebil- det werden. Eine solche IPv6-Adresse setzt sich aus dem festgelegten Präfix und der MAC-Adresse zusammen. Die Einmaligkeit der MAC-Adresse kann in einem isolierten Netzwerk geprüft werden. Für die Kommunikation innerhalb eines isolierten Netzwerkes, d.h. innerhalb eines Subnetzes (Links), ist eine Link-Local -Adresse ausreichend.

7.2.2 Stateful Autoconfiguration mit DHCPv6

Mit der Stateless Autoconfiguration ist es möglich, den Rechnern innerhalb eines einzigen Subnetzes (Links) nur die IPv6-Adressen automatisch zuzuweisen. Um den Rechnern in großen Netzen die IPv6-Adressen automatisch zuweisen zu können und ihnen zusätzlich die Möglichkeit zu geben, auch die anderen Konfigurationsparameter (Router-Adresse, DNS-Server-Name,...) von bestimmten Servern zu beziehen, wurde das Konfigurationsprotokoll DHCPv6 *(Dynamic Host Configuration Protocol)* konzipiert. Dieses Konfigurationsprotokoll entspricht weitgehend dem Protokoll DHCP in Netzen mit dem Protokoll IPv4 (=> Abschnitt 5.1). Um zu unterscheiden, daß es sich um ein Konfigurationsprotokoll DHCP für IPv4 handelt, wird es in diesem Abschnitt als DHCPv4 bezeichnet. Das neue Protokoll DHCPv6 liegt lediglich als Internet-Draft [draft-ietf-dhc-dhcpv6-10.txt] vor.

Das Protokoll DHCPv6 funktioniert ebenfalls wie DHCPv4 nach dem Client/Server-Prinzip. Den Einsatz des Protokolls DHCPv6 illustriert Abbildung 7.2-2.

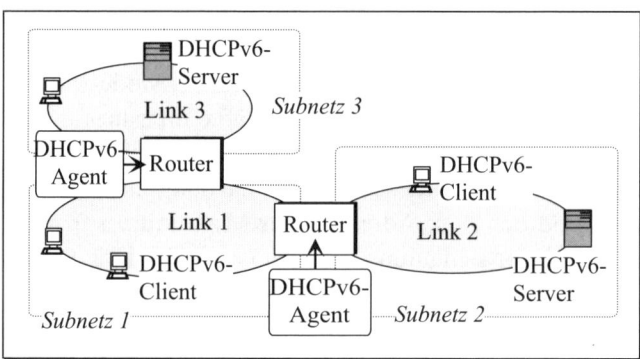

Abbildung 7.2-2:   Einsatz des Protokolls DHCPv6

DHCPv6- Ein Rechner, in dem sämtliche Konfigurationsparameter für die anderen
Server Rechner abgespeichert worden sind, fungiert als *DHCPv6-Server*. Rechner, die auf den DHCPv6-Server zugreifen, um bestimmte Konfigurationsangaben abzufragen, nennt man *DHCPv6-Clients*. Ein DHCPv6-Server kann die Clients in mehreren Subnetzen (sog. Links) mit den Konfigurationsparametern „versorgen". Für die Clients, die auf einen Server in einem anderen Subnetz zugreifen, wird ein *DHCPv6-Agent* im Router zwischen den Subnetzen installiert. Ein solcher Agent wird auch als *DHCPv6-Relay* bezeichnet.

In einem Subnetz können sowohl mehrere DHCPv6-Server als auch mehrere DHCPv6-Agenten implementiert werden. Wird in einem Subnetz (z.B. in Subnetz *1*, Abbildung 7.2-2) kein DHCPv6-Server implementiert, so können die Clients in diesem Subnetz die Konfigurationsparameter aus einem anderen DHCPv6-Server im einem anderen Subnetz beziehen. In jedem Router kann (nicht muß!) ein DHCPv6-Agent implementiert werden. Ein Agent stellt für alle Clients in einem Subnetz ohne DHCPv6-Server die Vertretung eines DHCPv6-Servers in einem anderen Subnetz dar. Dessen Aufgabe besteht darin, die Anforderungen von Clients an Server in anderen Subnetzen weiterzuleiten.

Im Beispiel in Abbildung 7.2-2 können die DHCPv6-Server so konfiguriert werden, daß die Clients im Subnetz *1* die Konfigurationsparameter beider DHCPv6-Server (d.h. im Subnetz *1* und *2*) beziehen können. Beim Ausfall eines DHCPv6-Servers steht diesen Clients somit noch ein DHCPv6-Server zur Verfügung.

Vergleicht man die Abbildungen 5.1-1 und 7.2-2, ist erkennbar, daß die Ziele bei beiden Versionen der Protokolle DHCPv4 und DHCPv6 auf den ersten Blick vollkommen identisch sind. Im Detail stellt man jedoch fest, daß das Protokoll DHCPv6 der Funktionalität nach umfangreicher ist. Darauf wird im folgenden noch näher eingegangen.

Es ist darauf hinzuweisen, daß das Wort *Link* bei der Beschreibung der Hilfsprotokolle für IPv6 verwendet wird. Mit dem *Link* wird im allgemeinen ein Subnetz auf Basis einer beliebigen Netztechnologie (wie z.B. Shared Medium LANs, verbindungsorientierte Netze: ISDN, X.25- bzw. ATM-Netze) bezeichnet.

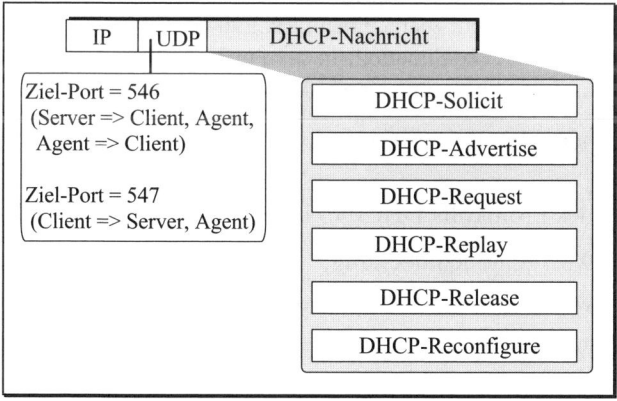

Abbildung 7.2-3:   Nachrichten des Protokolls DHCPv6

DHCP-Nachrichten Zwischen einem DHCPv6-Client und einem -Server werden bestimmte *DHCP-Nachrichten* ausgetauscht. Diese Nachrichten wurden in Abbildung 7.2-3 zusammengestellt. Für den Transport dieser Nachrichten wird das verbindungslose Transportprotokoll UDP eingesetzt.

Die DHCP-Dienste stellen die TCP/IP-Anwendungsprozesse dar. Der DHCPv6-Client als Anwendungsprozeß ist immer über den Well-Known-Ziel-Port 546 erreichbar (=> Abbildung 2.2-4a). Da ein Agent aus der Sicht eines Server als „Quasi"-Client fungiert, wird der DHCPv6-Agent vom Server auch über den Ziel-Port 456 angesprochen. Die Nachrichten von Clients an DHCPv6-Server bzw. -Agenten werden über den Ziel-Port 547 gesendet. Die Bedeutung einzelner DHCP-Nachrichten wird nun an Beispielen erläutert.

DHCPv6 im Einsatz Im allgemeinen wird der Ablauf des Protokolls DHCPv6 in zwei Fällen initiiert:

- *Fall 1:* wenn ein Rechner an das Netz neu angeschlossen wird.
- *Fall 2:* wenn am Rechner eine zusätzliche Konfiguration durchgeführt werden muß (der Rechner benötigt einen neuen Parameter bzw. ein Parameter wird aktualisiert).

Aus der Sicht des Protokolls DHCPv6 weisen diese Situationen folgende Besonderheiten auf:

> **Beispiel:** Im *Fall 1* kennt der neu installierte DHCPv6-Client weder einen DHCPv6-Server noch einen DHCPv6-Agenten. Dem neuen Client ist in seinem Subnetz ursprünglich kein Server bekannt. Dies bedeutet, daß der Client in diesem Fall nicht weiß, ob er die Konfigurationsparameter direkt von einem Server in seinem Subnetz oder von einem Server in einem anderen Subnetz über einen Agenten bezieht. In einem solchen Fall muß der neu installierte DHCPv6-Client zuerst einen DHCPv6-Server bzw. -Agenten entdecken. *Fall 2* entspricht der Situation, in der ein DHCPv6-Client die IPv6-Adresse von einem Server bzw. von einem Agenten bereits kennt.

Ablauf des Protokolls DHCPv6 Den allgemeinen Ablauf des Protokolls DHCPv6 veranschaulicht Abbildung 7.2-4.

Beim Ablauf des Protokolls DHCPv6 lassen sich drei Phasen unterscheiden:

- Server- bzw. Agentenentdeckung;
- Server- bzw. Agentenbekanntmachung;
- Abfrage von Parameter.

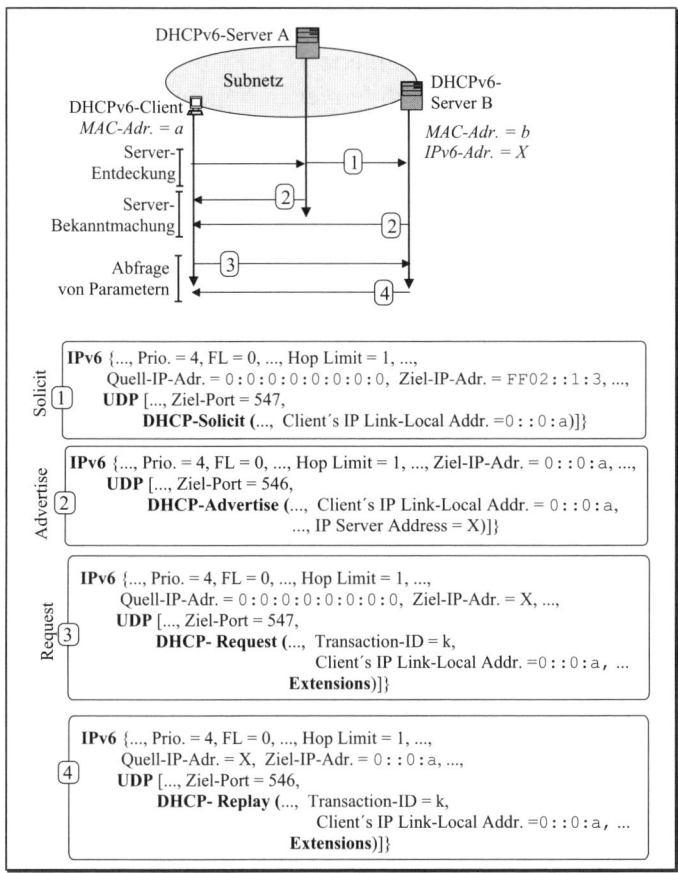

Abbildung 7.2-4:   Allgemeiner Ablauf des Protokolls DHCPv6

Im Beispiel in Abbildung 7.2-4 sind im Subnetz mehrere (zwei) DHCPv6-Server vorhanden. Hier muß der neu installierte DHCPv6-Client diese Server zuerst herausfinden. Also handelt es sich hierbei um Server-Endeckung. In der Situation in Abbildung 7.2-5 handelt es sich um Agentenentdeckung.

Betrachten wir nun die Situation in Abbildung 7.2-4 näher. Um die DHCPv6-Server zu entdecken, sendet der DHCPv6-Client eine Nachricht *DHCP-Solicit* (Ansprechen). Mit dieser Nachricht können sowohl alle DHCPv6-Server als auch alle Agenten angesprochen werden. Als Antwort darauf sendet jeder DHCPv6-Server direkt an den Client jeweils eine Nachricht *DHCP-Advertise* (Bekanntmachung, Anzeige) zurück, um sich bei ihm vorzustellen. Im nächsten Schritt sendet der Client mit der Nachricht *DHCP-Request* eine Anforderung nach einigen Parametern an einen ausgewählten DHCPv6-Server (hier an den Server *B*). Dieser Server antwortet mit der Nachricht *DHCP-Reply*, die die angeforderten Parameter enthält. Auf diese Weise kann jeder neu installierte DHCPv6-Client seine Konfigurationsparameter von einem DHCPv6-Server in seinem Subnetz erhalten. Falls der DHCPv6-Client eine zusätzliche Konfiguration durchführen will, ist ihm der DHCPv6-Server (genauer: dessen IPv6-Adresse) bereits bekannt. In diesem Fall sendet er die Nachricht *DHCP-Request* direkt an den Server.

Abbildung 7.2-4 zeigt auch einige Angaben, die bei der Übermittlung einzelner DHCP-Nachrichten gemacht werden. Diesen Nachrichten wird zunächst ein UDP-Header vorangestellt, in dem u.a. die Nummer des Zielports gemacht wird. Beispielsweise wurde hier angenommen, daß alle IPv6-Pakete mit den DHCP-Nachrichten die Priorität 4 haben. Es gilt *Hop Limit =1*, weil der Verkehr zu einem Subnetz eingeschränkt ist.

Betrachten wir nun die einzelnen DHCP-Nachrichten:

- *DHCP-Solicit*
  Diese Nachricht wird als Multicast gesendet, um einen DHCPv6-Server bzw. -Agenten zu ermitteln. Deren Struktur zeigt Abbildung 7.2-6a. Falls ein DHCPv6-Client neu installiert wurde, besitzt er noch keine IPv6-Adresse von allgemeiner Bedeutung und kennt auch keinen DHCPv6-Server. Dieser Client kennt aber bereits seine Link-Adresse. Wird dieser Client an einem LAN angeschlossen, so handelt es sich um eine MAC-Adresse. Wie bereits in Abbildung 7.1-2 gezeigt wurde, kann eine Link-Adresse mit einem *Präfix* (000...0) bis zur Länge von 128 Bits erweitert werden, so daß eine IPv6-Adresse von lokaler Bedeutung entsteht. Mit Hilfe einer solchen IPv6-Adresse läßt sich ein Rechner in seinem Subnetz eindeutig identifizieren. Dies gilt aber unter der Voraussetzung, daß die Link-Adresse (z.B. MAC-Adresse) in diesem Subnetz eindeutig ist. Die Eindeutigkeit kann nach dem in Abbildung 7.2-1 dargestellten Prinzip geprüft werden. Da der neu installierte Client keine IPv6-Adresse von globaler Bedeutung besitzt, wird 0:0:0:0:0:0:0:0 (d.h. *unbestimmte IPv6-Adresse*) als Quell-IPv6-Adresse angegeben. Die Ziel-IPv6-Adresse ist Multicast-Adresse FF02::1:3. Diese Adresse bedeutet „*Alle DHCPv6-Server*", so daß alle DHCPv6-Server mit ihr angesprochen werden. In der Nachricht *DHCP-Solicit* ist die IPv6-Adresse 0::0:a von lokalen Bedeutung des Clients enthalten, die eine um das Präfix 000...0 erweiterte Link-Adresse darstellt.

- *DHCP-Advertise*
  Diese Nachricht sendet jeder DHCPv6-Server als eine Antwort auf die Nachricht *DHCP-Solicit*. Die Nachricht *DHCP-Advertise* enthält die IPv6-Adresse des DHCPv6-Servers *(IP Server Address)* und wird direkt an den DHCPv6-Client gesendet. Zusätzlich zu dieser Nachricht ist auch

die IPv6-Adresse (lokale Bedeutung) des Clients *(Client´s IP Link-Local Adr.)* enthalten. Den Aufbau der Nachricht DHCP-Advertise zeigt Abbildung 7.2-6b.

- *DHCP-Request*
  Diese Nachricht wird von einem DHCPv6-Client direkt an einen ausgewählten DHCPv6-Server gesendet (in Abbildung 7.2-4 an Server *B* mit der IPv6-Adresse = X), um von ihm die bestimmten Konfigurationsparameter zu erhalten. Diese Nachricht enthält eine Identifikation (ID) für diese Client-Server-Beziehung (d.h. Transaction-ID), die IPv6-Adresse von lokaler Bedeutung des Clients und sogenannte Extensions. Unter dem Begriff *Extensions* sind im allgemeinen die vollständigen Nachrichten zu verstehen, in denen einerseits DHCPv6-Clients die benötigten Konfigurationsparameter spezifizieren und andererseits DHCPv6-Server die Parameterwerte an Clients übermitteln. Es ist hervorzuheben, daß *Extensions* die gleiche Bedeutung wie z.B. Informationselemente in ATM-Signalisierungsnachrichten zukommt. Die Extensions in der Nachricht DHCP-Request enthalten die Angaben der vom Client benötigten Konfigurationsparameter.

- *DHCP-Reply*
  Diese Nachricht wird von einem DHCPv6-Client als eine Antwort auf die Nachricht DHCP-Request an einen DHCPv6-Client gesendet. Die Extensions in der Nachricht DHCP-Reply enthalten die Wertangaben der angeforderten Konfigurationsparameter.

Für die Beschreibung sämtlicher Extensions ist (z.Z. noch) auf das Internet-Dokument [draft-ietf-dhc-v6exts-11.txt] zu verweisen.

Bei der bisherigen Darstellung des DHCPv6-Protokollablaufs gingen wir in Abbildung 7.2-4 davon aus, daß ein DHCPv6-Server im Subnetz vorhanden ist. Das Protokoll DHCPv6 läßt zu, daß ein DHCPv6-Server nicht in jedem Subnetz vorhanden sein muß. Eine solche Situation ist in vielen Fällen in der Praxis zu erwarten. Wie aus Abbildung 7.2-5 ersichtlich ist, kommen dabei sogenannte DHCPv6-Agenten zum Einsatz. Man kann sich vorstellen, daß die Clients im Subnetz *1* so konfiguriert werden, daß sie die benötigten Konfigurationsparameter zuerst vom Server im Subnetz *2* beziehen. Erst wenn der Router an der Grenze zwischen Subnetz *1* und Subnetz *2* ausfällt, beziehen sie die Parameter vom Server in Subnetz *2*. *Aufgaben von DHCPv6-Agenten*

Um die DHCPv6-Server bzw. einen -Agenten zu entdecken, sendet der DHCPv6-Client immer die Nachricht *DHCP-Solicit*. Als Antwort darauf sendet jeder DHCPv6-Agent direkt an den Client jeweils die Nachricht *DHCP-Advertise* zurück, um sich bei ihm vorzustellen. In dieser Nachricht

wird das Flag S auf 1 gesetzt, um den Client darauf hinzuweisen, daß er nur
einen Server vertritt, d.h. daß er einerseits die Client-Anforderungen an den
Server und andererseits die Server-Antworten nur weiterleitet. Im Beispiel
aus Abbildung 7.2-5 wurde der Agent (vom Subnetz 2) vom Client ausgewählt.

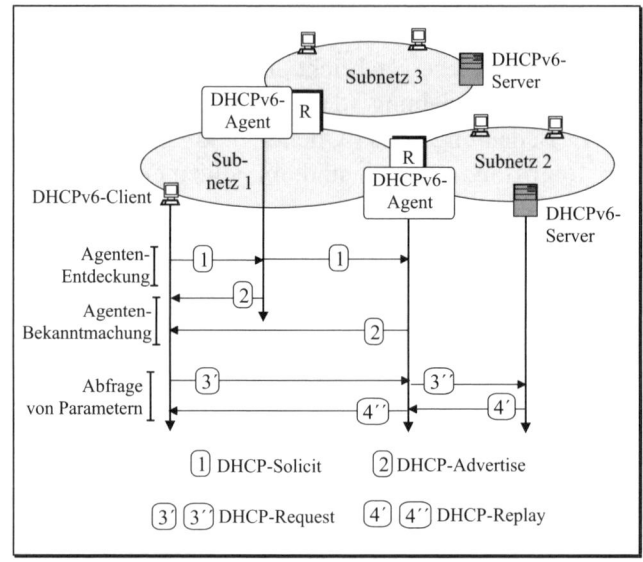

Abbildung 7.2-5:   Aufgaben von DHCPv6-Agenten
                            R: Router

Aufbau von Den Aufbau von DHCPv6-Nachrichten für die Server-/Agenten-Entdeckung
DHCPv6- zeigt Abbildung 7.2-6.
Nachrichten
für Agen-
ten/Server-
Entdeckung

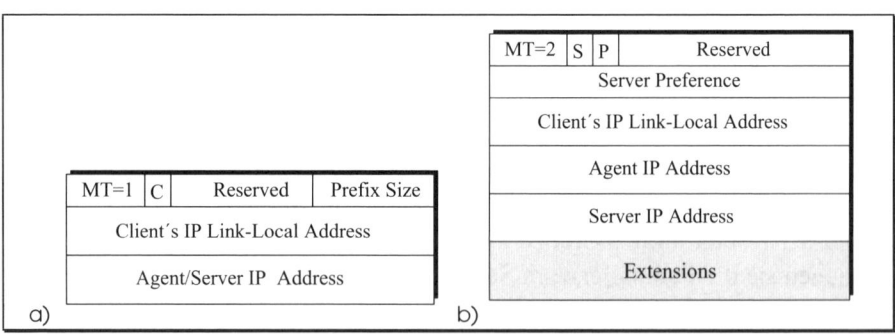

Abbildung 7.2-6:   DHCP-Nachrichten für die Server-/Agenten-Entdeckung:
                            a) Solicit
                            b) Advertise

- Nachricht *DHCP-Solicit*
Die Nachricht DHCP-Solicit enthält folgende Angaben:
  - *Message-Typ (MT)*
  Durch die Angabe MT = 1 in diesem Feld (7 Bits) wird die Nachricht
  DHCP-Solicit gekennzeichnet.
  - *Flag C*
  Wird das Bit C auf 1 gesetzt, müssen alle DHCPv6-Server diesem
  Client die Konfigurationsparameter freigeben.
  - *Reserved* (reserviert, 16 Bits)
  - *Client's IP Link-Local Address*
  In diesem Feld (16 Oktette) wird die IPv6-Adresse von lokaler Bedeu-
  tung des Clients eingetragen.
  - *Agent/Server IP Address*
  In diesem Feld (16 Oktette) wird die IPv6-Adresse eines DHCPv6-
  Agenten bzw. -Servers angegeben.
- Nachricht *DHCP-Advertise*
Die Nachricht DHCP-Advertise enthält folgende Angaben:
  - *Message-Typ* (MT)
  Dieses Feld (7 Bits) stellt die Identifikation der Nachricht DHCP-
  Solicit (MT= 2) dar.
  - *Flag B*
  Ist das Bit S auf 1 gesetzt, weist dies darauf hin, daß die Nachricht
  DHCP-Advertise eine IPv6-Adresse vom DHCPv6-Server enthält.
  Dieses Bit kann man bei der Implementierung nutzen, um dem Client
  mitzuteilen, daß die Antwort von einem DHCPv6-Server stammt. Auf
  diese Weise erkennt der Client, daß er die Konfigurationsparameter
  von einem Server in seinem Subnetz beziehen wird.
  - *Flag P*
  Bit P auf 1 bedeutet, daß die sogenannten *Server-Preferences* enthal-
  ten sind. Falls P=0, kann der Client die Angaben in der Nachricht
  DHCP Advertise direkt verwenden. Ist P=1, muß der Client auf die
  weiteren Angaben des DHCPv6-Servers (in der nächsten Nachricht
  DHCP-Advertise) warten.
  - *Reserved* (reserviert, 22 Bits)
  - *Server-Preferences*
  Hier werden die zusätzlichen Angaben vom DHCPv6-Server ge-
  macht.

– *Client's IP Link Local Address*
Wie in der Nachricht DHCP-Solicit.

– *Agent/Server IP Address*
Wie in der Nachricht DHCP-Solicit.

– *Extensions*
In diesem Feld von variabler Länge werden die vollständigen Nachrichten übermittelt, in denen die Konfigurationsparameter spezifiziert
bzw. angegeben sind.

DHCPv6-   Den Aufbau von DHCPv6-Nachrichten für die Abfrage von Konfigurations-
Nachrichten   parametern zeigt Abbildung 7.2-7.
für Abfragen
von Konfigu-
rations-
parametern

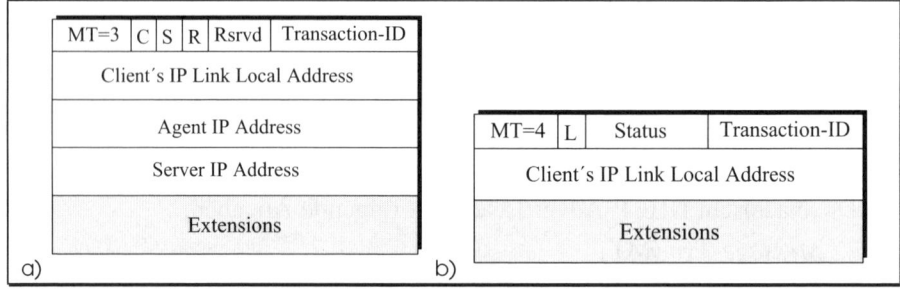

Abbildung 7.2-7:   DHCPv6-Nachrichten für die Abfrage von Konfigurationsparametern:
                        a) Request
                        b) Reply

• Nachricht *DHCP-Request*
Die Nachricht DHCP-Request enthält folgende Angaben:

– *Message-Typ (MT)*
In diesem Feld (7 Bits) wird die Nachricht DHCP-Request markiert
(MT = 3).

– *Flag C*
Wie bei der Nachricht *Solicit*.

– *Flag S*
Wie bei der Nachricht *Advertise*.

– *Flag R*
Dieses Bit wird auf 1 gesetzt, um darauf hinzuweisen, daß der Client
neu gebootet (Rebooted) wurde. Damit werden die mit dieser Transaktions-ID gebundenen Parameter wiederholt gefordert.

- *Transaction-ID*

  In diesem Feld (16 Bits) wird die Nummer der Client-Server-Beziehung (Transaktion) angegeben.

- *Rsvd* (reserviert, 5 Bits)

- *Client's IP Link Local Address*

  Wie in den DHCP-Nachrichten Solicit und Advertise.

- *Agent/Server IP Address*

  Wie in den DHCP-Nachrichten Solicit und Advertise.

- *Extensions*

  Wie in der DHCP-Nachricht Advertise.

- Nachricht *DHCP-Reply*

  Die Nachricht DHCP-Reply enthält folgende Angaben:

  - *Message-Typ (MT)*

    Mit der Angabe MT=4 in diesem Feld (7 Bits) wird die Nachricht DHCP-Request identifiziert.

  - *Flag L*

    Falls L=1, ist im DHCP-Reply die IPv6-Adresse von lokaler Bedeutung des Clients *(Client's IP Link Local Address)* enthalten.

  - *Status*

    In diesem Feld (7 Bits) werden bestimmte Zustände von Servern angegeben (z.B. Status = 16: Failure, reason unspecified, Status = 20: Client record unavailable, ...).

  - *Transaction-ID*

    Wie in der Nachricht Request.

  - *Extensions*

    Wie in den DHCP-Nachrichten Advertise und Request.

Das Protokoll DHCPv6 legt die beiden zusätzlichen Nachrichten

- *DHCP-Release* und

- *DHCP-Reconfigure*

DHCP-Release/Reconfigure

fest. Den Aufbau dieser Nachrichten zeigt Abbildung 7.2-8. Mit der Nachricht *DHCP-Release* kann ein Client einem Server mitteilen, daß er einige Konfigurationsparameter freigibt. Um welche Parameter es sich handelt, wird in den *Extensions* festgehalten. Der Server bestätigt dies mit der Nachricht *DHCP-Reply*. Die Nachricht *DHCP-Reconfigure* kann ein Server an einen Client senden, um einige Konfigurationsparameter bei ihm zu verändern. Um welche Parameter es sich handelt, wird in den Extensions spezifiziert.

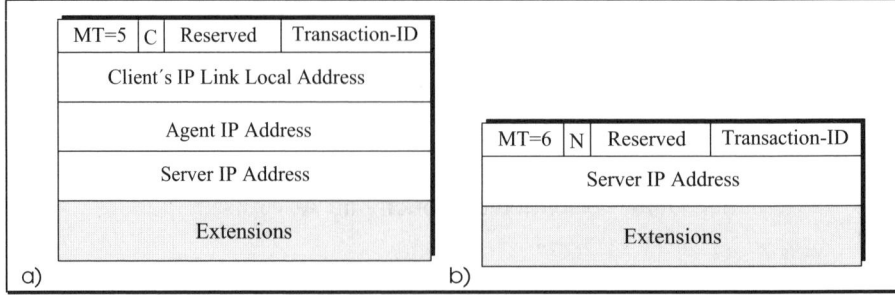

Abbildung 7.2-8:   DHCP-Nachrichten:
a) Release
b) Reconfigure

- Nachricht *DHCP-Release*
  Die Nachricht DHCP-Release enthält folgende Angaben:
  - *Message-Typ (MT)*
    In diesem Feld (7 Bits) wird die Nachricht DHCP-Release markiert (MT = 4).
  - *Flag D*
    Falls D=1, verweist der Client darauf, daß eine direkte Antwort (Reply) erwartet wird.
  - *Rsvd* (reserviert, 7 Bits)
  - *Transaction-ID*
    Wie in den anderen Nachrichten (=> Request).
  - *Client's IP Link Local Address*
    Wie in den anderen DHCP-Nachrichten.
  - *Agent/Server IP Address*
    Wie in den anderen DHCP-Nachrichten.
  - *Extensions*
    Wie in den anderen DHCP-Nachrichten.
- Nachricht *DHCP-Reconfigure*
  Die Nachricht DHCP-Reconfigure enthält folgende Angaben:
  - *Message-Typ (MT)*
    In diesem Feld (7 Bits) wird die Nachricht DHCP-Reconfigure markiert (MT = 4).
  - *Flag N*
    Falls N=1, weist der Server darauf hin, daß der Client im nachhinein kein DHCP Reply auf einen DHCP Request erwarten soll.

- *Rsvd* (reserviert, 7 Bits)
- *Transaction-ID*
  Wie in den anderen Nachrichten (=> Request).
- *Server IP Address*
  Wie in den anderen DHCP-Nachrichten.
- *Extensions*
  Wie in den anderen DHCP-Nachrichten.

8 Migration zum IPv6-Einsatz

Die Umstellung von allen Rechnern, in denen das Protokoll IPv4 verwendet wird, auf das neue Protokoll IPv6 kann nicht auf einen Schlag geschehen. Dazu sind weltweit viel zu viele Rechner mit dem Protokoll IPv4 installiert. Der Schlüssel zur Einführung des Protokolls IPv6 liegt in der langfristigen und kostengünstigen Migration. Es muß hierbei mit einer relativ langen Übergangszeit gerechnet werden, während der auch die beiden Protokollversionen eingesetzt werden. Da eine schnelle und vor allem vollständige Umstellung auf IPv6 in den meisten IP-Netzen ohnehin zunächst nicht in Frage kommt, wird das „alte" Protokoll IPv4 wahrscheinlich noch über mehrere Jahre in irgendeiner Form erhalten bleiben.

Bei der Migration zum IPv6-Einsatz sind u.a. folgende Punkte zu beachten (=> Abbildung 8.5-11):

Migrations-aspekte

- *Bedarfsorientierte Umrüstung*
  Die individuellen IPv4-Endsysteme und -Router sollen nach Bedarf um das neue Protokoll IPv6 erweitert bzw. auf das neue Protokoll umgerüstet werden. Dabei ist es nicht notwendig, daß alle Rechner gleichzeitig umgerüstet werden müssen.

- *Minimale Voraussetzungen*
  Die Migrationsstrategie setzt voraus, daß der (bzw. die) Name-Server zuerst so erweitert werden, daß die Adressierung nach dem Protokoll IPv6 unterstützt werden kann. Die Funktion von Name-Servern wurde bereits in Abschnitt 5.2 ausführlich dargestellt.

- *Adressierungsschema*
  Von großer Bedeutung in der ersten Stufe der Migration ist die vorläufige Weiternutzung von „alten" IPv4-Adressen, um ein neues Adressierungsschema nicht unbedingt direkt einführen zu müssen. Hierbei ergeben sich die folgenden beiden Möglichkeiten:

- Einige IPv4-Endsysteme bzw. -Router werden nur um das neue Protokoll IPv6 erweitert. In diesem Fall stellen sie *sogenannte IPv4/IPv6-Systemkomponenten* dar.

- Einige IPv4-Endsysteme bzw. -Router werden auf das neue Protokoll IPv6 vollständig umgestellt, so daß sie IPv6-Systemkomponenten darstellen.

Altes und neues IP-Adreßformat Um das „alte" Adressierungsschema weiterhin einzusetzen, können IPv4-kompatible IPv6-Adressen verwendet werden. Wie aus Abbildung 6.8-8 ersichtlich ist, enthält eine IPv4-kompatible IPv6-Adresse eine vollständige IPv4-Adresse. Somit stellt eine IPv4-kompatible IPv6-Adresse eigentlich eine um den Präfix 0:0:0:0:0:0: erweiterte IPv4-Adresse dar. Diese Tatsache ermöglicht es u.a., die IPv4/IPv6-Systemkomponenten in einem IPv4-Netz so einzusetzen, daß sie praktisch „nur" IPv4-Adressen verwenden. Den IPv6-Systemkomponenten können sowohl die neuen IPv6-Adressen (IPv6-only-Adressen) als auch die IPv4-kompatiblen IPv6-Adressen zugeteilt werden.

Im allgemeinen ergeben sich unterschiedliche Strategien der Migration zum IPv6-Einsatz. Die wichtigsten von ihnen werden nun dargestellt.

8.1   Koexistenz von IPv4 und IPv6

Es lassen sich einige Situationen in der Praxis vorstellen, in denen die beiden Protokolle IPv4 und IPv6 koexistieren können. In erster Phase der Migration zum IPv6-Einsatz werden oft nur einige Systemkomponenten (Endsysteme, Router) um das Protokoll IPv6 erweitert. Derartige IPv4/IPv6-Systemkomponenten werden auch als Dual-IP-Systeme bezeichnet. Abbildung 8.1-1 illustriert die logische Architektur eines *Dual-IP-Systems*. Es wurde hier angenommen, daß die beiden untersten Schichten (d.h. physikalische und Data Link) in diesem System mit Hilfe einer Adapterkarte realisiert werden. Handelt es sich hierbei z.B. um ein System an einem ATM-Netz, so stellt diese Adapterkarte eine ATM-Adapterkarte dar.

IPv4-Netz Im weiteren Verlauf dieses Abschnittes wird unter dem Begriff IPv4-Netz jedes beliebige Netz verstanden, in dem alle Systeme, d.h. sowohl Endsysteme als auch Router, nur das Protokoll IPv4 unterstützen. Ähnlich wird als IPv6-Netz ein beliebiges Netz bezeichnet, in dem sämtliche Systeme nur das Protokoll IPv6 unterstützen.

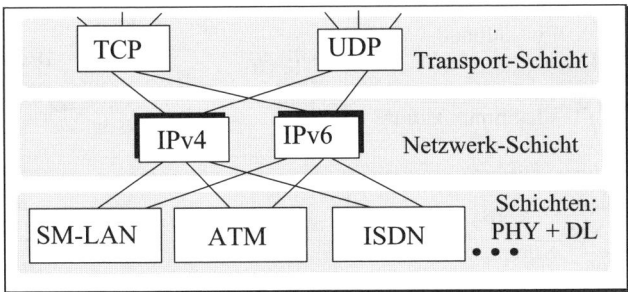

Abbildung 8.1 -1:   Logische Architektur eines Dual-IP-Systems
                        DL: Data-Link-Schicht, PHY: Physikalische Schicht

Im allgemeinen ergeben sich folgende Möglichkeiten der Koexistenz von *Möglich-* IPv4 und IPv6: *keiten der Koexistenz*

- Einsatz von IPv4 und IPv6 in einem physikalischen LAN-Segment (=> Abbildung 8.1-2);

- Betreiben der Dual-IP-Endsysteme an einem IPv4-Netz (Abbildung 8.1-3);

- Erweiterung eines IPv4-Netzes um ein IPv6-Netz (=> Abbildung 8.1-4);

- Kopplung der IPv6-Netze über ein IPv4-Netz (=> Abbildung 8.2-1).

8.1.1 Einsatz von IPv4 und IPv6 in einem physikalischen LAN-Segment

Ein Beispiel für den parallelen Einsatz von IPv4 und IPv6 in einem physikalischen LAN illustriert Abbildung 8.1-2. Zwischen den IPv4-Endsystemen findet die Kommunikation nach dem Protokoll IPv4 und zwischen den IPv6-Endsystemen nach dem Protokoll IPv6 statt. In diesem Fall läßt sich das physikalische LAN in zwei logische „Subnetze" aufteilen, so daß die IPv4-Komponenten ein IPv4-Subnetz und entsprechend die IPv6-Komponenten ein IPv6-Subnetz bilden.

Ein Dual-IP-Endsystem, in dem die beiden Protokolle IPv4 und IPv6 *Dual-IP-Netz* gleichzeitig unterstützt werden, kann sowohl nach dem Protokoll IPv4 mit den IPv4-Systemen als auch nach dem Protokoll IPv6 mit den IPv6-Systemen kommunizieren. Jedes Dual-IP-Endsystem gehört gleichzeitig zu den beiden IPv4- und IPv6-Subnetzen.

In der Situation aus Abbildung 8.1-2 können den IPv6-Endsystemen die beliebigen Unicast-IPv6-Adressen zugeteilt werden, d.h. sie müssen nicht unbedingt IPv4-kompatible IPv6-Adressen sein.

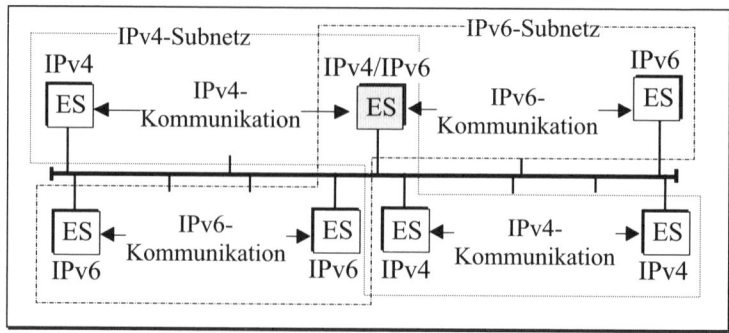

Abbildung 8.1-2:   Paralleler Einsatz von IPv4 und IPv6
ES: Endsystem

8.1.2 Betrieb von Dual-IP-Endsystemen in IPv4-Netzen

Sollen die neuen IPv6-Applikationen in einem IPv4-Netz eingesetzt werden,
so müssen einige IPv4-Endsysteme um das Protokoll IPv6 erweitert werden.
Sie werden damit zu den IPv4/IPv6-Endsystemen umgerüstet. Ein IPv4-
Netz kann als Backbone für die IPv6-Kommunikation zwischen diesen der-
art erweiterten Endsystemen eingesetzt werden.

Abbildung 8.1-3a zeigt ein Beispiel, in dem zwei Ethernet-Segmente über
einen Router miteinander verbunden sind. Da der Router nur das Protokoll
IPv4 unterstützt, handelt es sich hierbei um ein „reines" IPv4-Netz. Werden
an diesem Netz auch die Dual-IP-Endsysteme angeschlossen, stellt sich die
Frage: Nach welchen Prinzipien findet die IP-Kommunikation zwischen
ihnen statt? Die Antwort darauf soll Abbildung 8.1-3b geben.

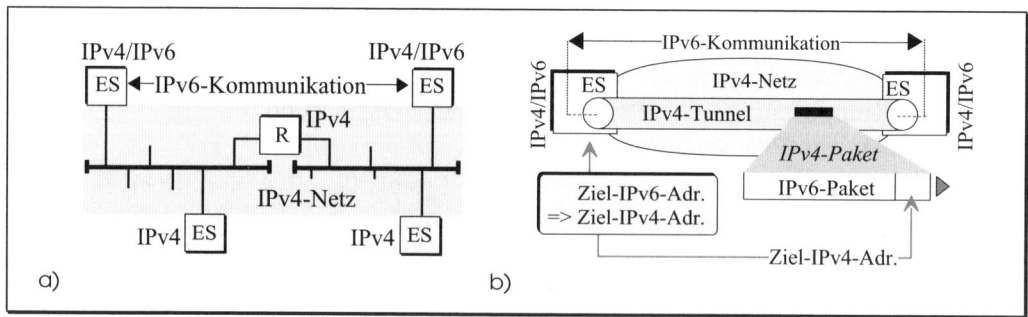

Abbildung 8.1-3:   Dual-IP-Endsysteme am IPv4-Netz:
a) Beispiel einer physikalische Konfiguration
b) Prinzip der IPv6-Kommunikation
R: Router

Die IPv6-Kommunikation zwischen den IPv4/IPv6-Endsystemen über ein *Logischer* IPv4-Netz besteht darin, daß die IPv6-Pakete in IPv4-Pakete eingebettet *IPv4-Tunnel* werden können. Somit werden die vollständigen IPv6-Pakete als Nutzlast in IPv4-Paketen transportiert. Auf diese Art und Weise entsteht *ein logischer IPv4-Tunnel* über das Transit-IPv4-Netz zwischen den beteiligten Endsystemen mit dem Protokoll IPv6.

Den Beginn und das Ende des Tunnels über ein IPv4-Netz bestimmen selbstverständlich die IPv4-Adressen. Da die Datenquelle und -senke bei der IPv6-Kommunikation durch die IPv6-Adressen festgelegt wird, muß im Quell-Endsystem eine Adreßermittlungstabelle mit der Zuordnung:

Ziel-IPv6-Adresse => Ziel-IPv4-Adresse

enthalten sein.

Besteht kein Zusammenhang zwischen IPv4- und IPv6-Adressen, so müßten *IPv4 kompa-* derartige Zuordnungen manuell bei der Systemkonfiguration eingegeben *tible IPv6-* werden. Um manuelle Einstellungen in solchen Fällen zu vermeiden, kön- *Adressen* nen sogenannte IPv4-kompatible IPv6-Adressen verwendet werden. In Abschnitt 6.8.5 wurde (=> Abbildung 6.8-8) bereits gezeigt, daß eine volle IPv4-Adresse in einer IPv4-kompatiblen IPv6-Adresse enthalten ist. Dies bedeutet, daß jede IPv4-Adresse mit dem Präfix 0:0:0:0:0:0: zu einer IPv4-kompatiblen IPv6-Adresse einfach erweitert werden kann. Dadurch können die IPv6-Adressen aus den IPv4-Adressen abgeleitet werden. Diese Tatsache läßt sich für die Unterstützung der IPv6-Kommunikation zwischen IPv4/IPv6-Endsystemen über IPv4-Netze verwenden (vgl. Tabelle 8.4-4).

Da die IPv4/IPv6-Endsysteme die beiden Protokolle IPv4 und IPv6 parallel *IPv4/IPv6 in* unterstützen, müssen ihnen (theoretisch!) sowohl IPv4- als auch IPv6- *Endsystemen* Adressen zugeteilt werden. Da sich die IPv4-kompatiblen IPv6-Adressen aus den IPv4-Adressen ableiten lassen, können IPv4/IPv6-Endsysteme tatsächlich nur IPv4-Adressen zugeordnet werden. Auf diese Weise kann man bei der zusätzlichen Installation des Protokolls IPv6 in den Endsystemen, in denen bereits das Protokoll IPv4 vorhanden ist, in der Praxis nur mit den IPv4-Adressen auskommen. Dies ist gerade der größte Vorteil von IPv4-kompatiblen IPv6-Adressen.

8.1.3 Erweiterung eines IPv4-Netzes um ein IPv6-Netz

Eine Erweiterung eines IPv4-Netzes mit Dual-IP-Endsystemen um ein IPv6-Netz geht aus Abbildung 8.1-4 hervor.

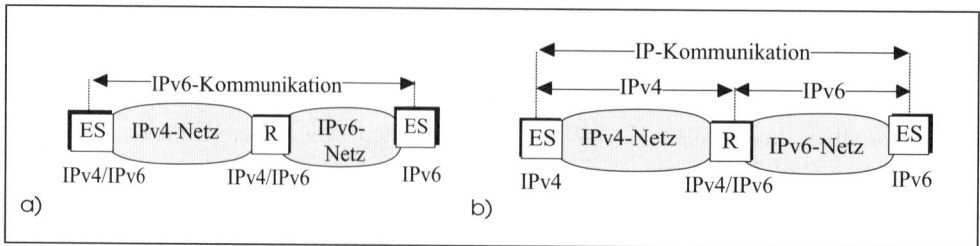

Abbildung 8.1-4:   Erweiterung eines IPv4-Netzes um ein IPv6-Netz:
a) Kommunikation nach dem Protokoll IPv6
b) Kommunikation durch eine Protokollumsetzung IPv4 <=> IPv6
ES: Endsystem, R: Router

Gemischte   Da sowohl IPv4- als auch IPv4/IPv6-Endsysteme am IPv4-Netz installiert
IPv4/IPv6-   werden können, sind zwei Fälle zu unterscheiden:
Infrastruktur

- Am IPv4-Netz sind einige Dual-IP-Endsysteme vorhanden (=> Abbildung 8.1-4a)
  Hierbei kann die IPv6-Kommunikation zwischen einem IPv4/IPv6-Endsystem am IPv4-Netz und einem Endsystem am IPv6-Netz stattfinden.

- Am IPv4-Netz werden ausschließlich IPv4-Endsysteme installiert (=> Abbildung 8.1-4b).
  In diesem Fall kann die Kommunikation zwischen einem IPv4-Endsystem am IPv4-Netz und einem Endsystem am IPv6-Netz auch erreicht werden. Da die Kommunikation innerhalb des IPv4-Netzes nach dem Protokoll IPv4 und innerhalb des IPv6-Netzes nach dem Protokoll IPv6 erfolgt, muß eine Header-Umsetzung IPv4 <=> IPv6 vom Router vorgenommen werden. Man spricht in diesem Fall von *Header-Translation-Router*. Auf die Möglichkeiten der Header-Umsetzung IPv4 <=> IPv6 wird in Abschnitt 8.3 kurz eingegangen.

Einsatz von   Das Prinzip der Kommunikation zwischen einem Dual-IP-Endsystem am
IPv4/IPv6-   IPv4-Netz und einem IPv6-Endsystem am IPv6-Netz veranschaulicht Ab-
Routern   bildung 8.1-5.

Abbildung 8.1-5a demonstriert den Fall, in dem die Datenquelle ein IPv4/IPv6-Endsystem am IPv4-Netz darstellt. Hierbei werden zuerst die IPv6-Pakete für die Übermittlung über das IPv4-Netz in die IPv4-Pakete eingebettet. Auf diese Weise entsteht ein IPv4-Tunnel zwischen dem IPv4/IPv6-Endsystem am IPv4-Netz und dem Router. Im allgemeinen können mehrere Router zwischen einem IPv4-Netz und einem IPv6-Netz vorhanden sein, so daß das IPv6/ IPv4-Quell-Endsystem über eine Adreßtabelle mit den folgenden Zuordnungen verfügen muß:

Ziel-IPv6-Adresse => Router-IPv4-Adresse

Existiert nur ein Router zwischen den beiden Netzen, so daß diese Tabelle sich zu einer Zuordnung reduziert, wird eine Router-IPv4-Adresse allen Ziel-IPv6-Adressen zugeordnet.

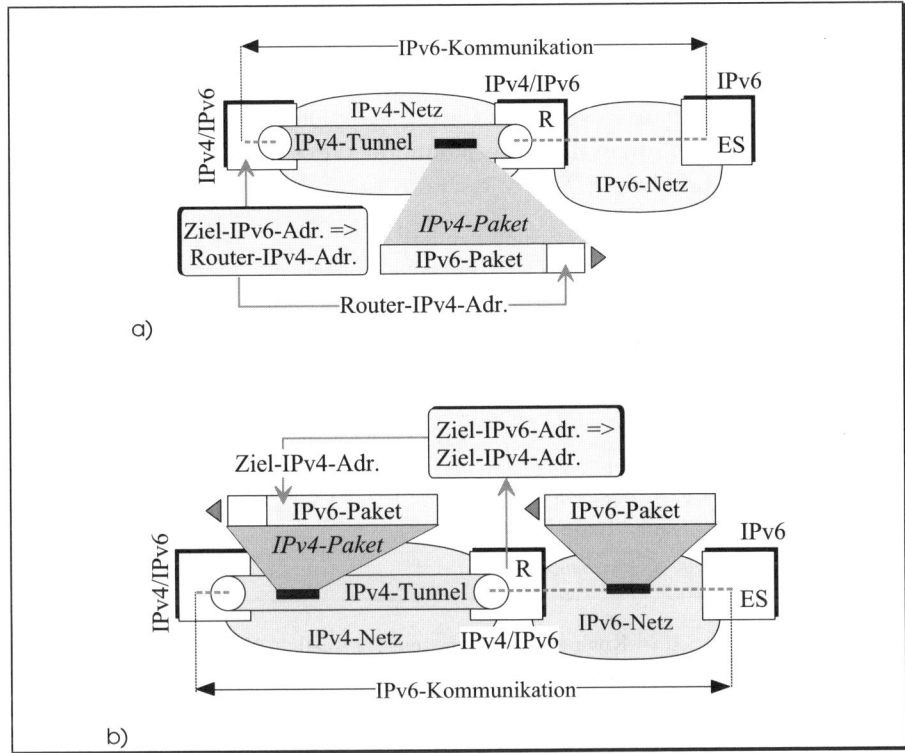

Abbildung 8.1-5:   IPv6-Kommunikation bei Erweiterung eines IPv4-Netzes um ein IPv6-Netz; ES: Endsystem, R: Router
a) Kommunikation über ein IPv4-Netz
b) Kommunikation über ein IPv6-Netz

Abbildung 8.1-5b zeigt hingegen die umgekehrte Situation, in der die Da- *IPv4-Tunnel* tenquelle ein IPv6-Endsystem am IPv6-Netz darstellt. Hierbei werden die IPv6-Pakete zuerst an den Router übermittelt. Im nächsten Schritt werden die IPv6-Pakete im Router in IPv4-Pakete eingebettet und über das IPv4-Netz transportiert. In diesem Fall wird der IPv4-Tunnel vom Router initiiert, so daß er im allgemeinen über die Adreßermittlungstabelle verfügen muß:

Ziel-IPv6-Adresse => Ziel IPv4-Adresse.

Automa-
tisches
Tunneling
Stellt die Ziel-IPv6-Adresse eine IPv4-kompatible IPv6-Adresse dar, so kann die Ziel-IPv4-Adresse aus der IPv6-Adresse direkt abgeleitet werden. Somit läßt sich das sogenannte *automatische Tunneling* realisieren. Die eben erwähnte Adreßermittlungstabelle ist hierbei nicht nötig (=> Tabelle 8.4-1).

8.2 Kopplung der IPv6-Netze über ein IPv4-Netz

Ein IPv4-Netz kann als Transitnetz für die Kopplung der IPv6-Netze eingesetzt werden. Das Prinzip der IPv6-Kommunikation über ein Transit-IPv4-Netz zeigt die Abbildung 8.2-1.

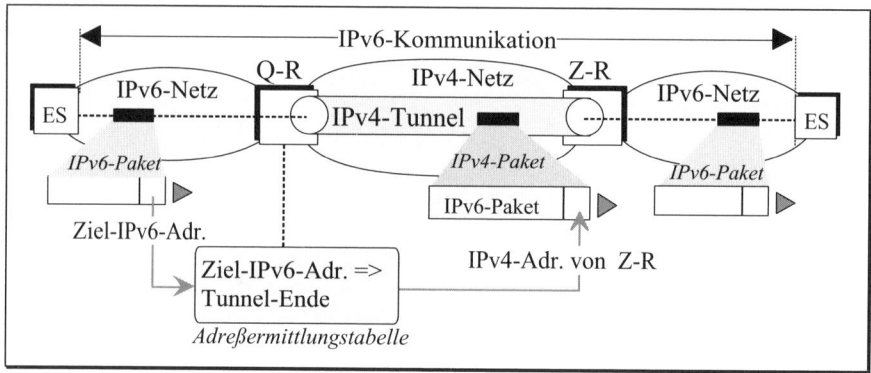

Abbildung 8.2-1:   IPv6-Kommunikation über ein Transit-IPv4-Netz
                         ES: Endsystem, Q-R: Quell-Router, Z-R: Ziel-Router

IPv4-
Transitnetz
Die IPv6-Kommunikation über ein Transit-IPv4-Netz besteht darin, daß die IPv6-Pakete in IPv4-Pakete eingebettet werden. Somit werden IPv6-Pakete als Nutzlast in IPv6-Paketen zwischen den beteiligten Routern transportiert. Hierdurch entsteht ein *logischer IPv4-Tunnel* zwischen den beteiligten Routern. Der Beginn und das Ende dieses IPv4-Tunnels bestimmen die IPv4-Adressen entsprechend dem Quell- und Ziel-Router. Da die Datenquelle und -senke bei der IPv6-Kommunikation durch die IPv6-Adressen festgelegt werden, muß im Quell-Router eine Adreßermittlungstabelle mit der Zuordnung:

Ziel-IPv6-Adresse => Tunnel-Ende (IPv4-Adresse des Ziel-Routers)

enthalten sein.

8.3 Header Translation

Wie bereits erwähnt wurde, ist auch die Kommunikation zwischen einem IPv4-Endsystem am IPv4-Netz und einem IPv6-Endsystem am IPv6-Netz möglich. Hierfür ist eine *IP-Header-Translation* (IP-Header-Umsetzung) in einem Router zwischen dem IPv4- und dem IPv6-Netz notwendig (=> Abbildung 8.1-4b). Die Möglichkeiten der IP-Header-Umsetzung werden nun kurz dargestellt. An dieser Stelle ist darauf zu verweisen, daß es keinen Standard für die Umsetzung

> *IPv4-Header <=> IPv6-Header*

gibt.

Abbildung 8.3-1a verdeutlicht, wie die Translation IPv4-Header => IPv6-Header erfolgen könnte. Im IPv6-Header können die Angaben Version, Priorität und Flow Label neu generiert werden.

IPv4 => IPv6 Header

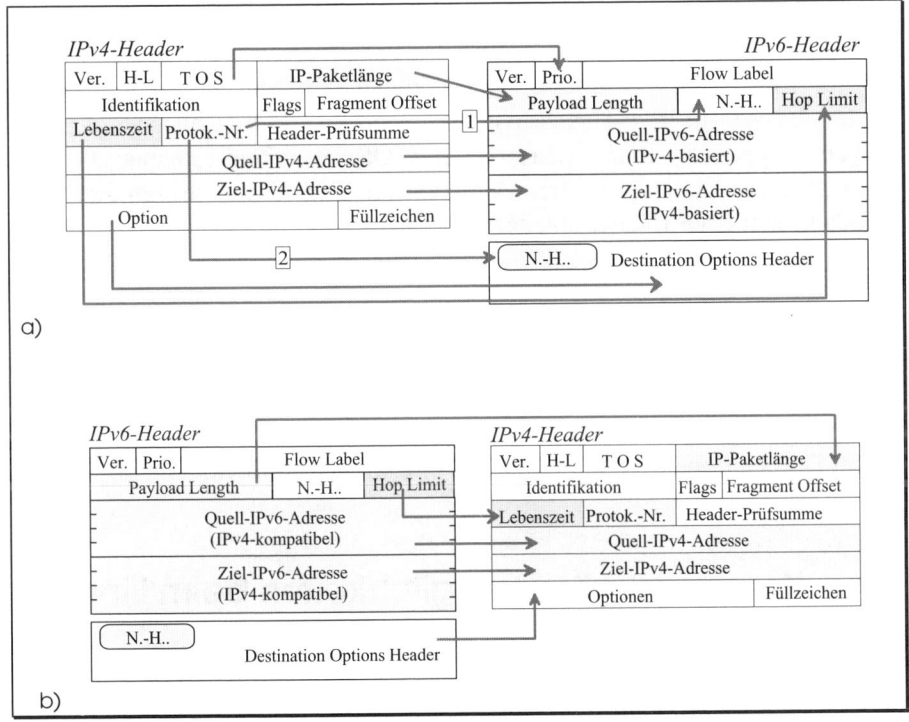

Abbildung 8.3-1:   IP-Header-Translation:
a) Umsetzung IPv4-Header => IPv6-Header
b) Umsetzung IPv6-Header => IPv4-Header
Ver.: Version, H-L: Header-Länge, TOS: Type of Service

Die weiteren Angaben im IPv6-Header sind wie folgt zu bestimmen:

- Die *Quell- und Ziel-IPv4-Adressen* im IPv4-Header werden in die IPv4-kompatiblen IPv6-Adressen umgesetzt (=> Abbildung 6.8-8).

- *Payload Length* im IPv6-Header bestimmt die IPv4-Paketlänge.

- *Hop Limit* im IPv6-Header bestimmt die Lebenszeit (*Time to Live*) im IPv64-Header.

- Einige TOS-Angaben können durch die *Priorität-Angabe* im IPv6-Header unterstützt werden.

- Die Optionen-Angaben vom IPv4-Headers können im *Next Header* (Destination Options Header => Abbildung 6.2-3) übermittelt werden.

- Die Nummer des Transportprotokolls (TCP, UDP, ..) vom IPv4-Header kann entweder im Feld *Next Header* des IPv6-Headers (Fall 1) oder im Feld Next Header des Destination Options Headers (Fall 2) eingetragen werden. Im Fall 1 ist der Next Header im IPv6-Paket immer der Header eines Transportprotokolls (TCP, UDP) bzw. eines Routing-Protokolls.

IPv6 => IPv4 Die Translation IPv6-Header => IPv4-Header veranschaulicht Abbildung
Header 8.3-1b. Eine derartige Übersetzung verlangt, daß die IPv4-kompatiblen IPv6-Adressen im IPv6-Header enthalten sind. Im IPv4-Header werden die Angaben: Version, Header-Länge (H-L), TOS, Flags und Fragment Offsetteil neu generiert. Die weiteren Angaben im IPv4-Header lassen sich wie folgt aus dem IPv6-Header ableiten:

- Die Quell- und Ziel-IPv4-Adressen werden von IPv4-kompatiblen IPv6-Adressen abgeleitet.

- Die IPv4-Paketlänge bestimmt die *Payload Length* von IPv6-Header.

- Hop Limit wird aus Lebenszeit (*Time of Life*) abgebildet.

- Einige Angaben im Destination Options Header des IP-Paketes können im Feld Optionen des IPv4-Headers eingetragen werden.

8.4   Kommunikationsmöglichkeiten beim Einsatz von IPv4 und IPv6

In Abschnitt 8.1 wurden bereits die wichtigsten Situationen für die denkbare Koexistenz von IPv4 und IPv6 gezeigt. Bei dieser Gelegenheit wurden die Begriffe „IPv4-Netz" und „IPv6-Netz" eingeführt. Im folgenden wird noch zwischen IPv4-Endsystemen und IPv6-Endsystemen unterschieden.

8.4.1   Arten der Endsysteme in IPv4- und IPv6-Netzen

Unter einem IPv4-Endsystem versteht man ein Endsystem, in dem nur das Protokoll IPv4 unterstützt wird. Enthält ein Endsystem nur das Protokoll IPv6, so wird es als IPv6-Endsystem bezeichnet. Ein Endsystem mit dem beiden Protokollen stellt ein IPv4/IPv6-Endsystem dar. Tabelle 8.4-1 zeigt, welche Typen der Endsysteme im allgemeinen am IPv4-Netz und am IPv6-Netz vorhanden sein können.

Netz ES-Typ	IPv4-Netz	IPv6-Netz
IPv4-ES	Ja	Nein
IPv4/IPv6-ES	Ja	Ja
IPv6-ES	Nein	Ja

Tabelle 8.4-1:   Endsysteme in IPv4- bzw. in IPv6-Netzen
ES: Endsystem

In Abschnitt 6.8 wurden die Unicast-Adressen des Protokolls IPv6 ausführlich dargestellt. Die Möglichkeiten der Kommunikation zwischen den unterschiedlichen Endsystemen stellen die in Tabelle 8.4-2 gezeigten Adreßtypen dar. Es handelt sich hierbei vor allem um eine IPv4-mapped IPv6-Adresse und um eine IPv4-kompatible IPv6-Adresse. Diese beiden Adreßtypen enthalten in sich eine IPv4-Adresse (=> Abbildung 6.8-8). Eine IPv4-mapped IPv6-Adresse kann einem IPv4-Endsystem zugeordnet werden. Die IPv4-kompatiblen IPv6-Adressen werden den IPv4/IPv6-Endsystemen (d.h. Dual-IP-Endsystemen) zugeteilt. Die IPv6-spezifischen Adressen (d.h. Providerbasierte globale Adressen, aggregierbare globale Adressen) werden als IPv6-only-Adressen bezeichnet. Die IPv6-only-Adressen können sowohl IPv6- als auch den IPv4/IPv6-Endsystemen zugeordnet werden.

Endknoten und Netze

Adreßtyp	Präfix	Eingebettete IPv4-Adresse	Endsystem-Art
IPv4-mapped	0:0:0:0:0:FFFF	Ja	IPv4-ES
IPv4-kompatibel	0:0:0:0:0:0	Ja	IPv4/IPv6-ES
IPv6-only	andere (=> Tabelle 6.7-1)	Nein	IPv4/IPv6- bzw. IPv6-ES

Tabelle 8.4-2:   IPv6-Endsysteme und deren Adreßtypen
ES: Endsystem

In Abschnitt 8.1 wurden die wichtigsten Beispiele gezeigt (=> Abbildungen 8.1-3, 8.1-5 und 8.2-1), in denen ein IPv4-Tunnel für die Übermittlung der IPv6-Pakete über ein IPv4-Netz aufgebaut werden muß. Nun wollen wir eine Klassifizierung aller möglichen Tunneling-Techniken darstellen.

8.4.2 Tunneling-Techniken

Es gibt eine Reihe von Situationen, in denen ein IPv4-Tunnel notwendig ist. Tabelle 8.4-3 beinhaltet eine Zusammenstellung unterschiedlicher Situationen. Wie hier ersichtlich wird, lassen sich im allgemeinen zwei Möglichkeiten unterscheiden:

Tunneling- • Ein IPv4-Tunnel wird zu einem Router aufgebaut.
Verfahren   Hierbei handelt es sich um IPv4-Tunnel

– Endsystem zu Router (=> Abbildung 8.1-5a) bzw.

– Router zu Router (=> Abbildung 8.2-1).

• Ein IPv4-Tunnel wird zu einem Endsystem aufgebaut.
  Hierbei handelt es sich um IPv4-Tunnel

– Endsystem zu Endsystem (=> Abbildung 8.1-3b) bzw.

– Router zu Endsystem (=> Abbildung 8.4-1b).

Tunneling	Tunnel-Beginn	Tunnel-Ende	Tunnel-Ende-Bestimmen
automatisches	Quell-ES	Ziel-ES	Das Tunnel-Ende bestimmen die letzten 32-Bits der IPv4-kompatiblen Ziel IPv6-Adresse
automatisches	Router	Ziel-ES	
konfigurierbares	Quell-ES	Router	Das Tunnel-Ende wird bei der Konfiguration festgelegt.
konfigurierbares	Router	Router	

Tabelle 8.4-3:   Klassifikation von Tunneling-Techniken

Tunnel zum Wird ein Tunnel zu einem Router aufgebaut, so ist die Adresse des Tunnel-
Router   Endes anders als die Ziel-IP-Adresse des über das Tunnel übertragenen Paketes. In diesem Fall ist IP-Adresse des Tunnel-Endes aufgrund der Information zu bestimmen, die nur während der Konfiguration angegeben werden kann. Kommen mehrere Router in Frage, so muß der richtige Router bei der Konfiguration festgelegt werden. Falls das Tunnel zu einem Router aufgebaut wird, spricht man von *konfigurierbarem Tunneling*.

Tunnel zum Führt ein Tunnel zu einem Endsystem und ist die Zieladresse des über das
Endsystem Tunnel übertragenen IPv6-Paketes IPv4-kompatibel, läßt sich das Ende des

Tunnels aus der IPv4-kompatiblen IPv6-Adresse ableiten (=> Abbildung 6.8-8). Man spricht in diesem Fall von *automatischem Tunneling*.

Sämtliche Möglichkeiten der Kommunikation zwischen den unterschiedlichen Typen der IP-Endsysteme lassen sich zu der in Tabelle 8.4-4 dargestellten Matrix zusammenfassen.

Endsystem B ／ Endsystem A	IPv4-ES	IPv6/IPv4-ES mit IPv4-kompat. IPv6-Adr.	IPv6/IPv4-ES mit IPv6-only-Adr.	IPv6-ES mit IPv4-kompat. IPv6-Adr.	IPv6-ES mit IPv6-only-Adr.
IPv4-ES	[1] möglich	[2b] möglich	nicht möglich	[4d] möglich über T-R	nicht möglich
IPv6/IPv4-ES mit IPv4-kompatibler IPv6-Adr.	[2b] möglich	[2a] möglich	[3b] möglich	[4c] möglich	[5d] möglich
IPv6/IPv4-ES mit IPv6-only-Adr.	nicht möglich	[3b] möglich	[3a] möglich	[4b] möglich	[5c] möglich
IPv6-ES mit IPv4-kompatibler IPv6-Adr.	[4d] möglich über T-R	[4c] möglich	[4b] möglich	[4a] möglich	[5b] möglich
IPv6-ES mit IPv6-only-Adr.	nicht möglich	[5d] möglich	[5c] möglich	[5b] möglich	[5a] möglich

Tabelle 8.4-4:   Möglichkeiten der Kommunikation zwischen verschiedenen Typen der IP-Endsysteme
ES: Endsystem, T-R: Translation-Router

Aus dieser Matrix sollten die folgenden Möglichkeiten 1, 2a, 2b, ..., 5a, 5b der Kommunikation zum Ausdruck kommen. Sie werden nun kurz erläutert. *IPv4/IPv6-Kommunikationsmatrix*

1: Zwischen den IPv4-Endsystemen ist direkte IPv4-Kommunikation möglich.

2a: Zwischen den IPv4/IPv6-Endsystemen mit IPv4-kompatiblen IPv6-Adressen ist die IPv6-Kommunikation möglich. Hierbei sind folgende Fälle denkbar (=> Tabelle 8.4-1):

a) beide Endsysteme sind im IPv4-Netz;

b) beide Endsysteme sind im IPv6-Netz;

c) ein Endsystem ist im IPv4-Netz und ein anderes ist im IPv6-Netz.

Fall a): Sind beide IPv4/IPv6-Endsysteme am IPv4-Netz, so kann die IPv6-Kommunikation nach dem in Abbildung 8.1-3b dargestellten Tunneling-Prinzip erfolgen. Da das Tunnel-Ende sich aus der Ziel-IPv6-Adresse ableiten läßt, handelt es sich hierbei um ein automatisches Tunneling.

Fall b): Sind beide IPv4/IPv6-Endsysteme am IPv6-Netz, so kann die IPv6-Kommunikation direkt zwischen ihnen erfolgen.

Fall c): Befindet sich ein IPv4/IPv6-Endsystem mit IPv4-kompatiblen IPv6-Adressen am IPv4-Netz und ein anderes am IPv6-Netz, erfolgt die IPv6-Kommunikation zwischen ihnen über das IPv4-Netz nach den in Abbildung 8.4-1 gezeigten Tunneling-Prinzipien.

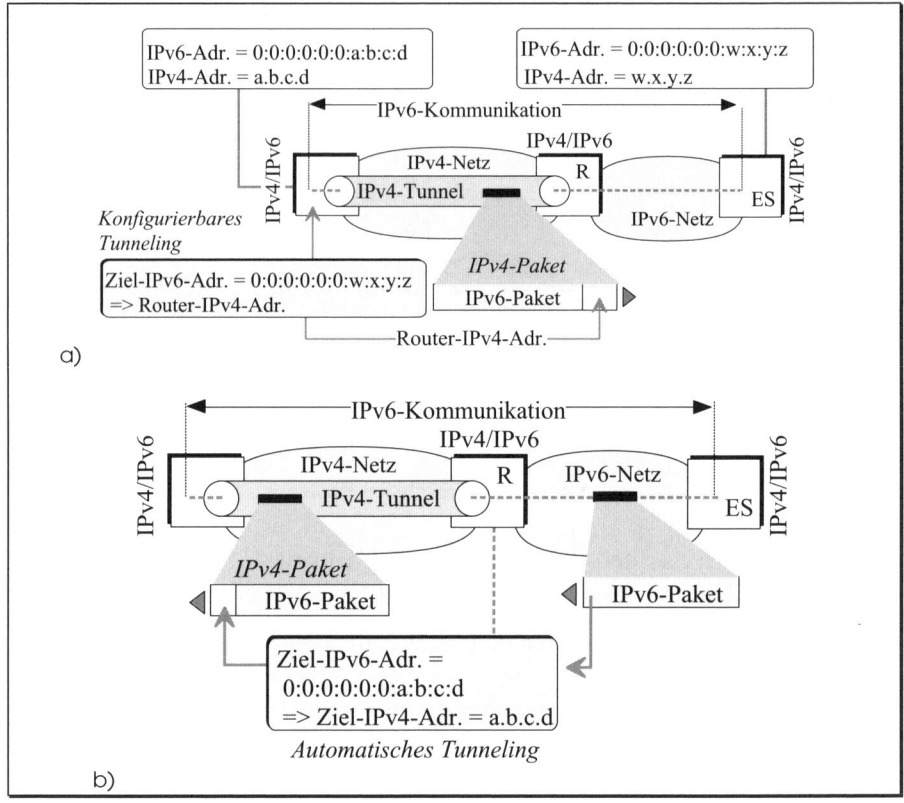

Abbildung 8.4-1:   Kommunikation zwischen IPv4/IPv6-Endsystemen mit IPv4-kompatiblen IPv6-Adressen:
a) Datenquelle am IPv4-Netz
b) Datenquelle am IPv6-Netz

Konfigurier-bares Tunneling Soll ein IPv6-Paket von IPv4/IPv6-Endsystemen im IPv4-Netz an das IPv4/IPv6-Endsystem im IPv6-Netz übermittelt werden (=> Abbildung 8.4-1a), so wird ein Tunnel vom Quell-Endsystem zum Router aufgebaut. Da die IPv4-Adresse des Tunnel-Endes im Quell-Endsystem „manuell" angegeben werden muß, handelt es sich hierbei um konfigurierbares Tunneling (=> Tabelle 8.4-3).

Fungiert das Endsystem im IPv6-Netz als Quell-Endsystem (=> Abbildung *Automa-*
8.4-1b), so wird das Tunnel vom Router zum Ziel-Endsystem im IPv4-Netz *tisches*
aufgebaut. In diesem Fall kann das Tunnel-Ende aus der Ziel-IPv6-Adresse *Tunneling*
abgeleitet werden. Somit handelt es sich hier um automatisches Tunneling.

Wie Tabelle 8.4-1 zu entnehmen ist, können die beiden Dual-IP-Endsysteme
mit der IPv4-Adresse „auskommen". Die IPv4-kompatiblen IPv6-Adressen
stellen tatsächlich nur die Erweiterung von diesen IPv4-Adressen um das
Präfix 0:0:0:0:0:0 dar.

2b: Zwischen einem IPv4/IPv6-Endsystem am IPv4-Netz und einem IPv4-
Endsystem in demselben IPv4-Netz kann direkt die IPv4-Kommuni-
kation stattfinden.

3a: Da die beiden IPv4/IPv6-Endsysteme mit IPv6-only-Adressen zu einem
IPv6-Netz gehören, ist eine direkte IPv6-Kommunikation zwischen ihnen
möglich.

3b: Sind die beiden IPv4/IPv6-Endsysteme, d.h. sowohl das Endsystem mit
einer IPv6-only-Adresse und das Endsystem mit einer IPv4-kompatiblen
IPv6-Adresse, an einem IPv6-Netz, so kann eine direkte IPv6-Kommuni-
kation zwischen ihnen erfolgen.

4a: Die beiden IPv6-Endsysteme mit den IP4-kompatiblen IPv6-Adressen
müssen am IPv6-Netz sein. Somit kann eine direkte IPv6-Kommunika-
tion zwischen ihnen stattfinden.

4b: Sind die beiden Endsysteme, d.h. sowohl das IPv6-Endsystem mit einer
IPv6-only-IPv6-Adresse und das IPv4/IPv6-Endsystem mit einer IPv4-
kompatiblen IPv6-Adresse, in einem IPv6-Netz, so ist eine direkte IPv6-
Kommunikation zwischen ihnen möglich.

4c: Zwischen einem IPv6-Endsystem und einem IPv4/IPv6-Endsystem,
wobei die beiden Endsysteme die IPv4-kompatiblen IPv6-Adressen besitzen, ist die IPv6-Kommunikation möglich. Es sind hierbei folgende
Fälle denkbar:

a) Beide Endsysteme sind im IPv6-Netz;

b) Das IPv6-Endsystem ist im IPv6-Netz und das IPv4/IPv6-Endsystem
im IPv4-Netz, so daß die IPv6-Kommunikation nach den in Abbildung
8.4-1 dargestellten Tunneling-Prinzipien erfolgt.

4d: Da ein IPv4-Endsystem zu einem IPv4-Netz und dementsprechend ein
IPv6-Endsystem zu einem IPv6-Netz gehört, ist die Kommunikation
zwischen ihnen nur mit Hilfe eines Translation Routers zwischen den
beiden Netzen möglich (=> Abbildung 8.1-4b).

5a: Die beiden IPv6-Endsysteme mit den IP6-only-Adressen müssen im
IPv6-Netz sein, so daß eine direkte IPv6-Kommunikation zwischen ihnen stattfinden kann.

5b: Die beiden IPv6-Endsysteme, d.h. das eine mit einer IP6-only-Adresse und das andere mit einer IPv4-kompatiblen IP6-Adresse, müssen im IPv6-Netz sein. Somit ist eine direkte IPv6-Kommunikation zwischen ihnen möglich.

5c: Die beiden IPv6- und IPv4/IPv6-Endsysteme mit den IP6-only-Adressen müssen im IPv6-Netz sein, so daß eine direkte IPv6-Kommunikation zwischen ihnen stattfinden kann.

5d: Zwischen einem IPv6-Endsystem mit einer IPv6-only-Adresse und einem IPv4/IPv6-Endsystem mit einer IPv4-kompatiblen IPv6-Adresse ist die IPv6-Kommunikation möglich. Hier sind folgende Fälle denkbar:

   – a) Beide Endsysteme sind am IPv6-Netz.

   – b) Das IPv6-Endsystem ist am IPv6-Netz und das IPv4/IPv6-Endsystem am IPv4-Netz, so daß die IPv6-Kommunikation nach den in Abbildung 8.1-5 dargestellten Prinzipien stattfindet.

8.5   Schritte bei der Migration

Die volle Migration zum vollen IPv6-Einsatz wird mit Sicherheit über eine relativ lange Übergangszeit erfolgen. Wie Abbildung 8.5-1 darstellt, sind während dieser Migration einige Schritte hervorzuheben.

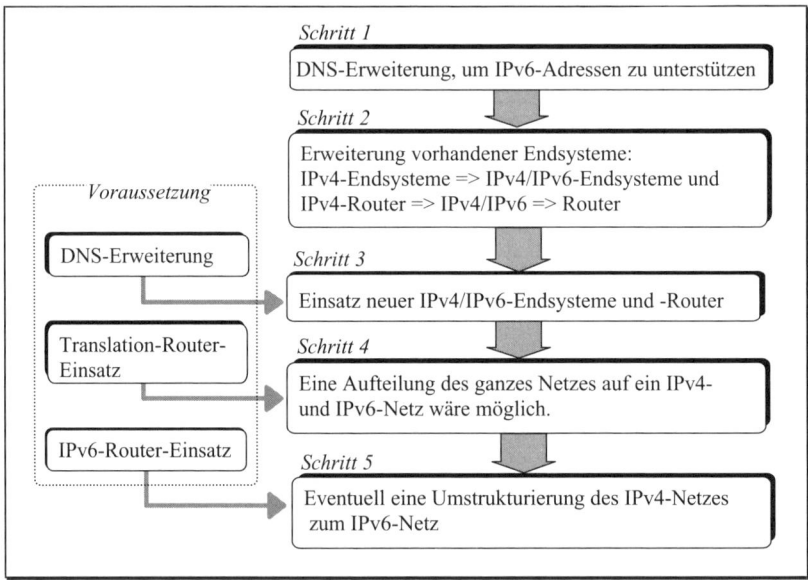

Abbildung 8.5-1:   Schritte bei der Migration zum IPv6-Einsatz

Der Einsatz von IPv4-Applikationen stößt in einem IPv6-Umfeld auf einige *IPv4-* Probleme und kann nicht ohne Anpassungen der betroffenen Applikation *Applikationen* vorgenommen werden. Grund hierfür ist sind Namens-identische, aber in- *in IPv6-* haltlich unterschiedliche Routinen der Programmiersprache C bzw. entspre- *Endsystemen* chende APIs, die z.B. unter Windows in Form von DLLs (Dynamic Link Libraries) vorliegen.

Es macht einen Unterschied, ob die TCPIP.DLL für IPv4 oder IPv6 erzeugt wurden. Unter UNIX nutzen TCP/IP-Applikationen normalerweise sog. Header-Dateien von C-Routinen, die z.B. Header-Dateien aus dem Ver-zeichnis ./netinet einbinden. Diese Routinen geben in einem IPv6-Umfeld IPv4-gemappte IPv6-Adressen an die Applikationen zurück, also in der Form ::FFFF:IPv4-Adresse (=> Abbildung 6.8-8). Diese Adressen können von den IPv4-Applikationen in der Regel nicht ausgewertet werden (Parsing), sondern die IP-Adresse wird in der Form „0.0.0.0" interpretiert bzw. dargestellt. Es ist daher generell notwendig, alle Applikationen, die neben logischen Verbindungsnamen (z.B. den *Full Qualified Domain Na-me*) auch IP-Adressen in Aufrufen und als Rückgabewert einsetzen, IPv6 anzupassen.

Hierzu sind zwei Schritte notwendig:

1. Die Applikation muß das neue IPv6-Adressenformat mit 128 Bit verste-hen können.
2. IPv4- und IPv6-Adressen sind durch geeignete Funktionen numerisch ineinander umzuwandeln.

Diese Aufgabe trifft in besonderem Maße alle DNS-Funktionen. In bezug auf den FQDN spielt es keine Rolle, ob eine IP-Adresse eine IPv4- oder IPv6-Syntax besitzt.

9 Internet Routing-Protokolle

Ein Router ist ein Kopplungselement, das unterschiedliche Netztypen wie LANs und WANs innerhalb der Netzwerkschicht miteinander logisch verbinden kann. Weil in dieser Schicht Kommunikationsprotokolle angesiedelt sind, muß der Router in der Lage sein, die Zieladressen nach dem Protokoll zu interpretieren. Das macht den Router *protokollabhängig*.

Weil die Adressen der Netzwerkschicht eindeutig die Lage eines Endsystems im Netz bestimmen, können die Router die Übertragungswege, sogenannte *Routen* (Datenpfade), für die Übertragung von Paketen auswählen. Die Bestimmung von Übertragungswegen nach bestimmten Kriterien nennt man *Routing*. Die Realisierung der Routing-Funktion ist die wichtigste Aufgabe von Routern. Es gibt mehrere Routing-Verfahren, nach denen die Router die optimalen Routen bestimmen. Die allgemeinen Routing-Grundlagen werden in Abschnitt 9.1 dargestellt.

Die „herkömmliche" IP-Adresse (genauer gesagt IPv4-Adresse) gehört zu einer Klasse, d.h. der Klasse A, B bzw. C. Die auf diesen Klassen basierte IP-Adressierung stellt eine *klassenweise IP-Adressierung* dar. Da IP-Adressen bei derartiger Adressierung knapp geworden sind, wurde eine neue Art der IP-Adressierung eingeführt, sog. *klassenlose IP-Adressierung*. Diese neue IP-Adressierungsart wird bei VLSM-Networking (*Variable Length Subnet Mask*) und CIRD (*Classless Interdomain Routing*) angewandt. Auf den Einsatz der klassenlosen IP-Adressierung wird in Abschnitt 9.2 eingegangen.

Um die besten Routen zu bestimmen, müssen die Router bestimmte Informationen (sog. *Routing-Informationen*) miteinander austauschen. Die Regel, nach der dieser Austausch erfolgt, bezeichnet man als *Routing-Protokoll*. Es sind zwei Arten der Routing-Protokolle zu unterschieden, nämlich *zustandsunabhängige Protokolle* und *zustandsabhängige Protokolle*. Beim zustandsunabhängigen Routing-Protokoll wird nur die Entfernung zum Ziel berücksichtigt. Der Zustand des Netzes (z.B. Belastung von Routern, Bandbreite von Leitungen, Zuverlässigkeit, Sicherheit) findet keine Berücksichtigung bei der Bestimmung von Routen. Das Routing-Protokoll RIP (*Routing Information Protocol*) ist ein zustandsunabhängiges Routing-Protokoll. Dem RIP wird der Abschnitt 9.3 gewidmet.

Beim zustandsabhängigen Routing-Protokoll wird der Zustand des Netzes bei der Ermittlung der Route berücksichtigt. Das Routing-Protokoll OSPF *(Open Shortest Path First)* ist ein zustandsabhängiges Protokoll. Das OSPF wird in Abschnitt 9.4 dargestellt.

Die großen Netze werden in der Regel auf sog. *autonome Systeme* aufgeteilt. Hierbei wird ein Routing-Protokoll zwischen den autonomen Systemen eingesetzt. Das BGP (*Border Bateway Protocol*) ist ein derartiges Routing-Protokoll. Die aktuelle BGP Version 4 (BGP-4) unterstützt das CIRD-Konzept. Auf das BGP-4 wird in Abschnitt 9.5 eingegangen.

Abgerundet wird dieses Kapitel durch eine Darstellung des Routings für Multicast-IP-Netze.

9.1 Routing-Grundlagen

Mit Routern kann man Vernetzungen realisieren, in denen die optimalen Wege (Routen) für die Datenübertragung nach verschiedenen Kriterien bestimmt werden. Als Kriterien können Auslastung, Durchsatz, Gebühren und Übertragungszeit in Betracht kommen. Bei einer Änderung der Lage im Netz (z.B. Leitungsunterbrechung, Router-Ausfall) sollten die Router auf einen alternativen Weg umschalten können.

In diesem Abschnitt wollen wir die Grundbegriffe des Routing in IP-Netzen kurz erläutern. Der Prozeß der Weiterleitung eines IP-Pakets auf Basis der IP-Zieladresse bezeichnet man als *IP-Routing* (im weiteren kurz *Routing* genannt).

9.1.1 Aufgaben von Router

Ein Router (genauer ein IP-Router) ist ein Kopplungselement zwischen zwei bzw. mehreren Netzen, der die IP-Pakete auf der Basis von IP-Zieladressen von einem Netz ins andere weiterleitet. Ein Router wird manchmal auch als *Gateway* bezeichnet.

Die wichtigsten Einsatzgebiete von Routern in IP-Netzen sind:

• lokale Vernetzung der IP-Subnetze auf Basis von LANs

- Erweiterung eines LANs mit einem WAN
- standortübergreifende Vernetzung von IP-Subnetzen über ein WAN

Im allgemeinen gilt folgende Aussage:

Mit einem IP-Router werden mehrere IP-Subnetze miteinander verbunden.

9.1.1.1 Lokale Vernetzung der IP-Subnetze

Das Prinzip der Vernetzung der IP-Subnetze auf der Basis von LANs illustriert die Abbildung 9.1-1.

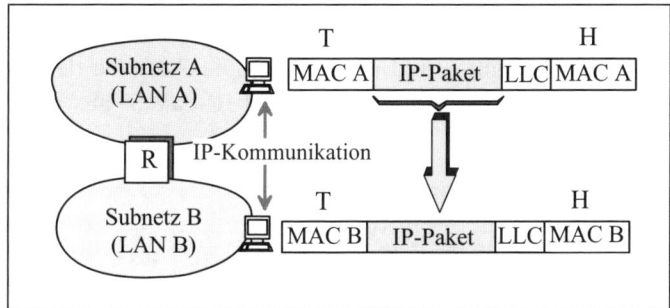

Abbildung 9.1-1:   Prinzip der lokalen Vernetzung von IP-Subnetzen mit Router-Hilfe
H (T): Header (Trailer) des MAC-Frames, LLC: Logical Link Control,
MAC: Media Access Control, R: Router

Die Prinzipien der Übertragung von IP-Paketen in LANs werden im Abschnitt 10.1 näher dargestellt. Die IP-Pakete in LANs werden in sog. MAC-Frames übertragen (=> Abbildung 10.1-2). Wie in Abbildung 9.1-1 ersichtlich ist, leitet der Router bei der IP-Kommunikation zwischen zwei LANs nur die IP-Pakete von einem IP-Subnetz ins andere IP-Subnetz. Hierbei wird das IP-Paket aus dem empfangenen MAC-Frame „herausgenommen" (z.B. vom LAN A) und in den zu sendenden MAC-Frame (z.B. zum LAN B) eingebettet.

Dies bedeutet, daß die Kopplung von LANs mit Router-Hilfe innerhalb der Netzwerkschicht (Schicht 3) stattfindet. Deshalb ist es möglich, daß die beiden LANs unterschiedliche Zugriffsverfahren (MAC) verwenden. Es kann sich hierbei um LANs unterschiedlicher Typen (z.B. IEEE 802.3/Ethernet und Token-Ring) handeln, in denen unterschiedliche MAC-Verfahren verwendet werden.

Vernetzung unterschiedlicher LANs mit Router

9.1.1.2 LAN-Erweiterung mit einem WAN

Die LAN-Erweiterung mit einem WAN mit Router-Hilfe illustriert Abbildung 9.1-2. Hierbei sind zwei Fälle zu unterscheiden:

- Die Rechner am WAN bilden ein IP-Subnetz.
- Die Rechner am LAN und die Rechner am WAN bilden ein IP-Subnetz.

Falls die Rechner am WAN ein IP-Subnetz bilden, handelt es sich um eine „klassische" Vernetzung von IP-Subnetzen. Hier besteht die Aufgabe des Routers in der Weiterleitung der IP-Pakete aus einem Subnetz ins andere.

Proxy-ARP-Einsatz Falls die Rechner am LAN und die Rechner am WAN ein einziges IP-Subnetz bilden, muß der Router seitens des LAN die Funktion Proxy-ARP (*Address Resolution Protocol*) unterstützen. Die Bedeutung von Proxy-ARP wurde bereits im Abschnitt 3.6.2 dargestellt. Die Aufgabe des Routers besteht in diesem Fall in der Weiterleitung der IP-Pakete aus dem LAN ins WAN und auch umgekehrt.

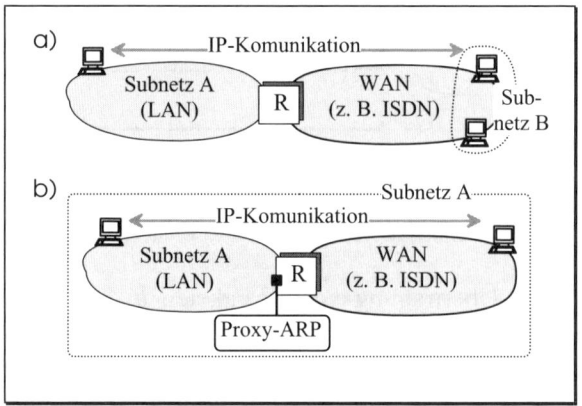

Abbildung 9.1-2:   Erweiterung eines LAN mit einem WAN:
a) Die Rechner am WAN bilden ein IP-Subnetz.
b) Die Rechner am LAN und die Rechner am WAN bilden ein IP-Subnetz.

In Abbildung 9.1-2 wurden keine Voraussetzungen hinsichtlich des WANs angenommen. In diesem Fall kann das WAN ein X.25-, Frame-Relay-, ATM-Netz oder ISDN sein. Die wichtigste Voraussetzung ist dabei, daß der Rechner am LAN mit dem Rechner am WAN kommunizieren kann. Hierfür müssen sie das Protokoll IP verwenden.

Das Prinzip der LAN-Erweiterung mit einem WAN veranschaulicht Abbildung 9.1-3.

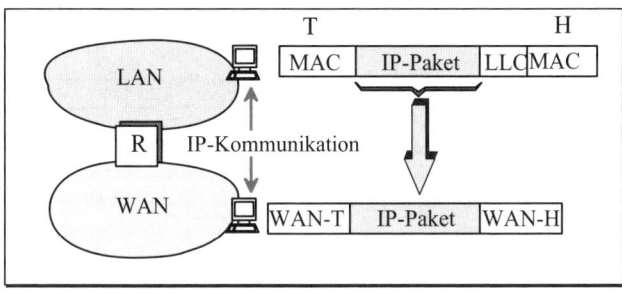

Bei der IP-Kommunikation zwischen einem Rechner am LAN und einem *PPP-* anderen Rechner am WAN leitet der Router nur die IP-Pakete vom LAN ins *Bedeutung* WAN und umgekehrt. Beispielsweise bei der Übermittlung eines IP-Pakets in „WAN-Richtung" wird das IP-Paket aus dem empfangenen MAC-Frame „herausgenommen" und in den zu sendenden WAN-Frame eingebettet. Wird als WAN das ISDN eingesetzt, verwendet man oft das Protokoll PPP (*Point-to-Point Protocol*, => Abschnitt 10.2.2). In diesem Fall werden die IP-Pakete in den PPP-Frames übertragen. Das Protokoll PPP wird auch zukünftig bei der direkten Übertragung der IP-Pakete über WANs auf WDM-Basis *(Wavelength Division Multiplexing)* eingesetzt. Somit können die Gigabit-LANs mit WDM-basierten WANs nach dem hier dargestellten Prinzip räumlich uneingeschränkt erweitert werden.

9.1.1.3 Vernetzung der IP-Subnetze über ein WAN

Um die IP-Subnetze standortübergreifend über ein WAN zu vernetzen, sind zwei Router nötig. Dies illustriert die Abbildung 9.1-4.

Bei der Übermittlung eines IP-Pakets vom LAN zum WAN wird das IP-Paket im Router aus dem empfangenen MAC-Frame herausgenommen und in den zu sendenden WAN-Frame eingebettet. Der umgekehrte Vorgang findet im Router bei der Übermittlung in Gegenrichtung statt. Bei der Übermittlung vom WAN zum LAN wird das IP-Paket aus dem empfangenen WAN-Frame herausgenommen und in den zu sendenden MAC-Frame des LANs eingebettet.

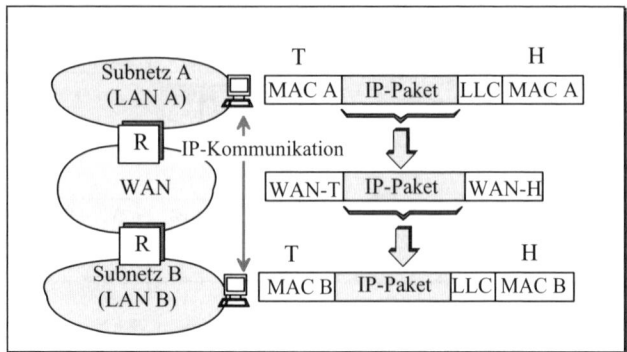

Abbildung 9.1-4:   Vernetzung der IP-Subnetze über ein WAN
H (T): Header (Trailer) des MAC-Frames, LLC: Logical Link Control,
MAC: Media Access Control, R: Router, WAN-H (T): WAN-Header
(Trailer)

9.1.2 Adressierung beim Router-Einsatz

Beim Internetworking ist zwischen zwei Adreßtypen zu unterscheiden. Dies
soll die Abbildung 9.1-5 zum Ausdruck bringen. Einerseits müssen die
Rechner als Hardware-Komponenten adressiert werden. Dafür sind sogenannte *physikalische Adressen* notwendig. Die physikalischen Adressen im
Schichtenmodell sind der physikalischen Schicht zuzuordnen.

Die MAC-Adressen in LANs sind gerade physikalische Adressen. Ein LAN
ist ein Broadcast-Netz, so daß jeder MAC-Frame in jedem Rechner empfangen werden kann, wenn die MAC-Adresse des Rechners mit der Ziel-MAC-
Adresse im Frame übereinstimmt. So trifft die MAC-Adresse keine Aussage
darüber, wo sich der Zielrechner befindet.

Ein WAN ist kein Broadcast-Netz, so daß eine physikalische WAN-Adresse
eindeutig die Stelle bestimmt, wo der Zielrechner angeschlossen ist. Aus
diesem Grund wird die physikalische WAN-Adresse oft in Standards als
SNPA *(Subnetwork Point of Attachment)* bezeichnet, d.h. sie definiert eindeutig den Anschlußpunkt des Rechners am WAN.

Interpretation Sowohl in LANs als auch in WANs müssen die Software-Einheiten (z.B.
von IP- Anwendungen) ebenfalls adressiert werden. Dafür sind die logischen Adres-
Adressen sen vorgesehen, die *IP-Adressen* darstellen. Das sind die Adressen innerhalb
der Netzwerkschicht, die als Zugangspunkte zu den Netzdiensten angesehen
werden können. Die IP-Adressen sind der Grenze zwischen Schicht 3 und
Schicht 4 zuzuordnen.

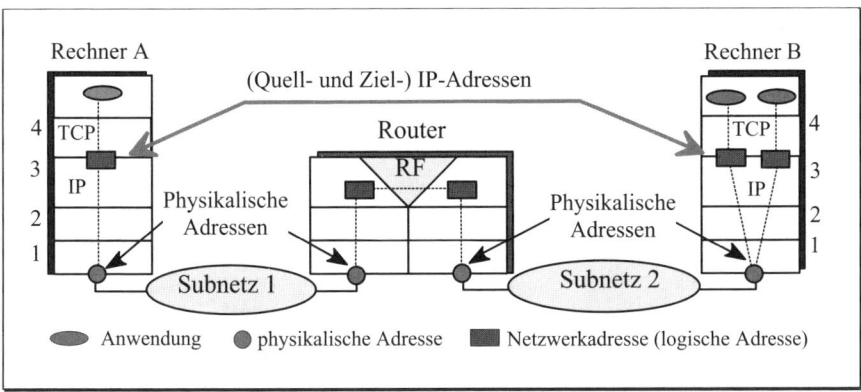

Abbildung 9.1-5: Zweistufige Adressierung beim Internetworking
RF: Routing-Funktion

Abbildung 9.1-5 soll zum Ausdruck bringen, daß

- die Routing-Funktion innerhalb der Netzwerkschicht (Schicht 3) angesiedelt ist;
- jeder Port im Router eine IP-Adresse besitzen muß.

9.1.2.1 Schichtenmodell für die Vernetzung mit Router

Das Schichtenmodell für die Vernetzung von IP-Subnetzen mit Router-Hilfe zeigt Abbildung 9.1-6. Hier wurde gezeigt, daß der Quellrechner den Frame gezielt an den Router sendet, indem er die physikalische Router-Adresse angibt. Sind im Subnetz mehrere Router vorhanden, so muß der Quellrechner entscheiden, an welchen Router das abzusendende Paket geschickt werden soll. Dies bedeutet, daß der Quellrechner ebenso wie jeder Router über gewisse *Routing-Informationen (RI)* verfügen muß. Deshalb muß jeder Rechner entsprechend konfiguriert werden, um mit dem Router zusammenarbeiten zu können.

Durch Abbildung 9.1-6 soll hervorgehoben werden, daß

- der Router gezielt physikalisch adressiert wird. Darauf wurde bereits im Abschnitt 3.4.3 hingewiesen;
- die Aufgabe des Routers in der Weiterleitung der IP-Pakete besteht;
- die IP-Kommunikation zwischen den Rechnern im allgemeinen als ein Austausch von Datenpaketen zwischen zwei IP-Adressen angesehen werden kann;
- die Protokolle der LLC-Teilschicht in den beiden LANs unterschiedlich sein können;

- unterschiedliche LAN-Typen mit Router-Hilfe vernetzt werden können.

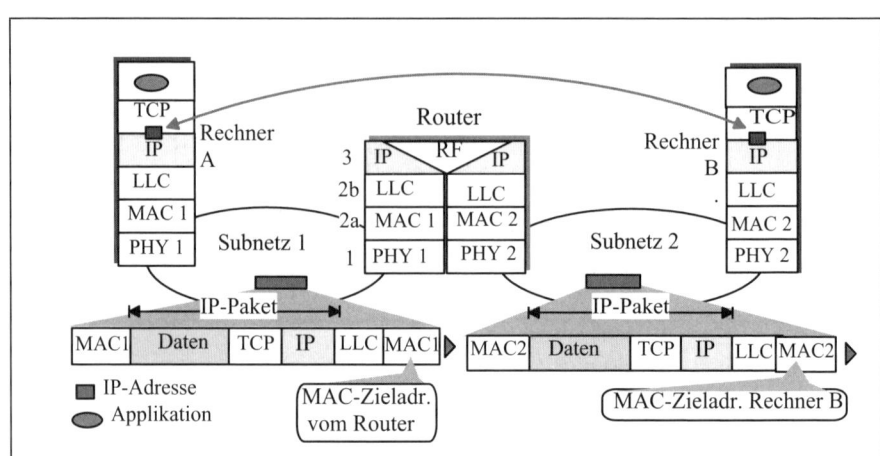

Abbildung 9.1-6:   Router wird direkt physikalisch adressiert
LLC: Logical Link Control, MAC: Media Access Control,
PHY: Physikalische Schicht, ES: Endsystem

9.1.2.2 Beispiel für die Übermitlung eines IP-Pakets

Die Adressierungsaspekte bei der Vernetzung von LANs über WANs beim Router-Einsatz veranschaulicht Abbildung 9.1-7. Hier ist das Prinzip der Weiterleitung von IP-Paketen entlang einer Route zwischen der IP-Quelladresse (V,v) und IP-Zieladresse (W,w) ersichtlich. Die dargestellten LANs (d.h. LAN 1, 2, 3 und 4) repräsentieren die einzelnen IP-Subnetze.

Hierbei ist auf folgendes zu achten:

- Jeder Quellrechner muß entscheiden, ob ein zu sendendes IP-Paket in sein Subnetz oder über einen Router in ein anderes Subnetz übertragen werden soll.
  Um dies zu entscheiden, werden die Subnetz-IDs (*ID: Identification*) in der Ziel- und Quell-IP-Adresse miteinander verglichen. Stimmen sie überein, so wird das entsprechende IP-Paket ins eigene Subnetz geschickt und die physikalische Adresse des Zielrechners im IP-Paket eingetragen. Sind diese Subnetz-IDs unterschiedlich, wird im abzusendenden Paket die physikalische Router-Adresse angegeben.

- Jeder Router besitzt pro Port eine physikalische Adresse.
  Verbindet der Port den Router mit einem WAN, stellt die physikalische Adresse eine WAN-Adresse (z.B. ISDN-Rufnummer) dar. Verbindet der

Port den Router mit einem LAN, stellt die mit diesem Port verbundene physikalische Adresse eine MAC-Adresse dar.

* Jeder physikalischen Adresse des Routers wird eine IP-Adresse zugeordnet, so daß ein Router über mehrere IP-Adressen angesprochen werden kann.

* Die Ermittlung von physikalischen Router-Adressen zu den IP-Adressen erfolgt mit Hilfe des Protokolls ARP (=> Abschnitt 3.6.1).

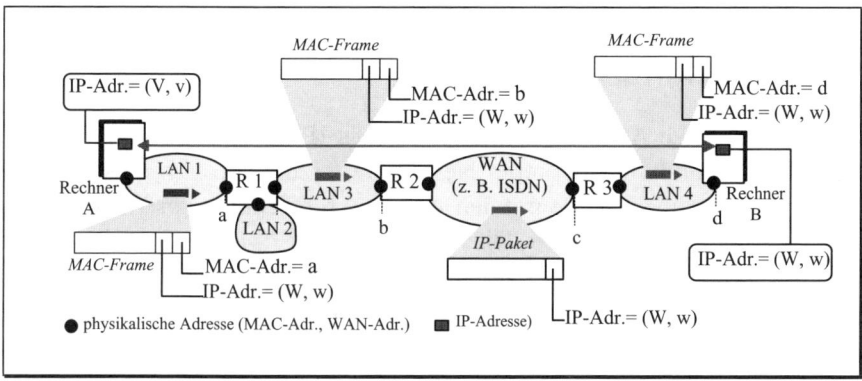

Abbildung 9.1-7:   Adressierungsaspekte beim Router-Einsatz zur LAN-Kopplung über WAN

a, b, c, d: physikalische Adressen; V, W: Subnetz-IDs, v, w: Host-IDs

Hier ist zu bemerken, daß der Quellrechner im LAN *1* das an den Rechner *B* im LAN *4* adressierte IP-Paket direkt an den Router *R1* sendet. Der Router *R1* interpretiert die IP-Zieladresse und sendet das IP-Paket gezielt zum benachbarten Router *R2* weiter. Hierfür muß er die IP-Adresse des Routers *R2* kennen.

Wie in Abschnitt 9.1.3 gezeigt wurde, ist die IP-Ziel-Adresse des nächsten Routers in der Routing-Tabelle jedes Routers enthalten (=> Abbildung 9.1-9). Auf Basis der IP-Adresse des nächsten Routers wird dessen physikalische Adresse (d.h. in diesem Fall die MAC-Adresse) mit Hilfe des Protokolls ARP ermittelt.

Router *R2* übermittelt das IP-Paket über ein WAN an Router R3. Das IP-Paket wird (=> Abbildung 9.1-3) in einen entsprechenden WAN-Frame eingebettet. In Abbildung 9.1-7 wurde der WAN-Frame außer acht gelassen. Falls die beiden WAN-Router *R2* und *R3* in der Lage sein sollen, eine Verbindung nach Bedarf aufzubauen, müssen sie über eine Tabelle mit der Zuordnung

Subnetz-ID => physikalische WAN-Adresse

verfügen.

Router *R3* ist der letzte Router unterwegs zum Zielrechner. Er empfängt nur das IP-Paket, so daß er auf Basis der IP-Zieladresse die MAC-Adresse (d.h. physikalische LAN-Adresse) des Zielrechners mit Hilfe des Protokolls ARP ermitteln muß.

Hier ist hervorzuheben, daß die in den Paketen enthaltene IP-Zieladresse (W, w) in allen Frames – „unterwegs" – unverändert bleibt.

9.1.3 Routing-Tabelle

Ein Router hat die Aufgabe, ein empfangenes IP-Paket auf optimale Weise in einem Verbund von mehreren Netzen weiterzuleiten. Um dies zu erreichen, enthält er eine Tabelle mit den Angaben hinsichtlich der Weiterleitung von empfangenen IP-Paketen. Diese Tabelle wird *Routing-Tabelle* genannt und im weiteren kurz als *RT* bezeichnet.

Die Abbildung 9.1-8 illustriert den Routing-Prozeß bei der Vernetzung von mehreren IP-Subnetzen.

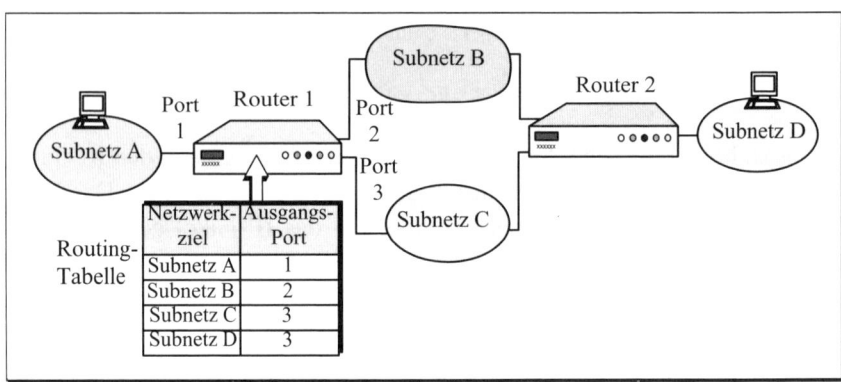

Abbildung 9.1-8:   Veranschaulichung des Routing

Es ist hier ersichtlich, daß ein Router nur die Adressen von Subnetzen interpretieren muß. Jedem Subnetz wird hier eine Zeile in der RT zugeordnet, in der angegeben wird, über welchen Port, d.h. in welches Subnetz, ein Paket abgeschickt werden soll. Ein Paket enthält normalerweise die IP-Zieladresse, die den Ort der Rechners im Netz eindeutig bestimmt. Aus dieser IP-Adresse ist das Subnetz eindeutig erkennbar.

Abbildung 9.1-9 zeigt eine sehr vereinfachte RT, in der nur die Ausgangs-ports angegeben wurden (=> Abbildung 9.1-9). Hierbei hat Router *1* die Möglichkeit, ankommende IP-Pakete aus dem Subnetz *A*, die ins Subnetz D weitergeleitet werden sollen, zum einen ins Subnetz *B* (WAN) oder ins Subnetz *C* (WAN) abzuschicken. Die beste Route führt über das Subnetz *C*, so daß das IP-Paket über den Port *3* abgeschickt werden soll.

Eine RT nach einem Routing-Protokoll enthält normalerweise noch zusätzliche Angaben, wie z.B. die Routen-Qualität (Kosten, Übertragungsdauer) oder die Zeitspanne seit der letzten Aktualisierung der Route. Diese Angaben sind in Abbildung 9.1-8 außer acht gelassen (=> Abbildung 9.1-9).

In kleinen Netzen kann eine RT manuell angegeben werden. Ist das Netz groß, wo mehrere LANs und WANs miteinander verbunden sind, werden die Routing-Tabellen in der Regel durch den Router selbst erstellt und später nach Bedarf auch selbst modifiziert. Um diese Aufgabe zu erfüllen, müssen die Router die „Lage" im Netz kennen. Um dies zu erreichen, arbeiten alle Router zusammen, so daß sie sich gegenseitig helfen können. Hierbei ist jeder Router für die eigene Umgebung verantwortlich, d.h. er muß die Netzwerkziele, die über ihn erreichbar sind, allen „Nachbar"-Routern mitteilen, die Nachbar-Router fassen eigene Angaben mit den Mitteilungen von anderen Nachbar-Routern zusammen und geben diese Zusammenfassung weiter. Dieser Austausch von Daten, genauer gesagt der *Routing-Information* (*RI*), führt dazu, daß alle Router nach einer gewissen Zeit die Lage im Netz beherrschen. Der Austausch der RI erfolgt nach einem entsprechenden *Routing-Protokoll*.

9.1.3.1 Struktur einer Routing-Tabelle

Das Ergebnis dieses RI-Austauschs ist die Routing-Tabelle in jedem Router. Die allgemeine Struktur einer Routing-Tabelle zeigt Abbildung 9.1-9.

Jeder Eintrag in der Routing-Tabelle beschreibt eine Route, d.h. jede Zeile in der der Routing-Tabelle stellt die Beschreibung einer Route dar. Eine Route wird durch folgende Angaben spezifiziert:

Netzwerk-ziel	Netzwerk-Maske	Nächster Router	Ausgangs-Port	Metrik
—	—	—	—	—
—	—	—	—	—
⋮	⋮	⋮	⋮	⋮

Abbildung 9.1-9:   Aufbau einer Routing-Tabelle

- *Netzwerkziel*
  Das Netzwerkziel repräsentiert das Ziel der Route. Netzwerkziel kann ein Subnetz bzw. ein Rechner (d.h. Host) sein.

  Netzwerk-Route — Ist das Netzwerkziel ein Subnetz, spricht man von *Subnetz-Route* (auch *Netzwerk-Route* genannt). In diesem Fall enthält diese Spalte die Subnetz-ID (*ID: Identification*) des Ziel-Subnetzes.

  Host-Route — Ist das Netzwerkziel ein Rechner (d.h. Host), spricht man von *Host-Route*. In diesem Fall enthält diese Spalte die IP-Adresse des Ziel-rechners.

- *Netzwerk-Maske*
  Die Subnetz-Maske wird verwendet, um die Subnetz-ID-Bits zu bestimmen. Die Nutzung der Subnetz-Maske wurde bereits in Abschnitt 3.4.3 erklärt. Ist das Netzwerkziel ein Rechner, enthält diese Spalte den Wert 255.255.255.255.

  > **Bemerkung:** Bei der VLSM- bzw. beim CIRD-Einsatz kann die Länge der Subnetz-Maske in dieser Spalte angegeben werden. Ist das Netzwerkziel ein Rechner, ist die Subnetz-Maske 32 Bits lang.

- *Nächster Router*
  Diese Spalte wird auch als *Gateway* bzw. *Nächster Hop* bezeichnet. Sie enthält die IP-Adresse des nächsten Routers unterwegs zum Netzwerk-ziel.

- *Ausgangs-Port*
  Diese Spalte wird auch als *Interface* bezeichnet. Sie enthält die Angabe des Router-Ausgangs-Port, über den das zu sendende IP-Paket abge-schickt werden muß. In dieser Spalte wird in der Regel die IP-Adresse des Ausgangs-Port angegeben.

- *Metrik*
  Diese Spalte enthält die „Kosten" der Route. Beim Routing-Protokoll RIP wird hier die Anzahl von Hops (d.h. die Anzahl von Routern zum Ziel) angegeben. Beim Routing-Protokoll OSPF kann diese Spalte auch andere Kostenart enthalten.

9.1.3.2 Bestimmung der besten Route

Route mit der längsten Überein-stimmung Um die Route zu bestimmen, wird folgender Prozeß durchgeführt:

1. Für jeden Eintrag in der Routing-Tabelle wird die Operation *Bitweise_AND* zwischen der IP-Ziel-Adresse im Paket und der Netzwerk-Maske ausgeführt und mit dem Inhalt der Spalte *Netzwerkziel* verglichen.

Stimmt das Ergebnis überein, gilt der entsprechende Eintrag als eine „eventuelle" Route.

2. Die Liste von allen eventuellen Routen wird erstellt. Aus dieser Tabelle wird *die Route mit der längsten Übereinstimmung* ausgewählt, d.h. die Route, die den meisten Bits der IP-Zieladresse im Paket entspricht.

   – Falls sich mehrere Routen mit der Übereinstimmung der gleichen Länge ergeben, wird die Route mit dem niedrigsten Wert in der Spalte *Metrik* als die „beste Route" ausgewählt.

   – Falls es mehrere Routen, die als beste Routen gelten, gibt, kann der Router die geeignete Route aus den besten Routen nach dem Zufallsprinzip auswählen.

Im allgemeinen sind folgende Arten von Routen zu unterscheiden:

Arten von Routen

- *Direkte Routen*
  Routen zu den Subnetzen, die direkt „erreichbar" sind. Bei diesen Routen ist die Spalte *Nächster Router* leer.

- *Indirekte Routen*
  Routen zu den Subnetzen, die über andere Router „erreichbar" sind. Bei diesen Routen enthält die Spalte *Nächster Router* die IP-Adresse des nächsten Routers, d.h. eines benachbarten Routers, an den die IP-Pakete auf dieser Route weitergeleitet werden müssen.

- *Host-Routen*
  Routen zu den einzelnen Rechnern (d.h. zu den einzelnen Hosts).
  Bei den Host-Routen enthält die Spalte *Netzwerkziel* die IP-Host-Adresse, und die Netzwerk-Maske lautet 255.255.255.255.

- *Standard-Route*
  Falls keine „bessere" Route zum Absenden eines Pakets in der Routing-Tabelle enthalten ist, wird die Standard-Route zum Absenden des betreffenden Pakets verwendet. Das Netzwerkziel der Standard-Route ist 0.0.0.0 und die Netzwerk-Maske lautet 0.0.0.0. Jede IP-Zieladresse, die mit 0.0.0.0 durch die Operation Bitweise_AND verknüpft wird, ergibt 0.0.0.0. Deshalb erzeugt der Eintrag in der Routing-Tabelle, der der Standard-Route entspricht, für jede IP-Zieladresse immer eine Übereinstimmung. Gibt es keine „bessere" Route, wird die Standard-Route zum Absenden des vorliegenden IP-Pakets verwendet, d.h. das IP-Paket wird an einen von vornherein festgelegten Router (sog. *Standard-Router*) weitergeleitet.

Standard-Route

9.1.4 Routing-Verfahren

Wie bereits erwähnt wurde, besteht die Routing-Aufgabe in der Bestimmung der günstigsten Route (Pfades) für den Transport von Daten zum Zielrechner (Empfänger) durch das Netz. Die günstigste Route wird nach festgelegten Kriterien ausgewählt. Denkbare Kriterien sind z.B. Routen-Länge, -Kosten, -Qualität und Verzögerungszeit auf der Route. In Abbildung 9.1-10 wurden die wichtigsten Komponenten eines Routing-Verfahrens zusammengestellt.

Ein Routing-Verfahren wird durch vier Hauptkomponenten bestimmt, dazu gehören die Art der Routing-Information, die Art und Weise der Routen-Bestimmung, Kriterien für die Routen-Bestimmung (*Routing-Metrik*) und die Strategie für die Gewinnung und den Austausch der Routing-Information.

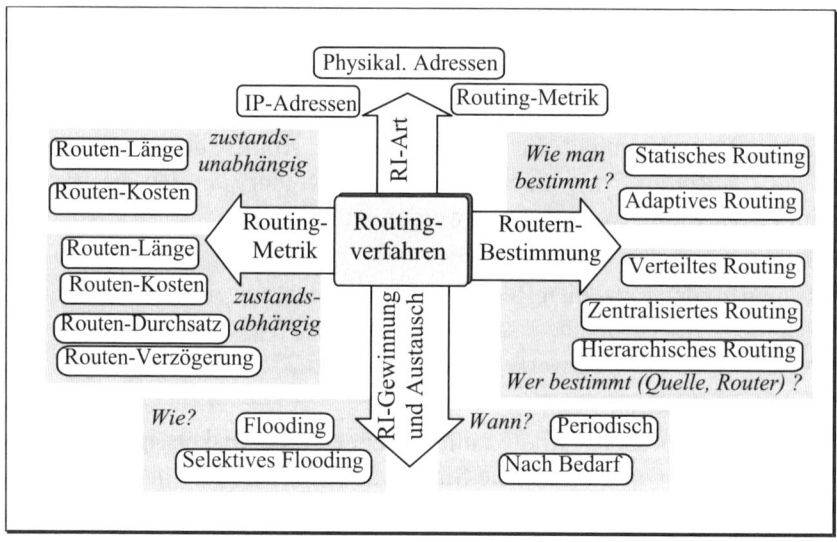

Abbildung 9.1-10:   Komponenten eines Routing-Verfahrens; RI: Routing-Information

Routing-Information Unter der *Routing-Information (RI)* versteht man alle Informationsarten, die dazu dienen, die Routing-Entscheidungen zu unterstützen. Eine komprimierte Form der RI stellt die Routing-Tabelle dar, die eine Basis für die Weiterleitung von Paketen bildet (=> Abbildung 9.1-9). Um eine endgültige Routing-Tabelle zu erstellen, ist zusätzliche RI notwendig. Hierzu gehört insbesondere die Information über die Topologie der Vernetzung, d.h. welche Subnetze vorhanden und wie sie untereinander gekoppelt sind. Um eine Route zu bestimmen, sind auch die Listen von erreichbaren IP-Adressen und von physikalischen Adressen notwendig. Eine besondere Art der RI sind die Informationen über den Zustand und die Qualität einzelner Subnetze, die für die Berechnung von sogenannten Routing-Metriken dienen.

Unter der *Routing-Metrik* versteht man ein Maß für die Qualität der Route. *Routing-* Eine Metrik kann sich z.B. auf Routen-Länge, -Kosten, -Durchsatz oder *Metrik* -Fehlerbitrate beziehen. Unter den Routing-Metriken sind zwei Kategorien zu unterscheiden:

- zustandsunabhängige Routing-Metriken
- zustandsabhängige Routing-Metriken

Um die Router-Aufgabe besser zu veranschaulichen, zeigt Abbildung 9.1-11 *Verarbeitung* die „Bearbeitung" eines empfangenen IP-Pakets in einem Router. Diese *von IP-* Verarbeitung findet innerhalb der Netzwerkschicht statt. *Paketen in* *Routern*

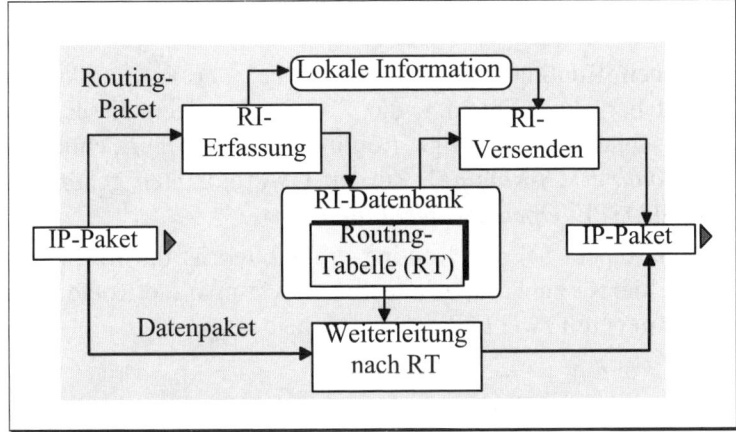

Abbildung 9.1-11: Bearbeitung eines IP-Pakets im Router
RI: Routing Information, RT: Routing-Tabelle

Zunächst muß unterschieden werden, ob es sich um ein Routing-Paket oder ein Datenpaket handelt. Ist ein empfangenes IP-Paket ein Routing-Paket, d.h. ein Paket mit Routing-Informationen (RI), so wird die in ihm enthaltene RI interpretiert und die vorhandene RI in der RI-Datenbank entsprechend modifiziert und nach dem Routing-Protokoll zu einem gegebenen Zeitpunkt an andere Router verschickt. Enthält das empfangene Paket Nutzdaten, so wird es entsprechend der Routing-Tabelle weitergeleitet.

9.1.4.1 Routing-Arten

Die Routing-Protokolle, die eine zustandsunabhängige Routing-Metrik (z.B. Routen-Länge) als Maß für die Qualität der Route bei der Routen-Auswahl verwenden, werden als *zustandsunabhängige Routing-Protokolle* bezeichnet. Am häufigsten wird als Routing-Metrik die Routen-Länge angenommen. In diesem Fall spricht man vom *Distance Vector Routing*. Die Länge der Route wird in Anzahl von Hops angegeben. Ein Hop ist als „*Sprung aus einem Router*" zu interpretieren, so daß die Anzahl von Hops die Anzahl angibt, wieviel mal ein Paket von Routern abgeschickt wurde. Sie ist gleich der Anzahl von Subnetzen, die auf dem Weg zum Ziel liegen, wobei eine Festleitung zwischen zwei Routern auch als ein Subnetz zu zählen ist. Damit ist die Routen-Länge in Hops von einem Router zu einem Subnetz, an das der Router angeschlossen ist, gleich 1.

Das Routing-Protokoll RIP (*Routing Information Protocol*) verwendet die Hop-Anzahl als Routing-Metrik.

Nach modernen Routing-Protokollen wird bei der Routen-Auswahl der Netz-Zustand berücksichtigt, d.h. die Routing-Metriken dieser Protokolle sind zustandsabhängig. Derartige Routing-Strategien bezeichnet man als *Link State Routing (LS-Routing)*. Zu den LS-Protokollen gehört das Routing-Protokoll OSPF (*Open Shortest Path First*).

Ein wichtiger Aspekt bei den Routing-Protokollen ist die Bestimmung der Route. Es ist hierbei zunächst zu überlegen, wie man die Route bestimmen kann. Es sind generell zwei Fälle zu unterscheiden:

- *Statisches Routing*
  Eine Route kann auf Dauer festgelegt werden. Dazu zählt man eine definierte *Standard-Route* (die sogenannte *Default-Route*), die bei der Router-Konfiguration eingegeben wird. Diese Strategie bezeichnet man als *statisches Routing*. In diesem Fall bedingen Änderungen und Ausfälle im Netz eine Umkonfiguration des Routers. Dies ist also sehr unflexibel und betreuungsintensiv. Somit ist statisches Routing nur sinnvoll bei kleinen Netzen und einer festen Netztopologie.

- *Dynamisches Routing, Adaptives Routing*
  Wird die Routing-Information während des Betriebs im Netz ermittelt und zur Aktualisierung von Routing-Entscheidungen verwendet, so spricht man von dynamischem Routing. Die wichtigste Besonderheit des *dynamischen Routings* ist die Berücksichtigung des aktuellen Netzzustands in den Routing-Tabellen. Hierbei findet eine Adaption von Routen an die Lage im Netz statt. Damit ist eine derartige Routing-Strategie als *adaptives Routing* zu bezeichnen.

Es stellt sich die Frage: Wer bestimmt die Routen? Sie können sowohl in Endsystemen als auch in den Routern bestimmt werden. Werden die Routen in Endsystemen festgelegt, spricht man von *Quellen-Routing (Source Routing)*. Beim Source-Routing müssen die einzelnen Pakete die vollständige Routen-Angabe aufnehmen. Die Übertragung dieser Angabe in jedes Paket vergrößert die Paketlänge enorm, so daß diese Routing-Strategie sich nicht durchsetzen konnte.

Entscheiden die einzelnen Router über die Weiterleitung von Paketen auf-grund von Routing-Tabellen, haben wir es mit *verteiltem Routing* zu tun.

Verteiltes bzw. zentralisiertes Routing

Die Routen können auch an einer zentralen Stelle im Netz errechnet und dann an alle Router als Knoten verschickt werden. Diese Routing-Strategie ist als *zentralisiertes Routing* zu bezeichnen. Ein derartiges Routing findet oft in Paketvermittlungs-WANs (X.25-WANs) statt.

Eine wichtige Komponente jedes Routing-Verfahrens ist die Art und Weise, wie die RI gewonnen und zwischen den Routern ausgetauscht wird. In älte-ren Routing-Protokollen wird die RI zwischen den Routern in festgelegten Zeitintervallen ausgetauscht. Nach den neuen Routing-Protokollen wird die RI nach Bedarf verschickt. Der Bedarf entsteht dann, wenn z.B. bestimmte Veränderungen der Route bekanntgegeben werden müssen.

Wie die RI ausgetauscht werden kann, ist ein separates Problem. Jeder Router sendet die eigene RI oft an sämtliche Nachbar-Router. Diese RI-Verteilung wird als *Flooding* bezeichnet. Um das Netz mit der RI nicht zu stark zu belasten, wird ein *selektives Flooding* realisiert. Hierbei versuchen die Router, die RI nur an einige ausgewählte Nachbar-Router zu senden. Ein Beispiel dafür wäre das Konzept *Split Horizon* beim Protokoll RIP (=> Abbildung 9.3-3). Nach diesem Konzept wird verhindert, daß die RI in die Richtung zurückgeschickt wird, aus der sie empfangen wurde.

Verteilung der Routing-Information

9.1.4.2 Link State Routing

Die neuen Routing-Protokolle wie OSPF in IP-Netzen realisieren das LS-Routing (*LS: Link State*). Abbildung 9.1-12 stellt die Hauptfunktionen die-ser Protokolle dar.

Wird ein Router an ein Subnetz angeschlossen, so muß er sich den anderen Routern im Netz vorstellen und sie auch kennenlernen. Um dies zu realisie-ren, werden spezielle Pakete verwendet, die oft als *Hello-Pakete* bezeichnet werden. Um sich den anderen Routern vorzustellen, sendet ein neuer Router im Netz immer ein Hello-Paket als Broadcast-Nachricht, in der er die eigene Kennung und die eigenen Adressen (physikalische Adresse und IP-Adresse) den anderen Routern bekanntgibt. Die Nachbar-Router antworten darauf

Hello-Pakete

ebenfalls mit entsprechenden Hello-Nachrichten, so daß der neue Router sie kennenlernen kann. Aufgrund der Hello-Nachrichten modifiziert jeder Router die RI in seiner RI-Datenbank.

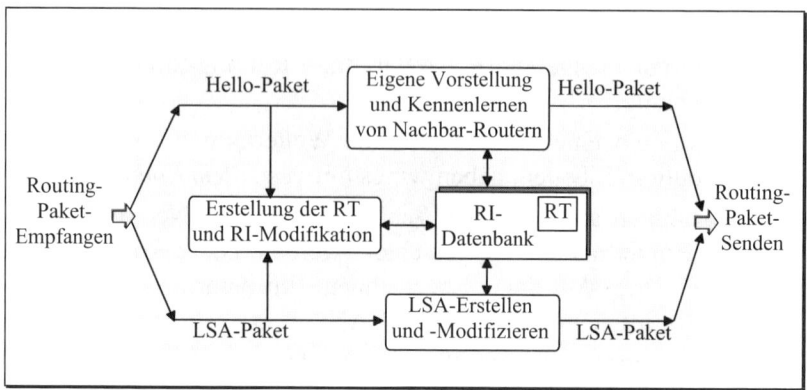

Abbildung 9.1-12:   Hauptfunktionen der LS-Routing-Protokolle
LSA: Link State Advertisement, RI: Routing-Information, RT: Routing-Tabelle

Jeder Router muß seine eigene RI weitergeben. Damit konstruiert er ein entsprechendes Paket mit der RI, das die Adressen und Verbindungen zu allen Nachbar-Routern mit der Angabe der Metriken der jeweiligen Verbindungen enthält. Beim Routing-Protokoll OSPF wird ein solches Paket als LSA-Paket (*Link State Advertisement*) bezeichnet.

Die LSA-Pakete werden verschickt, wenn eine Veränderung auftritt, die das Routing beeinflussen kann. Jeder Router verschickt eigene LSA-Pakete an seine Nachbar-Router und empfängt auch deren LSA-Pakete. Durch den Austausch von LSA-Paketen kann sich jeder Router ein Bild von der Netztopologie verschaffen. Damit kann er für sich eine Routing-Tabelle erstellen, die er benötigt, um die empfangenen Datenpakete weiterzuleiten.

9.1.5 Inter-/Intra-Domain-Protokolle

Eine Besonderheit der TCP/IP-Netze ist, daß sie im allgemeinen eine mehrstufige hierarchische Struktur besitzen können. Dies illustriert Abbildung 9.1-13. Ein IP-Netz kann aus mehreren *Autonomen Systemen* (AS) bestehen, die miteinander und mit dem Internet verbunden werden können.

Ein AS kann einen Verbund von LANs und WANs darstellen, für den die Kontrolle über die Konfiguration, Adressierung und Namenskonventionen bei einer Verwaltungsautorität (z.B. eine Firma oder eine Universität) liegt.

Die innerhalb eines autonomen Systems getroffenen Endscheidungen sollen keine Auswirkungen auf den restlichen Netzteil haben.

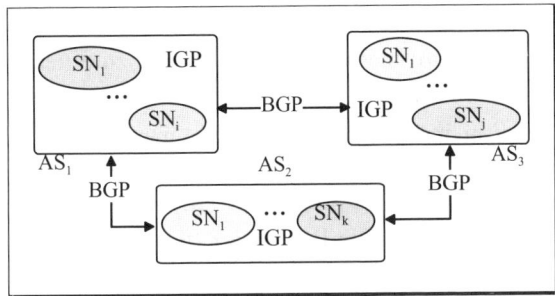

Abbildung 9.1-13:   Routing-Protokolle in hierarchischen IP-Netzen
AS: Autonomes System, SN: Subnetz

Um die Daten in einem Verbund von autonomen Systemen effektiv zu transportieren, müssen entsprechende Routing-Protokolle eingesetzt werden. Hierbei sind folgende Gruppen von Routing-Protokollen zu unterscheiden:

- AS-internes Routing-Protokoll IGP (*Interior Gateway Protocol*)
  IGP ist ein Name für jedes Routing-Protokoll, das in einem AS verwendet wird. Als IGP-Protokolle werden oft RIP (*Routing Information Protocol*) und OSPF (*Open Shortest Path First*) verwendet. Diese Protokolle werden auch als *Intra-Domain-Protokolle* bezeichnet.

- Routing-Protokolle zwischen den autonomen Systemen
  Für die Realisierung des Routing zwischen den autonomen Systemen dient das Protokoll BGP (*Border Gateway Protocol*). Dieses Protokoll wird auch als *Inter-Domain-Protokoll* bezeichnet. Auf das BGP wird in Abschnitt 9.5 näher eingegangen.

9.2   Klassenlose IP-Adressierung (VLSM, CIDR)

Um unterschiedlich große Netze zu unterstützen, wurde der Raum der IPv4-Adressen ursprünglich in drei Klassen aufgeteilt, d.h. in Klasse A, Klasse B und Klasse C (=> Abbildung 3.3-2). Die auf diesen Klassen basierende Vergabe von IP-Adressen bezeichnet man auch als *klassenweise IP-Adressierung*. Die Einteilung in die Klassen A, B und C ist einfach zu verstehen und zu implementieren. Nachteilig bei der klassenweisen IP-Adressierung ist jedoch, daß der IP-Adreßraum nicht effizient ausgenutzt werden kann. Insbesondere ist keine dieser Adreßklassen an die mittelgroßen Organisationen mit beispielsweise ca. 2000 Rechner angepaßt. Einerseits lassen sich mit einer IP-Adresse der Klasse C nur 254 Rechner adressieren, was für eine Organisation mit ca. 2000 Rechnern zu klein ist. Verwendet man dagegen in diesem Fall eine IP-Adresse der Klasse B, mit der bis zu 65534 Rechner adressierbar sind, führt dies zu einer schlechten Ausnutzung des IP-Adreßraums.

Hat eine Organisation in der Vergangenheit eine IP-Adresse beantragt, so wurde ihr je nach Bedarf eine IP-Adresse der Klasse A, B bzw. C zugewiesen. Dieses Konzept funktionierte auch für lange Zeit. Als das Internet zum „Renner" wurde, explodierte der Bedarf an IP-Adressen. Es wurde schnell klar, daß der zunehmende Bedarf mit der klassenweisen IPv4-Adressierung nicht zu bewältigen ist. Es kommt noch hinzu, daß man einer Organisation mit ca. 2000 Rechnern in der Vergangenheit eine IP-Adresse der Klasse B anstatt mehrerer Adressen der Klasse C zuweisen mußte. Da mit einer IP-Adresse der Klasse B bis zu 65534 Rechner adressierbar sind, hat dies zur Verschwendung von IP-Adressen geführt. Infolgedessen sind die IP-Adressen der Klasse B schnell knapp geworden.

Classless IP Nachdem abzusehen war, daß die IP-Adressen bei der bisherigen klassenweisen Adressierung binnen kurzer Zeit ausgehen, wurde vor einigen Jahren eine fundamentale Veränderung eingeführt: die *klassenlose IP-Adressierung* (*classless IP*). Bei der klassenlosen IP-Adressierung kann die Grenze in einer IP-Adresse zwischen Netz-ID und Host-ID nicht nur an den „Byte-Grenzen", sondern an jeder Position innerhalb der IP-Adresse liegen. Die klassenlose IP-Adressierung nutzt eine *Netzwerkpräfixnotation*.

VLSM-Networking Die klassenlose IP-Adressierung ermöglicht es, Subnetze zu bilden, bei denen die Subnetz-Masken unterschiedlich lang sein können. Sie läßt somit die Subnetze innerhalb einer Netzwerkinfrastruktur mit variabler Länge von Subnetz-Masken zu. Die Bildung von Subnetzen mit variablen Masken innerhalb von privaten Netzwerkinfrastrukturen bezeichnet man als *VLSM-Networking* (*Variable Length Subnet Masks*).

CIDR Durch den Einsatz der klassenlosen IP-Adressierung im öffentlichen Internet können einerseits die IP-Adressen effektiver ausgenutzt und andererseits die Routen zusammengefaßt werden, was die Größen der Routing-Tabellen in Internet-Backbone-Routern drastisch reduziert. Der Einsatz der klassenlosen IP-Adressierung im öffentlichen Internet ist unter dem Schlagwort *Classless Interdomain Routing (CIDR)* bekannt.

9.2.1 Konzept der klassenlosen IP-Adressierung

Bei jeder Klasse A, B und C von IP-Adressen wird die Grenze zwischen der Netz-ID und der Host-ID an einer anderen Stelle innerhalb der 32-Bitfolge gesetzt (=> Abbildung 3.3-2). Grundlegende Eigenschaft der klassenweisen IP-Adressierung ist, daß jede IP-Adresse genau angibt, welcher Teil der IP-Adresse die *Netz-ID* sowie die *Host-ID* darstellt. Die ersten Bits einer IP-Adresse, mit denen man die Adreßklasse und die Netz-ID angibt, kann man als *Netzwerkpräfix* (*Network Prefix*) bezeichnen. Bei Nutzung des Netzwerkpräfixes zur Angabe von IP-Adressen spricht man von *Netzwerkprä-fixnotation* (im weiteren kurz *NP-Notation*). Die NP-Notation illustriert Abbildung 9.2-1.

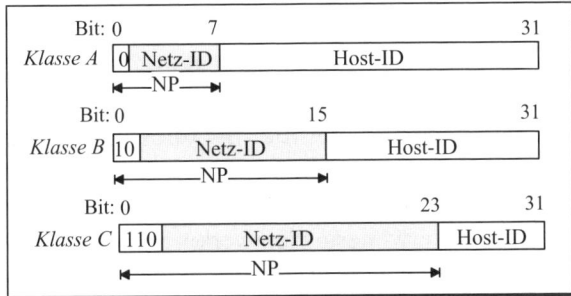

Abbildung 9.2-1:   Klassenweise IP-Adressierung mit Netzwerkpräfixnotation
ID: Identifikation, NP: Netzwerkpräfix

Wie hier ersichtlich ist, kann man die klassenweise IP-Adressierung mit NP-Notation folgendermaßen interpretieren: *Netzwerk-präfix*

- *IP-Adressen der Klasse A*
  Jede IP-Adresse der Klasse A hat ein Netzwerkpräfix von 8-Bit, bei dem das erste Bit 0 und die restlichen sieben Bit die Netz-ID angeben. Dann folgt eine Host-ID mit der Länge von 24 Bits. Nutzt man die NP-Notation bei der IP-Adresse der Klasse A, so wird sie als /8-Adresse bezeichnet. „/8" wird als „Schrägstrich acht" oder einfach „Achter" ausgesprochen.

- *IP-Adressen der Klasse B*
  Jede IP-Adresse der Klasse B hat ein Netzwerkpräfix von 16-Bit, bei dem die ersten beiden Bits 10 sind und die restlichen 14 Bit die Netz-ID angeben. Dann folgt eine Host-ID von 16 Bit Länge. Die IP-Adressen der Klasse B werden auch als /16-Adressen bezeichnet.

- *IP-Adressen der Klasse C*
  Jede IP-Adresse der Klasse C hat ein Netzwerkpräfix von 24 Bit, bei dem die ersten drei Bits 110 sind und die restlichen 21 Bit die Netz-ID angeben. Dann folgt eine Host-ID von 8 Bit Länge. Die IP-Adressen der Klasse C werden auch als /24-Adressen bezeichnet.

Die Einteilung in die Klassen A, B und C mit ihren Beschränkungen ist einfach zu verstehen und zu implementieren. Dies ist aber für eine effiziente Belegung des IP-Adreßraums nicht sinnvoll. Es fehlt einfach eine Klasse von IP-Adressen, um mittelgroße Organisationen zu unterstützen.

9.2.1.1 Erweitertes Netzwerkpräfix

Um die Subnetze innerhalb eines Netzes zu bilden, muß jedes Subnetz eine Identifikation (*Subnetz-ID*) erhalten. Sie wird geschaffen, indem man die *Host-ID* in zwei Bereiche aufteilt (=> Abbildung 3.4-1). Die Bildung der Subnetze bezeichnet man als *Subnetting*. Die „traditionellen" Router in IP-Netzen benutzen die Subnetz-ID der Ziel-IP-Adresse, um den Datenverkehr in eine Umgebung mit IP-Subnetzen weiterzuleiten. Wie Abbildung 9.2-2 zeigt, kann die Netzwerkpräfixnotation auch beim Subnetting verwendet werden. Hierbei wird das erweiterte Netzwerkpräfix eingeführt, das sich aus dem Netzwerkpräfix und der Subnetz-ID zusammensetzt. Die Netzwerkpräfixnotation wird beim *Classless Interdomain Routing (CIDR)* verwendet (=> Abschnitt 9.2.4).

Die Router innerhalb einer Netzumgebung mit mehreren Subnetzen benutzen das erweiterte Netzwerkpräfix, um den Datenverkehr zwischen den Subnetzen weiterzuleiten. Bei den aktuellen Routing-Protokollen (z.B. RIP-2, OSPFv2) wird die Länge des erweiterten Netzwerkpräfixes statt der Netzwerkmaske verwendet. Die Präfixlänge gibt an, wie lang die ununterbrochene Anzahl „Einsen" der Netzwerkmaske ist. Dies bedeutet, daß z.B. die IP-Adresse 130.5.5.25 mit der Netzwerkmaske 255.255.255.224 bzw. binär 11111111.11111111.11111111.11100000 auch als 130.5.5.25/27 geschrieben werden kann.

Die „/Präfixlängen"-Darstellung der Subnetz-Maske ist kompakter und leichter zu verstehen als das Ausschreiben der Netzwerkmaske in der traditionellen Schreibweise, was Abbildung 9.2-2 zum Ausdruck bringt.

Durch die klassenlose IP-Adressierung ist die Grenze zwischen Netzwerk-ID und Host-ID variabel definierbar, d.h. sie kann beliebig innerhalb 32 Bit-IP-Adressen liegen und eben nicht nur an den Byte-Grenzen. Damit ist eine flexible Vergabe von IP-Adressen möglich.

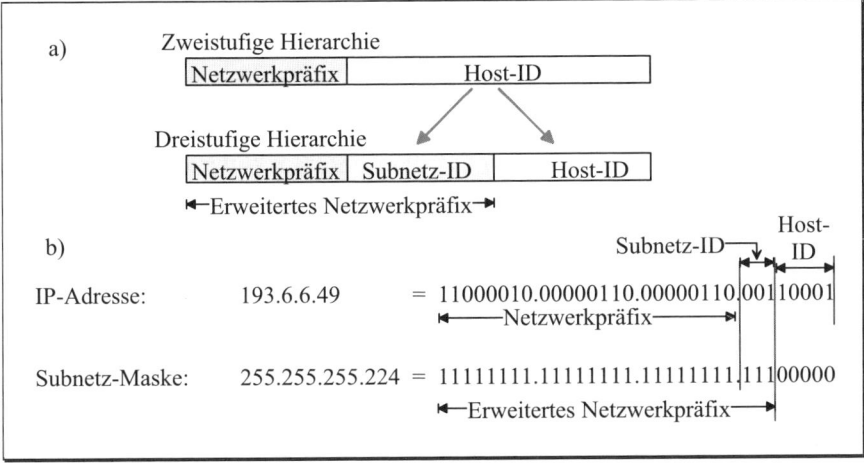

Abbildung 9.2-2:   Netzwerkpräfixnotation beim Subnetting:
a) Interpretation des erweiterten Netzwerkpräfixes
b) Länge des Netzwerkpräfixes = Länge der Subnetz-Maske

Bei der klassenlosen IP-Adressierung benötigt man zwei Angaben:

- Netzwerkadresse mit dem zugeteilten Präfix,
- Länge der Subnetz-Maske (d.h. Präfixlänge).

Die klassenlose IP-Adressierung verwendet die folgende Notation:

<netzwerk>/< Präfixlänge>.

Eine „klassenlose IP-Adresse" kann als „Internet-Vorwahl" eines Netzwerks   *CIDR*
angesehen werden, da sie lediglich auf das Netzwerk verweist. Somit stellt
sie nicht die IP-Adresse eines Rechners, sondern die Adresse eines Netzwerks bzw. eines Subnetzes dar: Eine klassenlose IP-Adresse repräsentiert
einen Block von IP-Adressen, so daß sie als *IP-Adreßblock* bzw. beim
CIDR-Einsatz als *CIDR-Block* bezeichet wird.

> **Beispiel:** Betrachten wir nun näher die folgenden IP-Adreßblöcke:
> - 192.168.121.0/24
>   In diesem IP-Adreßblock bilden die ersten 24 Bits die Netzwerk-ID und
>   die restlichen Bits sind für Host-IDs bestimmt. Dies entspricht vollkom-
>   men der Aufteilung bei den IP-Adressen der Klasse C.
> - 192.168.121.0/26
>   In diesem IP-Adreßblock bilden die ersten 26 Bits die Netzwerk-ID und
>   die restlichen Bits können Host-IDs repräsentieren. Mit diesem Adreß-
>   block kann ein Netzwerk mit bis zu $2^{(32-26)} - 2$ Rechnern eingerichtet wer-
>   den.

- 192.168.121.0/23
  In diesem IP-Adreßblock bilden die ersten 23 Bits die Netzwerk-ID. Die restlichen Bits sind für Host-IDs reserviert. Mit diesem Adreßblock kann ein Netzwerk mit bis zu $2^{(32-23)} - 2$ Rechnern versorgt werden.

Der Bereich von Host-Adressen im IP-Adreßblock wird durch die Präfixlänge bestimmt.

> **Beispiel**: Die Subnetz-ID im IP-Adreßblock 127.23.0.0/16 ist nicht die gleiche Subnetz-ID wie im IP-Adreßblock 127.23.0.0/24. Der IP-Adreßblock 127.23.0.0/16 stellt den Bereich gültiger Host-Adressen von 127.23.0.1 bis 127.23.255.254 dar. Der IP-Adreßblock 127.23.0.0/24 hingegen repräsentiert den Bereich gültiger Host-Adressen von 127.23.0.1 bis 127.23.0.254.

9.2.1.2 Präfixlänge in Routing-Tabellen

Die Router, insbesondere die Backbone-Router im Internet, wurden im Laufe der letzten Jahre auf die klassenlose IP-Adressierung umgestellt. Dadurch wurde es möglich, eine Route nicht zu einer einzelnen IP-Adresse (zu einem Subnetz), sondern zum IP-Adreßblock (zu mehreren Subnetzen) aufzubauen (=> Abbildung 9.2-11). Somit werden die einzelnen Routen aggregiert (=> Abschnitt 9.2.3), was allerdings den Einsatz eines „klassenlos-fähigen" Routing-Protokolls voraussetzt (z.B. BGP-4 im Backbone-Bereich bzw. RIP-2 oder OSPFv2 im lokalen Bereich).

Mit der Umstellung der Router auf die klassenlose IP-Adressierung muß eine Modifikation in den Routing-Tabellen vorgenommen werden. Bei der klassenlosen IP-Adressierung muß das Paar (Route, Präfixlänge in IP-Zieladressse) in der Routing-Tabelle im Router angegeben werden. Wie Abbildung 9.2-3 demonstriert, unterscheidet dies zwischen der Route zum Subnetz und der Route zu einem gesamten Netz.

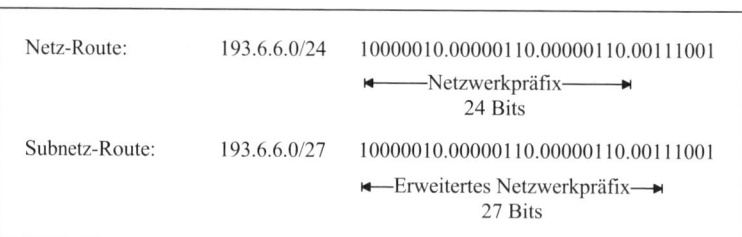

Abbildung 9.2-3:   Bedeutung der Präfixlänge in IP-Zieladresse

Ohne Kenntnis der Netzwerk-Maske oder der Präfixlänge kann somit ein Router nicht zwischen der Route zu dem Subnetz mit der Subnetz-ID = 0 und der Route zu dem gesamten Netz unterscheiden. Mit der Entwicklung von Routing-Protokollen, die eine Maske oder eine Präfixlänge mit jeder Route angeben, können auch die Subnetze mit Subnetz-ID = 0 eingerichtet werden.

Das IETF-Dokument RFC 950 untersagte vorher die Verwendung von Subnetz-IDs, deren Bits nur auf 0 (*all-zeros subnet*, d.h. Subnetz-ID, die ausschließlich Nullen enthält) und auf 1 (*all-ones subnet*, d.h. Subnetz-ID, die ausschließlich Einsen enthält) gesetzt werden. Die „All-Zeros"-Subnetze verursachen bei älteren Routing-Protokollen wie RIP Probleme, die „All-Ones"-Subnetze stehen in Konflikt mit der IP-Broadcastadresse. *All-Zeros Subnet*

Das IETF-Dokument RFC 1812 läßt jedoch bei der klassenlosen IP-Adressierung die „All-Zeros"- und „All-Ones"-Subnetze zu. In Netzwerkumgebungen, wo die klassenlose IP-Adressierung verwendet wird, müssen moderne Routing-Protokolle eingesetzt werden, die mit den „All-Zeros"- und „All-Ones"-Subnetzen keine Probleme haben. Dies geschieht durch Angabe der Paare (Route, Präfixlänge) in den Routing-Tabellen.

> **Bemerkung**: Die „All-Zeros"- und „All-Ones"-Subnetze können bei Rechnern oder Routern, die nur die klassenweise IP-Adressierung unterstützen, einige Probleme verursachen. Sollen „All-Zeros"- und „All-Ones"-Subnetze jedoch eingerichtet werden, ist zuerst sicherzustellen, daß diese Subnetze von den beteiligten Rechnern und Routern unterstützt werden. Beispielsweise wird diese Art der Subnetze vom Betriebssystem Windows NT und Windows 2000 unterstützt.

9.2.2 VLSM-Nutzung

Nicht nur im Internet existiert das Problem einer derartigen Vergabe von IP-Adressen, bei der alle Adressen möglichst belegt werden. Auch innerhalb von Organisationen stellt sich die Frage, wie man den zugewiesenen Adreßraum auf die einzelnen Subnetze (Teilorganisationen) effizient verteilen kann. Hierfür kann die klassenlose IP-Adressierung herangezogen werden.

Falls die klassenweise IP-Adressierung verwendet wird, können die Netzwerke nur auf solche Subnetze aufgeteilt werden, die nach der Anzahl von adressierbaren Rechnern (Hosts) gleich groß sind. Im weiteren wird unter *Subnetzgröße* bzw. *Subnetzlänge* die maximale Anzahl von Rechnern verstanden, die man im Subnetz adressieren kann.

> **Beispiel**: Nehmen wir an, daß mehrere Subnetze auf der Basis von IP-Adressen der Klasse C gebildet werden sollen. Es wurde entschieden, vier Bits für die Subnetz-ID vom Host-ID-Teil „wegzunehmen" (=> Abbildung 3.4-3). Somit können 16 Subnetze eingerichtet werden, die (aber!) gleich groß sind. Daß eine Organisation gleich große Subnetze hat, ist ein seltener Fall.

VLSM Die Subnetze verschiedener Größe können mit Hilfe der klassenlosen IP-Adressierung eingerichtet werden. Die Bildung von Subnetzen unterschiedlicher Größe bedeutet des Einrichten von Subnetzen, bei denen die Subnetz-Masken variabler Länge, d.h. *VLSM (Variable Length Subnet Masks)*, verwendet werden. Dies führt zu der Situation, daß in einem Netzwerk mehrere Subnetz-Masken unterschiedlicher Länge verwendet werden. Die erweiterten Netzwerkpräfixe haben in diesem Fall unterschiedliche Längen (=> Abbildungen 9.2-5 und 9.2-6).

Die VLSM-Nutzung hat folgende Vorteile:

- *Rekursive Aufteilung des Adreßraums* Die Bildung von Subnetzen unterschiedlicher Größe kann in mehreren Schritten erfolgen (=> Abbildung 9.2-5).

- *Bessere Ausnutzung des IP-Adreßraumes* Mehrere Subnetz-Masken erlauben die bessere Ausnutzung des einer Organisation zugewiesenen IP-Adreßraums.

- *Agreggation von Routen*. Mehrere Subnetz-Masken erlauben das Zusammenfassen (Aggregieren) von Routen. Dies führt zu einer Reduktion der zu übertragenden Routing-Informationen im Backbone-Bereich (=> Abbildungen 9.2-7 und 9.2-8).

9.2.2.1 VSLM-Einsatz zur Strukturierung der Netzwerke

Anhand von Beispielen soll nun der VLSM-Einsatz näher demonstrieren, wie ein Netzwerk in mehreren Schritten strukturiert werden kann. Es ist hier zu bemerken, daß im gleichen Schritt das Netzwerkpräfix nicht immer die gleiche Länge haben muß. Eine Aufteilung des IP-Adreßraums kann in so vielen Schritten wie notwendig durchgeführt werden.

> **Beispiel**: Eine Organisation hat einen IP-Adreßblock 131.42.0.0/16 zugewiesen bekommen. Es ist folgende Aufteilung des Netzwerks notwendig:
>
> 1 Subnetz mit bis zu 32 000 Rechnern,
>
> 15 Subnetze mit bis zu 2 000 Rechnern,
>
> 8 Subnetze mit bis zu 250 Rechnern.

Die notwendige Aufteilung des IP-Adreßraums illustriert Abbildung 9.2-4.

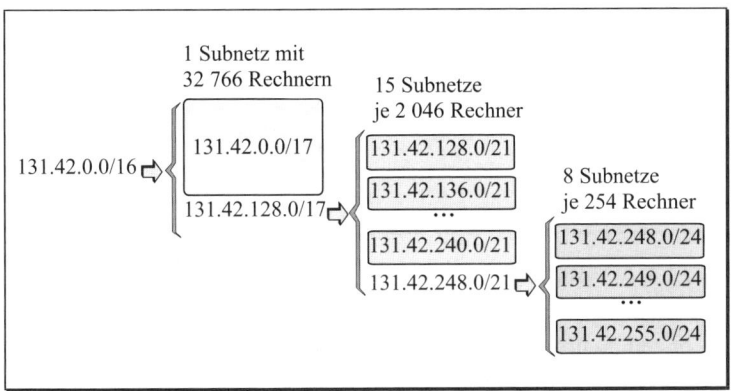

Abbildung 9.2-4:   Bedarfsgerechte Aufteilung des IP-Adreßraums

- *Anforderung*: 1 Subnetz mit bis zu 32 000 Rechnern
  Hierfür wird der Adreßblock 131.42.0.0/16 im ersten Schritt in zwei Adreßblöcke aufgeteilt:

  131.42.0.0/17 und 131.42.128.0/17.

  Jeder dieser Adreßblöcke ermöglicht es, bis zu $2^{(32-17)} - 2 = 32766$ Rechner pro Subnetz zu adressieren. Der Adreßblock 31.42.0.0/17 wird ausgewählt, um die zweite Anforderung zu erfüllen.

- *Anforderung*: 15 Subnetze mit bis zu 2 000 Rechnern
  Hierfür wird das Netzwerkpräfix aus dem 1-ten Schritt um 4 verlängert ($2^4 = 16 > 15$). Somit wird der Adreßblock 131.42.128.0/17 in 16 Adreßblöcke aufgeteilt:

  131.42.128.0/21, 131.42.136.0/21, ... , 131.42.240.0/21, 131.42.248.0/21

  Jeder dieser Adreßblöcke ermöglicht, bis zu $2^{(32-21)} - 2 = 2\ 046$ Rechnern zu adressieren. Die 2-te Anforderung wird damit erfüllt.

- *Anforderung*: 8 Subnetze mit bis zu 250 Rechnern
  Hierfür wird das Netzwerkpräfix aus dem 2-ten Schritt um 3 verlängert ($2^3 = 8$). Somit wird der Adreßblock 131.42.248.0/21 in 8 Adreßblöcke aufgeteilt:

  131.42.248.0/24, 131.42.249.0/24, ... , 131.42.254.0/24, 131.42.255.0/24

  Jeder dieser Adreßblöcke ermöglicht, bis zu $2^{(32-24)} - 2 = 254$ Rechner zu adressieren. Die 3-te Anforderung wird damit erfüllt.

Beispiel: Einer Organisation wurde die IP-Adresse 142.25.0.0/16 zugewiesen, und sie plant den VLSM-Einsatz. Die Strukturierung des Netzwerks beim VSLM-Einsatz zeigt Abbildung 9.2.5.

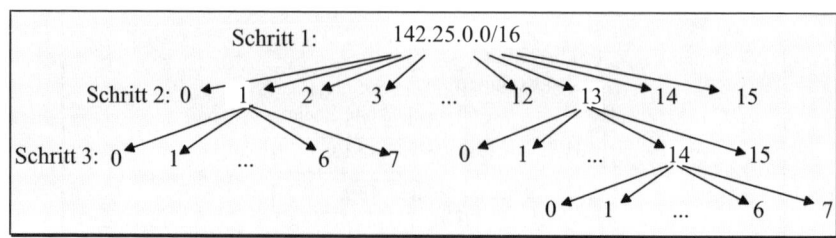

Abbildung 9.2.5:   VSLM-Einsatz zur Strukturierung eines Netzwerks

Im ersten Schritt wird die IP-Adresse 142.25.0.0/16 in 16 gleich große Adreßblöcke 0, 1, ..., 14, 15 aufgeteilt. Im zweiten Schritt soll der Adreßblock 1 auf 8 und der Adreßblock 13 auf 16 gleich große Teil-Adreßblöcke weiter aufgeteilt werden. Im dritten Schritt soll anschließend Adreßblock 13-14 auf 8 gleich große Teil-Adreßblöcke aufgeteilt werden.

- 16 Subnetze von 142.25.0.0/16
  Da $16 = 2^4$ ist, sind vier Bits nötig, um 16 Subnetze zu identifizieren. Dies bedeutet, daß das Präfix /16 um vier Bits verlängert werden muß. Somit entstehen folgende 16 Adreßblöcke:

  Nr. 0: 142.25.0.0/20, Nr. 1: 142.25.16.0/20, Nr. 2: 142.25.32.0/20, ..., Nr.13: 142.25.208.0/20, Nr.14: 142.25.224.0/20, Nr.15: 142.25.240.0/20

  Mit jedem dieser Adreßblöcke kann man bis zu $2^{(32-20)} - 2 = 4094$ Rechner adressieren.

- 8 Subnetze von Nr. 1: 142.25.16.0/20
  Da $8 = 2^3$ ist, sind drei Bits nötig, um 8 Subnetze zu identifizieren. Das Präfix /20 muß um drei Bits verlängert werden. Somit entstehen aus dem Adreßblock 142.25.16.0/20 folgende 8 Adreßblöcke:

  Nr. 0: 142.25.16.0/23, Nr. 1: 142.25.18.0/23,...., Nr.6: 142.25.28.0/23, Nr.7: 142.25.30.0/23

  Mit jedem dieser Adreßblöcke lassen sich bis zu $2^{(32-23)} - 2 = 510$ Rechner adressieren.

- 16 Subnetze von Nr.13: 142.25.208.0/20
  Es sind 4 Bits nötig, um 14 Subnetze zu identifizieren. Das Präfix /20 muß um vier Bits verlängert werden. Somit entstehen aus dem Adreßblock 142.25.208.0/20 folgende 16 Adreßblöcke:

  Nr. 0: 142.25.208.0/24, Nr. 1: 142.25.209.0/24,...., Nr.14: 142.25.222.0/24, Nr.15: 142.25.223.0/24

  Mit jedem dieser Adreßblöcke lassen sich bis zu $2^{(32-23)} - 2 = 510$ Rechner adressieren.

- 8 Subnetze von Nr.13 - 14: 142.25.208.0/24
  Es sind 3 Bits nötig, um 3 Subnetze zu identifizieren, so daß das Präfix /24

um drei Bits verlängert werden muß. Der Adreßblock 142.25.208.0/24 läßt sich in folgende 7 Adreßblöcke gliedern:

Nr.   0:   142.25.208.0/27,   Nr.   1:   142.25.208.32/27,   Nr.2: 142.25.208.64/27,...., Nr.6: 142.25.208.192/27, Nr.7: 142.25.208.224/27

Mit jedem dieser Adreßblöcke können bis zu $2^{(32-27)} - 2 = 30$ Rechner adressiert werden.

9.2.2.2 Aggregation von Routen bei der VLSM-Nutzung

Der VLSM-Einsatz erlaubt eine rekursive Aufteilung des Adreßraums einer Organisation, so daß einige Routen zusammengefaßt werden können, um die Menge der zu übertragenden Routing-Information beim Austausch von Routing-Tabellen zwischen den Routern reduzieren zu können. Zuerst wird das ganze Netzwerk in Teil-Netzwerke geteilt. Dann werden einige Teile weiter geteilt usw. Eine derartige Strukturierung der Netzwerke ermöglicht die Aggregation von Routen. Dies wird erreicht, indem die detaillierte Routing-Information über ein Teilnetz vor den außen liegenden Routern anderer Teilnetze verborgen wird.

Die Vorteile der Aggregation von Routen zeigen folgende Beispiele.

Beispiel: Abbildung 9.2-6 zeigt, wie Routen bei der Netzwerk-Strukturierung aus Abbildung 9.2-4 zusammengefaßt werden können.

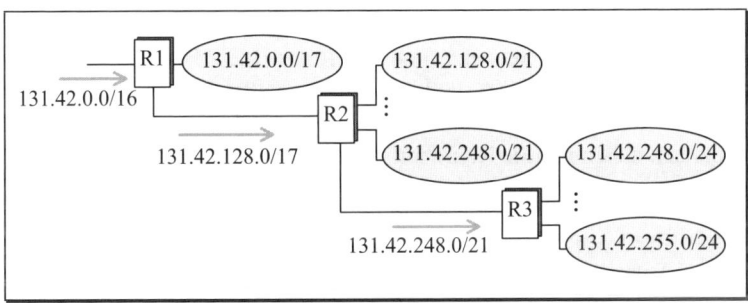

Abbildung 9.2-6:   Aggregation von Routen; Netzwerk-Strukturierung wie in Abbildung 9.2-4

Router *R3* kann durch die Angabe der Route mit dem Netzwerkziel 131.42.248.0/21 acht Subnetze so zusammenfassen, daß sie für Router *R1* und *R2* nicht sichtbar sind. Ähnlich können die Route zum *R2* mit allen hinter ihm liegenden 15 Subnetzen und die Route zum *R3* mit „seinen" sechs Subnetzen zu einer Route mit dem Netzwerkziel 131.42.128.0/17 zusammengefaßt werden. Da die Netzwerkstrukturierung außerhalb der Organisation unbekannt ist, gibt Router *R1* nach außen (z.B. dem Internet) nur die Route mit dem Netzwerkziel 131.42.0.0/16 bekannt.

Wie hier zum Ausdruck gebracht wurde, führt die VLSM-Nutzung zur Reduzierung der Größe von Routing-Tabellen.

> **Beispiel**: Abbildung 9.2-7 zeigt, wie Routen bei der Netzwerk-Strukturierung aus Abbildung 9.2-6 zusammengefaßt werden können.

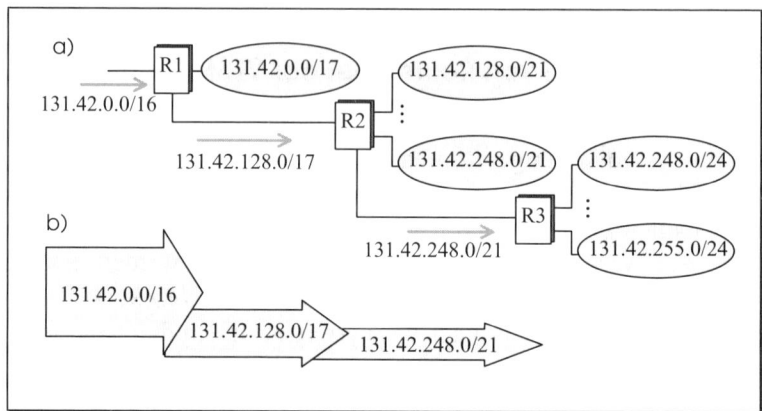

Abbildung 9.2-7:   Aggregation von Routen;
Netzwerk-Strukturierung wie in Abbildung 9.2-5

Router *R4* faßt durch die Angabe der Route mit dem Netzwerkziel 131.42.248.0/21 acht Subnetze zusammen. Mit Router *R3* werden alle „hinter ihm liegenden" 16 Subnetze und die Route 142.25.208.0/24 zur Route mit Netzwerkziel 142.25.208.0/20 zusammengefaßt. Router *R2* faßt durch die Angabe Route 142.25.16.0/20 alle seine acht Subnetze zusammen. Router *R1* gibt nach außen nur die Route mit Netzwerkziel 142.25.0.0/16 bekannt.

Die dargestellten Beispiele haben gezeigt, daß der VLSM-Einsatz die Zusammenfassung (Aggregation) von Routen ermöglicht, die zur Reduzierung der Routing-Tabellen führt.

9.2.2.3 Voraussetzungen für den effizienten VLSM-Einsatz

Beim VLSM-Einsatz in privaten Netzwerken und bei der Aggregation von Routen ist folgendes zu beachten:

• *Beim Routing-Protokoll müssen die Netzwerkpräfixe in den Routen-Ankündigungen übermittelt werden.*
   Die Routing-Protokolle wie RIP-2 und OSPFv2 erlauben den VLSM-Einsatz, indem sie das Netzwerkpräfix oder die entsprechende Netz- bzw. Subnetzwerk-Maske mit der Routen-Ankündigung übertragen. Da-

mit kann jedes Teilnetzwerk mit seinem Netzwerkpräfix (oder Netzwerk-Maske) bekannt gemacht werden.

- *Alle Router müssen einen Weiterleitungsalgorithmus implementieren, der auf der längsten möglichen Übereinstimmung basiert.*
  Der VLSM-Einsatz bedeutet, daß es einige Netzwerke geben kann, deren Präfixe sich nur auf den letzten „Bit-Stellen" unterscheiden. Eine Route mit einem längeren Netzwerkpräfix beschreibt ein kleineres Netzwerk (d.h. mit weniger Rechnern) als eine Route mit einem kürzeren Netzwerkpräfix. Eine Route mit einem längeren Netzwerkpräfix ist daher „detaillierter" als eine Route mit einem kürzeren Netzwerkpräfix. Wenn ein Router die IP-Pakete weiterleitet, muß er die „detaillierteste Route" (d.h. mit dem längsten Netzwerkpräfix) benutzen.

- *Adreßzuweisungen müssen die Netzwerktopologie berücksichtigen*
  Um ein hierarchisches Routing zu unterstützen und die Größe von Routing-Tabellen klein zu halten, sollte man die IP-Adressen so zuweisen, daß dabei die Netzwerktopologie berücksichtigt wird. Hierbei sollte man nach Möglichkeit einen Bereich von mehreren Adreßgruppen zusammenfassen und einer Region in der Topologie zuweisen, so daß nur eine Route zu diesem Bereich führt. Falls die IP-Adressen nicht unter Berücksichtigung der Netzwerktopologie zugewiesen werden, läßt sich die Zusammenfassung von Adreßbereichen nicht erreichen und die Reduzierung der Größe von Routing-Tabellen ist nicht möglich.

9.2.3 CIDR-Einsatz

Das rasante Wachstum des Internet hat unter den IETF-Mitgliedern ernsthafte Bedenken ausgelöst, ob das Routing-Konzept im Internet in der herkömmlichen Form mit dessen Wachstum noch Schritt halten kann. Anfang der 90er Jahre waren bereits folgende Probleme abzusehen:

- Der Klasse-B-Adreßraum wird bald belegt sein.
- Die Routing-Tabellen im Internet-Backbone können unkontrolliert wachsen.
- Der 32-Bit IPv4-Adreßraum wird bald zu knapp.

Um diese Probleme in den Griff zu bekommen, wurde das Konzept der *Supernetze* bzw. *Classless Inter-Domain Routing* (*CIDR*) entwickelt. Das CIDR-Konzept wurde offiziell im September 1993 in den RFCs 1517, 1518, 1519 und 1520 dargestellt.

Supernetze, Supernetting

Die wichtigsten CIDR-Besonderheiten sind:

- *CIDR bedeutet klassenlose IP-Adressierung*
  CIDR eliminiert das traditionelle Konzept der Klasse-A-, -B- und -C-Netwerkadressen und ersetzt es durch die Netzwerkpräfixnotation (=> Abbildung 9.2.-2). Die Router benutzen das Netzwerkpräfix anstelle der ersten drei Bits einer IP-Adresse, um festzustellen, welcher Teil der Adresse die Netzwerknummer und welcher Teil die Rechnernummer ist. Damit kann der IPv4-Adreßraum im Internet effizienter vergeben werden, bis das Protokoll IPv6 zur Verfügung steht.

- *Effiziente Adreßzuweisung mit CIDR*
  In einer klassenweisen Umgebung kann man nur /8-, /16- oder /24-Adreßbereiche belegen; in einer CIDR-Umgebung hingegen können gerade die benötigten Adreßbereiche belegt werden.

- *CIDR bedeutet VLSM-Einsatz im öffentlichen Internet*
  CIDR erlaubt die Vergabe von IP-Adreßblöcken einer beliebigen Größe, anstatt der 8-, 16- oder 24-Bit-Netzwerknummer, die durch die Klassen vorgegeben werden. Beim *CIDR*-Einsatz wird mit jeder Route die Ziel-Subnetz-Maske (oder die Länge des Präfixes) bei der Verteilung der Routing-Information durch die Router angegeben. Mit der Präfixlänge wird angezeigt, wie viele Bits der Netzwerkteil der Adresse umfaßt. Eine Adresse, die beispielweise 20 Bit Subnetz-ID und 12 Bit Host-ID hat, wird mit einer Präfixlänge von 20 (/20) bekanntgegeben. Vorteilhaft ist hierbei, daß eine /20-IP-Adresse eine Adresse der Klasse A, B oder C sein kann. Die Router, die CIDR unterstützen, interpretieren nicht die ersten drei Bit der IP-Adresse, sondern benutzen ausschließlich das zusammen mit der Route empfangene Längenpräfix.

- *Aggregation von Routen mit CIDR*
  CIDR unterstützt die Aggregation von Routen, so daß mehrere Routen als ein einziger Eintrag in der Routing-Tabelle repräsentiert werden können. Damit kann durch einen einzigen Routing-Eintrag der Verkehr zu vielen verschiedenen Subnetzen angegeben werden (=> Abbildung 9.2-8). Durch die Aggregation von Routen kann die Menge an Routen in großen IP-Netzen stark reduziert werden.

9.2.3.1 Beispiel für CIDR-Adreßzuweisung

Angenommen, ein Internet Service Provider (ISP) hat den Adreßblock 195.17.0.0/16 zugewiesen bekommen. In diesem Block gibt es 65536 (2^{16}) IP-Adressen. Aus dem Adreßblock 195.17.0.0/16 soll der Teilblock 195.17.16.0/20 anderen Organisationen zugewiesen werden.

Abbildung 9.2-8a illustriert die *CIDR*-Adreßzuweisung, falls der Adreß-
block 195.17.16.0/20 für eine „klassenweise Umgebung" zugewiesen wird.
Dieser kleinere Block enthält 4096 (2^{32-20}) Adressen und soll weiter auf 16
Teilblöcke aufgeteilt werden. Für eine Umgebung mit der klassenweisen IP-
Adressierung ist der ISP gezwungen, den Adreßblock 195.17.16.0/20 auf 16
gleich große /24-Blöcke aufzuteilen.

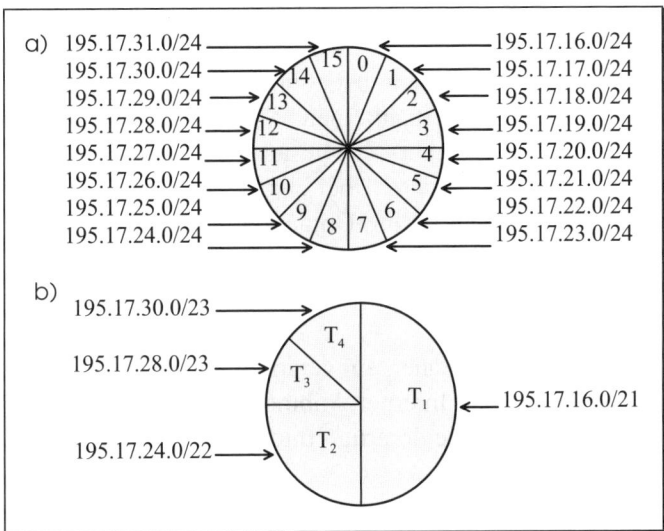

Abbildung 9.2-8:   CIDR-Adreßzuweisung:
                         a) für klassenweise Umgebung
                         b) für klassenlose Umgebung

Abbildung 9.2-9b illustriert eine CIDR-Adreßzuweisung, falls der Adreßblock 195.17.16.0/20 für eine „klassenlose Umgebung" zugewiesen wird. In
diesem Fall kann der ISP den Adreßraum beliebig und bedarfsgerecht aufteilen. Er kann den Adreßraum zunächst beispielsweise halbieren und die
Hälfte vom Adreßraum (T_1) der Organisation *A* zuweisen. Den Rest kann er
wieder halbieren und den Teil T_2 (d.h. ein Viertel des ursprünglichen Adreßraums) der Organisation *B* zuweisen. Das restliche Viertel kann wiederum
in zwei gleiche Teile T_3 und T_3 geteilt werden und den Organisationen *C* und
D zugewiesen werden. Jede dieser Organisationen kann den ihnen zugeteilten Adreßbereich innerhalb ihres Netzwerks nach eigenem Bedarf verwenden.

9.2.3.2 Aggregation von Routen mit CIDR

Ein anderer wichtiger *CIDR*-Vorteil besteht in der Möglichkeit, das unkontrollierte Wachstum von Routing-Tabellen im Internet-Backbone zu verhindern.

Routing-Domains Um die Menge der übertragenen Routing-Information zu reduzieren, wird das gesamte Internet in *Routing-Domains* aufgeteilt. Eine Domain repräsentiert ein entsprechend strukturiertes Netzwerk, das von außen nur mit Hilfe ihres Netzwerkpräfixes identifiziert wird. Innerhalb einer Routing-Domain können die „internen" Subnetze beliebig vernetzt werden. Die Routing-Information über die einzelnen „internen" Subnetze aus der Domain werden nach außen unsichtbar gemacht. Zur gesamten Routing-Domain führt von außen nur eine *aggregierte Route*. Über eine aggregierte Route können viele Netzwerke innerhalb einer Routing-Domain erreicht werden. Dies bedeutet, daß ein Weg zu vielen Netzwerkadressen innerhalb der Routing-Domain mit Hilfe eines einzigen Eintrags in der Routing-Tabelle eines außerhalb liegenden Routers möglich ist.

Aggregierte Routen Um die *CIDR*-Bedeutung näher zu veranschaulichen, betrachten wir zunächst ein Beispiel für eine Internet-Anbindung bei Nutzung der klassenbasierten IP-Adressierung. Eine derartige Internet-Anbindung zeigt Abbildung 9.2-9.

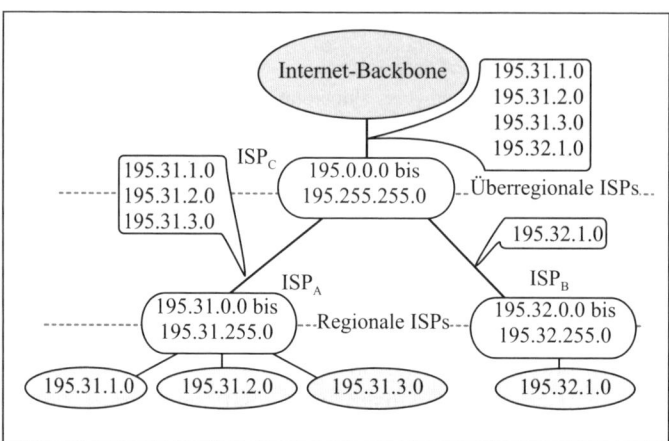

Abbildung 9.2-9:   Internet-Anbindung bei klassenbasierter IP-Adressierung
ISP: Internet Service Provider

Im dargestellten Beispiel wird dem überregionalen *ISP$_C$* der IP-Adreßblock von 195.0.0.0 bis 195.255.255.0 zugewiesen. Der *ISP$_C$* hat seinerseits zwei Blöcke seiner IP-Adressen an die regionalen Internet Service Provider *ISP$_A$*

und *ISP$_B$* weitergegeben. Der *ISP$_A$* hat den Bereich von 195.31.0.0 bis 195.31.255.0 und der *ISP$_B$* den Bereich von 195.32.0.0 bis 195.32.255.0 bekommen. Weiterhin haben *ISP$_A$* und *ISP$_B$* ihren Kunden einen Adreßblock aus ihrem jeweiligen Adreßbereich zugewiesen.

Da die in Abbildung 9.2-9 gezeigte Netzstruktur eine Baumstruktur dar- *Blatt-* stellt, werden die Netzwerke von Kunden (als Internet-Nutzer) auch *Blatt-* *Netzwerke* *Netzwerke* genannt.

Im dargestellten Fall müssen die regionalen *ISP$_A$* und *ISP$_B$* alle Blatt-Netzwerke „nach oben" anzeigen. Der überregionale *ISP$_C$* muß sämtliche Blatt-Netzwerke aus seinem Bereich der Außenwelt bekanntmachen. Jedes dieser Blatt-Netzwerke ist ein potentielles Internet-Ziel, somit müssen alle Blatt-Netzwerke in Routing-Tabellen von Routern enthalten sein. Dies führt zum unkontrollierten Wachstum von Routing-Tabellen im Internet-Backbone-Bereich. Die in Abbildung 9.2-9 dargestellte Internet-Anbindung kann beim Einsatz der klassenlosen IP-Adressierung hinsichtlich des Routing „sehr elegant" realisiert werden. Dies illustriert Abbildung 9.2-10.

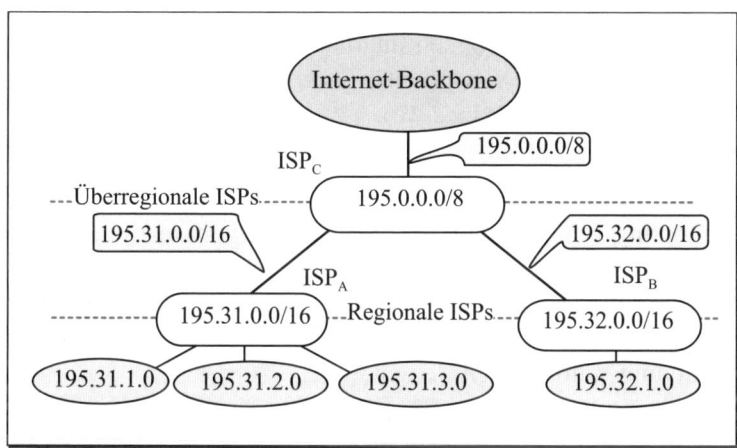

Abbildung 9.2-10:   Internet-Anbindung bei klassenloser IP-Adressierung CIDR-Einsatz
ISP: Internet Service Provider

Beim CIDR-Einsatz können die Routen zu den Blatt-Netzwerken bei den regionalen Providern *ISP$_A$* und *ISP$_B$* zusammengefaßt (aggregiert) werden, so daß jeweils nur eine Route nach oben gezeigt wird. Daher zeigt der *ISP$_A$* nur die aggregierte Route mit dem Netzwerkziel 195.31.0.0/16 und der *ISP$_B$* nur die Route mit dem Netzwerkziel 195.32.0.0/16 nach oben weiter. Ebenfalls muß der überregionale Provider nach oben nur eine aggregierte Route

195.0.0.0/8 anzeigen. Auf diese Weise läßt sich das Wachstum von Routing-Tabellen im Internet-Backbone verhindern.

Wie hier ersichtlich ist, führt die Aggregation von Routen zu einem echten Effizienzgewinn, falls sie möglichst nahe von Blatt-Netzwerken durchgeführt wird, weil die Netzwerke überwiegend bei den Internet-Nutzern installiert sind. Die Aggregation auf einer höheren Ebene führt natürlich zu einer geringeren Reduzierung von Routen.

9.2.3.3 Voraussetzungen für den effizienten CIDR-Einsatz

CIDR und VLSM sind im Grunde genommen die gleichen Konzepte. Sie ermöglichen, daß ein IP-Adreßraum in kleinere Teile bedarfsgerecht aufgeteilt werden kann. VLSM unterscheidet sich von CIDR dadurch, daß die Aufteilung nach VLSM nur in dem einer Organisation zugeteilten Adreßbereich erfolgt und damit für das öffentliche Internet nicht sichtbar ist. Beim CIDR dagegen kann die flexible Aufteilung eines Adreßblocks von der Internet-Registrierung über einen großen ISP, von dort über einen mittleren und kleinen ISP bis zum Netzwerk einer privaten Organisation erfolgen.

Der CIDR-Einsatz im öffentlichen Internet hat die gleichen Vorteile wie der VLSM-Einsatz innerhalb von privaten Netzwerk-Infrastrukturen (vgl. z.B. Abbildungen 9.2-6, 9.2-7 und 9.2-10).

Ebenfalls wie beim VLSM (=> Abschnitt 9.2.3) setzt die erfolgreiche CIDR-Anwendung folgendes voraus:

- Beim Routing-Protokoll müssen die Netzwerkpräfixe zusammen mit den Routen-Ankündigungen übermittelt werden. Routing-Protokolle wie RIP-2 und OSPFv2 erlauben den CIDR-Einsatz, indem sie das Netzwerkpräfix bzw. die entsprechende Netzwerkmaske mit den Routen-Ankündigungen übertragen.

- Alle Router müssen einen Weiterleitungsalgorithmus implementieren, der auf der längsten möglichen Übereinstimmung basiert (=> Abschnitt 9.1.3.2).

- CIDR-Adreßzuweisungen müssen die Netzwerktopologie berücksichtigen.

Um ein hierarchisches Routing zu unterstützen und die Größe der Routing-Tabellen möglich klein zu halten, sollte man die IP-Adressen so zuweisen, daß dabei die Internet-Topologie berücksichtigt wird. Hierbei soll ein Bereich von mehreren Adreßgruppen so zusammengefaßt und einer Region (Internet-Routing-Domain) in der Topologie zugewiesen werden, daß eine einzige Route zu diesem Bereich führt (=> Aggregation von Routen).

9.3 Routing Information Protocol (RIP)

Das Routing-Protokoll RIP (*Routing Information Protocol*) ist ein sog. *Distanzvektor-Routing-Protokoll*. Dies bedeutet, daß die Entfernung zum Ziel in der Anzahl von Hops angegeben wird. Das Wort „Distanzvektor" verweist darauf, daß die Routing-Information zwischen den Routern in Form von Distanzvektoren ausgetauscht wird (=> Abbildung 9.3-2).

Zwischen dem RIP für das Protokoll IP (kurz *RIP für IP*) und dem RIP für das Protokoll IPX (*Internetwork Packet eXchange*) muß unterschieden werden. Im weiteren wird nur das Protokoll RIP für IP betrachtet und kurz als RIP bezeichnet. Die Ursprünge von RIP liegen in der XNS-Version *(Xerox Network Services)*. Inzwischen ist das RIP ein weit verbreitetes Routing-Protokoll geworden. Neben dem Protokoll OSPF (*Open Shortest Path First*) ist das RIP das wichtigste Routing-Protokoll in IP-Netzen.

Es existieren zwei Versionen von RIP,

*   RIP-Version 1 (RIP-1) und
*   RIP-Version 2 (RIP-2).

Die neueste Spezifikation vom RIP-1 ist in RFC 1058 zu finden; die letzte Spezifikation von RIP-2 enthält RFC 2453.

RIP ist zwar einfach und wird oft eingesetzt, doch hat es einige „Schwächen", die an seinem ursprünglichen LAN-orientierten Konzept liegen. Der RIP-Einsatz in standortübergreifenden IP-Netzen über WANs ist mit großen Problemen verbunden. Daher eignet sich RIP hauptsächlich für kleine bis mittelgroße IP-Netze.

RIP verwendet die Anzahl von Hops als Entfernungsmaß (*Metrik*) für die in *Metrik* der Routing-Tabelle gespeicherte Routen. Dabei ist ein Hop als Sprung von einem Router ins Subnetz zu interpretieren. Ist die Anzahl von Hops zwischen dem Router *A* und einem Netzwerkziel gleich x, so ist die Anzahl der Router auf dieser Strecke gleich x–1. Die Anzahl von Hops stellt daher die Anzahl der Router dar, die bis zum Erreichen des gewünschten Netzwerks unterwegs durchquert werden müssen.

Beim RIP wird die maximale Anzahl von Hops (*Hoplimit*) auf 15 begrenzt. *Hoplimit* Dies bedeutet, daß höchstens 15 Router zwischen Quelle und Ziel eines IP-Pakets liegen können. Ein Zielrechner in IP-Netzen, der um 16 oder mehr Hops vom Quellrechner entfernt ist, gilt als nicht erreichbar.

Jeder RIP-Router macht den Inhalt seiner Routing-Tabelle in allen an ihn angeschlossenen Subnetzen alle 30 Sekunden bekannt. Der Inhalt der Routing-Tabelle wird beim RIP-1 als Broadcast auf MAC-Ebene und beim

RIP-2 als Multicast im Subnetz gesendet. Dies kann besonders beim Einsatz von WAN-Verbindungen zu Problemen führen, wo erhebliche Anteile der WAN-Übertragungskapazität zur Weiterleitung von RIP-Nachrichten verwendet werden müssen. Somit läßt sich RIP-basiertes Routing nicht leicht in großen IP-Netzen mit WAN-Anteilen einsetzen.

Die Hop-Anzahl bildet das einzige Kriterium zur Ermittlung der besten Route, d.h. je weniger Hops zum Netzwerkziel in einer Route vorhanden sind, desto besser ist diese Route. Die Fähigkeiten von RIP sind sehr beschränkt, so gehen auch Leitungskapazität und Kosten nicht in die Berechnung der Route ein. Weitere Nachteile von RIP sind, daß lediglich eine aktive Route zwischen zwei Netzwerken genutzt werden kann und Aktualisierungen von Routing-Tabellen bei lokalen Topologie-Änderungen mittels Broadcast-Frames im gesamten Netzwerk verteilt werden und damit das Netz unnötig belasten.

Der wichtige Vorteil von RIP ist die große Verfügbarkeit, denn fast jeder Rechner ist in der Lage, RIP zu verarbeiten. Einem Systemadministrator, der ein großes und standortübergreifendes Netzwerk mit WAN-Anteilen zu verwalten hat, sind leistungsfähigere Protokolle, wie OSPF, zu empfehlen.

9.3.1   Erlernen von Routing-Tabellen beim RIP

Die einzelnen RIP-Router werden in keiner Weise miteinander synchronisiert. Jeder Router versendet den Inhalt seiner Routing-Tabelle in alle an ihn angeschlossenen Subnetze. Empfängt ein Router eine RIP-Nachricht, so modifiziert er seine Routing-Tabelle. Das Prinzip der Modifikation soll Abbildung 9.3-1 zum Ausdruck bringen.

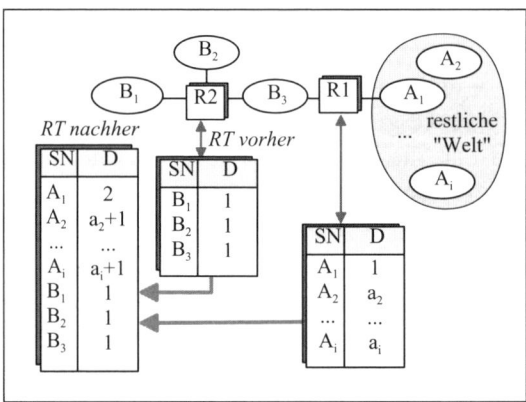

Abbildung 9.3-1:   Modifikation einer RIP-Routing-Tabelle
R1, R2: Router, SN: Subnetz, D: Distanz (Metrik, Hop-Anzahl)

Beispiel: Hier wurde angenommen, daß der Router *R2* neu konfiguriert wurde und daß er nur lokal angeschlossene Subnetze kennt. Die IP-Adressen dieser lokalen Subnetze *B1*, *B2* und *B3* wurden manuell in dessen Routing-Tabelle eingetragen. Der Nachbar-Router *R1* kennt die Ziele auf der restlichen „Welt". Router *R1* macht den Inhalt seiner Routing-Tabelle auf dem Subnetz B_3 mit Hilfe einer bzw. mehrerer RIP-Nachrichten bekannt (=> Abbildungen 9.3-7 und 9.3-9). Da Router *R2* ebenfalls am Subnetz B_3 angeschlossen ist, empfängt er den Inhalt der Routing-Tabelle von *R1* und modifiziert seine Routing-Tabelle entsprechend. Diese Modifikation besteht darin, daß der Router *R2* seine Routing-Tabelle um die neuen (von *R1* erlernten) Subnetze A_1, A_2, ..., A_i erweitert und die Entfernung zu diesen Subnetzen einträgt. Die Entfernungen zu den Subnetzen A_1, A_2, ..., A_i von Router R2 sind $a_1 + 1$, $a_2 + 1$, ..., $a_i + 1$. Dies bedeutet, daß diese Subnetze von Router *R2* um ein Hop weiter als von Router *R1* liegen.

9.3.1.1 Beispiel für einen RIP-Ablauf

Um den RIP-Ablauf zu verdeutlichen, benutzen wir ein autonomes IP-System, das sich aus vier Subnetzen a, b, c und d zusammensetzt. Der RIP-Ablauf illustriert Abbildung 9.3-2.

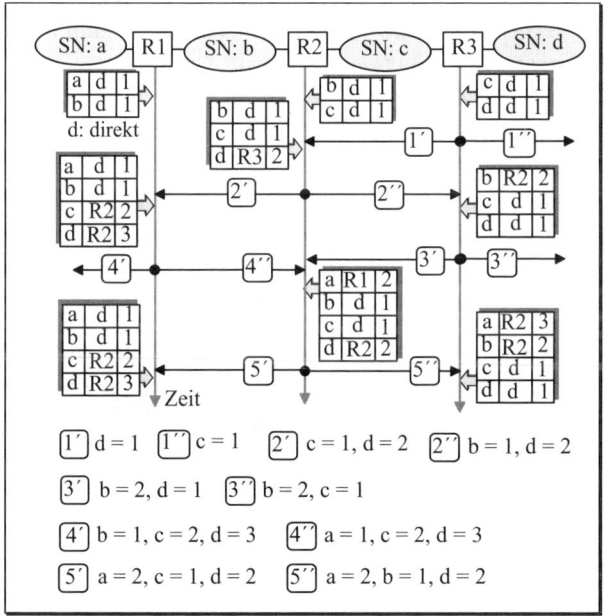

Abbildung 9.3-2:   Beispiel für einen RIP-Ablauf
                       a, b, c: Subnetz-ID, R1, R2, R3: Router, SN: Subnetz

Der RIP-Ablauf läßt sich hier in fünf Schritten darstellen, in denen die Änderungen in den Routing-Tabellen der einzelnen Router vollzogen werden. Die Routing-Tabellen beinhalten in den Spalten (von links nach rechts): Ziel-Subnetz, Nachbar-Router (als Port-Angabe) und die Metrik als Hop-Anzahl. Hierbei sind die Timer außer acht gelassen (=> Abbildung 9.3-8).

Distanzvektor

Beispiel:

1. Schritt: Es wird angenommen, daß Router *R3* als erster seine Routing-Information verschickt. Hierbei macht Router *R3* im Subnetz *c* nur das Subnetz *d* bekannt, so daß dessen RIP-Nachricht (1´) den Distanzvektor mit nur einem Element d = 1 enthält. Router *R3* macht im Subnetz *d* mit der RIP-Nachricht (1´´) nur das Subnetz *c* bekannt. Router *R2* modifiziert seine Routing-Tabelle entsprechend Abbildung 9.3-1.

2. Schritt: Router *R2* verschickt seine modifizierte Routing-Tabelle in die Subnetze *b* und *c*. Hierbei sendet *R2* in Subnetz *b* eine RIP-Nachricht (2´) mit dem Distanzvektor (c = 1, d = 2). Damit lernt Router *R1* die Subnetze *c* und *d* kennen. In das Subnetz *c* sendet *R2* eine RIP-Nachricht (2´´) mit dem Distanzvektor (b = 1, d = 2). Auf diese Weise lernt Router *R3* Subnetz c kennen. Router *R1* und *R3* modifizieren ihre Routing-Tabellen entsprechend. Router *R1* hat bereits seine Routing-Tabelle vollständig erlernt.

3. Schritt: Router *R3* verschickt seine Routing-Information in die Subnetze *c* und *d*. Er sendet in Subnetz *c* eine RIP-Nachricht (3´) mit dem Distanzvektor (b = 2, d = 1) und in Subnetz *d* eine RIP-Nachricht (3´´) mit dem Distanzvektor (b = 2, c = 1).

4. Schritt: Router *R1* versendet seine Routing-Information in die Subnetze *a* und *b*. Nach dem vierten Schritt hat Router *R1* seine Routing-Tabelle vollständig erlernt.

5. Schritt: Router *R2* übermittelt seine Routing-Information in die Subnetze *b* und *c*. Nach diesem Schritt hat Router *R3* das Subnetz *a* kennengelernt. Somit ist seine Routing-Tabelle ebenfalls vollständig.

Konvergenz-zeit Die fünf Schritte im gezeigten Beispiel bestimmen die Konvergenzzeit von Routing-Tabellen. Unter der *Konvergenzzeit* wird jene Zeit verstanden, die nötig ist, bis alle Router die aktuelle Struktur der Vernetzung kennengelernt haben. Werden die Inhalte von Routing-Tabellen in Zeitintervallen von 30 Sekunden verschickt, beträgt die benötigte Zeit (d.h. Konvergenzzeit), um die Routing-Tabellen vollständig zu erlernen, in diesem Beispiel ca. 2,5 Minuten.

9.3.1.2 Reduzierung der Konvergenzzeit

Es stellt sich nun die Frage, wieviel Zeit ein Router benötigt, um in seiner Routing-Tabelle die aktuellsten Routen-Angaben zu allen Subnetzen zu erlernen. Dafür muß die Routing-Tabelle oft mehrfach modifiziert werden.

Somit sind mehrere Modifikationsschritte notwendig und die Anzahl dieser Schritte bestimmt die *Konvergenzzeit*. Der Grenzwert 15 als maximale Hop-Zahl wurde u.a. eingeführt, um die Konvergenzzeit in sinnvollen Grenzen zu halten. Wie bereits erwähnt wurde, wird die Routing-Information in Abständen von 30 Sekunden verschickt. Wäre die maximale Hop-Anzahl nicht auf 15 eingeschränkt, könnte die Konvergenzzeit zu lange dauern. In einer zu langen Periode kann es vorkommen, daß einige Routen nicht mehr aktuell sind.

Um die Konvergenzzeit zu verringern, können beim RIP folgende Methoden verwendet werden:

- *Split-Horizon-Methode* (geteilter Horizont),

- *Split-Horizon-Methode mit Poison-Reverse* (geteilter Horzont mit „vergiftetem" Rückweg),

- Ausgelöste Router-Aktualisierungen (*triggered updates*).

Bei der *Split-Horizon-Methode* handelt es sich um die Router-Ankündigungen, die periodisch alle 30 Sekunden gesendet werden. Hierbei darf ein Router keine Subnetze auf dem Subnetz ankündigen, die er bereits aus diesem Subnetz erlernt hat. Anders ausgedrückt: Jeder Router kündigt auf einem Subnetz (d.h. über einen Port) nur diese Subnetze an, die er über andere Subnetze (d.h. über andere Ports) kennengelert hat. Die in RIP-Nachrichten gesendeten Angaben enthalten nur Subnetze, die sich jenseits des benachbarten Routers in entgegengesetzter Richtung befinden (=> Abbildung 9.3-3). *Split-Horizon*

Die *Split-Horizon-Methode mit Poison-Reverse* unterscheidet sich von der einfachen Split-Horizon-Methode dadurch, daß alle Subnetze angekündigt werden. Diese Subnetze, die aus einer bestimmten Richtung erlernt wurden, werden jedoch mit der „Entfernungsangabe" 16 Hops angekündigt und somit beim RIP als nicht erreichbar interpretiert (=> Abbildung 9.3-6). In einigen Fällen besitzt diese Methode einige Vorteile gegenüber dem einfachen Split-Horizon-Prinzip. *Split-Horizon mit Poison-Reverse*

Durch *ausgelöste Router-Aktualisierungen* kann ein RIP-Router die Änderungen in seiner Routig-Tabelle beinahe umgehend ankündigen und muß nicht bis zur nächsten regelmäßigen Ankündigung (d.h. zum Ablauf des Timers 30 sek) warten. Als Auslöser der Aktualisierung kann eine Metrik-Änderung in einem Eintrag der Routing-Tabelle sein. Beispielsweise lassen sich über eine ausgelöste Aktualisierung diese Subnetze, die nicht mehr verfügbar werden, mit der „Entfernung" 16 Hops ankündigen. Ausgelöste Aktualisierungen verbessern zwar die Konvergenzzeit, doch geschieht dies auf Kosten des zusätzlichen Broadcastverkehrs. *Triggered Router-Aktualisierung*

9.3.1.3 Beispiel für einen RIP-Ablauf mit Split-Horizon

Den RIP-Ablauf beim Einsatz der Split-Horizon-Methode illustriert Abbildung 9.3-3. Die Routing-Tabellen beinhalten hier folgende Spalten (von links nach rechts): Ziel-Subnetz, Nachbar-Router (bzw. daß ein Subnetz direkt erreichbar ist) und Hop-Anzahl.

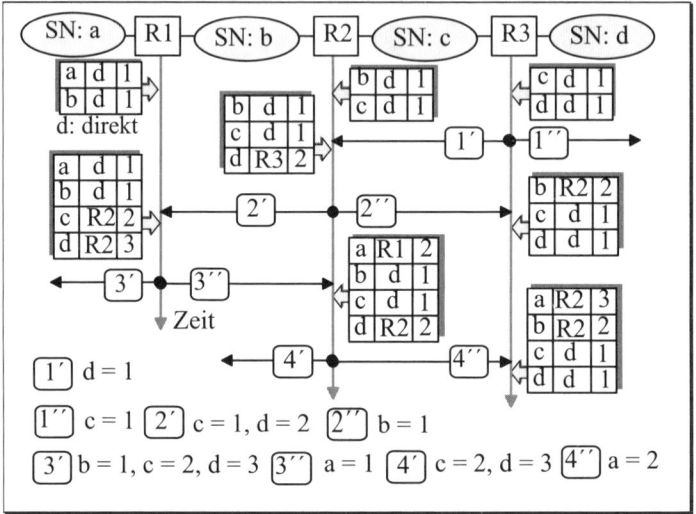

Abbildung 9.3-3:   Beispiel für einen RIP-Ablauf mit der Split-Horizon-Methode
a, b, c: Subnetz-ID, R1, R2, R3: Router, SN: Subnetz

Es handelt sich hier um den gleichen Fall, der bereits in Abbildung 9.3-2 dargestellt wurde.

Beispiel:
Im ersten Schritt sendet Router *R3* als erster seine Ankündigungen. Er sendet eine RIP-Nachricht (1´) mit d = 1 in das Subnetz *c*. Router *R3* kündigt im Subnetz *c* das Subnetz *d* mit der RIP-Nachricht (1´) und im Subnetz *d* das Subnetz c mit der RIP-Nachricht (1´´) an. Router *R2* modifiziert entsprechend Abbildung 9.3-1 daraufhin seine Routing-Tabelle.

Im zweiten Schritt verschickt Router *R2* den Inhalt seiner modifizierten Routing-Tabelle in Subnetze *b* und *c*. Hierbei sendet er in das Subnetz *b* eine RIP-Nachricht (2´) mit dem Distanzvektor (c = 1, d = 2). Damit lernt Router *R1* die Subnetze *c* und *d* kennen. In das Subnetz *c* sendet *R2* eine RIP-Nachricht (2´´) nur mit b = 1. Damit lernt Router *R3* das Subnetz *b* kennen. Router *R1* hat bereits alle Subnetze erlernt.

Im dritten Schritt übermittelt Router *R1* seine Ankündigungen in die Subnetze *a* und *b*. Er sendet in Subnetz *a* eine RIP-Nachricht (3´) mit dem Distanzvektor (b = 1, c = 2, d = 3) und in Subnetz *c* eine RIP-Nachricht (3´´) nur mit a = 1. Auf diese Weise lernt Router *R2* Subnetz *a* kennen, und dessen Routing-Tabelle ist bereits vollständig.

Im vierten Schritt versendet Router *R2* seine Ankündigungen in die Subnetze *a* und *d*. Somit lernt auch Router *R3* Subnetz *a* kennen.

Vergleicht man die Abbildungen 9.3-2 und 9.3-3, stellt man fest, daß die Split-Horizon-Methode folgende Vorteile hat:

- Verringerung der Konvergenzzeit
- Reduktion der Angaben in RIP-Nachrichten (=> „kleinere" Distanz-vektoren)

Im folgenden wird gezeigt, daß die Split-Horizon-Methode einen weiteren wichtigen Vorteil hat, der mit dem sog. *Count-to-Infinity-Problem* zusammenhängt.

9.3.1.4 Count-to-Infinity-Problem

Da die einzelnen Router in keiner Weise miteinander synchronisiert sind, entsteht beim RIP das sog. *Count-to-Infinity-Problem* (Zählung bis unendlich). In einigen Situationen kommt es deswegen zu falschen Einträgen („Hop-Anzahl") in den Routing-Tabellen.

Wenn die Router in ihren Routing-Tabellen jene Routen hinzufügen, die von anderen Routern erlernt wurden, behalten sie zu jedem bekannten Netzwerkziel nur die optimale Route. Außerdem ersetzen sie fälschlicherweise eine Route mit einer niedrigeren Hop-Anzahl durch eine Route mit einer höheren Hop-Anzahl, falls beide Routen vom selben Router angekündigt wurden. Dieses falsche Ersetzen ist die Ursache für das Count-to-Infinity-Problem.

Das *Count-to-Infinity-Problem* beim RIP veranschaulicht Abbildung 9.3-4. Die Routing-Tabellen enthalten hier folgende Spalten (von links nach rechts): Ziel-Subnetz, Nachbar-Router bzw. Markierung, daß ein Subnetz direkt erreichbar ist, und Hop-Anzahl.

> *Beispiel:* Es wird angenommen, daß die Verbindung von Router *R2* zum Subnetz *c* ausgefallen ist. *R2* trägt in seiner Routing-Tabelle den Zustand *„Subnetz c nicht erreichbar"* ein, indem er als Hop-Anzahl den Wert 16 angibt. Beim RIP bedeutet die Hop-Anzahl von 16 gerade „unendlich".
>
> Bevor *R2* den neuen Zustand seiner Routing-Tabelle ankündigen kann, empfängt er eine Ankündigung (1) von Router *R1*. Sie enthält eine Route zu dem über 2 Hops entfernt liegenden Subnetz *c*. Da die Entfernung von 2 Hops kürzer als 16 Hops ist, ersetzt R2 die Hop-Anzahl bei ihm für das Subnetz *c* und ändert sie von 16 auf 3.

Nachdem *R2* später seine neuen Routen angekündigt hat (2), bemerkt Router *R1*, daß das Subnetz *c* über Router *R2* in der Entfernung von 3 Hops liegt. Da die Route zum Subnetz *c* bei ihm ursprünglich von Router *R2* erlernt wurde, aktualisiert *R1* die Route zum Subnetz *c*, so daß er die Hop-Anzahl auf 4 setzt. *R1* verschickt später den Inhalt seiner Routing-Tabelle (3), und *R2* ändert die Hop-Anzahl zum Subnetz *c* von 3 auf 5.

Es ist anzumerken, daß zwischen *R1* und *R2* eine „Schleife" entstanden ist. Infolgedessen senden sich *R1* und *R2* ständig falsche Routing-Angaben. Wie aus der Abbildung 9.3-4 ersichtlich ist, dauert ein derartiger Prozeß so lange, bis die Hop-Anzahl in den Routing-Tabellen von *R1* und *R2* den Wert 16 erreicht hat. Ist die Hop-Anzahl in der Routing-Tabelle eines Routers gleich 16, bedeutet dies, daß ein entsprechendes Subnetz von diesem Router nicht erreichbar ist.

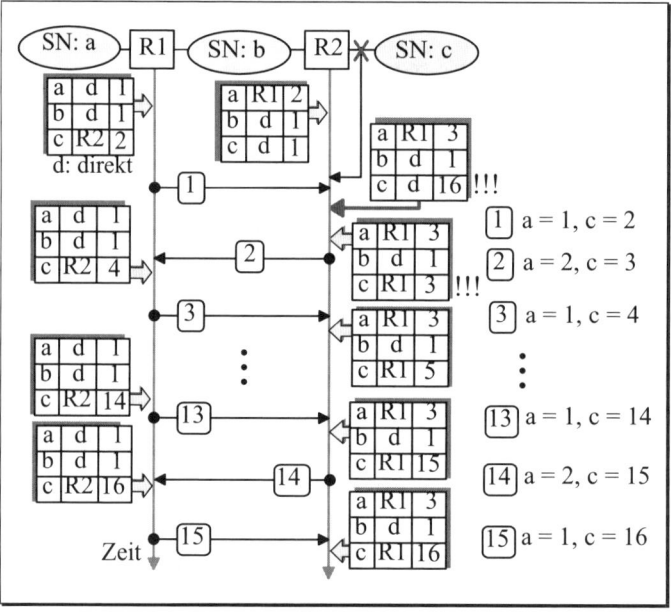

Abbildung 9.3-4:   Count-to-Infinity-Problem
a, b: Subnetz-ID; R1, R2: Router; SN: Subnetz

Mit diesem Beispiel wurde erläutert, welche Bedeutung die Hop-Anzahl 16 beim RIP hat.

Split-Horizon-Methode Das Count-to-Infinity-Problem tritt beim RIP-Einsatz mit der Split-Horizon-Methode nicht auf, was in Abbildung 9.3-5 illustriert werden soll. Bei dieser Methode handelt es sich um Router-Ankündigungen, die periodisch alle 30 Sekunden gesendet werden. Kein Router darf diese Subnetze auf einem

Subnetz ankündigen, die er bereits über dieses Subnetz erlernt hat. Es wurde hier die gleiche Situation angenommen, die bereits in Abbildung 9.3-5 zu einer „logischen Schleife" zwischen zwei benachbarten Routern geführt hat.

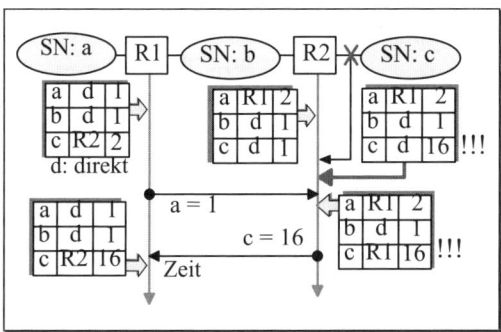

Abbildung 9.3-5:   Split-Horizon-Methode und Ausfall eines Netzwerks
a, b: Subnetz-ID; R1, R2: Router; SN: Subnetz

Beispiel: Ist die Verbindung von Router *R2* zum Subnetz *c* ausgefallen, trägt *R2* in seiner Routing-Tabelle den Zustand *„Subnetz c nicht erreichbar"* ein, indem er als Hop-Anzahl den Wert 16 angibt.

Bevor *R2* den neuen Zustand seiner Routing-Tabelle ankündigen kann, empfängt er eine Ankündigung a = 1 von Router *R1*. Sie kündigt eine Route zu dem über 1 Hops von *R1* entfernt liegenden Subnetz *a*. Das Subnetz *a* liegt von *R2* 2 Hops entfernt. Router *R2* braucht seine Routing-Tabelle nicht zu modifizieren.

Vergleicht man die Abbildungen 9.3-4 und 9.3-5, so stellt man folgenden Unterschied fest: Da hier die Split-Horizon-Methode angewandt wird, sendet *R1* auf das Subnetz *b* keine Ankündigung c = 2. Das Subnetz *c* hat *R1* vorher über das Subnetz erlernt. Dadurch entsteht keine „logische Schleife" zwischen *R1* und *R2*, wie dies in Abbildung 9.3-4 der Fall war.

Nachdem *R2* seine Ankündigung c = 16 auf das Subnetz *b* verschickt hat, modifiziert *R1* seine Routing-Tabelle. Er trägt in seiner Routing-Tabelle den Zustand *„Subnetz c nicht erreichbar"* ein, indem er als Hop-Anzahl den Wert 16 angibt. Auf diese Weise ist der aktuelle Zustand des Netzwerks beiden Routern bekannt.

Das Count-to-Infinity-Problem tritt auch beim Einsatz der *Split-Horizon-Methode mit Poison-Reverse* nicht auf. Dies illustriert Abbildung 9.3-6, in der der gleiche Fall wie in Abbildung 9.3-4 angenommen wurde.

Split-Horizon-Methode mit Poison-Rerverse

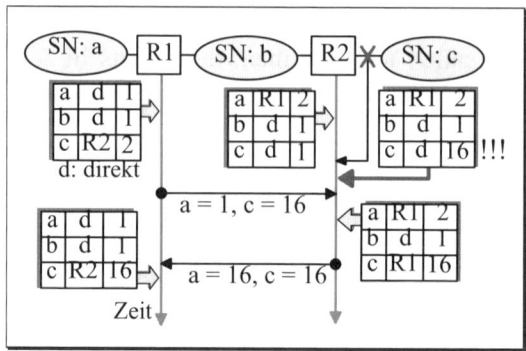

Abbildung 9.3-6:   Netzwerkausfall und Split-Horizon-Methode mit Poison-Reserve
a, b: Subnetz-ID; R1, R2: Router; SN: Subnetz

Bei der Split-Horizon-Methode mit Poison-Reverse werden im Vergleich zur einfachen Split-Horizon-Methode alle Subnetze angekündigt, jedoch diese Subnetze, die aus einer bestimmten Richtung erlernt wurden, mit der „Entfernungsangabe" 16 Hops in diese Richtung, d.h. als „nicht erreichbar" angekündigt.

Vergleicht man die Abbildungen 9.3-5 und 9.3-6, ist zu bemerken, daß *R1* auf das Subnetz *b* den Distanzvektor a = 1, c = 16 sendet. Da Router *R1* das Subnetz *c* über das Subnetz *b* erlernt hat, kündigt er das Subnetz *c* auf dem Subnetz *b* mit der Hop-Anzahl 16 an. Das verhindert das Entstehen „logischer Schleifen" zwischen *R1* und *R2*, wie dies in Abbildung 9.3-4 der Fall war.

Nachdem *R2* den Distanzvektor a = 16, c = 16 auf das Subnetz *b* verschickt hat, modifiziert *R1* seine Routing-Tabelle. Er trägt in ihr den Zustand *„Subnetz c nicht erreichbar"* ein, indem er als Hop-Anzahl den Wert 16 angibt.

9.3.2 Besonderheiten von RIP-1

Das Routing-Protokoll RIP-1 (Version 1) wird in RFC 1058 spezifiziert. Da die Subnetz-Masken in RIP-1-Nachrichten nicht übermittelt werden, kann beim RIP-1-Einsatz nur eine Subnetz-Maske pro Netzwerk verwendet werdent. Beim RIP-1-Einsatz müssen daher die Subnetz-Masken innerhalb des gesamten Netzwerks gleich sein. Das RIP-1 wird hauptsächlich in kleinen und mittelgroßen IP-Netzwerken eingesetzt.

9.3.2.1 Struktur von RIP-1-Nachrichten

Für die Übermittlung von RIP-1-Nachrichten wird das Transportprotokoll UDP verwendet. Die RIP-1-Nachrichten werden über den UDP-Port 520 sowohl gesendet als auch empfangen. Beim Versenden einer RIP-Nachricht auf ein Subnetz wird die IP-Broadcastadresse im IP-Header als IP-Zieladresse genutzt.

Die Struktur von RIP-1-Nachrichten zeigt Abbildung 9.3-7.

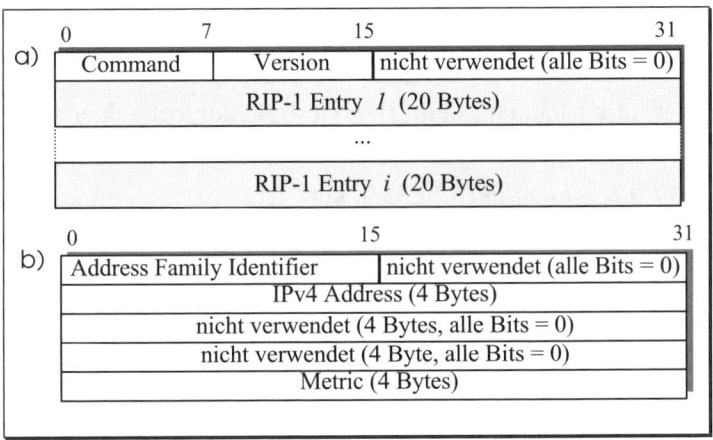

Abbildung 9.3-7:   RIP-1-Nachricht:
a) allgemeine Struktur
b) RIP-1-Eintrag

Wie aus Abbildung 9.3-7a hervorgeht, setzt sich jede RIP-1-Nachricht aus *RIP-1 Entry* einem Header und einer Vielzahl von RIP-1-Einträgen zusammen. In einem RIP-1-Eintrag (*RIP-1 Entry*) wird ein Subnetz angekündigt. Eine RIP-1-Nachricht darf maximal 25 Einträge je 20 Bytes enthalten. Sollen mehr als 25 Subnetze über einen Router-Port angekündigt werden, so muß der Router über diesen Port mehrere Nachrichten verschicken.

Der Header enthält die Felder:

- *Command* (1 Byte) Hier wird angegeben:
  - x'01'; es handelt sich um ein RIP-Request (Anforderung),
  - x'02'; es handelt sich um eine ein RIP-Response (Antwort).
- *Version* (1 Byte) Hier wird die RIP-Version angegeben. Beim RIP-1 enthält dieses Feld den Wert x'01'.
-

Request-
Nachrichten Die Request-Nachrichten werden bei der Initialisierung eines Routers gesendet. Beim Start kündigt der RIP-Router in allen lokal angeschlossenen Subnetzen die ihm bekannten Subnetze an. Der initialisierende Router sendet außerdem auf alle angeschlossenen Subnetze ein allgemeines RIP-Request. Dabei handelt es sich um eine besondere Nachricht, mit der alle benachbarten Router aufgefordert werden, ihm die Inhalte von ihren Routing-Tabellen in Form von Unicast-Nachrichten zukommen zu lassen. Auf der Basis dieser Antworten wird die Routing-Tabelle des initialisierenden Routers aufgebaut.

Eine Antwort kann als Reaktion auf eine Anfrage oder als regelmäßige bzw. ausgelöste Router-Ankündigung gesendet werden.

Ein RIP-1-Eintrag kann als ein 20-Byte-Behälter betrachtet werden, der folgende Angaben übermittelt (Abbildung 9.3-7b):

- *Address Family Identifier* (2 Bytes, kurz AFI)
  Das RIP wurde ursprünglich für das Routing in heterogenen Netzen konzipiert, wo unterschiedliche Adressierungsarten verwendet werden. An dieser Stelle wird markiert, um welche Adressierungsart es sich handelt. Handelt es sich um die IP-Adressierung, so steht hier der Wert 2.

- *IPv4 Address* (4 Bytes)
  In diesem Feld wird das Netzwerkziel angegeben. Dabei kann es sich um eine klassenlose Netzwerkkennung, eine Subnetzkennung, eine IP-Adresse (für eine Host-Route) oder um 0.0.0.0 (für die Standard-Route) handeln. Bei einem allgemeinen RIP-Request wird als IPv4-Adresse 0.0.0.0 angegeben.

- *Metrik* (4 Bytes)
  Hier wird die Hop-Anzahl zum Netzwerkziel angegeben. Dieser Wert beschreibt die Anzahl von Hops von dem Router, der diese RIP-Nachricht abgeschickt hat, die benötigt werden, um das betreffende Netzwerkziel zu erreichen. In diesem Feld ist der zugelassene Höchstwert 16. Nach RIP sind maximal 15 Hops zwischen einem Router und einem Subnetz zulässig. Der Wert 16 hat eine besondere Bedeutung. Er weist darauf hin, daß ein betreffendes Netzwerkziel unerreichbar für einen Router ist.

Die maximale Länge einer RIP-1-Nachricht (ohne UDP- und IP-Headers) beträgt 512 Bytes. Wenn der RIP-Router eine vollständige Liste aller Subnetze und aller möglichen Wege zu diesen Netzwerkzielen speichert, kann die Routing-Tabelle so viele Einträge enthalten, daß sie in mehreren RIP-Nachrichten gesendet werden müssen. In einer einzigen RIP-Nachricht können nur 25 Einträge gesendet werden.

9.3.2.2 Routing-Tabelle bei RIP-1

Das Routing-Protokoll RIP-1 wurde für die Netzwerke mit der klassenbasierten IP-Adressierung konzipiert, bei der die Netzwerkkennung (Netzwerk-ID) aus den Werten der ersten drei Bits der IP-Zieladresse bestimmt werden kann. In den RIP-1-Nachrichten wird die Netzwerk-Maske (bzw. Subnetz-Maske) nicht übermittelt.

Die allgemeine Struktur der Routing-Tabelle beim RIP-1 zeigt Abbildung 9.3-8.

Netzwerkziel	Weiterleitungsadr. (Ausgangsport)	Next Hop	Metrik	Timer
⋮	⋮	⋮	⋮	⋮

Abbildung 9.3-8: Allgemeine Struktur der Routing-Tabelle beim RIP-1

- Die erste Spalte enthält die Netzwerkziele als Netzwerk- bzw. Subnetzkennungen (Netzwerk- bzw. Subnetz-IDs).

- Jedem physikalischen Port im Router muß eine IP-Adresse zugeordnet werden. In der zweiten Spalte „Weiterleitungsadresse" wird die IP-Adresse des Ausgangsports angegeben, über den das betreffende Paket abgesendet werden soll. Ist ein Router-Port ein LAN-Port (d.h. mit einer LAN-Adapterkarte), so wird ein IP-Paket über diesen Port in einem MAC-Frame gesendet. Auf der Basis der IP-Adresse des physikalischen LAN-Ports wird die Quell-MAC-Adresse für den MAC-Frame mit dem IP-Paket bestimmt. Hier kommt das Protokoll ARP zum Einsatz (=> Abschnitt 3.6.1).

- Die dritte Spalte enthält die IP-Adresse des nächsten Routers, falls das IP-Paket zu einem „entfernten" Ziel gesendet wird, bzw. die Identifikation eines lokalen Subnetzes, zu dem das IP-Paket direkt übergeben wird.

- Die vierte Spalte enthält die Metrik als Entfernung in Hops zum Zielsubnetz.

- In der letzten Spalte „Timer" wird die Zeitspanne seit der letzten Aktualisierung der Tabelle angegeben.

Die Bedeutung der „Timer"-Spalte soll nun kurz erläutert werden. Fällt ein *Router Timer* Router aufgrund eines Stromausfalls oder eines Hardware- bzw. Softwarefehlers aus, besitzt er keine Möglichkeit, benachbarten Routern mitzuteilen, daß die über ihn erreichbaren Netzwerkziele nicht mehr verfügbar sind. Um die Einträge mit nicht erreichbaren Zielen in Routing-Tabellen zu verhindem, besitzt jede von RIP erlernte Route standardmäßig eine maximale Lebensdauer von 3 Minuten. Wird eine Route in der Routing-Tabelle innerhalb von 3 Minuten nicht aktualisiert, so wird ihre Hop-Anzahl auf 16 gesetzt; und diese Route wird schließlich aus der Routing-Tabelle entfernt. Deshalb dauert es 3 Minuten bei Ausfall eines Routers, bis die benachbarten Router die von dem ausgefallenen Router erlernten Routen als „nicht erreichbar" markieren.

9.3.2.3 Schwächen von RIP-1

Das RIP-1 wurde im Jahre 1988 entwickelt, um in LAN-basierten IP-Netzwerken dynamisches Routing zu ermöglichen. Die LAN-Technologien wie Ethernet und Token-Ring unterstützen den Broadcast-Verkehr auf der MAC-Ebene, so daß ein einzelnes Paket von mehreren Rechnern empfangen und verarbeitet werden kann. Das RIP nutzt diese LAN-Eigenschaft.

Die wesentlichen Schwächen von RIP-1 sind:

- *Router-Ankündigungen als Broadcast auf der MAC-Ebene*
  In modernen Netzwerken ist die Unterstützung von Broadcasts auf MAC-Ebene nicht wünschenswert, weil sie zu großen Belastungen des Netzwerks führt.

Silent-RIP-Rechner   - *Silent-RIP-Rechner*
  Da die Router-Ankündigungen beim RIP-1 als MAC-Broadcast versendet werden, ermöglicht dies, sog. *Silent-RIP-Rechner* zu installieren. Ein Silent-RIP-Rechner verarbeitet RIP-Ankündigungen, kündigt jedoch seine eigenen Routen nicht an.

- *Keine CIDR-Unterstützung*
  Das RIP-1 wurde zu einer Zeit entwickelt, als die IP-Netzwerke ausschließlich Netzwerk- und Subnetz-IDs verwendeten, die nur die klassenbasierte IP-Adressierung nutzten. Heute ist hingegen der Einsatz von CIDR (*Classless Inter-Domain Routing*) und Bildung der Subnetze mit Masken von variabler Länge für die bessere Ausnutzung des IP-Adreßraums beinahe unumgänglich.

- *Subnetzmaske wird in RIP-1-Nachrichten nicht übermittelt*
  Das RIP-1 wurde für klassenbasierte IP-Netzwerke entwickelt, in denen die Netzwerkkennung aus den Werten der ersten drei Bit der IP-Adresse bestimmt werden kann. Da die Subnetz-Maske nicht übermittelt wird, muß der Router einfache Annahmen über die Subnetz-Masken selbst machen. Bei jeder Route, die in einer RIP-1-Nachricht enthalten ist, kann der Router bei der Bestimmung der Subnetz-Maske wie folgt vorgehen:

– Wenn die Netzwerkkennung zu einer Netzwerkklasse A, B oder C paßt, wird von der standardmäßigen klassenbasierten Subnetz-Maske ausgegangen.

– Wenn die Netzwerkkennung zu keiner Netzwerkklasse A, B oder C paßt, so kann man wie folgt vorgehen:

⬩ Wenn die Netzwerkkennung zu der Subnetz-Maske der Schnittstelle paßt, auf der die RIP-1-Nachricht empfangen wurde, so kann von der Subnetz-Maske dieser Schnittstelle ausgegangen werden, auf der gerade die RIP-1-Nachricht empfangen wurde.

⬩ Wenn die Netzwerkkennung nicht zur Subnetz-Maske der Schnittstelle paßt, auf der die RIP-1-Nachrichten empfangen werden, kann davon ausgegangen werden, daß es sich um eine Host-Route mit der Subnetz-Maske 255.255.255.255 handelt.

9.3.3　Routing-Protokoll RIP-2

Das Routing-Protokoll RIP Version 2 für IP (kurz RIP-2) stellt eine Weiterentwicklung von RIP-1 dar. Das RIP-2 ist ebenfalls wie RIP-1 ein *Distanz-Vektor-Protokoll*. Die letzte Spezifikation von RIP-2 ist in RFC 2453 dargestellt.

9.3.3.1　Ziele von RIP-2

Mit der Entwicklung des Protokolls RIP-2 wurde versucht, einige Schwächen von RIP-1 zu beheben, um folgende Ziele zu erreichen:

• das Verkehrsaufkommen durch Versenden von Router-Ankündigungen zu reduzieren;

• die Bildung von Subnetzen mit Masken variabler Länge und damit die Einsparung von IP-Adressen zu ermöglichen;

• die Router vor falsch oder böswillig konfigurierten Nachbar-Routern zu schützen;

• Abwärtskompatibilität zum RIP-1.

Die wichtigen RIP-2-Besonderheiten:

• Das Erlernen von Routing-Tabellen erfolgt beim RIP-2 nach den gleichen Prinzipien wie beim RIP-1 (vgl. Abbildungen 9.3-1 und 9.3-2).

• Maximale Hop-Anzahl ist 15.
Beim RIP-2 (wie beim RIP-1) ist die maximale Anzahl von Hops auf 15

begrenzt. Die Hop-Anzahl 16 auf einer Route bedeutet, daß das Netz-werkziel nicht erreichbar ist.

- Beim RIP-2 können die Methoden:
  - Split-Horizon,
  - Split-Horizon mit Poison-Reserve,
  - Ausgelöste Router-Aktualisierungen

  zum Vermeiden das Count-to-Infinity-Problems (=> Abbildung 9.3-4) und auch zum Verringern der Konvergenzzeit verwendet werden (=> Abbildungen 9.3-5 und 9.3-6).

- Router-Ankündigungen als IP-Multicast
  Beim RIP-2 werden die Router-Ankündigungen nicht mehr als MAC-Broadcast versendet, sondern für das Versenden von Router-Ankün-digungen wird die IP-Multicastadresse 224.0.0.9 im IP-Header als IP-Zieladresse gesetzt. Somit werden alle „Nicht-RIP-Rechner" von RIP-Router-Ankündigungen nicht beeinträchtigt.

- Übermittlung von Subnetzmasken
  In RIP-2-Nachrichten wird die Subnetz-Maske zusammen mit dem Netzwerkziel übermittelt. Das RIP-2 kann somit in VLSM-Umgebungen (*Variable Length Subnet Masking*) eingesetzt werden.

- Authentifizierung
  Das RIP v2 ermöglicht die Authentifizierung, um den Ursprung einge-hender Router-Ankündigungen zu überprüfen. Hierbei kann die Authen-tisierung durch Übermittlung des Kennworts bzw. durch eine MD5-Prüfsumme (Basis: *Message Digest 5*) erfolgen.

- Abwärtskompatibilität von RIP-2 mit RIP-1
  Das RIP-2 ermöglicht die Abwärtskompatibilität mit RIP-1. Die RIP-2-Nachrichten werden so strukturiert, daß ein RIP-1-Router einige Felder der RIP-2-Nachricht verarbeiten kann. Wenn ein RIP-1-Router eine RIP-2-Nachricht empfängt, verwirft er sie nicht, sondern verarbeitet nur die RIP-1-relevanten Felder. Oft können die RIP-2-Router auch mit dem RIP-1-Router zusammenarbeiten. Ein RIP-2-Router sendet eine RIP-1-Response auf ein RIP-1-Request.

9.3.3.2 Struktur von RIP-2-Nachrichten

Für die Übermittlung von RIP-2-Nachrichten wird das Transportprotokoll UDP verwendet. Somit kann das RIP-2 im Schichtenmodell auch wie RIP-1 der Schicht 5 zugeordnet werden. Die RIP-2-Nachrichten werden ebenfalls wie RIP-1 über den UDP-Port 520 sowohl gesendet als auch empfangen.

Somit kann der UDP-Port 520 als RIP-1/RIP-2-Port angesehen werden. Beim Versenden einer RIP-2-Nachricht auf ein Subnetz wird die IP-Multicastadresse 224.0.0.9 im IP-Header als IP-Zieladresse genutzt.

Die Struktur von RIP-2-Nachrichten zeigt Abbildung 9.3-9.

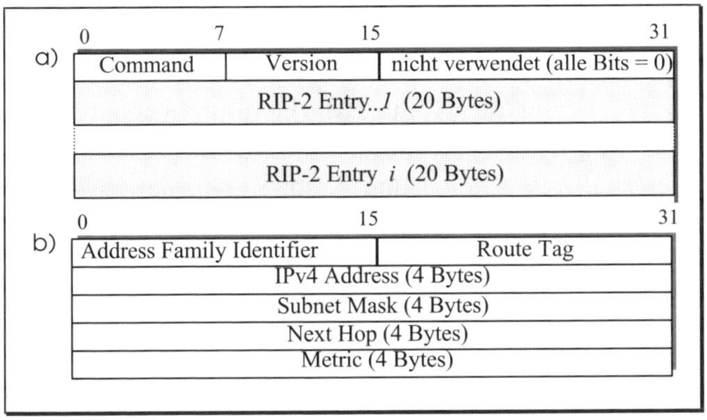

Abbildung 9.3-9:   RIP-2-Nachrichten:
a) allgemeine Struktur
b) RIP-2 Entry (RIP-2-Eintrag)

Jede RIP-2-Nachricht setzt sich aus einem Header und einer Vielzahl von RIP-2-Einträgen zusammen. Mit einem RIP-2-Eintrag (*RIP-2 Entry*) kann ein Router nur eine Route ankündigen. Der Header in der RIP-2-Nachricht enthält nur die beiden Angaben:

- *Command* (1Byte)
  Hier wird angegeben, ob es sich um ein RIP-2-Request (x'01') oder um ein Response (x'02') handelt. Somit hat dieses Feld die gleiche Bedeutung wie beim Protokoll RIP-1.

- *Version* (1 Byte)
  Hier wird die RIP-Version angegeben (x'02').

Um sicherzustellen, daß die RIP-1-Router auch RIP-2-Nachrichten verarbeiten können, bleibt beim RIP-2 die Struktur von RIP-1-Nachrichten erhalten (=> Abbildung 9.3-7). Das RIP-2 nutzt diese Felder im RIP-Eintrag, die beim RIP-1 nicht verwendet und als „must be zero" definiert wurden. Die Felder „Command", „Address Family Identifier", „IPv4 Address" und „Metric" werden wie bei RIP-1 verwendet.

Mit einem RIP-Eintrag wird ein Router angegeben. Eine RIP-2-Nachricht darf maximal 25 Einträge je 20 Bytes enthalten. Sollen mehr als 25 Routen angekündigt werden, muß der Router mehrere Nachrichten senden.

Vergleicht man den RIP-1-Eintrag in Abbildung 9.3-7b mit dem RIP-2-Eintrag in Abbildung 9.3-9b, so stellt man fest, daß alle Felder, die beim RIP-1 nicht verwendet wurden, nun beim RIP-2 genutzt werden. Da ein RIP-Eintrag einen Router beschreibt, können zusätzliche Routen-Angaben beim RIP-2-gemacht werden. Hierfür dienen folgende Felder im RIP-2-Eintrag:

- *Route Tag* (2 Byte)
  In diesem Feld kann die Routen-Markierung (*Routen-Tag*) angegeben werden. Die Möglichkeit wurde eingeführt, um zwischen RIP-basierten Routen (*internal RIP routes*) und Nicht-RIP-basierten *Routen (external RIP routes)* unterscheiden zu können. Das Routen-Tag kommt dann zum Einsatz, wenn die Kommunikation zwischen einem RIP-2-Router und einem *BGP-Router* (*Border Gateway Protocol*) unterstützt werden muß.

- *Subnet Mask* (4 Byte)
  Dieses Feld enthält die Subnetz-Maske des Netzwerkziels im Feld „IPv4 Address". Dadurch kann das RIP-2 in VLSM-Umgebungen eingesetzt werden. Daher ermöglicht das RIP-2 auch die CIDR-Unterstützung.

- *Next Hop*
  Unter Verwendung dieses Felds kann ein Router eine Host-Route (d.h. eine Route direkt zu einem Rechner) ankündigen. In diesem Feld wird die IP-Adresse des Hosts eingetragen. Andere Router, die eine Ankündigung in diesem Netzwerk empfangen, leiten die an den Host gerichteten Pakete direkt an diesen und nicht an den Router weiter.

9.3.3.3 Authentisierung beim RIP-2

Um die Information für die Authentisierung beim RIP-2 zu übermitteln, verwendet man den ersten RIP-2-Eintrag in der RIP-2-Nachricht. Der erste Eintrag wird verwendet, um die restlichen Einträge überprüfen zu können. Den RIP-2-Eintrag mit Angaben für Authentisierung zeigt Abbildung 9.3-10.

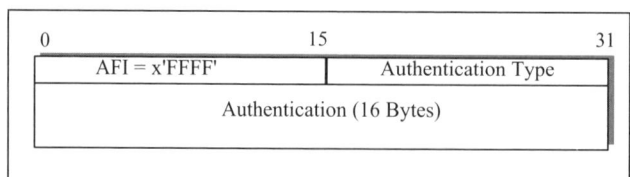

Abbildung 9.3-10:   RIP-2-Eintrag mit Angaben für Authentisierung
AFI: Address Family Identifier

Als Indikator für einen RIP-2-Eintrag mit Authentifizierungs-Angaben enthält das Feld „Address Family Identifier" den Wert x'FFFF'. Das Feld, in dem normalerweise das *Route-Tag* angegeben wird, enthält nun „Authentification Type" und zeigt das verwendete Verfahren für die Authentisierung an. Die einfache Authentisierung wird hier durch die Angabe eines Kennworts mit dem Wert x'0001' angezeigt. In den nächsten 16 Bytes werden die Angaben für Authentisierung (z.B. Kennwort, MD5-Prüfsumme) gemacht.

9.3.4 RIP für das Protokoll IPv6 (RIPng)

Das Routing-Protokoll RIP für das Protokoll IPv6 stellt eine Anpassung von RIP-2 an die Eigenschaften des Protokolls IPv6, insbesondere an die IPv6-Adressierung, dar. Da das Protokoll IPv6 „IP next generation" (kurz IPng) genannt wird, bezeichnet man das RIP für IPv6 als RIPng bzw. als RIPv6. Das RIPng ist genauso wie RIP-1 und RIP-2 ein Distanz-Verktor-Protokoll. Das RIPng wird in RFC 2080 spezifiziert.

9.3.4.1 RIPng-Besonderheiten

Die wichtigsten Besonderheiten von RIPng sind:

- Das Erlernen von Routing-Tabellen erfolgt beim RIPng nach den gleichen Prinzipien wie beim RIP-1 und RIP 2 (vgl. Abbildungen 9.3-1 und 9.3-2).
- Maximale Hop-Anzahl ist 15.

Beim RIPng ist die maximale Anzahl von Hops auch auf 15 begrenzt. Die Hop-Anzahl 16 auf einer Route weist darauf hin, daß das Netzwerkziel nicht erreichbar ist.

- Count-to-Infinity-Problem
  Beim RIPng kommt auch das Count-to-Infinity-Problem vor (=> Abbildung 9.3-4). Um dieses Problem zu vermeiden, kommen die gleichen Methoden wie beim RIP-1 und RIP-2 in Frage, d.h.
  - Split-Horizon,
  - Split-Horizon mit Poison-Reserve,
  - ausgelöste Router-Aktualisierungen.
- Übermittlung von Subnetzmasken
  In RIPng-Nachrichten wird die Präfixlänge übermittelt. Da das Präfix die Subnetz-Maske bestimmt, kann das RIPng in Netzwerken eingesetzt

werden, in denen Subnetze mit unterschiedlichen Präfixlängen vorkommen.

- Übermittlung von Next-Hop-Angaben
  Der Einsatz des Protokolls IPv6 läßt mehrere Router in einem Subnetz zu (=> Abschnitt 7.1.1). Mit dieser Angabe bei der Route ist es möglich, den nächsten Router direkt zu adressieren.

Es ist hervorzuheben, daß die Next-Hop-Angabe auch in den RIP-2-Nachrichten vorgenommen wird. Im Gegensatz zum RIPng dient diese Angabe beim RIP-2 zur Realisierung sog. Host-Routen, d.h. direkten Routen zu den Endsystemen.

9.3.4.2 Struktur von RIPng-Nachrichten

Für die Übermittlung von RIPng-Nachrichten wird das Transportprotokoll UDP verwendet. RIPng-Nachrichten werden über den UDP-Port 521 sowohl gesendet als auch empfangen.

Die Struktur von RIPng-Nachrichten zeigt Abbildung 9.3-11.

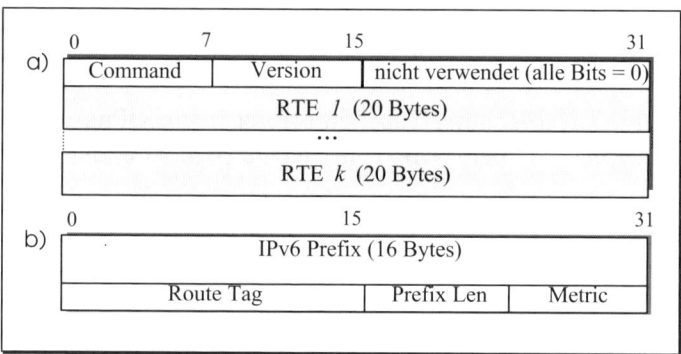

Abbildung 9.3-11:   RIPng-Nachricht:
a) allgemeine Struktur
b) RTE-Aufbau
RTE: Routing Table Entry

Jede RIPng-Nachricht setzt sich aus einem Header und einer Vielzahl von Einträgen zusammen. Jeder dieser Einträge stellt ein Feld dar, in dem ein Eintrag (d.h. eine Route) aus der Routing-Tabelle übermittelt werden kann. *Routing Table Entry* Somit bezeichnet man einen Eintrag in der RIPng-Nachricht als RTE (*Routing Table Entry*). Beim RIPng wird die Struktur von Nachrichten der Protokolle RIP-1 und RIP-2 übernommen (=> Abbildung 9.3-7 und 9.3-9).

Den Header in der RIPng-Nachricht bilden die beiden Angaben:

- *Command* (1Byte)
  Hier wird angegeben, ob es sich um ein RIPng-Request (x'01') bzw. um ein RIPng-Response (x'02') handelt. Somit hat dieses Feld die gleiche Bedeutung wie bei den Protokollen RIP-1 und RIP-2.

- *Version* (1 Byte)
  Hier wird die RIPng-Version angegeben (x'01').

Mit einem Eintrag RTE wird eine Route angegeben. Wie aus Abbildung 9.3-11b ersichtlich ist, wird jede Route beim RIPng durch die Angabe von folgenden Komponenten spezifiziert:

- *Netzwerkziel*
  Das Ziel wird durch die IPv6-Zieladresse und das Präfix dieser Adresse festgelegt. Die Ziel-IPv6-Adresse wird im RTE-Feld „IPv6 Prefix" eingetragen. Das Präfix wird durch die Angabe der Präfixlänge im Feld „Prefix Length" (1 Byte) aus der IPv6-Adresse herausgefiltert (=> Abbildung 7.1-2).

- Entfernung zum Netzwerkziel (auch als *Metrik* bezeichnet)
  Die Entfernung zum Ziel in Anzahl von Hops wird im RTE-Feld „Metric" angegeben.

Das RIPng ermöglicht die Markierung von Routen. Hierfür steht das RTE-Feld „Route Tag" (2 Bytes) zur Verfügung. Ein Route-Tag stellt eine Identifikation der Route dar und sie kommt dann zum Einsatz, wenn die Kommunikation zwischen einem RIPng-Router und einem BGP-Router (*Border Gateway Protocol*) unterstützt werden muß.

> **Bemerkung**: Die Angabe „Prefix Length" in RTE von RIPng-Nachrichten entspricht der Angabe „Subnetz Mask" in RIP-2-Nachrichten. Somit ist es auch möglich, beim RIPng-Einsatz die Subnetze mit variablen Masken (d.h. VLSM-Networking) im privaten Bereich zu bilden.

Um die sog. Host-Routen (d.h. die Routen zu Endsystemen) beim RIPng zu übermitteln, wird ein spezieller RTE „Next Hop" reserviert (Abbildung 9.3-12).

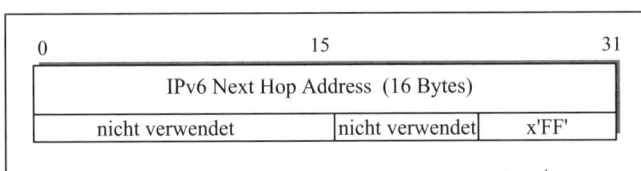

Abbildung 9.3-12:　　Next-Hop-Eintrag beim RIPng

Wie hier zu erkennen ist, verwendet man das RTE-Feld „Metric", um anzuzeigen, daß es sich um einen RTE „Next Hop" handelt. In diesem RTE wird
die Route zu einem Host (Zielrechner) angegeben. Genauer gesagt wird hier
die IPv6-Adresse des Zielrechners eingetragen.

Die maximale Anzahl von RTEs, die in einer RIPng-Nachricht enthalten
sein können, wird im voraus nicht eingeschränkt. Diese Anzahl ergibt sich
aus der Begrenzung der maximalen Länge von IP-Paketen (d.h. durch die
sog. MTU).

9.4 Open Shortest Path First (OSPF)

OSPF (*Open Shortest Path First*) ist das Routing-Protokoll innerhalb von
sog. autonomen Systemen (AS), d.h. es ist ein *Interior Gateway Protocol*
(IGP, => Abbildung 9.1-13). Im Unterschied zu RIP, das ein entfernungs-
orientiertes Routing-Protokoll ist, gehört OSPF zu der Klasse von zustands-
orientierten Routing-Protokollen. Beim OSPF wird der Zustand von Verbindungen (Links) berücksichtigt, so daß man in diesem Fall von *Link-State
Routing Protocol* spricht. Die Routing-Information beim OSPF wird im
Gegensatz zum RIP direkt in IP-Pakete eingebettet, d.h. ohne ein Transport-
protokoll UDP zu nutzen, wie dies beim RIP der Fall war. Hierfür wurde die
Protokollnummer 89 dem OSPF im Header des IP-Pakets zugewiesen. Da-
her ist OSPF im Schichtenmodell der Schicht 4 zuzuordnen. Die Routing-
Information beim OSPF wird zwischen den Routern in Form sogenannter
OSPF-Pakete übermittelt. Die OSPF-Pakete entsprechen den RIP-
Nachrichten.

Beim OSPF ist zu unterscheiden zwischen:

* OSPF für IPv4 (*OSPF for IPv4*) und

* OSPF für IPv6 (*OSPF for IPv6*).

Die aktuelle Spezifikation von OSPF für IPv4, d.h. die OSPF Version 2
(kurz *OSPFv2*), wird in RFC 2328 dargestellt. Auf OSPF für IPv6 wird im
Anschnitt 9.4.13 kurz eingegangen. Da man das Protokoll IPv6 *Protocol
Next Generation* nennt, wird hier OSPF für IPv6 als *OSPFng* bezeichnet.
Daher wird unter der Abkürzung OSPF im weiteren OSPF für IPv4 verstan-
den. Die OSPF-Beschreibung betrifft hier OSPFv2.

9.4.1 Funktionsweise von OSPF

Beim OSPF muß jeder Router für sich selbst eine Routing-Tabelle erstellen. Hierfür muß jeder Router die Routing-Information (RI) jedes anderen Routers in seiner RI-Datenbank speichern (=> Abbildung 9.1-11).

Die Routing-Information beim OSPF betrifft den Zustand von Verbindungen und wird in Form sog. *Verbindungszustand-Bekanntmachungen*, kurz *LSAs* (*Link State Advertisements*), zwischen den benachbarten Routern ausgetauscht. Die RI-Datenbank im Router beim OSPF wird Verbindungszustands-Datenbank genannt und kurz als LSDB (*Link State Database*) bezeichnet. *LSA*

Um eine Routing-Tabelle zu erstellen, baut jeder Router um sich – aufgrund der Eintragungen in seiner LSDB – einen sog. *überspannenden Baum* auf, in dem er selbst die Wurzel (Root) darstellt und die Verzweigungen des Baums die billigsten Wege zu allen möglichen Zielobjekten (Subnetzen, Routern) darstellen. Einen solchen Baum bezeichnet man als SPF-Baum (*Shortest Path First*). Auf der Basis des SPF-Baums wird die Routing-Tabelle erstellt (=> Tabelle 9.4-1). *SPF-Baum*

Zur Abwicklung des OSPF-Routings sind in jedem Router folgende Schritte vorgesehen:

• Erstellen der LSDB,

• Aufbau des SPF-Baums (Shortest Path First),

• Berechnen der Einträge in den Routing-Tabellen.

Anhand eines Beispiels, das zur Verdeutlichung der OSPF-Grundprinzipien absichtlich vereinfacht wurde, wollen wir die einzelnen Schritte beim OSPF verdeutlichen. Hierbei wird jedoch nicht das ganze Spektrum der OSPF-Möglichkeiten gezeigt.

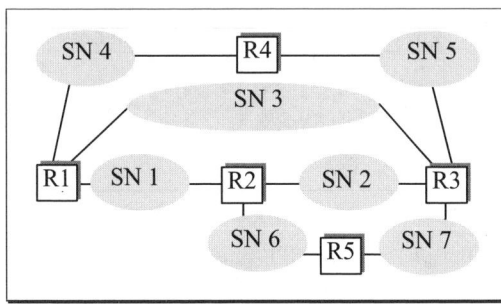

Abbildung 9.4-1:   Ausgangssituation beim OSPF-Einsatz
R: Router, SN: Subnetz

Beispiel: Betrachten wir das in Abbildung 9.4-1 dargestellte Netzwerk als eine Vernetzung mehrerer Subnetze. Es wird angenommen, daß dieses Netzwerk ein autonomes System AS (im Sinne von OSPF) bildet.

- *Erstellen der LSDB*

  Um OSPF einzusetzen, müssen die Kosten den einzelnen Ausgangsports in den Routern vom Netzwerk-Manager zugewiesen werden. Bei der Zuordnung von Kosten können unterschiedliche Faktoren (z.B. die Belastung von Subnetzen, Übertragungsrate, Verzögerungen etc.) berücksichtigt werden. Abbildung 9.4-2a zeigt das Netzwerk aus Abbildung 9.4-1 mit den für die Router-Ports zugewiesenen Kosten. Es ist zu bemerken, daß immer nur der „Eingang" in ein Subnetz gewisse Kosten verursacht. Aus OSPF-Sicht stellt ein Netzwerk eine Verbindungsmöglichkeit (*Link*) zwischen zwei benachbarten Routern dar. Um dies zum Ausdruck zu bringen, wurden die einzelnen Subnetze SN_1, ..., SN_7 in der Abbildung 9.4-2a durch die Links a_1, ..., a_7 ersetzt.

  Die Router verteilen die Routing-Information in Form sog. LSAs (*Link State Advertisements*). Die LSDB ist eine Datenbank mit LSAs aller Router eines AS und wird durch den fortlaufenden Austausch von LSAs zwischen benachbarten Routern erstellt. Jeder Router ist also mit seinem Nachbarn synchronisiert. Zur Erstellung der LSDB muß jeder Router von jedem anderen Router im AS eine gültige LSA empfangen.

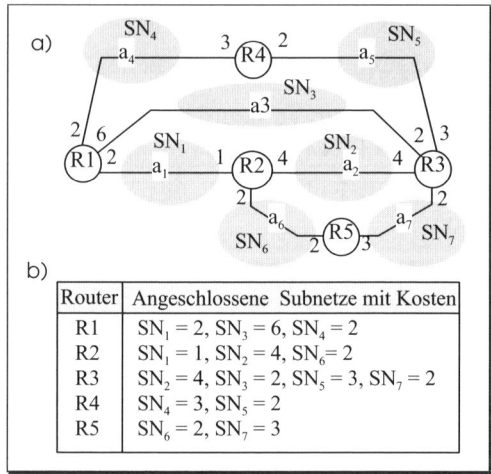

Abbildung 9.4-2:   Beispiel für den OSPF-Einsatz:
a) Netzwerk aus OSPF-Sicht
b) Inhalt der LSDB
a: Link, R: Router, SN: Subnetz

Jeder Router sendet anfangs eine LSA, die seine eigene Konfiguration enthält. Die von einem anderen Router empfangene LSA übermittelt er an die anderen benachbarten Router. Auf diese Weise überflutet eine LSA eines bestimmten Routers das gesamte AS, so daß jeder andere Router diese LSA enthält.

Um LSAs in LSDBs verfolgen zu können, wird jedem Router eine im AS eindeutige Router-ID zugewiesen, die aus 32 Bit besteht.

Wenn jeder Router eine LSA von jedem anderen Router bereits besitzt, enthalten alle Router die in der Abbildung 9.4-2b dargestellte LSDB.

Im nächsten Schritt baut jeder Router einen SPF-Baum auf.

- *Aufbau des SPF-Baums*
  Im weiteren wird nur der SPF-Baum vom Router *R2* betrachtet. Nach der Ermittlung der Pfade mit den geringsten Kosten vom Router *R2* zu allen Zielen (d.h. hier allen Subnetzen) entsteht der in Abbildung 9.4-3 gezeigte SPF-Baum. Die Berechnung des SPF-Baums erfolgt in Routern nach dem Algorithmus von Dijkstra (*Dijkstra-Algorithmus*).

  Wie hier ersichtlich ist, zeigt der SPF-Baum von Router *R2* die Pfade mit den geringsten Kosten zu allen Routern und Subnetzen. Der Router *R2* kann hier als der Baum-Stamm angesehen werden. Im nächsten Schritt berechnet Router *R2* die Einträge seiner Routing-Rabelle.

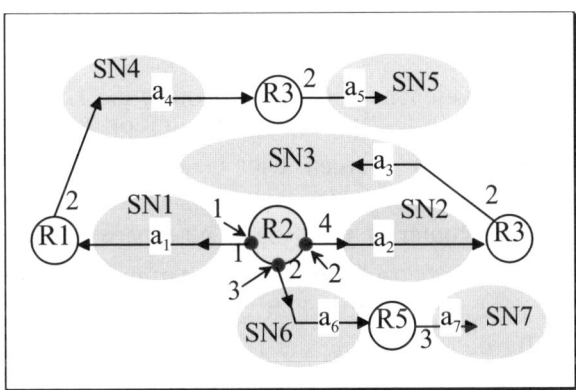

Abbildung 9.4-3:   SPF-Baum von Router R2
a: Link, R: Router, SN: Subnetz

- *Berechnen von Einträgen der Routing-Tabelle*
  Die Tabelle 9.4-1 stellt die Routing-Tabelle von Router *R2* dar, die auf der Basis des in Abbildung 9.4-3 dargestellten SPF-Baums entsteht.

Netzwerkziel	Weiterleitung	Ausgangsport	Metrik
SN 1	direkt	1	1
SN 2	direkt	2	4
SN 6	direkt	3	2
SN 3	R3	2	6
SN 4	R1	1	3
SN 7	R5	2	5
SN 5	R1	1	5

Tabelle 9.4-1:   Routing-Tabelle von Router R2
                           R: Router, SN: Subnetz

In der Spalte „Weiterleitung" wird angegeben, ob das Ziel direkt erreichbar ist bzw. zu welchem benachbarten Router die IP-Pakete weitergeleitet werden sollen, um das betreffende Netzwerkziel zu erreichen. In der Spalte „Ausgangsport" wird der Router-Port angegeben, über den die IP-Pakete zum betreffenden Netzwerkziel zum Absenden übergeben werden sollen. Die Spalte „Metrik" enthält die gesamten Kosten auf dem Pfad zum Netzwerkziel.

9.4.2 Nachbarschaften zwischen Routern

Um den Zustand zu erreichen, in dem alle Router die LSDB mit den gleichen Inhalten besitzen, müssen die Router beim OSPF-Einsatz entsprechend miteinander „synchronisiert" werden. Dies bedeutet nicht, daß jeder Router mit jedem anderen Router im AS synchronisiert werden muß. Vielmehr genügt es, wenn jeder Router sich mit seinen Nachbarn synchronisiert.

Adjacency Die Beziehung zwischen benachbarten Routern zum Zweck der Synchronisation der LSDB wird als Nachbarschaft (*Adjacency*) bezeichnet. Die Nachbarschaften sind für die Ermittlung der richtigen Einträge in der LSDB erforderlich. Auf dieser Grundlage baut jeder Router für sich einen SPF-Baum und berechnet danach die Inhalte seiner Routing-Tabelle.

Die Pflege von Nachbarschaften stellt eines der Hauptprobleme beim OSPF-Einsatz in IP-Netzen dar.

9.4.2.1 Bildung einer Nachbarschaft

Bei der Initialisierung sendet ein Router regelmäßig (standardmäßig je 10 Sekunden) ein OSPF-Paket *Hello* mit seiner Router-ID sowie Informationen über seine Router-Konfiguration und einer Liste der ihm bekannten, benachbarten Router. Anfangs ist die Liste der benachbarten Router leer.

Der initialisierende Router wartet auch auf Hello-Pakete von benachbarten *OSPF Hello-*
Routern. Aus den eingehenden Hello-Paketen bestimmt er den bzw. die *Pakete*
Router, mit denen eine Nachbarschaft aufgebaut werden soll. Am Anfang
der Nachbarschaft geben die beteiligten Router den Inhalt ihrer LSDBs
durch die Übermittlung von OSPF-Paketen *Database Description* bekannt.
Dies stellt ein LSDB-Austauschprozeß dar, in dem die beiden benachbarten
Router eine Master/Slave-Beziehung bilden. Der Inhalt der LSDB jedes
Routers wird von dessen benachbartem Router immer bestätigt.

Jeder Router vergleicht seine LSAs mit denen seines Nachbarn und stellt *Link State*
fest, welche LSAs zur Synchronisation der LSDB vom Nachbarn angefor- *Request*
dert werden müssen. Die fehlenden oder jüngeren LSAs werden anschließend mit den OSPF-Paketen *Link State Request* angefordert. Als Antwort
darauf werden die OSPF-Pakete *Link State Update* gesendet und deren
Empfang bestätigt. Wenn alle Pakete *Link State Request* bedient wurden,
besteht eine vollständige Synchronisation der LSDBs benachbarter Router
und eine Nachbarschaft wurde damit gebildet.

Danach teilt jeder benachbarte Router in regelmäßig gesendeten Hello-
Paketen seinem Nachbarn mit, daß er noch im Netzwerk aktiv ist. Falls ein
Hello-Paket von einem benachbarten Router innerhalb eines festgelegten
Zeitraums (standardmäßig 40 Sekunden) nicht ankommt, wird dieser Router
für ausgefallen erklärt.

Erkennt ein Router ein Ereignis, z.B. eine Verbindung, bzw. ist ein Router *Link State*
ausgefallen, aktualisiert er zuerst seine LSDB und sendet anschließend die *Update*
OSPF-Pakete *Link State Update* mit der geänderten LSBD an die Nachbarn,
mit denen er Beziehungen unterhält. Der Empfang eines OSPF-Pakets *Link*
State Update wird mit dem OSPF-Paket *Link State Acknowledgment* bestätigt.

> **Bemerkung**: Wird OSPF in broadcastorientierten LANs eingesetzt, so ver-
> wendet man einen sog. *Designierten Router*, um die LSDB einzelner Router
> zu synchronisieren. In diesem Fall bauen die Router die Nachbarschaften mit
> dem designierten Router auf, da nicht unter allen Routern Nachbarschaften
> (*Adjacencies*) bestehen.

Während des Aufbaus einer Nachbarschaft befinden sich die benachbarten
Router in bestimmten Zuständen. Die Tabelle 9.4-2 stellt diese Zustände in
der Reihenfolge ihres Auftretens dar.

Router-Zustand	Beschreibung
Down (Aus)	Anfangszustand. Vom Nachbar-Router wurden noch keine Informationen empfangen.
Attempt (Versuch)	Trotz Kontaktversuchen wurden keine Informationen vom Nachbarn empfangen.
Init (Initialisierung)	Ein Hello-Paket wurde vom Nachbarn empfangen, doch der Router wird nicht in der Nachbarschaftsliste im Hello-Paket des benachbarten Routers angezeigt.
2-Way	Es wurde ein Hello-Paket vom Nachbarn empfangen, und der Router wird in der Nachbarschaftsliste im Hello-Paket des benachbarten Routers angezeigt.
ExStart (AustStart)	Es werden Master- und Slave-Rollen für den LSDB-Austauschprozeß ausgehandelt. Dies stellt die erste Phase der Nachbarschaft dar.
Exchange	Der Router sendet *Database Description* an seinen Nachbarn.
Loading	In Paketen Link State Request an den Nachbarn werden fehlende oder jüngere LSAs angefordert.
Full (Voll)	Die LSDBs der benachbarten Router sind synchronisiert. Es besteht eine vollständige Nachbarschaft.

Tabelle 9.4-2:   Zustände benachbarter Router

Unterschiedliche Netzwerktypen bei OSPF

Die OSPF-Pakete werden direkt in IP-Pakete eingebettet. Die IP-Zieladresse im IP-Header ist vom Netzwerktyp abhängig. Daher muß der Netzwerktyp bei der Konfigurierung jedes Router-Ports (Router-Interfaces) angegeben werden. Dabei kommt einer der folgenden Netzwerktypen in Frage:

- *Broadcast-Netzwerke*
  Hier handelt es sich um ein Netzwerk auf Basis eines herkömmlichen LAN (Ethemet, Token Ring, FDDI), d.h. auf Basis eines broadcastorientierten Netzes. In diesem Fall wird ein von einem Router gesendetes Paket von allen an das Netzwerk angeschlossenen Routern empfangen. In „Broadcast-Netzwerken" gesendete OSPF-Pakete verwenden IP-Multicastadressen.

- *Punkt-zu-Punkt-Verbindungen*
  Hier handelt es sich um ein „Netzwerk" (genauer gesagt eine Punkt-zu-Punkt-Verbindung), das nur zwei Router verbindet. Dazu gehören u.a. Verbindungen über Standleitungen. In diesem Fall verwenden die gesendeten OSPF-Pakete die IP-Multicastadresse.

- *NBMA-Netze* (*Non-Broadcast-Multiple Access*)
  Zu dieser Klasse gehören die X.25-, Frame-Relay- und ATM-Netze. In diesem Fall wird ein designierter Router eingesetzt.

9.4.2.2 Hinzufügen eines Routers

Bei der Initialisierung eines neuen Routers in einem bereits bestehenden IP-Netzwerk müssen die LSAs des neuen Routers an alle anderen Router übermittelt werden. Nach dem Empfang der LSAs vom neuen Router muß jeder andere Router im Netzwerk die LSDB modifizieren, den SPF-Baum (nach dem Dijkstra-Algorithmus) für sich neu berechnen und neue Einträge in die Routing-Tabelle hinzufügen. Das Hinzufügen eines neuen Routers illustriert Abbildung 9.4-4.

Das Hinzufügen eines „neuen" Routers führt zu den folgenden Schritten:

1. *Der neue Router lernt die benachbarten Router kennen.*
   Der „neue" Router *Rx* sendet ein Hello-Paket (=> Abbildung 9.4-16). Der benachbarte Router *R1* antwortet ebenfalls mit dem Hello-Paket. Die beiden Router *Rx* und *R1* möchten nun eine Nachbarschaft aufbauen. *(Hello Protocol)*

2. *Der neue Router erstellt für sich die LSDB.*
   Der neue Router *Rx* muß für sich die LSDB erstellen. Hierfür tauschen die Router *Rx* und *R1* die Pakete *Database Description* (DD) aus (=> Abbildung 9.4-17). Das DD-Paket von *Rx* enthält nur die eigene Routing-Information, d.h. die eigene Beschreibung. In den DD-Paketen übermittelt *R1* die LSDB, in der die Routing-Information aller anderen Router außer *R1* enthalten ist (=> Abbildung 9.4-2b). *(Exchange Protocol)*

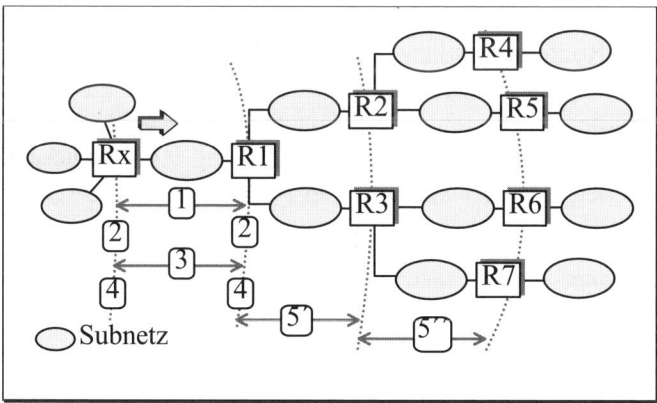

Abbildung 9.4-4:   Hinzufügen eines neuen Routers
                         R: Router

3. *Synchronisation von LSDBs.*

Der neue Router *Rx* fordert mit dem Paket LS-Request (LS: Link State, => Abbildung 9.4-18) von dem benachbarten Router *R1* bestimmte LSAs (z.B. die ihm noch fehlen). Router *R1* sendet die angeforderten LSAs in den Paketen LS-Update (=> Abbildung 9.4-19).

Der benachbarte Router *R1* aktualisiert ebenfalls seine LSDB, so daß er mit dem Paket LS-Request vom neuen Router Rx bestimmte LSAs fordert. Router *Rx* sendet die von *R1* angeforderten LSAs in den Paketen LS-Update.

Auf diese Weise haben die beiden Router *Rx* und *R1*, d.h. der neue Router und sein Nachbar, ihre LSDB synchronisiert. Nun besitzen sie eine aktuelle LSDB.

4. *Der neue Router erstellt die Routing-Tabelle; der Nachbar-Router aktualisiert seine Routing-Tabelle*

Da die beiden Router *Rx* und *R1* bereits die aktuellen LSDBs besitzen, berechnen sie ihre jeweiligen SPF-Bäume. Dann erstellt der neue Router *Rx* für sich die Routing-Tabelle, und sein Nachbar-Router *R1* aktualisiert seine Routing-Tabelle. In der Routing-Tabelle beim *R1* werden neue Netzwerkziele hinzugefügt, die über den neuen Router *Rx* erreichbar sind.

5. *Verteilung der Änderungen im Netz*

Flooding Protocol

Nachdem der Router *R1* mit dem neuen Router *Rx* synchronisiert ist, verteilt *R1* mit dem Paket LS-Update die Änderungen im Netz an alle Nachbar-Router (*R2* und *R3*), mit denen er eine Nachbarschaft unterhält (5´ in Abbildung 9.4-4). Das Paket LS-Update enthält die von *Rx* erlernten LSAs. Nach Empfang der LSAs von *R1* aktualisieren seine Nachbar-Router *R2* und *R3* ihre LSDBs, berechnen ihre SPF-Bäume und aktualisieren ihre Routing-Tabellen.

Die Router *R2* und *R3* verteilen die Änderungen in Paketen LS-Update an alle Router, mit denen sie eine Nachbarschaft unterhalten, d.h. an die Router *R4, R5, R6* und *R7* (5´´ in Abbildung 9.4-4). Diese *R2* und *R3* nachgeordneten Router aktualisieren anschließend ihre LSDBs, berechnen ihre SPF-Bäume sowie ihre Routing-Tabellen.

Bemerkung: Hat ein Router ein Paket *LS-Update* empfangen, so bestätigt er es mit dem Paket *LS-Ack* (=> Abbildung 9.4-20).

Der hier dargestellte Schritt 1 verläuft nach dem *Hello Protocol*. Den Verlauf der Schritte 2 und 3 beschreibt das *Exchange Protocol*. Die Art und Weise der Verteilung von Änderungen im Netz legt das *Flooding Protocol* fest.

9.4.2.3 Einsatz eines designierten Routers

Um die Netze mit der Übermittlung von Routing-Information (RI) nicht zu stark zu belasten, wird beim OSPF ein Router ausgewählt, der für die Verteilung von Routing-Informationen der RI in Form von LSAs zuständig ist.

Ein derartiger Router wird als *Designierter Router (DR)* bezeichnet. Ein DR wird in Broadcast-Netzwerken (herkömmliche LANs) und in NBMA-Netzen (Frame-Relay- und ATM-Netze) eingesetzt. Es gilt das Prinzip: Der DR ist für die Verteilung von LSAs zuständig, so daß Nicht-DR-Router untereinander nicht direkt kommunizieren können. Das Konzept der LSA-Übermittlung mit Hilfe eines DR veranschaulicht Abbildung 9.4-5. *Designierter Router (DR)*

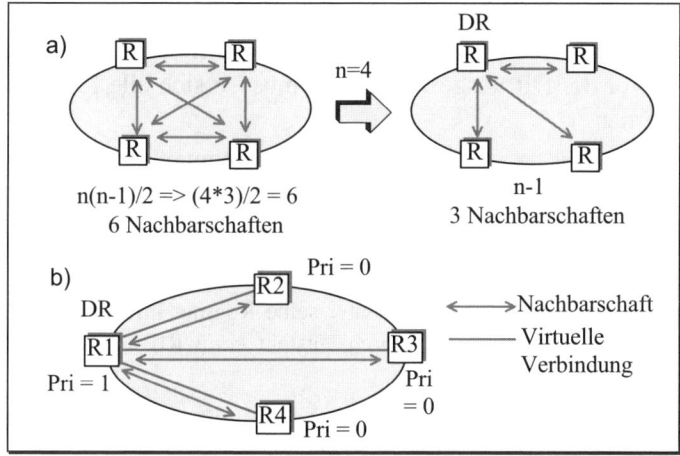

Abbildung 9.4-5:   Bedeutung des designierten Routers (DR):
a) in Broadcast-Netzwerken
b) in NBMA-Netzen
Pri: Priorität, R: Router

Gleichzeitig wird ein *Backup-DR* bestimmt, der die Aufgabe hat, nach dem Ausfall des DRs dessen Funktionen zu übernehmen. Sind die designierten Router bestimmt, werden die Nachbarschaften (Verbindungen vom DR zu anderen Routern) definiert, über die der DR die RI aus seiner LSDB an alle Router weitergeben kann. *Backup-DR*

Die Bedeutung des designierten Routers in Broadcast-Netzwerken ist aus der Abbildung 9.4-5a ersichtlich. Sind an einem Netzwerk mehrere Router angeschlossen, müssen die Nachbarschaften zwischen allen Routern aufgebaut werden. Sind an einem Netzwerk n Router angeschlossen, müssen daher n(n–1)/2 Nachbarschaften aufgebaut werden. Ist die Anzahl n groß, würde dies zu einem großen Zeitaufwand führen. Beim Einsatz eines DR reduziert sich die Anzahl von Nachbarschaften. Bei n Routern am Broadcast-Netzwerk müssen nur n–1 Nachbarschaften aufgebaut werden, falls ein Router als DR dient.

Die Bedeutung des designierten Routers in NBMA-Netzen illustriert Abbildung 9.4-5b. Hier müssen die permanenten virtuellen Verbindungen zwischen dem DR und den anderen Routern für die Unterstützung von Nachbarschaften aufgebaut werden. Jede Nachbarschaft verlangt eine separate virtuelle Verbindung. Der DR besitzt hierbei die höhere Priorität.

Nicht designierte Router können untereinander nicht kommunizieren, sie erhalten die Routenwahl-Informationen von den designierten Routern. Die Datenbanken LSDB enthalten Informationen über den Status und die Kosten von einem Ausgangsport bzw. zu seinen Nachbarn.

Über die Auswahl von beiden designierten Routern entscheidet die Router-Priorität. Bevor der DR ausgewählt wird, müssen sich alle Router gegenseitig kennenlernen.

Durch den DR-Einsatz werden die einzelnen Router innerhalb eines autonomen Systems miteinander synchronisiert. Dadurch entstehen keine Schleifen zwischen den Routern bei der Übermittlung von LSAs.

> *Bemerkung*: Beim Protokoll RIP wird kein designierter Router eingesetzt, somit verteilen die einzelnen Router seine Routing-Information vollkommen unabhängig voneinander. Dadurch entsteht beim RIP das Count-to-Infinity-Problem.

9.4.3 OSPF-Einsatz in großen Netzwerken

Die Routing-Information beim OSPF wird in Form von festgelegten OSPF-Paketen zwischen den Routern ausgetauscht. Diese Pakete werden als Verbindungszustand-Bekanntmachungen oder kurz *LSAs (Link State Advertisements)* bezeichnet.

In einem sehr großen autonomen System (AS) mit einer hohen Anzahl von Netzwerken muß jeder Router die Routing-Information in Form von LSAs jedes anderen Routers in seiner LSDB speichern. Somit besitzen alle Router umfangreiche LSDBs. Die Berechnung von Routen in einem sehr großen autonomen System kann einen beträchtlichen Aufwand erfordern. Außerdem kann die entstehende Routing-Tabelle sehr groß sein, da sie zu jedem Netzwerk im autonomen System eine Route enthalten muß.

9.4.3.1 Aufteilung großer Netzwerke auf OSPF-Bereiche

Um die Größe von LSDB in Routern, den Aufwand für die Berechnung von Routen zu reduzieren und die Größe von Routing-Tabellen zu verringern, wird das autonome System in sog. Bereiche aufgeteilt. Dies illustriert Abbildung 9.4-6.

Werden autonome Systeme auf Bereiche aufgeteilt, so entsteht hier eine Hierarchie von Systemen, die hierarchisches Routing verlangt. OSPF unterstützt das hierarchische Routing. *OSPF-Bereich*

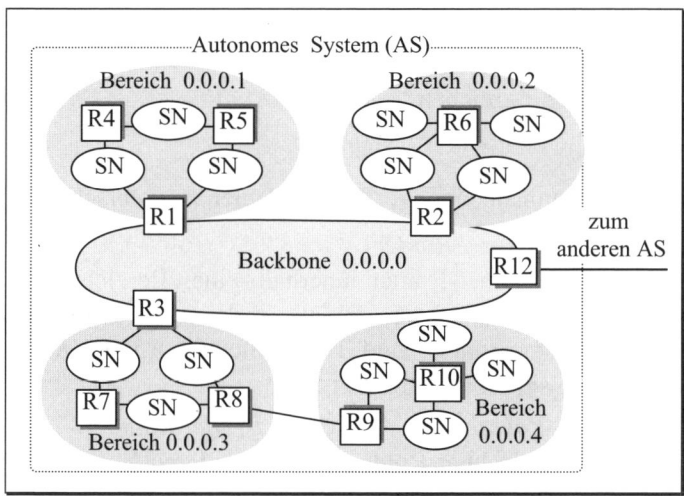

Abbildung 9.4-6:   Struktur eines autonomen Systems nach OSPF
R: Router, SN: Subnetz

Die Bereiche innerhalb eines AS werden durch eine 32 Bit große *Bereichs-ID* (Area ID, ID: Identification) in punktierter Dezimalschreibweise identifiziert (z.B. 0.0.0.1, 0.0.3.1). Eine Bereichs-ID hängt weder mit einer IP-Adresse noch mit einer IP-Netzwerk- bzw. Subnetz-ID zusammen. Wenn jedoch das Netzwerk innerhalb eines Bereichs eine Subnetz-ID besitzt, kann die Bereichs-ID so festgelegt werden, daß sie für eine einfachere Verwaltung die Netzwerk-ID widerspiegelt. Enthält ein Bereich beispielsweise ein IP-Netzwerk 15.7.0.0/16, so kann 15.7.0.0 als Bereichs-ID festgelegt werden. *Bereichs-ID*

Ein AS, ob in Bereiche unterteilt oder nicht, besitzt immer mindestens einen Bereich, der als *Backbone-Bereich* (bzw. kurz Backbone) bezeichnet wird. Für den Backbone ist die Bereichs-ID 0.0.0.0 reserviert. Der Backbone wird auch als *Bereich 0* bezeichnet. *Backbone-Bereich*

Link-State- Um die Größe der LSDB für jeden Router so gering wie möglich zu halten,
Domäne enthält die LSDB in den Routern eines Bereichs ausschließlich die LSAs der
Router aus diesem Bereich. Dies bedeutet, daß die LSAs aus einem Bereich
nur unter jenen Routern verteilt sind, die zu diesem Bereich gehören, jedoch
nicht an Router, die sich außerhalb dieses Bereichs befinden. Jeder Bereich
bildet daher eine eigene Link-State-Domäne mit eigener LSDB. Ist ein
Router mit mehreren Bereichen verbunden, besitzt er mehrere LSDBs.
Hierbei enthält eine LSDB nur die LSAs aus einem Bereich.

Mit der Einteilung in Bereiche existieren drei Ebenen, in denen OSPF-
Routing stattfindet:

- Routing in einzelnen Bereichen (*Intra-Area-Routing*),
- Routing zwischen Bereichen (*Inter-Area-Routing*),
- Routing zwischen *autonomen Systemen*.

In diesem Zusammenhang sind vier Router-Typen zu unterscheiden:

- *Interner Router (Internal Router)*
  Router, der nur Nachbar-Router innerhalb eines Bereichs hat. Jeder interner Router besitzt genau eine LSDB, in denen die LSAs aus dem betreffenden Bereich enthalten sind. Die Router *R4*, *R5*, *R6*, *R7* und *R10* in
  Abbildung 9.4-6 sind interne Router.

- *Bereichsgrenzen-Router*, kurz *ABR* (*Area Border Router*)
  Router, der seine Nachbar-Router auch in anderen Bereichen hat. Über
  die ABRs werden die Routing-Informationen zwischen den einzelnen
  Bereichen ausgetauscht. Ein ABR besitzt eine LSDB für jeden Bereich,
  mit dem er verbunden ist. Die Router *R1*, *R2*, *R3*, *R8* und *R9* in Abbildung 9.4-6 sind ABRs.

- *Backbone-Router*
  Router mit mindestens einem Interface zum Backbone-Bereich. Die
  Router *R1*, *R2* und *R3* in Abbildung 9.4-6 sind Backbone-Router.

- *AS-Grenzen-Router, kurz ASBR (AS Boundary Router)*
  Router, der die autonomen Systeme miteinander verbindet. Router *R12*
  in Abbildung 9.4-6 ist ein ASBR.

Die Aufteilung eines AS auf mehrere Bereiche bedarf einer Auswahl eines
Routers innerhalb jedes Bereichs, der für den bereichsübergreifenden Da-
tenverkehr verantwortlich ist. Dieser Router stellt einen Bereichsgrenzen-
Router dar, der für jeden Bereich die Routing-Information in Form einer
Topologie-Datenbank enthält (=> Tabelle 9.4-1).

Die Aufteilung eines großen AS auf mehrere Bereiche hat folgende Vorteile:

- Die Größe der LSDB verringert sich.
  Bei der Aufteilung eines AS auf mehrere Bereiche enthält eine LSDB (=> Abbildung 9.4-2b) die LSAs von Routern aus nur einem Bereich.
- Die Größe der Routing-Tabellen wird reduziert.
  Die Routing-Tabelle jedes internen Routers in einem Bereich enthält nur die „detaillierten Routen" zu den einzelnen Netzwerkzielen, die sich innerhalb des betreffenden Bereichs befinden. Netzwerkziele, die außerhalb dieses Bereichs liegen, werden durch die aggregierten Routen angezeigt (=> Abbildungen 9.2-6 und 9.2-7).

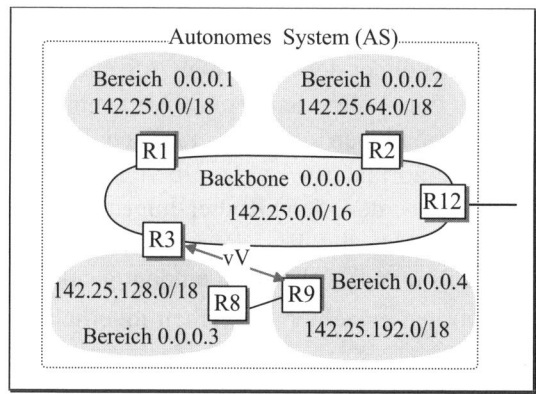

Abbildung 9.4-7:   VLSM und Aufteilung eines AS auf Bereiche
vV: virtuelle Verbindung

Beispiel: Abbildung 9.4-7 zeigt eine vereinfachte Struktur der in Abbildung 9.4-6 dargestellten AS. Man verwendet hier das VLSM-Konzept (=> Abbildungen 9.2-4 und 9.2-6), so daß die Strukturierung des gesamten Netzwerks nach außen verborgen wird.

Der AS-Grenzen-Router *R12* gibt nur die Route 142.25.0.0/16 zum ganzen AS bekannt. Jeder ABR (*Area Border Router*) faßt alle Netzwerkziele in „seinem" Bereich so, daß eine aggregierte Route zu seinem Bereich führt. Somit gibt der *R1* die aggregierte Route 142.25.0.0/18 im Backbone bekannt – zum Bereich 0.0.0.2 dementsprechend die aggregierte Route 142.25.64.0/18. Router *R3* gibt zwei aggregierte Routen nach außen bekannt, d.h. die Route 142.25.128.0/18 zum Bereich 0.0.0.3 und die Route 142.25.192.0/18 zum Bereich 0.0.0.4. Um die aggregierte Route zum Bereich 0.0.0.4 zu ermöglichen, wird der R3 als ein ABR direkt mit dem Router *R9*, der als ein ABR des Bereichs 0.0.0.4 gilt, über eine *virtuelle Verbindung* verbunden.

Durch die Zusammenfassung von Routen (d.h. durch die aggregierten Routen) bleibt die Topologie (die Netzwerke und deren Pfadkosten) eines Bereichs dem übrigen AS-Teil verborgen. Bei der Nutzung von aggregierten Routen können die Routing-Tabellen verringert werden.

9.4.3.2 Bereich-übergreifendes Routing

Das Routing innerhalb eines Bereichs erfolgt durch die internen Router nach der Route geringster Kosten zu Subnetzen bzw. zu bestimmten Rechnern (sog. Hosts). Da die Routen innerhalb eines Bereichs nicht aggregiert werden, besitzt jeder Router zu jedem Subnetz in seinem Bereich bzw. seinen Bereichen eine Route in seiner Routing-Tabelle.

Um die Routing-Information in Form von LSAs zwischen den Routern zu übermitteln, muß jeder Router eine Identifikation, d.h. eine Router-ID, haben. Die Router-ID bezeichnet den Router im AS, nicht die IP-Adresse eines seiner Interfaces (Ports). Die Router-ID wird nicht als IP-Zieladresse zum Senden von Informationen an einen anderen Router verwendet. Es herrscht in der Branche normalerweise die Übereinkunft, als Router-ID die größte oder die kleinste der den Router-Interfaces zugewiesenen IP-Adressen zu verwenden. Da die IP-Adressen eindeutig sind, wird somit sichergestellt, daß die Router-IDs ebenfalls eindeutig sind.

Das Routing zwischen den einzelnen Bereichen innerhalb eines AS verläuft in folgenden Schritten:

1. Ein interner Router im Quell-Bereich leitet ein IP-Paket gemäß der Route mit den geringsten Kosten an den Backbone-Router des Quell-Bereichs weiter.

2. Der Backbone-Router des Quell-Bereichs leitet das IP-Paket gemäß der Route mit den geringsten Kosten zum nächsten Backbone-Router weiter, der mit dem Ziel-Bereich verbunden ist.

3. Der Backbone-Router des Ziel-Bereichs leitet das IP-Paket gemäß der Route zum einem internen Router weiter. Dieser interne Router kann eventuell das IP-Paket an einen internen Router im Ziel-Bereich nach Bedarf weiterleiten.

> *Beispiel*: Betrachten wir in Abbildung 9.4-7 die Weiterleitung eines IP-Pakets vom Quellrechner im Bereich 0.0.0.1 zum Zielrechner im Bereich 0.0.0.2.
>
> Das IP-Paket wird in diesem Fall zuerst über die Router des Quell-Bereichs 0.0.0.1 an den Router *R1*, d.h. den Backbone-Router des Quell-Bereichs, weitergeleitet. Anschließend erfolgt die Weiterleitung vom Backbone-Router des Quell-Bereichs 0.0.0.1 an den Backbone-Router des Ziel-Bereichs 0.0.0.2, d.h. an den Router *R2*. Schließlich wird das IP-Paket über *R2* zu einem inter-

nen Router des Ziel-Bereichs 0.0.0.2 weitergeleitet, der entweder das IP-Paket direkt an den Zielrechner oder an einen anderen internen Router weiterleitet.

Die Weiterleitung im Backbone-Bereich erfolgt nach den aggregierten Routen mit den geringsten Kosten.

Einige Bereiche lassen sich so konfigurieren, daß sie keine Backbone-Anbindung haben, d.h. daß sie keinen Backbone-Router besitzen. Um die Routen zu einem Bereich ohne Backbone-Anbindung aggregieren zu können, kann hierfür eine virtuelle Verbindung zwischen einem ABR dieses Bereichs und einem „fremden" Backbone-Router eingerichtet werden.

Der als Backbone-Zubringer genutzte Nicht-Backbone-Bereich wird als *Transit-Bereich* bezeichnet. Jeder Transit-Bereich muß mit dem Backbone verbunden sein. *Transit-Bereich*

Eine virtuelle Verbindung über den Transit-Bereich stellt eine logische Verbindung dar, die den Pfad mit den geringsten Kosten zwischen dem ABR des verbundenen Nicht-Backbone-Bereichs und dem Backbone-Router des Transitbereichs verwendet. Über die virtuelle Verbindung wird eine *virtuelle Nachbarschaft* gebildet, und die Routing-Informationen in Form von LSAs werden ausgetauscht. *Virtuelle Nachbarschaft*

Wie bei physikalischen Nachbarschaften müssen vor dem erfolgreichen Aufbau einer virtuellen Nachbarschaft die Einstellungen in den „virtuell verbundenen" entsprechend übereinstimmen.

> **Beispiel**: Betrachtet wird das AS in der Abbildung 9.4-7. Der Bereich 0.0.0.3 ist hier der Transit-Bereich für den Bereich 0.0.0.4. Zwischen den Routern *R3* und *R9* wird eine virtuelle Nachbarschaft aufgebaut, um zwischen ihnen die Routing-Information auszutauschen.

9.4.3.3 AS-übergreifendes Routing

Der AS-übergreifende Datenverkehr wird über einen AS-Grenzen-Router, kurz ASBR (*Area Boundary Router*), bzw. über mehrere ASBRs nach außen weitergeleitet. Eine Route, die zu einem Netzwerkziel außerhalb eines AS führt, wird als externe Route bezeichnet. Eine *externe Route* ist definiert als beliebige Route, die sich nicht vollständig innerhalb eines OSPF-AS befindet.

Externe Routen werden durch einen oder mehrere ASBRs erlernt und im gesamten AS bekanntgemacht. Der ASBR kündigt die Verfügbarkeit externer Routen mit einer Reihe von LSAs für die externen Routen an. Die LSAs für die externen Routen werden als eine Flut von OSPF-Paketen im gesamten AS (ausgenommen sog. *Stub-Bereiche*) gesendet. Die LSAs für die ex- *Externe Routen* ternen Routen gehen immer in die Berechnung von SPF-Bäumen und Routing-Tabellen ein. Der Datenverkehr zu externen Netzwerkzielen wird innerhalb des AS gemäß den Routen mit den geringsten Kosten an den ASBR weitergeleitet.

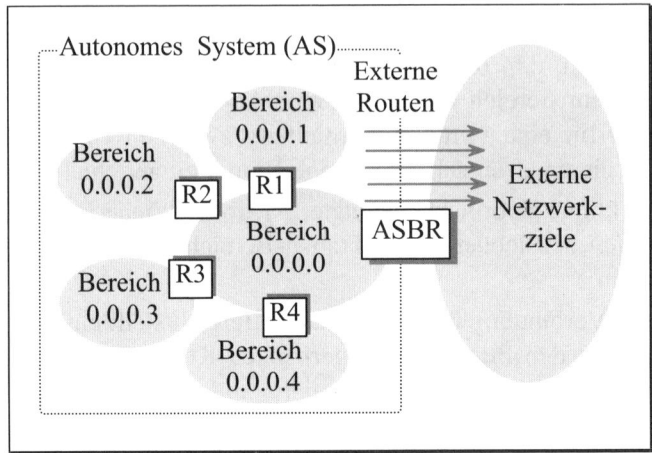

Abbildung 9.4-8:   Externe Routen

Stub Area   Um die Menge der als Flut von OSPF-Paketen in Bereiche gesendeten Routing-Informationen noch weiter zu verringern, kann beim OSPF ein Bereich als sog. *Stub-Bereich (Stub Area)* eingerichtet werden. Ein Stub-Bereich kann einen bzw. mehrere ABRs haben, aber die externen Netzwerkziele (d.h. Ziele in anderen autonomen Systemen) können nur über einen ABR erreicht werden.

Außerhalb des AS liegende Routen werden nicht als eine Flut von OSPF-Paketen in einen Stub-Bereich gesendet oder dort verbreitet. Das Routing auf alle außerhalb des AS liegenden Netzwerke in einem Stub-Bereich erfolgt über eine Standardroute (Zieladresse 0.0.0.0 mit der Netzwerkmaske 0.0.0.0). Somit erfolgt das Routing zu allen außerhalb des AS liegenden Netzwerkzielen mit Hilfe eines einzigen Eintrags in der Routing-Tabelle von Routern in einem Stub-Bereich.

> **Beispiel**: Betrachten wir das Netzwerk aus der Abbildung 9.4-7. Alle Bereiche können hier als Stub-Bereiche eingerichtet werden.
>
> Ist beispielsweise der Bereich 0.0.0.2 als Stub-Bereich konfiguriert, erfolgt der gesamte externe Datenverkehr über einen einzigen ABR, d.h. über Router *R2*. Dieser kündigt eine Standardroute zur Verteilung innerhalb des Bereichs 0.0.0.2 an, anstatt die außerhalb des AS liegenden Netzwerkziele als eine Flut von OSPF-Paketen im Bereich 0.0.0.2 bekanntzumachen.

9.4.3.4 Beispiel für einen OSPF-Einsatz

Abbildung 9.4-8 zeigt ein autonomes System (eine Organisation) betrachtet, das sich in drei Bereiche aufteilt. Anhand dieses autonomen Systems wird das Protokoll OSPF im weiteren näher erläutert.

R1, R4, R7 und *R8* sind interne Router und besitzen somit keine Verbindung bzw. Informationen über die Topologie von anderen Bereichen. Die Router *R2, R3, R5* und *R6* sind als ABRs (Bereichsgrenzen-Router) festgelegt worden und realisieren das Routing zwischen den einzelnen Bereichen. Router *R5* und *R6* sind zusätzlich zuständig für die Bestimmung von Routen für die Daten, deren Ziel außerhalb des autonomen Systems ist.

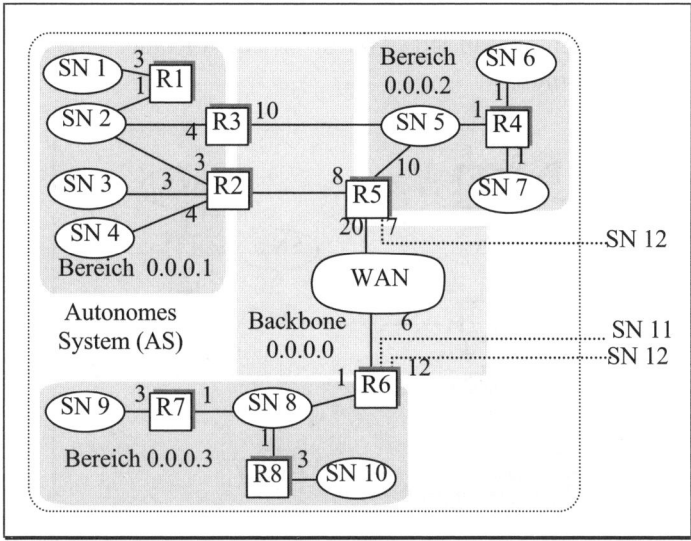

Abbildung 9.4-9:   Autonomes System mit drei Standortbereichen
SN: Subnetz

Den einzelnen Ausgangsports der Router wurden bestimmte Kosten zuge- *Route-Kosten* wiesen; somit verursacht die Verbindung über das WAN natürlich höhere Kosten (20) als eine Kopplung über LANs. Hierbei ist zu beachten, daß immer nur die Kosten von einem Router zu einem Subnetz erfaßt werden. Dies bedeutet, daß nur der „Eingang" in ein Subnetz gewisse Kosten verursacht. Verbindungen von einem Netz zu einem Router werden mit dem Kostenwert 0 belegt und somit nicht angezeigt.

Jeder Router muß für sich selbst eine Routing-Tabelle erstellen. Zu diesem Zweck baut er um sich – aufgrund der Eintragungen in seiner RI-Datenbank – einen überspannenden Baum auf, in dem er selbst die Wurzel (Root) dar-

stellt und die Verzweigungen des Baums die billigsten Wege zu allen möglichen Zielobjekten (Subnetze, Routern) sind. Ein solcher Baum wird als
SPF-Baum (*Shortest Path First*) bezeichnet (vgl. Abbildung 9.4-3).

Bestehen zwei Verbindungen zu einem Subnetz, wird immer der Pfad mit
den niedrigeren Kosten verwendet. Sind die Kosten der Pfade gleich, wird
der Datenstrom automatisch über diese Pfade gleich verteilt.

Die Kosten für die Ausgangsports müssen vom Netzwerk-Manager in allen
Routern entsprechend eingestellt werden. Der Manager hat die Möglichkeit,
bis zu 8 verschiedene Kostenarten (auch als Metriken bezeichnet) zu definieren. Die Metrik wird aufgrund der Angaben im TOS-Feld (*Type of Service*) des OSPF-Pakets *Database Description* festgelegt. Werden mehrere
Metriken unterstützt, muß jeder Router für jede Metrik einen SPF-Baum
erstellen. Dies bedeutet, daß jede Metrik in jedem Router eine eigene Routing-Tabelle haben muß.

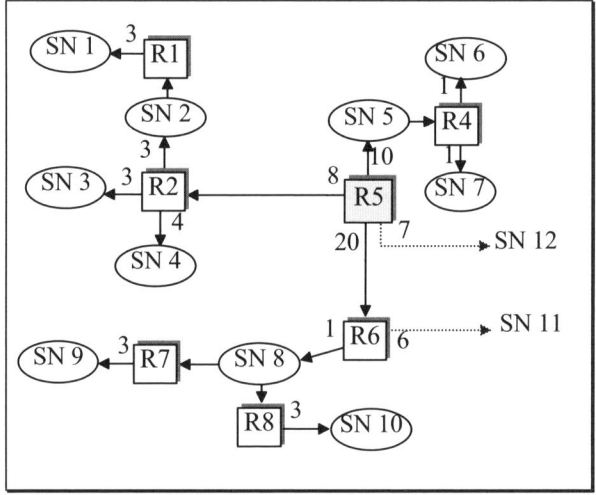

Abbildung 9.4-10:   SPF-Baum für den Router R5

Jeder Router erstellt aufgrund seiner Routenwahl-Datenbank einen Baum, in
dem er selbst die Wurzel (Root) darstellt. Dieser Baum wird als SPF-Baum
(Shortest Path First) bezeichnet und repräsentiert die Verbindungen zu allen
anderen Routern und Subnetzen in dem autonomen System. In Abbildung
9.4-10 ist der errechnete SPF-Baum für den Router *R5* gezeigt. Üblicherweise werden die Verbindungen und Kosten zu den einzelnen Objekten
(Subnetze, Router) mit Richtungspfeilen dargestellt.

Da der Router R5 in diesem Fall ein Bereichs- und AS-Grenzen-Router (d.h. ein ABR und ein ASBR) ist, muß er eine Routing-Tabelle verwalten, in der zwei Teile enthalten sind:

- ein Teil mit den Netzwerkzielen und den Kosten innerhalb des autonomen Systems.
- ein Teil mit den Netzwerkzielen und den Kosten außerhalb des autonomen Systems.

Ein AS-Grenzen-Router kennt daher die Netzwerkziele außerhalb des autonomen Systems. Die Routing-Tabelle im Router *R5* zeigt Abbildung 9.4-11.

	Netzwerk-ziel	Weiter-leitung	Metrik
	SN 1	R2	14
	SN 2	R2	11
	SN 3	R2	11
innerhalb	SN 4	R2	12
AS	SN 5	---	10
	SN 6	R4	11
	SN 7	R4	11
	SN 8	R6	21
	SN 9	R6	24
	SN 10	R6	24
außerhalb	SN 11	R6	26
AS	SN 12	---	7

Abbildung 9.4-11:   Routing-Tabelle im Router R5

Wie bereits erwähnt wurde, haben die ABR (d.h. die Bereichsgrenzen-Router) die Aufgabe, die über die Bereichsgrenzen hinweg erreichbaren Netzwerkziele ihrem eigenen Bereich bekannt zu geben, jedoch nur mit den entsprechenden Kosten und ohne die zugehörigen Topologie-Informationen. Aus unserem Beispiel ergibt sich die in Abbildung 9.4-12 dargestellte Information über die „Innen"- und „Außen"-Netzwerk-Topologie für den Bereich 0.0.0.1.

Die Tabelle in Abbildung 9.4-13a enthält die Informationen von erreichbaren Zielen in Bereich 0.0.0.1. Diese Informationen werden an die übrigen Bereiche in Form von LSAs weitergeleitet.

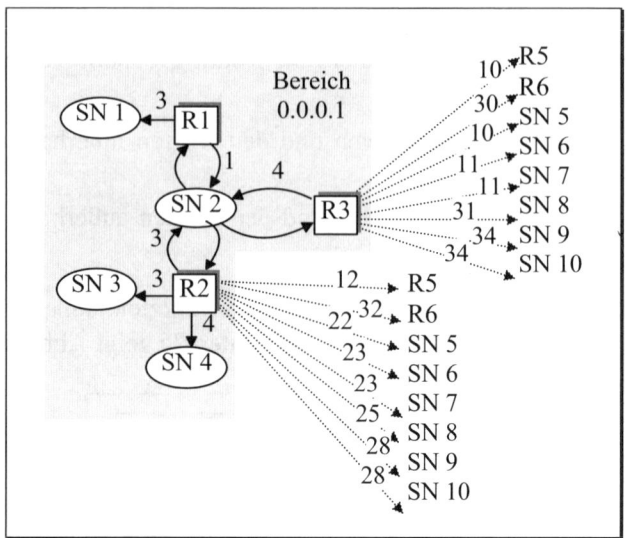

Abbildung 9.4-12:   „Außen"-LSDB für Bereich 0.0.0.1

Die Tabelle in Abbildung 9.4-13b enthält die „Außen"-Ziele und die möglichen Kosten, d.h. die Ziele, die außerhalb von Bereich 0.0.0.1 erreichbar
sind. In dieser Tabelle fehlen die Informationen über die Erreichbarkeit von
Subnetz *11* und Subnetz *12*, denn diese Netze gehören nicht mehr zu dem
autonomen System. Die entsprechenden Routing-Informationen über die
Verbindungen zu Subnetz *11* und Subnetz *12* werden somit von den ausgewählten Routern *R5* und *R6* verwaltet, d.h. in den AS-Grenz-Routern
(ASBR).

a)

Netzwerkziel im Bereich 0.0.0.1	Kosten über R2	Kosten über R3
SN 1	6	7
SN 2	3	4
SN 3	3	7
SN 4	4	8

b)

Netzwerkziel außerhalb Bereich 0.0.0.1	Kosten
R5	12
R6	32
SN 5	22
SN 6	23
SN 7	23
SN 8	25
SN 9	28
SN 10	28

Abbildung 9.4-13:   Information über die Netzwerk-Topologie:
a) „Innen"-Netzwerk-Topologie des Bereichs 1 für andere Bereiche
b) „Außen"-Topologie für den Bereich 0.0.0.1

In diesem Zusammenhang stellt sich die Frage, wie die Netzwerkziele in den einzelnen Bereichen über ABR (Bereichsgrenzen-Router) von der Außenwelt erreichbar sind. Da die Routing-Informationen über erreichbare Netzwerkziele innerhalb des Bereichs in einer bereichsübergreifenden Topologie-Datenbank und somit von allen ABRs gelesen werden, können sie die Übertragungskosten zu allen Netzwerkzielen außerhalb ihres eigenen Bereichs berechnen und die Kosten in die bereichsübergreifende Topologiedatenbank eintragen. Eine solche Datenbank, die sich aus unserem Beispiel ergibt, ist in Abbildung 9.4-14 dargestellt.

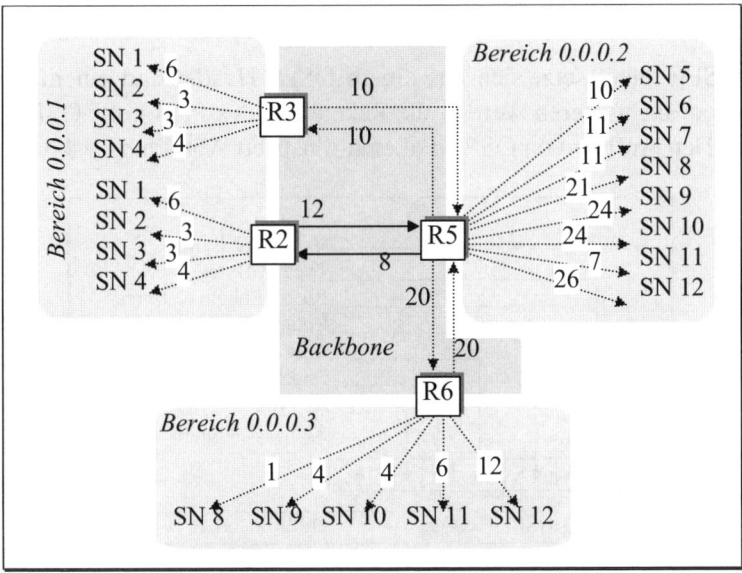

Abbildung 9.4-14: Bereichsübergreifende Topologiedatenbank

Anhand dieses Beispiels wurde versucht, das OSPF-Konzept zu veranschaulichen.

9.4.4 OSPF-Pakete

Um Routing-Tabellen in den Routern nach dem Protokoll OSPF zu erstellen und zu verwalten, müssen entsprechende OSPF-Pakete zwischen den Routern übermittelt werden. Beim OSPF weden folgende Typen der OSPF-Pakete definiert:

- *Hello,*
- *Database Description,*

- *Link State Request*,
- *Link State Update*,
- *Link State Acknowledgment* (Ack).

Um sich gegenseitig kennenzulernen, nutzen die Router ein Hello-Protokoll, das ein Hello-Paket zur Verfügung stellt. Dieses Paket kommt vor allem beim Hinzufügen eines neuen Routers zum Einsatz (=> Abschnitt 9.4.2.2). Die weiteren OSPF-Pakete werden hauptsächlich beim Aufbau von Nachbarschaften und beim Versenden von LSAs genutzt (=> Abschnitt 9.4.2.1).

9.4.4.1 Aufbau von OSPF-Paketen

Jedes OSPF-Paket setzt sich aus einem OSPF-Header und einem Paketteil zusammen. Im weiteren werden die Pakete nur des Protokolls OSPFv2 dargestellt. Den Aufbau von OSPF-Paketen illustriert Abbildung 9.4-15.

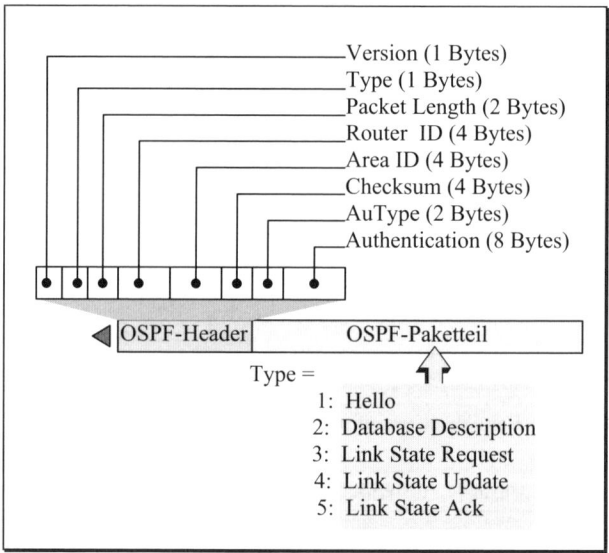

Abbildung 9.4-15:   Aufbau von OSPF-Paketen (genauer gesagt: von OSPFv2-Paketen)

OSPF- Die Angaben im OSPF-Header sind:
Header
- *Version*
  Hier wird die Version des Protokolls OSPF angegeben (d.h. die Version 2).
- *Type* (Pakettyp)
  Hier wird der Typ (d.h. die Bedeutung) des OSPF-Pakets angegeben.

- *Packet Length* (Paket-Länge)
  Die Länge des gesamten Pakets in Bytes (einschließlich des gemeinsamen Headers).

- *Router ID*
  Die Identifikation (ID) des Routers, der das OSPF-Paket abgeschickt hat.

- *Area ID* (Bereich-ID)
  Die Identifikation des Bereichs, in dem das OSPF-Paket erzeugt wurde. Ein OSPF-Paket wird normalerweise einem Bereich zugeordnet. Wird ein Paket über eine virtuelle Verbindung (über mehrere Bereiche) gesendet, erhält er die Identifikation 0.0.0.0, d.h. die Identifikation des Backbone-Bereichs (=> Abbildung 9.4-7).

- *Checksum* (Prüfsumme)
  Diese Prüfsumme über den Paketinhalt mit Ausnahme des Feldes *Authentication* soll es ermöglichen, Fehler im Paket zu entdecken.

- AuType (*Authentication Type*, Art der Authentisierung)
  Hier wird angezeigt, welche Art der Authentisierung (Paßwort, Kryptografische Summe etc.) verwendet wird.

- *Authentication*
  In diesem 64-Bit-Feld werden die Authentisierungsangaben gemacht.

9.4.4.2 Hello-Paket

Beim OSPF wird das Hello-Protokoll für die Unterstützung von folgenden Funktionen verwendet:

- Um die benachbarten Router bei der Initialisierung eines neuen Routers bzw. beim Aufbau einer Nachbarschaft anzusprechen.

- Um in regelmäßigen Zeitabständen zu prüfen, ob die Verbindungen intakt sind.

- Um sowohl einen designierten Router (DR) als auch einen Backup-DR in broadcastorientierten Netzwerken zu bestimmen.

Bei der Realisierung dieser Funktionen werden die OSPF-Pakete *Hello* zwischen den benachbarten Routern ausgetauschtt. Wie Abbildung 9.4-9 zeigt, besteht das Hello-Paket aus einem OSPF-Header und dem „Hello"-Teil.

Das Hello-Paket enthält u.a. Zeitangaben über die Länge des Intervalls, in dem „Hellos" gesendet werden müssen (*Hello Interval*), und die Zeit, nach der ein Router seinen Nachbarn als ausgefallen erklären sollte (*RouterDeadInterval*), nachdem von ihm keine Hello-Pakete mehr eingehen.

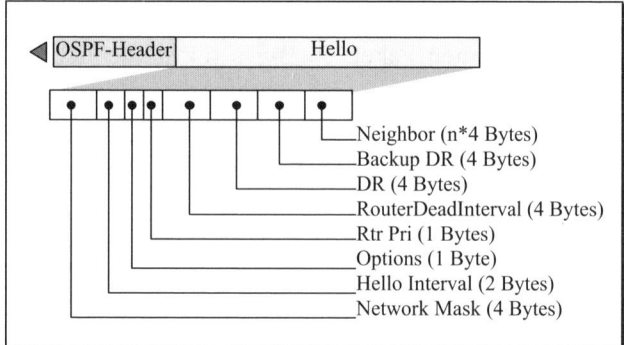

Abbildung 9.4-16:   Aufbau des Hello-Pakets

Angaben in Hello-Paketen

Die einzelnen Angaben im Hello-Paket sind:

- *Network Mask* (Netzwerk-Maske)
  Dieses Feld wird für das Subnetting verwendet. Hier wird die Netzwerk-Maske (bzw. Subnetz-Maske) dieses Router-Interfaces (Schnittstelle) angegeben, über das das Hello-Paket abgeschickt wurde.

- *Hello Interval* (Hello-Intervall)
  Das Zeitintervall zwischen den regelmäßig gesendeten Hello-Paketen in Sekunden. Standardmäßig beträgt das Hello-Intervall 10 Sekunden.

- *Options* (Optionen)
  Mit Hilfe einzelner Bits in diesem Byte werden einige Router-Besonderheiten angegeben (z.B. ob der Router über dieses Interface, über das das Hello-Paket abgeschickt wurde, die AS-externen LSAs senden und empfangen kann).

- RtrPri (*Router Priority*, Router-Priorität)
  Hier wird die Router-Priorität angegeben. Sie ist von Bedeutung bei der Auswahl des designierten Routers.

- *RouterDeadInterval* (Ausfallentdeckungs-Intervall)
  Die Anzahl von Sekunden, bis der Router einen Nachbar-Router als ausgefallen (tot) erklärt.

- DR (*Designated Router*, Designierter Router)
  Falls der Router, der das Hello-Paket abgeschickt hat, ein designierter Router ist, wird hier die IP-Adresse des Interfaces angegeben, über das dieses Paket gesendet wurde. Gegebenenfalls wird mit 0.0.0.0 angezeigt, daß es sich um keinen designierten Router handelt.

- Backup DR (*Backup Designated Router*, Backup-DR, Ersatz-DR)
  Falls der Router, der das Hello-Paket abgeschickt hat, ein Backup-DR

ist, wird hier die IP-Adresse des Interfaces angegeben, über das das Paket gesendet wurde. Gegebenenfalls wird mit 0.0.0.0 angezeigt, daß es sich um keinen Backup-DR handelt.

- *Neighbors* (benachbarte Router)
  Hier werden die IDs jener Router angegeben, von denen der „Absender"-Router des Hello-Pakets bereits gültige Hello-Pakete empfangen hat.

9.4.4.3 Paket Database Description

Falls zwei benachbarte Router bereits eine Nachbarschaft aufgebaut haben (=> Abschnitt 9.4.2.1), müssen sie ihre LSDBs synchronisieren (d.h. ständig abgleichen). Hierfür wird das *Exchange Protocol* verwendet. Dieses Protokoll funktioniert nach dem Anfrage/Antwort-Prinzip, so daß zuerst festgelegt wird, welcher Router ein Master-Router ist und welcher als Slave-Router funktioniert. Danach werden die Beschreibungen von LSDBs zwischen diesen Routern ausgetauscht. Hierbei werden die LSDB-Inhalte in den Paketen *Database Description* übermittelt. Der Master-Router fordert die LSDB-Inhalte an und antwortet darauf durch das Absenden eines bzw. von mehreren Paketen *Database Description (DD)*.

Den Aufbau dieses DD-Pakets zeigt Abbildung 9.4-17. Wie hier ersichtlich ist, setzt sich ein DD-Paket aus einem OSPF-Header und einen DD-Teil zusammen. Im DD-Teil sind bestimmte Steuerungsangaben und die LSDB-„Beschreibung" in Form von LSA-Headern enthalten.

Der DD-Teil enthält folgende Angaben:

- *Interface MTU*
  Hier wird angezeigt, wie groß ein IP-Paket ohne Fragmentierung sein darf, das über das betreffende Router-Interface gesendet wird.
- *Options* (Optionen)
  Einige Bits in diesem Feld werden verwendet, um bestimmte Router-Besonderheiten anzuzeigen.
- I-Bit (*Init Bit*)
  Falls I = 1 ist, wird damit angezeigt, daß dieses DD-Paket das erste innerhalb der Folge von DD-Paketen ist.
- M-Bit (*More Bit*)
  Mit M = 1 wird darauf verwiesen, daß nach diesem DD-Paket noch weitere DD-Pakete aus einer Folge kommen.
- MS-Bit (M*aster/Slave Bit*)
  Mit MS = 1 zeigt der „Absender"-Router an, daß er der Master-Router während des LSDB-Abgleichprozesses ist.

- *DD Sequence Number* (DD: *Database Description*)
  Die gesendeten DD-Pakete werden fortlaufend numeriert. Hier wird die Sequenznummer des DD-Pakets angegeben. Die Anfangsnummer ist eindeutig zu wählen.

- *LSA-Header* (*Link State Advertisement*)
  Die LSDB-„Beschreibung" wird in LSA-Headern übermittelt. Den Aufbau des LSA-Headers zeigt Abbildung 9.4-22.

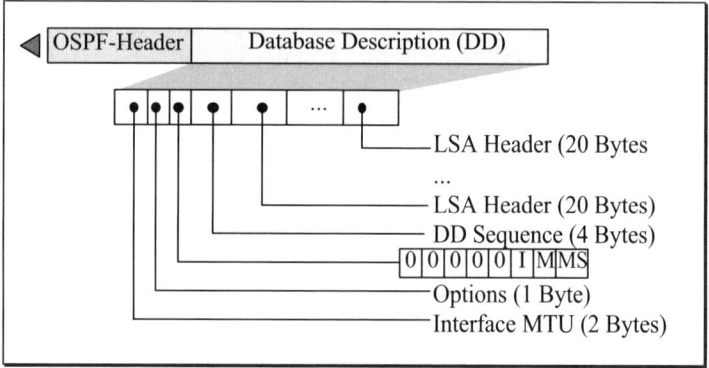

Abbildung 9.4-17:   Aufbau des Pakets Database Description (DD)

9.4.4.4 Link-State-Pakete

Beim OSPF werden sog. *Link-State-Pakete* definiert, um die Routing-Information in Form von LSAs zwischen den benachbarten Routern zu tauschen. Hierzu gehören folgende OSPF-Pakete:

- *Link State Request* (LS-Request),
- *Link State Update* (LS-Update),
- *Link State Ack* (LS-Ack, *Acknowledgment*).

Ein Router kann die veraltete Routing-Information in Form von LSAs von seinen benachbarten Routern mit einem OSPF-Paket *LS-Request* anfordern. Dieses OSPF-Paket kann mit dem Paket *LS-Update* beantwortet werden. Hat sich beispielsweise die Routing-Tabelle in einem Router verändert, so sendet er die aktuelle Routing-Information in Form von LSAs in den Paketen *LS-Update* an die benachbarten Router. Sie bestätigen ihm den Empfang von „aktuellen" LSAs mit den Paketen *LS-Ack*.

LS-Request Den Aufbau des Pakets *LS-Request* zeigt Abbildung 9.4-18. Wie hier ersichtlich ist, setzt sich das Paket *LS-Request* aus dem OSPF-Header und einem LS-Request-Teil zusammen. Im LS-Request-Teil können mehrere LS-Anforderungen enthalten sein, und mit ihnen wird angezeigt, welche LSAs der Router haben möchte.

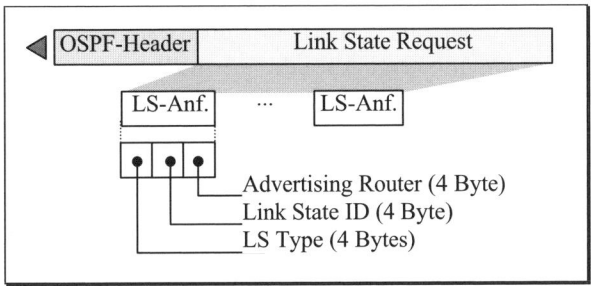

Abbildung 9.4-18:   Aufbau des Pakets Link State Request
LS-Anf: LS-Anforderung

Die LS-Anforderung enthält folgende Angaben:

- *LS Type*
  Hier wird angegeben, um welchen LS-Typ es sich handelt (=> Abbildung 9.4-21).

- *Link State ID*
  Hier wird die LS-Identifikation (LS-ID) angegeben. Die LS-ID ist vom LS-Typ abhängig. Zum Beispiel stellt die IP-Adresse eines Interfaces in einem designierten Router die Identifikation eines Network-LSA dar.

- *Advertising Router*
  Die Identifikation des Quell-Routers von LSA. Beim Einsatz eines designierten Routers wäre hier dessen Identifikation enthalten.

Die Veränderungen der Routing-Information werden in Form von LSAs in   *LS-Update*
den Paketen *LS-Update* übermittelt. Diese Pakete werden auch als Antworten auf die Pakete *LS-Request* gesendet. Wie aus der Abbildung 9.4-19 ersichtlich ist, enthält das Paket *LS-Update* den OSPF-Header und einen LS-Update-Teil mit mehreren LSAs.

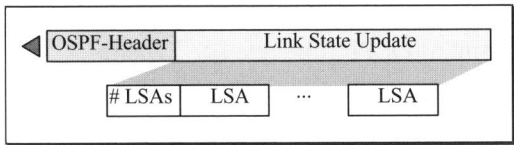

Abbildung 9.4-19:   Aufbau des Pakets Link State Update

Im LS-Update-Teil wird im Feld LSA die Anzahl von LSAs angegeben, die im Paket enthalten sind. Im Feld LSA werden die LSA-Daten übermittelt. Die Strukturierung der LSA-Daten ist in Abbildung 9.4-22 dargestellt.

LS-Ack Um das Verteilen von LSAs zuverlässig zu gestalten, werden die in den Paketen *LS-Update* übertragenen LSAs durch ein LS-Ack quittiert. Den Aufbau des Pakets *LS-Ack* zeigt Abbildung 9.4-20.

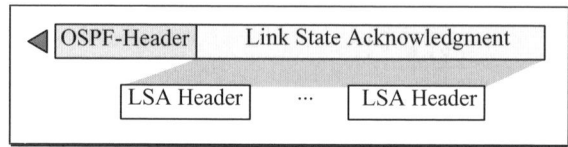

Abbildung 9.4-20:   Aufbau des Pakets Link State Ack (Acknowledgment)

Der Empfang von LSA im Paket *LS-Update* bei einem Router wird von ihm mit dem Paket *LS-Ack* bestätigt. Das Paket LS-Ack enthält die Liste von Headern dieser LSAs, deren Empfang bestätigt wird.

9.4.4.5 LSA-Typen und -Angaben

Die Routing-Information nach dem OSPF wird in Form von LSAs (*Link State Advertisements*) zwischen den Routern so verteilt, daß jeder Router innerhalb eines Bereichs sich eine Datenbank mit der Routing-Information, d.h. eine LSDB, erstellen kann. Die LSDB dieser LSAs beschreibt daher den „Zustand" des Bereichs aus OSPF-Sicht (=>Abbildung 9.4-2b). Wird ein autonomes System AS auf Bereiche nicht aufgeteilt, stellt das ganze AS einen Bereich dar.

Die *Router-LSAs* beschreiben die aktiven Router-Interfaces und Verbindungen, über die der Router an den Bereich gebunden ist. Bei der Beschreibung des Router-Interfaces wird u.a. angegeben,

- um welche „Link"-Art es sich handelt (z.B. Point-to-Point-Link, Virtual Link, => Abbildung 9.4-7);
- welche Metrik-Arten (d.h. Arten von Kosten) der Router unterstützt.

Die Router-LSAs werden nur innerhalb des betreffenden Bereichs verteilt. Im allgemeinen definiert OSPF folgende LS-Typen:

LS Type	Beschreibung
1	Router-LSA
2	Network-LSA
3	Summary-LSA (IP Network)
4	Summary-LSA (ASBR)
5	AS-external-LSA

Tabelle 9.4-3:   OSPF Link-State-Typen

Network-LSAs verwendet man, um broadcastorientierte Netze (genauer ge-   *Network-*
sagt Subnetze) im Hinblick auf das Routing zu beschreiben. Im Network-   *LSAs*
LSA eines Broadcast-orientierten Subnetzes wird angegeben:

- Subnetz-Maske.
- ID (Identifikation) des designierten Routers,
- IDs aller Router, die am Subnetz „angeschlossen" sind.

Die Bedeutung von LSAs der Typen 3, 4 und 5 illustriert Abbildung 9.4-21.

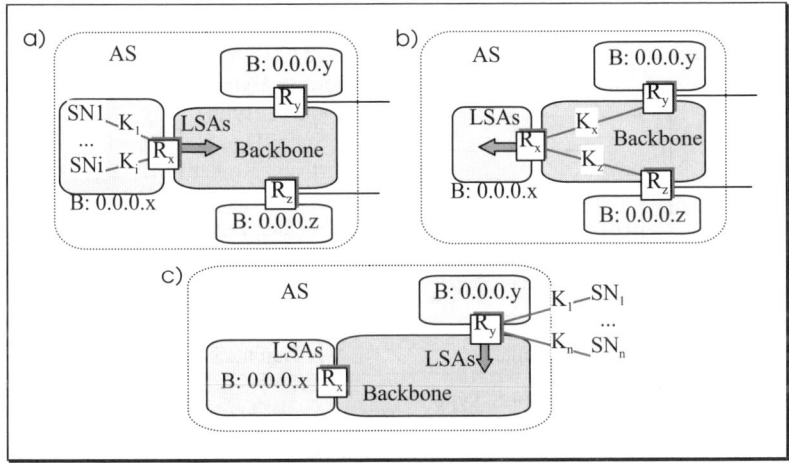

Abbildung 9.4-21:   Bedeutung von:
a) Network-LSAs Typ 3
b) Network-LSAs Typ 4
c) Network-LSAs Typ 5 AS: Autonomes System
B: Bereich, K: Kosten, SN: Subnetz

Eine Network-LSA vom Typ 3 (d.h. Summary-LSA, IP Network) wird vom
Bereichgrenzen-Router (d.h. ABR) verwendet, um die erreichbaren Netzwerkziele mit den Kosten in „seinem" Bereich im Backbone-Bereich an-

kündigen zu können. In Abbildung 9.4-21a macht der ABR *Rx* im Backbone-Bereich die im Bereich 0.0.0.x erreichbaren Subnetze bekannt. In einer LSA kann nur ein Netzwerkziel (eine IP-Adresse) angegeben werden. Daher müssen für die Bekanntmachung mehrerer Ziele mehrere LSAs übermittelt werden.

Eine Network-LSA vom Typ 4 (d.h. Summary-LSA, ASBR) wird vom ABR generiert, um die AS-Grenzen-Router (d.h. ASBR) und die mit ihnen verbundenen Kosten in „seinem" Bereich bekanntzumachen. In Abbildung 9.4-21b macht der ABR *Rx* die beiden ASBR im Bereich 0.0.0.x bekannt. In einer LSA kann nur ein ASBR angegeben werden.

Eine Network-LSA vom Typ 5 (d.h. AS-external-LSA) wird vom ASBR generiert, um die außerhalb des eigenen AS liegenden Netzwerkziele mit ihren Kosten in „seinem" AS bekanntzumachen. In Abbildung 9.4-21c macht der ASBR *Ry* im eigenen AS die über ihn erreichbare „AS-Außen"-Netzwerkziele bekannt.

Wie aus Abbildung 9.4-22 ersichtlich ist, setzt sich jede LSA aus einem LSA-Header und aus LSA-Daten zusammen.

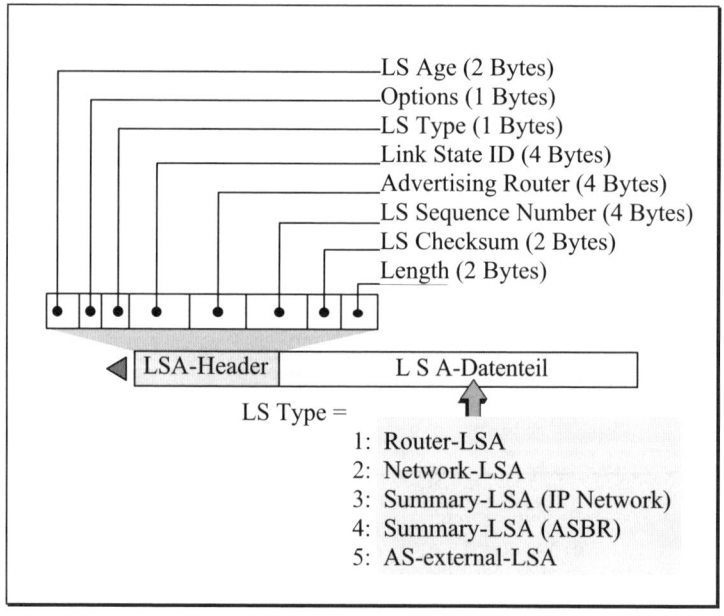

Abbildung 9.4-22:   Struktur von LSAs

LSA-Header   Die einzelnen Angaben im LSA-Header sind:

- *LSA Age*
  Die Angabe der Zeit (in Sekunden), die seit der LSA-Generierung vergangen ist.
- *Options*
  Dieses Feld enthält festgelegte Bits (z.B. E, MC, N/P, ...), mit denen einige Router-Besonderheiten angegeben werden. Ist hier beispielsweise E=1, bedeutet dies, daß der Advertising-Router ein „external link" hat, d.h. ein Interface zum anderen AS.
- *Link State ID* (LS-ID, Identifikation)
  Die LS-ID ist vom LSA-Typ abhängig und hat folgende Bedeutung:
  - LSA-Typ 1: LS-ID = ID des Routers, der die LSA generiert hat.
  - LSA-Typ 2: LS-ID = IP-Adresse des Interface des designierten Routers.
  - LSA-Typ 3: LS-ID = IP-Adresse des Netzwerkziels.
  - LSA-Typ 4: LS-ID = ID des Routers (ASBR), der die LSA gesendet hat.
  - LSA-Typ 5: LS-ID = IP-Adresse des Netzwerkziels.
- *Advertising Router*
  Hier wird die ID des Routers angegeben, der diese LSA generiert hat.
- *LS Sequence Number*
  Hier werden die gesendeten LSAs fortlaufend numeriert.
- *LS Checksum*
  Hier ist eine Prüfsumme enthalten, mit der die ganze LSA ohne Feld *LS Age* überprüft wird.
- *Length*
  Die LSA-Länge in Bytes.

9.4.5 Besonderheiten von OSPFv2

Die OSPF- Besonderheiten sind u. a.:

- Schleifenlose Routen
  Der designierte Router führt zur Synchronisation von einzelnen Routern innerhalb eines Bereichs. Dadurch entstehen keine logischen Schleifen bei der Berechnung von Routen, und somit tritt das Count-to-Infinity-Problem beim OSPF nicht auf, wie dies beim RIP der Fall war.

- Schnellere Konvergenz als beim RIP
  OSPF kann Topologie-Änderungen schneller erkennen und übermitteln als RIP.

- VLSM- bzw. CIDR-Unterstützung
  Beim OSPF wird die Präfixlänge (d.h. Länge der Subnetz-Maske) übermittelt (=>Abbildung 9.2-3). Dadurch ist die VLSM- bzw. CIDR-Unterstützung (=>Abbildung 9.2-6) mit der Aggregation von Routen möglich (=>Abbildung 9.2-10).

- Skalierbarkeit großer IP-Netze
  Beim OSPF werden autonome Systeme in Bereiche aufgeteilt. Dadurch läßt sich die Größe von Routing-Tabellen verringern. Zu einem Bereich kann eine aggregierte Route führen, die alle Routen zu den einzelnen Netzwerkzielen innerhalb des Bereichs zusammenfaßt. Dadurch ist OSPF für große und sehr große IP-Netze geeignet, die beliebig erweiterbar sind.

- Unterstützung für Authentisierung
  Der Informationsaustausch auf OSPF-Routen läßt sich authentisieren.

- Unterstützung für externe Routen
  Routen innerhalb des OSPF-AS werden innerhalb des AS angekündigt, damit OSPF-Router die Route geringster Kosten zu externen Netzwerken berechnen kann.

- Kompatibilität zum OSPFv1 durch TOS-Angaben.

9.4.6 Open Shortest Path First für IPv6

OSPF (*Open Shortest Path First*) für das Protokoll IPv6 stellt eine an die IPv6-Besonderheiten angepaßte Form des OSPFv2 (d.h. OSPF der Version 2) für IPv4 dar und wird im IETF-Standard RFC 2780 beschrieben. Da man das IPv6 als *Protocol Next Generation* bezeichnet, wird im folgenden die Abkürzung *OSPFng* für das OSPF für IPv6 verwendet. Die Version 2 des OSPFs für das Protokoll IPv4 wird hier als *OSPFv2* bezeichnet.

Die wichtigsten OSPFng-Besonderheiten sind:

- Beim OSPFng wird der Begriff „Link" für ein Subnetz bzw. ein Netz verwendet
  Damit trifft die einheitliche OSPFng-Beschreibung sowohl für die broadcastorientierten LANs als auch für die verbindungsorientierten WANs zu (=> Abbildung 7.1-1).

- OSPFng ist hierarchisch über IPv6 angesiedelt.
  Die OSPFng-Pakete mit der Routing-Information werden direkt in die
  IP-Pakete eingebettet. Somit ist das OSPFng der Schicht 4 im Schich-
  tenmodell zuzuordnen.

- OSPFng eignet sich für große Netze.
  Das OSPFng (ebenso wie OSPFv2) wurde insbesondere für den Einsatz
  in großen Netzen konzipiert, die auf eine Vielzahl von autonomen Systemen aufgeteilt werden können (=> Abschnitt 9.4.3.1).

- OSPFng-Pakete
  Um die Routing-Information in Form von LSAs (*Link State Advertisements*) zu übermitteln, verwendet das OSPFng (ebenfalls wie OSPFv2
  für IPv4) folgende Pakete:

  - Hello
  - Database Description
  - Link State Request
  - Link State Update
  - Link State Acknowledgment `

  Diese Pakete für OSPFv2 wurden in Abschnitt 9.4.4 beschrieben.

- Link State Database (LSDB) und die Routing-Tabelle (RT)
  Die LSDB und RT werden beim OSPFng identisch aufgebaut wie LSDB
  und RT beim OSPFv2 (=> Abschnitt 9.4.1).

- Bildung einer Nachbarschaft
  Beim OSPFng werden die Nachbarschaften zwischen den Routern nach
  den gleichen Prinzipien wie beim OSPFv2 gebildet (=> Abschnitt
  9.4.2.1).

- Einsatz eines designierten Routers
  Beim OSPFng wird (wie beim OSPFv2) ein designierter Router für die
  Verteilung der Routing-Information in Broadcast-Netzwerken und in
  NBMA-Netzen eingesetzt (=> Abschnitt 9.4.2.3).

- Erstellung der Routing-Tabelle beim OSPFng
  Die Routing-Tabelle beim OSPFng wird nach den gleichen Prinzipien
  wie beim OSPFv2 erstellt (=> Abschnitt 9.4.1); d.h. die Berechnung des
  SPF-Baums (*Shortest Path First*) erfolgt beim OSPFng nach dem Algorithmus von Dijkstra.

9.5   Border Gateway Protocol (BGP-4)

Das BGP (*Border Gateway Protocol*) ist ein relativ junges Protokoll für das Routing zwischen autonomen Systemen (=> Abbildung 9.1-13). Das BGP wurde im Jahre 1989 eingeführt und seit dieser Zeit mehrfach verbessert. Die aktuelle BGP Version 4 (kurz BGP-4) ist seit 1993 im Einsatz und wird in RFC 1771 spezifiziert. Das Wesentliche beim BGP-4 ist die Unterstützung des CIDR-Konzeptes (*Classless Interdomain Routing*). Um dies zu erreichen, wird das Netzwerk-Präfix beim BGP-4 übermittelt. Das BGP-4 ermöglicht auch die Aggregation von Routen (=> Abbildung 9.2-10).

In diesem Abschnitt wird nur das BGP-4 dargestellt, so daß manchmal kurz BGP statt BGP-4 geschrieben wird.

Die BGP-4-Router senden ihre Nachrichten mit Hilfe des verbindungsorientierten Protokolls TCP, wodurch Informationen auch über fehleranfällige Verbindungen sicher ausgetauscht werden können. Beim BGP-4 senden die Router eine Liste der autonomen Systeme, die auf dem entsprechenden Pfad zu einem Ziel liegen und von Nachbar-Routern sortiert und ausgewertet werden.

9.5.1   Grundlagen von BGP-4

Das BGP ist ein Protokoll, mit dem Routing-Informationen (RI) zwischen autonomen Systemen (AS) ausgetauscht werden. Das BGP verwendet als Transportprotokoll das TCP über den Port 179. Damit wird sichergestellt, daß die Zuverlässigkeit für die Übermittlung von BGP-Nachrichten von TCP übernommen wird und nicht im BGP implementiert werden muß. Zwischen zwei benachbarten BGP-Routern wird daher für den RI-Austausch eine TCP-Verbindung aufgebaut. Die beiden benachbarten Router werden als *Peers* bzw. als *BGP-Sprecher* (*BGP Speaker*) bezeichnet. Die Verbindung zwischen Peers nennt man auch *Peer-Verbindung*.

Obwohl das BGP hauptsächlich für den Einsatz zwischen autonomen Systemen (AS) konzipiert wurde, kann es auch innerhalb eines autonomen Systems für die Kommunikation zwischen zwei AS-Grenzen-Routern (d.h. zwischen ASBR) eingesetzt werden. Somit kann eine Peer-Verbindung sowohl innerhalb eines AS als auch zwischen unterschiedlichen AS aufgebaut werden. In diesem Zusammenhang bezeichnet man das BGP

- als internes BGP (IBGP) bzw.
- als externes BGP (EBGP).

Die Peer-Verbindung zwischen zwei Routern, die zu unterschiedlichen AS gehören, wird als *external Link* (externe Verbindung) bezeichnet. Dagegen nennt man die Peer-Verbindung innerhalb eines AS *internal Link* (interne Verbindung).

Abbildung 9.5-1 illustriert die beiden BGP-Varianten. Die Peers sind hier die Router *R1* und *R2*, *R3* und *R4* sowie *R2* und *R3*. Die Peers *R1* und *R2* sowie *R3* und *R4* sind direkt (physikalisch) verbunden. Dagegen sind die Peers *R2* und *R3*, die das IBGP realisieren, (nur) logisch miteinander verbunden.

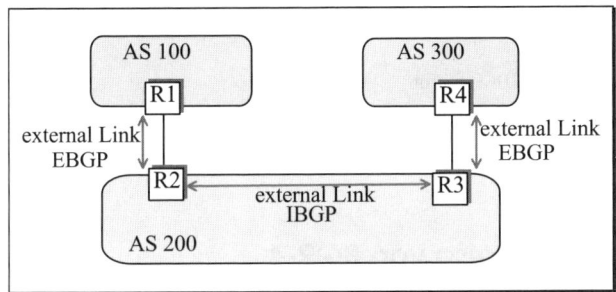

Abbildung 9.5-1:   Externes und internes BGP
AS: Autonomes System, R: Router

Die Routing-Information im BGP-Router wird in einer speziellen Daten- *Routing* bank abgespeichert, die man als RIB (*Routing Information Base*) bezeich- *Information* net. Zur Gestaltung des Routing-Prozesses setzt sich die RIB aus verschie- *Base* denen Teilen zusammen. Die RIB-Struktur illustriert Abbildung 9.5-2.

Den Kern in RIB bildet die Routing-Tabelle, in der die einzelnen Routen aufgelistet werden. Jeder BGP-Router verfügt über eigene Angaben (Konfigurationsparameter), die für Routing-Zwecke dienen können. Diese Angaben werden im Loc-RIB gespeichert. Die empfangenen Routing-Informationen (in den Nachrichten UPDATE, => Abbildung 9.5-6) von Nachbar-Routern werden im Teil *Adj-RIB-In* (Eingangs-RIB) abgespeichert. Die empfangenen Routing-Informationen, unter Berücksichtigung von Angaben in Loc-RIB, verwendet der Router, um die Routing-Tabelle zu aktualisieren. Die Routen-Änderungen, die an die Nachbar-Router weitergeleitet werden sollen, speichert der Router im Ausgangs-RIB *Adj-RIB-Out* ab.

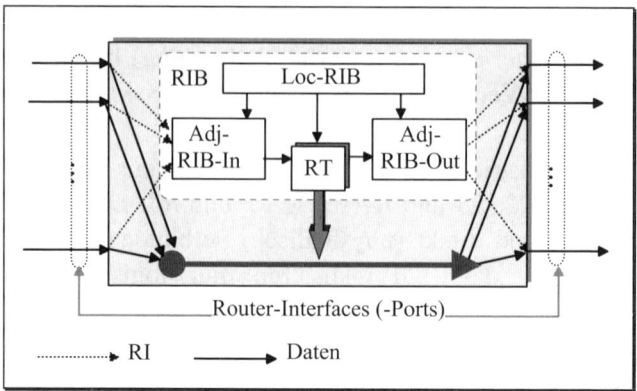

Abbildung 9.5-2:   RIB-Struktur
Adj: Adjacent, RT: Routing-Tabelle, In: Input (Eingang),
Loc: Local, Out: Output (Ausgang)

9.5.2   Funktionsweise von BGP-4

Das Protokoll BGP-4 wird zwischen zwei AS-Grenzen-Routern ASBR (*AS Border Router*) eingesetzt. Ein ASBR macht mit der BGP-Hilfe die Routen zu seinem AS bekannt. Hierfür muß sowohl jedes AS als auch jeder ASBR eine eindeutige Identifikation haben.

Um die Funktionsweise von BGP-4 zu erklären, betrachten wir nun das in Abbildung 9.5-3 dargestellte Beispiel. Die beiden Router *R1* und *R2* sind BGP-Peers. Die Routing-Information zwischen Peers wird in Form von BGP-Nachrichten ausgetauscht. Die BGP-Peers bauen zuerst eine TCP-Verbindung für den Austausch der Routing-Information. Dies bedeutet, daß ein TCP-Header jeder zu übertragenden BGP-Nachricht vorangestellt wird.

BGP-OPEN Nachdem die TCP-Verbindung zwischen BGP-Peers aufgebaut wurde, wird zwischen ihnen eine *BGP-Nachbarschaft* „verknüpft". Die Nachbarschaft zwischen BGP-Peers kann als die gegenseitige Bereitschaft, die Routing-Information zu tauschen, angesehen werden. Um eine Nachbarschaft aufzubauen, sendet jeder Router eine BGP-Nachricht *OPEN*, in der die Identifikation des eigenen autonomen Systems (*MyAS*) und des „Absender"-Routers angegeben wird. Hierbei stellt der *BGP Identifier* in der Nachricht OPEN eigentlich die Router-ID dar. Die Nachricht OPEN wird von der Gegenseite mit der BGP-Nachricht *KEEPALIVE* bestätigt. Während des Aufbaus der Nachbarschaft stellen sich die beiden Router gegenseitig vor.

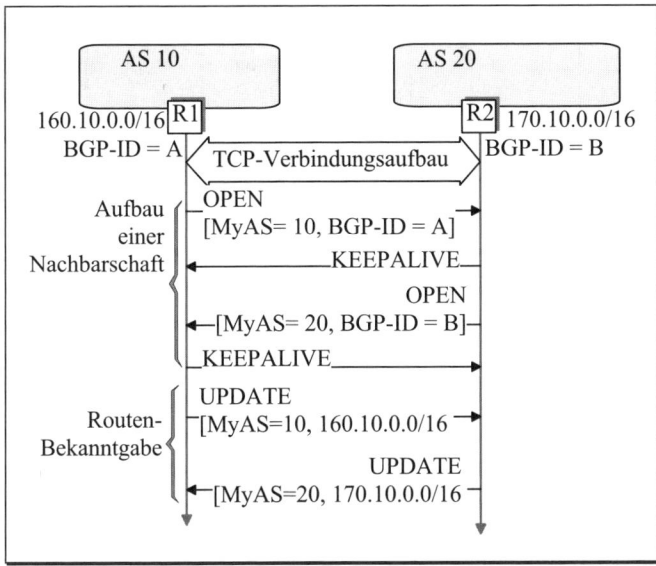

Abbildung 9.5-3:   Besipiel für einen Verlauf von BGP
AS: Autonomes System, R: Router, MyAS: My Autonomous System

Nach dem Aufbau der Nachbarschaft kündigen die BGP-Peers die ihnen *BGP-*
bekannten Routen zu ihren autonomen Systemen mittels BGP-Nachrichten *UPDATE*
UPDATE an. Der Name UPDATE ist hier damit zu begründen, daß es sich
im Laufe der Zeit überwiegend um die Aktualisierungen (Updates) von
Routing-Tabellen handelt. Wie in Abbildung 9.5-3 ersichtlich ist, enthält
jede Nachricht UPDATE die Identifikation des Quell-AS (als MyAS) und
die Angabe der aggregierten Route zum AS. Die UPDATE-Nachricht enthält u.a. eine Liste von Netzwerkzielen in der Form <Länge, Präfix>, die
über den Absender-Router erreicht werden können.

Falls sich die Lage im AS ändert, z.B. ein Subnetz plötzlich nicht erreichbar
ist oder eine bessere Route zur Verfügung steht, informiert ein BGP-Router
darüber seinen Nachbarn, daß die ungültig gewordene Route (*Withdrawn
Route*) zurückgezogen und eventuell durch die neue Route ersetzt bzw.
vollkommen entfernt werden soll. Die ungültig gewordenen Routen können
in einer UPDATE-Nachricht angegeben werden.

9.5.3 BGP-4-Nachrichten

Jede BGP-4-Nachricht setzt sich aus einem gemeinsamen BGP-Header, der
19 Bytes lang ist, und einem Nachrichtenteil zusammen. Den Aufbau von
BGP-4-Nachrichten zeigt Abbildung 9.5-4.

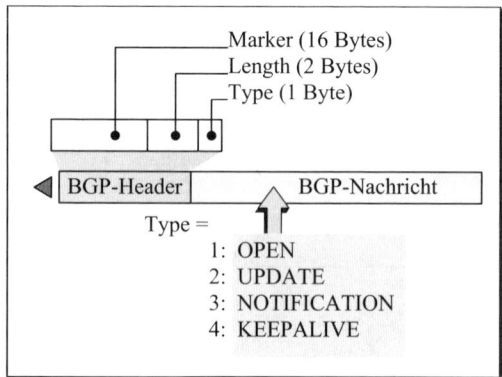

Abbildung 9.5-4:   Struktur von BGP-4-Nachrichten

Die BGP-Nachrichten können maximal 4098 Bytes haben. Die kleinste BGP-Nachricht ist KEEPALIVE. Sie besteht nur aus dem BGP-Header und ist daher nur 19 Bytes lang.

Der BGP-Header enthält folgende Angaben:

- *Marker*
  Dieses Feld dient zur gegenseitigen Authentisierung der BGP-Peers während der Nachbarschaft. Falls es sich um die Nachricht OPEN handelt – d.h. es besteht noch keine Nachbarschaft –, sind alle Marker-Bits gleich 1. In anderen BGP-Nachrichten wird der Marker durch einen Teil der Authentisierungsdaten festgelegt.

- *Length*
  Hier wird die Länge in Bytes der ganzen BGP-Nachricht (inkl. Header) angegeben.

- *Type*
  Hier wird der Typ (d.h. die Bedeutung) der Nachricht festgelegt. Es sind folgende Nachrichtentypen zu unterscheiden:

Typ	BGP-4-Nachricht
1	OPEN
2	UPDATE
3	NOTIFICATION
4	KEEPALIVE

Tabelle 9.5-1:   Type-Angaben bei BGP-4-Nachrichten

9.5.3.1 Nachricht OPEN

Eine wichtige Funktion des Protokolls BGP-4 besteht im Aufbau von Nachbarschaften zwischen BGP-Peers. Dies ist die Voraussetzung für den Austausch der Routing-Information. Falls eine TCP-Verbindung zwischen den BGP-Peers bereits besteht, kann die Nachbarschaft mit Hilfe von OPEN-Nachrichten aufgebaut werden (=> Abbildung 9.5-3).

Die Struktur der OPEN-Nachricht zeigt Abbildung 9.5-5.

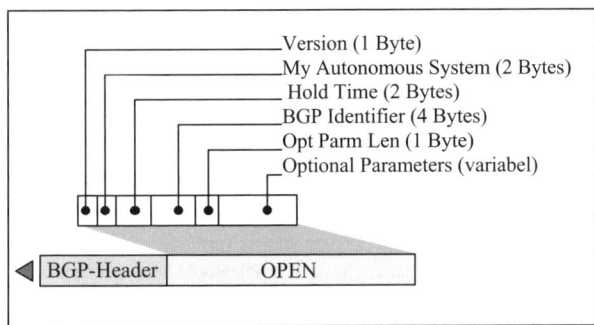

Abbildung 9.5-5:   BGP-4-Nachricht OPEN

Die einzelnen Angaben innerhalb der OPEN-Nachricht haben folgende Bedeutung:

- *Version* (von BGP)
  Dieses Feld enthält 4, d.h. es handelt sich um das BGP-4.

- *My Autonomous System* (MyAS)
  Hier wird die Identifikation (Nummer) des Quell-AS angegeben.

- *Hold Time*
  Die maximale Zeitspanne in Sekunden, die zwischen dem Empfang von darauffolgenden KEEPALIVE- bzw. UPDATE-Nachrichten verstreichen darf. Das ist die maximale Wartezeit auf eine neue KEEPALIVE- bzw. UPDATE Nachricht vom Nachbar-Router. Nach Ablauf dieser Zeit wird der Nachbar-Router für ausgefallen erklärt.

- *BGP Identifier*
  Hier wird die Identifikation des „Absender"-Routers angegeben. Somit handelt es sich um die Router-ID.

- *Opt Parm Len* (Optional Parameters Length)
  Hier wird die Länge von optionalen Parametern angezeigt. Der Wert 0 weist darauf hin, daß keine optionalen Parameter vorhanden sind.

- *Optional Parameters*
  Hier werden die optionalen Parameter angegeben. Jeder Parameter wird in Form des Triplets: <Parametertyp (1 Byte), Parameterlänge (1 Byte), Parameterwert> repräsentiert. Der optionale Parameter vom Typ 1 ist *Auhentification Information*.

9.5.3.2 Nachricht UPDATE

Nach der Übermittlung der OPEN-Nachricht werden zunächst die gesamten Routing-Informationen mittels UPDATE-Nachrichten zwischen den BGP-Peers ausgetauscht. Die Änderungen, die im Laufe der Zeit im Netz auftreten (z.B. ein neues Subnetz wurde eingerichtet), werden durch die Übermittlung von UPDATE-Nachricht bekanntgemacht.

Die Struktur von UPDATE-Nachrichten zeigt Abbildung 9.5-6.

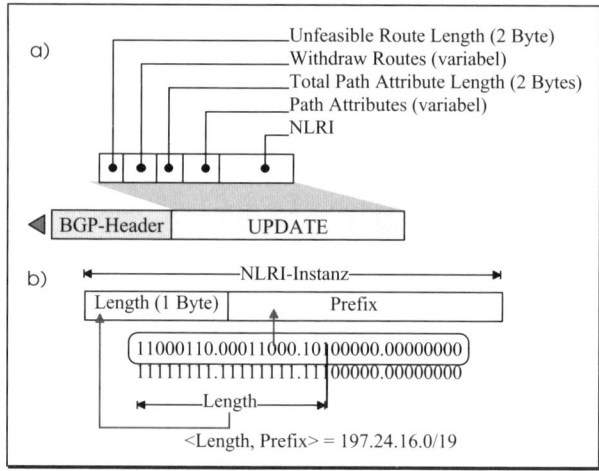

Abbildung 9.5-6:   BGP-4-Nachricht UPDATE:
a) Struktur der Nachricht
b) NLRI-Interpretation

Die UPDATE-Nachricht besteht aus den folgenden Angaben:

- *Unfeasible Route Length*
  Hier wird die Länge in Bytes des nächsten Felds *Withdraw Routes* angezeigt. Es handelt sich hier um die Länge des Feldes, in dem die ungültig gewordenen (zurückgezogenen) Routen aufgelistet werden.
- *Withdraw Routes*
  Hier werden die ungültig gewordenen Routen aufgelistet. Diese Routen

müssen aus der Routing-Tabelle entfernt werden. *Withdraw Routes* werden durch das Tupel <Länge, Präfix> repräsentiert. Das Tupel <17, 131.42.128.0> bedeutet beispielsweise, daß die Route 131.42.128.0/17 (im CIDR-Format, => Abbildung 9.2-3) zurückgezogen werden soll.

- *Total Path Attribute Length*
  Hier wird die Länge des nächsten Felds *Path Attributes* angegeben.
- *Path Attributes* (Pfad-Attribute)
  In diesem Feld sind die routenspezifischen Informationen (sog. *Pfad-Attribute*) enthalten. Ein Pfad-Attribut ist ein Triplet der Form
      <Attribut-Typ, Attribut-Länge, Attribut-Wert>.
- NLRI (*Network Layer Reachability Information*)
  Die NLRI ist ein Mechanismus zur Unterstützung von *CIDR (Classless Interdomain Routing)*. Das NLRI-Feld enthält eine Liste der Netzwerkziele, über die ein BGP-Router seinen Nachbar-Router informieren möchte. Das NLRI-Feld besteht aus mehreren NLRI-Instanzen der Form
      <Length, Prefix> (d.h. <Länge, Präfix>).

Wie Abbildung 9.2-6b zeigt, gibt die Länge die Anzahl von Bits an, die zur Netzwerk-Maske (bzw. Subnetz-Maske) gehören.

9.5.3.3 Nachricht KEEPALIVE

Die BGP-4-Nachricht KEEPALIVE besteht nur aus einem 19 Byte langen BGP-4-Header (=> Abbildung 9.5-4) und enthält keine weiteren Angaben. Die Nachricht KEEPALIVE wird u.a. als eine Bestätigung verwendet (=> Abbildung 9.5-3). Falls keine neuen Routing-Informationen (keine Veränderungen) vorliegen, werden die Nachrichten KEEPALIVE zwischen den BGP-Peers periodisch gesendet, um der Gegenseite die Funktionsbereitschaft zu signalisieren. Dadurch läßt sich feststellen, ob der Nachbar-Router erreichbar ist.

9.5.3.4 Nachricht NOTIFICATION

Ein Router sendet eine BGP-4-Nachricht NOTIFICATION, um seinem Nachbar-Router eine Fehlermeldung zu signalisieren. Sie wird immer nach der Entdeckung eines Fehlers verschickt und kann zum Abbruch der Peer-Verbindung (Nachbarschaft) führen. Falls ein Router die Verbindung abbauen möchte, sendet er die NOTIFICATION-Nachricht, in der er gleichzeitig den Grund für den Abbau der Verbindung angibt.

Eine NOTIFICATION-Nachricht (Abbildung 9.5-7) besteht aus dem BGP-Header, der Fehlerangabe (Error Code und Error Subcode) und aus einem variablen Feld *Data*, in dem der Fehler gegebenenfalls weiter beschrieben werden kann.

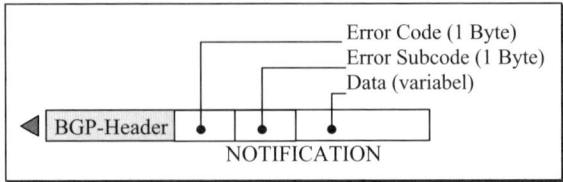

Abbildung 9.5-7:   BGP-Nachricht NOTIFICATION

Der *Error Code* verweist auf den Fehlertyp. Mit dem *Error-Subcode* wird der Fehler näher spezifiziert. Die Fehler sind u.a.:

Error Code	Error Subcode (z.B.)
1: Message Header Error	1: Connection not Synchronized 2: Bad Message Length, ...
2: OPEN Message Error	1: Unsupported Version Number 2: Bad Peer AS 3: Bad BGP Identifier, ...
3: UPDATE Message Error	1: Malformed Attribute List 2: Unrecognized Well-known Attribute, ...
4: Hold Timer Expired	Kein Error Subcode
5: Finite State Machine Error	Kein Error Subcode
6: Cease (Beenden)	Kein Error Subcode

Tabelle 9.5-2:   Fehler-Codes der BGP-4-Nachricht NOTIFICATION

9.5.3.5 Pfad-Attribute

Die Pfad-Attribute (*Path Attributes*) werden verwendet, um die Eigenschaften von Routen näher spezifizieren zu können. Ein Pfad-Attribut ist folgendes Triplet:

<Attribut-Typ, Attribut-Länge, Attribut-Wert>.

Der Attribut-Typ ist ein zwei Byte langes Feld, bei dem das erste Byte die Attribut-Kategorie und das zweite Byte den Attribut-Code darstellt. Es sind folgende Attribut-Kategorien zu unterscheiden:

- *Well-known mandatory*
  Dieses Attribut muß in der Nachricht UPDATE vorhanden sein. Es muß

von allen BGP-4-Implementierungen erkannt sein (z.B. Attribute: ORIGIN, AS_path, NEXT-HOP).

- *Well-known discretionary*
  Dieses Attribut muß von allen BGP-4-Implementierungen erkannt und kann optional in der Nachricht UPDATE enthalten sein (z.B. Attribute: LOCAL_PREF, ATOMIC_AGGREGATE).

- *Optional transitive*
  Es handelt sich um ein optionales Attribut. Falls es durch eine BGP-4-Implementierung nicht erkannt wird, sollte es nicht ignoriert, sondern an andere BGP-Router eventuell weitergeleitet werden (z.B. Attribute: AGGREGATOR, COMMUNITY).

- *Optional non-transitive*
  Es handelt sich um ein optionales Attribut. Falls es durch eine BGP-4-Implementierung nicht erkannt wird, sollte es ignoriert und an keinen anderen BGP-Router weitergeleitet werden (z.B. Attribut MULTI_EXIT_DISC).

9.6 Mulitcast Routing-Protokolle

Multicast-Routing ermöglicht ein gezieltes Forwarding von IP-Multicast-Paketen in benachbarte IP-Netze, wo diese Pakete von den Multicast-Clients entgegegengenommen werden. Wir haben bereits in Abschnitt 3.8 das *Inter Group Management Protocol IGMP* als Werkzeug kennengelernt, mit dem Multicast-Clients sich dynamisch in Multicast-Gruppen einschreiben bzw. diese verlassen können.

Die bislang vorgestellten Routing-Protokolle RIP und OSPF sind hinsicht- *M-Router* lich ihres Aufbaus lediglich für das Routing von IP-Unicasts ausgelegt. *Multicast-Router* (kurz: *M-Router*) müssen zusätzlich über ein geeignetes Multicast-Routing verfügen, das sie simultan zu den Standard-Routing-Protokollen unterstützen. Folgende Multicast-Routing-Protokolle sind gebräuchlich:

- *Distance Vector Multicast Routing Protocol DVMRP* (RFC 1075 sowie der Draft *draft-ietf-idmr-dvmrp-v3-10*)
- *Multicast OSPF MOSPF* (RFC 1584)
- *Protocol Independent Multicast PIM* (RFC 2362)
- *Core Based Routing Protocol CBT* (RFC 2189)

Aus Abbildung 9.6-1 wird ersichtlich, daß das DVMRP zusätzlich das Protokoll RIP (=> Abschnitt 9.3) benötigt, während es sich beim MOSPF um eine Erweiterung des in Abschnitt 9.4 dargestellen OSPF handelt. Unter Verwendung von PIM und CBT ist die Situation hingegen offen: Hier kann zusätzlich zum Multicast- ein beliebiges Unicast-Routing-Protokoll eingesetzt werden.

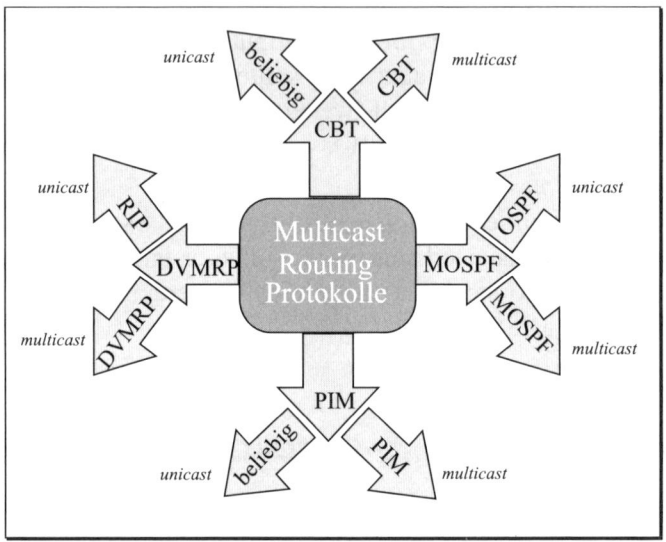

Abbildung 9.6-1:   Multicast Routing-Protokolle DVMRP, MOSPF sowie PIM

Neben dem jeweils unterstützten Unicast-Routing Protokoll unterscheiden sich die Multicast-Routing-Protokolle noch hinsichtlich folgender Merkmale:

- Sind die Multicast-Routing-Protokolle in getrennten Routing-Domänen einsetzbar? In Abschnitt 9.1.5 wurde der Begriff *Autonomes System* (*AS*) eingeführt. Während das DVMRP ein *Inter-Area* Routing-Protokoll darstellt, erlauben sowohl MOSPF als auch PIM ein Multicast-Routing zwischen verschiedenen Domänen, d.h. ein *Intra-Area-Routing*. Allerdings gibt es für das DVMRP-Verfahren eine Erweiterung für hierarchisch gegliederte Domämen, die hierarchisches DVMRP bzw. kurz HDVMRP genannt wird.

- Welche Routing-Algorithmen finden Verwendung? DVMRP nutzt ein vom RIP abgeleitetes *Distanz-Vektor-Verfahren*, während MOSPF den Standard-OSPF *Link State Algorithmus* einsetzt. PIM arbeitet hingegen topologieabhängig, indem es unterschiedliche Verfahren für dicht (*dense*) und weniger dicht (*sparse*) bevölkerte Teile des Routingbaums zur Anwendung bringt.

- Wie schnell konvergiert der Routing-Algorithmus? D.h. wie effizient arbeitet er gegenüber Topologie-Änderungen wie dem Wegfall von Multicast-Clients?

- Wie effizient ist der Routing-Algorithmus in Hinblick auf zusätzliche Broad-/Multi- und Unicast-Mitteilungen? Welche Bandbreite benötigt er in den Transportnetzen?

9.6.1 Mbone

Eine erste Umsetzung des Multicast-Routings wird über M-Router im Internet realisiert, deren Zusammenschluß *Mbone (Multicast Backbone On the interNEt)* genannt wird und einen Multicast-Backbone innerhalb des Internet darstellt. Der Mbone realisiert bezogen auf den Multicast-Verkehr ein *Autonomes System.*

Das Mbone bietet auf Grundlage des Protokolls RTP (=> Abschnitt 12.3) vor allem Echtzeitanwendungen an, die an die Teilnehmer des Mbone verteilt werden. Hierzu zählen insbesondere Video- und Audiokonferenzen.

Jedes Subnetz muß hierbei über zumindest einen M-Router mit Uplink zum *M-Router im* Mbone verfügen. Diese Verbindung sollte aufgrund der unter Nutzung der *Mbone* in Kapitel 10 dargestellten Technologien möglichst breitbandig sein, wozu sich in erster Linie ATM-Verbindungen anbieten. Innerhalb des eigenen Intranets bietet der lokale M-Router IGMP-Funktionen für die angeschlossenen Multicast-Clients und -Server.

Die M-Router des Mbone sind als sog. Edge-Router in die allgemeine Inter- *Edge-Router* net Router-Infrastruktur integriert. Die M-Router erfüllen zwei Funktionen:

- *Tunneling*: Das IP-Paket mit der UDP/RTP-Multicast-Nutzlast erfährt beim Versand über Internet Unicast-Router eine IP-IP-Encapsulation (=> Tabelle 3.1-1), indem die IP-Adresse von *MR2* als Ziel-, diejenige von *MR1* als Quell-Adresse eingetragen wird (Abbildung 9.6-2).

- *Routing*: Die M-Router des Mbone verwenden als Routing-Protokoll
  - *DVMRP* zwischen M-Routern (siehe unten) und
  - *RIP* zwischen M-Routern und normalen Routern (=> Abschnitt 9.3).

Zur Reichweitenbegrenzung des Mulitcastverkehrs wird der *Time To Live* (TTL) Wert im IP-Paket eingesetzt (=> Abschnitt 3.8.1), was als *TTL Scoping* bezeichnet wird (Tabelle 9.6-1).

TTL-Wert	Reichweite
0	Knoten
1	Subnetz
32	Domäne (z.B. Deutschland)
48	innerhalb Europas
64	Region
128	Kontinent
255	unbegrenzt

Tabelle 9.6-1:   Time to Live Mbone-Reichweiten

Voraussetzung des Multicast ist der Aufbau entsprechender Multicast-Gruppen und das Einschreiben der Clients in diese, was eine Funktion des IGMP ist. Abbildung 9.6-2 zeigt die funktionelle Arbeitsweise des Mbones mit der Multicast-Gruppe *G1* und lokalen wie entfernten Multicast-Clients.

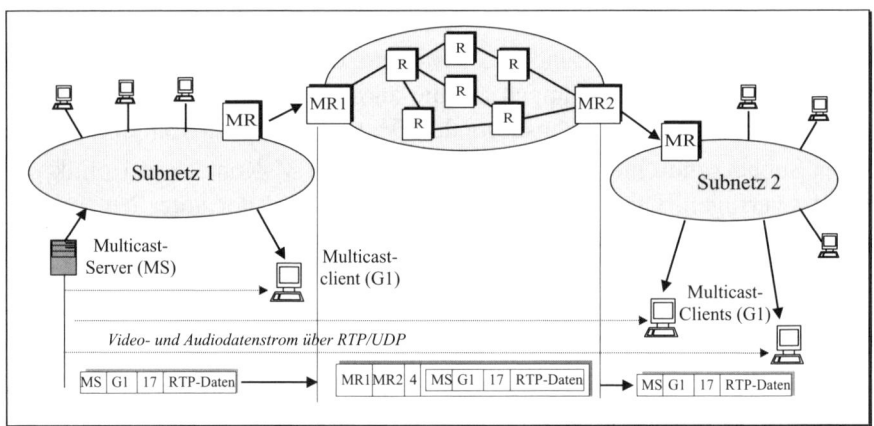

Abbildung 9.6-2:   Arbeitsweise des Mbones mit IP-IP-Encapsulation
R: Unicast-Router, MRx: M-Router x, G1: Multicast-Gruppe 1

9.6.2 DVMRP

Obwohl der *Distance Vector Multicast Routing Protocol* (*DVMRP*) den RFC-Status „experimental" trägt, ist es das dominierende Multicast-Routing-Protokoll im Mbone. Das DVMRP wurde von *S. Deering* als Teil seiner Doktorarbeit 1991 geschaffen. Während der RFC 1075 die Version 1 des DVMRP spezifiziert, liegt mit dem Internet-Draft *draft-ietf-idmr-dvmrp-v3-10* die aktuelle Version 3 vor. DVMRP stützt sich zur Übertragung der Routing-Information auf das Protokoll IGMP. Beide Versionen von DVMRP unterscheiden sich jedoch fundamental in der Struktur der ausgetauschten Nachrichten und der damit übertragenen Kommandos, obwohl die Routingaufgaben vergleichbar sind.

DVMRP ist ein *Intra-Area* Routing-Protokoll, d.h. es ist nur für das Routing *Intra-Area-* innerhalb einer Multicast-Routing-Domäne vorgesehen. Hierbei geht es *Routing* davon aus, daß die zu versorgenden Endknoten „dicht" beieinander liegen. Die verwendeten Forwarding- und Routing-Algorithmen sind in einem „dünn" besiedelten Multicast-Netz nicht effizient und belasten das Netz aufgrund der notwendigen Broad- und Multicasts unnötig.

9.6.2.1 DVMRP-V1-Nachrichten

Die in der Version 1 von DVMRP (RFC 1075) festgelegten Nachrichten werden ohne spezielle Kennung in IGMP-Pakete gekapselt. Einige vom DVMRP-V1 genutzten IGMP-Nachrichten (im folgenden als DVMRP-Nachrichten bezeichnet) sind in Abbildung 9.6-3 dargestellt. Während der Header einer IGMP-Nachricht auf 32 Byte beschränkt ist, kann die Nutzinformation hierin maximal 512 Byte betragen. Prinzipiell kann DVMRP für unterschiedliche Schicht-3-Protokolle eingesetzt werden. Spezifiziert ist aber lediglich der Einsatz für IPv4 mit dem *Address Family Identifier AFI* 2, da nur für IP-Pakete auch der für das Multicasting wichtige Wert *Time to Live TTL* (Lebenszeit eines IP-Pakets) definiert ist (=> Abbildung 3.2-1).

Im IGMP-Header trägt das DVMRP die Version 1 und den Type 3 ein. Der *DVMRP* Subtype differenziert die DVMRP-Nachricht in die Gruppen: *Subtype*

- Subtype = 1; *Response*: Nachrichten mit Routen zu Multicast-Empfängern
- Subtype = 2; *Request: Routen* werden gesucht
- Subtype = 3; *Non-Membership Reports* (*NMR*)
- Subtype = 4; *Non-Membership Cancellation* (*NMR Cancel*), der vorhergende Membership Report wird verworfen

DVMRP-Nachrichten können sowohl an die Gruppe ALL-DVMRP-Routers mit der Multicasts IP-Adresse 224.0.0.4 übertragen werden oder als Broadcasts über nicht multicast-fähige Netze. Findet das bereits im vorhergehenden Abschnitt diskutierte Verfahren des IP-IP-Tunnelings Verwendung, wird die ursprüngliche DVMPR-Nachricht – eingepackt in den IP-Multicast – wie in Abbildung 9.6-2 gezeigt, in einen IP-Unicast-Umschlag eingepackt.

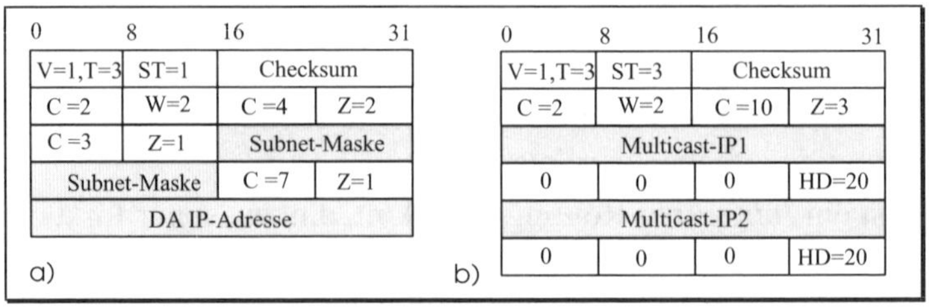

Abbildung 9.6-3:   Aufbau von DVMRP-V1-Nachrichten:
a) Festlegung einer Hostroute mittels Destination Address
b) Non Membership Group Report
V: Version, T= Type, ST: Subtype, C: Command-Nummer, W: Wert,
Z: Zähler, DA: Destination Address, HD= Hold Down Time

DVMRP-Kommando	Kommando-Nummer	Wert
Null Command	0	ignoriert
Address Family Indicator (AFI)	2	Family (IP = 2)
Subnetmask	3	Zähler
Metric	4	Hop-Count
Flags0	5	Wert; Bit 7=1 Destination unreachable; Bit 6=1 Split Horizon
Infinity	6	Wert (Default: 16)
Destination Address (DA)	7	Anzahl folgender Adressen
Requested Destination Address (RDA)	8	Anzahl folgender Adressen
Non Membership Report (NMR) *)	9	Anzahl folgender Multicast-Adressen und Hold Down Times
Non Membership Report Cancel (NMR Cancel) *)	10	Anzahl folgender Multicast-Adressen

Tabelle 9.6-2:   DVMRP-Kommandos
*) experimentell

DVMRP-Kommandos Das DVMRP stützt sich bei seiner Arbeit auf die in Tabelle 9.6-2 aufgelisteten Kommandos. Hierbei kann eine DVMRP-Nachricht mehrere gleichartige Kommandos beinhalten. Das „Null"-Kommando findet für Padding-Zwecke Verwendung, d.h. zum Erreichen der 32-Bit-Byte-Grenze in IGMP-Datagrammen.

9.6.2.2 DVMRP-V3-Nachrichten

DVMRP-V3-Nachrichten nutzen das in Abbildung 9.6-4 gezeigte Encapsulation-Verfahren. Da die aktuelle Entwicklung von DVMRP V3 noch in der Definitionsphase ist, wird vorgeschlagen, als Major Version 3 und als Minor Version den Wert x'FF'' einzutragen. DVMRP-V3-Nachrichten verlangen, daß im IPv4-Paket im *Option-Feld* entsprechend RFC 2474 ein *Precedence*-Wert von x'C0' gesetzt ist (=> Abschnitt 3.2).

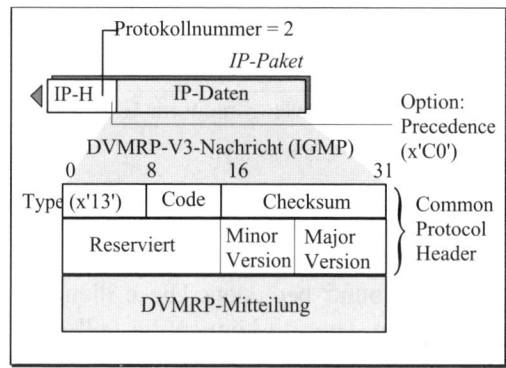

Abbildung 9.6-4:   Prinzipieller Aufbau einer DVMRP-V3-Nachricht
                         IP-H: IP-Header

Über das Feld *Code* wird spezifiziert, welches DVMRP-Kommando abgesetzt wird (Tabelle 9.6-3). Abbildungen 9.6-5 und 9.6-6 zeigen den detaillierten Aufbau von DVMRP-V3-Nachrichten.

Probe-Mitteilungen (Abbildung 9.6-5a) werden als *Keep-Alive*-Nachrichten *Probes und* abgesetzt. Ferner helfen sie M-Routern festzustellen, ob sie Leaf-Router *Reports* sind bzw. über welche Eigenschaften ihre M-Router-Nachbarn verfügen. Routing-Tabellen werden mittels der Nachricht *Report* ausgetauscht. Ein M-Router teilt in einer geordneten Folge die Subnetz-Maske, das Subnetz sowie die dazugehörige Metrik seiner erreichbaren IP-Netze mit (Abbildung 9.6-5b). Die Länge dieser Felder wird auf die minimal notwendige Anzahl der Bytes der Subnetz-Maske bzw. des Subnetzes festgelegt.

Code	Kommando/ Nachrichtentyp	Beschreibung
1	Probe	Nachbarschafts-Entdeckung
2	Report	Austausch der Routing-Tabellen
5	Ask Neighbors2	Anfrage der Router-Nachbarschaftsliste (Unicast)
6	Nighbors2	Nachbar-Router und deren Eigenschaften (Unicast)
7	Prune	Pruning von Multicast-Pfaden
8	Graft	Grafting von Multicast Pfaden
9	Graft Ack	Acknowledgement für Graft-Nachrichten

Tabelle 9.6-3:   DVMRP-V3-Nachrichtentypen

Neighbors   Neben den DMVRP-Multicast-Nachrichten, stehen die Nachrichten *Ask Neighbors 2* und *Neighbors 2* zur Verfügung, die sich ausnahmsweise der Unicast-Adressen der M-Router bedienen. Diese dienen in erster Linie zu Test- und Diagnosezwecken. Hiermit können die in Tabelle 9.6-4a und 9.6-4b genannten Eigenschaften der benachbarten M-Router ermittelt we rden:

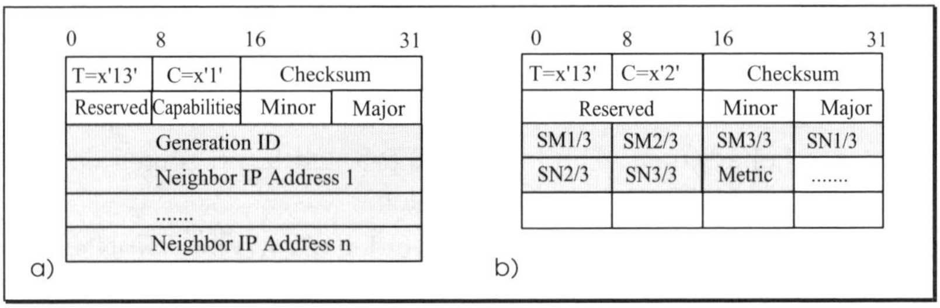

Abbildung 9.6-5:   DMVRP-V3-Nachrichten:
a) Neighbor Probe
b) Reports (Routing)
T: Type, C: Code, SM: Subnetz-Maske, SN: Subnetz

Bit	Flag	Bedeutung
0	Leaf	Leaf-Router
1	Prune	Router verarbeitet Prune-Nachrichten
2	GenID	Router sendet Generation IDs
3	Mtrace	Router verarbeitet Mtrace Anfragen
4	SNMP	Router unterstützt die DVMRP-MIB

Tabelle 9.6-4a: DVMRP-V3-Router Capabilities

Bit	Flag	Bedeutung
0	Tunnel	Nachbar wird über Tunnel erreicht
1	Source Route	Tunnel über IP-Source Routing
4	Down	Router Interface nicht operabel
5	Disabled	Interface ist abgeschaltet
6	Querier	Anfrager für Interface
7	Leaf	Kein Downstream-Nachbar an diesem Interface

Tabelle 9.6-4b: DVMRP-V3-Router Interface-Stati

Für die dynamische Verwaltung des Multicast-Baums dienen die Nachrichten *Prune* und *Graft* (Abbildung 9.6-6), auf deren Bedeutung im folgenden Abschnitt genauer eingegangen wird. *Prune und Graft*

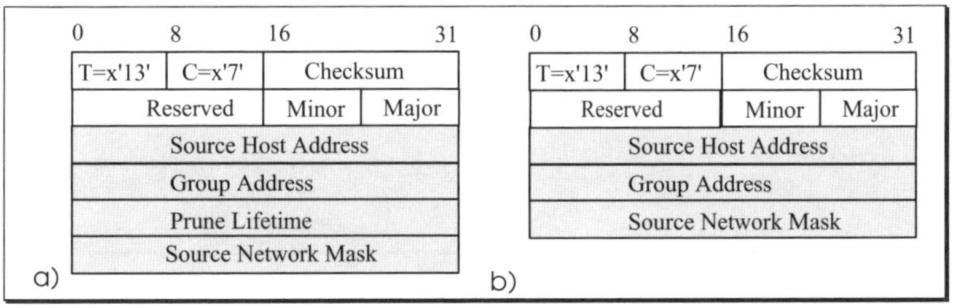

Abbildung 9.6-6:   DMVRP-V3-Nachrichten:
a) Prune
b) Graft
T: Type, C: Code

9.6.2.3 DVMRP-V3-Routing

Wir wollen uns im folgenden auf das Routing-Verfahren von DVMRP Version 3 beschränken. Als Ausgangspunkt unserer Überlegungen dient folgendes Szenario:

Jedem Multicast-Server, der sich durch seine IP-Multicast-Adresse identifiziert, wird ein *Designated M-Router* (kurz: *Designated Router*) zugesprochen. Die Designated Router bilden die Wurzeln logischer Multicast-Bäume. Hierbei ist jeder Multicast-Gruppe ein eigenständiger Multicast-Baum zugeordnet (Abbildung 9.6-7). Die Besonderheit tritt auf, daß in Subnet *1*, d.h. dem Netz des Multicast-Servers, zwei M-Router angeschlossen sind. In diesem Fall wird automatisch der M-Router mit der niedrigsten IP-Adresse am lokalen Interface zum Designated Router. *Designated Router*

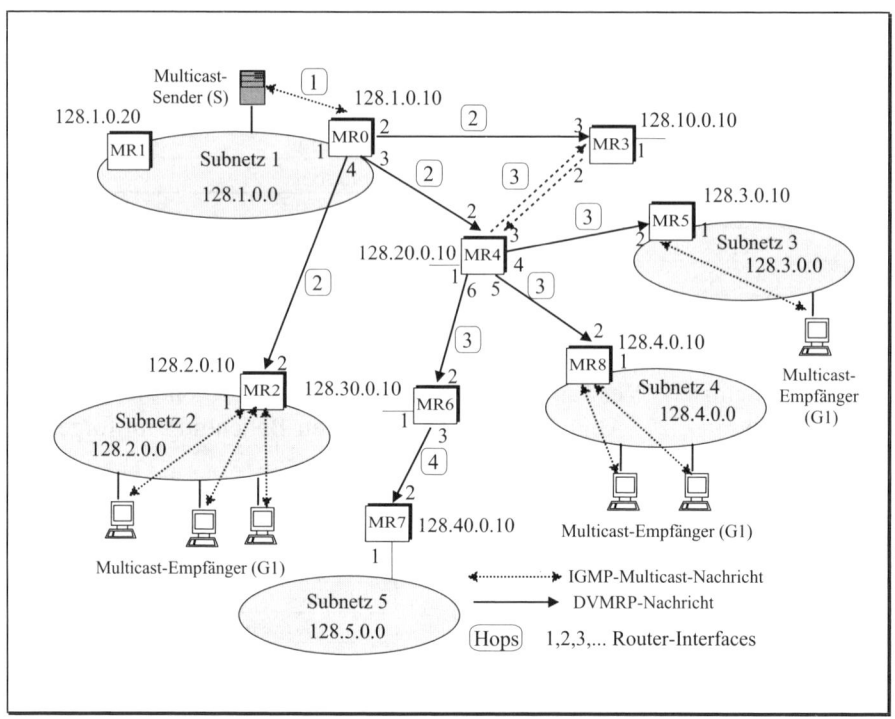

Abbildung 9.6-7:   Multicast-Routing-Baum
MR: M-Router

Multicast- Ein Designated Router (in Abbildung 9.6-7 *MR1*) besitzt pro Interface Ver-
Baum teilerlisten, die die Mitglieder der definierten Multicast-Gruppen beinhalten.
Hierbei wird zunächst angenommen, daß jeder Rechner im Netzwerk Mit-
glied einer Multicast-Gruppe ist (*dense mode*). Für Endsysteme wird die in
Abschnitt 3.8 vorgestellte IGMP-Nachricht *Membership Query* genutzt.

Neighbor M-Router werden mittels periodischer *Neighbor Probes* auf Grundlage der
Probes *All-DVMRP-Router-Multicasts* mit einem TTL-Wert von 1 angesprochen
(=> Tabelle 9.6-1) und in die lokale Verteilerliste eingetragen, falls sie die
entsprechende Multicast-Gruppe unterstützen. Hierdurch baut sich über die
M-Router ein logischer Multicast-Baum (=> Abbildung 9.6-7) auf, dessen
Reichweite durch den festgelegten TTL-Wert bestimmt ist. Tabelle 9.6-5
zeigt den Aufbau der Routing-Tabellen der einzelnen M-Router im Multi-
cast-Baum.

M-Router	Quellnetz	Von M-Router	Metrik	TTL	InPort	OutPort
MR0	128.1.0.0		1	200	1	0
MR1	128.1.0.0		1	150	1	2,3,4
MR2	128.1.0.0	128.1.0.10	2	150	2	1
MR3	128.1.0.0	128.1.0.10	2	150	3	1,2
MR4	128.1.0.0	128.1.0.10	2	100	2	1,3,4,5,6
MR5	128.1.0.0	128.20.0.10	2	50	2	1
MR6	128.1.0.0	128.20.0.10	3	50	2	1,3
MR7	128.1.0.0	128.30.0.10	4	50	2	1

Tabelle 9.6-5:   Routing-Tabellen der M-Router entsprechend Abbildung 9.6-7

Im Gegensatz zum RIP nutzt DVMRP ein sog. *Reverse Path Forwarding* *Reverse Path*
(*RPF*): Hierbei wird die Route auf Grundlage des kleinsten Hop-Counts *Forwarding*
(*Metrik*) vom Empfänger zum Multicast-Sender bestimmt. Empfängt ein M-
Router eine Multicast-Nachricht, überprüft er zunächst – auf Grundlage
seiner RIP (Unicast)-Routing-Tabelle – den kürzesten Weg zurück zum
Sender. Entspricht das Interface, über das der Multicast eingegangen ist,
dem Unicast-Pfad zum Sender, wird der Multicast akzeptiert und die Verteilerliste des Interfaces ergänzt. Der M-Router geht anschließend folgendermaßen vor:

- Die Multicast-Nachricht wird an die benachbarten M-Router weitergeleitet, die über andere Interfaces erreichbar sind. Dies stellt die *Schlei-
  fenfreiheit* des Baums sicher.

- Die Routing-Tabellen, die diesen Reverse Path enthalten, werden periodisch oder bei Änderungen allen M-Routern mitgeteilt *(=> Reverse
  Path Broadcast RPB)*.

Stellt der Designated Router die Wurzel des Multicast-Baums dar, so wer- *Leaf Router*
den diejenigen Router, die letztlich die Multicast-Nachrichten in ein Subnetz ausliefern, als Blatt-Router (*leaf router*) bezeichnet. Diese besitzen
Verteilerlisten für die lokalen Multicast-Empfänger, d.h. die jeweiligen
Gruppenmitglieder.

Nehmem wir nun an, daß im vom M-Router (*MR7*) versorgten Subnetz 5 *Infinity-*
neue Clients in die Multicast-Gruppe (*G1*) aufgenommen werden sollen. *Metrik*
MR7 gibt dies seinem (upstream) Nachbar-M-Router (*MR6*) bekannt, indem
er eine DVMRP-Report-Nachricht mit einem Wert für die Metrik zurück-
sendet, der dem empfangenen Wert plus *Infinity* entspricht (=> Tabelle 9.6-
2).

Poison Ein Infinity-Wert größer als die akutelle Metrik charakterisiert daher ein neu
Reverse hinzugekommenes Subnetz; ansonsten wird der absendende M-Router mit
seinem Subnetz aus dem Multicast-Baum entfernt („vergifteter Pfad"). Die-
ses Verhalten wird auch als *Poison Reverse* bezeichnet (=> Abschnitt 9.3.1).
Beim Empfang des Routing-Reports überprüft der Upstream-Router, ob der
Wert für die Metrik zwischen *Infinity* und zweimal *Infinity* liegt. Der Down-
stream-Router (*M7*) wird dann als abhängiger Router in den Multicast-
Baum eingefügt.

TRPB Durch den Infinity-Wert wird entschieden, ob Teile des Multicast-Baums zu
entfernen sind, was als *Truncated Reverse Path Broadcast* bezeichnet wird.
Dieses Verfahren ist aber nur für Blatt-M-Router relevant, also solche, die
Multicast-Empfänger versorgen; nicht aber für M-Router in einem Routing-
Pfad.

Pruning Ein M-Router prüft periodisch, ob auf einem Interface noch Multicast-
Gruppenmitglieder zu unterstützen sind. Fällt die Prüfung negativ aus – weil
entweder kein Endsystem oder kein anderer M-Router geantwortet hat – und
ist somit die Mitgliederliste für eine Multicast-Gruppe leer, sendet er eine
sog. *Prune-Nachricht* an den übergeordneten M-Router und hängt diesen
Pfad des Multicast-Baums ab (*Pruning*).

Grafting Das Gegenteil von Pruning stellt das *Grafting* dar, d.h. das Wiederherstellen
eines entfernten Pfads im Multicast-Baum. Empfängt ein M-Router eine
Membership Query (IGMP Membership Report), so geht er folgendermaßen
vor: Der M-Router überprüft zunächst,

- ob er vom Multicast-Baum entfernt wurde (Prune);
- ob der Upstream-Router Prune- (und damit auch Graft-) Nachrichten
  verarbeiten kann;
- anschließend stellt der M-Router den Graft-Wunsch in die Übertra-
  gungswarteschlange und
- verschickt die Graft-Nachricht zum Upstream-Router.

Der Upstream-Router hat nun die Aufgabe, diese Graft-Mitteilung inhaltlich
zu überprüfen, seine Forwarding-Datenbank (Verteilerliste) entsprechend zu
modifizieren und dem absendenden Router die Graft-Nachricht zu quittieren. Dieses Verfahren kann rekursiv zu den weiteren Upstream-Nachbarn
eingesetzt werden.

Tunneling Steht für die Übertragung von DVMRP-Nachrichten – eingepackt in IGMP-
Multicast-Pakete – kein MAC-Level-multicast-fähiges Transportnetz zur
Verfügung, wird der Multicast in ein Unicast-Paket eingepackt, dessen IP-
Zieladresse die des nächsten M-Routers ist (IP-IP-Encapsulation, => Abbil-
dung 9.6-2).

9.6.2.4 Hierarchical DVMRP

Das DVMRP wurde als Intra-Ärea Routing-Protokoll vorgestellt, d.h. es verwaltet in einer Routing-Domäne alle Multicast-Gruppen. Anders dargestellt: Routing-Informationen für ausschließlich lokal relevante Multicast-Gruppen werden mittels DVMRP in die gesamte Domäne propagiert.

Um dies zu umgehen, wurde das *Hierarchical* DVMRP *HDVMRP* vorge- *HDVMRP* schlagen, das statt einer „flachen" Routing-Domäne hierarchisch gestaffelte Routing-Regionen vorsieht. HDVMRP sieht zwei unterschiedliche M-Router vor:

- Level-2 (L2-)M-Router zur Kopplung der Domänen untereinander: *Boundary Router* (Abbildung 9.6-8) auf Grundlage des HDVMRP. Die Links zwischen den Domänen können redundant ausgelegt werden.
- Level-1 (L1-)M-Router zur Abwicklung der Multicast-Routings innerhalb einer Domäne. Hierbei kann das lokale (d.h. Level 1) Multicast-Routing-Protokoll DVMRP sein; es kann aber z.B. auch MOSPF Anwendung finden (vgl. Abschnitt 9.6.4).

HDVMRP ist ein Inter-Ärea Routing-Protokoll. Interne Routing-und Topologie-Informationen werden über das HDVMRP nicht weitergeleitet. Topologie-Änderungen bzw. das Hinzufügen oder Entfernen von Multicast-Gruppen bleiben somit in einer Domäne lokale Ereignisse.

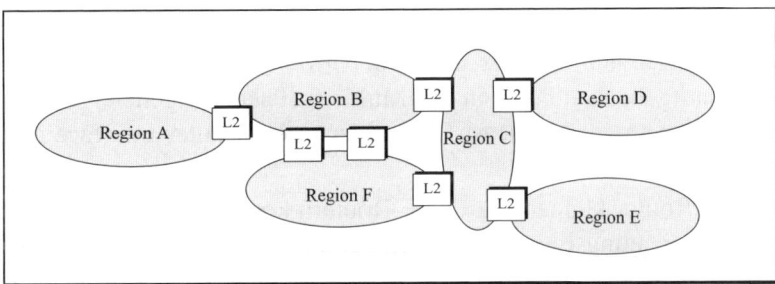

Abbildung 9.6-8:   Multi-Domän-Topologie für HDVMRP
                         L2: Level-2 M-Router

Jede Domäne wird mit einem *Region Identifier* benannt. Als Region wird *Region* hierbei das System der jeweils lokalen (L1-)M-Router und die von ihnen *Identifier* verwalteten Subnetze verstanden. Jede Region ist mit einer anderen durch einen oder mehrere L2-Boundary-Router verbunden. Die L2-Router müssen selbstverständlich das in ihrer lokalen Domäne eingesetzte Intra-Ärea Routing-Protokoll verstehen.

L2-Router tauschen untereinander die *Region Identifer* statt etwaiger Sub-netz-Informationen aus. Multicast-Pakete erhalten beim Inter-Domän-Verkehr dieses zuätzliche Feld in einem Encapsulation-Header, der beim Empfang in der Ziel-Region vom dortigen L2-Router wieder entfernt wird. Aufgrund des Encapsulation-Verfahrens können daher in den Regionen nur L1-Router mit gleichem Multicast-Routing-Protokoll untereinander kommunizieren.

9.6.3 Multicast OSPF

Das Open Shortest Path First (OSPF-) Routing-Protokoll verfügt mittels Erweiterung Multicast (M-)OSPF über ein zusätzliches *Link State Advertisement* (LSA, => Abschnitt 9.4.1), mit der Multicast-Gruppen angegeben werden können. MOSPF zeichnet folgende Merkmale aus:

* Die OSPF Link-State-Datenbank beschreibt in jedem M-Router mit MOSPF die gesamte Topologie des Autonomen Systems (AS), zu dem er zugehörig ist, einschließlich der Pfadkosten. Die Konsistenz der Topologiedaten im AS – über alle MOSPF-Router hinweg – wird nebem dem periodischen Austausch der Multicast-Gruppen LSAs über MOSPF-Nachrichten, durch die Übermittlung der Multicast-Gruppenzugehörigkeit aller MOSPF-Router mittels Group-Membership-Nachrichten erzielt (=> Abschnitt 3.8.1).

* Der Multicast-Baum wird für das Adreßpaar <Multicast-Sender, Multicast-Gruppe> gebildet (*per source/per group multicast tree*) und nur bei Bedarf aufgebaut, d.h. wenn ein Multicast-Paket ausgehend vom Multicast-Sender an die Multicast-Gruppe an einem Router-Interface empfangen wird.

* MOSPF-Router können mit OSPF-Routern koexistieren. Hinsichtlich der Multicast-Routing-Entscheidungen werden aber die reinen OSPF-Router nicht berücksichtigt. Umgekehrt wertet ein OSPF-Router die zusätzlichen MOSPF-LSAs nicht aus.

* MOSPF erlaubt die Aufteilung eines Autonomen Systems in unterschiedliche *Äreas* (=> Abschnitt 9.4.3.1). Dies ermöglicht, gleiche Multicast-Gruppen mit unterschiedlichen Multicast-Sendern in distinkten Äreas zu bilden. Es ist aber auch möglich, Multicast-Gruppen über Äreas zu verbinden (*Inter-Area multicasting*). Hierzu wird pro Äre ein spezieller MOSPF-Router eingesetzt, zu dem der gesamte Multicastverkehr – unabhängig von seinem Ziel – übertragen wird (*wild-card multicast receiver*).

- Der Einsatz von MOSPF beschränkt sich prinzipiell nicht auf ein Autonmes System, sondern kann mehrere umfassen. Hierbei macht MOSPF keine Aussagen zum Inter-Ärea (L2-)Routing Protokoll (vgl. Abschnitt 9.6.2.4). Solche MOSPF-Router werden als *Boundary-Router* bezeichnet und sind zu diesem Zweck notwendigerweise als *wild-card multicast receiver* eingerichtet. MOSPF setzt hierbei voraus, daß der gesamte Multicast-Baum auf Grundlage des RPF-Verfahrens berechnet wird.

Das Routing eines Multicast-Pakets geschieht bei MOSPF nach den folgenden Schritten:

MOSPF-Routing

1. Bei Ankunft eines (neuen) Multicast-Pakets an einem Router Interface mit dem Merkmal <Multicast-Sender, Multicast-Gruppe> wird zunächst ein RPF-Check durchgeführt (=> Abschnitt 9.6.2.3).
2. Anschließend wird überprüft, ob ein Eintrag in der Router Forwarding-Datenbank existiert. Ist dies der Fall, wird das Paket an das zugewiesene Interface übermittelt.
3. Fällt der Test negativ aus, berechnet der MOSPF-Router auf Grundlage des Dijkstra-Algorithmus – ausgehend von der Senderadresse – mittels seiner Routing-Tabellen sowie der Link-State Informationen den kürzesten Weg zum Empfänger. Ausschlaggebend hierfür sind die Pfadkosten, die in der OPSF Link-State-Metrik hinterlegt sind.
4. Da diese Topologie-Informationen bei allen MOSPF-Routern identisch sind, wird somit im M-Router ein Abbild des Multicast-Baums erzeugt und das Paket abschließend an all jene Interfaces übertragen, an denen weitere abhängige Router bzw. die Multicast-Empfänger angeschlossen sind.
5. Es wird eine lokale Forwarding-Tabelle aufgebaut, die über einen Time-Out-Wert regelmäßig geleert wird. Hierdurch kann der MOSPF-Router auf Änderungen in der Topologie bzw. der Multicast-Gruppen zeitnah reagieren.

Da u.U. für jedes Multicast-Paket eine Neuberechnung des Multicast-Baums vorgenommen werden muß, ist das MOSPF-Protokoll mit einem erheblichen rechentechnischen Aufwand versehen.

9.6.4 Protocol Independent Multicast (PIM)

Bei den bislang diskutierten Multicast-Routing-Protokollen DVMRP und MOSPF wurde stillschweigend davon ausgegangen, daß ein M-Router relativ viele Mulitcast-Empfänger pro Multicast-Gruppe in seinen zu versorgenden Subnetzen versorgt. D.h. die Subnetze sind „dicht" (engl. dense) mit

Empfängern bevölkert. Eine Multicast-Gruppe erstreckt sich hierbei um relativ wenige, eng beieinander liegende Subnetze mit relativ vielen Empfängern.

In der Praxis sieht es aber häufig so aus, daß lediglich wenige Empfänger pro Subnetz zu verzeichnen sind, was im Englischen „sparse" genannt wird. D.h. die zu einer Multicast-Gruppe eingeschriebenen Empfänger sind weit verstreut. Während im Dense-Mode verhältnismäßig wenige M-Router Routing-Tabellen für die Multicast-Gruppe führen müssen, sind es im Sparse-Mode viele Router für viele Gruppen mit wenigen lokalen Empfängern. In diesem Fall arbeiten die Routing-Algorithmen nicht mehr effizient. Es müssen häufig große Routing-Tabellen ausgetauscht werden, die den dynamischen Änderungen in den Gruppen entsprechen. Dies belastet sowohl die M-Router als auch die Bandbreite in den Trägernetzen.

Mit dem *Protocol Independent Multicast* (*PIM*) wurde ein neues Routing-Protokoll geschaffen, das diesen Zusammenhängen Rechnung trägt. PIM arbeitet unabhängig vom jeweiligen Unicast-Routing (=> Abbildung 9.6-1) in zwei Modi:

- *Dense Mode PIM* (*PIM-DM*)

- *Sparse-Mode PIM* (*PIM-SM*)

PIM-SM wurde zunächst mit der Version 1 in RFC 2362 spezifiziert und befindet sich z.Z. mit der Version 2 in der Überarbeitung (*draft-ietf-pim-sm-v2-new-00.txt*); eine neue Version von PIM-DM ist z.Z. nicht existent.

9.6.4.1 PIM-SM-Arbeitsweise

PIM geht davon aus, daß zwischen den Subnetzen Multicast-IP-Pakete ausgetauscht werden können, wobei sich Multicast-Sender und -Empfänger a priori nicht kennen. PIM arbeitet in dem Sinn protokoll-unabhängig, da es kein spezielles Routing-Protokoll voraussetzt, sondern die eigene *Multicast Routing Information Base MRIB* mit Routing-Informationen füllt, die von beliebigen Routing-Protokollen stammen, z.B. auch RIP2 oder aber von den bereits diskutieren Protokollen DVMRP bzw. MOSPF.

MRIB Die MRIB beschreibt Routing-Informationen sowohl für PIM-Nachrichten, wie z.B. Join, als auch für Multicast-Pakete. PIM-Routing wird über das Reverse Path Forwarding (RPF) realisiert, dessen spezielle Ausprägung bei PIM in drei Phasen abläuft:

- Phase 1: *Multicast-Empfänger trägt sich in eine Multicast-Gruppe ein.* Im lokalen Subnetz des Empfängers *R* fungiert ein PIM-Router als Designated Router *DR*. Dieser erzeugt eine PIM *Wildcard Join-Nachricht* in der Form (*,G). Die Join-Nachricht wird zu einem PIM-Router geroutet, der entweder selbst zur Gruppe *G* gehört, oder diese zu einem sog. *Rendezvous Point (RP)* weiterleitet. Jeder PIM-Router, der die Join-Nachricht empfangen und weitergeleitet hat, befindet sich hinsichtlich der Multicast-Gruppe *(*,G)* im *Join-Zustand.*

Ein RP ist ein PIM-Router, der für dedizierte Multicast-Gruppen als *Rendezvous* Vermittler zwischen Multicast-Sender *S* und -Empfänger *R* dient. Hierzu *Point* empfängt er alle die Multicast-Gruppe betreffenden Join-Nachrichten *(*,G)* und die Multicast-IP-Pakete des Senders *S*. Der Rendezvous Point steht also im Ursprung des Multicast-Baums für die Gruppe *G*, bei PIM als RP-Baum *(RP Tree RPT)* bezeichnet. Jeder der die Join-Nachricht *(*,G)* empfangende Router auf dem Pfad wird selbst zum Bestandteil des Multicast-Baums RPT, der sich hierdurch instanziiert. Die Join-Nachrichten werden periodisch wiederholt und der RP-Baum ist so lange intakt, wie diese Nachrichten gesendet werden bzw. wird gekappt, falls diese nach einem Time-Out ausbleiben.

Der Multicast-Sender *S* sendet die IP-Pakete zunächst zu seinem Desi- *PIM-Register* gnated Router *DR*, der die IP-Multicasts dann in ein Unicast-Paket ein- *Pakete* schlägt und als *PIM Register Pakete* mit der IP-Zieladresse des RP abschickt. Zwischen Sender-DR und RP liegen i.d.R. mehrere Hops. Vom RP aus erstreckt sich anschließend der normale Multicast-Datenstrom über den RP-Baum zu den Empfängern.

- Phase 2: *Register Stop*
Die Übermittlung der Multicast-Datenpakete zwischen dem DR des Senders und dem RP findet zunächst als enkapsulierter IP-Unicast statt. Dies ist aber ein aufwendiges Verfahren und stellt für weitere Subnetze, die ebenfalls am Sender-DR angeschlossen sind, unnötige Verzögerungen dar. Beim Empfang des ersten Multicast-Datenpakets am RP überprüft dieser, ob nicht statt der Encapsulation- eine native Multicast-Übertragung zwischen Sender und ihm möglich ist. Hierzu formuliert der RP eine spezifische Join-Nachricht (S,G) und schickt diese in das Subnetz des Senders. PIM-Router auf diesem rückwärtigen Übertragungswert, die bereits Mitglieder der Gruppe (*,G) sind, können sich dann beim Sender-DR registrieren lassen und somit den Unicast-Pfad abkürzen.

Währenddessen werden immer noch die in Unicasts eingepackten Multicast-IP-Paket vom Sender-DR an den RP versandt. Sobald aber zugleich die nativen Multicast-Pakete von einem neu registrierten PIM-Router eintreffen, verwirft der RP die eingepackten Multicasts und sendet eine *Register-Stop*-Nachricht an den Sender DR, damit die Multicasts nicht zusätzlich als Unicasts verschickt werden.

Source Specific Tree

Zu diesem Zeitpunkt existieren für diese Mulitcast-Gruppe folgende Übertragungsbäume:

- Der vom RP ausgehende Multicast-Baum (*RP Tree*) an die Empfänger und

- der quellspezifische Baum (*source specific tree*) vom Multicast-Sender an den RP.

Der Schnittpunkt beider Bäume stellt den Übergang des Unicast- zum Multicast-Verkehr dar, und man vermeidet so den ursprünglich weitläufigen Unicast-Transport über den RP.

- Phase 3: *Shortest Path Tree*
  Eine weitere Optimierung der Multicast-Übertragungswege wird bei Auswahl des kürzesten Pfads – zwischen Empfänger R und Sender S – eingeschlagen. Um dies zu bewerkstelligen, kann der Empfänger-DR von sich aus die *Join-Nachricht* (S,G) generieren und sie in Richtung Sender schicken. Durch diese Join-Nachricht wird ein Empfänger-spezifischer *Shortest Path Tree (SPT)* aufgebaut.

RPT Prune

Ist dies der Fall, erreichen den Empfänger-DR, oder zumindet ein dem SPT beigetretener PIM-Router, die Multicast-Pakete sowohl über den SPT als auch über den RP-Baum. Die über den RP-Baum empfangenen Pakete werden verworfen und an den RP eine *Prune-Nachricht* verschickt. Die Prune-Nachricht vom Format (S,G,rpt) wandert den RP-Baum entlang und teilt allen PIM-Routern mit, daß Multicasts vom Sender S an die Gruppe G nicht über diesen Pfad laufen sollen. Die Prune-Nachricht kommt entweder beim RP an, oder aber beim letzten PIM-Router, der noch über den RPT versorgt werden muß. Damit ist der kürzeste Pfad SPT zwischen Multicast-Sender S und Empfänger R etabliert.

Source-specific Joins

IGMPv3 ermöglicht es, daß der Multicast-Empfänger angeben kann, von welchem Empfänger er Multicasts für die Gruppe G beziehen will bzw. welche Sender-spezifische Gruppe er verlassen möchte. Hierin kann ihn sein DR unterstützen, der – vorausgesetzt, kein anderer lokaler Empfänger ist an Multicasts für die Gruppe G interessiert – einen *Source Specific Join* (S,G) absetzt.

Source-specific Prunes

Ein IGMPv3-Empfänger kann seinem DR mitteilen, daß er nicht mehr am Bezug von Multicast-Nachrichten der Gruppe G vom Sender S interessiert ist. Hierzu formuliert der DR eine normale (*,G) Join-Nachricht, die zusätzlich von einer (S,G,rpt) Prune-Nachrichten begleitet wird.

Multi-access Transit LANs

Da PIM kein eigenes Routing-Protokoll mit sich bringt, kann es dazu kommen, daß mehrere sich im gleichen Subnetz und im Join-Zustand für die Multicast-Gruppe (*,G) befindende PIM-Router inkonsistente Routing-

Tabellen (MRIB) aufweisen. Um diesem Problem zu begegnen, ist es notwendig, nach geeigneten Kriterien einen PIM-Router als *Forwarder* zu bestimmen, zu dessen Übermittlung *Assert-Nachrichten* herangezogen werden. Kriterien sind herbei die Join-Zustände (S,G) sowie die günstigste Metrik der Router-Kandidaten.

PIM-SM funktioniert nur dann, wenn die IP-Adressen der für die Multicast-Gruppen relevanten RP allen anderen PIM-Routern bekannt sind. Da dies initial nicht gegeben ist, wird ein sog. *Bootstrap-Verfahren* angewandt: *PIM Bootstrap and RP Discovery*

In einer PIM-Domäne wird ein Router zum sog. *Bootstrap Router* (BSR) bestimmt. Alle vorgesehenen RP-Router teilen ihre potentielle „Gruppenführerschaft" dem BSR in Unicast-Meldungen mit. Der BSR faßt diese Informationen zusammen und schickt sie per *Bootstrap-Nachricht* in die PIM-Domäne, so daß sie allen RP-Routern bekannt werden. Jeder RP baut pro Multicast-Gruppe eine Hash-Tabelle auf, die so sortiert ist, daß derjenige RP-Kandidat am Anfang steht, dessen Wahl die geringsten Topologie-Änderungen nach sich zieht. Auf diese Weise ist der RP für eine Multicast-Gruppe bestimmt. *Bootstrapping*

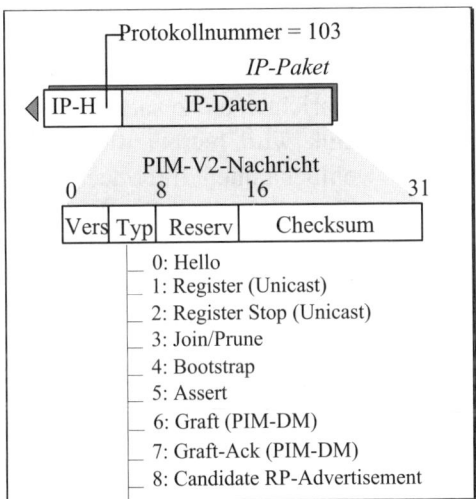

Abbildung 9.6-9:   Prinzipieller Aufbau von PIM-V2-Nachrichten
Vers: Version, Typ: Type, IP-H: IP-Header, Reserv: Reserviert

9.6.4.2 Aufbau der PIM-Nachrichten

PIM-Nachrichten werden direkt in IP-Pakete eingebettet. Hierzu ist die IP-Protokollnummer 103 vorgesehen, die allerdings noch nicht standardisiert ist. Abbildung 9.6-9 zeigt den prinzipiellen Aufbau von PIM-Nachrichten. Da die derzeitige Spezifikation von PIM noch im Fluß ist, verweisen wir den Leser hinsichtlich weiterer Details auf den Standardisierungsprozeß.

ALL-PIM-ROUTERS PIM sieht neun unterschiedliche Nachrichtentypen vor, die mit Ausnahme von *Register* und *Register-Stop* als Multicasts mit der Gruppenadresse ALL-PIM-ROUTERS bzw. 224.0.0.13 verschickt werden. Es ist bemerkenswert, daß hierbei bereits Nachrichtentypen für PIM-DM deklariert wurden, nämlich *Graft* und *Graft-Ack*. Diese finden bei PIM-SM keine Verwendung.

9.6.5 Core Based Trees

Mit den *Core Based Trees* (*CBT*) wird eine ähnliche Strategie verfolgt wie bei PIM: Ausgehend von einem *Core-Router* wird ein gruppenspezifischer Multicast-Baum aufgespannt, der genau die Subnetze und Routen beinhaltet, die für die interessierten Multicast-Empfänger relevant sind. Die in RFC 2189 vorgestellte Version von CBT trägt die Nummer 2, während die Version in RFC 2201 zu finden ist.

Core-Router *Core-Router* sind funktional vergleichbar den *Rendezvous Points* (RP) bei PIM. Unterschiede zwischen PIM und CBT bestehen darin, daß bei CBT das JOIN eines Routers in eine Muliticast-Gruppe ausdrücklich bestätigt werden muß und daß in den CBT-Nachrichten ein zusätzliches Steuerelement eingeführt wird: der *Link*. Als Link wird hierbei die (gerichtete) Verbindung zweier Router über ihre wohlbekannten Interfaces verstanden. Hierdurch werden – ausgehend vom Core-Router – die Router-Abhängigkeiten im Multicast-Baum (*on tree router*) eindeutig gekennzeichnet, und es entfällt die Notwendigkeit, senderspezifische Multicast-Routing-Tabellen zu verwalten. Die Richtung *Downstream* ist immer vom Core-Router zu einem Empfänger und *Upstream* zum Core-Router hin. Eine Nachricht downstream wird über das *outgoing interface* (*oif*), eine Nachricht upstream über das *incoming interface* (*iif*) versandt.

9.6.5.1 Ablauf des Core Based Tree Routings

Der Aufbau des CBT-Multicast-Baums vollzieht sich in folgenden Schritten:

Empfänger in Multicast-Gruppe 1. Ein Empfänger trägt sich in eine Multicast-Gruppe ein, indem er eine IGMP Membership-Nachricht für die Gruppe G versendet.

2. Erreicht diese Nachricht einen CBT-Router, der den Core-Router kennt, erzeugt dieser (falls er selbst noch nicht Mitglied der Gruppe ist) eine JOIN_REQUEST-Nachricht und schickt sie in Richtung Core-Router ab.

Zu diesem Zeitpunkt ist er der Multicast temporär beigetreten und baut eine Verbindungstabelle der Form <G,iif,oif> auf. Der Router, der über das *outgoing interface* angesprochen wurde, muß kein CBT- oder M-Router sein; vielmehr kann er aus den Unicast-Routing-Tabellen ermittelt worden sein.

3. Diese Nachricht wird vom Core-Router bzw. von einem Upstream-CBT-Router, der bereits Mitglied des CBT ist, mit einem JOIN_ACK bestätigt. Der nun der Multicast-Gruppe G beigetretene CBT-Router ist für die Aufrechterhaltung der Upstream-Verbindung verantwortlich, solange die Empfänger (Downstream-seitig) an einer weiteren Mitgliedschaft Interesse haben. Um die Upstream-Verbindung zu testen, sendet der CBT-Router periodisch ECHO_REQUEST-Nachrichten zu seinem Nachbarn. Diese werden entweder als All-CBT-Router-Multicasts (224.0.0.15) formuliert, oder aber als Unicasts, wenn der Nachbar-CBT-Router nur über eine Unicast-Verbindung erreichbar ist. Als Antwort erwidert dieser mit einer ECHO_REPLY-Nachricht, die zudem Informationen über all jene Multicast-Gruppen beinhaltet, die dem entsprechenden CBT-Router-Interface zugeordnet sind.

Senden von Multicast-Daten

Wie bei den meisten Multicast-Routing-Protokollen, wird auch bei CBT nicht vorausgesetzt, daß ein Multicast-Sender Mitglied der Multicast-Gruppe selbst ist (=> Abbildung 9.6-7). Ferner kennt der Multicast-Sender weder die Multicast-Empfänger, noch weiß er von der Existenz eines Core-Routers bzw. des CBT.

Es wird allerdings vorausgesetzt, daß der erste CBT-Router im Übertragungspfad Kenntnis über die Zuordnung der Multicast-Gruppe zum Core-Router besitzt, ohne daß er per JOIN zur Multicast-Gruppe selbst gehören muß. Der CBT-Router hat in jedem Fall die Aufgabe, die einlaufenden an die Gruppe gerichteten Multicast-Nachrichten per IP-IP-Enkapsulation zu verarbeiten und als IP-Unicasts zum Core-Router weiterzuleiten. Dieser verschickt sie dann als Multicasts in den CBT.

Der lokale CBT-Router kann aber zugleich Mitglied der Multicast-Gruppe sein. In diesem bidirektionalen JOIN-Zustand versorgt er zusätzlich die über ihn erreichbaren Multicast-Empfänger. Zugleich wird er von der Aufgabe entlastet, die ursprünglich vom Multicast-Sender ausgehenden Multicasts in IP-Unicasts zu enkapsulieren. Er reicht diese einfach in Form von Multicasts an den Core-Router weiter.

Core Router Discovery

Das Protokoll CBT kann die bei PM-SM beschriebene Möglichkeit des „Bootstrapping" zur Bestimmung der Core-Router einsetzen. Alternativ besteht die Möglichkeit, alle „Leaf"-CBT-Router – d.h. alle CBT-Router, die Multicast-Empfänger in einem Subnetz zu versorgen haben – manuell mit den Informationen Multicast-Gruppe und Core-Router zu bestücken.

Designated Router Auch bei CBT können mehrere parallele CBT-Router zwischen Subnetzen genutzt werden. Einer dieser Router ist dann als *Designated Router* (*DR*) für den Multicast-Datentransport vorgesehen. Dies geschieht über das CBT-HELLO-Protokoll oder kann in den Routern selbst konfiguriert werden. Dasjenige Interface des Routers, dem die Aufgabe zufällt, das entsprechende Subnetz zu versorgen, wird mit dem DR-Flag versehen, das als Bestandteil der HELLO-Nachrichten übermittelt wird. Hierbei kann eine Reihenfolge zwischen den Routern vereinbart werden, die immer dem aktiven CBT-Router mit dem kleinsten Wert den Vorrang gibt, wobei Werte zwischen 1 und 254 gestattet sind.

Boundary Router CBT kann nicht nur für eine Routing-Domäne eingesetzt werden, sondern erlaubt den Aufbau von Multicast-Bäumen über mehrere Domänen hinweg. Zwischen diesen Multicast-Domänen – die nicht notwendigerweise ein einheitliches Routing-Protokoll aufweisen müssen – vermitteln sog. *Boundary Router*. Der Auswahl des Boundary-Routers wird über HELLO-Nachrichten gesteuert und erfolgt entsprechend dem Prozeß des Designated Routers.

9.6.5.2 CBT-Nachrichten

CBT verwendet zur Übertragung seiner Nachrichten das Protokoll IP mit der Protokollkennung 7 und einem TTL-Wert von 1. Die aktuelle Version des Protokolls lautet 2 (CBTv2). Mittels des in Abbildung 9.6-10 dargestellten generellen Aufbaus werden die folgenden Nachrichtentypen spezifiziert:

- *HELLO-Nachrichten*
  sind periodische (i.d.R. alle 60 Sekunden) Multicasts an die „All-CBT-Router"-Gruppe, mit Router-Präferenz und ggf. Angabe des DR/BF-Flags.

- *JOIN-Nachrichten*
  beinhalten JOIN_REQUEST- und JOIN_ACK-Informationen unter Angabe der Multicast-Gruppen-Adresse und der IP-Adressen des Core-Routers sowie des Absenders.

- *QUIT_NOTIFICATION*
  werden von einem CBT-Router dann abgegeben, wenn alle bisherigen Multicast-Empfänger die Gruppe verlassen haben. Mitgeteilt wird die Multicast-Gruppen-Adresse und die IP-Adresse des Absenders.

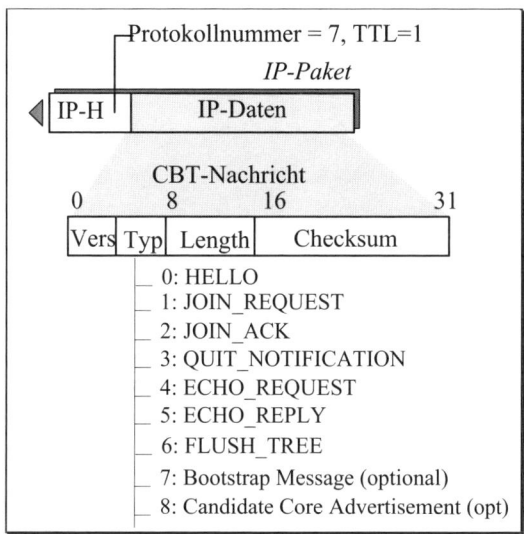

Abbildung 9.6-10:   Prinzipieller Aufbau von CBTv2-Nachrichten
Vers: Version, Typ: Type, IP-H: IP-Header, Reserv: Reserviert,
TTL: Time To Live, opt: optional

- *ECHO-Nachrichten*
  in Form von ECHO_REQUEST und ECHO_REPLY beinhalten im ersten Fall nur die IP-Adresse des den ECHO_REQUEST sendenden CBT-Routers; im zweiten Fall die IP-Adresse des antwortenden Routers mit der bereits genannten Liste der Multicast-Gruppenadressen für das entsprechende Interface, von dem der ECHO_REPLY ausging.

- *FLUSH_TREE-Nachrichten*
  sendet ein CBT-Router dann an alle abhängigen Router, d.h. Downstream-Nachbarn ab, wenn er den Kontakt zu seinem Upstream-Router verloren hat. FLUSH_TREE-Nachrichten werden wenn möglich als „All-CBT-Router"-Multicasts verschickt, ansonsten als Unicasts. In diesen Nachrichten wird die Multicast-Gruppe aufgelistet, deren Versorgungszweig ausgefallen ist und deren Route daher von den Upstream-Routern zu löschen sind (*flushing*).

10 IP über X

In vielen Unternehmen sind unterschiedliche Netze für die Übermittlung von Daten, Sprache und Bildern meist gleichzeitig eingesetzt. Um den heutigen Anforderungen u.a. nach der Integration der Sprach- und Datenkommunikation nachzukommen, müssen die klassischen Netze oft mit neuen Netztechnologien für das Gigabit Networking wie ATM (*Asynchronous Transfer Mode*), SDH (*Synchronous Transfer Mode*) und WDM (*Wavelength Division Multiplexing)* entsprechend integriert werden. Diesen „Mega"-Trend bezeichnet man als *Konvergenz der Netze.* Der zweite „Mega"-Trend besteht in der Nutzung des Internet-Protokolls IP zur Übertragung aller Arten von Informationen (Daten, Sprache, Video) und wird *Multiservice Networking* genannt.

Der über das IP abgewickelte Datenverkehr wächst sehr stark und zudem nimmt das Protokoll IP in heterogenen Netzen einen immer höheren Stellenwert ein. Internet Service Provider, Betreiber von City-Netzen und große Unternehmen benötigen heute flexible, zuverlässige und günstige Gigabit-Netztechnologien für IP-Daten. Hierfür stehen bereits mehrere Netztechnologien wie Gigabit Ethernet, ATM , SDH und WDM zur Verfügung. Während man SDH und WDM als Netztechnologie für Netzwerk-Provider einstuft, sind für den Endnutzer LANs, ATM, X.25 und Frame-Relay von Bedeutung. Zukünftig werden verschiedene Netztechnologien für die Übermittlung der IP-Pakete mit Daten, Sprache und Video eingesetzt. In diesem Zusammenhang spricht man von *IP over X,* und dies bedeutet u.a. *IP over LAN*, *IP over ATM* bzw. *IP over Frame-Relay*.

In „klassischen" IP-Backbone-Netzen werden die einzelnen IP-Pakete meist über unterschiedliche Wege transportiert. Infolgedessen variieren die Verzögerungen in der Regel, so daß es schwierig ist, *Quality of Service* (QoS) zu garantieren. Die QoS-Anforderungen lassen sich in IP-Backbone-Netzen dann besser und einfacher erfüllen, wenn die zu einer Dienstklasse gehörenden IP-Pakete im Netz auf dem gleichen Weg übermittelt werden. Diese Art der IP-Kommunikation ermöglicht MPLS (*Multiprotocol Label Switching*).

10.1 IP über LANs

Um die IP-Kommunikation über LANs besser erklären zu können, wird zunächst ein funktionales Modell eines LANs dargestellt. Abbildung 10.1-1 zeigt ein logisches LAN-Modell, in dem die funktionalen Schichten in LAN-Endsystemen (Client, Server) dargestellt sind.

IEEE Die LAN-Standards werden vom *Institute of Electrical and Electronics Engineers* (*IEEE*) spezifiziert und betreffen die beiden unteren Schichten des ISO/OSI-Modells (=> Abbildung 1.6-1). Die IEEE-Standardsammlung IEEE 802.x beinhaltet die Definition aller heute gängigen LAN-Architekturen mit Ausnahme von FDDI (*Fiber Data Distributed Interface*), das eine Spezifikation des *American National Standardization Institute* darstellt (ANSI X3T9.5).

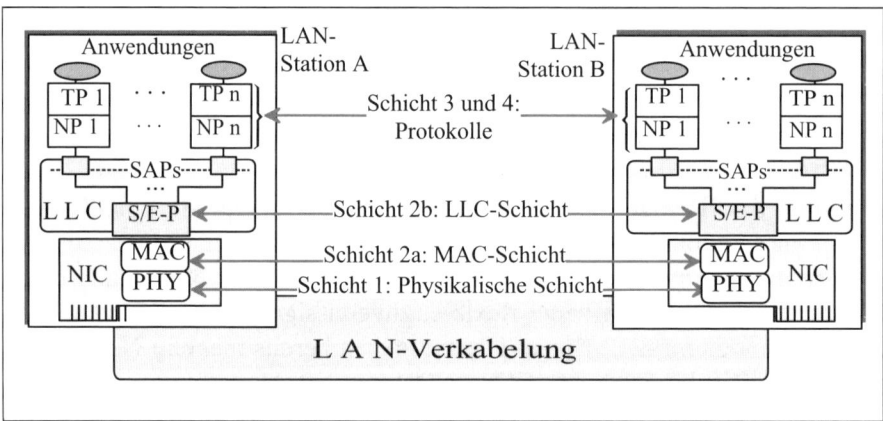

Abbildung 10.1-1:   Logisches Modell eines Shared-Medium-LANs
MAC: Media Access Control, LLC: Logical Link Control,
NP: Netzwerkprotokoll, PHY: Physikalische Schicht,
SAP: Service Access Point, S/E-P: Sende-/Empfangspuffer,
TP: Transportprotokoll

Die heute gebräuchlichen LANs nach den IEEE-Standards 802.3 (Ethernet), 802.5 (Token-Ring) sowie FDDI unterscheiden sich hinsichtlich der Implementierung der ISO/OSI-Schichten 1 und 2a, die folgende Funktionen und Dienste beinhalten:

- *Schicht 1: Physikalische Schicht (Physical Layer)*
Hier werden alle physikalischen Eigenschaften, die für die Bitübertragung notwendig sind, festgelegt. Dazu gehören vor allem die Spezifikation des LAN-Übertragungsmediums (Verkabelung) sowie der Anschlußstecker und dessen Pinbelegung. Entscheidend sind ferner die Verfahren für die Übertragung einzelner Bits und Bitmuster und der damit verbundenen Erzeugung und Verarbeitung elektrischer bzw. optischer Signale.

- *Schicht 2a: MAC-Schicht (MAC-Layer)*
LANs qualifizieren sich durch unterschiedliche Implementierungen auf der MAC-Schicht. Der MAC-Schicht fallen hierbei folgende Aufgaben zu :

  – *Medienzugriffsverfahren*: Die Art und Weise der Mediumbelegung durch die einzelnen Stationen wird als (Medien-)Zugriffsverfahren bezeichnet. Hierzu zählt z.B. auch die wichtige Frage der Übertragungsrate (Bitrate). Funktional kann unterschieden werden zwischen *Switched Medium* und *Shared Medium* LAN. Die wichtigsten Zugriffsverfahren in Shared Medium LANs:

    ◆ CSMA/CD (*Carrier Sense Multiple Access/Collision Detection*) in LANs nach dem IEEE-802.3- bzw. Ethernet-Standard.

    ◆ *Token-Ring*-Verfahren in Token-Ring-LANs nach dem IEEE–802.5-Standard und in FDDI-LANs.

  – *Übertragungssicherung*, d.h. Sicherstellung einer fehlerfreie Ende-zu-Ende-Übermittlung der MAC-Frames zwischen den beteiligten Sende-/Empfangs-Instanzen auf Schicht 2 durch Hinzufügen einer Prüfsumme.

  – Bereitstellung und Erkennung spezifischer *MAC-Adressen* (*DA Destination Address*, *SA Source Address*).

  – *MAC-Frame-Encapsulation* der LLC-Daten durch Einfügen der MAC-Adresse, der Prüfsumme und LAN-spezifischer Steuerungsinformationen, d.h. letztlich Erzeugung eines gültigen MAC-Frames.

- *Schicht 2b: LLC-Schicht (Logical Link Control)*
Diese Schicht wird durch den Standard IEEE 802.2 festgelegt und ist daher allgemeiner Bestandteil aller LANs. Sie besitzt zwei Hauptaufgaben:

  – *LLC-Dienste-Funktionen* zur Abwicklung einer verbindungslosen bzw. verbindungsorientierten Kommunikation mit und ohne Bestätigung. Diese Dienste (LLC-Typ I, II und III) werden mittels unterschiedlicher LLC-Frames abgewickelt.

– *Multiplexerfunktionen* für die Netzwerk-Protokolle auf Schicht 3, die durch sog. SAPs (*Service Access Point*) als LLC-Dienstzugangspunkte implementiert sind (=> Abschnitt 1.6.1). Ein SAP ist eindeutig mit einer Speicheradresse (Port) verknüpft und läßt sich als individueller Kommunikationspuffer eines Netzwerkprotokolls interpretieren. Abbildung 10.1-1 illustriert, daß in einem LAN-Endsystem mehrere Kommunikationsprotokolle gleichzeitig verwendet werden können.

10.1.1 Encapsulation der IP-Pakete

Für die Übermittlung von Steuerungsangaben zwischen zwei TCP-Instanzen wird dem zu übertragenden Datensegment ein TCP-Header vorangestellt. Damit entsteht ein TCP-Datensegment. Diesem Datensegment stellt man weiter ein IP-Header voran, so daß ein IP-Paket entsteht. Bei der Übertragung des IP-Pakets in LANs wird also eine zweifache Encapsulation vorgenommen (=> Abbildung 1.6-5).

LLC-Transport Jedes IP-Paket wird um zusätzliche LLC-Steuerungsangaben zu einem LLC-Frame bzw. LPDU (*LLC Protocol Data Unit*) ergänzt. IP nutzt auf der LLC-Teilschicht den verbindungslosen Dienst ohne Bestätigung, d.h. den *LLC-Diensttyp I*. Die zugehörigen LLC-Frames unterscheiden sich hinsichtlich des in Abbildung 10.1-2 dargestellten *Control-Feldes* und werden als *Unnumbered Information* bzw. *UI-Frames* bezeichnet. Die in Abbildung 10.1-2 zusätzlich dargestellten LLC-PDUs vom Typ *Information* sowie das *Supervisory-Frame* werden beim Transport von IP-Paketen über LANs nicht eingesetzt und sind hier nur der Vollständigkeit halber aufgenommen.

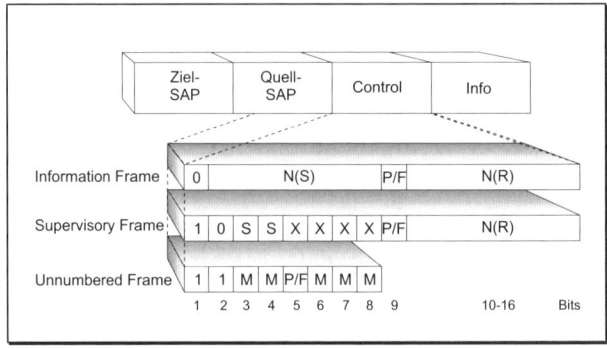

Abbildung 10.1-2:   Aufbau von LLC-Frames und LLC-PDUs vom Typ Information, Supervisory und Unnumbered
P/F: Poll/Final, S: Supervisory Bit, N(R): Empfangsfolgenummer, N(S): Sendefolgenummer, M: Mode-Bit, SAP: Service Access Point

Auf dem MAC-Niveau wird jeder LLC-Frame noch um einen MAC-Header *MAC-*
und einen -Trailer erweitert. Auf diese Weise entstehen sogenannte *MAC-* *Encapsu-*
Frames (Rahmen), die über das Übertragungsmedium gesendet werden. *lation*

Den *MAC-Trailer* bildet die Prüfsumme, die als *Frame Check Sequence* *MAC-Trailer*
(*FCS*) bezeichnet wird, sowie in Token-Ring-LANs ein zusätzlicher *Ending*
Delimiter (*ED*) und ggf. noch ein *Frame Status* (*FS*)-Feld.

Der *MAC-Header* besteht notwendigerweise aus den MAC-Adressen des *MAC-Header*
Senders (SA) und des Emfängers (DA). Zusätzliche Kontrollelemente sind
eine *Präambel* (*PA*), die über ein spezifisches Bitmuster den Beginn des
Frames kennzeichnet, sowie wiederum in Token-Ring-LANs ein zusätzli-
ches Feld *Frame Control* (*FC*) bzw. ein *Starting Delimiter* (*SD*) oder ein
Access Control (*AC*)-Feld.

Nutzdaten, die zwischen zwei LAN-Applikationen über ein Medium über- *MTU*
tragen werden, müssen für die Übertragung entsprechend vorbereitet werden. Die Länge von im LAN übertragenen IP-Paketen ist immer begrenzt
und wird von der IP-Instanz medienspezifisch als *Maximum Transfer Unit*
(*MTU*) definiert. Sie hängt zudem davon ab, welches im folgenden Abschnitt dargestellte LLC-Format gewählt ist. Wie ein Datensegment für die
Übertragung im LAN vorbereitet wird, zeigt Abbildung 10.1-3.

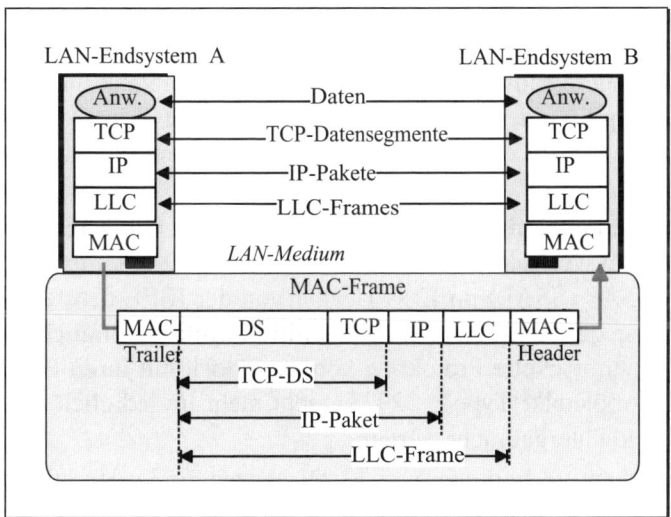

Abbildung 10.1-3:   Struktur übertragener Daten im LAN
                         DS: Datensegment

10.1.2 Multiplexing auf der LLC-Teilschicht

Im allgemeinen enthält ein PC-basierter Arbeitsplatz (Client) bzw. ein Server im LAN eine Adapterkarte (mit deren Hilfe er mit dem Übertragungsmedium verbunden wird), eine multiprotokollfähige Software-Schnittstelle sowie nach Bedarf mehrere Protokolle und Anwendungen. Diese werden auf der LLC-Teilschicht realisiert.

PID Wird ein IP-Paket von der Netzwerkschicht an die Schicht 2 überreicht (=> Abbildung 1.6-4), ergänzt die LLC-Teilschicht dieses durch einen *Protocol Identifier PID*. Umgekehrt kann beim Empfang des Frames anhand des PID das jeweilige Kommunikationsprotokoll angesprochen werden, das für die weitere Verarbeitung zuständig ist.

Type-Feld Die verschiedenen Netzwerk-Protokolle haben alle festdefinierte (zugeteilte) Nummern und beginnen ab der Nummer 1518. Die Festlegung dieser auf den ersten Blick überraschend großen Protokollnummer ist mit der Einführung der Ethernet-Netztechnologie durch die Firmen Digital, Intel und Xerox (DIX) historisch begründet. Abweichend vom IEEE 802.3-Standard wird beim Ethernet – genauer auch: Ethernet V2 oder gelegentlich Ethernet-DIX – statt des bei IEEE 802.3-LANs üblichen *zwei* Byte großen Feldes *Length* ein *Type-Feld* (manchmal auch *Ethertype* genannt) im MAC-Frame definiert, in dem die Protokollnummern untergebracht sind. Dies hat einerseits zur Folge, daß Ethernet V2 auf die Unterstützung der LLC-Teilschicht verzichtet. Andererseits werden mögliche Fehlinterpretationen hinsichtlich des Type/Length-Feldes dadurch vermieden, daß die Type-Werte größer als die maximale Länge eines IEEE 802.3-Frames gewählt wurden, nämlich 1518 Bytes.

Die Protokollnummern werden durch XEROX bzw. US Defence Communications Agency verwaltet und sind nun als Felder *Destination-SAP* (*DSAP*) und *Source-SAP* (SSAP) im LLC-Header von der IEEE neu festgelegt, wobei i.d.R. nur der Ziel-SAP benutzt wird. Einige ursprünglich speziell für Ethernet V2 entwickelte Protokolle können jedoch mit ihren Protokollnummern (z.B. Appletalk: Type = 32923) nicht mehr im lediglich *ein* Byte großen SAP-Feld untergebracht werden.

PID und OUI Mit der starken Verbreitung von FDDI-Netzen Ende der 80er Jahre und speziell ihre Kopplung mit Ethernet V2/IEEE 802.3-Segmenten ergab sich die Notwendigkeit, die Interoperabilität der IP-Übertragung auf IEEE 802.2- und Nicht-IEEE-LLC-Implementierungen wie Ethernet V2 sicherzustellen. Hierzu wurde das *Sub-Network Access Protocol* – kurz als *SNAP* bezeichnet – geschaffen, das in RFC 1042 spezifiziert ist. Es beinhaltet die Definition einer SNAP-PDU als Bestandteil des Info-Feldes des IEEE 802.2 LLC-

Headers mit den zusätzlichen Bestandteilen *Protocol Identifier PID* und *Organisation Unique Identifier OUI* (Abbildung 10.1-4).

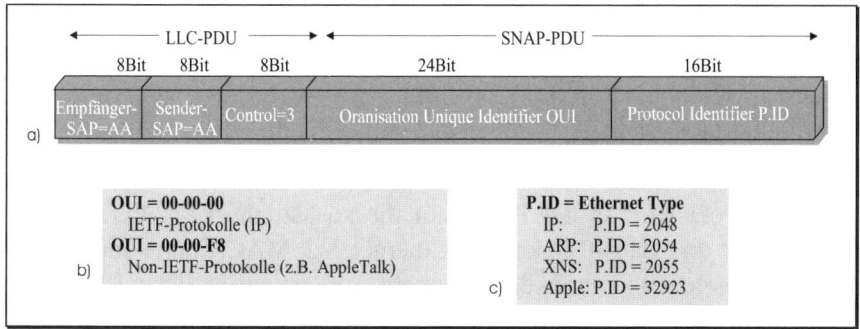

Abbildung 10.1-4:   SNAP Multiplexing:
a) Aufbau der SNAP-PDU
b) OUI-Protokollfeld bei IP- und Nicht-IP-Protokollen
c) PID-Werte für Ethernet-V2-Typen
PID: Protocol Identifier, OUI = Organisation Unique Identifier

Das SNAP-Protokoll läßt sich daher als Spezialfall des LLC-Diensttyp I mit *SNAP*
UI-Frames ansehen, für den eine feste Zuordnung hinsichtlich der SAPs und der *Control Information* vorgenommen wurde.

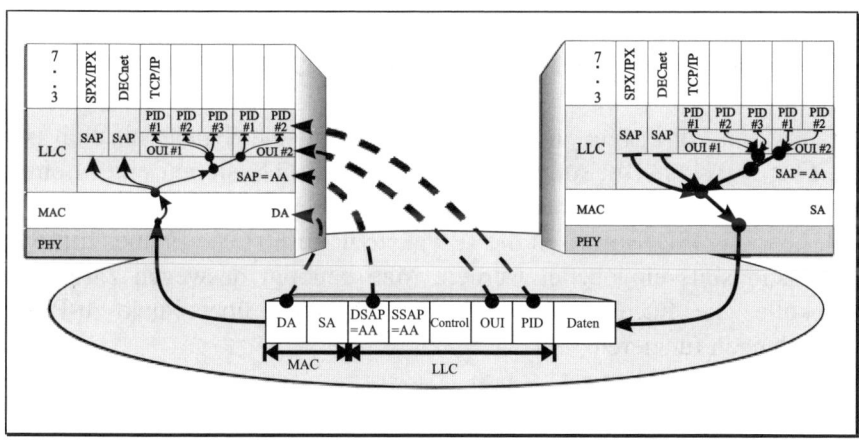

Abbildung 10.1-5:   Aufgabe des Protokolls SNAP
OUI: Organisation Unique Identifier, SAP: Service Access Point

Die Kennung für SNAP wird in den beiden Feldern DSAP und SSAP (DSAP = x'AA'; SSAP = x'AA') und im Control-Feld der Wert x'03' einge-tragen. Weitere 5 Bytes (*Info-Feld*) sind für die Adressierung der verschiedenen Protokolle reserviert. Hierdurch lassen sich im Vergleich zum Standard-LLC-Verfahren alle auf Ethernet V2 gängigen Protokolle IEEE 802.2-konform übertragen. In der SNAP-PDU stehen 3 Byte für das OUI-Feld und 2 Bytes für die PID zur Verfügung. Abbildung 10.1-5 zeigt, daß hierdurch eine hierarchische Multiplexing-Struktur auf der LLC-Teilschicht geschaffen wird.

Zusammmenfassend kann festgestellt werden, daß es drei Methoden gibt, IP-Pakete in LAN-MAC-Frames einzukapseln:

- Bei Ethernet wird in der Regel auf die zusätzliche LLC-Verkapselung verzichtet und das IP-Paket als Ethernet V2 MAC-Frame mit Type = 2048 eingebettet. Durch den Verzicht auf die zusätzliche LLC- bzw. SNAP-Protokollinformation gewinnt man noch einige wenige Bytes an Nettoübertragungsinformation (Payload).

- In IEEE-konformen LANs, wie IEEE 802.3 und IEEE 802.5, besteht die Möglichkeit, IP-Daten als LLC *Unnumbered Information* Frames gemäß IEEE 802.2 zu übertragen. Als SAP-Wert wird x'60' bzw. dezimal 96 eingetragen.

- Die IETF-Empfehlung lautet aber hier, für IP-Datenverkehr eine SNAP-PDU zu nutzen. Hierbei lauten die Werte (gemäß Abbildung 10.1.-4) SAP = x'AA', OUI = 00-00-00 sowie PID = 2048.

10.2 IP über Punkt-zu-Punkt-Verbindungen

Die „nackten" IP-Pakete enthalten keine Bits für die Synchronisation (wie z.B. Flag = 01111110); somit wäre es nicht möglich, sie auf einer Leitung zu entdecken. Für die Übertragung über eine physikalische Verbindung (z.B. über das ISDN) müssen die IP-Pakete in zusätzliche Frames mit Synchronisationsbits eingebettet werden. Man benötigt deswegen zusätzliche Protokolle, die für den Transport der IP-Pakete über Punkt-zu-Punkt-Verbindungen fungieren.

Zu diesem Zwecke sind folgende Protokolle in Gebrauch:

- *SLIP* (*Serial Line IP*) und
- *PPP* (*Point-to-Point Protocol*).

10.2.1 Protokoll SLIP

Das Protokoll SLIP, wie der Name *Serial Line IP* bereits sagt, stellt ein Protokoll für die Übermittlung von IP-Paketen über eine serielle Leitung dar. Eine serielle Leitung kann sowohl eine Verbindung über das analoge Telefonnetz (eine analoge Leitung) als auch eine ISDN-Verbindung (eine digitale Leitung) sein. Das Protokoll SLIP wurde bereits in den 80er Jahren im RFC 1055 spezifiziert und wird seitdem vor allem zur Anbindung von PCs mit den TCP/IP-Protokollen über serielle Leitungen an Unternehmensnetze verwendet.

Beim SLIP handelt es sich um ein sehr einfaches zeichenorientiertes Protokoll, das leicht zu implementieren ist. Das Protokoll SLIP stellt die beiden Steuerzeichen zu Verfügung: *SLIP Steuerzeichen*

- *END*: x'C0' (hexadezimal) bzw. ASCII Code 192
- *ESC*: x'DB' bzw. ASCII Code 219

Das Konzept des SLIP-Protokolls ist aus Abbildung 10.2-1 ersichtlich.

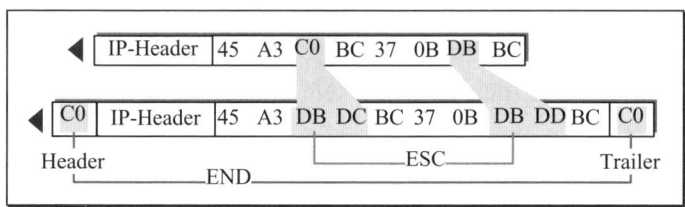

Abbildung 10.2-1:   Konzept des SLIP-Protokolls

Nach dem SLIP-Konzept wird ein zu übertragendes IP-Paket in einen *SLIP-Frame* eingebettet. Das Zeichen *END* dient sowohl als Header wie auch als Trailer. Der Header ermöglicht dem Ziel-Endsystem, den SLIP-Frame auf der Leitung zu entdecken. Damit wird die Synchronisation auf dem Paketniveau unterstützt. An dieser Stelle ist darauf zu verweisen, daß einige SLIP-Implementierungen nur mit dem Header arbeiten, da der Trailer nicht vorhanden ist.

Das Protokoll SLIP nutzt zwei festgelegte 8-Bit-Kombinationen als Steuerzeichen, um die SLIP-Frames zu bilden. In diesem Zusammenhang entsteht das *Transparenz-Problem*. Dies bedeutet, daß jedes Zeichen (jede beliebige Bitkombination) übertragbar sein muß. Falls die SLIP-Steuerzeichen *END* und *ESC* als Nutzzeichen im IP-Paket gesendet werden müssen, werden die besonderen „Maßnahmen" zur Garantie der Transparenz ergriffen. *Transparenz bei SLIP*

Tritt in dem zu sendenden IP-Paket das Steuerzeichen *END* als ein Nutzzeichen auf, so wird dieses Nutzzeichen (x'C0') durch die beiden Zeichen x'DB' und x'DC' (ASCII Code 219 und 220) ersetzt. Falls das Steuerzeichen *ESC* im IP-Paket als Nutzzeichen vorhanden ist, wird dieses Nutzzeichen (x'DB') durch die beiden Zeichen x'DB' und x'DD' (ASCII Code 219 und 221) substituiert. An der Empfangsseite werden den Doppelzeichen x'DB' und x'DC' bzw. x'DB' und x'DD' entsprechend die Zeichen x'C0' und x'DB' zugeordnet.

CSLIP Für die Übertragung eines IP-Paketes über eine Leitung sind nicht alle Angaben im IP- und im TCP-Header nötig, so daß diese Angaben nicht übertragen werden müssen. Auf diese Weise lassen sich die IP- und TCP-Header komprimieren. Eine solche Komprimierung ist unter dem Namen *Van Jacobson-Verfahren* bekannt und in RFC 1144 spezifiziert. Das Protokoll SLIP mit Komprimierung wird als *CSLIP* (*Compressed SLIP*) bezeichnet.

Der Vorteil von SLIP besteht nur darin, daß es ein einfaches und relativ effektives Protokoll ist. Es hat folgende Nachteile:

- SLIP ist „empfindlich" gegen Störungen, bei denen ein Nutzzeichen in ein „unerwünschtes" END-Zeichen umgewandelt wird.
- SLIP ermöglicht keine Fehlerkontrolle.
- In SLIP-Frames werden nur IP-Pakete übermittelt (=> keine Multiprotokollfähigkeit).

Mit dem Protokoll SLIP ist es nicht möglich, einem Remote-PC eine IP-Adresse von einem RAS-Server (=> Abbildung 11.5-1) dynamisch zuzuordnen. Bei Remote Access sollten Remote-PCs die notwendigen Netzwerkadressen (IP-Adressen) nach Bedarf vom entsprechenden RAS-Server beziehen können.

Die erwähnten Nachteile des SLIP-Protokolls werden durch das Protokoll PPP aufgehoben.

10.2.2 Protokoll PPP

Das PPP (*Point-to-Point Protocol*) wird für die Übermittlung der Datenpakete von Protokollen der Netzwerkschicht (z.B. des Protokolls IP) über physikalische bzw. virtuelle Punkt-zu-Punkt-Verbindungen verwendet. Die sog. PPP-Frames dienen als Umschläge für die Übermittlung der Datenpakete (Encapsulation). Das PPP wird vor allem bei Remote Access Services eingesetzt. Mehrere RFCs legen das PPP-Konzept und den -Einsatz fest, wobei das Basisverfahren in RFC 1661 beschrieben ist. Es gibt eine Vielzahl von

RFCs, die den Transport von PPP-Frames über verschiedene Netztechniken (z.B. ISDN, Frame-Relay, ATM, SDH) beschreiben.

Im PPP-Frame wird die Identifikation des Protokolls angegeben, dessen Datenpaket im Frame enthalten ist. Somit lassen sich die Pakete verschiedener Netzwerk-Protokolle (IP, IPX, ...) in PPP-Frames transportieren. Zusätzlich erlaubt PPP neben der Unterstützung des *SNA Control Protocol* (*SNAC*, => RFC 2043) und einer direkten NetBEUI-Encapsulation (*NetBios Frame Control Protocol NBFCP*, => RFC 2097) auch einen sog. *Bridging-Mode* für die transparente Übertragung von MAC-Level-Frames bzw. DLC-Paketen. Bei den PPP-Frames werden die Frame-Formate vom Sicherungsprotokoll HDLC übernommen, so daß man auch von PPP/HDLC-Frames spricht. Zum PPP gehören auch die „Hilfs"-Protokolle PAP (*Password Authentication Protocol*) und CHAP (*Challenge Handshake Authentication Protocol*) für die Authentisierung von Benutzern. *Protokoll-Unterstützung*

Das PPP ist ein Protokoll, das für die Übertragung von Information über alle Arten von Punkt-zu-Punkt-Verbindungen eingesetzt werden kann. Im allgemeinen ermöglicht das PPP, die zu übertragende Information so zu ergänzen, daß man sie näher spezifizieren kann. Wie Abbildung 10.2-2 illustriert, wird der zu übertragenden Information nach dem PPP ein Feld *Protocol* vorangestellt, in dem die Bedeutung der Information näher spezifiziert wird. Falls die übertragene Information ein Datenpaket darstellt, wird im Feld *Protocol* angegeben, nach welchem Netzwerkprotokoll (z.B. IP, IPX, etc.) das Datenpaket definiert ist. Falls die übertragene Information bestimmte Steuerungsangaben darstellt, spezifiziert das Feld *Protocol* auch die Bedeutung dieser Steuerung. *PPP-Bedeutung*

Abbildung 10.2-2:   PPP-Dateneinheit

Die übertragene Information zusammen mit dem Feld *Protocol* bildet eine PPP-Dateneinheit, die eventuell zusätzlich nach Bedarf mit Bits ohne Bedeutung (Füllbits, Padding) zu einer bestimmten Länge verlängert werden kann. *PPP-Dateneinheit*

Normalerweise ist das Feld *Protocol* 2 Bytes lang. Wird die PPP-Dateneinheit in einer komprimierten Form übertragen, beträgt die Länge des Protocol-Felds ein Byte.

Die PPP-Dateneinheiten dienen als eine Art „Container" für den Transport von Daten verschiedener Protokolle. Um dies zu erreichen, wird die Nummer des Protokolls im Feld *Protocol* angegeben. Diese Angabe besagt, welche Daten (genauer nach welchem Protokoll die Daten) das Feld *Information* belegen.

PPP Payload Es sind folgende Gruppen von Protokollen, deren Datenpakete in PPP-Dateneinheiten als *Payload* transportiert werden können, zu unterscheiden:

- *Netzwerkprotokolle für die Übermittlung von „Nutz"-Daten*
  Die Nummern dieser Protokolle im Protocol-Feld beginnen immer mit 0 (d.h. sie sind '0xxx'). Diese Protokolle sind z.B.:
  - x'0021' Internet Protocol, Version 4 (IPv4),
  - x'0027' DECnet Phase IV,
  - x'0029'Appletalk,
  - x'002B' Novell IPX,
  - x'0031' PPP Bridging,
  - x'0035' Banyan Vines,
  - x'003F' NetBios Frame Control Protocol,
  - x'0057' Internet Protocol, Version 6 (IPv6).
- *Network Control Protocols (NPCs)*
  sind für die Konfiguration der Netzwerkprotokolle zuständig; zu ihnen gehören u.a.:
  - x'8021' IPv4 Control Protocol IPv4, (IPCP),
  - x'8027' DECnet Phase IV Control Protocol,
  - x'8029' Appletalk Control Protocol,
  - x'802B' Novell IPX Control Protocol,
  - x'8031' Bridge Control Protocol,
  - x'8035' Banyan Vines Control Protocol,
  - x'803F' NBF Control Protocol,
  - x'804B' SNA over LLC2 Path Control (SNACP),
  - x'804D' SNA Path Control (SNACP),
  - x'8057' IPv6 Control Protocol (IPV6CP).

Die Nummern der NPCs unterscheiden sich von den entsprechenden Netzwerkprotokollen nur in der ersten Stelle; sie beginnen immer mit 8.

- *Authentisierungs- und Link-Kontroll-Protokolle*
  - x'C021' Link Control Protocol (LCP),

- x'C023' Password Authentication Protocol (PAP),
- x'C025' Link Quality Report,
- x'C223' Challenge Handshake Authentication Protocol (CHAP).

Das Feld Information in der PPP-Dateneinheit enthält die Daten (d.h. das Datenpaket bzw. die Steuerungsangaben) nach dem Protokoll, dessen Nummer im Feld *Protocol* enthalten ist (=> Abbildung 10.2-6). Die maximale Länge der Information zusammen mit dem Padding kann mit Hilfe des Parameters MRU (*Maximum Receive Unit*) in der sog. Konfigurationsphase des PPP-Protokolls festgelegt werden. Als Default-Wert werden 1500 Bytes angenommen. Dies ist gerade die maximale Länge eines MAC-Frames in Ethernet-basierten LANs.

Die „nackten" PPP-Dateneinheiten enthalten keine Bits für die Synchronisation (wie z.B. Flag = 01111110), somit wäre es nicht möglich, sie auf einer Leitung zu entdecken. Für die Übertragung über eine physikalische Verbindung (z.B. über das ISDN) müssen die in Abbildung 10.2-2 gezeigten PPP-Dateneinheiten in zusätzliche Frames mit Synchronisationsbits eingebettet werden. Häufig werden hierfür Frames vom Sicherungsprotokoll *HDLC* (*High Data Link Control*) verwendet. *HDLC-basierte PPP-Frames*

Abbildung 10.2-3 zeigt die Struktur eines HDLC-Frames mit einer eingebetteten PPP-Dateneinheit. Wird eine PPP-Dateneinheit in einem HDLC-Frame transportiert, so spricht man von einem HDLC-basierten PPP-Frame und bezeichnet ihn auch als PPP/HDLC-Frame.

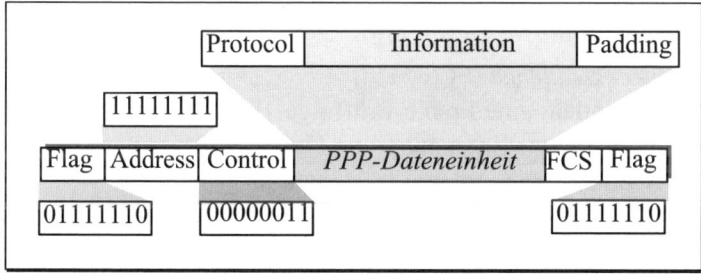

Abbildung 10.2-3:   Aufbau von HDLC-basierten PPP-Frames

Ein PPP/HDLC-Frame enthält folgende Felder:

- *Flag (*Frame-Begrenzung)
  Durch die Flags mit der Bitfolge 01111110 werden der Frame-Anfang und das Frame-Ende markiert. Das „Beginn"-Flag dient insbesondere der Synchronisation und ermöglicht es, den Beginn des Frames auf der Lei-

tung zu entdecken. Mit dem „Ende"-Flag markiert man das Ende des Frames.

- *Address-Feld*
  Bei einer bestehenden Punkt-zu-Punkt-Verbindung über eine physikalische Leitung ist die Angabe der physikalischen Adresse des Kommunikationspartners im Frame nicht mehr notwendig. Aus diesem Grund enthält dieses Feld immer die Bitkombination 11111111 (0x'FF'), die *All Station Address* genannt wird.

- *Control-Feld* (Steuer-Feld)
  Für die PPP-Frames wird eine Variante des Protokolls HDLC angewandt, bei der nur sogenannte unnumerierte Frames verwendet werden. Aus diesem Grund enthält das Control-Feld in PPP/HDLC-Frames immer die Bitkombination 00000011 (x'03').

- *Stuffing/Destuffing*
  Da für die beiden Flags eine spezielle Bitkombination 01111110 reserviert wurde, müssen besondere Maßnahmen ergriffen werden, um eine transparente Übertragung zu garantieren, d.h., um zu ermöglichen, daß die Bitkombination 01111110 innerhalb der „Nutz"-Daten übertragen werden darf. Für diese Zwecke wird ein Verfahren verwendet, das man als Bit-Stuffing/Destuffing bezeichnet. Dieses Verfahren besteht darin, daß ein zusätzliches Bit „0" jeweils nach der Bitkombination 11111 im Frame zwischen den beiden Flags an der Sendeseite hinzugefügt wird *(Bit Stuffing)*. Umgekehrt wird ein Bit „0" jeweils nach der gleichen Bitkombination 11111 im Frame zwischen den beiden Flags an der Empfangsseite entfernt *(Bit Destuffing)*.

- *Frame Check Sequence* (FCS-Feld)
  Dieses Feld enthält eine Frame-Prüffolge, die auf einem zyklischen Code basiert, und dient zur Erkennung von Übertragungsfehlern in den Feldern Address, Control, Protocol und Information.

PPP-Zustände   Nach dem Protokoll PPP entsteht eine logische Beziehung in Bezug auf den Datenaustausch zwischen zwei kommunizierenden PPP-Instanzen, die als eine logische Datenverbindung (sog. *Data-Link-Verbindung*) angesehen werden kann. Diese Verbindung wird im weiteren als PPP-Verbindung bezeichnet und setzt das Vorhandensein einer physikalischen Verbindung (z.B. einer ISDN-Verbindung) voraus. Jede PPP-Verbindung muß auf- und abgebaut werden. In diesem Zusammenhang werden bestimmte Zustände (Phasen) im Protokollablauf definiert. Diese Zustände und die Übergänge zwischen ihnen werden in Form eines PPP-Zustandsdiagramms dargestellt (Abbildung 10.2-4).

Die einzelnen PPP-Zustände sind folgendermaßen zu interpretieren:

- *Dead*
  Dieser Zustand stellt die Anfangs- und Endphase einer PPP-Verbindung dar.

- *Establish*
  Dieser Zustand repräsentiert den Aufbau einer PPP-Verbindung. Hierfür werden die Pakete nach dem Protokoll LCP (*Link Control Protocol*) als Information in PPP-Dateneinheiten übertragen. Die Pakete *Configure* von LCP enthalten sogenannte Konfigurationsoptionen (*Configuration Options*) und ermöglichen es, die Parameter einer PPP-Verbindung entsprechend zu setzen.

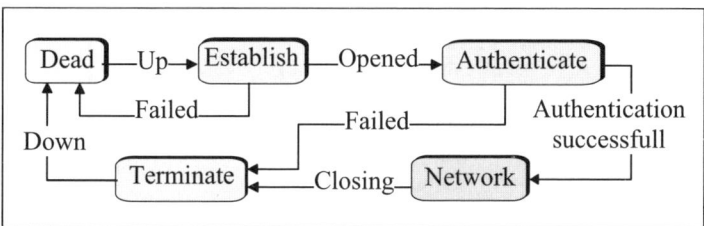

Abbildung 10.2-4:   PPP-Zustandsdiagramm

- *Authenticate*
  In diesem Zustand erfolgt die Authentisierung, d.h. die Überprüfung der Authentizität des Benutzers, der die PPP-Verbindung initiiert. In dieser Phase wird normalerweise eines der beiden Authentisierungs-Protokolle PAP (*Password Authentication Protocol*) bzw. CHAP (*Challenge Handshake Authentication Protocol*) verwendet.

- *Network* (genauer *Network-Layer Protocol Phase*)
  In diesem Zustand erfolgt die Konfiguration von Parametern des eingesetzten Netzwerkprotokolls (wie z.B. IPv4, IPv6, IPX, ...). Jedes Netzwerkprotokoll muß individuell konfiguriert werden. Der Ablauf der Konfiguration wird im allgemeinen als Protokoll NCP (*Network Control Protocol*) bezeichnet. Jedes Netzwerkprotokoll verfügt über ein eigenes Control Protocol (CP), so hat z.B. IPv4 das IPCP, IPv6 das IPV6CP, IPX das IPXCP usw.

- *Terminate*
  Dieser Zustand repräsentiert den Abbau einer PPP-Verbindung. Hierfür werden die Pakete des Protokolls LCP als Information in PPP-Dateneinheiten übertragen (=> Abbildung 10.2-2).

Protokoll Das Protokoll LCP (*Link Control Protocol*) stellt bestimmte Pakete zur Ver-
LCP fügung, die man sowohl zum Auf- und Abbau als auch zur Konfiguration
einer PPP-Verbindung benötigt. Es werden 11 Pakete im Protokoll LCP
definiert. Diese Pakete werden im Feld Information von PPP-Frames übertragen.

Abbildung 10.2-5 zeigt, wie die LCP-Pakete in PPP-Dateneinheiten eingebettet werden und wie sie strukturiert sind.

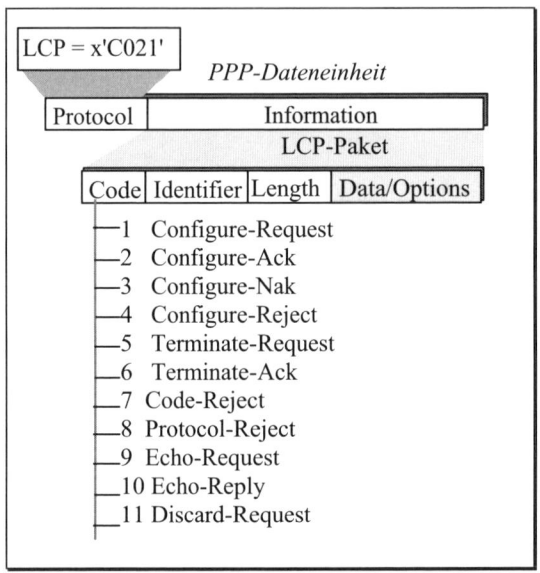

Abbildung 10.2-5:   LCP-Pakete in PPP-Dateneinheiten

Ein LCP-Paket enthält folgende Komponenten:

* *Code* (1 Byte):
In diesem Feld ist die Bedeutung des LCP-Paketes durch eine Nummer
codiert.

* *Identifier* (1 Byte):
Dieses Feld dient der Zuordnung von Antworten der Gegenseite
(*Replies*) zu den abgeschickten Anforderungen (*Requests*).

* *Length* (2 Bytes):
Hier wird die Länge des LCP-Paketes angegeben.

* *Data* bzw. *Options* (n Bytes):
Dieses Feld enthält die Angaben des LCP-Protokolls als Daten bzw. in
Form festgelegter Optionen.

Es sind folgende Klassen der LCP-Pakete zu unterscheiden:

- LCP-Pakete für den Aufbau und die Konfiguration von PPP-Verbindungen: *Configure-Request*, *Configure-Ack*, *Configure-Nak* und *Configure-Reject*.
- LCP-Pakete für den Abbau von PPP-Verbindungen: *Terminate-Request* und *Terminate-Ack*.
- LCP-Pakete für das Management und die Fehlerbeseitigung: *Code-Reject*, *Protocol-Reject*, *Echo-Request*, *Echo-Reply* und *Discard-Request*.

Die Configure-Pakete für den Aufbau und die Konfiguration von PPP-Verbindungen enthalten bestimmte Steuerungsangaben in Form sog. Configurations Options. Deren Aufbau zeigt Abbildung 10.2-6. *Configure-Pakete*

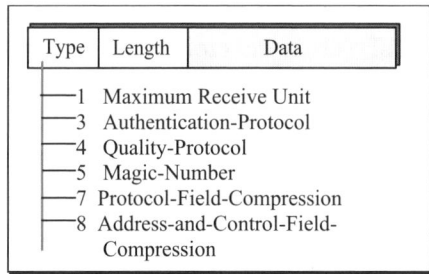

Abbildung 10.2-6:   Configurations Options in Configure-LCP-Paketen

Die einzelnen Configurations Options haben folgende Bedeutung:

- *Maximum Receive Unit*
  Mit dieser Option wird die Paketlänge angegeben, die an der Empfangsseite aufgenommen werden kann. Der Standardwert für die Paketlänge beträgt 1500 Bytes.
- *Authentication*
  Mit dieser Option wird angegeben, welches Protokoll zur Authentisierung verwendet wird. Hierbei kommen u.a. in Frage: *PAP (Password Authentication Protocol)*, CHAP (*Challenge Handshake Authentication Protocol*), EAP (*Extensible Authentication Protocol*), Microsoft-CHAP (MS-CHAP).
- *Quality-Protocol*
  Diese Option gibt an, welches Protokoll man zur Qualitätsüberwachung der PPP-Verbindung verwendet. Zur Zeit wird nur das Protokoll Link Quality Report unterstützt.

- *Magic-Number*
  Diese Option enthält eine zufällige Zahl. Sie wird verwendet, um bestimmte Anomalien auf der Verbindung zu entdecken.

- *Protocol Field Compression (PFC)*
  Standardmäßig ist das Protocol-Feld in der PPP-Dateneinheit 2 Bytes lang (=> Abbildung 10.2-2). Diese Option wird verwendet, um die Gegenseite darüber zu informieren, daß die zu einem Byte komprimierte Form des Felds *Protocol* verwendet werden soll.

- *Address and Contro Field Compression (ACFC)*
  Diese Option wird verwendet, um die Gegenseite zu informieren, wie die Felder Address und Control in HDLC-basierten PPP-Frames komprimiert werden sollen.

IPv4 Control Protocol (IPCP) Das Protokoll IPCP stellt bestimmte Pakete zur Verfügung, mit denen man eine PPP-Verbindung für die Übermittlung der IP-Pakete konfigurieren kann. Das Protokoll IPCP verwendet einige Pakete vom Protokoll LCP:

- zur *Konfiguration der PPP-Verbindung*:
  Configure-Request, *Configure*-Ack, *Configure-Nak* und *Configure-Reject*;

- für den *Abbau der PPP-Verbindung*:
  Terminate-Request und *Terminate-Ack*;

- für die *Fehlerbeseitigung*:
  Code-Reject.

Diese IPCP-Pakete werden im Feld Information von PPP-Dateneinheiten übertragen. Wie aus Abbildung 10.2-7 ersichtlich ist, werden die IPCP-Pakete identisch wie die LCP-Pakete aufgebaut (=> Abbildung 10.2-5).

Configuration Options Die IPCP-Pakete vom Typ *Configure* können u.a. folgende *Configuration Options* enthalten:

- *IP-Compression-Protocol*
  Mit dieser Option wird angegeben, welches Verfahren zur Komprimierung der IP-Pakete verwendet wird. Hier verwendet man das Van Jacobson-Verfahren (=> RFC 1144) bzw. DEFLATE Compressed Data Format (=> RFCs 1951, 1979).

- *IP-Address*
  Diese Option wird verwendet, um die dynamische Vergabe von IP-Adressen zu ermöglichen.

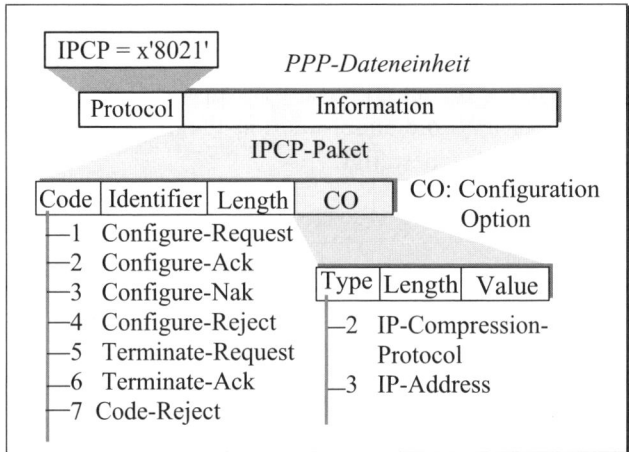

Abbildung 10.2-7:   IPCP-Pakete und deren Configuration Options

Eine PPP-Verbindung stellt eine Vereinbarung zwischen zwei PPP- *Ablauf des* Instanzen in bezug auf den Datenaustausch dar. Eine Vereinbarung kann als *Protokolls* eine logische Datenverbindung gesehen werden. Sie setzt das Vorhanden- *PPP* sein einer physikalischen Verbindung (z.B. einer ISDN-Verbindung) voraus.

Ein Beispiel für einen Ablauf des PPP-Protokolls zeigt Abbildung 10.2-8. *CO* Der Aufbau einer PPP-Verbindung (Phase: Establish, => Abbildung 10.2-4) erfolgt nach dem Protokoll LCP mit Hilfe der Pakete *Configure*. Im Paket Configure-Request können Parameter der PPP-Verbindung als *Configurati-on Options (CO)* angegeben werden. Die CO-Typen wurden in Abbildung 10.2-6 aufgelistet. Werden die angeforderten Parameter von der Gegenseite vollständig angenommen, wird dies mit dem Paket *Configure-Ack (Acknow-ledgment)* bestätigt.

Werden nicht alle Parameter vom Paket Configure-Request angenommen, wird dies mit dem Paket Configure-*Nak (Negative acknowledgment)* mitge-teilt. Wird der Verbindungsaufbau abgewiesen, sendet die Gegenseite das Paket *Configure-Reject*.

Nach der Phase *Establish* kann die Authentisierung des Benutzers erfolgen. *Phasen* Dies wird im PPP-Protokoll als Phase *Authenticate* bezeichnet (=> Abbil- *Establish und* dung 10.2-4). Der Verlauf dieser Phase richtet sich entweder nach dem *Authenticate* Protokoll PAP oder CHAP.

In der nächsten Phase, *Network,* werden die Parameter der eingesetzten *Phase* Netzwerkprotokolle konfiguriert. Für jedes Netzwerkprotokoll wird ein *Network* entsprechendes Control Protocol verwendet. Abbildung 10.2-8 zeigt den Ablauf der Konfiguration des Protokolls IPv4 mit Hilfe seines Control Protocol IPCP (=> Abbildung 10.2-7). Die geforderten Einstellungen werden im IPCP-Paket *Configure-Request* und mit der Angabe *Configuration Options* (IP-Compression-Protocol, IP-Address) an die Gegenseite übermittelt. Akzeptiert die Gegenseite die angeforderten Parameter, wird dies mit dem IPCP-Paket *Configure-Ack* bestätigt.

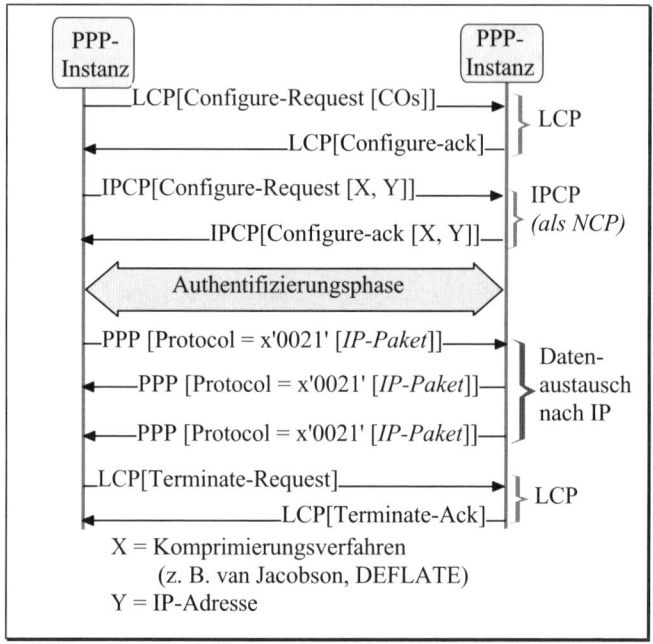

Abbildung 10.2-8:   Beispiel für einen Ablauf des Protokolls PPP

Nach der Phase *Network* (=> Abbildung 10.2-4) des Protokolls PPP findet der Datenaustausch nach dem Protokoll IP statt. Hier werden die PPP-Frames mit der Angabe Protocol = x'0021' (d.h. Protokoll IP) übermittelt. Das Feld *Information* in den PPP-Dateneinheiten wird mit IP-Paketen belegt.

Phase Terminate Der Abbau der PPP-Verbindung (*Phase Terminate*) erfolgt nach dem Protokoll LCP. Hierfür werden dessen Pakete *Terminate* verwendet.

Authentisierung beim Protokoll PPP Das Protokoll PPP definiert zwei verschiedene Möglichkeiten der Authentisierung von Benutzern, die nach den folgenden Protokollen verlaufen:

- *Password Authentication Protocol (PAP)*,
- *Challenge Handshake Authentication Protocol (CHAP)*.

Die Authentisierung ist Teil des Protokolls LCP und erfolgt nach der Verbindungsaufbauphase (=> Abbildung 10.2-8). Beim Aufbau einer PPP-Verbindung ist eine Authentisierung optional, aber nicht notwendig.

Das PAP legt drei Pakete fest, die im Feld Information von PPP-Daten-einheiten übertragen werden (Abbildung 10.2.9). *Authentisierung nach PAP*

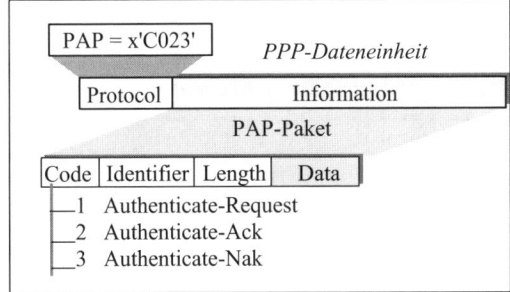

Abbildung 10.2-9:   PAP-Pakete in PPP-Dateneinheiten

Den Verlauf der Authentisierung nach PAP zeigt Abbildung 10.2-10.

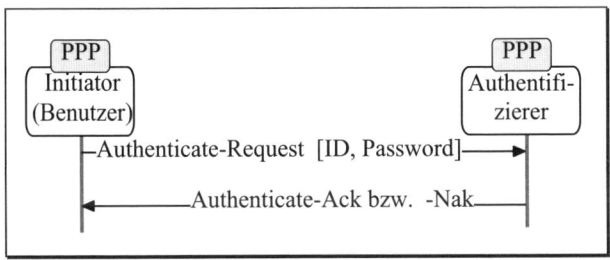

Abbildung 10.2-10:   Authentisierung nach PAP

Die Authentisierung nach PAP erfolgt mit Hilfe der Angaben: Benutzer-ID *(Identification)* und Password (Kennwort). Diese Angaben werden im PAP-Paket *Authenticate-Request* vom *Initiator* der Gegenseite *(Responder)* übermittelt, wobei das Passwort im Klartext übertragen wird. Der Responder sendet das Paket *Authenticate-Ack* mit Benutzer-ID und Password zurück, falls die Authentisierung erfolgreich war. Falls die Authentisierung erfolglos war, wird dies mit dem Paket Authenticate-*Nak* mitgeteilt und die Verbindung von der Responder-Seite abgebrochen. *Initiator/ Responder*

Das CHAP legt der IETF-Standard RFC 1994 fest. Es definiert vier Pakete, die im Feld Information von PPP-Dateneinheiten übertragen werden (Abbildung 10.2-11). *Authentisierung nach CHAP*

Challange Beim Authentisieren nach CHAP erfolgt keine Übertragung des Paßworts im Klartext. Hierbei verwendet man eine nicht umkehrbare *Hashfunktion H*, die auf einer Kombination der Zufallsfolge *X* (sog. *Challenge*) und des Passworts *Y* des Benutzers angewendet wird. Die Zufallsfolge *X* muß entsprechend lang sein, so daß sie nicht wiederholbar und nicht vorhersehbar sein darf.

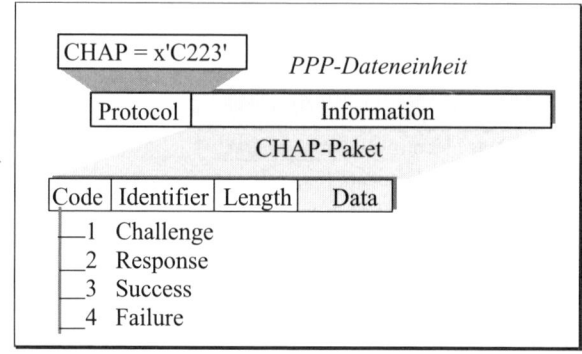

Abbildung 10.2-11:   CHAP-Pakete

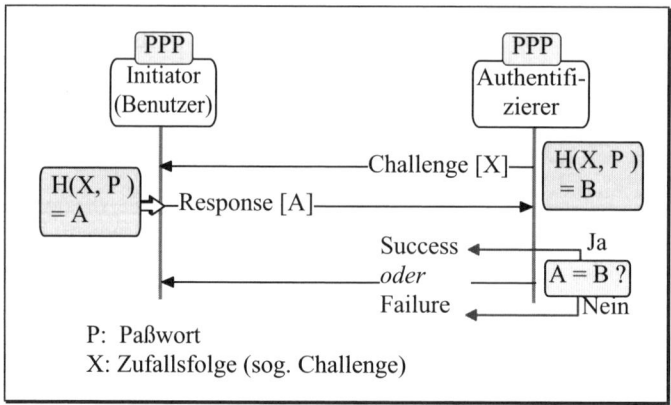

Abbildung 10.2-12:   Authentisierung nach CHAP

Initiator Den Ablauf der Authentisierung nach CHAP illustriert Abbildung 10.2-12. *Initiator* und *Authentisierer* verwenden die gleiche Einweg-Hashfunktion *H*. Eine Hashfunktion ist eine Rechenvorschrift, durch die eine „Eingangs"-Zahlfolge beliebiger Länge in eine „Ausgangs"-Zahlfolge fester (im allgemeinen kürzerer) Länge umgewandelt wird. Eine Einweg-Hashfunktion funktioniert nur in eine Richtung, d.h. aus der „Eingangs"-Zahlfolge läßt sich einfach die „Ausgangs"-Zahlfolge berechnen, doch ist es sehr schwer bis unmöglich, zu einer „Ausgangs"-Zahlfolge eine passende „Eingangs"-Zahlfolge zu berechnen.

Nach dem Ablauf der Phase *Establish* (=> Abbildung 10.2-4), d.h. nach dem Aufbau der PPP-Verbindung, wird beim Authentisierer eine Zufallsfolge *X* erzeugt und im Paket *Challenge* an den Initiator übergeben. Die Authentisierung basiert auf dem Paßwort *P* des Initiators, das nur ihm und dem Authentisierer bekannt ist.   *Establish*

Beim Initiator wird die *Einweg-Hashfunktion H* auf die empfangene Zufallsfolge *X* und dessen Paßwort *P* angewandt. Das Ergebnis *A* wird im Paket Response an den Authentisierer zurückgesendet. Dort vergleicht man das „Initiator"-Ergebnis *A* mit dem dort erzielten Ergebnis *B*, das nach der Durchführung der gleichen mathematischen Operation *H* entsteht. Sind die beiden Ergebnisse identisch, ist die Authentisierung erfolgreich und wird vom Authentisierer mit dem Paket *Success* bestätigt. In allen anderen Fällen wird das Paket *Failure* gesendet und die PPP-Verbindung abgebrochen.   *Hashfunktion*

Man kann die Authentisierung nach CHAP während einer PPP-Verbindung durchführen, ohne daß der Datenaustausch davon betroffen ist. Dieser Prozeß ist somit nicht nur auf die Verbindungsaufbauphase beschränkt. Als Einweg-Hashfunktion wird hauptsächlich der MD5-Algorithmus implementiert, der im RFC-Standard 1321 festgelegt ist.

10.3 IP über X.25 und Frame-Relay

Die im vorigen Abschnitt dargestellten Verfahren SLIP, CSLIP und PPP werden in der Regel eingesetzt, um IP-Daten über analoge oder digitale Telefonnetze zu übertragen. Neben diesen sog. Leitungsvermittlungsnetzen, die häufig auch als *Public Switched Telefon Networks PSTN* bezeichnet werden, bieten Telekommunikations-Provider auch sog. *paketvermittelnde* Netze an. Neben dem CCITT- bzw. ITU-T-Standard X.25 ist vor allem das sog. Frame-Relay-Verfahren eine Möglichkeit, eine LAN-LAN-Kopplung vorzunehmen. Obwohl mittels der in Kapitel 11 vorgestellten Tunneling-Mechanismen eine preisgünstige Alternative zu privaten Paketvermittlungsnetzen besteht, spielen sowohl X.25- als auch Frame-Relay-Netze für die *Wide Area*-Übertragung von IP-Daten eine wichtige Rolle.

10.3.1 Paketvermittlung nach X.25

Das X.25-Protokoll ist ebenfalls im ISO-Standard 8208 definiert und dient für die Übermittlung von paketierten Daten zwischen zwei kommunizierenden Datenendeinrichtungen (*Data Terminal Equipment DTE*), weshalb es auch X.25 DTE-DTE genannt wird. Hingegen stellt X.25 DTE-DCE alle Definitionen für einen Anschluß eines paketfähigen Endsystems an ein X.25-Netz zur Verfügung. Kennzeichen des Protokolls X.25 ist die Möglichkeit, logische Übertragungskanäle zur virtuellen Ende-zu-Ende-Kopplung zwischen sog. Ports vorzunehmen, die als *Network Service Access Points* (*NSAPs*) bezeichnet werden und den Sockets bei TCP/IP entsprechen. Somit verhält sich X.25 wie ein statischer Multiplexer. Über diese virtuellen Verbindungen werden X.25-Pakete gemäß dem X.25 Netzwerkprotokoll übertragen.

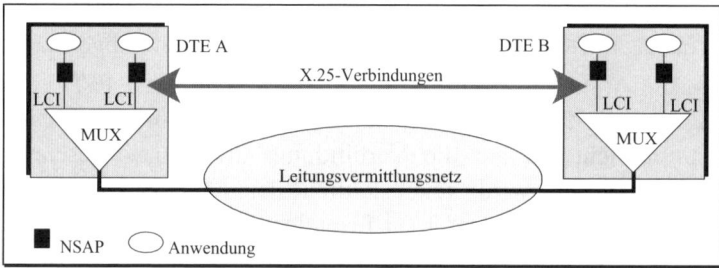

Abbildung 10.3-1:   Multiplexer-Modell der logischen Schnittstelle X.25
MUX: Mutliplexer, LCI: Logical Channel Identifier, DTE: Data Terminal Equipment, NSAP: Network Service Access Point

Das Protokoll X.25 umfaßt die Definitionen der drei untersten Schichten nach dem ISO/OSI-Modell (Abbildung 10.3-2). Die Funktionen der einzelnen Schichten in DTE und DCE sind:

- *Schicht 1 (Bitübertragungsschicht)*
  beschreibt die physikalische Schnittstelle. Folgende Schnittstellen sind möglich: X.21-, X.21bis- und auch V-Schnittstellen entsprechend ITU-T. Welche Schnittstelle im konkreten Fall eingesetzt wird, ist von den Fähigkeiten des DTE abhängig.

- *Schicht 2 (Sicherungsschicht)*
  beinhaltet das Steuerungsverfahren zur Übertragung von Datenblöcken an der Schnittstelle DTE/DCE. Es wird eine Variante der *HDLC*-Prozedur (*High-Level Data Link Control*) verwendet, die als *LAP-B* (*Link Access Procedure Balanced*) bezeichnet wird.

- *Schicht 3 (Vermittlungsschicht)*
  legt die Struktur der Steuerungsinformation und der Daten innerhalb der Pakete fest. Das Protokoll der Vermittlungsschicht wird als X.25PLP (*Packet Layer Protocol*) bezeichnet und ist für den Verbindungsauf- und -abbau sowie die Übertragung der Datenpakete während einer Verbindung verantwortlich. Es können gleichzeitig mehrere virtuelle Verbindungen über eine physikalische Leitung abgewickelt werden (=> Abbildung 10.3-1).

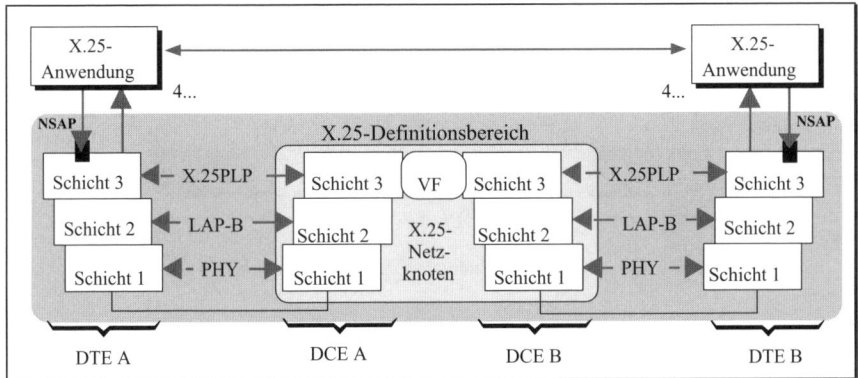

Abbildung 10.3-2:   Definitionsbereich des Protokolls X.25
VF: Vermittlungsfunktion, X25PLP: X.25 Packet Layer Protocol,
LAP-B: Link Access Procedure Balanced, DCE: Data Communication
Equipment, DTE: Data Terminal Equipment, NSAP: Network Service
Access Point

Für die Zuordnung eines Paketes zu einer virtuellen Verbindung erhält jedes *LCI* Paket im Header eine logische Kanalnummer *LCI* (*Logical Channel Identifier*), die sich aus einer *Gruppennummer* (*LGN*) und einer *Nummer* (*LCN*) innerhalb der Gruppe zusammensetzt (=> Abbildungen 10.3-1 und 10.3-4). Auf diese Weise ist über eine physikalische Leitung parallele Kommunikation Programm-zu-Programm möglich. Der logische Kanal ist immer existent und entweder ist er einer virtuellen Verbindung zugeordnet oder frei und bei Bedarf zu nutzen. Man unterschiedet daher zwischen

- festen virtuellen Verbindungen (*Permanet Virtual Circuit PVC*) und   *PVC, SVC*
- vituellen Wählverbindungen (*Switched Virtual Circuit SVC*).

Bei X.25 bieten Netzknoten X.25 Vermittlungsfunktionen (VF), indem eine *Vermittlungs-* Neuzuweisung der LCIs vorgenommen wird. Hierdurch wird ein Eingangs- *funktionen*

LCI einem Ausgangs-LCI zugewiesen, was einer Routingfunktion entspricht.

In Abbildung 10.3-3 wird der die Datenstruktur nach X.25 dargestellt. Die oberste Schicht zeigt ein Paket mit den Daten und dem Header (Paketkopf). Diese Pakete stellen die Inhalte der Datenfelder in HDLC-Frames der Sicherungsschicht dar. Die Paketdaten werden um einige Informationen zur Fehler- und Flußkontrolle ergänzt, die die relativ hohe Sicherheit des HDLC-Protokolls garantieren. Die unterste Schicht zeigt den zu übertragenden Bitstrom.

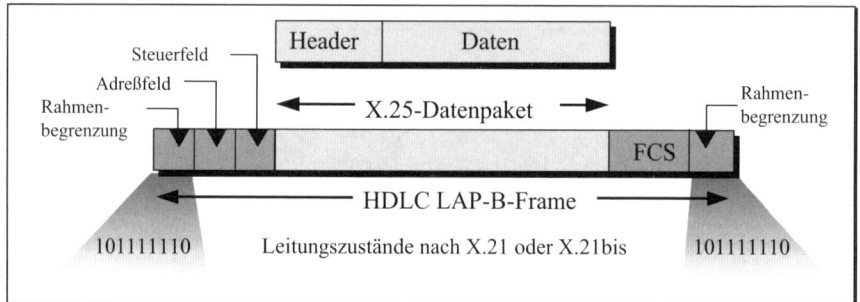

Abbildung 10.3-3:   Datenstruktur nach X.25
FCS: Frame Check Sequence, LAP-B: Link Access Protocol-Balanced

10.3.2 IP-Encapsulation bei X.25

Der schichtenbezogene Aufbau von X.25 macht deutlich (=> Abbildung 10.3-2), daß das X.25PLP auf einer Stufe mit Internet Protokoll IP steht. Im Gegensatz zu diesem verfügt es aber sowohl über eine verbindungsorientierte Variante *CONS (Connection Oriented Network Protocol)* wie einen verbindungslosen Service *CNLP (Connection Less Network Protocol)*. Die Nutzung des X.25 für IP-Daten fußt wesentlich auf den Standards CCITT X.244 sowie dem RFC 1356, der den RFC 877 ablöst und die wesentlichen Charakteristika der IP-Encapsulation über X.25 beschreibt.

Die Übertragung von IP-Paketen über ein X.25-Netz bedarf folgender Festlegungen:

- *Signalisierung* des Calls mit der Angabe, daß IP-Pakete zur Übertragung bereitstehen.
- *Encapsulation* der IP-Pakete in eine X.25PLP PDU, einschließlich der Mechanismen, wie IP-Pakete, die die maximale X.25-Paketgröße überschreiten, zu verarbeiten sind.

Der RFC 1236 formuliert zwar ein algorithmisches Verfahren, wie aus IP- *ARP*
Adressen X.121 DTE-Adressen abgeleitet werden können, jedoch ist im
Gegensatz zur Übertragung von IP-Paketen über ein LAN kein
(ARP-)Verfahren festgelegt, wie eine IP-Adresse dynamisch auf eine DTE-
Adresse abgebildet werden kann. Daher findet in der Regel eine statische
Adreßumsetzung statt, die auf lokalen, d.h. im X.25-Knoten hinterlegten
Konfigurationstabellen basiert.

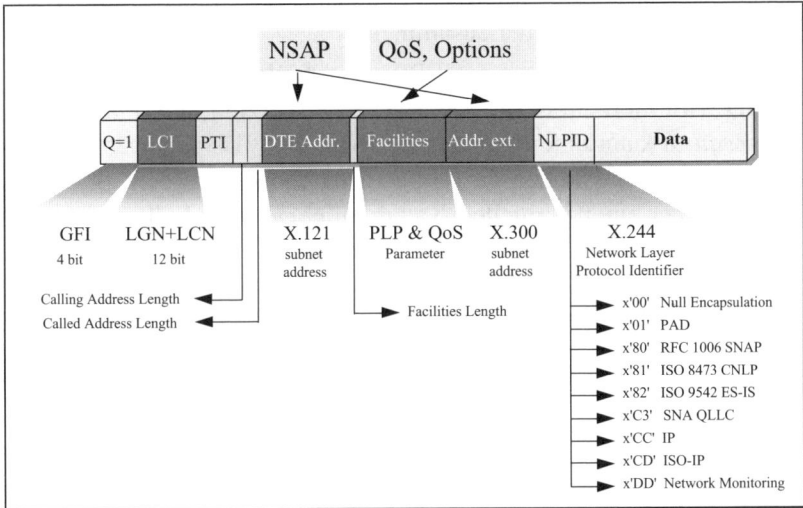

Abbildung 10.3-4:   Aufbau der Call User Data Request-PDU
GFI: General Format Identifier, LCI: Logical Channel Identifier,
LGN: Logical Group Number, LCN: Logical Channel Number, PTI:
Packet Type Identifier, DTE: Data Terminal Equipment, NSAP: Net-
work Service Access Point, QoS: Quality of Service, PLP: Packet
Layer Protocol, NLPID: Network Layer Protocol Identifier

IP-Pakete können sowohl über X.25 PVCs wie auch über SVCs übertragen *CUD und*
werden. Beim „Aufsetzen" des *Call Requests* für SVC nutzt IP die in Abbil- *NLPID*
dung 10.3-4 dargestellten Eigenschaften des ein-Byte großen Feldes *Network Layer Protocol Identifier NLPID* am Anfang der *Call User Data CUD*.
Der NLPID ist als Multiplexer für Protokolle der OSI-Schicht 3 aufzufas-
sen. Es können daher auf einem virtuellen Kanal unterschiedliche Protokolle
transportiert werden. Im einzelnen lassen sich beim X.25 *Call Request* für
die Übertragung von IP-Paketen gemäß Abbildung 10.3-5 folgende NLPIDs
nutzen:

- *Standard IP* über X.25PLP mittels NLPID = x'CC' bzw. 1024 dezimal. Die Call User Data bestehen daher ausschließlich aus dem IP-NLPID mit dem Wert x'CC'.

- *Sub Network Access Protocol SNAP* (=> Abschnitt 10.1.4) mit dem NLPID = x'80' bzw. 128. Hiermit wird eine weitere Stufe eines hierarchischen Protokoll-Multiplexens erzielt. Allerdings kann pro virtuellem Kanal nur genau ein über SNAP gekennzeichnetes Protokoll übertragen weren. Die CUD setzt sich in diesem Fall aus dem Wert x'80' und dem fünf-Byte großen SNAP-Header zusammen.

- *Null Encapsulation* über den NLPID = x'00'. Im Gegensatz zum SNAP-NLPID wird hierbei ein flaches Multiplexen erzielt, d.h. innerhalb eines *Call Request* kann unter Nutzung des Null-NLPIDs der X.25PLP-Daten-PDU eine weitere beliebige NLPID mitgegeben werden. Somit ist es möglich, über einen virtuellen Kanal beliebige Protokolle zu übertragen und X.25PLP auch im Bridging-Verfahren gemäß IEEE 802.1d zu nutzen. Wird der Null-NLPID für IP eingesetzt, besteht der CUD aus einem inneren X.25 Datenpaket, das neben den Angaben hinsichtlich GFI und LC auch noch die NLPID-Kennung x'CC' oder den NLPID x'80' und SNAP-Header zusätzlich zum eigentlichen IP-Datagramm beinhalten muß.

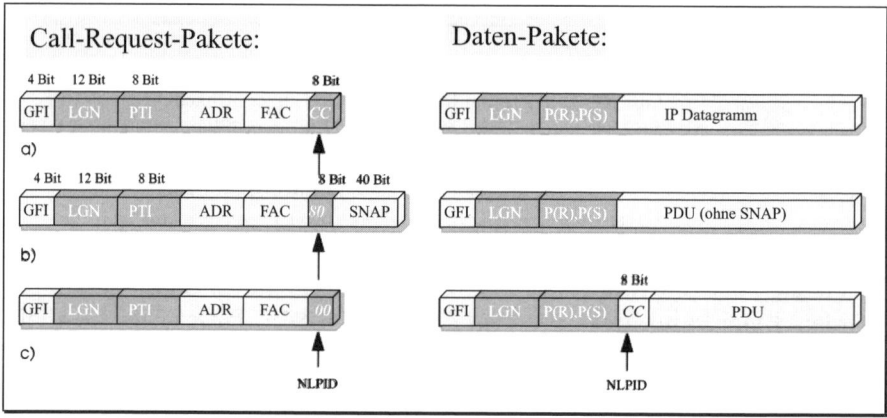

Abbildung 10.3-5:   Signalisierung und Einkapselung für IP-Datenverkehr bei X.25:
a) Standard IP mit NLPID = x'CC'
b) IP mittels SNAP-Header und NLPID = x'80'
c) Multiprotokoll-Kennung über den Null-NLPID und Kennzeichnung der IP-PDU über den NLPID x'CC' im Datenpaket selbst
P(S): Sendefolgenummer, P(R): Empfangsfolgenummer

Unter Verwendung des IP-NLPID und des SNAP-NLPID entfallen für die eigentliche Übertragung des IP-Datagramms bei der X.25PLP-Daten-PDU weitere Angaben, da für jeden unterschiedlichen NLPID je ein virtueller Kanal genutzt wird.

Wird X.25 als Transitnetz zwischen miteinander verbundenen LANs einge- *IP-Fragmen-*
setzt, weisen die vom LAN kommenden IP-Pakete vor allem bei Applika- *tation*
tionen wie dem Filetransfer FTP Größen in der Nähe der Maximum Transfer Unit MTU auf, d.h. je nach LAN-Typ zwischen 1500 Byte bei Ethernet
und 17800 Byte bei Token-Ring. Entsprechend dem RFC 1356 stellt X.25
Mechanismen bereit, diese großen IP-Pakete zu fragmentieren. Mittels des
M-Bit im Data-Paket wird hierbei angezeigt, daß die SDUs mehrerer X.25-
Pakete zusammengehören („*Complete Packet Sequence*"). Im Gegensatz
zum Standard-IP-Fragmentierungsverfahren wird jedoch das Datagramm
nicht um den IP-Header ergänzt. Die X.25 IP-Fragmentierung erfolgt daher
transparent; am Ende der X.25-Verbindung wird das ursprüngliche Datagramm wieder zusammengesetzt.

Um Interoperabilität mit dem RFC 877 zu gewährleisten, sollten X.25- *X.25 MTU*
Knoten IP-Pakete von der Größe 576 Byte senden und 1600 Byte empfangen können. Bevorzugt wird jedoch ein Schema, nach dem die MTU vom
Sender (z.B. einem Router) abhängig von der X.25-Parametrierung gewählt
wird.

Aufgrund der umfangreichen Fehlerkontrollmechanismen in X.25-Netzen,
besteht kein unmittelbarer Zusammenhang zwischen Datendurchsatz und
X.25-Paketgröße. Bedingt durch die Arbeitsweise der X.25-Knoten, ggf.
langsamer Übertragungsleitungen (oder solcher mit schlechter Qualität) und
der Möglichkeit, über getrennte physikalische Leitungen zu transportieren,
kann durchaus eine kleinere Paketgröße sowie der Einsatz mehrerer virtueller Kanäle für die IP-Übertragung einen Zuwachs an Durchsatz erbringen.

10.3.3 Frame-Relay

Frame-Relay (FR) wird häufig als Nachfolger von X.25 verstanden und ist
durch Verzicht auf einige X.25-Sicherungsmechanismen auf eine „schnelle"
Datenübertragung optimiert. In den 90er Jahren wurde Frame-Relay von
dem ursprünglichen ANSI- zu einem ITU-T Standard (Tabelle 10.3.1) weiter vorangetrieben. Die Bezeichnung „Frame-Relay" trät der Tatsache
Rechnung, daß die Nutzdaten in Frames, d.h. auf der Schicht 2, übertragen
werden; im Gegensatz zum vorgestellten paketvermittelnden X.25-Konzept.
Entsprechend der ANSI-Terminologie wird Frame-Relay als *Fast Packet
Switching* bezeichnet, obwohl der FR-Standard gar keine Pakete auf der

Netzwerk-Schicht vorsieht. Die ITU-T Standards von Frame-Relay basieren in wesentlichen Teilen auf jenen von ISDN, die im sog. *B-ISDN Protocol Reference Model* (*ISDN-PRM*) beschrieben sind.

Frame-Relay kann nicht als Ende-zu-Ende-Protokoll bzw. Ende-zu-Ende-Technologie gesehen werden. Es beschreibt vielmehr das Interface zwischen einem Netzknoten eines Telekommunikations-Providers/Carriers und dem daran angeschlossenen Endgerät, d.h. den Datenaustausch und die Kommunikation zwischen diesen. Frame-Relay ist eine verbindungsorientierte WAN-Technologie, durch die sich unterschiedliche Rechnerwelten und Plattformen und Kommunikationsprotokolle miteinander verbinden lassen. Frame-Relay setzt normalerweise auf ISDN als Trägernetz auf. Daher wird es in der Praxis bis zu Übertragungsraten von 2 Mbit/s eingesetzt und steht somit in der „Bitraten-Hierarchie" zwischen X.25 und ATM (=> Abschnitt 10.4.1).

Beschreibung	ITU-T Standard	ANSI Standard
Konzept und Dienste	I.233	T1.606
Data Link Layer-Signalisierung	Q.922	T1.602
Aufbau der FR-Frames	Q.922 Annex A	T1.618
Link Access Procedure for Frame-Relay (LAPF)	Q.921	
Network Layer-Signalisierung	Q.933 / I.451	T1.617
Local Management Interface (LMI)	Q.933 Annex A	T1.617 Annex D
Congestion Management	I.370	T1.606 (Addendum)
Network to Network Interface (NNI)	I.372	T1.617
Physikalische Schicht	I.430 / I.431	

Tabelle 10.3-1:   ANSI- und ITU-T-Standards für Frame-Relay

Konzept von Frame-Relay deckt im Gegensatz zum paketvermittelnden X.25 lediglich
Frame-Relay die OSI-Schichten 1 und 2 ab (Abbildung 10.3-6). Für Frame-Relay gibt es hinsichtlich der Nutzung von Schicht-1-Diensten keine speziellen Einschränkungen. Fast alle gängigen Schnittstellen wie X.21, V.35 oder G.703 können eingesetzt werden. Die entscheidenden Spezifikationen befinden sich in Schicht 2. In der Schicht 2 kommt als Benutzerprotokoll *Link Access Procedure for Frame-Relay LAPF* zum Einsatz.

Als ITU-T-Standard differenziert Frame-Relay wie in Abbildung 10.3-6 dargestellt nach einem

• *User Network Interface UNI* und einem

* *Network Network Interface NNI,*

die für die nachfolgende Betrachtung jedoch keine Rolle spielen.

Wie bei X.25 werden auch bei Frame-Relay die Nutzdaten in *Frames* einge- *Frames statt*
packt, wobei die Frames unterschiedlich groß sein können. Im Vergleich zu *Pakete*
X.25 entfällt die Notwendigkeit, die Frames an die Paketgröße anzupassen,
so daß statt der bei X.25 üblichen Paketgrößen von 128, 256 oder maximal
512 Byte bis zu 4 kByte große Frames eingesetzt werden können. Das hat
großen Einfluß auf die Performance nicht nur bei den Endgeräten, sondern
auch bei den entsprechenden Provider-Netzknoten. Durch den geringeren
Protokoll-Overhead sind die FR-Knoten daher weniger mit dem Ent- und
Verpacken von Nutzdaten sowie dem Austausch der Quittierungsinformati-
on beschäftigt.

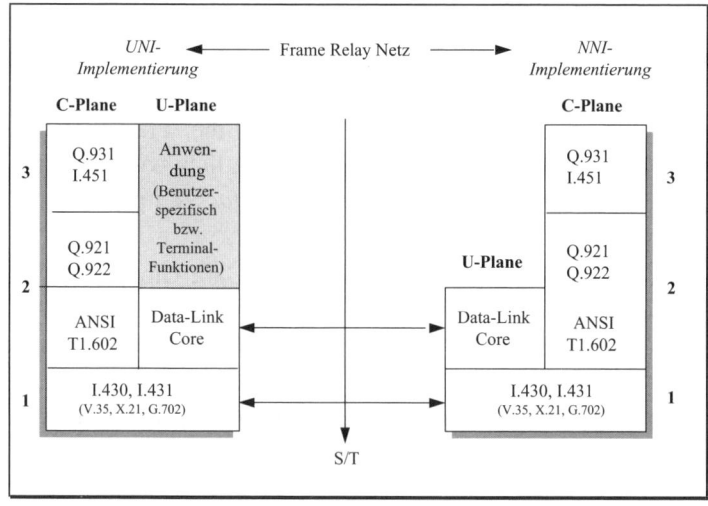

Abbildung 10.3-6:   Definitionselemente von Frame-Relay im ITU-T ISDN-PRM sowie
entsprechend ANSI

Ähnlich dem X.25-Konzept erlaubt auch Frame-Relay mehrere logische *DLCI*
Verbindungen auf einer physikalischen Übertragungsstrecke. Diese logischen Verbindungen können entweder permanente (*PVC Permanent Virtual
Circuit*) oder dynamische Verbindungen sein (*SVC Switched Virtual
Circuit*). Die wesentlichen Informationen zur Steuerung dieser Verbindungen werden dem *Data Link Connection Identifier* (*DLCI*) entnommen. Dieser DLCI ist wesentlicher Teil des Adreßfeldes (Abbildung 10.3-7).

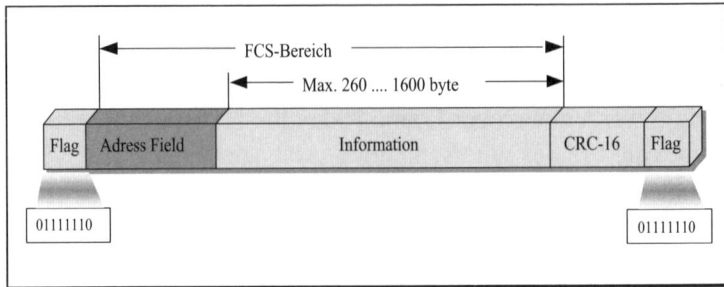

Abbildung 10.3-7:   Aufbau eins FR-Frames
CRC: Cyclic Redundancy Check

10.3.4 Multiprotokollfähigkeit von Frame-Relay

Der RFC 1490 stellt das Grundgerüst für die Multiprotokollfähigkeit von Frame-Relay dar. Hierin wird festgelegt, wie IP und andere Daten über Frame-Relay übertragen werden können, wie die Fragmentation großer Nutzdaten-Datagramme zu handhaben und letztlich wie eine dynamische Adreßauflösung (ARP *Address Resolution Protocol*) im Hinblick auf FR-DLCLs zu realisieren ist.

PDU Encap-
sulation Alle zu übertragenden Datagramme (Protocol Data Units PDU) werden in Frame-Relay Service Data Units (SDU) vom Typ UI eingekapselt. Das hierzu benötigte ein Byte große Kontrollfeld weist immer den Wert x'03' auf (=> Abbildung 10.3-8).

FR-PDUs Frame-Relay stellt je zwei Enkapsulierungsverfahren für Schicht-2 (MAC-PDUs) und Schicht-3 (Netzwerk-PDUs) zur Verfügung:

- *Schicht-3-PDUs*
  können entweder mittels ihres Network Layer Protocol Identifiers NLPID (=> Abbildung 1.3-8a) direkt oder aber über das *Subnetwork Access Protocol SNAP* (=> Abbildung 1.3-8b, vgl. auch Abschnitt 10.1.2) eingebettet werden. Die erste, bevorzugte Methode läßt sich aber lediglich dann anwenden, wenn für das entsprechende Schicht-3-Protokoll (wie beispielsweise IP) ein vier Bit großer NLPID existiert. In allen anderen Fällen ist ein Umweg über den SNAP-Header zu nehmen (=> Abbildung 1.3-8b), und der NLPID-Wert erhält den Wert x'80'. Der SNAP-Header erlaubt zusätzlich zum nun 16 Bit großen PID-Feld die Übermittlung eines 3 Byte langen *Organisation Unique Identifier OUI*. Abweichend von der Vergabe des OUI durch die IETF bei LAN-Applikationen, erhält der OUI hier eine Frame-Relay-spezifische Bedeutung.

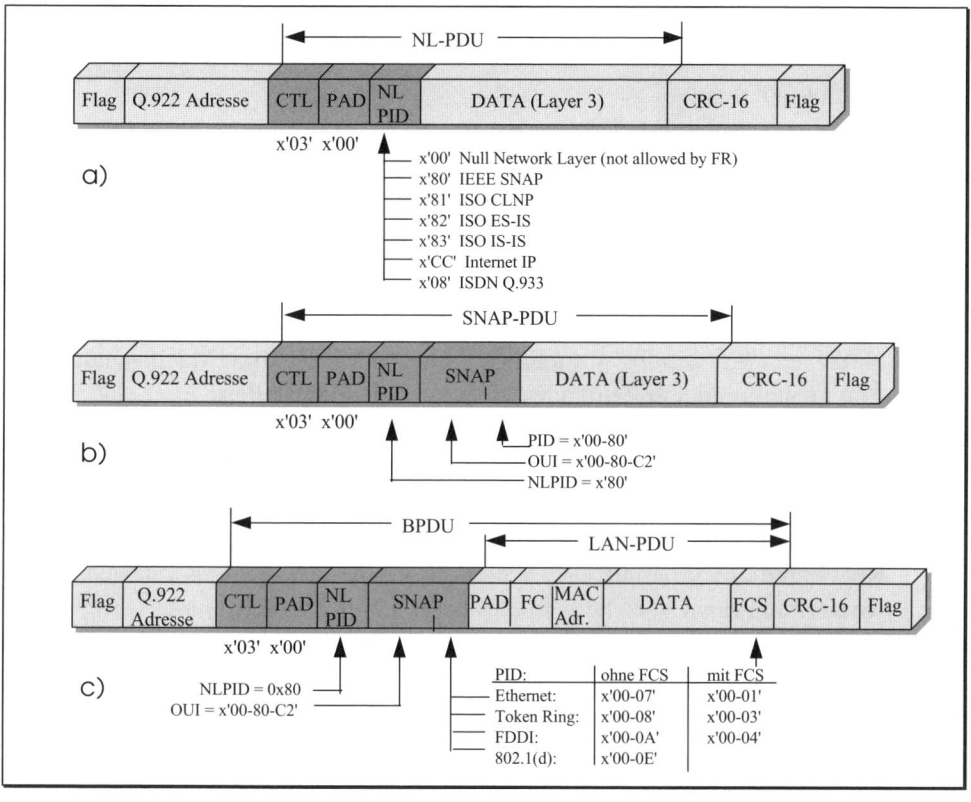

Abbildung 10.3-8: Einbettung von Nutzdaten in FR-Frames:
a) NL-PDU: Schicht-3-PDU über den NLPID (Network Layer Protocol Identifier) gekennzeichnet
b) SNAP-PDU: Schicht-3-PDUs durch das Subnetwork Access-Protocol (SNAP) eingebettet
c) BPDU: „bridged", d.h. Schicht-2-PDU mit ergänzender MAC-Information

- *Schicht-2-PDUs*
  werden auch Bridged-PDU (BPDU) genannt. Durch die praktisch vollständige Übertragung von LAN-BPDU erzielt man eine protokollunabhängige, transparente Kopplung gleichartiger LANs über ein Frame-Relay-Netz. Es wird nahezu das gesamte MAC-Frame (LAN-PDU) mittels Kennzeichnung durch den SNAP-Header in das FR-Frame eingebettet (=> Abbildung 1.3-8c). Zur möglichst transparenten Übertragung der MAC-Information gestattet es Frame-Relay optional, auch die ursprüngliche LAN-FCS (*Frame Check Sequence*) einzubetten. Hierzu wird der Kunstkniff angewandt, unterschiedliche OUIs einzusetzen. Abbildung 10.3-8c gibt einen Überblick über PID-Werte für populäre Net-

ze. Ferner ist es gestattet, die bei einigen LANs vorhandene *Frame Control* (*FC*)-Information zu übermitteln. Dies trifft z.B. auf Token-Ring und FDDI zu.

Zur Gewährleistung der Integrität des FR- und des MAC-Frames bzw. der Schicht-3-PDU, die im RFC 1490-Jargon „routed frame" genannt wird, nutzt Frame-Relay noch zwei weiteren Verfahren: Bei der Einkapselung der Nutzdaten in Frame-Relay muß ggf. ein als *Pad* bezeichnetes Feld so aufgefüllt werden, daß die Bytegrenzen gewährleistet werden. Des weiteren ist entweder die Größe der FR-PDU (dynamisch) so anzupassen, daß sie die Nutzdaten vollständig aufnehmen kann, oder es sind Mechanismen zur Fragmentation der einlaufenden Nutzdaten bereitzustellen.

Fragmen- Die verfügbare maximale Größe eines FR-Frames liegt im Ermessen des
tierung Netzbetreibers. Bei der möglichen Obergrenze von bis zu 4 kByte für FR-Frames sind für die Übertragung von MAC-Layer Daten (z.B. SDLC oder NetBEUI-Datagramme) prinzipiell kaum Einschränkungen gegeben. In der Regel sind auch die auf OSI-Schicht 3 arbeitenden FRADs mit geeigneten Routerfunktionen versehen, so daß bereits hier die *Maximum Transfer Unit* (*MTU*) auf die Belange von Frame-Relay reduziert werden kann. Hierdurch kann z.B. bei IP eine Anpassung an die maximale Framegröße eines FR-Netzes vorgenommen werden.

FRAD Zusätzlich beschreibt der RFC 1490 ein optionales Verfahren, wie ein sog. *Frame-Relay Access Device* (*FRAD*) IP-Pakete in FR-Frames aufsplitten sollte, was als Fragmentation bezeichnet wird. Hierin sind folgende Eckwerte festgelegt:

- Alle Fragmente werden ausnahmslos in SNAP-PDUs eingepackt. Der Wert für den OUI beträgt x'00-80-C2' und der des PID x'00-0D' (=> Abbildung 10.3-9).
- Jedes Frame eines fragmentierten IP-Paktes erhält eine Sequenznummer und einen sog. Offset von 11 Bit, der dem logischen Versatz des Fragments dividiert mit 32 entspricht. Der Offset entfällt naturgemäß beim ersten Fragment.
- Das letzte Frame einer Folge von fragmentierten IP-Paketen wird mit einem speziellen Bit gekennzeichnet (*Final*).
- Das zusätzliche Feld *Reserved* wird z.Z. nicht genutzt.

Das in Abbildung 10.3-9 gezeigte Verfahren garantiert somit, daß beim Verlassen des FR-Netzes das IP-Paket vom verantwortlichen FRAD wieder zusammengefügt wird. Bei der klassischen IP-Fragmentierung behalten die Pakete jedoch die kleinste Größe, da hier jedes Fragment in sich geschlossen ist, d.h. die vollständige IP-Information (einschließlich Adressen und optionale Flags) beinhaltet.

Der Fragmentierungsalgorithmus setzt voraus, daß die Fragmente in der richtigen Sequenz übertragen und durch keine anderen Frames auf dem gleichen DLCI gestört werden. Bei Störungen und Fehlern ist die gesamte Nachricht zu wiederholen. Der Empfänger muß bis zu 2 kByte große IP-Pakete zusammenfügen können.

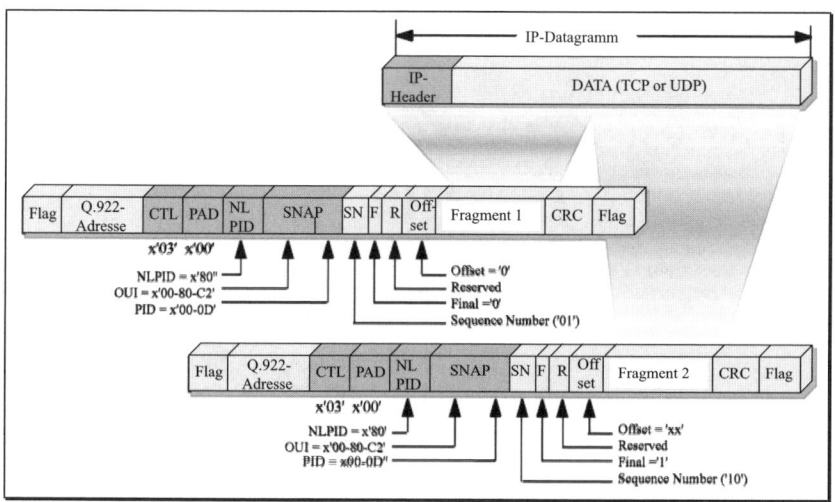

Abbildung 10.3-9:   Fragmentation eines großen IP-Pakets in zwei FR-Frames

Für die Zuordnung von IP- und der MAC-Adresse ist das *Address Resoluti-* *Adreßauf-* *on Protocol* ARP zuständig (=> Abschnitt 3.6). Beim Frame-Relay sind statt *lösung* der MAC-Adressen die DLCIs von Bedeutung. Vergleichbar den lokal administrierten und den universellen (herstellerspezifischen) MAC-Adressen, sind beim Frame-Relay die Fälle einer lokalen und globalen Signifikanz der DLCIs zu unterscheiden.

Im Gegensatz zur LAN-Kommunikation hat jedoch eine FR-Station keine Kenntnis ihres zugeordneten DLCIs, da dieser eine „virtuelle" Größe darstellt. Dies ist ursächlich damit verbunden, daß der Empfänger-DLCI im Verlauf der Weiterreichung eines Frames durch das Frame-Relay-Netz variiert. Daher kennt weder die den ARP-Request aussendende noch die den ARP-Request beantwortende FR-Station ihren eigenen DCLI. Vielmehr wird dieser über das Netzwerk (d.h. lokal von der Peer-Station) mitgeteilt. Erst beim Empfang des ARP-Response kann daher die den ARP-Request auslösende FR-Station die vollständige Umsetzungungstabelle zwischen eigener IP-Adresse und lokal zugeordnetem DLCI sowie dem DCLI des gewünschten IP-Partners (und dessen IP-Adresse) erstellen. Für die Funktionsweise der IP-Adressierung und die damit verbundene Adreßauflösung hinsichtlich der DLCIs ist dies jedoch hinreichend.

Abbildung 10.3-10 illustriert den Aufbau eines ARP-Paketes über Frame-Relay. ARP stützt sich auch hier auf die Enkapsulierung in eine SNAP-PDU. Es ist zu beachten, daß der Hardware- bzw. Netz-Type von Frame-Relay dezimal 15 lautet und daß die unterschiedlichen Längen der DLCIs über das Feld Address Length gekennzeichnet sind.

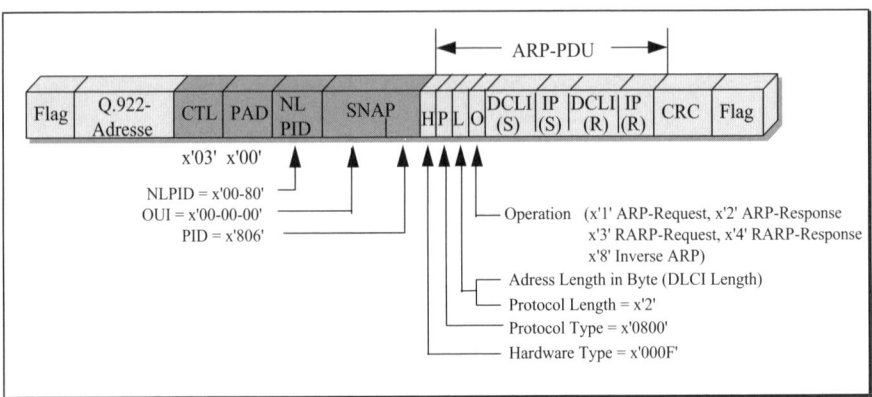

Abbildung 10.3-10:   Aufbau eines ARP-Pakets innerhalb eines FR-Frames
CTL: Control, PAD: Padding, NLPID: Network Layer Protocol Identifier, CRC: Cyclic Redundancy Check

Inverse ARP   Neben dem Adress Resolution Protocol, das aufgrund der Kenntnis einer IP-Adresse den zugehörigen DCLI ermitteln kann, spielt in LANs auch das Reverse Address Resolution Protocol RARP eine herausragende Rolle. Dadurch kann eine Station unter Kenntnis ihrer eigenen MAC-Adresse über einen speziellen BOOTP-Server eine IP-Adresse erwerben. Dieses Verfahren wird bei FR als Inverse ARP (InARP, => RFC 1293) bezeichnet und weist zwei Besonderheiten auf:

- Zunächst muß sich eine FR-Station Kenntnisse ihrer lokalen DLCIs mittels des InARP verschaffen. Vor dem RARP-Request sendet die FR-Station an alle FR-Peer-Stationen einen Inversen ARP aus (=> Abbildung 10.3-10). Diese Stationen antworten hierauf mit einem Inverse ARP Response, der als Information den Wert des zugehörigen DLCI enthält.

- In einem zweiten Schritt wird unter Simulation eines Multicasts der eigentliche RARP-Request für alle DCLIs wiederholt. Dies unter der Annahme, daß eine Verbindung zum BOOTP-Server (RARP-Response) zu-

stande kommt und somit die gewünschte IP-Adresse dem DLCI zugeordnet werden kann.

10.4 IP über ATM-Netze

Um IP-Kommunikation in ATM-Netzen (*Asynchronous Transfer Mode*) zu
ermöglichen, müssen einige Unterschiede zwischen IP und ATM ausgeglichen werden. Sie bestehen vor allem in der Kommunikationsart und den
Adreßstrukturen. Die Kommunikation nach dem IP-Protokoll ist verbindungslos, d.h. es wird keine logische Verbindung zwischen einem Sender
und Empfänger aufgebaut. Im Gegensatz dazu ist die Kommunikation in
ATM-Netzen verbindungsorientiert, was bedeutet, daß vor der Datenübermittlung eine ATM-Verbindung aufgebaut sein muß. Zusätzlich sind die
Adressen in ATM-Netzen anders als IP-Adressen.

Da das IP-Protokoll ohne Zweifel das wichtigste Protokoll ist, wurden mehrere Konzepte für die IP-Kommunikation in ATM-Netzen entwickelt. Hierzu gehören:

- *Classical-IP over ATM* (CLIPoA)
- *LAN-Emulation* (LANE)
- *Multiprotocol over ATM* (MPOA)
- *Multiprotocol Label Switching* (MPLS)

Mit der LANE kann ein klassisches Ethernet- bzw. Token-Ring-Netzwerk in
einem ATM-Netz nachgebildet werden. In diesen emulierten Netzwerken
sind die Protokolle TCP/IP einsetzbar.

10.4.1 Grundlagen der ATM-Netze

Um die Möglichkeiten des ATM-Einsatzes fundiert darstellen zu können, ist
das Modell der Kommunikation über ATM-Netze sehr nützlich. Wie Abbildung 10.4-1 illustriert, stellt ATM ein Übermittlungsprinzip dar, nach dem
die Blöcke konstanter Länge (sog. ATM-Zellen) auf einer Leitung ununter-
brochen übertragen werden.

Ist gerade keine Nutzinformation zu senden, so wird eine speziell markierte *VPI/VCI*
leere Zelle gesendet. Die zeitlichen Abstände auf der Leitung zwischen jeweils zwei benachbarten Nutzzellen können unterschiedlich sein. Jede Zelle
enthält die Angaben

- *Virtual Path Identifier VPI* und

- *Virtual Channel Identifier VCI*

hinsichtlich des Ports im Multiplexer, aus dem sie stammt. Eine derartige Übermittlung von Zellen aus mehreren Quellen über eine Leitung läßt sich als eine parallele Kommunikation über mehrere logische Kanäle interpretieren. Jede physikalische Leitung kann nach ATM für den Transport von Bitströmen mit unterschiedlichen Bitraten benutzt we rden.

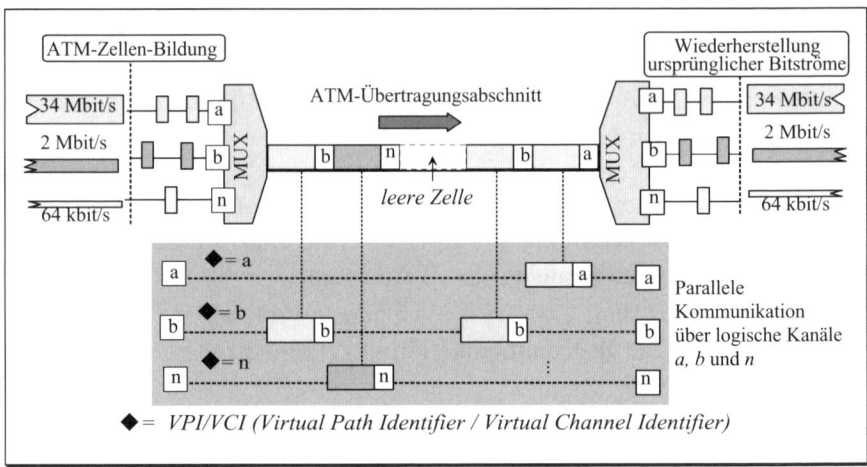

Abbildung 10.4-1:   Übermittlungsprinzip nach ATM
MUX: Multiplexerfunktion

VPI/VCI Ist gerade keine Nutzinformation zu senden, so wird eine speziell markierte *leere Zelle* gesendet. Die zeitlichen Abstände auf der Leitung zwischen jeweils zwei benachbarten Nutzzellen können unterschiedlich sein. Jede Zelle enthält die Angaben

- *Virtual Path Identifier VPI* und
- *Virtual Channel Identifier VCI*

hinsichtlich des Ports im Multiplexer, aus dem sie stammt. Eine derartige Übermittlung von Zellen aus mehreren Quellen über eine Leitung läßt sich als eine parallele Kommunikation über mehrere logische Kanäle interpretieren. Jede physikalische Leitung kann nach ATM für den Transport von Bitströmen mit unterschiedlichen Bitraten benutzt we rden.

ATM-Modell Das Modell der Kommunikation über ein ATM-Netz illustriert Abbildung 10.4-2.

Die notwendigen Funktionen werden hier durch die folgenden Schichten erbracht:

- PHY (*Physikalische Schich*t) für die Übertragung der Bitströme;

- ATM-Schicht für die Realisierung der Multiplexfunktion und Übermittlung von Zellen;

- AAL (*ATM Adaption Layer):* An der Sendeseite werden hier die ATM-Zellen gebildet und auf der Empfangsseite aus den Zellen die ursprünglichen Bitströme wiederhergestellt.

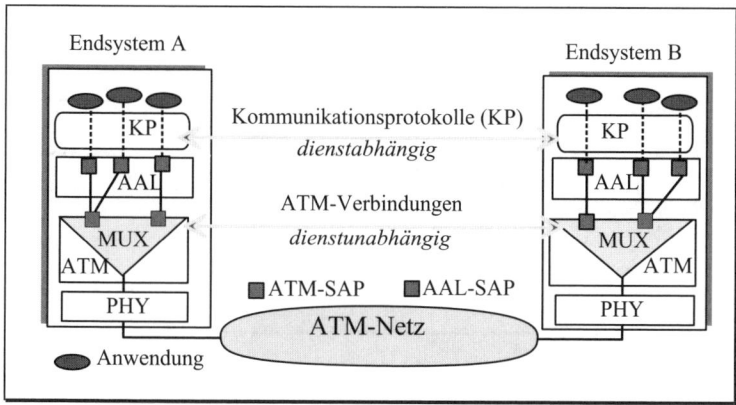

Abbildung 10.4-2:   Modell der Kommunikation über ein ATM-Netz

Die höheren Schichten bilden die herkömmlichen Kommunikationsprotokolle wie z.B. TCP/IP. Somit ist es möglich, die vorhandenen Applikationen im ATM-Netz weiter zu betreiben. An der oberen Grenze der Schicht AAL werden die Kommunikationspuffer (Ports), sog. AAL-SAPs *(Service Access Point),* zur Verfügung gestellt, wo einerseits die zu sendenden und andererseits die zurückgewonnenen Pakete der Kommunikationsprotokolle zwischengespeichert werden können.

Vereinfacht gesehen stellt die ATM-Schicht in einem Endsystem einen logischen Multiplexer zur Verfügung, in dem die Ports als ATM-SAPs bezeichnet werden. Eine ATM-Verbindung stellt eine Beziehung zwischen zwei ATM-SAPs in den beiden Endsystemen dar. Die ATM-SAPs werden mit VPI/VCI (=> Abbildung 10.4-2) gekennzeichnet und repräsentieren die Kommunikationspuffer, in denen die zu sendenden und empfangenen ATM-Zellen zwischengespeichert werden können. Eine ATM-Verbindung kann auch durch mehrere Dienste parallel benutzt werden, d.h. zu einem ATM-SAP können mehrere AAL-SAPs logisch „angeschlossen" werden.

10.4.1.1 Bildung von ATM-Zellen

Um eine Information als Folge von Bits über ein ATM-Netz übertragen zu können, muß sie zuerst in ATM-Zellen umgewandelt werden. Die Bildung von ATM-Zellen illustriert Abbildung 10.4-3.

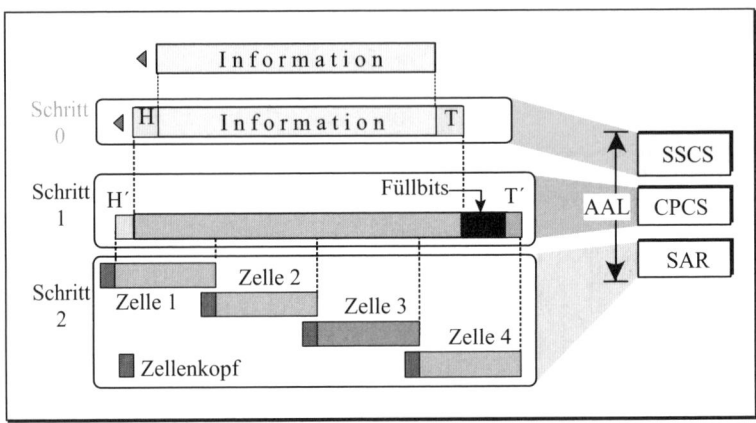

Abbildung 10.4-3:   Bildung von ATM-Zellen
H: Header, T: Trailer, AAL: ATM Adaption Layer, CP: Common Part, CS: Convergence Sublayer, SSCS: Service Specific CS, SAR: Segmentation and Reassembly Sublayer

Teilschicht SSCS Im allgemeinen kann die zu übertragende Information zuerst nach Bedarf in Frames eines bestimmten Protokolls eingebettet werden, deswegen die Bezeichnung Schritt 0. Diesem Schritt entspricht die Teilschicht SSCS (*Service Specific Convergence Sublayer*) innerhalb der Schicht AAL, die von der konkreten ATM-Anwendung abhängig und nur bedarfsweise vorhanden ist.

Teilschicht CPCS In Schritt 1 werden die Funktionen der Teilschicht CPCS (*Common Part Convergence Sublayer*) realisiert. Hier wird die Information bzw. der Frame aus Schritt 0 um einen weiteren Header und Trailer sowie eventuell auch eine Folge von Füllbits so ergänzt, daß sich ein Vielfaches von ATM-Zellen ergibt. Der Header H´ und der Trailer T´ enthalten zusätzliche Steuerungsangaben, die vom Typ der Information (Daten, Sprache, ...) und der Kommunikationsart (verbindungsorientiert oder verbindunglos) abhängig sind.

Teilschicht SAR In Schritt 2 werden die Funktionen der Teilschicht SAR (*Segmentation and Reassembly Sublayer*) realisiert. Hier erfolgt die Segmentierung der zu übertragenden Information und die Bildung von Zellen. Die Steuerungsangaben in jeder Zelle bilden den Zellenkopf mit 5 Bytes. Hinzu kommt noch ein Nutzlastfeld von 48 Bytes, in dem Informationssegmente transportiert werden, so daß jede Zelle insgesamt 53 Bytes enthält (=> Abbildung 10.4-4).

Die ATM-Adaptionsschicht (kurz *AAL-Schicht*) ist dafür verantwortlich, auf *AAL-Schicht* der Sendeseite aus den unterschiedlichen Bitströmen die ATM-Zellen zu bilden und auf der Empfangsseite aus den empfangenen Nutzzellen die einzelnen Bitströme wiederzugewinnen. Im allgemeinen kann die AAL-Schicht in die in Abbildung 10.4-3 gezeigten Teilschichten aufgeteilt werden.

Die Teilschicht CPCS dient als gemeinsame Anpassungsschicht für alle Anwendungen, die einen gemeinsamen ATM-Diensttyp nutzen. Innerhalb dieser Teilschicht werden die zu sendenden Bitströme um zusätzliche Steuerungs- und Füllinformationen ergänzt. Eine solche Ergänzung soll u.a. garantieren, daß jeder zu übertragende Informationsblock incl. Steuerung in der Länge ein Vielfaches von 48 Bytes (Nutzteil von ATM-Zellen, => Abbildung 10.4-4) ist und somit als eine Folge von ATM-Zellen verschickt werden kann. Die SAR-Teilschicht ist unmittelbar über der ATM-Schicht angesiedelt und hat die Aufgabe,

- auf der Sendeseite den zu sendenden Bitstrom in Segmente von der Länge des Nutzlastfeldes einer ATM-Zelle aufzuteilen (*Segmentierung*),
- auf der Empfangsseite aus den empfangenen Nutzzellen den Originalbitstrom wieder zurückzugewinnen (*Reassemblierung*).

Das in Abbildung 10.4-3 dargestellte Prinzip der Bildung von ATM-Zellen *ATM-* entspricht nur dann dieser Situation, wenn eine begrenzte Folge von Bits *Diensttypen* (z.B. eine Datei, ein Datenpaket) vorliegt. Nach diesem Prinzip funktioniert nur diese Schicht AAL, die den sog. ATM-Diensttypen 3/4 und 5 entspricht. Diese Diensttypen ermöglichen es u.a., LAN-Daten in ATM-Zellen abzubilden. Soll über ein ATM-Netz ein kontinuierlicher Bitstrom (z.B. digitalisierte Sprache) übermittelt werden, setzt man den ATM-Diensttyp 1 ein. Die Schicht AAL für die Realisierung des Diensttyps 1 ist einfacher in der Ausführung und enthält nur die Teilschicht SAR.

10.4.1.2 Struktur von ATM-Zellen

In ATM-Netzen werden zwei Schnittstellen definiert:

- UNI (*User Network Interface*) als eine Netzzugangs-Schnittstelle,
- NNI (*Node Node Interface*) als Knoten-Knoten-Schnittstelle.

In privaten ATM-Netzen wird die Schnittstelle NNI als *PNNI (Private Node Node Interface)* bezeichnet.

Für die UNI-Signalisierung gibt es folgende Spezifikationen:

- Q.2931 von ITU-T,

- vom ATM-Forum: ATM *User-Network Interface Specification*

Die UNI-Signalisierung vom ATM-Forum wird für den Einsatz in privaten ATM-Netzen konzipiert.

Payload Eine ATM-Zelle setzt sich immer aus einem Header (als Zellenkopf) von 5 Bytes und einem Nutzlastteil (*Payload*) als ein Informationsfeld von 48 Bytes zusammen. Wie aus Abbildung 10.4-4 ersichtlich, ist die Struktur des Headers in ATM-Zellen davon abhängig, ob die betreffende ATM-Zelle über die Schnittstelle UNI oder NNI übermittelt wird. Die einzelnen Angaben im Header zeigt Abbildung 10.4-4.

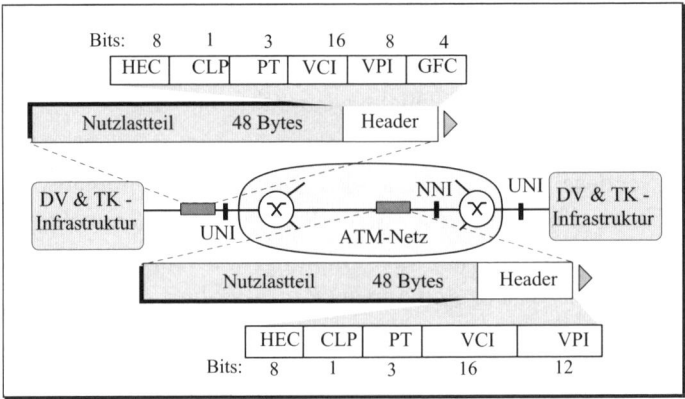

Abbildung 10.4-4:   Struktur von ATM-Zellen
CLP: Cell Loss Priority, ES: Endsystem, GFC: Generic Flow Control,
VPI/VCI: Virtual Path Identifier/Virtual Channel Identifier,
HEC: Header Error Control, PT: Payload Tye

- GFC (*Generic Flow Control*)
  Dieses Feld soll die generische Flußkontrolle ermöglichen. Diese Fluß-kontrolle soll den geregelten Zugang verschiedener Anwendungen zum ATM-Netz gewährleisten. Es soll ermöglicht werden, eine ATM-Anwendung in ihrer Aktivität zu bremsen, um einer Überlastung des Netzes vorzubeugen. Damit kann die Aktivität einer ATM-Anwendung an die Netzbelastung angepaßt werden. Dies kann erreicht werden, indem zwischen einer ATM-Anwendung und dem ATM-Netz beim Aufbau einer ATM-Verbindung ein Verkehrsvertrag (*Traffic Contract*) zwischen der Anwendung und dem Netz vereinbart wird.

- VPI/VCI (*Virtual Path Identifier/ Virtual Channel Identifier*)
  Im allgemeinen kann ein physikalischer Kanal auf eine Anzahl von vir-

tuellen Pfaden (Virtual Path, VP) aufgeteilt werden, wobei ein virtueller Pfad ein Bündel mehrerer virtueller Kanäle (Virtual Channel, VC) darstellt, die die gleichen Endsysteme miteinander verbinden.

Die VPI/VCI-Interpretation ist aus Abbildung 10.4-1 ersichtlich. Physikalisch gesehen werden ATM-Zellen in einem Übertragungskanal seriell übertragen. Die Zellen werden entsprechend den Angaben im Kopf einem virtuellen Pfad VP und einem virtuellen Kanal VC zugeordnet. Diese Zuordnung erfolgt mit Hilfe der Parameter VPI und VCI. Der Parameter VCI stellt die Nummer des virtuellen (logischen) Kanals dar. Der virtuelle Pfad als eine Gruppe der virtuellen Kanäle wird mit dem Parameter VPI gekennzeichnet.

Mit VCI lassen sich im Netz theoretisch 2^{16} virtuelle Kanäle in einem virtuellen Pfad identifizieren. Mit VPI können 2^{8} oder 2^{12} virtuelle Pfade entsprechend an der Schnittstelle UNI oder NNI identifiziert werden.

- PT (*Payload Type*), Nutzlasttyp
  Dieser Parameter markiert den Nutzlasttyp in ATM-Zellen und dient dazu, innerhalb einer ATM-Verbindung zwischen Zellen mit Benutzerinformation und den Zellen, in denen die Information für das Management des ATM-Netzes übertragen wird, zu unterscheiden.

- CLP (*Cell Loss Priority*), Zellen-Verlustpriorität
  Diese Angabe ermöglicht es der ATM-Anwendung gegenüber dem Netz, die besonders kritischen (verlustempfindlichen) Zellen (z.B. Daten-Zellen) innerhalb einer ATM-Verbindung zu markieren, um sie in Überlastsituationen nach Möglichkeit nicht zu verwerfen. CLP=1 bedeutet, daß die Zelle eine niedrige Priorität hat. CLP=0 indiziert eine entsprechend hohe Priorität. Die Zellen mit niedrigerer Priorität (z.B. Sprach- oder Video-Zellen) werden vom Netz in Überlastsituationen zuerst verworfen.

- HEC (*Header Error Control*), Zellenkopfprüfsumme
  Dieses Feld dient der Bitfehlerkontrolle im Header (nur dort!) und ermöglicht es, entweder einen einzelnen Bitfehler zu korrigieren oder Fehler in mehreren Bits zu erkennen. Falls bei HEC-Auswertung nicht korrigierbare Übertragungsfehler im Header entdeckt werden, wird die betroffene Zelle im Netzknoten verworfen.

10.4.1.3 ATM-Verbindungen

ATM-Netze sind verbindungsorientiert, d.h. vor der Übermittlung der Information wird zunächst eine virtuelle Verbindung über das ATM-Netz zwischen Quell- und Zielendsystem aufgebaut. Eine solche wird im weiteren kurz *ATM-Verbindung* genannt. Sie stellt eine Beziehung zwischen zwei Ports in logischen Multiplexern innerhalb der ATM-Schicht der beiden ATM-Endsysteme dar (=> Abildung 10.4-5).

Logische Jede ATM-Verbindung entsteht als eine Kopplung logischer Kanäle auf
ATM-Kanäle unterschiedlichen physikalischen Übertragungswegen. Die Ende-zu-Ende-ATM-Verbindungen illustriert Abbildung 10.4-5. Hierbei ist zu bemerken, daß eine virtuelle ATM-Verbindung sich aus einer Reihe virtueller Kanäle (VCs) zusammensetzt. Den Anfang und das Ende jedes Abschnittes der VC-Verbindung bilden entsprechende Speicherplätze in den Endsystemen und den einzelnen ATM-Vermittlungsstellen, in denen die zu sendenden und empfangenen ATM-Zellen zwischengespeichert werden können.

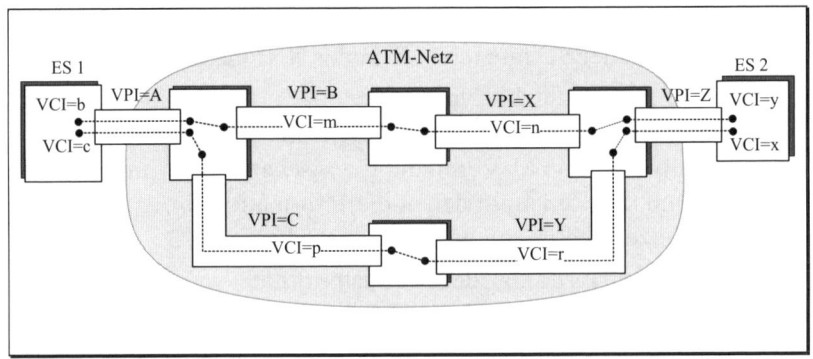

Abbildung 10.4-5:   Interpretation einer ATM-Verbindung
ES: Endsystem

Eine virtuelle Ende-zu-Ende-Verbindung ist als eine Verknüpfung von Speicherplätzen zu sehen, und die Zellenübermittlung als eine Zellen-Weitergabe von einem Speicherplatz zu dem nächstliegenden in der Reihe.

Signalisie- Für den Auf- und Abbau von ATM-Verbindungen werden getrennte *Signa-*
rungsver- *lisierungsverbindungen* parallel zu ATM-Verbindungen verwendet. Das
bindungen Prinzip der Signalisierung in ATM-Netzen ist mit dem Signalisierungsprinzip im ISDN identisch. Das Signalisierungsprotokoll an der UNI-Schnittstelle, das der Steuerung von ATM-Verbindungen dient, ist mit dem D-Kanal-Protokoll von ISDN vergleichbar.

10.4.2 Classical IP over ATM

Die grundlegenden Prinzipien der IP-Kommunikation in ATM-Netzen werden als *Classical IP over ATM* (kurz *CLIP*) bezeichnet. Die Implementierung des Protokolls IP in ATM-Netzen führt zur Entstehung von logischen

IP-Subnetzen, die LIS (*Logical IP Subnetwork*) genannt werden. In jedem LIS muß ein spezieller ATMARP-Server installiert werden, in dem die Tabelle mit den Zuordnungen *IP-Adresse => ATM-Adresse* verwaltet wird. Diese Tabelle ermöglicht, das Ziel-ATM-Endsystem zu ermitteln. Die einzelnen LISs können nur mit Hilfe von Routern miteinander vernetzt werden. Um die Kommunikation zwischen LISs effektiv zu realisieren, wurde das Protokoll NHRP (*Next Hop Resolution Protocol*) entwickelt.

10.4.2.1 ATM-basiertes IP-Subnetz

Um die Kommunikation nach dem Protokoll IP in den ATM-Netzen zu realisieren, müssen die wichtigsten Unterschiede zwischen IP- und ATM-Netzen berücksichtigt werden. Diese Unterschiede bestehen vor allem in

- der Kommunikationsart und
- den Adreßstrukturen.

Die Kommunikation nach dem Protokoll IP ist verbindungslos, d.h. es wird keine logische Beziehung zwischen Sender und Empfänger aufgebaut. Im Gegensatz dazu ist die Kommunikation in ATM-Netzen verbindungsorientiert, d.h. vor der Datenübermittlung muß eine ATM-Verbindung aufgebaut werden. Außerdem unterscheiden sich Adressen in ATM-Netzen von IP-Adressen.

Bei IP over ATM werden die ATM-Komponenten als direkter Ersatz für klassische Netzwerke (Ethernet, Token-Ring) eingesetzt. Somit dienen diese Komponenten aus der Sicht von IP nur als ein Übermittlungssystem für IP-Pakete. Ein einfaches IP-Subnetz auf ATM-Basis zeigt Abbildung 10.4-6.

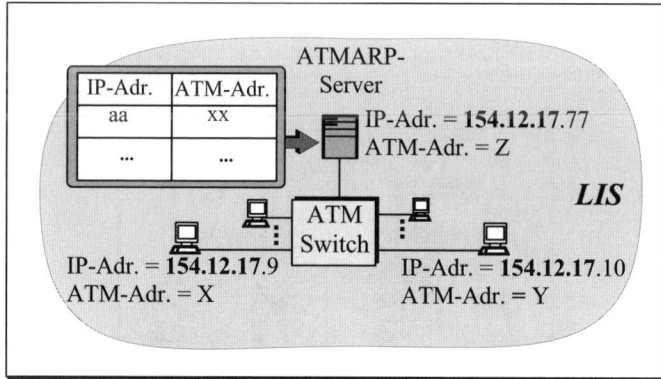

Abbildung 10.4-6:   Einfaches IP-LAN auf ATM-Basis
LIS: Logical IP Subnetwork,
ATMARP: ATM Address Resolution Protocol

Wie hier ersichtlich ist, enthält jedes ATM-Endsystem zwei Adressen, nämlich eine ATM-Adresse und eine IP-Adresse. Es sei erwähnt, daß eine IP-
Adresse folgendermaßen strukturiert ist:

IP-Adresse = (Subnetz-ID, Endsystem-ID), ID = Identifikator

LIS In der Literatur werden Endsysteme in IP-Netzen auch als *Hosts* bezeichnet.
Alle ATM-Endsysteme, die die gleiche Subnetz-ID besitzen, bilden in ei-
nem IP-Netz ein *Subnetz*. In einem IP-Netz auf ATM-Basis bilden alle End-
systeme mit der gleichen Subnetz-ID eine „geschlossene Gruppe", die LIS
(Logical IP Subnetwork) genannt wird. In Abbildung 10.4-6 ist die Subnetz-
ID = 154.12.17.

Ein LIS besteht aus mehreren Rechnern (als IP-Clients) mit der gleichen
Subnetz-ID sowie einem *ATMARP-Server*, der u.a. die Aufgabe hat, folgende *Adreßtabelle* mit den Zuordnungen

IP-Adresse => ATM-Adresse

für das LIS zu verwalten. Ein solcher Server kann in einem Rechner bzw. in
einem ATM-Switch realisiert werden.

SVC und PVC Es gelten u.a. folgende Bestimmungen:

• Alle IP-Clients sind direkt am ATM-Netz angeschlossen, d.h. sie sind
  ATM-Endsysteme.

• Die Kommunikation zwischen zwei IP-Clients innerhalb eines LIS kann
  entweder über eine ATM-Festverbindung PVC *(Permanent Virtual Connection)* oder eine ATM-Wählverbindung SVC *(Switched Virtual Connection)* erfolgen.

• Alle Rechner eines LIS weisen die gleiche Subnet-IP (=> gleiche Sub-
  netmask) auf.

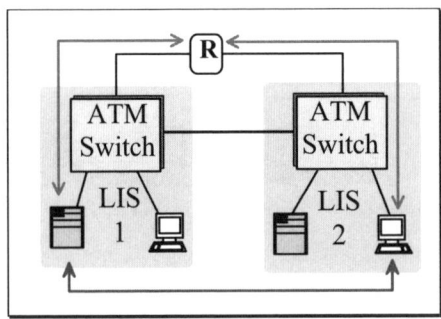

Abbildung 10.4-7:   LIS-übergreifende Kommunikation über Router

Die Kommunikation zwischen IP-Clients innerhalb eines LIS erfolgt in der Regel über ATM-Wählverbindungen. Es werden dabei nur Punkt-zu-Punkt-Verbindungen (Unicast-Verkehr) unterstützt, also weder Multicast- noch Brodcast-Verkehr (d.h. keine Punkt-zu-Mehrpunkt-Verbindungen).

Die Kommunikation zwischen zwei Rechnern in den unterschiedlichen LIS (d.h. IP-Subnetzen) kann nur über Router erfolgen (Abbildung 10.4-7).

10.4.2.2 Schritte vor der Datenübermittlung

Ein IP-Client benötigt für den Betrieb eine IP-Adresse und eine ATM-Adresse sowie die ATM-Adresse des ATMARP-Servers. Die Schritte vor der Datenübermittlung zwischen zwei IP-Clients veranschaulicht das Abbildung 10.4-8.

Zu Beginn registriert sich der IP-Client bei dem ATMARP-Server, der eine Liste von IP-Adressen des LIS und der zugehörenden ATM-Adressen verwaltet. Hierfür baut zuerst der IP-Client eine ATM-Verbindung zum Server auf. Dieser fragt den Client mit *InATMARP_Request* nach der IP-Adresse des Clients. Der Client übermittelt dem ATMARP-Server die IP-Adresse in *InATMARP_Reply*. Der Server speichert die Zuordnung *IP-Adresse => ATM-Adresse* in seiner Adreßtabelle. *ATMARP-Server*

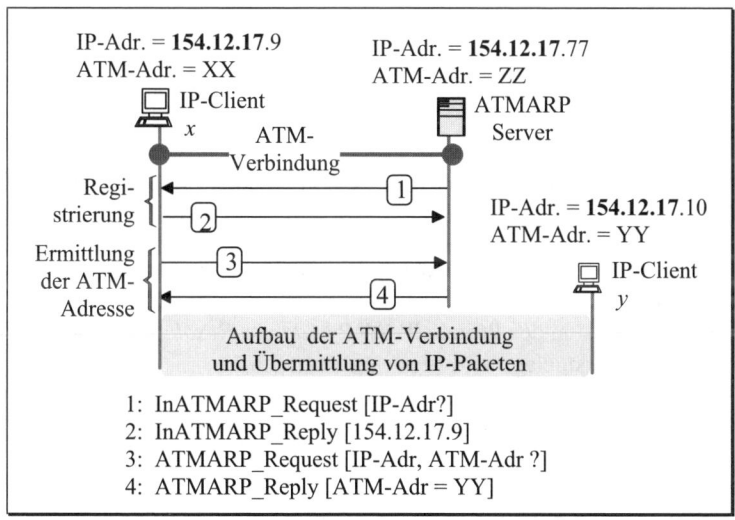

Abbildung 10.4-8: Schritte vor der Datenübermittlung

Der Eintrag in dieser Tabelle ist nur innerhalb einer festgelegten Zeitperiode (z.B. max. 15 Minuten) gültig. Nach Ablauf dieser Zeitperiode überprüft der Server durch das Aussenden eines *InATMARP_Request*, ob der Client noch erreichbar und die Adreßangabe noch immer korrekt ist. Falls der Client erreichbar ist, wird die entsprechende Adreßzuordnung in der Adreßtabelle nach dem Empfang des *InATMARP_Request* neu eingetragen.

> *Bemerkung:* Bei der Abfrage der IP-Adresse wird das Protokoll InATMARP (*Inverse ATM Address Resolution Protocol*) verwendet, das eine Version des Protokolls InARP (*Inverse Address Resolution Protocol*) darstellt. Das Protokoll InARP legt RFC 1293 fest.

Will ein IP-Client Daten zu einem anderen IP-Client im gleichen LIS schicken, überprüft er in der eigenen Adreßtabelle, ob die ATM-Adresse für die IP-Zieladresse vorhanden ist. Falls die ATM-Adresse vorhanden ist, wird geprüft, ob die Verbindung unter dieser ATM-Adresse bereits besteht. Bei bereits bestehender ATM-Verbindung (z.B. ATM-Festverbindung) werden die Daten direkt an den Ziel-IP-Client gesendet.

ATMARP_ Request und ATMARP_ Reply Falls die gewünschte ATM-Verbindung nicht besteht, wird sie aufgebaut. Ist die ATM-Zieladresse dem Quell-IP-Client unbekannt, schickt er ein *ATMARP_Request*-Paket an den ATMARP-Server. Der Server wiederum sendet die Antwort *ATMARP_Reply* mit der ATM-Adresse des Zielrechners zurück, und der Client speichert diese Information in der eigenen Adreßtabelle ab. Der Eintrag in der Adreß-Ermittlungstabelle des Clients ist nur über eine festgelegte Zeit (z.B. max. 15 Minuten) gültig.

Falls der ATMARP-Server die ATM-Adresse des Zielrechners nicht kennt, antwortet er dem entsprechenden Client mit ARP_NAK (*Negative Acknowledgement*).

Besitzt der Client die ATM-Adresse des Zielrechners, baut er die gewünschte ATM-Verbindung auf und er sendet anschließend die vorliegenden Daten.

> *Bemerkung:* Bei der Abfrage der ATM-Adresse wird das Protokoll ATMARP (*ATM Address Resolution Protocol*) verwendet. Dieses Protokoll stellt eine Version des Protokolls ARP (*Address Resolution Protocol*) dar, das im RFC 826 festgelegt wird (vgl. Abschnitt 3.6.1).

10.4.2.3 ATMARP/InATMARP-Pakete als Folge von ATM-Zellen

Um ATMARP/InATMARP-Pakete über ATM-Netze zu übertragen, müssen sie zuerst so ergänzt werden, daß die Identifikation des Protokolls angegeben werden kann. Hierfür wird die sog. *LLC/SNAP-Einkapselung (Logical Link Control/Sub-Network Access Protocol)* verwendet (Abbildung 10.4-9). Hierbei wird jedes gesendete Paket mit einem SNAP-Header erweitert, um das Protokoll ARP zu identifizieren (PID). Der SNAP-Teil besteht aus dem *Organizational Unique Identifier* (OUI) und dem *Protocol Identifier* (PID).

In OUI wird angegeben, daß es sich um PID (als sog. *EtherType*) handelt (vgl. Abbildung 10.1-4).

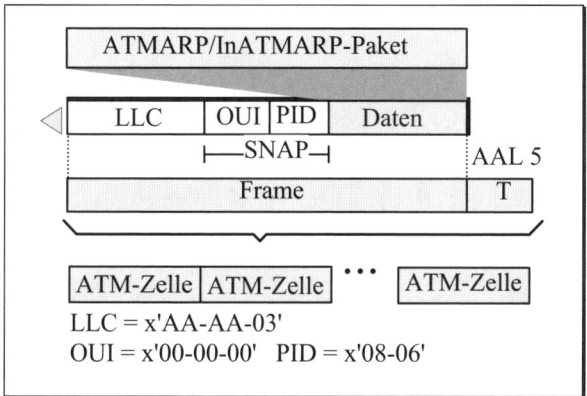

Abbildung 10.4-9:   Umsetzung der ATMARP/InATMARP-Pakete in ATM-Zellen

Für die Umsetzung der ATMARP/InATMARP-Pakete in die ATM-Zellen wird die ATM-Adaption vom Typ 5 (d.h. AAL 5, *ATM Adaption Layer*) verwendet. Hierbei wird jeder zu übertragende LLC-Frame zusätzlich mit einem AAL5-Trailer ergänzt.

10.4.2.4 Aufbau der ATMARP/InATMARP-Pakete

Die Struktur der Pakete (Nachrichten) der beiden Protokolle ATMARP und InATMARP ist identisch. Den Aufbau der ATMARP/InATMARP-Pakete zeigt Abbildung 10.4-10.

0	8	16	24	31
ar$hrd		ar$pro		
ar$shtl (q)	ar$sstl (r)	ar$op		
ar$spln (s)	ar$thtl (x)	ar$tstl (y)	ar$tpln (z)	
ar$sha q Bytes				
		ar$ssa r Bytes		
ar$spa s Bytes				
		ar$tha x Bytes		
ar$tsa y Bytes				
		ar&tpa z Bytes		

Abbildung 10.4-10:   Aufbau der ATMARP/InATMARP-Pakete

Die einzelnen Angaben in ATMARP/InATMARP-Paketen:

- ar$hrd (*hardware type*) x'0013':
  zugeordnet der Adreßfamilie des ATM-Forums
- ar$pro (*protocol type*):
  Angabe des Layer-3-Protokolls; beim IP ist es x'0800'
- ar$shtl (*type & length (tl) of source ATM number*):
  Typ und Länge der Quell-ATM-Adresse (q)
- ar$sstl (*type & length (tl) of source ATM subaddress*):
  Typ und Länge der Quell-ATM-Subadresse (r)
- ar$op (*operation code*):
  Angabe des ATRMARP/InATMARP Pakettyps:

  1: ATRMARP_Request

  2: ATRMARP_Reply

  8: InATRMARP_Request

  9: InATRMARP_Reply

  10: ATRMARP_NAK

- ar$spnl (*length of source protocol address*):
  Länge der Quell-Protokolladresse (d.h. Quell-IP-Adresse) (s)
- ar$thtl (*type & length (tl) of target ATM number*):
  Typ und Länge der Ziel-ATM-Adresse (x)
- ar$tstl (*type & length (tl) of target ATM subaddress*):
  Typ und Länge der Ziel-ATM-Subadresse (y)
- ar$tptl (*length of target protocol address*):
  Länge der Ziel-Protokolladresse (d.h. Ziel-IP-Adresse) (z)
- ar$sha (*q octets of source ATM number*):
  q Oktett der Quell-ATM-Adresse
- ar$ssa (*r octets of source ATM subaddress*):
  r Oktett der Quell-ATM-Subadresse
- ar$spa (*s octets of source protocol address*):
  s Oktett der Quell-Protokolladresse (d.h. Quell-IP-Adresse)
- ar$tha (*x octets of target ATM number*):
  x Oktett der Ziel-ATM-Adresse
- ar$tsa (*y octets of target ATM subaddress*):
  y Oktett der Ziel-ATM-Subadresse
- ar$tpa (*z octets of target protocol address*):
  z Oktett der Ziel-Protokolladresse (d.h. Ziel-IP-Adresse)

10.4.2.5 Mehrere ATMARP-Server in einem IP-Subnetz

In einem IP-Subnetz können aus Sicherheitsgründen mehrere ATMARP-Server eingerichtet werden. Abbildung 10.4-11 illustriert ein IP-Subnetz mit zwei redundant ausgelegten ATMARP-Servern. In diesem Fall wird vorausgesetzt, daß jeder Client selbst eine ATM-Verbindung zu einem ATMARP-Server aufbauen kann. Also handelt es sich hier um ATM-Wählverbindungen, d.h. sog. SVCs (*Switched Virtual Connections*). Ist ein ATMARP-Server vorläufig außer Betrieb, können die entsprechenden Clients automatisch SVCs zu einem anderen ATMARP-Server aufbauen.

CLIP läßt zu, daß in jedem Client eine Liste mit den ATM-Adressen von ATMARP-Servern implementiert werden kann. Eine derartige Liste wird als *atm$arp-req-list* (*ATMARP Request Address List*) bezeichnet.

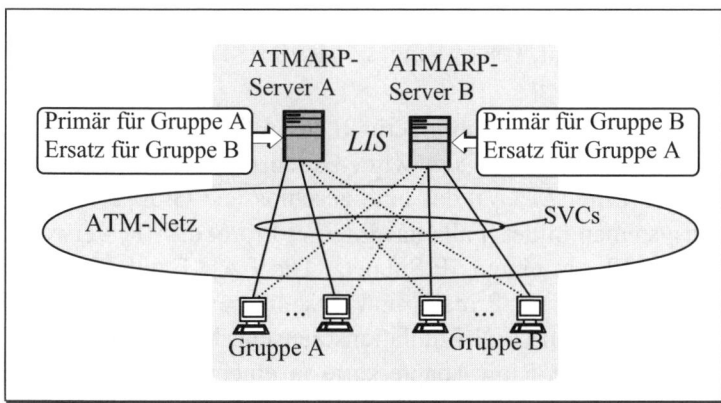

Abbildung 10.4-11:   Redundant ausgelegte ATMARP-Server in einem LIS

Im gezeigten Beispiel enthält die Liste *atm$arp-req-list* in jedem Client jeweils zwei Einträge. In der Gruppe *A* stellt der erste Eintrag die ATM-Adresse des Servers *A* dar. Der zweite Eintrag ist die ATM-Adresse von Server *B*. In der *atm$arp-req-list* sind bei den Clients der Gruppe *B* die ATM-Adressen von Servern in der umgekehrten Reihenfolge eingetragen.

10.4.2.6 Weitere CLIP-Besonderheiten

CLIP definiert lediglich die Funktionsweise eines IP- Subnetzes (sog. LIS) auf Basis von ATM (=> Abbildung 10.4-6). Die ATM-Stationen, die verschiedenen IP-Subnetzen angehören, müssen über einen bzw. mehrere Router kommunizieren, auch wenn sie Teil desselben ATM-Netzes sind und eine direkte Datenverbindung möglich wäre (=> Abbildung 10.4-7). Um die

Kommunikation zwischen LISs effektiv zu realisieren, wurde das Protokoll NHRP (*Next Hop Resolution Protocol*) entwickelt (Abschnitt 10.4.4).

Mit CLIP ist keine Punkt-zu-Mehrpunkt-Kommunikation möglich (d.h. Multicasting). Um IP-Multicasting innerhalb eines LIS zu unterstützen, steht die Lösung MARS (*Multicast Address Resolution Server*) zur Verfügung.

10.4.3 LAN-Emulation in ATM-Netzen

Die *LAN-Emulation* (*LANE*) ist ein Standard vom ATM-Forum und stellt ein Protokoll dar, nach dem LAN-spezifische Kommunikation in ATM-Netzen nachgebildet werden kann. Dies ermöglicht die Integration von klassischen LANs (Ethernet, Token-Ring) mit ATM-Netzen, so daß ein ATM-Netz als räumliche LAN-Erweiterung dienen kann. Es wird nur die Emulation von Ethernet und Token-Ring spezifiziert. Die Emulation von FDDI wurde nicht vorgesehen.

LAN-Emulation bedeutet, daß innerhalb des ATM-Netzes eine MAC-Level Broadcast-Domäne nachgebildet wird. Durch die LAN-Emulation entsteht ein *emuliertes LAN* (*ELAN*), das eine geschlossene Gruppe von LAN- und ATM-Endsystemen bildet. Falls das Internet Protokoll (IP) verwendet wird, entspricht ein ELAN einem IP-Subnetz. Die LAN-Emulation funktioniert nach dem Client-Server-Prinzip und besteht aus den LAN-Emulations-Clients (*LEC*) und den LAN-Emulationsdiensten. Mit einem LEC wird eine Ethernet- bzw. Token-Ring-Adapterkarte in einem ATM-Endsystem nachgebildet.

10.4.3.1 Ziele der LAN-Emulation in ATM-Netzen

Die LAN-Emulation in ATM-Netzen stellt eine Nachbildung der LAN-spezifischen Kommunikation dar und ermöglicht es, LAN-Anwendungsprogramme auf Arbeitsplätzen am ATM-Netz ohne Veränderungen weiter zu betreiben. Im allgemeinen lassen sich folgende Ziele erreichen:

- Ein ATM-Netz kann als räumliche LAN-Erweiterung dienen.
- Die LAN-Applikationen können in ATM-Endsystemen ohne Veränderungen weiter betrieben werden.

Die Nachbildung der LAN-spezifischen Kommunikation in ATM-Netzen ist aus folgenden Gründen notwendig:

- Die klassischen LANs (Ethernet, Token-Ring) sind Broadcast-Netze. In LANs werden keine physikalischen Punkt-zu-Punkt-Verbindungen aufgebaut, sondern Daten als Broadcast übermittelt. In ATM-Netzen muß dagegen für jede Kommunikation eine ATM-Verbindung aufgebaut werden.

- In ATM-Netzen und in LANs sind die Prinzipien der Adressierung unterschiedlich. In LANs werden unstrukturierte MAC-Adressen verwendet. Zur Adressierung innerhalb der ATM-Netze dienen strukturierte ATM-Adressen.

10.4.3.2 Bedeutung der LAN-Emulation

Die Bedeutung der LAN-Emulation illustriert Abbildung 10.4-12. Hier stellt ein ATM-Endsystem (d.h. ein Rechner mit einer ATM-Adapterkarte) einen zentralen Server dar. Mit Hilfe der LAN-Emulation kann der ATM-Switch die bestehenden, herkömmlichen Ethernet- und Token-Ring-LANs dergestalt erweitern, daß die Rechner an den beiden LANs auf diesen zentralen Server zugreifen können.

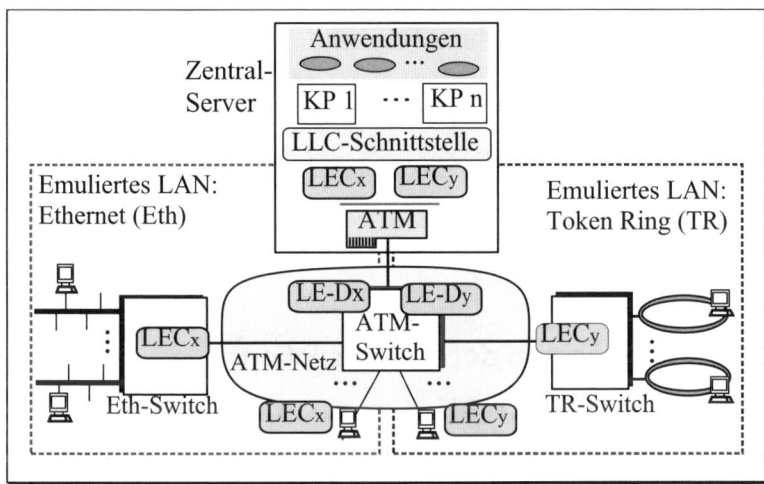

Abbildung 10.4-12: Bedeutung der LAN-Emulation im ATM-Netz
LECx (LECy): Nachbildung einer Ethernet (Token-Ring)-Adapterkarte,
LE-Dx (LE-Dy): LAN-Emulationsdienste für Ethernet (Token-Ring)

Die LAN-Emulation funktioniert nach dem Client-Server-Prinzip und besteht aus den LAN-Emulations-Clients (LEC) und den LAN-Emulationsdiensten (LE-D), die z.B. in einem ATM-Switch untergebracht werden können. Der LEC kann als Nachbildung einer LAN-Adapterkarte in einem ATM-Endsystem gesehen werden.

ELAN Durch die LAN-Emulation entsteht ein emuliertes LAN (*ELAN*). Darunter ist eine geschlossene Gruppe von LAN- und ATM-Endsystemen zu verstehen, die eine Broadcast-Domäne bildet. Die LAN-Techniken Ethernet und Token-Ring müssen getrennt nachgebildet werden. Somit entstehen zwei ELANs:

- Emuliertes Ethernet und
- Emuliertes Token-Ring-LAN.

Als Kopplungskomponente zwischen LAN und ATM muß ein Layer-2-Switch (Ethernet- bzw. Token-Ring-Switch) eingesetzt werden, d.h. ein Switch, der die Daten aufgrund von MAC-Adressen weiterleitet. Im Server am ATM-Switch werden softwaremäßig Ethernet- und Token-Ring-Adapterkarten nachgebildet, so daß er für die Clients sowohl am Ethernet als auch am Token-Ring erreichbar ist. Auf diese Weise kann der Multinetz-Zugang zum Server über verschiedene LAN-Typen realisiert werden.

Oberhalb von Adapterkarten wird eine treiberspezifische Software-Schnittstelle implementiert, die die LAN-Funktionsschicht LLC (*Logical Link Control*) realisiert. Diese LLC-Schnittstelle wird unter dem Netzwerkbetriebssystem:

- Windows von NDIS (*Network Driver Interface System*) und
- NetWare von ODI (*Open Data Link Interface*)

zur Verfügung gestellt. Dank der LLC-Schnittstelle sind die Kommunikationsprotokolle (KP) und Anwendungen vom LAN-Typ und hierbei auch vom ATM-Netz unabhängig.

10.4.3.3 Komponenten der LAN-Emulation

Die LAN-Emulation in ATM-Netzen vom ATM-Forum wird nach dem Client-Server-Modell realisiert. Wie Abbildung 10.4-13 zeigt, besteht die LAN-Emulation aus

- den *LAN-Emulations-Clients* (LECs) und
- den *LAN-Emulations-Diensten* (LE-Diensten).

Die LE-Dienste setzen sich aus folgenden Komponenten zusammen:

- LAN-Emulations-Konfigurations-Server (*LECS, LE Configuration Server*)
- *LAN-Emulations-Server* (*LES*)
- *Broadcast- und Unbekannt Server* (*BUS*)

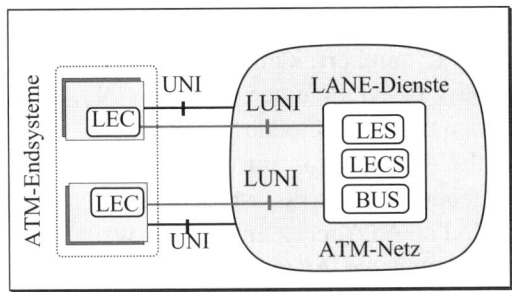

Abbildung 10.4-13:   Logische Komponenten der LAN-Emulation
LE: LAN-Emulation, LEC: LE-Client, LECS: LE-Konfigurations-
Server, LES: LE-Server, BUS: Broadcast- und Unbekannt-Server,
UNI: User Network Interface, LUNI: LAN Emulation UNI

Die LE-Dienste haben die Aufgabe den Broadcast- und Multicast-LAN-   *LE-D*
Verkehr zu unterstützen und den LECs bei der Ermittlung der ATM-
Zieladresse zu helfen. Diese Dienste können physisch an unterschiedlichen
Stellen implementiert werden. Sie können z.B. in einem ATM-Switch oder
in einem Netzknoten eines ATM-WANs als ein *LE-Dienstzentrum* unterge-
bracht oder verteilt werden.

Der LEC entspricht der Funktion nach einer LAN-Adapterkarte und kann in   *LEC*
einem ATM-Endsystem bzw. in einem Kopplungselement (z.B. Layer-2-
Switch) zwischen einem klassischen LAN und einem ATM-Netz untergebracht werden (=> Abbildung 10.4-12). Die LEC-Funktionalität kann als
Teil einer Treiber-Software implementiert werden.

Die wichtigste logische Komponente der LAN-Emulation ist der LES. Er   *LES, LECS*
stellt die zentrale Stelle jedes emulierten LAN dar und ist für die Verwal-   *und BUS*
tung von MAC- und ATM-Adressen aller LECs in einem emulierten LAN
verantwortlich. Der LECS enthält die notwendigen Informationen, die für
die Konfiguration von LECs gebraucht werden. Insbesondere liefert der
LECS auf Wunsch die LES-Adresse an einen LEC, der sich an ein emuliertes LAN „anschließen" will. Die Hauptfunktion des BUS besteht in der
Übermittlung von Multicast- bzw. Broadcast-Frames im ATM-Netz. Die
einzelnen Komponenten LECs, LECS, LES und BUS werden über ATM-
Verbindungen entsprechend miteinander vernetzt.

10.4.3.4 LANE-Funktionsmodule in einem ATM-Endsystem

Das Zusammenwirken eines LEC mit den anderen Funktionsmodulen in
einem ATM-System zeigt Abbildung 10.4-14. Für die Unterstützung der
LAN-Emulation wird die Adaptionsschicht vom Typ 5 (*AAL 5*) eingesetzt.
Der Datenaustausch zwischen dem LEC und den Software-Modulen LLC

und AAL erfolgt mit Hilfe von LE_UNITDATA-Primitiven. Da der LEC eine LAN-Adapterkarte emuliert, kann die LLC-Schicht als multiprotokoll-fähiger Treiber (wie z.B. NDIS unter Windows NT bzw. ODI unter Net-Ware) oberhalb einer LAN-Adapterkarte gelten. Die zu übertragenden Daten werden vom LLC-Modul in Form des Primitives LE_UNITDATA.req an den LEC übergeben. Vom LEC werden die Daten an die Adaptions-schicht im AAL_UNITDATA.req zum Senden weitergeleitet. Empfangene MAC-Frames werden von der Adaptionsschicht im AAL_UNITDATA.ind an den LEC übergeben. Von dort werden die Daten im LE_UNITDATA.ind an das LLC-Modul weitergereicht.

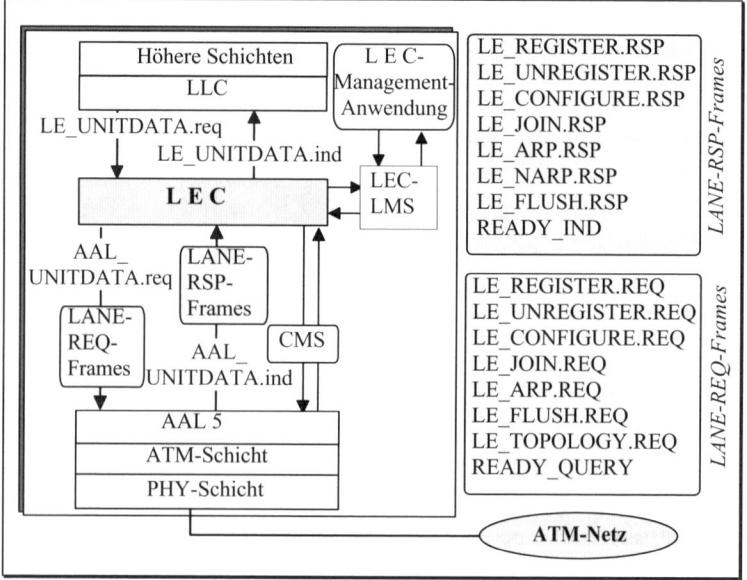

Abbildung 10.4-14:   LANE-Funktionsmodule in einem ATM-Endsystem
AAL: ATM Adaption Layer, CMS: Connection Management Servi-
ces, LMS: Layer Management Service, Ind: Indication, Req: Request,
Rsp: Response

LANE- Abbildung 10.4-14 zeigt auch die Steuerungs-Frames, die den Ablauf der
Frames LAN-Emulation steuern. Sie werden zwischen dem LEC und anderen LE-Modulen (LECS, LEC und BUS) über die Schnittstelle LUNI (=> Abbildung 10.4-13) übermittelt. Diese Frames werden als *LANE-Frames* bezeichnet. Der LEC muß in jedem ATM-Endsystem entsprechend konfiguriert, und dessen Parameter müssen überwacht werden. Zu diesem Zwecke enthält das ATM-Endsystem die Instanz *LEC-LMS (Layer Management Service).*

10.4.3.5 Phasen beim Ablauf der LAN-Emulation

Das Zusammenwirken von einzelnen Systemkomponenten der LAN-Emulation verläuft nach den in Abbildung 10.4-15 gezeigten Phasen.

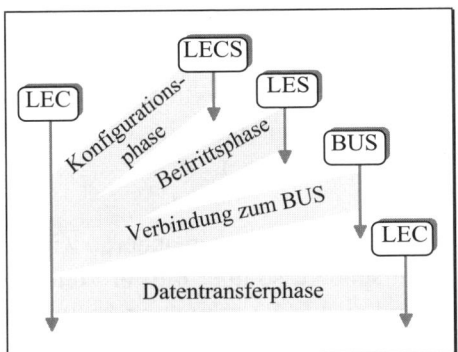

Abbildung 10.4-15:   Phasen beim Ablauf der LAN-Emulation

- *Konfigurationsphase*

  Damit ein LEC Daten versenden darf, muß er zuerst Mitglied eines emulierten LANs werden. Dazu muß er die ATM-Adresse des zuständigen LES kennen. In der Konfigurationsphase werden notwendige Vorbereitungen zum Beitreten des LEC zu einem emulierten LAN durchgeführt. In dieser Phase teilt der LEC dem LECS seine MAC-Adresse, seine ATM-Adresse, den gewünschten LAN-Typ (Ethernet bzw. Token-Ring) sowie die max. MAC-Frame-Größe mit. Er erhält vom LECS die gesuchte ATM-Adresse des LES sowie die Bestätigung des gewünschten LAN-Typs. Die LANE-Spezifikation sieht hier folgende Möglichkeiten vor:

  – Zuerst sucht der LEC die Adresse des Configuration Servers (LECS) aus einer festgelegten Tabelle im ATM-Netzknoten. Er baut dann kurzzeitig eine Konfigurationsverbindung *(Configuration Direct VCC)* zum LECS auf, um von ihm die Adresse des LES zu erhalten. Wenn der LECS nicht erreichbar ist, wird in der Tabelle im ATM-Netzknoten nach einem anderen LECS oder gleich nach einem eingetragenen LES gesucht. Sollte der Client hiermit keinen Erfolg haben, verbindet er sich mittels einer „*well-known ATM-address*" mit dem für jedes ATM-Netz spezifizierten LECS.

  – Die andere Möglichkeit besteht darin, eine Anfrage als Broadcast über den BUS zu verschicken. Sie sieht eine permanente virtuelle ATM-Verbindung zum BUS über einen „*well-known VPI/VCI*" vor.

– Der LEC sollte aber zuerst versuchen, eine vordefinierte permanente ATM-Verbindung zwischen Client und LECS zu nutzen.

- *Beitrittsphase* (Join Phase)
  In dieser Phase baut ein LEC eine Verbindung zum LES auf und läßt sich als „LAN-Teilnehmer" registrieren.

- *Verbindung zum BUS*
  Der BUS nimmt den LEC in seine Broadcast-Verteilerliste auf. Damit sind alle notwendigen Vorbereitungen zur LAN-spezifischen Kommunikation im ATM-Netz abgeschlossen.

- *Datentransferphase*
  Will ein Quell-LEC die Daten an einen anderen Ziel-LEC in einem anderen ATM-Endsystem senden, so überprüft er zunächst, ob zu dem Ziel-LEC bereits eine direkte ATM-Verbindung besteht, bzw. ob die ATM-Adresse des Endsystems mit diesem Ziel-LEC bereits bekannt ist. Falls die ATM-Adresse bekannt ist und noch keine Verbindung besteht, läßt sie sich aufbauen; die Daten können danach direkt an das Zielsystem übermittelt werden.

10.4.3.6 Ablauf der LAN-Emulation (LE)

Den Ablauf der LAN-Emulation mit der Angabe von entsprechenden LANE-Nachrichten illustriert Abbildung 10.4-16.

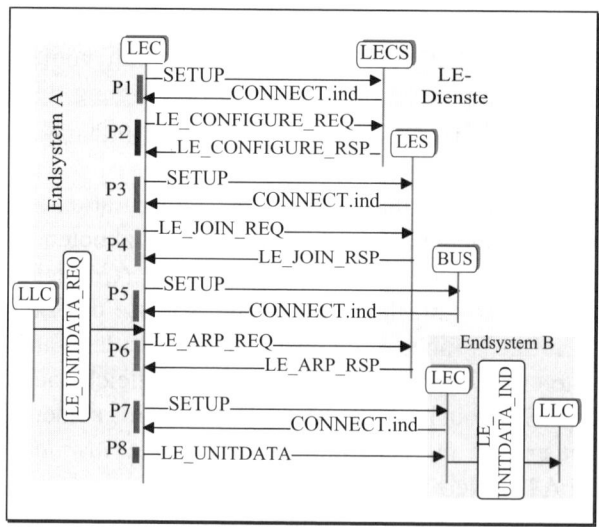

Abbildung 10.4-16:   Ablauf der LAN-Emulation (LE)
LLC: Logical Link Control

Die einzelnen LEC-Zustände P1, ..., P8 sind folgendermaßen zu interpretieren:

- *P1: Verbindungsaufbau zum LECS*:
  SETUP: Verbindungsaufforderung, CONNECT.ind: Bestätigung der
  Verbindung.

- *P2: Konfigurationsphase*
  Während dieser Phase erhält der LEC die ATM-Adresse des LES sowie
  zusätzliche Konfigurationsparameter. Hierfür gibt es zwei Control-
  Frames:
  - LE_CONFIGURE_REQUEST wird vom LEC gesendet, um die Kon-
    figurationsparameter zu erhalten.
  - LE_CONFIGURE_RESPONSE wird vom LECS als Antwort auf den
    Frame LE_CONFIGURE_REQUEST gesendet.

- *P3: Verbindungsaufbau zum LES* (vgl. P1)
  Nach der Konfigurationsphase baut der LEC eine bidirektionale Kontrollverbindung zum LES auf.

- *P4: Beitrittsphase (Join-Phase)*
  In dieser Phase bekommt der LEC die Erlaubnis, sich der LAN-
  Emulation anzuschließen. Der LEC erhält vom LES auch die ATM-
  Adresse vom BUS, um über ihn die MAC-Broadcast-Frames zu ver-
  schicken. Hierfür gibt es zwei Control-Frames:
  - LE_JOIN_REQUEST wird vom LEC gesendet, um die Erlaubnis
    vom LES zu bekommen, sich der LAN-Emulation anzuschließen. Er
    beinhaltet die ATM-Adresse, seinen LAN-Typ, die maximale Frame-
    größe und gegebenenfalls eine Proxy-Indication. Die Proxy-Indi-
    cation verweist darauf, daß es sich um einen sog. *Proxy-LEC* handelt,
    der in einem Kopplungselement zwischen einem klassischen LAN
    und dem ATM-Netz enthalten ist. Da mehrere Endsysteme am LAN
    angeschlossen sind, werden diese klassischen Clients am LAN durch
    den Proxy-LEC beim LES vertreten.
  - LE_JOIN_RESPONSE wird vom LES als Antwort geschickt und be-
    stätigt oder lehnt den Beitritt ab. Wenn der LEC abgewiesen wird,
    bricht der LEC die bidirektionale Verbindung zum LES ab und ver-
    sucht, die Beitrittsphase zu wiederholen.

  Beispiel: LEC*x* und LEC*y* entsprechend in Ethernet- und Token-Ring-
  Switches in Abbildung 10.4-12 sind Proxy-LECs.

- *P5: Verbindung zum BUS* (vgl. P1 und P3)
  Der LEC baut dann eine unidirektionale Verbindung zum BUS auf, und der BUS fügt den LEC seiner Point-to-Multipoint-Verbindung hinzu.

- *P6: Ermittlung der gesuchten ATM-Zieladresse*
  Wenn der LEC Daten senden will, prüft er zunächst, ob er die mit der MAC-Zieladresse korrespondierende ATM-Zieladresse kennt und ob bereits eine virtuelle Verbindung zum Ziel besteht. Kennt der LEC die ATM-Zieladresse nicht, kann er sie beim LES abfragen, wo eine zentrale Zuordnungstabelle: *MAC-Adresse => ATM-Adresse* gespeichert wird.

LAN Emulation Address Resolution Protocol

Für die Ermittlung von ATM-Zieladressen dienen zwei LE_ARP-Frames (*LAN Emulation Address Resolution Protocol*):

- LE_ARP_REQUEST wird vom LEC mit einer MAC-Zieladresse gesendet, um die mit dieser MAC-Adresse korrespondierende ATM-Adresse zu bekommen.

- LE_ARP_RESPONSE wird als Antwort mit der gesuchten ATM-Adresse zurückgeschickt.

- *P7: Verbindungsaufbau zum Partner-LEC*: vgl. P1, P3 und P5.

- *P8: Datentransfer*
  Ein „Quasi"-MAC-Frame wird mit dem Control-Frame LE_UNIDATA an den Partner-LEC über das ATM-Netz übermittelt.

10.4.3.7 LAN-spezifische Kommunikation über ein ATM-Netz

Unser folgendes Beispiel illustriert den Fall, bei dem nur die ATM-Endsysteme zu einem emulierten LAN gehören. Der Ablauf der LAN-spezifischen Kommunikation über ein ATM-Netz ist aus Abbildung 10.4-17 ersichtlich. Hier ist zu bemerken, daß jedem ATM-Endsystem mit einem LEC zwei Adressen, d.h. eine ATM-Adresse und eine MAC-Adresse, zugeordnet werden müssen.

Folgende Schritte sind zu unterscheiden:

- *Die ATM-Zieladresse wird beim LES abgefragt*
  Beim LEC *m* liegt ein MAC-Frame vor, der an die MAC-Zieladresse *b* gesendet werden soll. Da das Zielendsystem am ATM-Netz angeschlossen ist, muß zunächst bestimmt werden, welche ATM-Adresse dieser MAC-Zieladresse entspricht. Der Kern der LAN-Emulation besteht gerade in diesem Adreßauflösungsprozeß, um die nötige ATM-Adresse des Zielendsystems für die MAC-Zieladresse zu ermitteln. Wie Abbildung 10.4-16 zeigt, wird hierfür ein Protokoll *LAN Emulation Address Resolution Protocol (LE_ARP)* verwendet. Jeder LEC enthält eine Adreß-

Ermittlungstabelle mit den Zuordnungen: *MAC-Adresse => ATM-Adresse* im sog. *ARP Cache*.

Liegt ein MAC-Frame zum Senden vor, prüft der LEC zuerst, ob die gewünschte ATM-Zieladresse für die vorliegende MAC-Zieladresse in seinem ARP Cache enthalten ist und ob bereits eine ATM-Verbindung unter dieser ATM-Adresse besteht. Besteht die gewünschte ATM-Verbindung, wird der MAC-Frame direkt an den Partner-LEC gesendet. Abbildung 10.4-17 illustriert den Fall, in dem die gesuchte ATM-Zieladresse nicht im ARP Cache des LEC *m* enthalten ist. Diese Adresse wird beim LES-Server abgefragt. Hierfür sendet der LEC über die bereits bestehende Verbindung zum LES eine LE_ARP_REQUEST Anfrage. In diesem Frame wird u.a. die MAC- und ATM-Adresse des Quell-LEC angegeben.

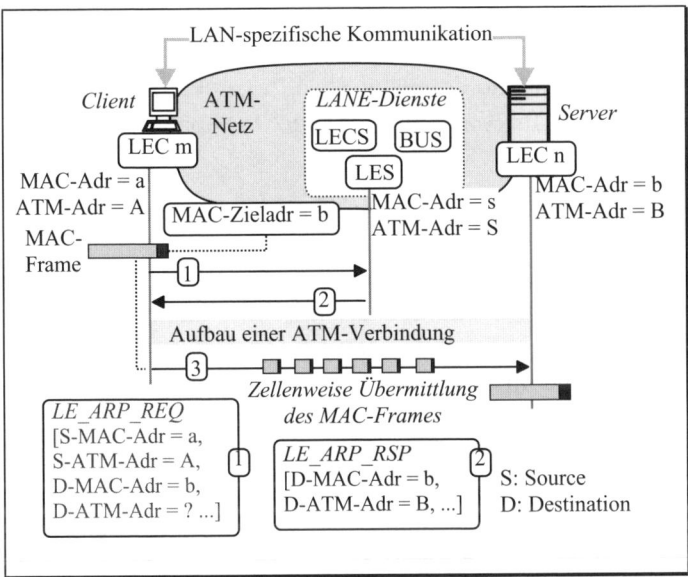

Abbildung 10.4-17: LAN-spezifische Kommunikation über ein ATM-Netz: Zu absolvierende Schritte bei der Übermittlung eines MAC-Frames

- *Die gesuchte ATM-Zieladresse wird vom LES geliefert*
  Der LES antwortet auf LE_ARP_REQUEST mit dem Absenden einer LE_ARP_RESPONSE, in dem die gesuchte ATM-Adresse enthalten ist.

- *Aufbau einer ATM-Verbindung und Übermittlung des MAC-Frames*
  Nach dem Eintreffen von LE_ARP_RESPONSE ist die gesuchte ATM-Zieladresse bekannt. Somit kann die ATM-Verbindung aufgebaut und der MAC-Frame anschließend übermittelt werden.

10.4.4 Next Hop Resolution Protocol

Bei der Rechnerkommunikation nach dem Internet Protokoll IP über ATM-Netze entsteht häufig folgendes Problem: Die IP-Pakete müssen zur Ziel-IP-Adresse *x* übermittelt werden, doch die ATM-Adresse *y* des Ziel-Systems ist dem Quell-System unbekannt. Wie kann die unbekannte ATM-Adresse *y* bestimmt werden, falls mehrere IP-Subnetze (z.B. sog. LISs, => Abbildung 10.4-6) auf Basis eines ATM-Netzes aufgebaut worden sind. Um dieses Problem zu lösen, ist ein Protokoll für die Ermittlung von ATM-Adressen notwendig. NHRP (*Next Hop Resolution Protocol*) stellt ein solches Protokoll dar.

NHRP funktioniert nach dem Client/Server-Prinzip und definiert zwei Komponenten: *Next Hop Client (NHC)* und *Next Hop Server (NHS)*. Der NHC ist in einem Endsystem am ATM-Netz dafür zuständig, die unbekannte ATM-Adresse des Ziel-Endsystems für die bekannte Ziel-IP-Adresse zu finden. Ein NHS wird in jedem IP-Subnetz eingerichtet und enthält eine Adreßtabelle mit den Zuordnungen: *IP-Adresse => ATM-Adresse* für sein eigenes IP-Subnetz. Im Verbund mehrerer IP-Subnetze sind auch mehrere NHS nötig.

10.4.4.1 NHRP-Aufgabe

Das Protokoll NHRP wurde mit dem Ziel entwickelt, die Adressierung bei der Realisierung der IP-Kommunikation in verbindungsorientierten Netzen (wie z.B. ATM-, Frame-Relay-Netze) zu unterstützen. Bei der IP-Kommunikation sind im allgemeinen zwei Adressen zu unterscheiden:

- *physikalische Adressen*
- *IP-Adressen* (d.h. Protokolladressen)

Die physikalischen Adressen sind von einem physikalischen Netz abhängig und stellen Adressen dar, die es ermöglichen, eine Hardware-Komponente (Endsystem, Router) in einem Netz zu identifizieren. Sie müssen nur innerhalb eines physikalischen Netzes eindeutig sein:

- In ATM-Netzen stellen die ATM-Adressen physikalische Adressen dar.
- In traditionellen LANs sind dies die *MAC-Adressen*, die oft auch als Hardwareadressen von Adapterkarten gesehen werden.

Die IP-Adressen sind vom physikalischen Netz vollkommen unabhängig und ermöglichen es, IP-spezifische Software-Komponenten sowohl in einem Netz als auch im Verbund von mehreren physikalischen Netzen eindeutig zu identifizieren.

10.4.4.2 Problem der Bestimmung von ATM-Adressen

Bei der IP-Kommunikation entsteht zudem folgendes Problem: Ein IP-Paket
muß an die Ziel-IP-Adresse x übermittelt werden. Die physikalische Adresse des Ziel-Systems mit der IP-Adresse x ist dem Quell-System aber unbekannt. Wie kann die unbekannte physikalische Adresse y für die IP-Adresse
x bestimmt werden?

Um dieses Problem zu lösen, kann in einem Broadcast-orientierten Netzwerk wie etwa einem Shared Medium LAN (z.B. Ethernet, Token-Ring)
eine Broadcast-Nachricht an alle Endsysteme in diesem LAN abgeschickt
werden. Diese Nachricht lautet im allgemeinen: Wer kennt die physikalische Adresse y zu der IP-Adresse x? In dieser Nachricht werden alle Endsysteme in diesem Netz vom Quell-System um die „Hilfe" gebeten, diesem
die Zuordnung x => y zukommen zu lassen. Zum Beispiel bei der Protokollfamilie TCP/IP gehört die Aufgabe der Ermittlung von physikalischen
Adressen zum Protokoll ARP *(Address Resolution Protocol)*.

Entsteht das eben geschilderte Problem in einem Quell-System an einem *MPOA*
ATM-Netz, so ist es in der Praxis nicht möglich, eine Broadcast-Nachricht
an alle anderen Endsysteme am ATM-Netz zu senden. Dies würde bedeuten,
daß von einem Quell-System die Verbindungen zu allen restlichen Endsystemen am Netz aufgebaut werden müßten. Um dieses Problem sinnvoll zu
lösen, sind sowohl ein Protokoll für die Ermittlung von physikalischen
Adressen als auch bestimmte Server notwendig. Ein solches Protokoll ist
NHRP *(Next Hop Resolution Protocol)*, das Bestandteil von MPOA *(Multi-
Protocol Over ATM,* => Abschnitt 10.4.5) ist.

10.4.4.3 NHRP-Konzept

Das Protokoll NHRP sollte in allen verbindungsorientierten Netzen (z.B.
ATM-, Frame-Relay-Netze) einsetzbar sein. Um dies zu erreichen, werden
einige allgemeine Begriffe beim NHRP eingeführt. Hierzu gehören:

- *NBMA-Netz (Nonbroadcast Multiaccess)*
  Ein NBMA-Netz stellt ein verbindungsorientiertes Netz dar.

- *NBMA-Adresse*
  Eine NBMA-Adresse repräsentiert die physikalische Adresse eines End-
  systems am NBMA-Netz. Außerdem wird davon ausgegangen, daß das
  NBMA-Netz ein ATM-Netz bildet (d.h. *NBMA-Adresse = ATM-
  Adresse*).

- *Next Hop Client (NHC)*
  Ein NHC stellt eine Komponente dar, die in einem Endsystem am ATM-
  Netz implementiert wird. Die NHC-Software ist dafür zuständig, die un-

bekannte physikalische ATM-Adresse des Zielsystems für die bekannte Ziel-IP-Adresse zu bestimmen.

- *Next Hop Server (NHS)*
Ein NHS stellt eine Komponente dar, in der die Adreßtabellen mit den Zuordnungen *IP-Adresse => ATM-Adresse* enthalten sind. In einem großen ATM-Netz können auch mehrere NHSs implementiert werden, so daß die einzelnen NHSs miteinander vernetzt werden müssen, um die Adreßtabellen miteinander tauschen zu können. Ein NHS kann sowohl in einem Netzknoten (z.B. in einem ATM-Switch) als auch in einem Router implementiert werden.

10.4.4.4 Bedeutung des Protokolls NHRP

Die Bedeutung von NHRP ist aus Abbildung 10.4-18 ersichtlich.

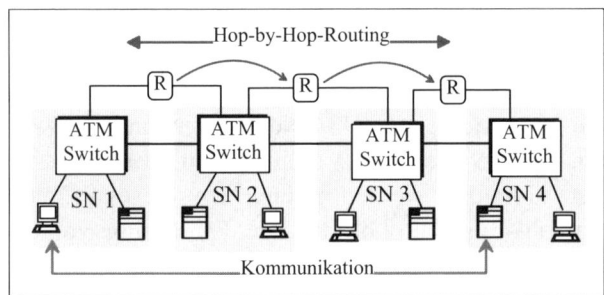

Abbildung 10.4-18:   Hop-by-Hop-Routing ohne NHRP
R: Router, SN: IP-Subnetz

> *Beispiel:* Es werden vier IP-Subnetze (z.B. sog. LISs, => Abbildung 10.4-6) innerhalb eines ATM-Netzes realisiert. Für die Kommunikation zwischen den einzelnen IP-Subnetzen werden Router eingesetzt. Auf dem Datenpfad zwischen den beiden Subnetzen *1* und *4* befinden sich drei Routing-Abschnitte. Ein Routing-Abschnitt wird in der Literatur oft als *Hop* bezeichnet. Da für ein Hop eine ATM-Verbindung notwendig ist, sind in diesem Fall drei ATM-Verbindungen erforderlich.

Abbildung 10.4-19 zeigt den Fall, in dem ein NHS in jedem Subnetz eingerichtet wurde. Jeder NHS enthält eine Adreßtabelle:

> *IP-Adresse => ATM-Adresse*

für alle IP-Adressen „seines" Subnetzes. Falls eine Folge von IP-Paketen von Subnetz *1* zu Subnetz *4* übermittelt werden muß und die ATM-Adresse des Zielrechners mit der IP-Adresse *x* dem Quellrechner nicht bekannt ist, kann diese ATM-Adresse mit Hilfe des Protokolls NHRP bestimmt werden. Hierfür sendet der NHC im Quellrechner eine Anfrage nach der Zuordnung *IP-Adresse = x => ATM-Adresse = ?* an Server NHS *1*. Die gesuchte Zuordnung enthält aber Server NHS *4*. Somit wird diese Anfrage von Server zu Server weitergeleitet und erreicht schließlich Server NHS *4*. Dieser antwortet mit der Angabe der gesuchten ATM-Adresse des Zielrechners. Die Antwort wird wiederum von Server zu Server weitergeleitet und letztlich von Server NHS *1* an den NHC übergeben.

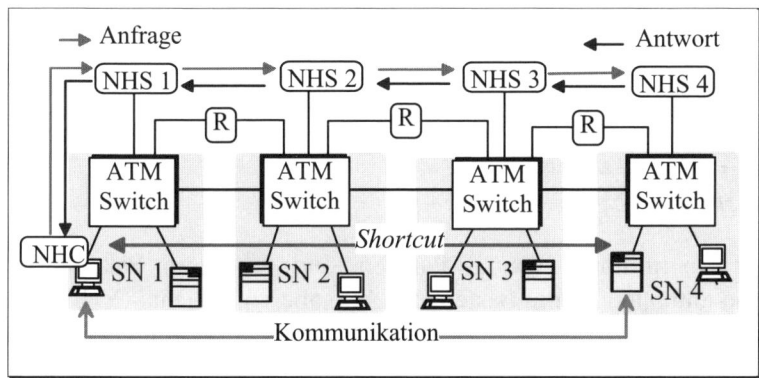

Abbildung 10.4-19:   Shortcut mit NHRP
R: Router, SN: IP-Subnetz

Im nächsten Schritt baut der Quellrechner eine ATM-Verbindung (auch *Shortcut* genannt) zum Zielrechner auf. Diese ATM-Verbindung wird in der Router-Terminologie als *Next Hop* bezeichnet. Der Name NHRP deutet somit darauf hin, daß es sich um die Ermittlung (*Resolution*) von Next Hops über ein ATM-Netz handelt.

Über eine direkte Shortcut-Verbindung kann jede Folge von IP-Paketen effektiv über das ATM-Netz übermittelt werden.

Das Protokoll NHRP kann eingesetzt werden:

• für die IP-Kommunikation zwischen ATM-Endsystemen;

• für die Vernetzung klassischer Netzwerke (Ethernet, Token-Ring) über ein ATM-Netz;

• für den Remote Access der ATM-Endsysteme auf klassische Netzwerke.

10.4.4.5 Ablauf von NHRP

Am Beispiel der Kommunikation zwischen klassischen Netzwerken illustriert Abbildung 10.4-20 den Ablauf von NHRP. Hier wird angenommen, daß

- die Kommunikation nach dem Protokoll IP erfolgt und
- der Router *1* neu installiert wurde.

Die NHCs stellen entsprechende Software-Module in Endsystemen (Arbeitsplatzrechner, Router) am ATM-Netz dar. Die Funktionsmodule, die die NHSs realisieren, werden hier in ATM-Switches untergebracht. Mit jedem Endsystem am ATM-Netz sind zwei Adressen am ATM-Netz verbunden:

- eine *ATM-Adresse* und
- eine *IP-Adresse*.

Bei der Übermittlung von IP-Paketen sind in diesen Paketen nur IP-Adressen enthalten. Somit besteht die Aufgabe von Clients (NHC) und Servern (NHS) darin, für eine bekannte Ziel-IP-Adresse eine entsprechende Ziel-ATM-Adresse zu ermitteln.

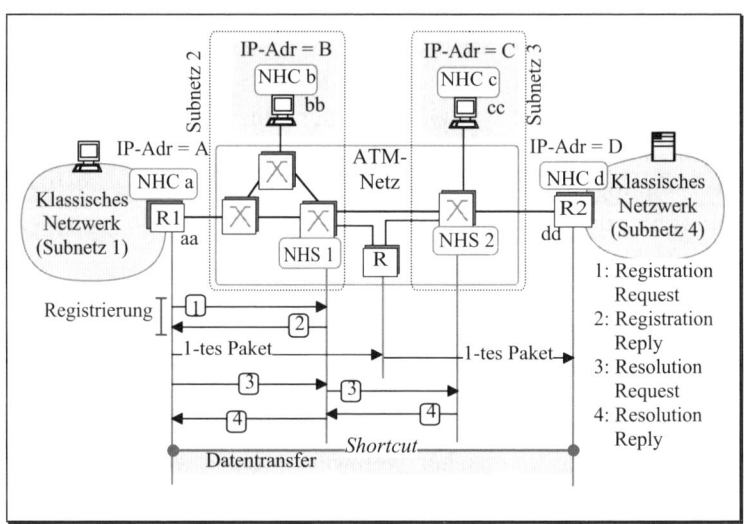

Abbildung 10.4-20:   Beispiel für einen Ablauf von NHRP
ES: Endsystem; R, R1, R2: Router; aa, bb, cc, dd: ATM-Adressen

Wurde der Router *1* am ATM-Netz neu installiert, muß der in ihm enthaltene NHC *a* bei einem NHS (bzw. nach Bedarf bei mehreren NHSs) registriert werden. Die Registrierung erfolgt hier beim NHS *1*, so daß dieser Server für die „Betreuung" des NHC *a* zuständig ist.

Um sich registrieren zu lassen, sendet der NHC *a* an den SHS *1* ein NHRP-Paket *Registration Request*, in dem u.a. die
Registration Request

- ATM-Adresse des NHC und die
- IP-Adresse des NHC

angegeben wird. Der NHS *1* antwortet darauf mit dem NHRP-Paket *Registration Reply*. In diesem Paket kann die Registrierung

- entweder bestätigt (positive Quittung) oder
- abgesagt werden (negative Quittung) – durch Angabe der Ursache (administrativ unzulässig, Ressourcen sind nicht ausreichend, ...).

Nach der Registrierung wird eine permanente ATM-Verbindung zwischen NHC *a* und NHS *1* eingerichtet.

Die Hauptaufgabe jedes NHC besteht in der Erstellung und Pflege einer Adreßtabelle mit den Zuordnungen *IP-Adresse => ATM-Adresse*. Diese Tabelle kann auch manuell konfiguriert werden.

Liegen die Daten beim Router *1* zum Senden vor, so kommen im allgemeinen zwei Möglichkeiten in Frage:

- Die ATM-Adresse des Routers *2* (d.h. Ziel-ATM-Endsystems) ist dem Router *1* (d.h. Quell-ATM-Endsystem) bekannt. Damit kann eine ATM-Verbindung für die gewünschte Datenkommunikation (zwischen den beteiligten Routern) aufgebaut werden.
- Die ATM-Adresse des Routers *2* ist dem Router *1* nicht bekannt. In diesem Fall muß die NHC-„Hilfe" in Anspruch genommen werden. Hier kommen wiederum zwei Möglichkeiten in Frage:
  - Die Daten können vorläufig zwischengespeichert werden, bevor die gewünschte Ziel-ATM-Adresse (d.h. des Routers *2*) mit NHS-Hilfe bestimmt ist.
  - Um eine unnötige Verzögerung von Daten zu vermeiden, kann das erste IP-Paket (wie in Abbildung 10.4-20) zur Weiterleitung an einen Default-Router (Gateway) übergeben werden.

Nach Absenden des ersten Pakets wird gleichzeitig der Prozeß der Ermittlung der Ziel-ATM-Adresse mit Hilfe des NHRP-Pakets *Resolution Request* gestartet.
Resolution Request

Im Beispiel in Abbildung 10.4-20 wurde angenommen, daß die Ziel-ATM-Adresse dem Server NHS *1* nicht bekannt ist. Da die NHSs mit den permanenten ATM-Verbindungen verbunden sind, sendet der Server NHS *1* das Paket *Resolution Request* an den Server NHS *2* weiter. Der letzte Server „betreut" den NHC *b* im Router *2*, so daß ihm die gewünschte ATM-Adresse bekannt ist. Sie wird im NHRP-Paket *Resolution Reply* zuerst an den NHS *1* und dann weiter an den NHC *a* übermittelt.

Resolution Reply   Nach der Ankunft des Pakets *Resolution Reply* beim NHC *a* ist die gewünschte Ziel-ATM-Adresse des Routers *2* bekannt. Eine Eintragung in der Adreßtabelle beim NHC a wird durchgeführt und die ATM-Verbindung zum Router *2* aufgebaut. Router *2* leitet die vom ATM-Netz empfangenen IP-Pakete an entsprechende Endsysteme im IP-Subnetz *4* nach den bekannten Regeln weiter.

Die ATM-Verbindung zwischen den beteiligten Endsystemen am ATM-Netz bildet ein *Shortcut* für die Datenübermittlung.

10.4.4.6 Typen von NHRP-Paketen

Zwischen den NHCs und entsprechenden NHSs bzw. zwischen den „benachbarten" NHSs werden bestimmte NHRP-Pakete ausgetauscht. Einige von ihnen wurden bereits in Abbildung 10.4-20 dargestellt. Folgende Typen von NHRP-Paketen sind zu unterscheiden:

- *NHRP Registration Request*
  Dieses Paket sendet ein NHC zu einem NHS, um sich beim NHS registrieren zu lassen.

- *NHRP Registration Reply*
  Dieses Paket sendet ein NHS an einen NHC als Bestätigung der Registrierung (d.h. als Antwort auf den *Registration Request*)

- *NHRP Resolution Request*
  Dieses Paket wird von einem NHC an einen NHS gesendet, um die ATM-Adresse des Endsystems mit der angegebenen IP-Adresse zu erhalten.

- *NHRP Resolution Reply*
  Dieses Paket wird von einem NHS an einen NHC gesendet. Es enthält die Zuordnung *IP-Adresse => ATM-Adresse*.

- *NHRP Purge Request*
  Dieses Paket wird vom NHC oder vom NHS gesendet, um darauf zu verweisen, daß einige Angaben (z.B. einige Zuordnungen *IP-Adresse => ATM-Adresse*) nicht mehr aktuell sind.

- *NHRP Purge Reply*
  Dieses Paket dient als Bestätigung des Pakets *Purge Request*.

- *NHRP Error Indication*
  Mit diesem Paket kann sowohl ein NHC als auch ein NHS auf eine Fehlersituation hinweisen.

10.4.5 Multi-Protocol Over ATM (MPOA)

Unter MPOA *(Multi-Protocol Over ATM)* ist ein Verfahren zu verstehen, das Routing und Switching in ATM-Netzen integriert. Theoretisch ermöglicht MPOA die Kommunikation über ATM-Netze nach verschiedenen Netzwerkprotokollen. In der Praxis hat sich jedoch das Protokoll IP durchgesetzt, so daß MPOA als Lösung für *IP over ATM* gesehen werden kann. Beim MPOA-Einsatz wird eine logische Routing-Ebene oberhalb eines ATM-Netzes implementiert, so daß man MPOA auch als ein Konzept für einen virtuellen und verteilten Router bezeichnen kann.

Im Grunde vereinigt MPOA mehrere Ansätze wie LAN-Emulation in ATM-Netzen, Classical IP Over ATM (CLIP) und das Protokoll NHRP, die entwickelt wurden, um eine LAN-spezifische Kommunikation über ATM-Netze zu unterstützen. Mit dem MPOA-Ansatz ist es möglich, alle Arten von IP-Subnetzen miteinander zu vernetzen. MPOA wird im Dokument *af-mpoa-0087.000* des ATM-Forums festgelegt und funktioniert nach dem Client/Server-Prinzip. Das Protokoll NHRP *(Next Hop Resolution Protocol)* ist Bestandteil von MPOA.

10.4.5.1 MPOA-Ziel

Das Ziel von MPOA veranschaulicht Abbildung 10.4-21. Die an das ATM-Netz angeschlossenen Systeme (physikalische LANs, einzelne Rechner) bilden drei geschlossene Gruppen als Subnetze. Hier sollte zum Ausdruck kommen, daß es mit Hilfe von MPOA möglich ist, diese physikalische Struktur als logische Struktur zu sehen, die aus einer direkten Vernetzung von drei Subnetzen besteht.

Mit *MPOA Edge Device* (kurz *MPED*) wird eine ATM-Endeinrichtung bezeichnet, die als eine „Randeinrichtung" gesehen werden kann. Diese Randeinrichtung ermöglicht, die traditionellen LANs sowie einzelne Rechner ohne ATM-Adapter an das ATM-Netz anschließen zu können. Eine solche Randeinrichtung kann u.a. sein:

MPED

- ein Router mit einer ATM-spezifischen Schnittstelle,
- ein Layer-3-Switch mit integrierter Routing-Funktion.

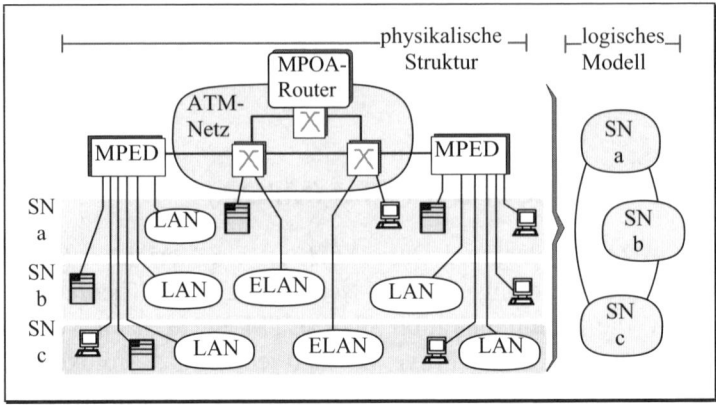

Abbildung 10.4-21:   MPOA-Ziel
ELAN: Emuliertes LAN, MPED: MPOA Edge Device, SN: Subnetz

MPOA-Host   Jeder Rechner am ATM-Netz, in dem die LAN-Emulation bzw. Classical IP over ATM unterstützt wird, bezeichnet man als *MPOA Host*.

MPOA-Router, MPOA-Server   Zu den Aufgaben des *MPOA-Routers* gehört die Realisierung der Routing-Funktion zwischen den über das ATM-Netz zu vernetzenden Subnetzen. Der Router realisiert einige Funktionen, zu denen auch die eines *MPOA-Servers* gehört. Auf die Funktionen des MPOA-Servers wird im folgenden näher eingegangen. Ein MPOA-Router kann als ein Bestandteil eines ATM-Switches oder als getrennte Komponente im ATM-Netz implementiert werden. Es können auch mehrere MPOA-Router in einem ATM-Netz eingesetzt werden.

Im allgemeinen besteht das MPOA-Ziel darin, die auf Basis eines ATM-Netzes aufgebauten Subnetze miteinander zu vernetzen. In diesem Zusammenhang kann die in Abbildung 10.4-21 dargestellte physikalische Vernetzung – sehr vereinfacht – logisch als einfache Vernetzung dreier Subnetze gesehen werden.

10.4.5.2 Hop-by-Hop-Routing ohne MPOA

Bei der Integration von klassischen LANs mit den ATM-Netzen bzw. -Systemkomponenten und beim Einsatz des Protokolls IP kommen folgende Arten von IP-Subnetzen in Frage:

- IP-Subnetze auf der Basis klassischer LANs (Ethernet, Token-Ring),
- IP-Subnetze als emulierte LANs im ATM-Netz und
- IP-Subnetze als LISs (Logical IP Subnetwork, => Abbildung 10.4-6).

Um diese verschiedenen Arten der IP-Subnetze miteinander vernetzen zu können, ist die Router-Funktion nötig. Das Routing in einem ATM-Netz ist dementsprechend zu realisieren, was zum MPOA-Konzept führt. MPOA kann im allgemeinen als eine Integration von Routing und Switching sowie als Unterstützung des Next Hop Resolution Protocol (=> Abschnitt 10.4.4) gesehen werden.

Um die Bedeutung von MPOA zu veranschaulichen, zeigt Abbildung 10.4-22 ein Beispiel, in dem mehrere IP-Subnetze (kurz SN) auf Basis eines ATM-Netzes verbunden werden sollen. Es ist hervorzuheben, daß es sich hier um einen Verbund unterschiedlicher Arten von IP-Subnetzen handelt, nämlich als LIS und als emulierte LANs (ELAN).

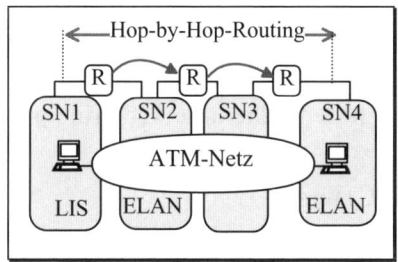

Abbildung 10.4-22:   Hop-by-hop-Routing ohne MPOA
LIS: Logical IP Subnetwork. ELAN: Emuliertes LAN, SN: Subnetz

> *Beispiel:* Soll eine Kommunikation zwischen SN *1* und SN *4* stattfinden, werden die IP-Pakete normalerweise über mehrere Router übermittelt. Auf dem Datenpfad entstehen drei Hops. Somit sind drei ATM-Verbindungen auf dem Datenpfad zwischen den Routern nötig. Bei einer langen Folge von Paketen zwischen SN *1* und SN *4* würde eine derartige Lösung vor allem zu großen Verzögerungen führen. Bei der Übertragung einer Folge von Datenpaketen wäre es sinnvoller, eine direkte ATM-Verbindung zwischen SN *1* und SN *4* aufzubauen. Dies ist gerade mit Hilfe von MPOA möglich.

10.4.5.3 Shortcut mit MPOA

Mit Hilfe von MPOA kann die Kommunikation bei einer langen Folge von Paketen so realisiert werden (Abbildung 10.4-23), daß eine direkte ATM-Verbindung (sog. *Shortcut*) zwischen Quell- und Ziel-Rechner aufgebaut wird. Um eine direkte Verbindung vom Quell-Rechner zum Ziel aufbauen zu können, muß der Quell-Rechner die ATM-Adresse des Ziel-Rechners kennen. Da das Protokoll NHRP ein Bestandteil von MPOA ist, wird diese Adresse mit Hilfe von NHRP ermittelt.

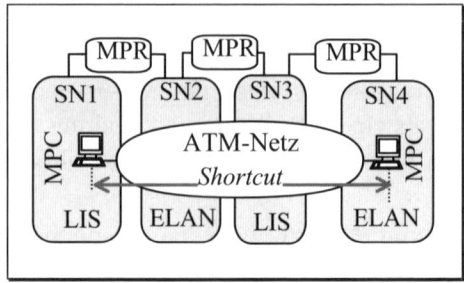

Abbildung 10.4-23:   Direkte ATM-Verbindung (sog. Shortcut) mit MPOA
LIS: Logical IP Subnetwork. ELAN: Emuliertes LAN,
MPR: MPOA-Router, SN: Subnetz,

10.4.5.4 Funktionsweise von MPOA

MPOA funktioniert nach dem Client/Server-Prinzip und definiert folgende Funktionsmodule:

- MPOA-Clients (MPC) und
- MPOA-Server (MPS).

Der MPOA-Client (MPC) entspricht weitgehend dem NHC des Protokolls NHRP. Die Komponente MPS ist im MPOA-Router enthalten (Abbildung 10.4-24).

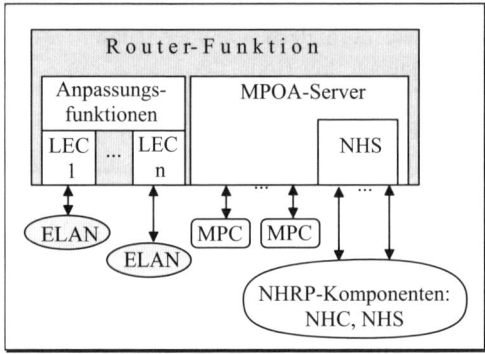

Abbildung 10.4-24:   Komponenten eines MPOA-Routers
ELAN: Emuliertes LAN, LEC: LAN Emulation Client,
NHC: NHRP-Client, NHS: NHRP-Server

MPC   Die Funktionsweise und gleichzeitig einen wichtigen Einsatz von MPOA illustriert Abbildung 10.4-25. Ein MPC repräsentiert ein Software-Modul, das in ATM-Endsystemen bzw. in Randeinrichtungen MPED enthalten ist.

Der MPC ist für die Weiterleitung von Daten in Form von IP-Paketen zuständig. Der MPC entscheidet, ob ein Paket zum Zielrechner geroutet oder ein Shortcut aufgebaut wird. Eine MPED-Einrichtung ermöglicht den Anschluß von klassischen LANs sowie von nicht ATM-fähigen Rechnern an das ATM-Netz. Die MPED-Einrichtungen in Abbildung 10.4-25 stellen die Router dar.

Ein MPR kann in einem ATM-Switch implementiert werden. Es können *MPR* auch mehrere MPRs in einem ATM-Netz eingesetzt werden. Die MPOA-Komponenten wie MPCs und MPR werden über permanente ATM-Verbindungen miteinander vernetzt. Auf diese Weise entsteht ein logisches Routing-Netz, in dem als Knoten die MPR und als Endkomponenten die MPCs fungieren. Logisch gesehen werden den Endsystemen die physikalischen ATM-Adressen am physikalischen ATM-Netz und die IP-Adressen entsprechend den MPCs am Routing-Netz zugeordnet. Man stelle sich vor, dieses Routing-Netz würde eine Routing-Ebene oberhalb der physikalischen Netzstruktur bilden.

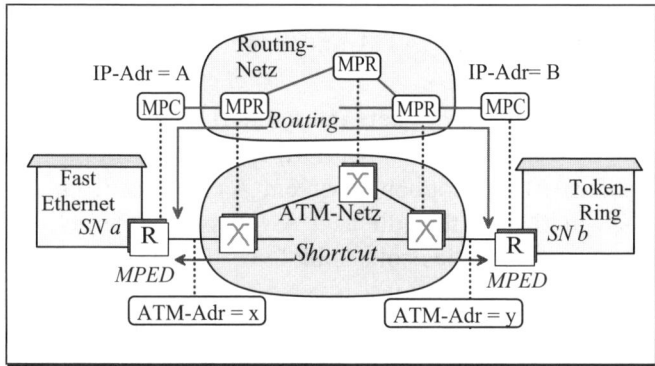

Abbildung 10.4-25:   Funktionsweise von MPOA
MPR: MPOA-Router, R: Router, SN: Subnetz

Bei MPOA wird Switching und Routing nach den folgenden Prinzipien integriert: Liegt ein IP-Paket im MPED unter der ATM-Adresse x zum Senden vor, so wird die Ziel-IP-Adr = B im Paket interpretiert, die das Modul MPC im Ziel-ATM-Endsystem identifiziert. Zwei Möglichkeiten kommen in Betracht, ein IP-Paket über das ATM-Netz zu übermitteln:

- *Routing*
  Das Paket kann über das ATM-Netz mit Hilfe von MPS geroutet werden. Dies ließe die Interpretation zu, das Paket würde über das Routing-Netz zum Ziel-MPC übermittelt.

- *Switching*
  Für die Übermittlung des IP-Paketes (und eventuell der nächsten darauf-folgenden Pakete) kann eine ATM-Verbindung zum Ziel-Endsystem unter der ATM-Adresse *y* aufgebaut werden. Diese Verbindung bildet einen sogenannten *Shortcut*. Ist die Ziel-ATM-Adresse dem Quell-Endsystem nicht bekannt, kann sie mit Hilfe des Protokolls NHRP bestimmt werden.

Nun stellt sich die Frage: Wann soll ein IP-Paket über das ATM-Netz geroutet und wann soll es über ein Shortcut übermittelt werden? Da ATM-Netze im Gegensatz zu traditionellen LANs verbindungsorientiert sind, eignen sie sich besonders gut für die Übermittlung von kontinuierlichen Datenströmen. Hierzu gehört beispielsweise die Übermittlung einer Datei, aus der eine lange Folge von Paketen entsteht. In jedem MPC wird ein Kriterium definiert, nach dem man feststellen kann, ob es sich um eine Folge von Paketen zu einer bestimmten ATM-Adresse handelt, und ob es sich „lohnt", eine ATM-Verbindung zu dieser Adresse aufzubauen. Handelt es sich um eine Folge von Paketen an ein Ziel-ATM-Endsystem, so wird eine ATM-Verbindung zum Ziel-ATM-Endsystem aufgebaut, und die Daten werden direkt übermittelt.

MPOA = Layer 3 Für die Weiterleitung der IP-Pakete interpretiert man beim MPOA die Ziel-IP-Adressen. Also handelt es sich beim MPOA um Internetworking auf dem Layer 3. Insofern ist es möglich, über ein ATM-Netz (bzw. oft nur über einen ATM-Switch) unterschiedliche LAN-Typen (Ethernet, Token-Ring) miteinander zu koppeln. Dies soll Abbildung 10.4-25 zum Ausdruck bringen.

Theoretisch gesehen ermöglicht der MPOA-Ansatz die Übermittlung von Daten über ein ATM-Netz nach unterschiedlichen Routing-fähigen Netzwerkprotokollen (Multiprotocol!) wie z.B. IP, IPX, AppleTalk. Wegen der Dominanz des Protokolls IP in der Netzwerkwelt werden die Nicht-IP-Protokolle in den verfügbaren Netzwerkkomponenten mit der MPOA-Funktionalität nicht unterstützt. Somit ist bei MPOA nur IP relevant.

10.4.5.5 Funktionsweise von MPOA

Die allgemeine Funktionsweise von MPOA ist aus Abbildung 10.4-26 ersichtlich. Um das Konzept von MPOA zu erläutern, wird im folgenden angenommen, daß die Datenübermittlung vom ATM-Endsystem ES *X* initiiert wird. Die Daten sollen zum Endsystem ES *Y* im traditionellen LAN über das ATM-Netz transportiert werden.

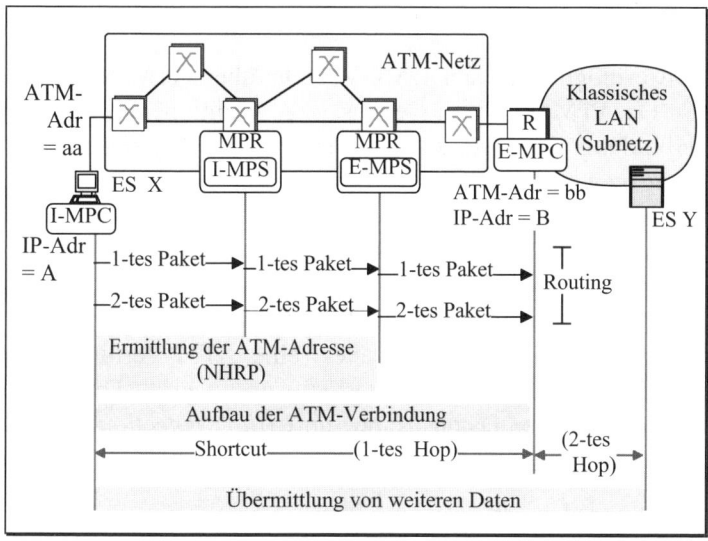

Abbildung 10.4-26: Funktionsweise von MPOA
E-MPC: Egress MPC, E-MPS: Egress MPS , I-MPC: Ingress MPC, I-MPS: Ingress MPS, MPR: MPOA-Router, MPS: MPOA-Server

In der MPOA-Terminologie werden zwei funktionelle Seiten unterschieden:

- Quell-Seite mit der Quelle von Daten (d.h. ES *X*) und
- Ziel-Seite mit der Senke von Daten (d.h. ES *Y*).

Die MPOA-Komponenten MPC und MPS im MPR (=> Abbildung 10.4-24), *Ingress/* die sich an der Quell-Seite befinden, tragen die Bezeichnung *Ingress Egress* *(Eingang)*, so daß sie *Ingress MPC* (I-MPC) und *Ingress MPS* (I-MPS) genannt werden. Ähnlich nutzt man die Bezeichnung *Egress (Ausgang)* für die MPOA-Komponenten an der Ziel-Seite und spricht von *Egress MPC* (E-MPC) und *Egress MPS* (E-MPC).

Bei der MPOA-Realisierung ist dem folgenden Rechnung zu tragen:

- Jeder MPC muß bei einem MPS registriert und über eine ATM-Verbindung mit ihm verbunden werden. Da jeder MPS zu einem MPOA-Router gehört, ist der MPC auf diese Weise auch mit einem Router dauerhaft verbunden, falls zwischen dem MPC und dem MPS bereits eine ATM-Verbindung besteht.
- Die „benachbarten" MPOA-Router werden über permanente ATM-Verbindungen (PVCs) miteinander gekoppelt, so daß sie immer in der Lage sind, sowohl die Routing-Information als auch die „Benutzer"-Daten paketweise miteinander auszutauschen.

10.4.5.6 Entdeckung der dauerhaften Datenströme

MPOA soll ermöglichen, den LAN-Verkehr über ATM-Netze effektiv zu realisieren. Da ATM-Netze im Gegensatz zu traditionellen Shared Medium LANs verbindungsorientiert sind, eignen sie sich besonders gut für die Übermittlung von kontinuierlichen Datenströmen. Hierzu gehört beispielsweise die Übermittlung einer Datei, aus der eine lange Folge von Datenpaketen entsteht. Für die Übermittlung einer kleinen Menge von Daten, die nur ein kleines Paket bilden, ist ein verbindungsorientiertes Netz nicht besonders günstig. Es ist selbstverständlich, daß es sich nicht „lohnt", für die Übermittlung eines kleinen Datenpakets eine ATM-Verbindung auf- und wieder abzubauen. Der Aufwand hierfür wäre zu groß. Diese Denkweise, die zur Entdeckung der Datenströme führt *(flow detection)*, ist gerade im MPOA-Konzept verankert.

10.4.5.7 Übermittlung von Daten

Die Übermittlung von Daten läuft folgendermaßen ab: Der Ingress MPC versucht festzustellen, ob zu einer ATM-Zieladresse eine Folge von Datenpaketen gesendet wird. Dies wäre u.a. dadurch zu erreichen, daß man über eine bestimmte Zeitperiode die Zieladressen in den zu sendenden Datenpaketen analysiert. Diese Vorgehensweise verlangt eine Zwischenspeicherung von Daten beim Ingress MPC und würde zu einer zusätzlichen Verzögerung der Daten führen.

Default Path Um keine zusätzliche Verzögerung beim Ingress MPC zu verursachen, werden die ersten Datenpakete vom Quell-ATM-Endsystem (ES X in Abbildung 10.4-26) nach den gleichen Prinzipien wie bei der Vernetzung von LANs gesendet. Stellt Ingress MPC nach der IP-Adresse fest, daß das Paket zu einem anderen IP-Subnetz (ELAN, LIS) übermittelt werden muß, so wird es an den MPOA-Router übergeben. Der Router leitet dieses Paket nach einem festgelegten Routing-Protokoll weiter. Somit wird dieses Paket, wie dies auch bei der klassischen Vernetzung von LANs der Fall ist, über einen von den Routern bestimmten Weg übermittelt. In der MPOA-Terminologie bezeichnet man den durch die MPOA-Router bestimmten Datenpfad als *Default Path*. In der Situation in Abbildung 10.4-26 werden die ersten beiden Datenpakete nach dem Default Path übermittelt.

Shortcut In jedem Ingress MPC muß ein Kriterium definiert werden, nach dem er feststellen kann, daß es sich um eine Folge von Datenpaketen an eine bestimmte ATM-Adresse handelt und daß es sich „lohnt", eine ATM-Verbindung zu dieser Adresse aufzubauen. Im Beispiel aus Abbildung 10.4-26 wurde angenommen, daß im Ingress MPC entschieden wird, nach den ersten beiden Datenpaketen an die gleiche IP-Adresse eine ATM-Verbindung aufzubauen. Diese Verbindung bildet einen sogenannten *Shortcut* über das ATM-Netz, über den die Daten transparent übermittelt werden können. Auf diese Weise werden die Daten vom Quell- bis zum Ziel-ATM-Endsystem in einem Schritt übergeben. Nach der Terminologie, die man bei den Routing-Protokollen verwendet, bedeutet dies einen *Hop* (Etappe). Da die Daten im vorliegenden Beispiel in Abbildung 10.4-26 bis zum Endsystem im traditionellen LAN (Ethernet, Token-Ring) übermittelt werden müssen, werden sie vom Router in der zweiten Etappe (2-tes Hop) an das Ziel-LAN-Endsystem ES *Y* weitergeleitet.

10.4.5.8 Typen von MPOA-Nachrichten

Um das MPOA-Konzept zu realisieren, werden bestimmte Nachrichten zwischen den MPCs und MPS ausgetauscht. Es sind folgende Typen von Nachrichten zu unterscheiden:

* Nachrichten zur Ermittlung der Zuordnung *Ziel-IP-Adresse => Ziel-ATM-Adresse*

    – *MPOA Resolution Request*
    Diese Nachricht sendet ein Ingress MPC an einen Ingress MPS, um die Ziel-ATM-Adresse zu ermitteln.

    – *MPOA Resolution Reply*
    Diese Nachricht dient als Antwort auf die *MPOA Resolution Request* und enthält die gesuchte Ziel-ATM-Adresse.

* Nachrichten zur Egress Cache Instandhaltung

    – *MPOA Cache Imposition Request*
    Diese Nachricht sendet ein Egress MPS an einen Egress MPC, um einen Cache (mit den Kontrollparametern) für die neue ATM-Verbindung (d.h. Shortcut) beim Egress MPC einzurichten.

    – *MPOA Cache Imposition Reply*
    Diese Nachricht dient als Antwort auf einen *MPOA Cache Imposition Request*.

    – *MPOA Egress Cache Purge Request*
    Diese Nachricht sendet ein Egress MPC an einen Egress MPS, um einen entsprechenden Cache zu aktualisieren.

    – *MPOA Egress Cache Purge Reply*
    Diese Nachricht stellt eine Antwort auf einen *MPOA Cache Imposition Request*.

* Ingress Cache Instandhaltung

- *MPOA Trigger*
  Diese Nachricht sendet ein Ingress MPS an einen Ingress MPC, um einen *MPOA Resolution Request* zu initiieren und damit die Ziel-ATM-Adresse neu zu ermitteln (=> Aktualisierung des Ingress Cache).

- Keep-Alive-Protocol (Protokoll für Aktivitätsmeldung)
  - *MPOA Keep-Alive*
    Diese Nachricht sendet ein MPS an „seine" MPCs, um seine Aktivität („ich funktioniere noch") zu melden.

- Nachrichten des Protokolls NHRP
  Zwischen einem MPS und seinen MPCs werden zusätzlich die folgenden NHRP-Nachrichten für Fehlermeldungen verwendet:
  - *NHRP Purge Request*
  - *NHRP Purge Reply*

10.4.5.9 Ermittlung der Ziel-ATM-Adresse

Ein Ingress MPC kann den Aufbau der gewünschten ATM-Verbindung zum Ziel-ATM-Endsystem nur dann initiieren, wenn ihm die ATM-Adresse des Endsystems, die der Ziel-IP-Adresse entspricht, bekannt ist. Falls die ATM-Adresse des Zielendsystems unbekannt ist, kann sie mit MPOA-Hilfe ermittelt werden. Ein Bestandteil von MPOA ist die Adreßermittlung nach dem Protokoll NHRP (*Next Hop Resolution Protocol,* => Abschnitt 10.4.4).

Den Verlauf der Adreßermittlung veranschaulicht Abbildung 10.4-27. Grob vereinfacht, wird hier die Zuordnung *IP-Adresse => ATM-Adresse* von einem I-MPC bei einem entsprechenden E-MPS abgefragt.

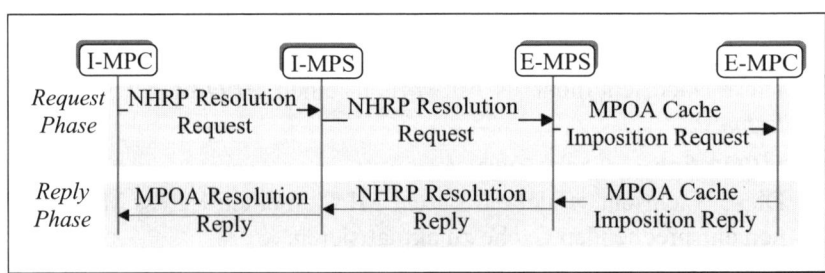

Abbildung 10.4-27:   Ermittlung der Ziel-ATM-Adresse

Im Verlauf des Prozesses der Ermittlung einer unbekannten ATM-Adresse sind zwei Phasen zu unterscheiden:

- *Request Phase* und
- *Reply Phase*.

Wie hier ersichtlich ist, initiiert der I-MPC mit Hilfe der Nachricht *MPOA Resolution Request* die Abfrage der ATM-Adresse des Zielendsystems mit der vorliegenden Ziel-IP-Adresse. Diese Nachricht enthält u.a. die ATM-Adresse des I-MPC und die Ziel-IP-Adresse. Im Beispiel von Abbildung 10.4-26 wäre die IP-Adresse von Endsystem *Y* im LAN.

Die Aufgabe des I-MPS, der den betreffenden I-MPC „betreut", besteht in der Umsetzung von *MPOA Resolution Request* in *NHRP Resolution Request*, d.h. in Nachrichten des Protokolls NHRP. Die Nachricht *NHRP Resolution Request* wird an den E-MPS (evtl. über noch an einen bzw. mehrere NHRP-Server) nach der Ziel-IP-Adresse weitergeleitet.

Hat diese Nachricht den E-MPS erreicht, sendet er eine Nachricht *MPOA Cache Imposition Request* an den Ziel-E-MPC, um einen Cache-Eintrag für die Steuerung einer neuen ATM-Verbindung (d.h. Shortcut) einzurichten. Der E-MPC antwortet an den E-MPS mit der Nachricht *MPOA Cache Imposition Reply*. Der E-MPS setzt sie in die Nachricht *NHRP Resolution Reply* um und leitet an den I-MPS weiter.   *Imposition*

Hat der I-MPS die Nachricht NHRP Resolution Replay empfangen, setzt er sie wiederum in einen *MPOA Resolution Reply* um und übergibt ihn an den I-MPC. Am Ende dieses Prozesses kennt der I-MPC die gewünschte ATM-Adresse, so daß er den Aufbau der benötigten ATM-Verbindung initiieren kann. Nach dem Aufbau dieser Verbindung entsteht ein Weg für die Übermittlung von Daten über das ATM-Netz. Dieser Weg wird als *Shortcut* bezeichnet.

10.5 Multiprotocol Label Switching

MPLS stellt ein Verfahren dar, um IP-Pakete u.a. in Frame-Relay- und ATM-Netzen effektiv übermitteln zu können. Auch die Übermittlung der IP-Pakete in zukünftigen optischen Netzen auf Basis der WDM-Technik (*Wavelength Division Multiplexing*) wird mit MPLS-Hilfe verlaufen. Nach dem MPLS-Konzept wird jedem zu übertragenden Paket ein Label vorangestellt. Anhand von Labeln können IP-Pakete in Netzknoten effizient weitergeleitet werden, ohne dabei den komplexen IP-Header auswerten zu müssen. Das MPLS-Konzept kann als eine Art IP-Hardware-Switching interpretiert werden.

Beim MPLS werden zwei Arten von sog. *Label Switching Routern (LSR)* definiert, nämlich *Edge-LSR (E-LSR)* am Rande und *Core-LSR (C-LSR)* im Kernbereich des Netzes. Die Router sind über permanente logische Verbindungen vernetzt, so daß ein logisches Netz entsteht, in dem die C-LSR als Knoten und die E-LSR als Endkomponenten dienen. Ein solches Netz stellt ein logisches Routing-Netz oberhalb der physikalischen Netzstruktur dar. Die E-LSR klassifizieren die zu übertragenden IP-Pakete und versehen sie mit Labeln. Die Netzknoten leiten die IP-Pakete anhand der Label weiter. Die Label-Informationen werden nach dem Protokoll LDP (*Label Distribution Protocol*) ausgetauscht.

10.5.1 Notwendigkeit und Idee von MPLS

Die „klassischen" IP-Netze wie z.B. das heutige Internet funktionieren nach dem Datagramm-Prinzip. Dies bedeutet, daß keine Verbindung für die Übermittlung der IP-Pakete zwischen den kommunizierenden Rechnern aufgebaut wird, sondern die einzelnen IP-Pakete in Routern (als Internet-Knoten) individuell nach der „aktuellen Lage" im Netz weitergeleitet werden. Aus diesem Grund bezeichnet man die klassischen IP-Netze auch als verbindungslos.

In verbindungslosen IP-Netzen werden die einzelnen IP-Pakete vom Quell-zum Zielrechner meist über unterschiedliche Wege transportiert. Infolgedessen sind die Verzögerungen von einzelnen IP-Paketen in der Regel unterschiedlich. Dies ist die Ursache dafür, daß es schwierig ist, die steigenden QoS-Anforderungen (*Quality of Service*) in verbindungslosen IP-Weitverkehrsnetzen zu erfüllen (=> RFC 3031).

Tag-Switching Die QoS-Anforderungen lassen sich nur dann besser und einfacher erfüllen, wenn die zusammengehörenden (z.B. einer Dienst-Klasse) IP-Pakete im Netz zwischen zwei kommunizierenden Rechnern über den gleichen Weg übermittelt werden. Um dies zu erreichen, muß zuerst eine virtuelle Verbindung über das IP-Netz aufgebaut werden. Hierfür wurde gerade das Konzept MPLS entwickelt. Den Ausgangspunkt für MPLS bildet das *Tag-Switching* der Firma Cisco.

> **Bemerkung**: Die Abkürzung MPLS lautet *Multiprotocol Label Switching*. Das Wort „Multiprotocol" deutet darauf hin, daß mit MPLS-Hilfe die Daten nach den verschiedenen Protokollen der Schicht 3 (Layer 3) übermittelt werden können. Da das Protokoll IP de facto zum Standard-Protokoll geworden ist, haben die anderen Layer-3-Protokolle ihre Bedeutung verloren. Daher wird hier nur auf das Protokoll IP eingegangen.

10.5.1.1 Idee von MPLS

Die Idee von MPLS besteht darin, daß zuerst ein Pfad als virtuelle Verbindung über das IP-Netz zwischen den kommunizierenden Rechnern für die Übermittlung der IP-Pakete aufgebaut wird. Dadurch werden die einzelnen IP-Pakete über die gleichen Netzknoten übermittelt. Dieses Prinzip entspricht vollkommen den virtuellen Verbindungen in sog. verbindungsorientierten Netzen mit Paketvermittlung (wie z.B. X.25-, Frame-Relay- bzw. ATM-Netze).

Um die IP-Pakete genauso wie z.B. Pakete in einem Frame-Relay- bzw. ATM-Netz zu übermitteln, müssen die IP-Pakete um eine spezielle Angabe ergänzt werden, die der Angabe eines logischen Kanals entspricht. Beim MPLS wird hierfür jedem zu übertragenden IP-Paket ein Zusatzfeld mit einem Label vorangestellt. Das Label kann als Identifikation des IP-Pakets angesehen werden. Anhand von Labeln können die IP-Pakete in den Netzknoten effizient nach den gleichen Prinzipien wie in Frame-Relay- bzw. ATM-Netzen weitergeleitet werden, ohne dabei den komplexen IP-Header auswerten zu müssen.

Beim MPLS werden sog. *Label Switching Router* (*LSR*) eingeführt. Sie *LSR* können als Funktions-Module angesehen und softwaremäßig realisiert werden. Wie aus Abbildung 10.5-1 ersichtlich ist, unterscheidet man zwischen:

- einem *Edge-LSR* (*E-LSR*) und
- einem *Core-LSR* (*C-LSR*).

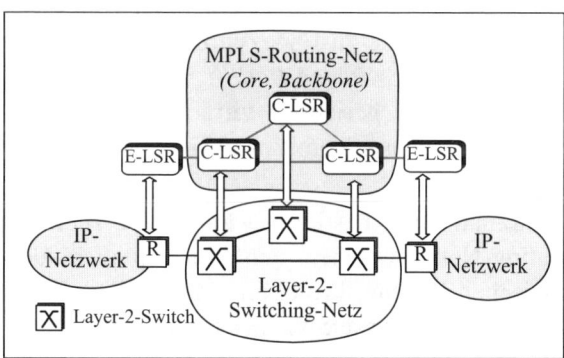

Abbildung 10.5-1:   Grundlegende Idee von MPLS
                        R: Router

Die Funktion eines *E-LSR* wird in einem klassischen Router am Rande des *E-LSR* Netzes untergebracht. Der E-LSR klassifiziert die zu übertragenden IP-Pakete und versieht sie mit Labeln. Ein E-LSR wird manchmal auch als

Label Edge Router (LER) bezeichnet und stellt einen MPLS-Randknoten (*MPLS Edge Node*) dar.

C-LSR Ein *C-LSR* wird als Funktionsmodul im Netzknoten implementiert. Die Hauptaufgabe des C-LSR besteht in der Bestimmung von optimalen Routen und in der Verteilung der Label-Information nach dem Protokoll LDP (*Label Distribution Protocol*).

Routing-Ebene E-LSR und C-LSR werden über permanente logische Verbindungen miteinander vernetzt. Dadurch entsteht ein logisches MPLS-Routing-Netz oberhalb eines physikalischen Netzes (z.B. eines ATM-, Frame-Relay-Netzes), in dem die C-LSR als Knoten und die E-LSR als Endkomponenten fungieren. Ein solches Netz stellt eine Routing-Ebene oberhalb des physikalischen Layer-2-Switching-Netzes dar. Dieses Switching-Netz wird im weiteren als MPLS-Switching-Netz bezeichnet.

Im allgemeinen stellt das MPLS ein Konzept für eine verteilte Integration des Routing (Layer 3) mit einem Layer-2-Switching-Netz (z.B. Frame-Relay- bzw. ATM-Netz) dar. Beim MPLS unterscheidet man zwischen zwei Netz-Layers:

- MPLS-Routing-Netz auf Layer 3 und
- MPLS-Switching-Netz auf Layer 2.

Das MPLS-Switching-Netz bildet das physikalische Layer-2-Switching-Netz.

LSP Die Weiterleitung der IP-Pakete über das MPLS-Switching-Netz erfolgt anhand der den Paketen vorangestellten Labeln. Hierfür wird über das Switching-Netz eine virtuelle Ende-zu-Ende-Verbindung aufgebaut. Eine solche Verbindung wird als *Label Switched Path (LSP)* bezeichnet (=> Abbildung 10.5-4). Ein LSP stellt eine gerichtete virtuelle Verbindung dar. Für eine Vollduplex-Verbindung müssen somit zwei entgegengerichtete LSPs aufgebaut werden.

Ein LSP kann automatisch so bestimmt werden, daß zuerst eine Route über das MPLS-Routing-Netz zwischen den kommunizierenden E-LSRs mit Hilfe eines klassischen Routing-Protokolls (z.B. OSPF, RIP) ermittelt wird. Dann verläuft der LSP über diese Switches (d.h. im MPLS-Switching-Netz), deren LSR sich auf der Route innerhalb des Routing-Netzes befinden. Der LSP-Verlauf über das Switching-Netz kann auch manuell konfiguriert werden.

> **Bemerkung**: Ein IP-Netz nach dem MPLS ist ein verbindungsorientiertes Netz und die Übermittlung der IP-Pakete erfolgt nach den gleichen Prinzipien, die in anderen verbindungsorientierten Netzen mit Paketvermittlung (z.B. X.25-, Frame-Relay und ATM-Netze) angewandt werden.

10.5.2 MPLS als Integration von Routing und Switching

Das Prinzip der Integration von Routing und Switching beim MPLS illustriert Abbildung 10.5-2. Wie hier ersichtlich ist, enthält jeder Knoten im Netz zwei Funktionskomponenten:

- einen Layer-2-Switch, wo die Weiterleitung der IP-Pakete auf Basis der Label-Switching-Tabelle (LST) stattfindet, und
- ein Router-Modul mit MPLS-Unterstützung, das einen C-LSR darstellt.

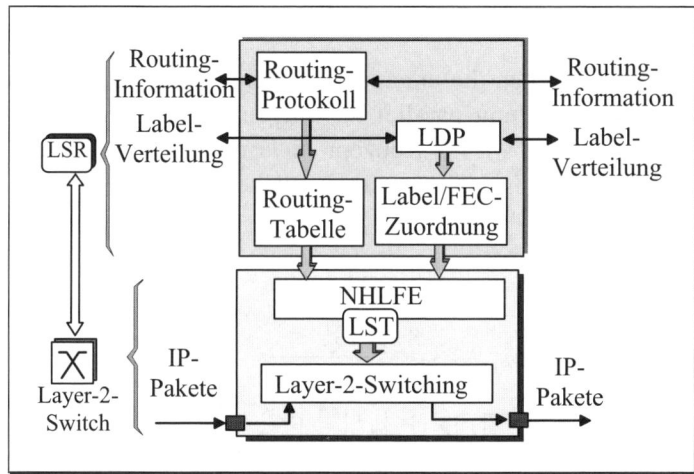

Abbildung 10.5-2:   MPLS als Integration von Routing und Switching
FEC: Forwarding Equivalence Class, LDP: Label Distribution Protocol, LST: Label Switching Table, NHLFE: Next Hop Label Forwarding Entry

In einem LSR wird die klassische Routing-Funktion (z.B. nach dem Protokoll OSPF bzw. RIP) unterstützt. Zusätzlich realisiert der LSR die Verteilung der Label-Informationen innerhalb des logischen MPLS-Routing-Netzes nach dem Protokoll LDP (=> Abschnitt 10.5.10).

Am Eingang zum Netz wird zuerst jedes zu übertragende IP-Paket einer *FEC* bestimmten Klasse, die man *FEC* (*Forwarding Equivalence Class*) nennt, zugeordnet und jeder FEC wiederum ein Label zugewiesen. Somit kann ein Label als FEC-Identifikation angesehen werden.

Die Routing-Tabelle und die Tabelle mit den Label/FEC-Zuordnungen die- *LST* nen als „Basis"-Informationen für die Instanz NHLFE (*Next Hop Label Forwarding Entry*). Diese Instanz enthält sämtliche Angaben, die man benötigt, um die IP-Pakete nach dem MPLS-Prinzip weiterzuleiten. Den Kern der Instanz NHLFE bildet die *Label-Switching-Tabelle (LST)*, in der angegeben wird, wie die einzelnen IP-Pakete im Switch weitergeleitet werden sollen.

Die LST kann auch „verteilt" implementiert werden. Wie im weiteren gezeigt wird, ist es sinnvoll, daß eine LST jedem Eingangs-Interface im Switch zugeordnet wird. Eine LST eines Interfaces enthält die Angaben, wie die an diesem Interface empfangenen IP-Pakete weitergeleitet werden müssen (=> Abbildung 10.5-5).

10.5.3 Logisches Modell von MPLS

Nach dem MPLS können die unterschiedlichen Klassen der IP-Pakete über eine physikalische Leitung parallel übertragen werden. In diesem Zusammenhang läßt sich das MPLS-Konzept in Form des in Abbildung 10.5-3 dargestellten logischen Modells veranschaulichen.

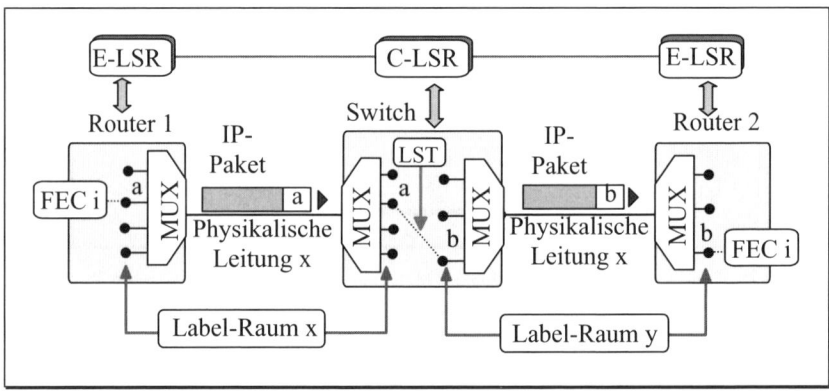

Abbildung 10.5-3:   Logisches Modell von MPLS
FEC: Forwarding Equivalence Class, LST: Label Switching Table,
MUX: Multiplexer

Label-Raum   Die Datenübertragung über eine physikalische Leitung nach dem MPLS-Konzept kann als eine Verbindung zweier statistischer Multiplexer interpretiert werden. Die Ports im Multiplexer stellen Sende-/Empfangs-Puffer im Speicher dar und werden hierbei mit Hilfe von Labeln identifiziert. Die beiden Multiplexer im Verbund müssen immer die gleiche Anzahl von Ports aufweisen. Im E-LSR und im C-LSR ist somit jeder Leitung eine Anzahl von Labeln zuzuordnen. Diese Anzahl von Labeln bezeichnet man als *Label-Raum* pro physikalisches Interface (*per-interface label space*).

Da einer Klasse von zu übertragenden IP-Paketen ein Label im E-LSR zugeordnet wird, bedeutet dies, daß Pakete in derselben Klasse im E-LSR zum Absenden immer am gleichen Port vor dem Multiplexer abgespeichert werden. Das Label, das einer Klasse von IP-Paketen zugeordnet wurde, dient gleichzeitig als Identifikation dieses Ports des Multiplexers, in dem die IP-Pakete dieser Klasse zum Absenden abgespeichert werden. Im Beispiel in Abbildung 10.5-3 wurde das Label a der Klasse FEC i zugeordnet. Somit wird das Label a jedem zu übertragenden IP-Paket der Klasse FEC i vorangestellt. Die Pakete dieser Klasse werden am „Eingangs"-Port a vor dem Absenden im E-LSR abgespeichert und nach dem Empfangen im LSR ebenfalls im „Eingangs"-Port zwischengespeichert.

Nach dem MPLS-Konzept können mehrere Klassen von IP-Paketen parallel über eine physikalische Leitung übertragen werden. Hierbei wird jede Klasse mit einem Label markiert. Auf diese Weise kann eine physikalische Leitung auf eine Vielzahl von logischen Kanälen aufgeteilt werden. In diesem Zusammenhang stellt ein Label die Identifikation des logischen K anals dar.

10.5.4 Prinzip von Label-Switching

Das Prinzip von Label-Switching besteht im allgemeinen darin (=> Abbildung 10.5-3), daß ein empfangenes IP-Paket (z.B. aus der Leitung x und mit dem Label a) mit einem (im allgemeinen) anderen Label auf eine andere Leitung (z.B. auf die Leitung y und mit dem Label b) weitergeleitet wird.

Die Aufgabe von Label-Switching ist es, virtuelle Verbindungen als einen *LSP/LST* sog. *Label Switched Path* (*LSP*) durch die Kopplung der logischen Kanäle in Switches zu realisieren. Hierfür müssen die Label-Werte mit Hilfe einer *Label-Switching-Tabelle* (*LST*) umgesetzt werden, so daß eine korrekte Verknüpfung der logischen Kanäle in IP-Netzknoten erfolgen kann. Wie Abbildung 10.5-4 zum Ausdruck bringt, stellt ein LSP eine Kette von logischen Kanälen in den einzelnen unterwegs liegenden physikalischen Leitungen dar. Hierbei wird ein logischer Kanal mit einem Label identifiziert. Ein Label kann auch als Nummer eines Ports angenommen werden.

Wie Abbildung 10.5-4 zeigt, wird das IP-Paket mit Label a vom Port a im Router A zum Port a im Switch übermittelt. Gemäß der Label-Switching-Tabelle im Switch wird zuerst eine physikalische Ausgangsleitung für das Absenden dieses IP-Pakets und dann ein Port bestimmt, an dem diese Ausgangsleitung anliegt. Dem zu sendenden IP-Paket wird dadurch eventuell ein neuer Label-Wert, der dem neuen „Ausgangs"-Port entspricht, vorangestellt.

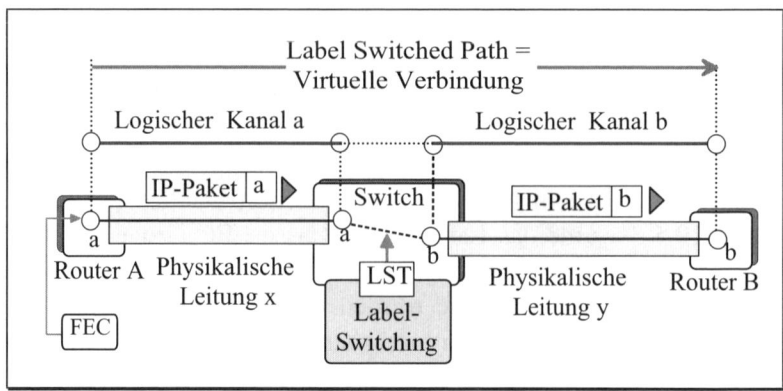

Abbildung 10.5-4:   Veranschaulichung eines Label-Switched-Pfades (LSP)

In einem Switch mit MPLS wird im allgemeinen folgende Abbildung reali-siert:

(physikalische Eingangsleitung, ankommendes Label) =>
(physikalische Ausgangsleitung, abgehendes Label).

Damit hat jeder MPLS-Switch folgende Funktionen zu erfüllen:

- *Raumvermittlung:*
  physikalische Eingangsleitung => physikalische Ausgangsleitung
  Darunter versteht man die Übergabe eines IP-Pakets von einer physikali-schen Eingangsleitung auf eine andere physikalische Ausgangsleitung.

Label • *Label-Umsetzung:*
Swapping   *ankommendes Label => abgehendes Label*
  Für jedes empfangene IP-Paket muß der Label-Wert nach der Label-Switching-Tabelle für das zu sendende Paket festgelegt werden. Die La-bel-Umsetzung bezeichnet man in der Literatur als *Label Swapping*.

- *Zwischenspeicherung der IP-Pakete:*
  Es kann vorkommen, daß einige Pakete zwischengespeichert werden müssen, weil die Ausgangsleitung vorläufig durch die Übertragung von früher angekommenen Paketen belegt ist.

Abbildung 10.5-5 veranschaulicht die Übermittlung der IP-Pakete über ei-nen Label-Switched-Pfad vom Router *A* zum Router *B*. Wie man hier sehen kann, wird jeder Eingangsleitung im Switch eine Label-Switching-Tabelle (LST) zugeordnet, in der die Ausgangsleitung und der Wert des abgehenden Labels für jeden möglichen Wert des ankommenden Labels angegeben wird. Die Aufgabe von Label Switching (LS) besteht in der „Übergabe" eines empfangenen IP-Pakets vom Port an der Eingangsleitung zum Port an der Ausgangsleitung.

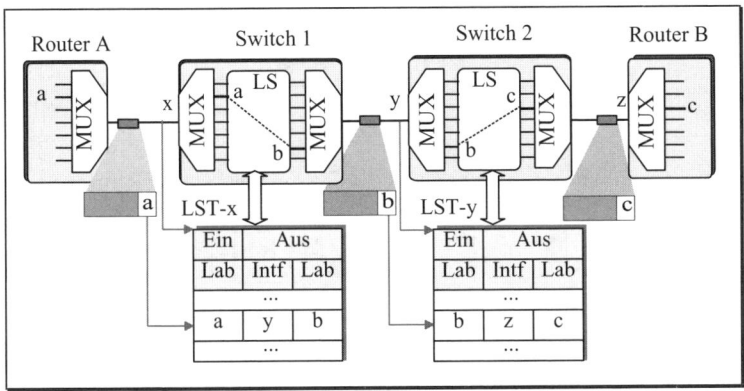

Abbildung 10.5-5:   Realisierung eines Label-Switched-Pfades
Ein-L: Eingangsleitung, Intf: Interface, LS: Label Switching,
LST-x: Label Switching Tabelle des Eingangs-Interfaces x

Abbildung 10.5-5 soll einerseits zum Ausdruck bringen, daß ein Label nur lokale Bedeutung hat, d.h. nur mit einer physikalischen Leitung verbunden ist. Auch ist es möglich, daß das Label in allen auf dem Pfad liegenden Switches nicht verändert wird. In einem solchen Fall wird den IP-Paketen auf allen Leitungen das gleiche Label vorangestellt. Andererseits soll hervorgehoben werden, daß die Übermittlung der IP-Pakete über einen bereits bestehenden Pfad zwischen den kommunizierenden Rechnern nur auf den vorangestellten Labeln basiert.

10.5.5 Logische Struktur der MPLS-Switching-Netze

Ein MPLS-Switching-Netz läßt sich als Geflecht logischer Kanäle verstehen. Wie Abbildung 10.5-6 illustriert, stellt eine virtuelle Ende-zu-Ende-Verbindung im MPLS-Switching-Netz einen Label Switched Pfad (LSP) dar, der als eine Kette von logischen Kanälen innerhalb von physikalischen Leitungen angesehen werden kann. Hierbei werden die logischen Kanäle mit Hilfe von Labeln identifiziert. Mit einer Leitung ist immer ein Label-Raum verbunden (=> Abbildung 10.5-3). Über einen LSP wird eine Klasse *FEC* (*Forwarding Equivalence Class*) von IP-Paketen übermittelt. Die Zuordnung der zu übertragenden Pakete zu einer bestimmten Klasse erfolgt im Quell-E-LSR.

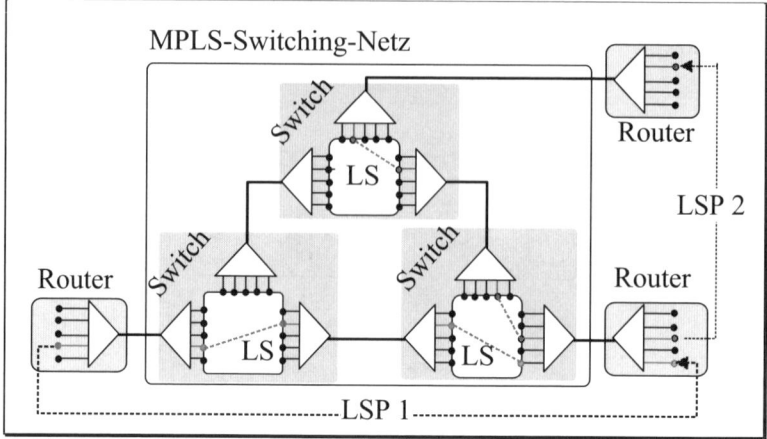

Abbildung 10.5-6:   Logische Struktur eines MPLS-Switching-Netzes
LS: Label Switching, LSR: Label Switching Router,
LSP: Label Switched Path

Über einen LSP werden die IP-Pakete nur in eine Richtung transportiert (=> Abbildung 10.5-5). Für eine virtuelle Vollduplex-Verbindung sind zwei entgegengerichtete LSPs nötig.

> *Bemerkung:* Eine virtuelle Vollduplex-TCP-Verbindung setzt sich aus zwei entgegengerichteten, unidirektionalen „TCP-Teil-Verbindungen" zusammen. Jede gerichtete TCP-Teil-Verbindung kann somit auf der Basis eines LSP eingerichtet werden. Für eine Vollduplex-TCP-Verbindung sind daher zwei LSPs notwendig.

Die IP-Pakete (vgl. Abbildung 10.5-4) werden über einen LSP anhand von Labeln in den Switches weitergeleitet. Da die Pakete auf einem LSP immer über die gleiche „virtuelle Übertragungsstrecke" verlaufen, wird die Reihenfolge der übermittelten IP-Pakete im MPLS-Switching-Netz nicht verändert. Dies ist ein großer Vorteil im Vergleich zu den klassischen IP-Netzen, die verbindungslos sind.

10.5.6 Bildung der Klassen von IP-Paketen und MPLS-Einsatz

Im E-LSR werden die zu übertragenden IP-Pakete klassifiziert d.h. einer sog. *Forwarding Equivalence Class (FEC)* zugeordnet. Jede Klasse von IP-Paketen wird wiederum über einen virtuellen Pfad LSP im Netz übermittelt. Da die Klassen von IP-Paketen nach unterschiedlichen Kriterien gebildet werden können, ergibt sich dadurch ein breites Spektrum von MPLS-

Einsatzmöglichkeiten.Beispielsweise kommen folgende Kriterien für die Zuordnung von IP-Paketen zu den FECs im E-LSR in Frage:

- FEC = alle IP-Pakete zu einem Ziel-Subnetz
  In diesem Fall wird ein virtueller Pfad vom Quell-E-LSR zum Ziel-E-LSR aufgebaut, um die IP-Pakete von einem IP-Subnetz zu einem anderen zu übermitteln (=> Abbildung 10.5-7). Zwei entgegengerichtete LSPs entsprechen in diesem Fall einer virtuellen „Vollduplex-Standeitung" zwischen den Subnetzen.

  Forwarding Equivalence Class

- FEC = alle IP-Pakete zu einem Ziel-Rechner
  Hierbei wird ein virtueller Pfad zwischen einem Quell-E-LSR und einem Ziel-E-LSR aufgebaut, um die IP-Pakete an einen Zielrechner zu übermitteln. Diesen Fall könnte man als eine Variante von IP-Switching interpretieren.

- FEC = alle IP-Pakete zwischen zwei Routern, über die zwei Standorte eines Unternehmens angeschlossen sind (=> Abbildung 10.5-16).

Werden zwei entgegengerichtete virtuelle Pfade über ein MPLS-Netz bei einer derartigen Zuordnung der IP-Pakete zur FEC aufgebaut, so könnte man diese Pfade mit einer virtuellen Standleitung zwischen zwei Standorten eines Unternehmens vergleichen. Über diese virtuelle Standleitung kann ein virtuelles privates Netz auf IP-Basis aufgebaut werden.

10.5.6.1 Beispiel für einen MPLS-Einsatz

Abbildung 10.5-7 illustriert den MPLS-Einsatz für die Kopplung von IP-Subnetzen über ein Switching-Netz. Man ging davon aus, daß das MPLS-Netz von einem Provider angeboten wird und die IP-Subnetze einem Kunden gehören. Hier wird nur die Übermittlung der IP-Pakete von Subnetz A zu Subnetz B veranschaulicht.

In diesem Fall dient die Identifikation (ID) des Ziel-Subnetzes im Quell-E-LSR des Routers PR_A als Kriterium für die Zuordnung der IP-Pakete zur FEC. Somit bilden hier alle IP-Pakete eine Klasse FEC, die von Subnetz A zu Subnetz B mit der Subnetz-ID = 48.1 übermittelt werden. Dieser Klasse FEC (IP-Pakete mit der Zielsubnetz-ID = 48.1) wird hier das Label a im Quell-E-LSR zugewiesen.

Nach dem MPLS muß ein virtueller Pfad LSP vom PR_A zum PR_B eingerichtet werden. Um den optimalen LSP-Verlauf zu finden, bestimmt der Quell-E-LSR anhand eines klassischen Routing-Protokolls (z.B. RIP, OSPF) die Route über das MPLS-Routing-Netz zum Ziel-E-LSR. Die optimale Route führt nur über den C-LSR, der im Switch S_y des Switching-Netzes enthalten ist. Somit führt der LSP vom PR_A zum PR_B über den Switch S_y.

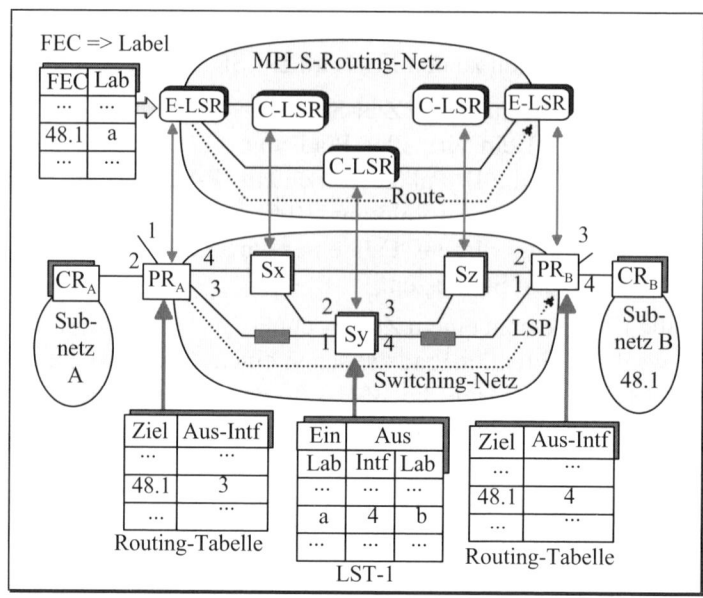

Abbildung 10.5-7:   Kopplung der IP-Subnetze über ein MPLS-Netz
Aus: Ausgang, CR: Customer Router, Ein: Eingang, FEC: Forwarding
Equivalence Class, Intf: Interface, Lab: Label, LST: Label Switching
Table, PR: Provider Router, S: Switch

Der Router PR_A realisiert normalerweise die Routing-Funktion. Nach der Routing-Tabelle werden die IP-Pakete mit der Ziel-Subnetz-ID = 48.1 im PR_A zum Ausgangs-Interface *3* geleitet. Da diese IP-Pakete eine Klasse bilden, der das Label *a* zugeordnet wurde, werden sie an den Multiplexer-Port *a* des Ausgangs-Interface *3* übergeben (=> Abbildung 10.5-3). Beim Absenden zum Switch S_y wird diesen IP-Paketen das Label *a* vorangestellt.

Switch S_y empfängt die IP-Pakete mit dem Label *a* vom PR_A auf dem Eingangs-Interface *1*. Nach der LST dieses Interfaces im Switch S_y werden diese Pakete vom Eingangs-Interface *1* auf das Ausgangs-Interface *4* übergeben. Zusätzlich wird den IP-Paketen das Label *b* zugeordnet, als ob die zu sendenden IP-Pakete vor dem Interface *4* im Port mit der Identifikation *b* abgespeichert würden (=> Abbildung 10.5-5).

Der Ziel-Router PR_B empfängt die IP-Pakete mit dem Label *b* auf dem Interface *1*. Er leitet diese IP-Pakete zum IP-Subnetz *B* (ohne Label) nach der Routing-Tabelle zum Ausgangs-Interface *4* weiter. Wie hier zu bemerken ist, unterstützen die beiden Router mit dem Modul E-LSR das MPLS und realisieren gleichzeitig das klassische Routing.

10.5.7 MPLS und die Hierarchie von Netzen

Übermittlungsnetze werden oft hierarchisch aufgebaut. Ein Beispiel hierfür illustriert Abbildung 10.5-8. Wie hier ersichtlich ist, nutzt das Frame-Relay-Netz als Backbone ein ATM. Das ATM-Netz wird wiederum auf der Basis eines optischen Netzes mit der WDM-Technik aufgebaut. Wird das Frame-Relay-Netz für die Vernetzung von IP-Netzwerken eingesetzt, so ergibt sich folgende logische Hierarchie der Netze: IP/FR/ATM/WDM (FR: Frame-Relay).

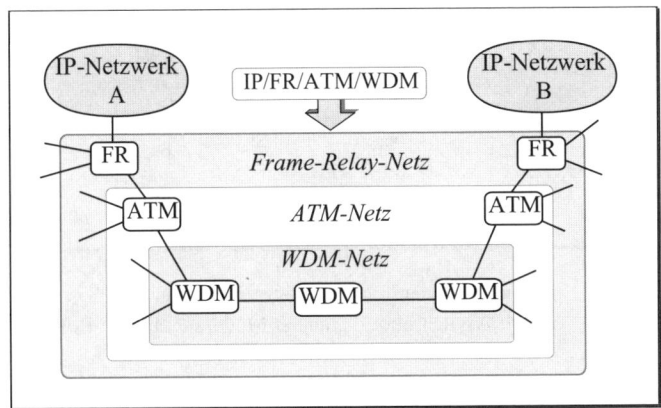

Abbildung 10.5-8:   IP über eine hierarchische Netzstruktur ohne MPLS
ATM: Asynchronous Transfer Mode, FR: Frame-Relay,
WDM: Wavelength Division Multiplexing

Die einzelnen Netztypen wie ATM- bzw- WDM-Netze können auch verschiedenen Netzanbietern gehören, so daß sie unterschiedliche administrative Domänen bilden. Falls in einer derartigen Netzstruktur (wie in Abbildung 10.5-8 dargestellt wurde) das MPLS-Konzept unterstützt werden soll, ist es sinnvoll bzw. manchmal auch notwendig, den zu übertragenden IP-Paketen mehrere Label voranzustellen.

Abbildung 10.5-9 zeigt einen Fall, in dem ein FR-Netz auf Basis eines ATM-Netzes aufgebaut wird. Das FR-Netz dient hier u.a. als Zubringer zum ATM-Netz. Über das FR-Netz werden zwei IP-Netzwerke verbunden. Zwischen den Knoten im FR-Netz, an die die IP-Netzwerke angebunden sind, wird eine virtuelle Verbindung über das FR-Netz aufgebaut. Aus MPLS-Sicht soll diese Verbindung einen logischen Kanal darstellen, so daß LSR *a* und LSR *b* als Nachbar-LSR zu betrachten sind. Somit müssen sich die beiden LSR *a* und *b* aus dem FR-Netz auf den gleichen Label-Raum verständigen (=> Abbildung 10.5-3).

Die über das FR-Netz übertragenen IP-Pakete werden somit mit einem La-
bel etikettiert. Falls ein ATM-Netz als reines Transitnetz für die bereits im
FR-Netz mit Labeln etikettierten IP-Pakete dienen soll, muß diesen IP-
Paketen ein zweites Label vorangestellt werden, um diese Pakete nach dem
MPLS-Prinzip über das ATM-Netz zu transportieren. Dies soll Abbildung
10.5-9 zum Ausdruck bringen.

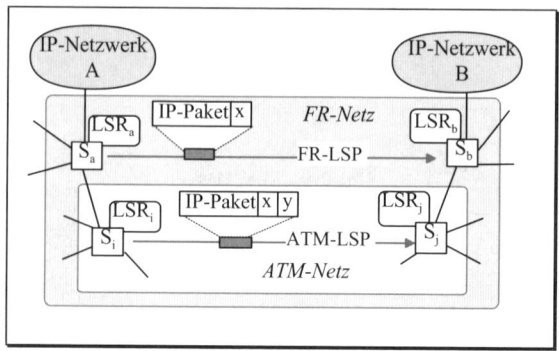

Abbildung 10.5-9:   IP über eine hierarchische Netzstruktur mit MPLS
ATM: Asynchronous Transfer Mode, FR: Frame-Relay, S_i: Switch i

Label-Stack Die Übertragung der IP-Pakete nach dem MPLS-Prinzip über eine hierarchische Netzstruktur entspricht der Vorstellung, den IP-Paketen würden
mehrere Label vorangestellt. In diesem Fall spricht man von einem *Label-
Stack* (*Label-Stapel*).

10.5.7.1 MPLS und Tunneling

Weitverkehrsnetze werden oft hierarchisch aufgebaut und setzen sich aus
unterschiedlichen Netztypen zusammen. Sie werden so eingerichtet, daß ein
schnelleres und inneres Netz als Backbone für das äußere Netz dient. Ein
solcher Fall wurde bereits in Abbildung 10.5-8 gezeigt.

Tunneling Falls IP-Pakete über ein solchermaßen hierarchisch strukturiertes Netz, das
sich aus den unterschiedlichsten Netztypen zusammensetzt, übermittelt
werden, dient das „innere Netz" als reines Transitnetz. Für die Übermittlung
von Daten über ein Transitnetz verwendet man das sog. *Encapsulati-
on/Decapsulation-Verfahren*. Logisch gesehen wird hierbei ein Tunnel über
ein Transitnetz aufgebaut. Man spricht daher auch von *Tunneling*.

Wird den zu übertragenden IP-Paketen ein Label-Stack vorangestellt, so
handelt es sich um den Transport der IP-Pakete über ein Netz, das aus einem
hierarchisch strukturierten Backbone besteht. Dies soll Abbildung 10.5-10
veranschaulichen.

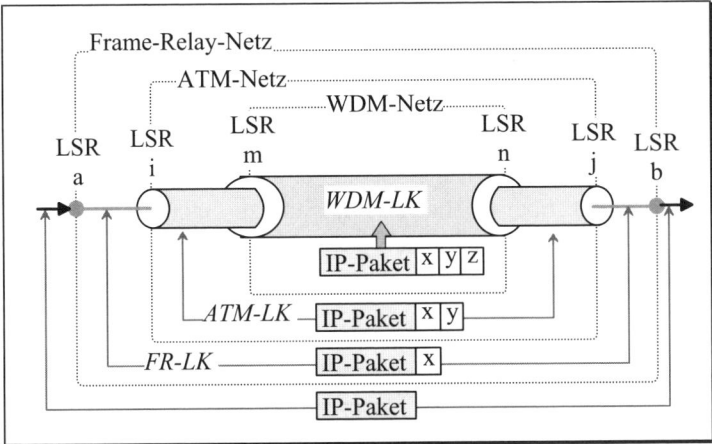

Abbildung 10.5-10:   MPLS und Tunneling
FR: Frame-Relay, LK: Logischer Kanal,
LSR: Label Switching Router,
WDM: Wavelength Division Multiplexing, x, y, z: Label

Wie hier zum Ausdruck kommt, verwendet man bei der Übermittlung der *Tunneling-* IP-Pakete nach dem MPLS über ein hierarchisch strukturiertes Transitnetz *Prinzip* das Tunneling-Prinzip. Abbildung 10.5-10 illustriert eine Situation, in der die IP-Pakete über ein Frame-Relay-Netz transportiert werden. Dieses Netz stellt ein reines Transitnetz für die IP-Pakete dar. Aus MPLS-Sicht sind die LSR *a* und *b* als benachbarte Router zu interpretieren. Sie sind mit einem logischen Kanal verbunden und müssen sich auf einen gemeinsamen Label-Raum verständigen (=> Abbildung 10.5-3). Den über das Frame-Relay-Netz zu übertragenden IP-Paketen wird ein Label *x* vorangestellt.

Die Übermittlung im Frame-Relay-Netz erfolgt über einen ATM-Backbone *Transit-Netze* (d.h. wiederum über ein Transitnetz), so daß die beiden LSR *i* und LSR *j* benachbarte Router sind. Sie sind mit einem logischen Kanal verbunden und müssen ebenfalls einen gemeinsamen Label-Raum vereinbaren. Den über das ATM-Netz zu übertragenden und bereits mit einem Label etikettierten IP-Paketen wird ein zweites Label *y* vorangestellt.

Das ATM-Netz basiert auf einem optischen Netz mit der WDM-Technik, das hier als WDM-Netz bezeichnet wird. Werden die bereits zweifach etikettierten IP-Pakete über das WDM-Netz nach dem MPLS-Prinzip transportiert, wird diesen IP-Paketen ein drittes Label *z* vorangestellt. Die Kommunikation über das WDM-Netz kann ebenfalls so eingerichtet werden, daß das ganze WDM-Netz sich aus MPLS-Sicht als ein logischer Kanal verhält. In diesem Fall gelten die LSR *m* und *n* als benachbarte Router.

Das hier dargestellte hierarchische Tunneling kann auch für den Aufbau von hierarchisch strukturierten Virtual Private Networks (VPN) verwendet werden (=> Abbildung 10.5-15).

10.5.7.2 Label-Stack

Wird ein IP-Paket über mehrere Transitnetze nach dem MPLS-Prinzip übermittelt, so werden ihm (logisch gesehen!) mehrere Label vorangestellt; man spricht dann von einem Label-Stack (Abbildung 10.5-11).

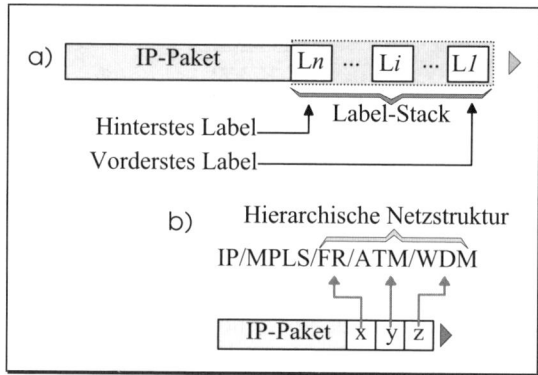

Abbildung 10.5-11:   Label-Stack:
a) Struktur
b) Einsatz
FR: Frame-Relay
WDM: Wavelength Division Multiplexing

Ein Label-Stack besteht aus einer bestimmten Anzahl von Label-Einträgen (Label Entries). Logisch gesehen wird ein Label-Stack den IP-Paketen dann vorangestellt, wenn sie über eine hierarchische Struktur von Transitnetzen transportiert werden (wie z.B. in Abbildung 10.5-10).

Somit besteht ein Zusammenhang zwischen der Hierarchie der Netze und der Label-Stack-Struktur. Dies soll in Abbildung 10.5-11b zum Ausdruck kommen. Hier wurde die Netzstruktur aus Abbildung 10.5-10 angenommen. Wie man sieht, erfolgt die Weiterleitung des IP-Pakets innerhalb der untersten Netzhierarchie (d.h. im WDM-Netz) anhand des ersten Labels z. Dagegen erfolgt die Weiterleitung des IP-Pakets innerhalb der obersten Netzhierarchie (d.h. im Frame-Relay-Netz) aufgrund des letzten Labels x.

10.5.7.3 MPLS und verschiedene Übermittlungsnetze

Das MPLS-Konzept kann für die Übermittlung von IP-Paketen über verschiedene Netze eingesetzt werden. Die MPLS-Standards sehen vor, daß folgende Netztypen für die MPLS-Unterstützung eingesetzt werden können:

- Frame-Relay-Netze,
- ATM-Netze,
- herkömmliche LANs und
- PPP-Verbindungen (Point-to-Point Protocol => Abschnitt 10.2.2).

Zukünftig wird das MPLS-Konzept auch in den optischen Netzen auf WDM-Basis eingesetzt. Zu diesem Zweck werden bereits mehrere Standards entwickelt.

Für die MPLS-Realisierung über unterschiedliche Netztypen wurden folgende Arten von Label eingeführt:

- FR-Label (FR: Frame-Relay)
- ATM-Label
- Generic-Label.

Ein FR-Label repräsentiert einen DLCI-Wert (*Data Link Connection Identifier*), d.h. die Identifikation eines logischen Kanals in FR-Netzen. Ähnlich repräsentiert ein ATM-Label einen VPI/VCI-Wert aus dem ATM-Header. Für die MPLS-Realisierung in LAN-Verbundsystemen und über PPP-Verbindungen dienen sog. *Generic Label*. Für die Übermittlung von Generic Labeln wurde der MPLS-Header eingeführt (=> Abbildung 10.5-13). *Generic Label*

Abbildung 10.5-12 zeigt, wie die MPLS-Information in den einzelnen Netztypen transportiert wird.

Bei der Übertragung der IP-Pakete nach dem MPLS-Prinzip über FR-Netze (FR: Frame-Relay) wird der Label-Wert im DLCI-Feld des FR-Headers angegeben. In diesem Fall gilt: Label = DLCI. Somit lassen sich die FR-Netze für die Übermittlung der IP-Pakete nach dem MPLS relativ einfach adaptieren.

Bei der Übertragung der IP-Pakete über ATM-Netze wird der Label-Wert im VPI/VCI-Feld des ATM-Headers angegeben. Auf diese Weise können ATM-Netze einfach erweitert werden, um das MPLS-Konzept zu unterstützen.

Das Generic-Label beim MPLS über LANs bzw. über PPP-Verbindungen wird im MPLS-Header angegeben, den man auch als *Shim-Header* bezeichnet. Bei der MPLS Realisierung über PPP-Verbindungen wird der MPLS-Header nach dem PPP-Header und vor dem IP-Paket eingekapselt. Beim *Shim-Header*

MPLS in LANs wird der MPLS-Header nach dem LLC/SNAP-Header (=> Abbildung 10.1-4) und vor dem IP-Paket transportiert.

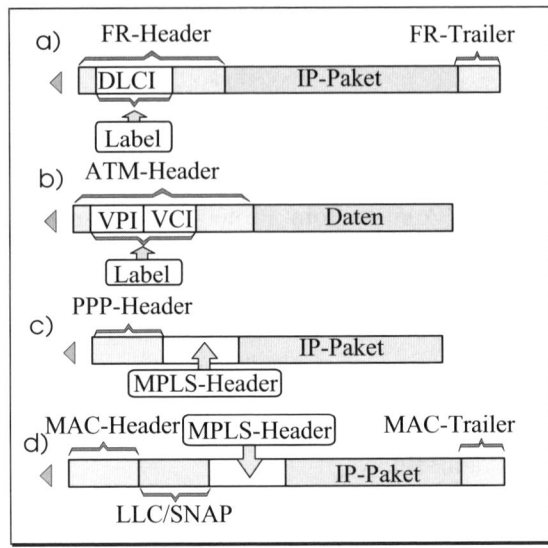

Abbildung 10.5-12:   MPLS über:
a) Frame-Relay-Netze
b) ATM-Netze
c) PPP-Verbindungen
d) herkömmliche LANs
DLCI: Data Link Connection Identifier, LLC: Logical Link Control, SNAP: Subnetwork Access Protocol, VCI: Virtual Connection Identifier, VPI: Virtual Path Identifier

Der MPLS-Header (Abbildung 10.5-13) ist 4 Byte lang und setzt sich aus folgenden Feldern zusammen:

- *Label*
  In diesem Feld (20 Bits) wird der Label-Wert angegeben.

- *Exp* (Experimental)
  Die Nutzung dieses Feldes (3 Bits) ist zur Zeit noch offen. Bei einigen MPLS-Lösungen wird es für die Unterstützung von *Quality of Service* (*QoS*) eingesetzt. In diesem Fall werden hier die *Class-of-Service-* bzw. *Prioritäts*-Angaben gemacht.

- S (*Bottom of Stack*)
  In diesem 1-Bit-Feld markiert man, ob dieser Label-Eintrag der hinterste Eintrag im Stack ist.

- TTL (*Time To Live*)
  In diesem Feld (8 Bits) wird der TTL-Wert aus dem IP-Header eingetragen. Der TTL-Wert wird in jedem Switch unterwegs um 1 dekrementiert.

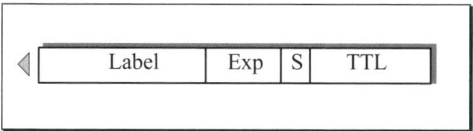

Abbildung 10.5-13:   MPLS-Header

10.5.8 Virtual Private Networks mit MPLS

Mit MPLS-Hilfe können virtuelle, private Netze VPN (*Virtual Private Network*) eingerichtet werden. Wie Abbildung 10.5-14 illustriert, handelt es sich hierbei um eine standortübergreifende Vernetzung der Unternehmensnetze.

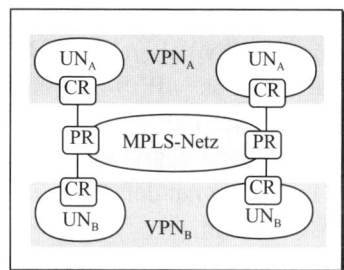

Abbildung 10.5-14:   VPN als eine standortübergreifende Vernetzung
CR: Customer Router, PR: Provider Router, UN: Unternehmensnetz

Beim Aufbau eines VPN über ein IP-Netz werden den zu übertragenden IP-Paketen mehrere Label vorangestellt. Abbildung 10.5-15 illustriert das Prinzip der VPN-Bildung mit MPLS-Hilfe. Man verwendet hier das Label x (d.h. hintere Label) als VPN-Identifikation.

Der Eingangs-E-LSR (sog. *Ingress E-LSR*) im Edge-Router PR beim Netz-Provider klassifiziert die zu übermittelnden IP-Pakete. In diesem Fall wird allen IP-Paketen vom Router CR_A eine Klasse FEC zugeordnet. Da das ganze IP-Netz nun als Transitnetz dient, wird ein Tunnel zum Ausgangs-E-LSR (sog. Egress E-LSR) aufgebaut (=> Abbildung 10.5-10). Somit fungieren Eingangs- und Ausgangs-E-LSR als benachbarte Router. Logisch gesehen besteht zwischen ihnen ein logischer Kanal, so daß sie sich auf einen Label- *Ingress E-LSR*

Raum verständigen müssen. Das Label x, das den IP-Paketen von Router CR_A vorangestellt wird, gehört u.a. zu diesem Raum.

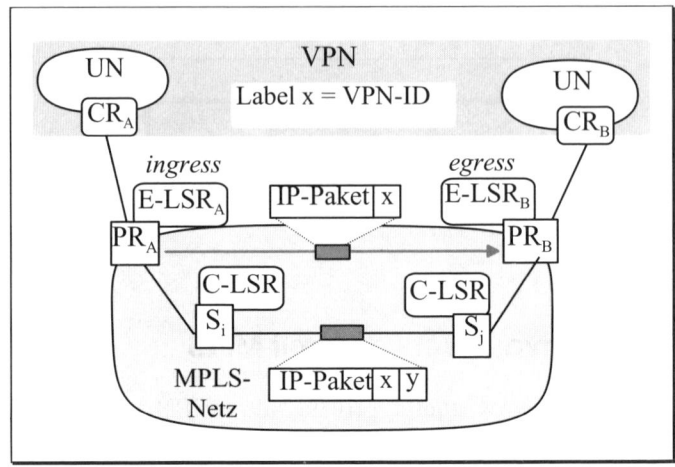

Abbildung 10.5-15:   VPN auf MPLS-Basis
CR: Customer Router, PR: Provider Router, UN: Unternehmensnetz

MPLS- Für die Übermittlung der zum VPN gehörenden (d.h. bereits mit einem La-
Switching- bel etikettierten) IP-Pakete über das MPLS-Switching-Netz wird den Pake-
Netz ten im Eingangs-E-LSR das zweite Label y vorangestellt. Die Übermittlung der IP-Pakete erfolgt hierbei anhand des vorderen Labels y. Da es sich hierbei um ein IP-Netz ohne Hierarchie handelt (vgl. Abbildung 10.5-8), besteht der Label-Stack nur aus zwei Labeln.

Im Ausgangs-E-LSR wird das vordere Label y vom IP-Paket „abgeschnitten". Nach dem hinteren Label x werden die IP-Pakete im Ausgangs-E-LSR zum richtigen Unternehmensnetz (d.h. zum CR_B) weitergeleitet.

Die anderen Möglichkeiten der Bildung von VPNs auf der Basis öffentlicher IP-Netze werden im Kapitel 11 dargestellt.

10.5.9 Traffic Engineering mit MPLS

Unter *Traffic Engineering* versteht man alle Aufgaben, die zu einer Verteilung des Datenverkehrs innerhalb eines Netzes führen, die Überlastungen im Netz vermeidet. Mit dem MPLS ist es möglich, Traffic Engineering in IP-Netzen so zu gestalten, daß die vorhandene Netzstruktur möglichst gut ausgelastet werden kann. Ein Beispiel hierfür illustriert Abbildung 10.5-16.

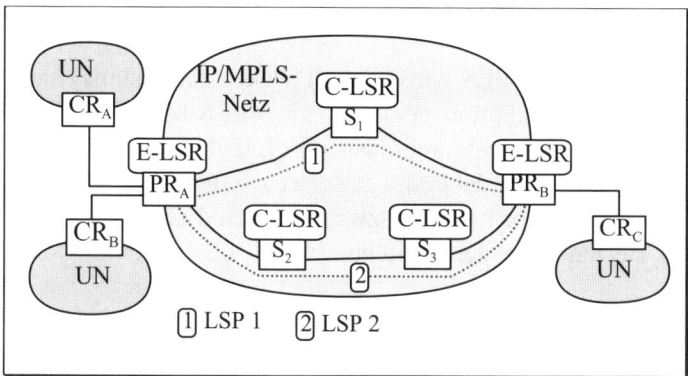

Abbildung 10.5-16:   Beispiel für Traffic Engineering mit MPLS
CR: Customer Router, C-LSR: Core-LSR, E-LSR: Edge-LSR,
PR: Provider Router, S: Switch, UN: Unternehmensnetz

Ohne MPLS würde der gesamte Datenverkehr zwischen den Provider-Routern PR_A und PR_B über die kürzeste Verbindung (d.h. über den Switch S_1) verlaufen. Sollte der Switch S_1 dadurch überlastet sein, kann eine „Entlastungslösung" mit MPLS-Hilfe realisiert werden. Diese Entlastungslösung für den Switch S_1 besteht darin, daß der Datenverkehr von Router CR_B über die Switches S_2 und S_3 geführt wird.

Da jeder E-LSR die ankommenden IP-Pakete klassifiziert, werden alle IP-Pakete beim E-LSR im PR_A beispielsweise so klassifiziert, daß

- den IP-Paketen von Router CR_A die Klasse FEC = 1 und
- den IP-Paketen von Router CR_B die Klasse FEC = 2

zugeordnet wird. Für die Klasse FEC = 1 wird eine virtuelle Verbindung zum PR_B als LSP *1* über den Switch S_1 aufgebaut. Für die Klasse FEC = 2 wird hingegen ein LSP *2* über die Switches S_2 und S_3 eingerichtet, um den Switch S_1 zu entlasten.

10.5.10 Label Distribution Protocol (LDP)

Das LDP definiert die notwendigen Nachrichten, die man in MPLS-basierten IP-Netzen verwendet, um die Label-Information zwischen LSRn zu verteilen. Für die Übermittlung der Label-Information zwischen zwei LSRn wird eine gesonderte logische Verbindung (sog. LDP-Sitzung) aufgebaut. Das LDP legt mehrere Prinzipien fest, nach denen die Label-Information zwischen den LSRn verteilt werden kann (=> RFC 3036).

10.5.10.1 LDP und MPLS

In den IP-Netzen mit MPLS wird jedes IP-Paket mit einem Zusatzfeld, dem sog. Label, als Identifikation versehen. In MPLS-basierten IP-Netzen mit MPLS werden die IP-Pakete auf Basis von Labeln weitergeleitet, ohne daß der komplexe IP-Header dabei ausgewertet werden muß. Das LDP ist notwendig, um Label-Informationen zwischen den Label Switching Routern (LSR), die Bestandteile der Switches im MPLS-Switching-Netz sind, zu verteilen.

LIB Die Label-Informationen werden im LSR in einer *Label Information Base (LIB)* abgelegt. Wie Abbildung 10.5-17 illustriert, wird das LDP zwischen den LSRn verwendet.

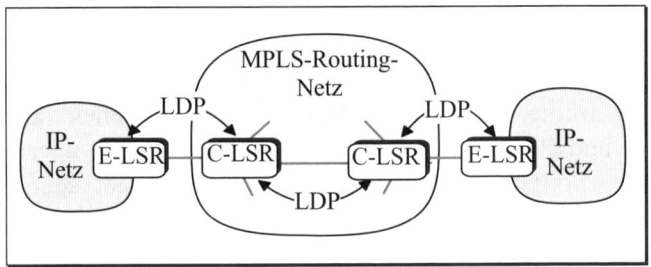

Abbildung 10.5-17:   LDP im MPLS-Routing-Netz
                          E-LSR: Edge-LSR, C-LSR: Core-LSR

LDP-Peers Den IP-Paketen, die zu derselben Klasse gehören, wird dasselbe Label im E-LSR vorangestellt. Die C-LSR übermitteln die IP-Pakete auf der Basis von Labeln. Zwei LSR, die das LDP nutzen, um die Information über die Zuordnung: FEC => Label miteinander auszutauschen, bezeichnet man als *LDP-Peers*. Die Label-Information zwischen den LDP-Peers wird in Form von LDP-Nachrichten übermittelt. Für die Übermittlung der Label-Information zwischen den LDP-Peers ist eine *LDP-Sitzung* (-Session) nötig.

Man unterschiedet folgende Kategorien von LDP-Nachrichten:

- Nachrichten für die Entdeckung eines LDP-Peers (*Discovery Messages*)
- Nachrichten für den Auf-, Abbau und die Unterhaltung von LDP-Sitzungen (*Session Messages*)
- Nachrichten für die Bekanntgabe von Zuordnungen: *FEC => Label* (*Advertisement Messages*)
- Nachrichten für die Anzeige von Fehlern und anderen außergewöhnlichen Situationen (*Notification Messages*)

Bemerkung: Wo die Unterscheidung zwischen E-LSR und C-LSR nicht notwendig ist, werden die beiden LSR-Arten im weiteren kurz als LSR bezeichnet.

10.5.10.2 Labelraum

Beim LDP spricht man von Labelraum (*Label Space*). Unter einem Labelraum versteht man die Menge von zulässigen Labeln pro einer physikalischen Leitung zwischen benachbarten Switches (oder einem Switch und einem Router am Rande des Switching-Netzes) bzw. zwischen zwei Switches, die mit einem virtuellen „Tunnel" über ein Transitnetz verbunden sind (=> Abbildung 10.5-10). Hierbei unterscheidet man zwischen

- einem Labelraum pro Interface und
- einem Labelraum pro Plattform.

Die Interpretation des Labelraums pro Interface zeigt Abbildung 10.5-18.   *Label Space*

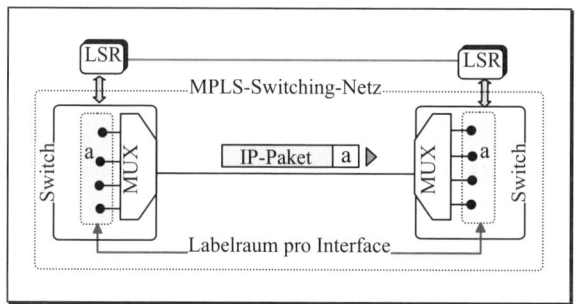

Abbildung 10.5-18: Interpretation des Labelraums pro Interface
MUX: Multiplexer

Ein Labelraum pro Interface ist immer mit einem physikalischen Interface *LDP-* (Port) einer Komponente (Switch bzw. ein Router am Rande des Netzes) im *Identifier* Switching-Netz verbunden. Um darauf zu verweisen, mit welchem LSR ein Labelraum verbunden ist, verwendet man den sog. *LDP-Identifier*, der das folgende Paar darstellt:

LDP-Identifier = < LSR Id > : < Labelraum Id > (*Id: Identification*)

Ein Labelraum pro Interface enthält die Label, die den über dieses Interface übertragenen IP-Paketen zugeordnet werden können. Das gleiche Label wird immer allen IP-Paketen derselben Klasse FEC zugeordnet. Die Anzahl von Labeln im Labelraum besagt somit, wieviel Klassen von IP-Paketen man parallel über eine Leitung transportieren kann.

Da eine parallele Kommunikation über eine physikalische Leitung immer mit dem Einsatz von Multiplexern verbunden ist, kann die Übermittlung der IP-Pakete über eine Leitung nach dem MPLS-Prinzip mit Hilfe des in Abbildung 10.5-18 dargestellten logischen Multiplex-Modells veranschaulicht werden. In diesem Modell dienen die Label als Identifikation von Multiplexer-Ports. Ein Multiplexer-Port kann wiederum als ein Speicherplatz vor bzw. nach der Leitung angesehen werden. Das Label *a* vor einem IP-Paket besagt, daß dieses Paket vom Quell-Port *a* zum Ziel-Port *a* übermittelt wird.

10.5.10.3 Arten von LDP-Peers

Zwei LSR sind LDP-Peers, wenn sie mit einem Kanal verbunden sind; sie müssen für den Kanal zwischen ihnen einen Labelraum vereinbaren. Hierfür müssen sie die Information über die Zuordnung: FEC => Label miteinander austauschen. Wie Abbildung 10.5-19 illustriert, unterscheidet man zwischen

- *direkt-verbundenen* LDP-Peers und

- *indirekt-verbundenen* LDP-Peers.

Bei den direkt-verbundenen LDP-Peers handelt es sich um LSR, die direkt mit einem logischen Kanal verbunden sind. Die direkt-verbundenen LSR aus dem MPLS-Routing-Netz sind in den Switches des MPLS-Switching-Netzes (z.B. Frame-Relay-, ATM-Netze) enthalten, die direkt mit einer physikalischen Leitung verbunden sind (=> Abbildung 10.5-19a).

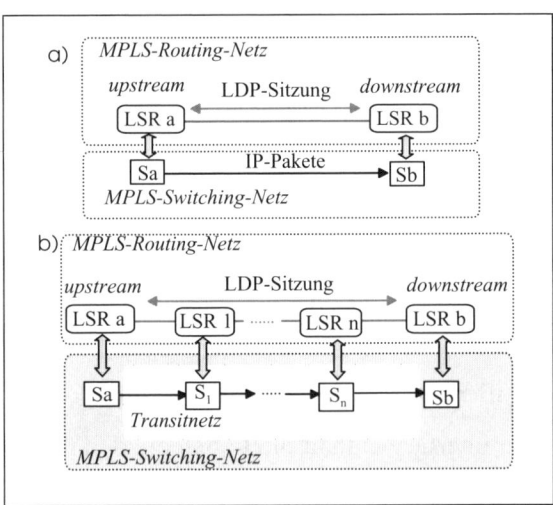

Abbildung 10.5-19:   Arten von LDP-Peers:
a) direkt-verbundene Peers
b) indirekt-verbundene Peers

Bei den indirekt-verbundenen LDP-Peers handelt es sich um LSR, die über die anderen „Transit-LSR" verbunden sind. Die Transit-LSR sind in den Switches eines Transit-Switching-Netzes enthalten. Die indirekt-verbundenen LDP-Peers werden somit über ein Transit-Netz verbunden.

Da die LSR entlang des Stroms von IP-Paketen im Switching-Netz liegen, unterscheidet man bei den LDP-Peers zwischen:

- *Upstream-LSR* und
- *Downstream-LSR*.

Indirekt-verbundene LDP-Peers kommen vor, wenn das MPLS innerhalb *Indirekt-* einer hierarchischen Netzstruktur realisiert wird. Wie Abbildung 10.5-20 *verbundene* illustriert, werden in diesem Fall den Paketen in der Regel mehrere Label *LDP-Peers* (d.h. ein *Label-Stack*) vorangestellt.

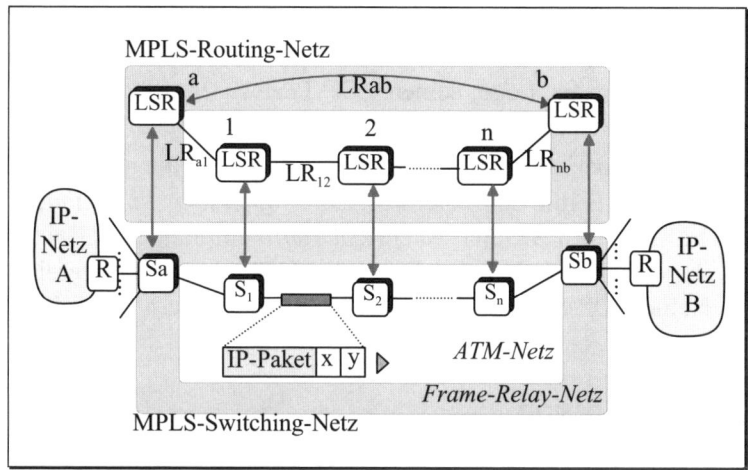

Abbildung 10.5-20: Beispiel für indirekt-verbundene LDP-Peers
R: Router; LR: Labelraum; Sa, Sb: Frame-Relay-Switches;
S_1, ..., S_n: ATM-Switches

Beispiel: In Abbildung 10.5-20 handelt es sich um einen Verbund von zwei IP-Netzen über ein Frame-Relay-Netz, das wiederum ein ATM-Netz als Backbone nutzt. Hier stellen LSR *a* und LSR *b*, die in den Frame-Relay-Switches enthalten sind, die LDP-Peers dar, so daß sie sich auf einen Labelraum LR_{ab} verständigen müssen. Das hintere Label *x* des übertragenen IP-Pakets gehört zu diesem Raum. Dieses Label dient für die Switches S_a und S_b als Identifikation der IP-Pakete, die vom IP-Netz *A* zum IP-Netz *B* transportiert werden. Das hintere Label wird im Transit-ATM-Netz nicht interpretiert.

Für die Übermittlung der IP-Pakete über das Transit-ATM-Netz wird ihnen das zweite (vordere) Label vorangestellt. Dieses Label muß zwischen jeweils benachbarten LSRn auf der Strecke vom LSR *a* zum LSR *b* ausgehandelt werden. Die jeweils benachbarten LSR müssen sich unterwegs auf einen gemeinsamen Labelraum verständigen. Zwischen LSR *a* und LSR *1* gilt somit der Labelraum LR_{a1}, zwischen LSR *1* und LSR *2* der Labelraum LR_{12} usw.

10.5.10.4 Peer-Entdeckung

Das LDP legt einen Mechanismus fest, nach dem ein LSR seinen LDP-Peer entdecken kann. Es wird zwischen zwei Entdeckungsabläufen unterschieden:

• Basisablauf (*Basis Discovery Mechanism*)
• Erweiterter Ablauf (*Extended Discovery Mechanism*)

Nach dem Basisablauf entdeckt ein LSR seinen LDP-Peer, der mit ihm direkt-verbunden ist (=> Abbildung 10.5-19a). Nach dem erweiterteren Ablauf ist ein LSR in der Lage, seinen LDP-Peer zu entdecken, wenn dieser mit ihm nicht direkt-verbunden ist (=> Abbildung 10.5-19b).

Hello Jeder LSR sendet periodisch die LDP-Nachricht *Hello*, die als ein Multicast-
Nachrichten UDP-Datensegment mit dem Ziel-Port „*all routers on this subnet*" abgeschickt wird. Hat ein LSR eine Nachricht *Hello* empfangen und wurde bisher kein gemeinsamer Labelraum mit dem „Hello-Absender" vereinbart, so initiiert er eine LDP-Session zum „Hello-Absender", um einen Labelraum zu vereinbaren.

10.5.10.5 LDP-Session

Zwei LSR als direkt-verbundene Peers „betreuen" die Übermittlung der IP-Pakete über eine physikalische Leitung zwischen zwei benachbarten Switches im MPLS-Switching-Netz (=> Abbildung 10.5-19a). Diese LSR müssen sich auf einen gemeinsamen Labelraum für physikalische Leitung verständigen. Um einen Labelraum auszuhandeln und zu verwalten, wird eine LDP-Session zwischen den Peers aufgebaut. Falls parallele Leitungen zwischen den Switches zum Einsatz kommen, sind sogar mehrere LDP-Sessions nötig.

Zwei LSR als indirekt-verbundene Peers „betreuen" die Übermittlung der IP-Pakete über ein Transitnetz (=> Abbildung 10.5-19b). Zwischen ihnen muß auch eine LDP-Session aufgebaut werden, um einen Labelraum aushandeln und verwalten zu können.

Nachricht Den Aufbau einer LDP-Session illustriert Abbildung 10.5-21. Die LDP-
Initialization Session wird immer mit der Nachricht *Initialization* initiiert, in der dem

Peer die angeforderten Session-Parameter angegeben werden. Im Fall a) akzeptiert der LSR *b* sämtliche in der Nachricht *Initialization* angeforderten Parameter und quittiert dies mit der Nachricht *KeepAlive*. Im Fall b) akzeptiert der LSR *b* nicht alle in der Nachricht *Initialization* angeforderten Parameter. Er antwortet erneut mit der Nachricht *Initialization*, um dem LSR *a* mitzuteilen, welche Werte von Parametern er akzeptiert. Ist der LSR *a* damit einverstanden, bestätigt er dies mit der Nachricht *KeepAlive*. Im Fall c) kann die LDP-Session nicht zustande kommen. Dies wird (von der Ursache anhängig) entweder mit der Nachricht *Session Rejected* oder mit der Nachricht *Error Notification* signalisiert.

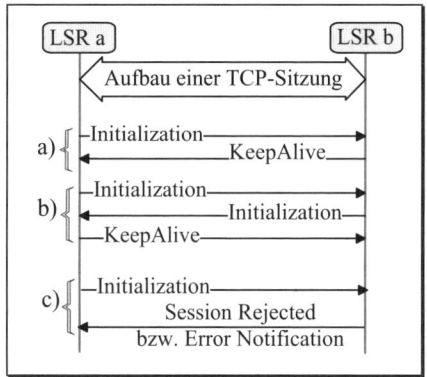

Abbildung 10.5-21:   Aufbau einer Session zwischen Peers:
a) alle Session-Parameter werden akzeptiert
b) nicht alle Session-Parameter werden akzeptiert
c) Session wird nicht akzeptiert

In der Nachricht *Initialization* werden sog. *Common Session Parameters* angegeben. Hierzu gehören u.a.:

Common Session Parameter

- *Label Advertisement Discipline*: Damit wird angegeben, welches Verfahren der Label-Zuweisung unterstützt werden soll, d.h. entweder *Downstream Unsolicited* oder *Downstream on Demand* (=> Abbildung 10.5-22).

- *KeepAlive Time*: Hierbei handelt es sich um die Zeitperiode, nach deren Ablauf LSR seinen Peer „fragt", ob er noch funktioniert.

In der Nachricht *Initialization* können auch *Optional Parameters* angegeben werden. Hierzu gehören u.a.:

- *ATM Session Parameter*, z.B.:

- wie die Bündelung von logischen Kanälen (sog. *Merge*) unterstützt wird
- Bereich für die zulässigen Label-Werte (d.h. Minimun VPI, Maximum VPI, Minimum VCI, Maximum VCI).
- *Frame-Relay Session Parameter*, z.B.:
  - ob das Merge unterstützt wird
  - Bereich für die zulässigen Label-Werte (d.h. Minimum DLCI, Maximum DLCI).

10.5.10.6 Label-Zuweisung

Die Zuweisung eines Labels einer Klasse FEC von IP-Paketen erfolgt immer nur zwischen zwei LSR, die als Peers gelten. Das Label wird immer beim Downstream-LSR (im folgenden Beispiel LSR *d*) zugewiesen. Bei der Label-Zuweisung zwischen Peers unterscheidet man zwei Prinzipien:

- Label-Zuweisung ohne Aufforderung; *Unsolicited Downstream* (=> Abbildung 10.5-22a).
  Erkennt ein LSR *d* eine neue Klasse FEC *A* von IP-Paketen, so weist er den Upstream-LSR (LSR *u*) an, allen dazugehörigen IP-Paketen z.B. das Label *x* voranzustellen. In diesem Fall muß bereits eine Datenverbindung zwischen LSR *d* und LSR *u* bestehen.
- Label-Zuweisung nach Bedarf; *Downstream on Demand* (=> Abbildung 10.5-22b).
  Erkennt ein LSR *u* eine neue Klasse FEC *A* von IP-Paketen, so fordert er seinen Peer LSR *d* auf, ihm für die Klasse FEC *A* ein Label zuzuweisen (*Label Request*). Der LSR *d* weist daraufhin ein Label *x* zu und teilt dies seinem Peer LSR *u* mit der Nachricht *Label-Mapping* mit. Der LSR *u* markiert jetzt alle IP-Pakete, die zur Klasse FEC *A* gehören, mit dem Label *x*.

Jeder Downstream-LSR muß so konfiguriert werden, daß die Label-Zuweisung bei ihm entweder im *Unsolicited-Downstream-* bzw. nach dem *Downstream-on-Demand-Prinzip* erfolgt.

MPLS-Route Eine Route im MPLS-Routing-Netz wird im allgemeinen durch die folgende Reihe festgelegt: Ingress-LSR, LSR1, ..., LSR n, Egress-LSR.

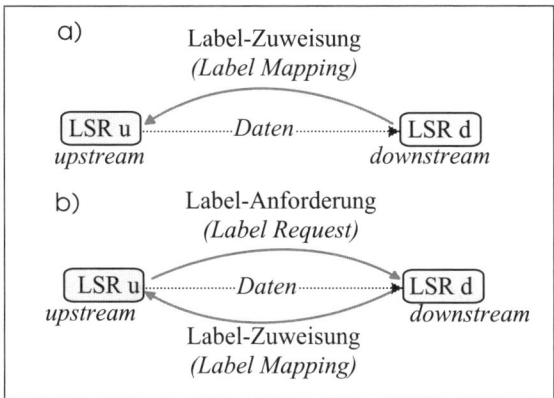

Abbildung 10.5-22:   Prinzipien der Label-Zuweisung zwischen Peers:
a) Downstream Unsolicited
b) Downstream on Demand

Die Funktionsmodule Ingress- und Egress-LSR werden in der Regel in den Routern am Rande des Switching-Netzes untergebracht. Die LSR1, ..., LSR n sind in den Switches des MPLS-Switching-Netzes enthalten. Die Route im MPLS-Routing-Netz bestimmt den Datenpfad LSP im MPLS-Switching-Netz (vgl. Abbildung 10.5-23). Da die Label für alle Leitungen zwischen den Komponenten auf dem LSP im Switching-Netz festgelegt werden müssen, bezieht sich die Label-Zuweisung auf den gesamten LSP. In diesem Zusammenhang muß die Label-Verteilung entlang eines LSP entsprechend kontrolliert werden. Hierbei kommen zwei Verfahren zum Einsatz:

- Unabhängige Label-Verteilung (*Independent Label Distribution*)
- Geordnete Label-Verteilung (*Ordered Label Distribution*)

Bei der *unabhängigen Label-Verteilung* kann jeder LSR auf dem LSP seinem Upstream-LSR zu jedem Zeitpunkt eine neue Label-Zuweisung in der Nachricht „Label Mapping" mitteilen. *Unabhängige Label-Verteilung*

Bei der *geordneten Label-Verteilung* kann ein LSR auf dem LSP seinem Upstream-LSR eine neue Label-Zuweisung nur dann mitteilen, wenn er entweder die Label-Zuweisung von seinem Downstream-LSR bereits erhalten hat oder selbst der Egress-LSR ist und diese Label-Zuweisung getroffen hat. Bei der geordneten Label-Verteilung beginnt die Label-Zuweisung beim Egress-LSR und wird dann in Richtung „upstream" verteilt. Eine geordnete Label-Verteilung entlang eines LSP illustriert Abbildung 10.5-23. *Geordnete Label-Verteilung*

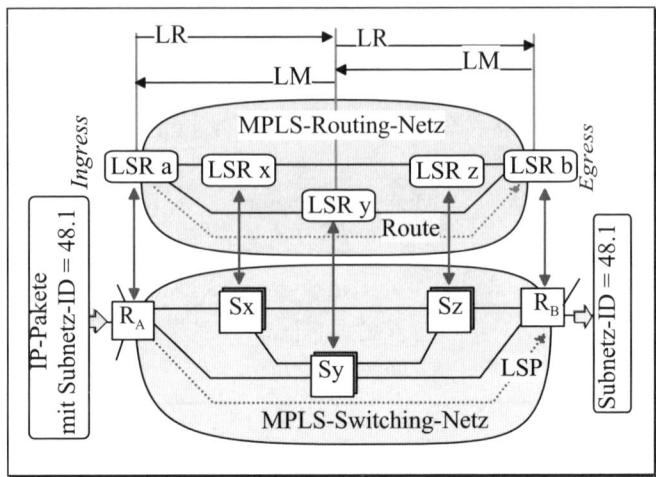

Abbildung 10.5-23:   Beispiel für eine geordneten Label-Verteilung
ID: Identifikation, LR: Label Request, LM: Label Mapping

Beispiel: Abbildung 10.5-23 zeigt die Übermittlung von IP-Paketen von Router R_A zum Subnetz an Router R_B. Die IP-Pakete mit der Subnetz-ID = 48.1 bilden hierbei eine Klasse FEC. Der Ingress-LSR a fordert seinen „Downstream-Peer" LSR y mit der Nachricht „Label Request" auf, einer neuen Klasse von IP-Paketen ein Label zuzuweisen. Da er kein Egress-LSR ist, fordert er außerdem den LSR b auf, ein neues Label zuzuweisen. Der LSR b ist ein Egress-LSR. Er weist das neue Label zu und signalisiert dies seinem Upstream-LSR y mit der Nachricht *Label Mapping*. Daraufhin ordnet auch der LSR y der Klasse FEC A ein Label zu und teilt dies seinem Upstream-LSR a mit. Der LSR a ist ein Ingress-LSR. Damit wurde die Label-Verteilung entlang des LSP abgeschlossen.

10.5.10.7 LDP-Nachrichten

Die Nachrichten des Protokolls LDP werden in den sog. LDP-*PDU (Protocol Data Unit)* transportiert. In einer LDP-PDU können mehrere LDP-Nachrichten enthalten sein (z.B. *Initialization* und *KeepAlive*). Abbildung 10.5-24 zeigt, wie die LDP-PDUs aufgebaut werden.

LDP-Header Die Angaben im LDP-Header haben folgende Bedeutung:

- *V*: In diesem 2-Byte-Feld wird die LDP-Version angegeben.
- *PDU Length* (2-Bytes): Hier ist die gesamte PDU-Länge in Bytes enthalten.
- *LDP ID* (6 Bytes): Dieses Feld enthält die Identifikation des Labelraums des Absenders der Nachricht.

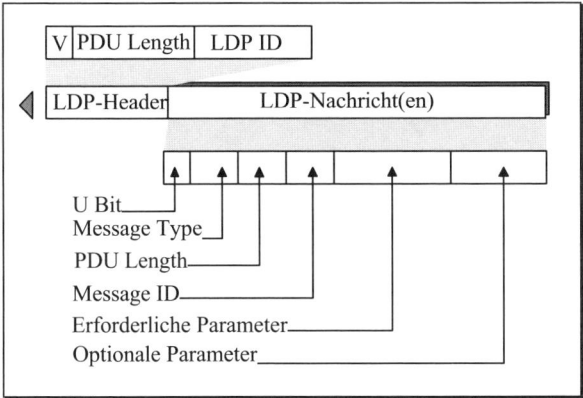

Abbildung 10.5-24:   Aufbau von LDP-PDUs
                         V: Version, ID: Identification

Eine LDP-Nachricht kann sich aus den folgenden Angaben zusammenset- *LDP-*
zen: *Nachricht*

- U Bit (*Unknown TLV Bit*): Hier wird festgelegt, wie der Empfänger rea-
  gieren muß, wenn er einen ihm unbekannten Nachrichtentyp empfangen
  hat:
  - U = 0: Die Nachricht *Notification* muß an den Absender abgeschickt
    werden.
  - U = 1: Die empfangene Nachricht wird „schweigend" ignoriert.
- *Message Type* (15 Bits): Hier wird der Nachrichtentyp (d.h. die Bedeu-
  tung der Nachricht) angegeben.
- *Length* (2 Bytes): Dieses Feld enthält die Länge der Nachricht in Bytes.
- *Message ID* (4 Bytes): Dieses Feld enthält eine Identifikation der Nach-
  richt. Antworten vom Empfänger, die sich auf diese Nachricht beziehen,
  müssen die gleiche Identifikation enthalten.
- Erforderliche Parameter (*Common Session Parameters*): Dieses Feld
  variabler Länge enthält Parameter, wie z.B.
  - *Label Advertisement Discipline* (*Downstream Unsolicited* oder
    Downstream on Demand, => Abbildung 10.5-22),
  - *KeepAlive Time*.
- Optionale Parameter: Dieses Feld variabler Länge enthält zusätzliche
  Parameter, wie z.B.
  - *ATM Session Parameter*,
  - *Frame-Relay Session Parameter*.

11 Virtual Private Networks (VPNs) und Remote Access Services (RAS)

In der Vergangenheit wurden Unternehmensnetze so aufgebaut, daß mehrere Standorte eines Unternehmens über gemietete physikalische Standleitungen verbunden waren. Da diese Leitungen in der Regel teuer sind, haben derartige Lösungen in Unternehmen mit einer Vielzahl von weit voneinander entfernten Standorten zu sehr hohen Kosten geführt. Mit Hilfe von Tunneling-Techniken lassen sich virtuelle Standleitungen für den Transport von vertraulichen Daten über öffentliche Netze mit dem Protokoll IP, wie z.B. Internet, aufbauen. Setzt man solche virtuellen Standleitungen ein, um mehrere Standorte eines Unternehmens miteinander zu verbinden, entsteht ein *virtuelles privates Netz*, das kurz als VPN (*Virtual Private Network*) bezeichnet wird. Über ein VPN lassen sich mehrere und beliebig entfernte Standorte sicher miteinander verbinden. Somit kann das Internet bzw. ein anderes öffentliches IP-Netz für eine private und geschützte Kommunikation genutzt werden.

Oft werden die Remote Access Services (RAS) mit VPNs so integriert, daß die Verbindung zwischen einem Remote-Benutzer und einem Unternehmensnetz über das IP-Netz in einem „Tunnel" verläuft. Hierfür verwendet man sog. Tunneling-Protokolle. Generell wird zwischen den Layer-2- und den Layer-3-Tunneling-Protokollen unterschieden. Bei der RAS-Unterstützung in VPNs müssen die Remote-Benutzer entsprechend authentisiert werden. Dafür steht das Protokoll RADIUS (*Remote Access Dial-In User Service*) zur Verfügung.

Es ist davon auszugehen, daß VPNs über öffentliche IP-Netze die herkömmlichen Lösungen für die Anbindung von Remote-Benutzern an das

Unternehmensnetz in Zukunft großteils verdrängen werden. Sie versprechen enorme Kosteneinsparungen durch die Nutzung der lokalen Einwahlpunkte von Network (Internet) Service Providers. Doch um öffentliche IP-Netze für private Kommunikation zu nutzen, sind bestimmte Vorkehrungen hinsichtlich der Sicherheit notwendig.

11.1 VPN-Konzepte

Ein VPN stellt eine Vernetzung mehrerer Standorte eines Unternehmens mit Hilfe von virtuellen Standleitungen dar. Nach den Eigenschaften in Hinblick auf die Datensicherheit kann eine virtuelle Standleitung über ein IP-Netz mit einem Tunnel verglichen werden. In diesem Zusammenhang spricht man von *Tunneling über IP-Netze*. Somit kann das Tunneling als Basis für VPNs gesehen werden. Auf diese Aspekte wird im Abschnitt 11.1.1 näher eingegangen. Beim Tunneling über IP-Netze kommen mehrere sog. Tunneling-Protokolle in Frage, wie z.B. L2TP (*Layer 2 Tunneling Protocol*), PPTP (*Point-to-Point Tunneling Protocol*), IPsec (*IP Security*).

Arten von VPNs Es lassen sich unterschiedliche Arten von VPNs unterscheiden. Die Unterscheidungskriterien sind:

* Unterstützung der Remote Access Services und
* Typ des Tunneling-Protokolls.

Die verschiedenen VPN-Arten werden in Abschnitt 11.1.2 dargestellt.

11.1.1 Tunneling als VPN-Basis

Das Tunneling ist ein Konzept, nach dem man beliebige Datenpakete aus einem LAN über ein Weitverkehrsnetz als reines Transitnetz transportiert. Dabei spielt die Adressierung und das verwendete Protokoll im LAN keine Rolle. Somit ist es durch das Tunneling möglich, LANs über ein Weitverkehrsnetz transparent zu koppeln. Das Tunneling wird schon seit langem eingesetzt, um IP-Pakete über andere Netze zu transportieren, in denen man ein anderes Protokoll verwendet. Das Tunneling-Prinzip über ein IP-WAN (z.B. Internet) illustriert Abbildung 11.1-1.

Wie hier ersichtlich ist, verpackt der Quell-Rechner das ganze zu übertragende „Original"-Datenpaket als Nutzlast (*Payload*) in ein IP-Paket. Diese Verpackung wird auch als *Encapsulation* bezeichnet und besteht darin, daß ein zusätzlicher Header dem Original-Datenpaket vorangestellt wird. Dieser zusätzliche Header wird *Tunnel-Header* genannt. Im Ziel-Rechner wird der

Tunnel-Header entfernt, so daß das Original-Datenpaket wieder in der ursprünglichen Form vorliegt. Man nennt dies *Decapsulation*.

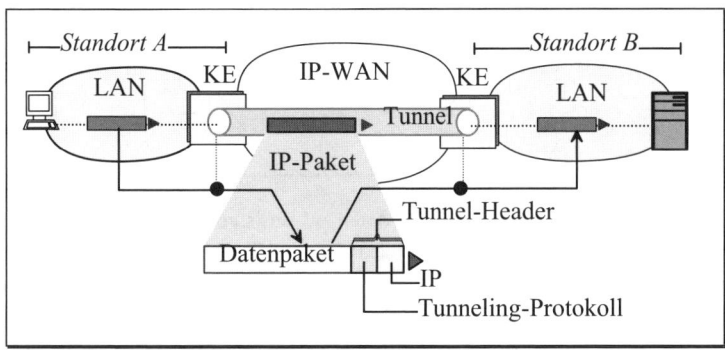

Abbildung 11.1-1:   Tunneling-Prinzip bei der Kopplung von LANs über ein IP-Netz
KE: Kopplungselement (Router, Layer-3-Switch)

Der Tunnel-Header setzt sich oft aus zwei Teilen zusammen. Der erste Teil stellt immer einen zusätzlichen IP-Header dar, der Beginn und Ende des Tunnels sowie den Übertragungsweg über das IP-WAN bestimmt. Der zweite Teil des Tunnel-Headers wird von einem zusätzlichen Protokoll (sog. *Tunneling-Protokoll*) wie z.B. L2TP, IPsec festgelegt. Durch das Tunneling-Protokoll werden weitere Angaben zwischen den Systemkomponenten, die Beginn und Ende des Tunnels realisieren, übermitelt, um das Original-Datenpaket über das Transsit-IP-WAN verschlüsselt transportieren zu können. *Tunnel-Header*

Da der Transport über das IP-WAN auf Basis des vorangestellten IP-Headers verläuft, können die Lauscher unterwegs nicht mehr die Quell- und Zieladresse des verschlüsselt übertragenen Original-Datenpakets ablesen, sondern lediglich nachvollziehen, daß die Daten zwischen Tunnel-Beginn und -Ende transportiert werden. Ein Tunnel über ein IP-WAN verhält sich also wie eine bidirektionale Direktverbindung zwischen den Systemkomponenten, die Tunnel-Beginn und -Ende bilden. Somit ist jeder Tunnel als eine virtuelle Standleitung VLL (*Virtual Leased Line*) zu interpretieren. *Virtual Leased Line*

11.1.2 Arten von VPNs

Je nachdem, wie der Tunnel eingerichtet ist und ob der Remote Access Service (RAS) unterstützt wird, unterscheidet man die in Abbildung 11.1-2 gezeigten Arten von VPNs.

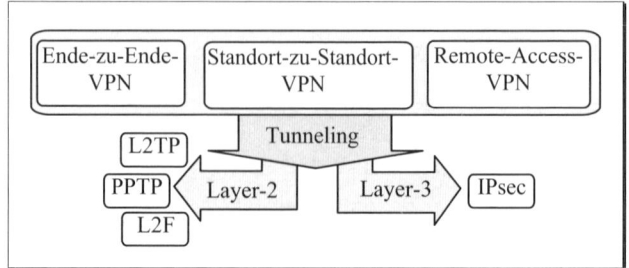

Abbildung 11.1-2:   Grundlegende VPN-Arten auf Basis von IP-WANs
IPsec: IP Security, L2TP: Layer 2 Tunneling Protocol, PPTP: Point-to-Point Tunneling Protocol, L2F: Layer 2 Forwarding

Ende-zu-   Werden die kommunizierenden Rechner mit einem Tunnel über ein IP-
Ende-VPN   WAN miteinander verbunden, so bezeichnet man ein solches VPN als *Ende-zu-Ende-VPN* (*End-to-End-VPN*, => Abbildung 11.1-3). Wird der Tunnel dagegen nur zwischen den verschiedenen Standorten eingerichtet, so spricht man von einem *Standort-zu-Standort-VPN* (*Site-to-Site-VPN,* => Abbildung 11.1-4). In diesen beiden VPN-Arten handelt es sich immer um dedizierte Tunnels. Somit nennt man diese Lösungen auch *Dedicated VPN.*

Remote-   Soll Remote Access in einem VPN ermöglicht werden, so kann ein Remote-
Access-VPN   Benutzer die Verbindungen über ein Zugbringernetz zu einem Einwahl-Punkt aufbauen, wo der Tunnel über ein IP-WAN zu einem bestimmten Unternehmensnetz beginnt. Eine solche Lösung stellt ein *Remote-Access-VPN* dar (kurz *RA-VPN,* => Abbildung 11.1-5). Da es sich beim RA-VPN um einen *Einwahl-Tunnel* handelt, werden RA-VPNs auch manchmal als *Dial-In VPNs* bezeichnet.

Es stehen mehrere Tunneling-Protokolle zur Verfügung, die den Aufbau von VPNs ermöglichen. Man unterscheidet zwischen

- *VPNs mit Layer-2-Tunneling* und
- *VPNs mit Layer-3-Tunneling.*

Für den Aufbau von VPNs mit Layer-2-Tunneling kann das Protokoll L2TP, PPTP bzw. L2F verwendet werden. Die VPNs mit Layer-3-Tunneling werden am häufigsten mit Hilfe von IPsec eingerichtet. Mit der Auswahl des geeigneten *Tunneling-Protokolls* wird bereits eine wichtige Weichenstellung für einen sicheren und wirtschaftlichen VPN-Betrieb getroffen.

Merkmale   Ein Ende-zu-Ende-VPN illustriert Abbildung 11.1-3. Ein derartiges VPN
eines Ende-   ermöglicht es, mehrere „Remote"-Rechner über virtuelle Standleitungen mit
zu-Ende-VPN   einem zentralen Rechner zu verbinden. Ein *VPN-Gateway* (auch VPN-Server genannt) stellt ein Tunnel-Beginn/Ende dar. Hierbei ist zu beachten,

daß ein entsprechendes Tunneling-Protokoll auf jedem an das VPN „angeschlossenen" Rechner installiert werden muß.

Ein Ende-zu-Ende-VPN kann z.B. eingesetzt werden,

- um einige Rechner in Niederlassungen über verschlüsselte virtuelle Standleitungen an einen Server in der Unternehmenszentrale anzubinden;
- um Kunden eines Geldinstituts über das Internet sicher mit einem Buchungsserver zu verbinden;
- um Rechner von Mitarbeitern zu vernetzen, die an verschiedenen Standorten tätig sind und an einem gemeinsamen Projekt arbeiten (=> Unterstützung der Gruppenarbeit, Telekooperation).

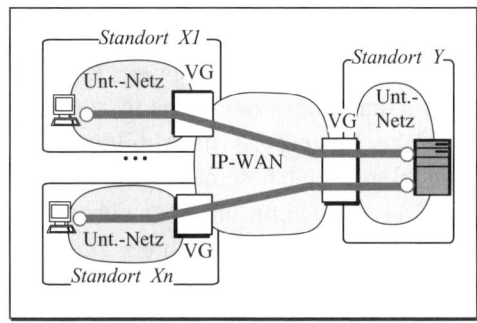

Abbildung 11.1-3:   Beispiel für ein Ende-zu-Ende-VPN
Unt.-Netz: Unternehmensnetz, VG: VPN-Gateway

Ein *Standort-zu-Standort-VPN* stellt eine Lösung dar, um mehrere Standorte eines Unternehmens über ein IP-WAN miteinander zu verbinden (=> Abbildung 11.1-4). Hier handelt es sich eigentlich um eine klassische Kopplung von mehreren LANs über ein öffentliches IP-Netz (z.B. Internet). Hier kann z.B. eine Workstation aus dem Unternehmensnetz am Standort *A* in Verbindung mit einem Datenserver im Unternehmensnetz am Standort *B* stehen. Diese Verbindung kann mit Hilfe von beiden VPN-Gateways so transparent eingerichtet werden, daß der Umweg über das VPN nicht sichtbar ist (vorausgesetzt, die Übertragungsrate im IP-WAN ist ausreichend groß!). Diese VPN-Art kann z.B. eingesetzt werden,

Standort-zu-Standort-VPN

- um mehrere Standorte eines Unternehmens über virtuelle und verschlüsselte Standleitungen zu vernetzen;
- um den Datenaustausch zwischen mehreren Krankenhäusern kostengünstig zu ermöglichen;
- um mehrere Forschungsgruppen miteinander zu verbinden.

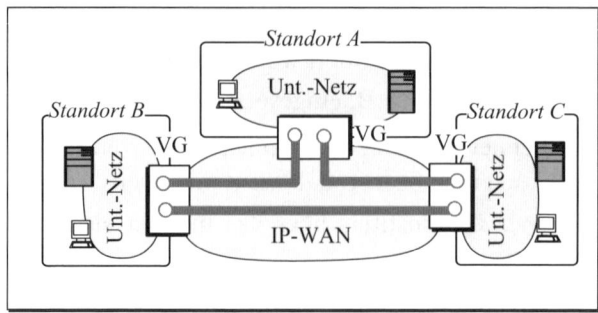

Abbildung 11.1-4:   Beispiel für ein Standort-zu-Standort-VPN
VG: VPN-Gateway

Remote-
Access-VPN
über NSP
Hat ein Unternehmen sowohl eine Vielzahl von Mitarbeitern als Teleworker als auch einige kleine Außenstellen, so kann ein Remote-Access-VPN eine Lösung sein, um allen Mitarbeitern den Zugang zum Unternehmensnetz zu ermöglichen. Eine solche Lösung ist in Abbildung 11.1-5 gezeigt. Hier wählt sich ein Remote-Benutzer bei seinem POP (*Point of Presence*) beim *Network Service Provider* (*NSP*) ein, um über einen Tunnel auf das Unternehmensnetz zuzugreifen. Als ein Zugangsnetz zum nächstliegenden POP kann das ISDN, das analoge Telefonnetz bzw. ein Mobilfunknetz dienen.

Ein Remote-Access-VPN bietet sich u.a. an,

- um kleine Außenstellen bzw. individuelle Telearbeitsplätze an die Unternehmenszentrale anzubinden;

- um globale Präsenz zu erreichen. Die Unternehmen können ihren Mitarbeitern weltweiten Zugriff (falls IP-WAN = Internet) zum Ortstarif einrichten.

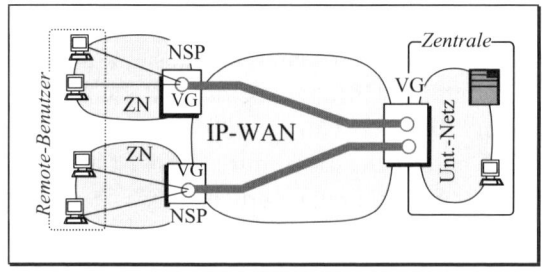

Abbildung 11.1-5:   Beispiel für ein Remote-Access-VPN
NSP: Network Service Provider, ZN: Zugangsnetz (z.B. ISDN),
VG: VPN-Gateway

11.2 Layer-2-Tunneling

Ein Tunnel über ein IP-WAN kann innerhalb Layer 2 bzw. Layer 3 aufgebaut werden, so daß man von Layer-2- bzw. Layer-3-Tunneling spricht. Für
das Layer-2-Tunneling (kurz L2-Tunneling) stehen die Protokolle

* *L2TP* (*Layer 2 Tunnelling Protocol*),
* *PPTP* (*Point-to-Point Tunnelling Protocol*) und
* *L2F* (*Layer 2 Forwarding*) zur Verfügung .

Abbildung 11.2-1 zeigt, welche Steuerungsangaben einem zu übertragenden *PPP-Header*
Datenpaket eines Layer-3-Protokolls (z.B. IP, IPX, ...) beim L2-Tunneling *beim L2-*
vorangestellt werden. Das Datenpaket wird zuerst mit einem Header des *Tunnelung*
Protokolls PPP (*Point-to-Point Protocol*) ergänzt, das dem normalen Layer
2 (Schicht 2 im OSI-Referenzmodell) zugeordnet ist. Im PPP-Header wird
u.a. die Identifikation (ID) des Layer-3-Protokolls übermittelt, somit können
die Datenpakete unterschiedlicher Layer-3-Protokolle über einen L2-Tunnel
übermittelt werden. Dies ermöglicht die Kommunikation von Nicht-IP-
Protokollen über ein IP-Netz. In einem L2-Tunnel können mehrere virtuelle
Verbindungen (sog. Sessions) verlaufen. Dem PPP-Header wird weiter ein
Header des L2-Tunneling-Protokolls vorangestellt, in dem u.a. Tunnel-ID
und Session-ID angegeben wird. Über eine Session wird mormalerweise die
Kommunikation nach einem L3-Protokoll realisiert.

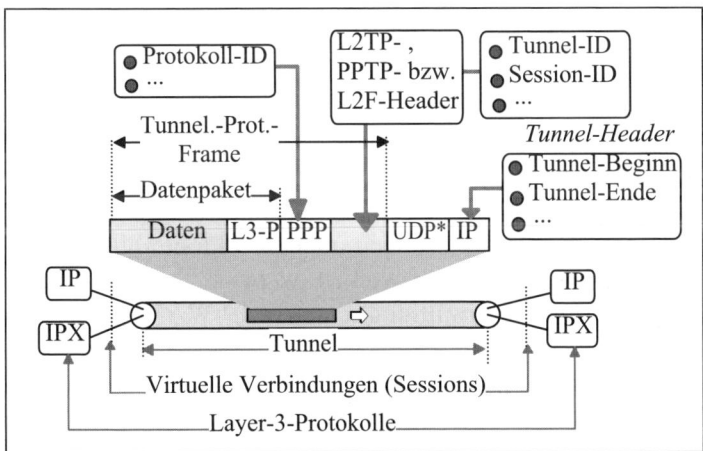

Abbildung 11.2-1:   Steuerungsangaben beim Übertragung eines Datenpakets im L2-
Tunnel
L3-P: Header des Layer-3-Protokolls (IP, IPX, ...), *) beim PPTP wird
UDP-Header nicht verwendet

Das Datenpaket mit den vorangestellten Headern, d.h. des PPP- und des Tunneling-Protokolls, bildet einen Frame. Dieser Frame wird bei den Protokollen L2TP und L2F als Nutzlast in einem IP-Paket transportiert. Hierbei wird das verbindungslose Transportprotokoll UDP (*User Datagram Protocol*) verwendet. Ausnahmsweise wird dem Frame beim Protokoll PPTP direkt der IP-Header vorangestellt.

11.2.1 Tunneling-Protokoll L2TP

Das L2TP ist ein sog. Tunneling-Protokoll, mit dem man eine derartige virtuelle Verbindung über ein Netz mit der Paketvermittlung (IP-, Frame-Relay- bzw. ATM-Netz) aufbauen kann, die sich als ein Tunnel interpretieren läßt. Das L2TP ermöglicht die Authentisierung von Remote-Benutzern, so daß es auch zum Aufbau von Virtual Private Networks (VPN) mit den integrierten Remote Access Services (RAS) eingesetzt werden kann. Das L2TP ist im IETF-Standard RFC 2661 spezifiziert und wird u.a. vom Betriebssystem Windows 2000 unterstützt.

11.2.1.1 Allgemeines L2TP-Konzept

Über einen Tunnel gemäß dem L2TP können mehrere logische Verbindungen nach dem Protokoll PPP (*Point-to-Point Protocol*) verlaufen. Da die Datenpakete verschiedener Protokolle (IP, IPX, ...) in PPP-Frames transportiert werden können, läßt sich mit dem L2TP die Multiprotokollfähigkeit über ein Netz mit Paketvermittlung erreichen. Die Daten können beim L2TP über den Tunnel verschlüsselt übertragen werden.

Virtuelle Standleitung über L2TP Das L2TP ermöglicht es, über ein Paketvermittlungsnetz (*PV-Netz*) einen Tunnel aufzubauen, der quasi als eine virtuelle Standleitung dient. Unter einem PV-Netz ist hier ein Netz mit dem Internet Protokoll (IP), d.h. ein sog. IP-Netz (wie z.B. Internet) bzw. ein Frame-Relay- oder ATM-Netz zu verstehen. Über einen Tunnel können mehrere PPP-Verbindungen (=> Abschnitt 10.2.2) gleichzeitig abgewickelt werden. Das allgemeine L2TP-Konzept, falls das Paketvermittlungsnetz ein IP-WAN darstellt, illustriert Abbildung 11.2-2.

Funktionsmodule LAC und LNS Wie hier ersichtlich ist, realisieren das L2TP ausschließlich die Funktionsmodule LAC (*L2TP Access Concentrator*) beim Netzdienstanbieter NSP und LNS (*L2TP Network Server*) im NAS eines Unternehmensnetzes. Hierbei stellt die Komponente LAC ein Software-Modul in einer Zugangskomponente (z.B. in einem Router) beim NSP dar, während die Komponente LNS ein Software-Modul im NAS repräsentiert. Mit L2TP-Hilfe wird ein

Tunnel über ein PV-Netz (zwischen zwei funktionellen Komponenten LAC und LNS) aufgebaut.

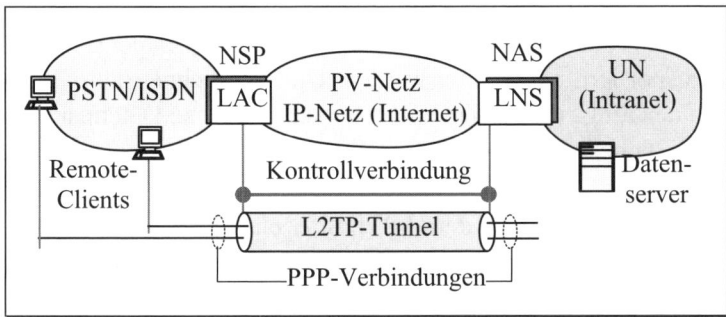

Abbildung 11.2-2:   Allgemeines L2TP-Konzept
ISDN: Integrated Services Digital Network,
NAS: Network Access Server, NSP: Network Service Provider,
PSTN: Public Switched Telephone Network, UN: Unternehmensnetz

Die Clients, als Remote-Rechner, haben Zugang zum LAC über ein Zubrin- *L2TP mit* gernetz PSTN/ISDN und können mit Hilfe des Protokolls PPP über das Zu- *PPP-Zugang* bringernetz und ein PV-Netz auf ein Unternehmensnetz zugreifen. Die Voraussetzung ist, daß sie dafür entsprechende Zugangsrechte haben. Die PPP-Verbindungen von den einzelnen Clients, die innerhalb des Zubringernetzes auf Basis von physikalischen Verbindungen eingerichtet werden, verlaufen zum NAS eines Unternehmensnetzes über das PV-Netz in einem L2TP-Tunnel. Die über eine PPP-Verbindung übertragenen Pakete lassen sich mit den Fahrzeugen auf einer Spur vergleichen. Fährt ein Fahrzeug in den Tunnel hinein, so kann es den Tunnel nur an dessen Ende verlassen. Dies soll zeigen, daß die über ein PV-Netz übertragenen Pakete von „außen" nicht zugänglich sind (=> Erhöhung der Datensicherheit).

Um einen Tunnel aufbauen zu können, muß bereits eine logische Verbindung zwischen LAC und LNS bestehen, die als Kontrollverbindung des Tunnels dient. Zwischen LAC und LNS können mit Hilfe einer Kontrollverbindung mehrere Tunnel eingerichtet werden.

Eine PPP-Verbindung von einem Zubringernetz PSTN/ISDN kann über das PV-Netz bis zum Unternehmensnetz im L2TP-Tunnel verlaufen. Über eine PPP-Verbindung können wiederum mehrere Kommunikationsbeziehungen gleichzeitig und nach unterschiedlichen Protokollen verlaufen. Somit ermöglicht das L2TP die Übermittlung von Daten nach unterschiedlichen Protokollen (IP, IPX, ...).

11.2.1.2 Tunneling nach dem L2TP

Das Tunneling ist ein Konzept, nach dem man Datenpakete über ein reines Transitnetz transportiert. Das Tunneling bedeutet, daß die zu übertragenden Datenpakete an der Sendeseite in „Transit"-Pakete (Frames), die das Transitnetz transportiert, eingebettet werden. Dies bezeichnet man als *Encapsulation*. An der Zielseite des Transitnetzes werden diese Datenpakete wiederum aus den Transit-Paketen herausgenommen, was man als *Decapsulation* bezeichnet.

L2TP Tunneling-Prinzip Das Tunneling-Prinzip nach dem L2TP über ein IP-Netz bei der Anbindung eines Remote-Clients an ein Unternehmensnetz zeigt Abbildung 11.2-3.

Die Datenpakete vom Quellrechner werden über das Zubringernetz in PPP-Frames übertragen (=> Abschnitt 10.2.2). Wie hier ersichtlich ist, werden dem über das IP-Netz zu übertragenden PPP-Frame folgende Header im LAC vorangestellt:

- ein Tunnel-IP-Header,
- ein UDP-Header (*User Datagram Protocol*),
- ein Header des Protokolls L2TP.

Der Tunnel-IP-Header bestimmt den Beginn und das Ende des Tunnels sowie den Übertragungsweg über das IP-Netz. Im UDP-Header wird der Quell-Port im LAC als Beginn und der Ziel-Port im LNS als Ende einer PPP-Verbindung angegeben. Die wesentlichen Angaben in bezug auf den Tunnel werden im L2TP-Header getroffen. Der L2TP-Header ist der Funktion nach mit dem GRE-Header beim Protokoll PPTP zu vergleichen (=> Abschnitt 11.2.2).

Die Bedeutung des Protokolls L2TP besteht im allgemeinen darin, daß mit dem L2TP eine gesicherte Verlängerung einer PPP-Verbindung über ein IP-Netz bis zum NAS im Unternehmensnetz erreicht werden kann. Aus Abbildung 11.2-3 ist auch ersichtlich, daß die Pakete verschiedener Protokolle (=> durch die Angabe „Protokolltyp" im PPP-Header) über das IP-Netz übertragen werden können (Vorteil: Multiprotokollfähigkeit über ein IP-Netz).

Verschlüsselte Übertragung Um die Sicherheit der Übertragung über das IP-Netz zu garantieren, können die „inneren" Datenpakete zwischen LAC und LNS verschlüsselt übertragen werden. Da der Transport über das IP-Netz auf Basis des vorangestellten Tunnel-IP-Headers verläuft, kann ein Eindingling unterwegs nicht mehr die Quell- und Zieladresse des verschlüsselt übertragenen Original-Datenpakets ablesen, sondern lediglich feststellen, daß die Daten zwischen Tunnel-Beginn und -Ende transportiert werden.

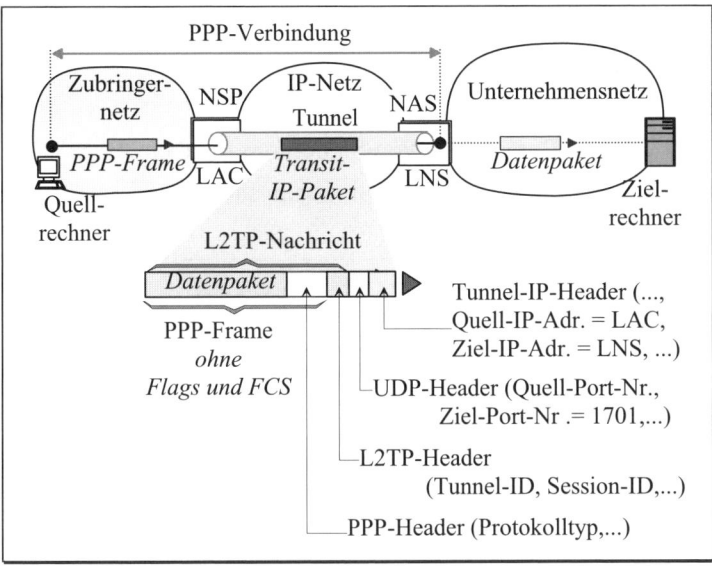

Abbildung 11.2-3:   Tunneling-Prinzip nach dem L2TP über ein IP-Netz

11.2.1.3 L2TP-Nachrichten

Bei der L2TP-Realisierung werden zwischen LAC und LNS sog. L2TP-Nachrichten ausgetauscht. Hierbei wird zwischen

- L2TP-Nachrichten mit Daten einer PPP-Verbindung,
- L2TP-Kontrollnachrichten und
- *Zero-Length-Body-Nachricht* (ZLB-Nachricht)

unterschieden (Abbildung 11.2-4). Jede L2TP-Nachricht mit Daten beginnt mit einem L2TP-Header. Darauf folgt ein PPP-Frame ohne Flags und ohne Prüfsumme (=> Abschnitt 10.2.2). Jede L2TP-Kontrollnachricht enthält einen Header und bestimmte Steuerungsangaben in Form von festgelegten Modulen, die man hier als AVPs (*Attribute Value Pair*) bezeichnet. Die AVPs können als Informationselemente in Kontrollnachrichten angesehen werden. Das L2TP definiert eine Vielzahl von AVPs und legt fest, welche AVPs in den einzelnen Kontrollnachrichten enthalten sein müssen (*mandatory*) und welche optional sind. Die ZLB-Nachricht enthält nur den L2TP-Header und wird nur als positive Quittung verwendet.

Die einzelnen Felder in AVPs haben folgende Bedeutung: *AVP-Felder*

- *M: Mandatory* (1 Bit): Falls M=1, muß AVP vorhanden sein.
- *H: Hidden* (1 Bit): Falls H=1: ist das Attribute Value verschlüsselt.

- *Rsvd* (4 Bits): reserviert
- *Length* (10 Bits): AVP-Länge
- *Vendor ID* (2 Bytes): Anbieter-ID (nach RFC 1700)
- *Attribute Type* (2 Bytes): Typ von Steuerungsangaben
- *Attribute Value* (variable Länge): Steuerungsangaben

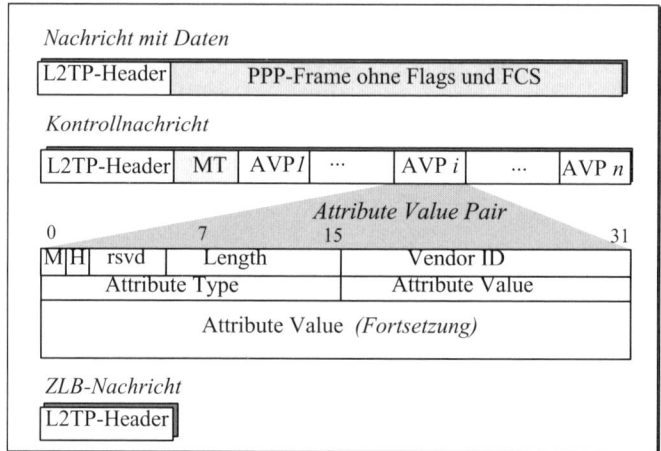

Abbildung 11.2-4:   L2TP-Nachrichten und deren Aufbau
MT: Message Type, ID: Identifikation, FCS: Frame Check Sequence,
ZLB: Zero-Length Body

Den Aufbau des L2TP-Headers zeigt Abbildung 11.2-5.

0	7	15	31
T L x x S x O P x x x x Ver=2		Length *(optional)*	
Tunnel ID		Session ID	
Ns *(optional)*		Nr *(optional)*	
Offset Size *(optional)*		Offset Padding *(optional)*	

Abbildung 11.2-5:   Struktur des L2TP-Headers

L2TP-Header Der L2TP-Header besteht aus vier 32-Bit-Worten. Die einzelnen Felder im Header haben folgende Bedeutung:

- *T: Type* der L2TP-Nachricht (1 Bit):
  - Falls T = 1, handelt es sich um eine Kontrollnachricht.
  - Falls T = 0, handelt es sich um eine Nachricht mit Daten.

- *L: Length Present* (1 Bit); Falls L = 1, ist Length-Feld vorhanden.
- *S: Sequence Present* (1 Bit); Falls S = 1, sind Ns und Nr vorhanden.
- *O: Offset Size Present* (1 Bit);
    - In Kontrollnachrichten ist O = 0.
    - Falls O = 1, ist *Offset Size* in Nachrichten mit Daten vorhanden.
- *P: Priority* (1 Bit); Falls P = 1, soll die L2TP-Nachricht vor der Übertragung bevorzugt werden.
- *Ver: Version* (3 Bits); Ver = 2: L2TP.
- *Length* (2 Bytes); Länge der Nachricht.
- *Tunnel ID* (2 Bytes); Identifikation (ID) des Tunnels.
- *Session ID* (2 Bytes); Identifikation der PPP-Verbindung im Tunnel.
- *Ns: Number send* (2 Bytes); Falls S = 1, wird hier die Nummer der gesendeten Nachrichten (Sendefolgenummer) angegeben.
- *Nr: Number receive* (2 Bytes); Falls S = 1, wird hier die Nummer der demnächst erwarteten Nachricht (Empfangsfolgenummer) angegeben.
- *Offset Size* (2 Bytes); Falls O = 1, wird hier die Anzahl von Bytes im Header zum Datenbeginn angebenen.
- *Offset Padding* (variable Länge); Füllung des Headers auf ein Vielfaches von 32-Bits (Füllzeichen).
- Die *x-Bits* im L2TP-Header sind für zukünftige Funktionen reserviert.

11.2.1.4 Auf- und Abbau einer Kontrollverbindung

Für den Aufbau eines Tunnels über ein Transitnetz müssen zuerst bestimmte Vereinbarungen zwischen LAC und LNS getroffen werden. Diese Vereinbarungen sind als eine Kontrollverbindung zu interpretieren. Initiator einer Kontrollverbindung kann sowohl LAC als auch LNS sein. Den L2TP-Ablauf beim Auf- und Abbau einer vom LAC initiierten Kontrollverbindung illustriert Abbildung 11.2-6.

Der Aufbau einer Kontrollverbindung wird mit der Nachricht SCCRQ *Start-*
(*Start-Control-Connection-Request*) begonnen. In dieser Nachricht müssen *Control-*
u.a. folgende AVPs enthalten sein: *Connection-*
Request

- *Host Name*: DNS-Namen (*Domain Name System*) des Verbindungsinitiators (hier LAC);
- *Assigned Tunnel ID*: Tunnel-Identifikation beim Initiator.

Die Nachricht SCCRQ kann zusätzlich u.a. enthalten:

- *Challenge*: Eine zufällige Variable für die Authentisierung nach dem Protokoll CHAP;

- *Receive Windows Size*: Angabe der Fenstergröße für die Flußkontrolle zwischen LAC und LNS.

Start-Control-Connection-Reply Die Nachricht SCCRQ wird mit der Nachricht SCCRP (*Start-Control-Connection-Reply*) beantwortet. In der Nachricht SCCRP müssen u.a. folgende AVPs enthalten sein:

- *Host Name*: DNS-Namen (hier von LNS);

- *Assigned Tunnel ID*: Tunnel-Identifikation beim SCCRP-Absender.

Die Nachricht SCCRP kann zusätzlich u.a. enthalten:

- *Challenge Response*: Eine Variable, die nach dem Protokoll CHAP errechnet wird und als Antwort auf Challenge aus der Nachricht SCCRQ dient;

- *Receive Windows Size*.

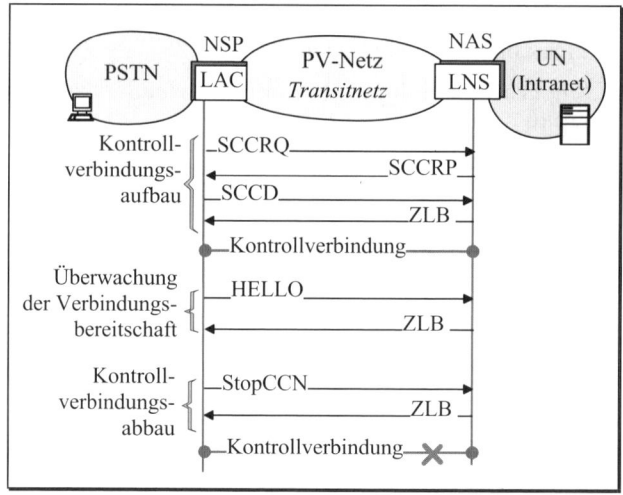

Abbildung 11.2-6:   Auf- und Abbau einer L2TP-Kontrollverbindung

Start-Control-Connection-Connected Die Nachricht SCCRP wird (in Abbildung 11.2-6 von der LAC-Seite) mit der Nachricht SCCCD (*Start-Control-Connection-Connected*) bestätigt, um der Gegenseite mitzuteilen, daß die gewünschte Verbindung angenommen wurde. Die Nachricht SCCCD kann eventuell das AVP *Challenge Response* enthalten. Die Nachricht SCCCD wird noch mit der ZLB-Nachricht bestätigt (=> Abbildung 11.2-4).

Falls keine Daten über das PV-Netz ausgetauscht werden, wird die Bereitschaft von LAC und LNS mit Hilfe der Nachricht HELLO kontrolliert. Diese Nachricht wird periodisch (z.B. in Abständen von 60s) von LAC bzw. LNS gesendet und enthält keine AVPs. Als Antwort auf HELLO sendet die Gegenseite immer die ZLB-Nachricht. Auf diese Art und Weise kontrollieren sich LAC und LNS gegenseitig. Antwortet eine der beiden Seiten auf HELLO nicht, wird die Kontrollverbindung „geschlossen".

Der Abbau einer Kontrollverbindung kann sowohl von LAC als auch von LNS angefangen werden. Der Abbau der Kontrollverbindung in Abbildung 11.2-6 wird vom LAC mit der Nachricht *StopCCN* (*Stop-Control-Connection-Notification*) initiiert. Diese Nachricht enthält: *Stop-Control-Connection-Notification*

- *Assigned Tunnel ID*: Tunnel-Identifikation (hier beim LNS);
- *Result Code*: mit der Angabe der Ursache für den Verbindungsabbau.

Die Gegenseite (hier LNS) bestätigt den Verbindungsabbau mit der ZLB-Nachricht.

11.2.1.5 L2TP-Verlauf bei einem ankommenden Anruf

Für die Kommunikation zwischen einem Remote-Client am PSTN/ISDN und dem NAS eines Unternehmensnetzes am PV-Netz wird eine PPP-Verbindung aufgebaut (=> Abschnitt 10.2.2). Bevor diese Verbindung aufgebaut wird, muß für den Tunnelaufbau eine Kontrollverbindung zwischen LAC und LNS bereits bestehen. Den L2TP-Verlauf beim Aufbau einer PPP-Verbindung illustriert Abbildung 11.2-7.

Will ein Remote-Client auf einen Server in einem Unternehmensnetz über ein PV-Netz zugreifen, baut er zuerst eine Verbindung über das PSTN/ISDN zu seinem NSP auf. Empfängt der LAC beim NSP vom PSTN/ISDN einen ankommenden Anruf IC (*Incoming Call*), wird der Aufbau einer Sitzung durch den LAC begonnen. Dem ankommenden Anruf ordnet der LAC eine Nummer und der initiierenden Sitzung eine Identifikation zu. Danach sendet der LAC eine Nachricht ICRQ (*Incoming-Call-Request*) an den LNS, die u.a. folgende AVPs enthält: *Incoming-Call-Request*

- *Call Serial Number*: Nummer des Anrufes beim LAC
- *Assigned Session ID*: Identifikation der Sitzung beim LAC

Zusätzlich kann der LAC dem LNS den Typ des ankommenden Anrufes, d.h.

- aus einem analogen Telefonnetz (PSTN) bzw.
- aus dem ISDN

im AVP *Bearer Type* mitteilen.

Incoming-
Call-Reply
und
-Connected
Die Nachricht ICRQ wird vom LNS mit der Nachricht ICRP (*Incoming-Call-Reply*) beantwortet, die das AVP *Assigned Session ID* mit der Identifikation der betreffenden Sitzung beim LNS enthält. Ist die Nachricht ICRP beim LAC angekommen, wird der seitens PSTN/ISDN ankommende Ruf vom LAC angenommen (IC⁺). Daraufhin sendet der LAC eine Nachricht ICCD *(Incoming-Call-Connected)* an den LNS, um ihm mitzuteilen, daß der ankommende Ruf vom LAC angenommen wurde. Die Nachricht ICCD enthält u.a. das AVP *(Tx) Connect Speed* mit der Angabe der Übertragungsbitrate im PSTN/ISDN. Hat der LNS die Nachricht ICCD empfangen, bestätigt er sie noch mit der ZLB-Nachricht. Nach dem Eintreffen der ZLB-Nachricht beim LAC, könnte man die Vereinbarungen zwischen LAC und LNS so interpretieren, als ob ein Tunnel zwischen LAC und LNS aufgebaut wäre.

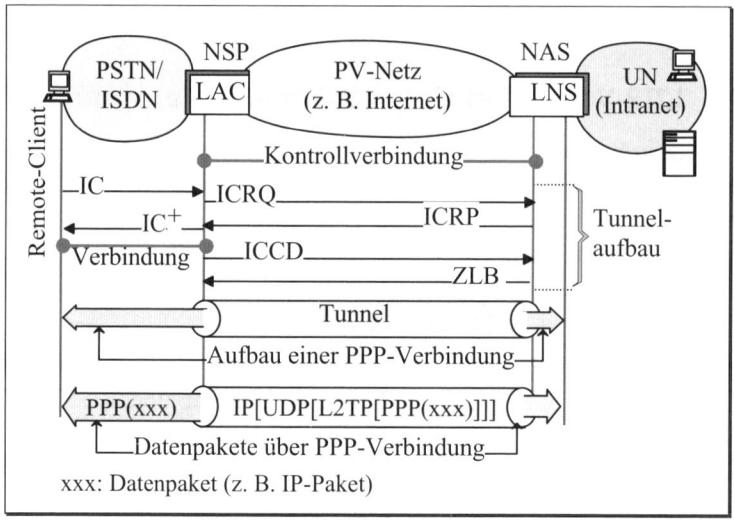

Abbildung 11.2-7:   L2TP-Verlauf bei ankommendem Anruf zum NAS
CC: Call-Connection, IC: Incoming-Call (Ankommender Anruf),
IC⁺: Annahme des Anrufes, NSP: Internet Service Provider,
NAS: Network Access Server, PV: Paketvermittlung,
UN: Unternehmensnetz

Im nächsten Schritt erfolgt der Aufbau einer PPP-Verbindung zwischen dem Remote-Client und dem NAS (=> Abschnitt 10.2.2). Die hierfür notwendige PPP-Steuerung verläuft bereits über den aufgebauten Tunnel.

Nach dem Aufbau der PPP-Verbindung kann ein Datenaustausch zwischen dem Remote-Client am Zubringernetz und dem NAS im Unternehmensnetz stattfinden. Die Datenpakete zwischen dem Remote-Client und dem LAC werden über das PSTN/ISDN in PPP-Frames transportiert. Für die Übertragung über das PV-Netz werden die PPP-Frames (ohne Prüfsumme FCS und ohne Flags, => Abschnitt 10.2.2) in den L2TP-Nachrichten übermittelt.

11.2.1.6 L2TP-Verlauf bei einem abgehenden Anruf

Den Aufbau des Tunnels vom LNS zum LAC nennt man „abgehenden" Ruf (*Outgoing Call*). Dabei weist der LNS den LAC an, eine Verbindung über das Zubringernetz zu einem Remote-Client aufzubauen.

Soll die PPP-Verbindung (-Sitzung) von der LNS-Seite aufgebaut werden, ordnet der LNS der initiierten Sitzung eine Identifikation (*Assigned Session ID*) und eine Nummer (*Call Serial Nummer*) zu und sendet an den LAC über die Kontrollverbindung die Nachricht OCRQ (*Outgoing-Call-Request)*. Ist die Nachricht OCRQ beim LAC angekommen, wird sie vom LAC mit der Nachricht OCRP (*Outgoing-Call-Reply*) bestätigt. Hiermit wird dem LNS mitgeteilt, daß die gewünschte Verbindung zum Remote-Client initiiert wurde. Die Nachricht OCRP enthält das AVP *Assigned Session ID* mit der Angabe der Identifikation der betreffenden Sitzung beim LAC. *(Outgoing Call)*

Nach dem Empfang der Nachricht OCRQ initiiert der LAC gleichzeitig eine abgehende Verbindung über das Zubringernetz zum Remote-Client. Falls diese Verbindung vom Client angenommen wurde, sendet der LAC die Nachricht *OCCN (Outgoing-Call-Connected)* an den LNS, um ihm mitzuteilen, daß die gewünschte Verbindung zum Remote-Client hergestellt werden konnte. Hat der LNS die Nachricht OCCD empfangen, bestätigt er sie noch mit der ZLB-Nachricht. Nach dem Eintreffen der ZLB-Nachricht beim LAC sind die Vereinbarungen zwischen LAC und LNS so zu interpretieren, als ob ein Tunnel zwischen ihnen aufgebaut wäre. *(OCRQ und OCCN)*

Nach dem Aufbau der Verbindung über das Zubringernetz und des Tunnels über das PV-Netz kann nun eine PPP-Verbindung zwischen dem Remote-Client und dem NAS eingerichtet werden (=> Abschnitt 10.2.2). Falls eine PPP-Verbindung besteht, kann ein Datenaustausch zwischen dem Remote-Client am Zubringernetz und dem NAS am Unternehmensnetz stattfinden.

11.2.1.7 L2TP-Verlauf beim Tunnelabbau

Der Abbau eines Tunnels kann sowohl vom LAC als auch vom LNS initiiert werden. Abbildung 11.2-8 zeigt den L2TP-Verlauf beim Tunnelabbau, falls der Remote-Client den Abbau initiiert. Über einen Tunnel können mehrere PPP-Verbindungen gleichzeitig verlaufen. Falls die letze PPP-Verbindung bereits abgebaut wurde, kann nun der Tunnel abgebaut werden.

CCI und CDN Der Abbau des Tunnels wird hier beispielsweise vom Remote-Client initiiert. Nach dem Empfangen der Anforderung CCl (*Clear Call*) beim LAC sendet er eine Nachricht CDN (*Call-Disconnect-Notify*) an den LNS, um ihm dies mitzuteilen. Die Nachricht CDN enthält das AVP Result Code mit der Angabe der Ursache für den Tunnelabbau.

CCL Hat der LNS die Nachricht CDN empfangen, bestätigt er sie mit der ZLB-Nachricht. Nach dem Eintreffen der ZLB-Nachricht beim LAC werden die Vereinbarungen zwischen LAC und LNS „gelöst". Dies bedeutet, daß der Tunnel zwischen ihnen abgebaut wurde. Hat der LAC dem Remote-Client den Verbindungsabbau bestätigt (CCL), wird damit auch die Verbindung über das Zubringernetz PSTN/ISDN abgebaut.

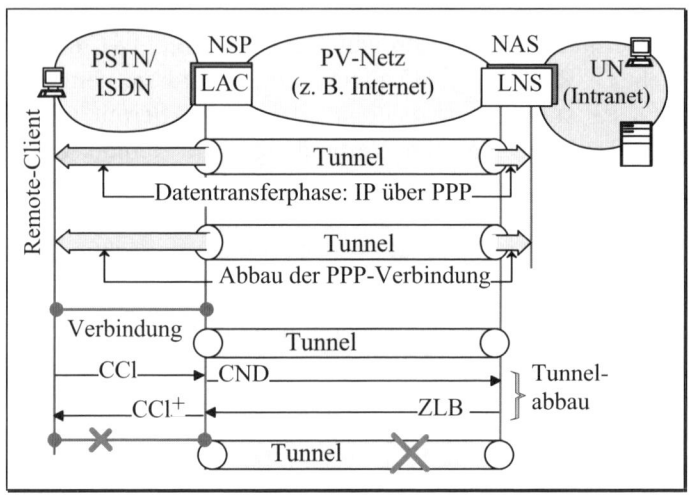

Abbildung 11.2-8:   Beispiel für den L2TP-Verlauf beim Tunnelabbau
CCl: Call-Clear (Verbindungsabbau), CCl': CCl-Bestätigung,
UN: Unternehmensnetz

11.2.1.8 L2TP-Besonderheiten

Das Protokoll L2TP stellt eine interessante Lösung für die Anbindung von PC-basierten Endsystemen insbesondere am ISDN an Unternehmensnetze über öffentliche IP-Netze und andere Netze mit Paketvermittlung (d.h. ATM-, Frame-Relay-, X.25-Netze) dar.

L2TP-Besonderheiten Die wichtigsten L2TP-Besonderheiten sind:

• Zwischen einem Netzdienstanbieter (NSP) und einem NAS eines Unternehmensnetzes können mehrere Tunnel aufgebaut werden. Hierfür dient die Tunnel-ID im L2TP-Header.

- Über einen Tunnel können mehrere PPP-Verbindungen verlaufen.

- Über jede PPP-Verbindung kann parallele Kommunikation nach verschiedenen Protokollen (IP, IPX, ...) stattfinden.

- Bei der Authentisierung (*Wer ist das?*) von Remote-Clients können die beim PPP definierten Protokolle PAP (*Password Authentification Protocol*) bzw. CHAP (*Challenge Handshake Authentification Protocol*) eingesetzt werden.

- Sowohl beim Network Service Provider als auch im Unternehmensnetz kann ein RADIUS-Server (*Remote Authentication Dial-In User Service*) für die Unterstützung der Authentisierung eingesetzt werden.

- Das L2TP verfügt nicht über eigene Sicherheitsmechanismen, aber es ermöglicht, die anderen Sicherheitsmechanismen (beispielsweise vom Protokoll IPsec) zu verwenden.

11.2.2 Tunneling-Protokoll PPTP

Das PPTP ermöglicht es, eine gesicherte, virtuelle Verbindung über ein öffentliches Netz mit dem Internet Protokoll IP, d.h. über ein IP-Netz (z.B. Internet), zu einem Zielnetzwerk aufzubauen. Diese Verbindung läßt sich mit einem Tunnel vergleichen. Das PPTP kann als eine Erweiterung des Protokolls PPP (*Point-to-Point Protocol*) angesehen werden. Nach dem PPTP werden die PPP-Frames in Paketen über ein IP-Netz übermittelt. Da Datenpakete von verschiedenen Protokollen (IP, IPX, ...) in PPP-Frames enthalten sein können, lassen sich somit mit PPTP-Hilfe die Nicht-IP-Daten über ein IP-Netz transportieren.

Das PPTP ermöglicht die Authentisierung von Remote-Benutzern. Damit kann es auch zum Aufbau von Virtual Private Networks (VPNs) bei der Anbindung von Remote-Benutzern verwendet werden. Dabei kann ein Remote-Benutzer eine PPP-Verbindung zu seinem Network Service Provider (NSP) herstellen und dann einen Tunnel vom NSP zum Zielnetzwerk über ein IP-Netz aufbauen lassen. PPTP ist im IETF-Standard RFC 2637 spezifiziert und wird u.a. von Windows 2000 unterstützt. *Benutzer-Authentisierung*

11.2.2.1 Konzept von PPTP

Die Bedeutung von PPTP besteht darin, daß es ermöglicht, über ein IP-Netz einen Tunnel aufzubauen, der als eine quasi virtuelle Standleitung angesehen werden kann. Über einen Tunnel können mehrere PPP-Verbindungen (=> Abschnitt 10.2.2) verlaufen. Den PPP-Einsatz für die Unterstützung des Remote-Zugangs auf ein Unternehmensnetz über ein IP-Netz illustriert Abbildung 11.2-9. Wie hier ersichtlich ist, wird mit PPTP ein Tunnel über ein IP-Netz zwischen zwei funktionellen Komponenten PAC (*PPTP Access Concentrator*) und PNS (*PPTP Network Server*) aufgebaut. Das PPTP realisieren ausschließlich die Funktionsmodule PAC beim NSP und PNS im NAS. Die restlichen Komponenten einer Netzwerk-Umgebung benötigen für den PPTP-Betrieb keine zusätzlichen Erweiterungen.

PAC und PNS Die Komponente PAC repräsentiert ein Software-Modul in einer Zugangskomponente (z.B. in einem Router), der von einem Netzdienstanbieter (*Network Service Provider*, kurz *NSP*) zur Verfügung gestellt wird. Die Komponente PNS stellt ein Software-Modul im Network Access Server (NAS) eines Unternehmensnetzes dar.

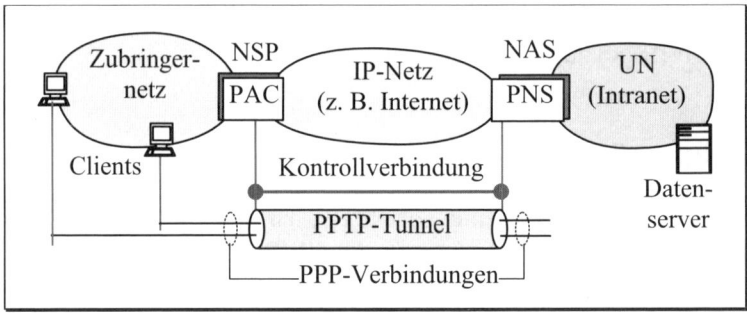

Abbildung 11.2-9:   Konzept von PPTP
                         ISP: Internet Service Provider,
                         NAS: Network Access Server, UN: Unternehmensnetz

Die sog. Clients, als Remote-Rechner, haben den Zugang zum PAC über ein Zubringernetz (z.B. analoges Telefonnetz, ISDN). Sie können mit Hilfe des Protokolls PPP über das Zubringernetz und ein IP-Netz (z.B. Internet) auf ein Unternehmensnetz zugreifen. Natürlich ist die Voraussetzung dafür, daß sie entsprechende Zugangsrechte besitzen.

PPTP-Tunnel Eine PPP-Verbindung, die über das Zubringernetz verläuft, kann auf eine besondere Art mit dem PPTP-Tunnel über das IP-Netz bis zum Unternehmensnetz verlängert werden. Über eine PPP-Verbindung können mehrere Kommunikationsbeziehungen gleichzeitig und sogar nach unterschiedlichen Protokollen verlaufen. Um den Tunnel ansteuern zu können, wird vorher eine virtuelle TCP-Verbindung zwischen PAC und PNS aufgebaut, die als Kontrollverbindung des Tunnels dient. Diese Kontrollverbindung kann mit dem D-Kanal vom ISDN verglichen werden. Der Tunnel entspricht somit dem B-Kanal vom ISDN.

Abbildung 11.2-9 bringt einerseits zum Ausdruck, daß die PPP-Verbindungen von den einzelnen Clients, die innerhalb des Zubringernetzes auf Basis von physikalischen Verbindungen aufgebaut werden, über das IP-Netz in einem PPTP-Tunnel verlaufen. Die PPP-Verbindungen lassen sich mit den Fahrspuren einer Straße vergleichen. Diese Straße verläuft über das IP-Netz im PPTP-Tunnel, so daß die Fahrspuren vom Client am Zubringernetz bis zum Unternehmensnetz führen.

11.2.2.2 Tunneling nach dem PPTP über ein IP-Netz

Das Tunneling ist ein Konzept, nach dem man beliebige Datenpakete über ein Weitverkehrsnetz als reines Transitnetz transportiert. Dieses Konzept wird schon seit langem eingesetzt, um IP-Pakete über Netze zu transportieren, in denen man ein anderes Protokoll verwendet. Das Tunneling-Prinzip über ein IP-Netz (z.B. Internet) bei der Anbindung eines Remote-Clients an ein Unternehmensnetz veranschaulicht Abbildung 11.2-10.

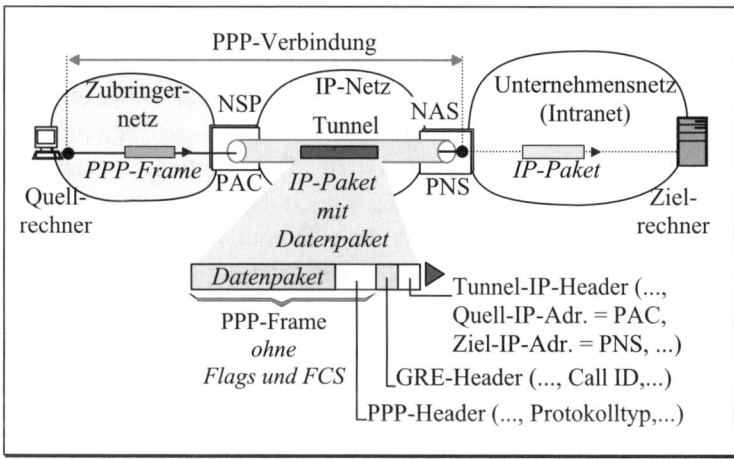

Abbildung 11.2-10:   Tunneling nach dem PPTP

Da die „nackten" Datenpakete verschiedener Protokolle (IP, IPX, ...) keine Synchronisationsbits (wie z.B. Flag = 01111110) enthalten, ist es nicht möglich, sie auf einer Leitung zu entdecken. Für die Übertragung über das Zubringernetz (z.B. analoges Telefonnetz, ISDN) müssen die Datenpakete somit in zusätzliche Frames mit Synchronisationsbits eingebettet werden. Hierfür dienen gerade die HDLC-basierten Frames vom Protokoll PPP (=> Abschnitt 10.2.2).

Generic Wie aus Abbildung 11.2-9 ersichtlich ist, werden dem über das IP-Netz zu
Routing übertragenden PPP-Frame im PAC zwei Header vorangestellt. Es handelt
Encap- sich hierbei um
sulation

- einen zusätzlichen Tunnel-IP-Header einen
- einen GRE-Header (*Generic Routing Encapsulation*).

Der Tunnel-IP-Header bestimmt den Beginn und das Ende des Tunnels sowie den Übertragungsweg über das IP-Netz. Der GRE-Header stellt eine
vereinfachte Version des Headers vom Protokoll GRE dar, das in den IETF-
Standards RFC 1701 und RFC 1702 festgelegt wird.

Abbildung 11.2-10 soll auch hervorheben, daß die Pakete verschiedener
Protokolle (durch die Angabe „Protokolltyp" im PPP-Header) über das IP-
Netz transparent übertragen werden können, d.h. sie werden im IP-Netz
nicht interpretiert. Die Bedeutung des Protokolls PPTP besteht im allgemeinen darin, daß mit PPTP-Hilfe eine transparente Verlängerung einer PPP-
Verbindung über ein IP-Netz bis zum Unternehmensnetz erreicht werden
kann.

Um die Sicherheit der Übertragung über das IP-Netz zu garantieren, können
die „inneren" Datenpakete zwischen PAC und PNS verschlüsselt übertragen
werden. Da der Transport über das IP-Netz auf Basis des vorangestellten
Tunnel-IP-Headers verläuft, können evtl. Eindringlinge unterwegs nicht
mehr die Quell- und Zieladresse des verschlüsselt übertragenen Original-
Datenpakets ablesen, sondern nach dem Tunnel IP-Header lediglich feststellen, daß die Daten zwischen Tunnel-Beginn und -Ende transportiert werden.

Tunnel als Ein Tunnel über ein IP- Netz verhält sich also wie eine bidirektionale Di-
bidirektionale rektverbindung zwischen den Systemkomponenten, die Tunnel-Beginn und
Verbindung -Ende bilden. Somit ist jeder Tunnel als eine virtuelle Standleitung zu interpretieren.

Wird das Protokoll PPTP ebenfalls im Client implementiert, so kann ein
PPTP-Tunnel zwischen dem Client und einem NAS im Unternehmensnetz,
d.h. über das Zubringernetz und über das IP-Netz, aufgebaut werden. Somit
können die beiden Netze als ein einziges heterogenes Transitnetz dienen und
ermöglichen die Kommunikation verschiedener Protokollen (IP, IPX, ...).

11.2.2.3 Struktur des GRE-Headers beim PPTP

Beim PPTP wird eine vereinfachte Version des GRE-Protokolls verwendet.
Die Struktur des GRE-Headers beim PPTP zeigt Abbildung 11.2-11.

0	7	15	31
0 0 1 S 0 0 0 0 A 0 0 0 0 Ver = 1		Protocol Type = x'880B' (PPP)	
Payload Length		Call ID	
Sequence Number (Optional)			
Acknowledge Number (Optional)			

Abbildung 11.2-11:   Struktur des GRE-Headers beim PPTP

Der GRE-Header besteht aus vier 32-Bit-Worten. Die einzelnen Felder im *GRE-Header* Header haben folgende Bedeutung:

- *S: Sequence Number Present* (1 Bit); Falls S = 1, ist *Sequence Number* vorhanden
- *A: Acknowledge Number Present* (1 Bit); Falls A = 1, ist *Acknowledge Number* vorhanden
- *Ver: Version* (3 Bits); Ver = 1
- *Protocol Type, PT* (2 Bytes); PT = x'880B', d.h. ein PPP-Frame wird immer als Nutzlast transportiert
- *Payload Length* (2 Bytes); Länge des Nutzlastteils (d.h. des PPP-Pakets)
- *Call ID* (2 Bytes); Identifikation (ID) der PPP-Verbindung im Tunnel
- *Sequence Number*, Sendefolgenummer (4 Bytes); Falls S = 1, werden hier die gesendeten PPP-Pakete numeriert.
- *Acknowledge Number*, Empfangsfolgenummer (4 Bytes); Falls A = 1, werden hier die empfangenen PPP-Pakete quittiert.

11.2.2.4 Auf- und Abbau einer Kontrollverbindung

Bevor ein Tunnel über das IP-Netz aufgebaut werden kann, muß zuerst eine Kontrollverbindung für die Tunnelkontrolle zwischen PAC und PNS einge- richtet werden (=> Abbildung 11.2-9). Die Kontrollverbindung wird auf Basis einer TCP-Verbindung eingerichtet. Abbildung 11.2-12 illustriert den PPTP-Ablauf beim Auf- und Abbau einer Kontrollverbindung eines Tun- nels.

Für den Aufbau der Kontrollverbindung ist eine TCP-Verbindung über das IP-Netz nötig (=> Abschnitt 4.1). Diese TCP-Verbindung verwendet am Ziel die Ziel-Port-Nummer 1723. Der Aufbau einer Kontrollverbindung kann sowohl vom PAC als auch vom PNS initiiert werden, nachdem die hierfür benötigte TCP-Verbindung bereits besteht.

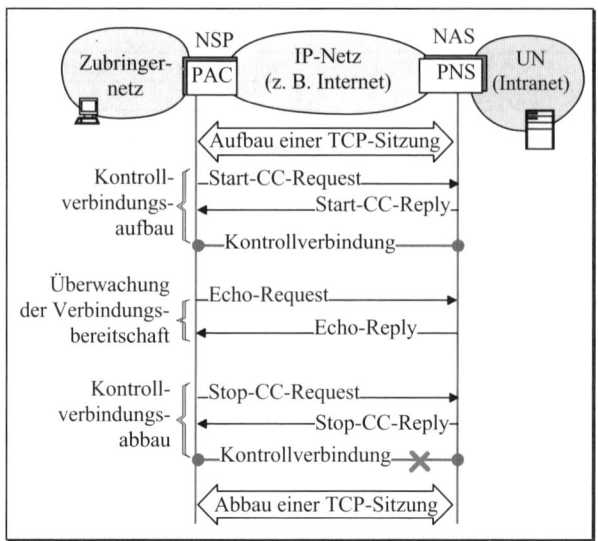

Abbildung 11.2-12:   Auf- und Abbau einer Kontrollverbindung

PPTP- Für den Aufbau einer Kontrollverbindung dienen die PPTP-Nachrichten:
Nachrichten
- *Start-Control-Connection-Request*
  Mit dieser Nachricht wird der Aufbau einer Kontrollverbindung initiiert.
  Diese Nachricht enthält u.a. folgende Angaben:
  - *Bearer Capabilities*: Art des Zugangsnetzes (analog, digital)
  - *Maximum Channels*: Maximale Anzahl von PPP-Verbindungen im Tunnel
  - *Host Name*: DNS-Namen (*Domain Name System*) von PAC bzw. PNS
- *Start-Control-Connection-Reply*
  Mit dieser Nachricht wird die Nachricht *Start-Control-Connection-Request* beantwortet.

Kontroll- Beim Aufbau einer Kontrollverbindung kann es theoretisch zu einer Kollisi-
verbindung on zwischen den gegenseiten PAC- und PNS-Aufbauwünschen kommen. Ein spezieller Mechanismus wurde vorgesehen, um eine solche Kollision zu vermeiden.

Die Überwachung der Kontrollverbindung erfolgt mit Hilfe der Nachrichten:

- *Echo Request* und
- *Echo Reply*.

Die Nachricht *Echo Request* wird von einer Seite (PAC bzw. PNS) wiederholt alle 60 Sekunden immer dann gesendet, wenn keine Nutzdaten ausgetauscht werden. Als Antwort auf die Nachricht Echo Request sendet die Gegenseite *Echo Reply*. Auf diese Art und Weise wird die Bereitschaft von PAC und PNS kontrolliert. Antwortet eine der beiden Seiten auf die Nachricht Echo Request nicht, wird die Kontrollverbindung „geschlossen" und die entsprechende TCP-Verbindung abgebaut.

Echo Request/Reply

Für den Abbau einer Kontrollverbindung dienen die PPTP-Nachrichten:

- *Stop-Control-Connection-Request*
  Mit dieser Nachricht wird der Abbau einer Kontrollverbindung initiiert. Die Ursache des Verbindungsabbaus wird angegeben.

- *Stop-Control-Connection-Reply*
  Mit dieser Nachricht wird die Nachricht Stop-Control-Connection-Request beantwortet.

Der Kontrollverbindungsabbau kann sowohl von PAC als auch von PNS initiiert werden. Bevor eine PPP-Verbindung zwischen einem Remote-Client und dem NAS eines Unternehmensnetzes aufgebaut wird, muß bereits eine Kontrollverbindung für den Tunnelaufbau bestehen.

11.2.2.5 PPTP-Verlauf bei einem ankommenden Anruf

Den PPTP-Verlauf beim Aufbau einer PPP-Verbindung von einem Remote-Client zum NAS verdeutlicht Abbildung 11.2-13.

Für den Aufbau eines Tunnels über ein IP-Netz dienen die PPTP-Nachrichten:

Incoming Call

- Incoming-Call-Request (*IC-Request*)
  Mit dieser Nachricht wird der Aufbau eines Tunnels initiiert.

- Incoming-Call-Reply (*IC-Reply*)
  Diese Nachricht dient als eine Antwort auf Incoming-Call-Request.

- Incoming-Call-Connected (*IC-Connected*)
  Mit dieser Nachricht wird dem PNS signalisiert, daß ein ankommender Anruf vom PAC angenommen wurde.

Will ein Client auf einen Server in einem Unternehmensnetz über ein IP-Netz zugreifen, baut er zuerst eine Verbindung über das Zubringernetz zu seinem NSP auf. Empfängt der PAC vom Zubringernetz einen ankommenden Anruf IC (*Incoming Call*), wird der Aufbau eines Tunnels von PAC initiiert. Dem ankommenden Anruf ordnet der PAC eine Call ID und eine

Nummer *(Call Serial Number)* zu. Zusätzlich ermittelt er den Typ der Anforderung *(Bearer Type)*:

- Ankommender Anruf aus einem analogen Telefonnetz bzw.

- Ankommender Anruf aus dem ISDN.

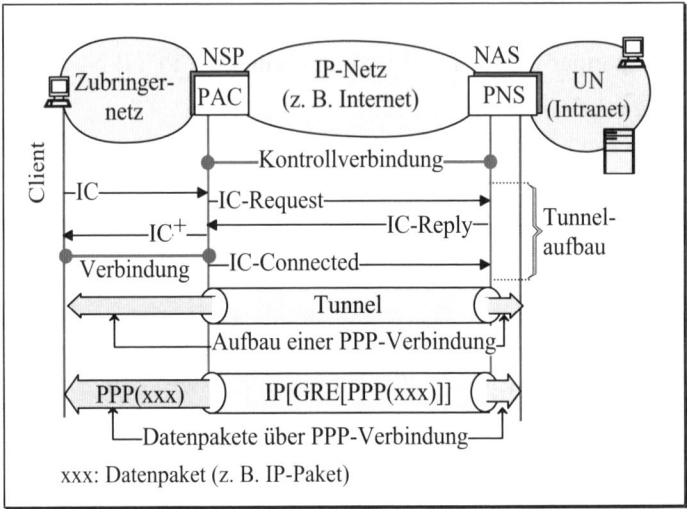

Abbildung 11.2-13:   PPTP-Verlauf bei ankommendem Anruf zum NAS
CC: Call-Connection, IC: Incoming-Call (Ankommender Anruf),
IC⁺: Annahme des Anrufes, NSP: Internet Service Provider,
NAS: Network Access Server, UN: Unternehmensnetz

IC-Request Danach sendet der PAC eine Nachricht *IC-Request* an den PNS, die u.a.
an PNS enthält: *Call ID*, *Call Serial Number*, *Bearer Type* sowie *Rufnummer* des
Anrufers und des Angerufenen.

Die Nachricht IC-Request wird vom PNS mit der Nachricht IC-Reply beantwortet. Die Annahme des ankommenden Anrufes beim PAC erfolgt erst
nach der Antwort vom PNS. Beim PNS wird nun geprüft, ob diese Verbin-
dungsanforderung akzeptiert werden soll, d.h. ob die Rufnummer des Anrufers berechtigt ist, eine Verbindung zum NAS aufzubauen oder nicht. Dies
wird dem PAC durch einen entsprechenden Wert des Parameters Result
Code in der Nachricht IC-Reply mitgeteilt. Akzeptiert der PNS die ankommende Verbindung, ordnet er dieser auch eine Identifikation *(Peer´s Call
ID)* zu.

IC-Reply Die Nachricht IC-Reply von PNS enthält u.a. *Call ID* aus der *Nachricht IC-
Request*, *Peer´s Call ID* und *Packet Recv. Windows Size* (Fenstergröße). Mit
der Fenstergröße wird dem PAC mitgeteilt, wie viele Datenpakete er auf

dieser Verbindung zukünftig an den PNS senden darf, ohne auf eine Bestätigung von ihm warten zu müssen.

Ist die Nachricht IC-Reply beim PAC angekommen, in der der PNS die
ankommende Verbindung akzeptiert, wird der ankommende Ruf erst jetzt
vom PAC angenommen (IC). Daraufhin sendet der PAC eine Nachricht IC-
Connected an den PNS, so daß ihm mitgeteilt wird, daß der ankommende
Ruf vom PAC angenommen wurde.

Hat der PNS die Nachricht *IC-Connected* empfangen, können die PPP-   *IC-Connected*
Frames mit dem GRE-Header in IP-Paketen zwischen PAC und PNS transportiert werden. Dies könnte man so interpretieren, als ob ein Tunnel zwischen PAC und PNS aufgebaut wäre.

Im nächsten Schritt erfolgt der Aufbau einer PPP-Verbindung zwischen dem   *Datenaus-*
Remote-Client und dem NAS. Die hierfür notwendige PPP-Steuerung ver-   *tausch*
läuft bereits über den Tunnel. Nach dem Aufbau der PPP-Verbindung kann
ein *Datenaustausch* zwischen dem Client am Zubringernetz und dem NAC
stattfinden. Die Datenpakete zwischen dem Client und dem PAC werden
über das Zubringernetz in PPP-Frames transportiert. Für die Übertragung
über das IP-Netz werden die PPP-Frames (ohne Prüfsumme FCS und ohne
Flags; => Abschnitt 10.2.2) um den GRE-Header ergänzt und in IP-Paketen
übermittelt.

11.2.2.6 PPTP-Verlauf bei einem abgehenden Anruf

Der Aufbau des Tunnels vom PNS zum PAC nennt man „abgehender Ruf"
(*Outgoing Call*). Dabei weist der PNS den PAC an, eine Verbindung über
das Zubringernetz zu einem Remote-Client aufzubauen. Für den Aufbau
eines Tunnels über ein IP-Netz dienen die PPTP-Nachrichten:

- Outgoing-Call-Request (*OC-Request*)
  Mit dieser Nachricht wird der Aufbau eines Tunnels vom PNS initiiert.

- Outgoing-Call-Reply (*OC-Reply*)
  Diese Nachricht dient als eine Antwort auf die *OC-Request*.

Soll die Verbindung von der PNS-Seite aufgebaut werden, ordnet der PNS   *OC-Request*
dem abgehenden Anruf eine Call ID und eine Nummer (*Call Serial Number)*
zu und sendet an den PAC über die Kontrollverbindung eine Nachricht OC-
Request. Die Nachricht *OC-Request* enthält u.a.: *Call ID, Call Serial Num-*
ber, *Rufnummer* des Angerufenen, *zulässige Bitrate* im Zubringernetz. Die
Fenstergröße hat hier die gleiche Bedeutung wie in der Nachricht IC-Reply
(=> Abbildung 11.2-13).

Ist die Nachricht OC-Request beim PAC angekommen, initiiert er eine abgehende Verbindung über das Zubringernetz zum Remote-Client. Falls diese Verbindung vom Client angenommen wurde, sendet der PAC die Nachricht OC-Reply an den PNS, um ihm mitzuteilen, daß die gewünschte Verbindung zum Remote-Client hergestellt werden konnte.

OC-Reply Hat der PNS die Nachricht *OC-Reply* empfangen, können die PPP-Frames mit dem GRE-Header in IP-Paketen zwischen PAC und PNS transportiert werden. Dies könnte man so interpretieren, als ob ein Tunnel zwischen PAC und PNS aufgebaut wäre. Im nächsten Schritt erfolgt der Aufbau einer PPP-Verbindung zwischen dem Remote-Client und dem NAS. Die hierfür notwendige PPP-Steuerung verläuft bereits über den Tunnel. Nach dem Aufbau der PPP-Verbindung kann ein Datenaustausch zwischen dem Client am Zubringernetz und dem NAS stattfinden.

11.2.2.7 PPTP-Verlauf beim Tunnelabbau

Der Abbau eines Tunnels kann sowohl von PAC als auch von PNS initiiert werden. Abbildung 11.2-14 zeigt den PPTP-Verlauf beim Tunnelabbau, falls der Client den Abbau initiiert.

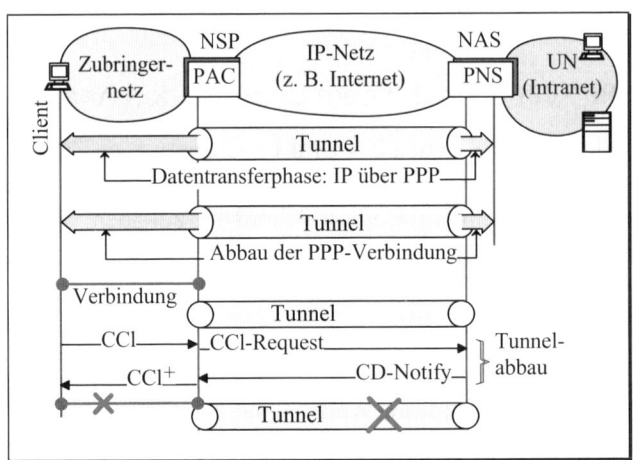

Abbildung 11.2-14:   PPTP-Verlauf beim Tunnelabbau
CCl: Call-Clear (Verbindungsabbau), CCl⁺: Bestätigung des Verbindungsabbaus, CD: Call-Disconnect, UN: Unternehmensnetz

Call Clear Bevor man mit dem Tunnelabbau beginnt, wird zuerst die PPP-Verbindung zwischen Client und NAS abgebaut. Danach initiiert der Client den Abbau der Verbindung über das Zubringernetz. Nach dem Empfangen der Anforderung CCl (*Call-Clear*) beim PAC, sendet er eine Nachricht *Call-Clear Re-*

*quest (CCI-Reques*t) an den PNS, um ihm dies mitzuteilen. Der PNS antwortet darauf mit der Nachricht *Call Disconnected Notify* (*CD-Notify*).

Hat der PAC die Nachricht CD-Notify empfangen, befinden sich PAC und PNS im Zustand „inaktiv". Dies könnte man so interpretieren, als ob der Tunnel zwischen ihnen abgebaut wäre. Hat der PAC dem Client den Verbindungsabbau bestätigt, wird damit auch die Verbindung über das Zubringernetz abgebaut.

11.2.2.8 Datenflußkontrolle zwischen PAC und PNS

Das Protokoll PPTP läßt zu, daß der Datenfluß zwischen PAC und PNS nach dem Sliding-Window-Prinzip kontrolliert werden kann. Hierfür dienen die Angaben:

- *Sequence-Number* (Sendefolgenummer),
- *Acknowledgment-Number* (Quittungsfolgenummer) im GRE-Header (=> Abbildung 11.2-11), die optional sind.

Ein wichtiges Merkmal der Datenflußkontrolle zwischen PAC und PNS nach dem Sliding-Window-Prinzip besteht darin, daß mehrere PPP-Frames gleichzeitig quittiert werden können. Mit der Sendefolgenummer numeriert der PAC die an PAC gesendeten PPP-Frames. Der PNS teilt dem PAC durch die Quittungsfolgenummer mit, welche Sendefolgenummer vom PAC als nächste bei ihm erwartet wird.

11.3 Protokoll IPsec und Layer-3-Tunneling

Das IPsec beschreibt, wie die zu übertragende Pakete des Internet-Protokolls (IP) erweitert werden sollen, um sie vor der Verfälschung und vor dem „Abhören" während der Übertragung zu schützen. Hierfür werden zwei Header verwendet: *IP Authentication Header* (AH) und *IP Encapsulating Security Payload* (ESP). Beim IPsec unterscheidet man zwei Betriebsarten *Tunnel-Mode* und *Transport-Mode*. Mit dem IPsec können parallele Tunnel (als quasi virtuelle Standleitungen) über ein IP-Netz zwischen zwei Standorten eines Unternehmens aufgebaut werden. Das IPsec stellt die Basis für den Ausbau von VPNs dar und wird u.a. von den Betriebssystemen Windows 2000 und Linux unterstützt.

Mit dem IPsec ist es möglich, sowohl die Vortäuschung einer falschen Identität (z.B. des Paßworts) als auch eine gezielte Verfälschung von übertragenen Daten durch einen Angreifer zu entdecken. Um die Vertraulichkeit während der Übertragung zu erreichen, können die Daten verschlüsselt übertragen werden. Die Sicherheitsverfahren beim IPsec müssen bei einer Duplex-Verbindung nicht unbedingt in beiden Richtungen identisch sein.

11.3.1 Ziele von IPsec

Ohne entsprechende Sicherheitsmaßnahmen sind die über ein öffentliches IP-Netz (z.B. Internet) übertragenen Daten gefährdet. Dabei kann es sich um einen passiven Angriff, beispielsweise um eine Überwachung der Übertragung, oder um einen aktiven Angriff handeln. Bei einem aktiven Angriff werden die übertragenen IP-Pakete absichtlich verändert oder zerstört. Das IPsec enthält bestimmte Schutzfunktionen, die es ermöglichen, die IP-Pakete vertraulich zu übertragen und unerwünschte „Angriffe" auf die übertragenen IP-Pakete zu unterbinden. Das IPSec bietet folgende Funktionen, um eine sichere Kommunikation zu gewährleisten:

- *Vertraulichkeit (Confidentiality)*
  Mit dem IPsec kann die Vertraulichkeit während der Übertragung so erreicht werden, daß die Daten unterwegs durch einen Unbefugten nicht interpretiert (abgelesen) werden können. Dies ist möglich durch die Verschlüsselung der Daten vor deren Übertragung. Die Daten können nur am Ziel nach der Entschlüsselung mit einem geheimen Schlüssel gelesen werden.

- *Authentisierung der Datenquelle (Authentity)*
  Oft wird die Identität des Absenders bei der IP-Kommunikation anhand der Quell-IP-Adresse geprüft. In bestimmten Fällen kann eine Quell-IP-Adresse durch einen Unbefugten unterwegs vorgetäuscht werden. Bei dieser Art von Fälschung spricht man von *Identitäts-Spoofing*. Ein Unbefugter kann mit Hilfe von speziellen Programmen IP-Pakete erzeugen, in denen eine gültige Quell-IP-Adresse vorgetäuscht wird. Nachdem sich ein Unbefugter mit einer gültigen IP-Adresse den Zugang zum Netzwerk verschaffen konnte, kann er die Daten abrufen, ändern, umleiten etc. Mit dem IPsec ist es möglich, festzustellen, ob die Daten aus der gültigen Quelle stammen (*Authentisierung),* so daß die Datenauthentizität sichergestellt werden kann.

- *Datenintegrität (Integrity)*
  Nachdem ein Datenpaket während der Übertragung von einem Unbefugten gelesen wurde, kann er es in einer veränderten Form an den Zielrechner weiterleiten. Damit können die Datenpakete ohne Wissen des Absenders und des Empfängers unterwegs gezielt verändert werden. Mit dem IPsec können die Daten vor unberechtigten Änderungen während der Übertragung geschützt werden. Dadurch wird sichergestellt, daß die

empfangenen Daten exakt mit den gesendeten Daten übereinstimmen. Hierfür wird jedem zu übertragenden IP-Paket eine kryptografische Prüfsumme (*Signatur*) hinzugefügt. Diese Prüfsumme wird nach einer *HMAC-(Hash based Message Authentication Code)*-Operation aus dem IP-Paket beim Einsatz eines gemeinsamen, geheimen Schlüssels errechnet (=> Abschnitt 11.3.7). Nur der Absender und der Empfänger verfügen über den geheimen Schlüssel zur Berechnung dieser Prüfsumme. Auf diese Art und Weise kann jedes zu übertragende IP-Paket signiert werden.

- *Anti-Reply-Schutz (Reply-Verhinderung)*
  Die von einem Unbefugten unterwegs gelesenen IP-Pakete können unterschiedlich mißbraucht werden. Sie können beispielsweise verwendet werden, um eine neue Sitzung einzurichten, und illegal auf die Daten im Zielrechner zuzugreifen. Mit dem Anti-Reply-Schutz beim IPsec wird verhindert, daß man mit Hilfe von aus dem IP-Paket unterwegs illegal abgelesenen Daten auf die Daten im Zielrechner zugreifen kann. Um den Anti-Reply-Schutz zu realisieren, werden die gesendeten IP-Pakete durch eine Seriennummer und ein bewegliches Fenster geschützt.

11.3.2 Erweiterung der IP-Pakete mit IPsec-Angaben

Die grundlegende Idee von IPsec besteht darin, jedes einzelne IP-Paket vor Verfälschung unterwegs zu schützen (*Authentizität und Integrität*) und auch verschlüsselt zu übertragen (*Vertraulichkeit*). Um dies zu erreichen, werden die zu übertragenden IP-Pakete entsprechend um zusätzliche Angaben nach dem IPsec erweitert. Diese Erweiterung ist davon abhängig, wie das IPsec zum Schützen der IP-Pakete eingesetzt wird. Dies wird durch die Art und Weise der IPsec-Einsatzes (d.h. durch eine *IPsec-Betriebsart*) festgelegt. Man unterscheidet folgende zwei IPsec-Betriebsarten:

- den *Transport-Mode* und
- den *Tunnel-Mode*.

Die Prinzipien der Erweiterung der zu übertragenden IP-Pakete mit den IPsec-Angaben illustriert Abbildung 11.3-1.

Durch den IPsec-Einsatz im Transport-Mode werden die einzelnen Rechner-Rechner-Verbindungen geschützt (=> Abbildung 11.3-13). Um die sicheren Verbindungen für die ganzen Netze zu schaffen, z.B. bei der Verbindung von zwei Unternehmensstandorten über ein IP-Netz, wird das IPsec im Tunnel-Mode eingesetzt (=> Abbildung 11.3-12). Auf die weiteren Besonderheiten von diesen beiden Betriebsarten wird im weiteren näher eingegangen.

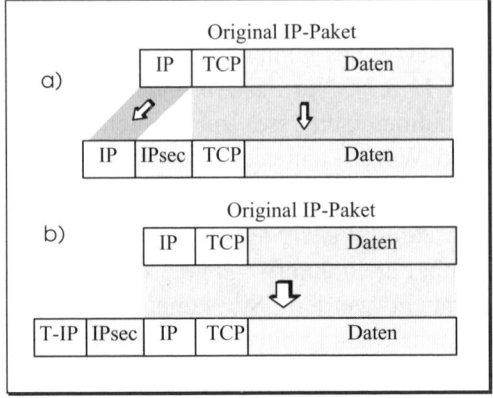

Abbildung 11.3-1:   Erweiterung der IP-Pakete mit den IPsec-Angaben:
a) im Transport-Mode
b) im Tunnel-Mode
IP-T: IP-Tunnel-Header

IPsec-Header   Der IPsec-Header wird gebildet aus den folgenden beiden Headern:

*   *IP Authentication Header* (*AH*) und
*   *IP Encapsulating Security Payload* (*ESP*).

Die Header AH und ESP werden entsprechend in den RFCs 2402 und 2406 festgelegt. Bei der Bildung des IPsec-Headers kommen folgende Möglichkeiten in Frage:

*   *IPsec-Header = AH:*
    Den IPsec-Header bildet nur der AH.
*   *IPsec-Header = ESP:*
    Den IPsec-Header bildet nur der ESP.
*   *IPsec-Header = [AH, EPS]:*
    Der IPsec-Header setzt sich aus dem AH und dem ESP in dieser Reihenfolge zusammen.

In welchen Situationen man diese einzelnen Kombinationen des IPsec-Headers verwendet, wird im weiteren näher erklärt.

11.3.3 Konzept von IPsec

Das IPsec kann sowohl bei der Übertragung von Daten nach dem Protokoll IPv4 als auch nach dem Protokoll IPv6 eingesetzt werden. Im folgenden wird vor allem auf den IPsec-Einsatz beim Protokoll IPv4 eingegangen.

Bevor die IP-Pakete beim IPsec-Einsatz zwischen zwei Rechnern ausge- *Security* tauscht werden können, muß eine Vereinbarung zwischen ihnen getroffen *Association* werden. Diese Vereinbarung wird als *Security Association* (SA) bezeichnet und legt fest, wie die IP-Pakete für die Übertragung geschützt werden sollen. Eine SA stellt eine Art des Vertrags dar, der zwischen den beiden Rechnern in bezug auf die eingesetzten Sicherheitsmaßnahmen für die Übertragung der IP-Pakete ausgehandelt wurde. Eine SA bezieht sich auf die Übertragung der IP-Pakete nur in eine Richtung (d.h. auf eine unidirektionale Verbindung) und kann als eine Sicherheitszuordnung für diese Verbindung angesehen werden. Werden die Daten in beide Richtungen zwischen den kommunizierenden Rechnern gesendet (Duplex-Verbindung), wird eine SA für jede Richtung vereinbart.

Eine SA ist auf einen Empfänger bezogen und stellt folgende Gruppe dar:

[Destination-IP-Address, SPI (*Security Parameter Index*), Protocol].

Hierbei bezeichnet man mit „Protocol" die Art der Erweiterung des IP-Pakets mit einem zusätzlichen sog. IPsec-Header, um die übertragenen IP-Pakete zu schützen (=> Abbildung 11.3-2):

Protocol =   IP Authentication Header (AH)
              oder IP Encapsulating Security Payload
              oder [AH, ESP].

Im IPsec-Header des IP-Pakets (=> Abbildung 11.3-1) werden z.B. keine *Security* direkten Angaben gemacht, nach welchem Verschlüsselungsverfahren und *Policy Data-* mit welchem Schlüssel gerade das betreffende IP-Paket verschlüsselt wird. *base* Diese Angaben werden jedoch in jedem der beiden kommunizierenden Rechner in einer sog. *Security Policy Database* (SPD) abgespeichert. Die SPD spiegelt in einer abstrakter Form die Sicherheitsmaßnahmen eines Rechners wider. Der Parameter SPI verweist in jedem geschützten IP-Paket auf die „Stelle" in der SPD, wo die entsprechenden Informationen über die Sicherheitsparameter, wie z.B. Verschlüsselungsverfahren, Schlüssel, abgespeichert worden sind, die für das entsprechende IP-Paket eingesetzt werden müssen. Der Parameter SPI muß somit in jedem übertragenen und geschützten IP-Paket enthalten sein.

Bevor die IP-Pakete zwischen den kommunizierenden Rechnern beim *SA-* IPsec-Einsatz ausgetauscht werden können, müssen die entsprechenden SAs *Bedeutung* vereinbart werden. Abbildung 11.3-2 illustriert den Prozeß bei der SA-Aushandlung. Jeder der beiden Rechner verfügt über eine SPD, in der vorgegeben wird, welche Sicherheits-Policies (d.h. welche Authentisierungs-, Verschlüsselungsverfahren, welche Schlüssel) eingesetzt werden können. Jeder Eintrag in der SPD definiert die Art des Datenverkehrs (z.B. nach der Quell- bzw. Ziel-IP-Adresse, nach der Anwendung etc.), der geschützt werden soll, wie er zu schützen ist und zu welchem Ziel dieser Schutz erfolgen muß. Der Netzwerkadministrator, der für die Sicherheit zuständig ist, kann die SPD konfigurieren.

Im dargestellten Beispiel wurde angenommen, daß der Rechner A eine sichere Kommunikation zum Rechner B initiiert. Hierbei kann es sich um eine nach dem IPsec geschützte TCP-Verbindung handeln. Da jede TCP-Verbindung sich aus zwei unidirektionalen und gegengerichteten virtuellen Verbindungen zusammensetzt, muß für jede Übertragungsrichtung eventuell eine SA ausgehandelt werden.

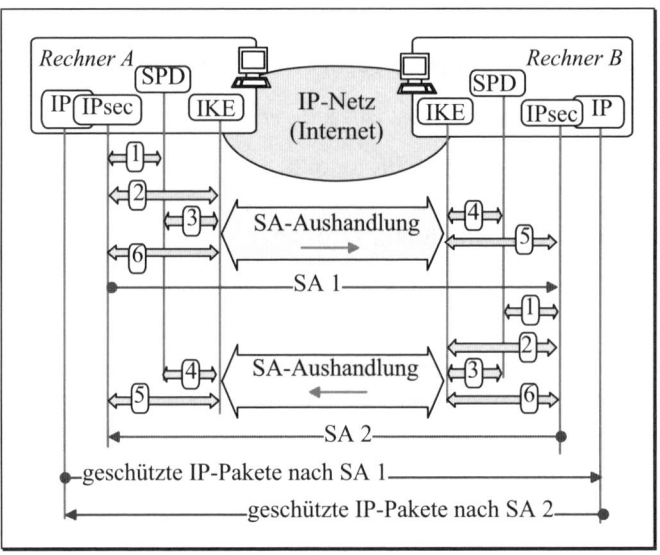

Abbildung 11.3-2:   SA-Aushandlung vor der Übertragung der IP-Pakete
IKE: Internet Key Exchange, SA: Security Association,
SPD: Security Policy Database

Internet Key Das IPsec-Modul in Rechner A ermittelt somit anhand der sog. *Filterlisten*,
Echange die in der SPD abgespeichert sind, ob die zu übertragenden IP-Pakete überhaupt gesichert werden müssen (1). Ist dies der Fall, teilt er dem Modul *IKE* (*Internet Key Exchange*) mit, die Aushandlung von Sicherheitsparametern mit dem Zielrechner B zu initialisieren (2). Den IKE-Dienst, nach dem die

Aushandlung der Sicherheitsrichtlinien zwischen den kommunizierenden Rechnern erfolgt, ist im IETF-Standard RFC 2409 spezifiziert.

Das IKE-Modul in Rechner *A* fragt in der SPD die verfügbaren Sicherheits-Policies ab (3) und übergibt eine entsprechende Anforderung an das IKE-Modul in Rechner *B*. Nach dem Eintreffen der Anforderung eine SA einzurichten, überprüft in Rechner *B* das Modul IKE seine SPD, und stellt fest, welche Sicherheits-Policy Rechner *A* angeboten werden kann (4). Daraufhin wird zwischen beiden Rechnern eine Sicherheits-Policy (z.B. Verschlüsselungsart, gemeinsamer Schlüssel, Hashfunktion) ausgehandelt. Dies wird den IPsec-Modulen in den beiden Rechnern *A* und *B* mitgeteilt (5), (6). Auf diese Weise wurde die erste SA in die Richtung von Rechner *A* zu Rechner *B* ausgehandelt.

Da die IP-Kommunikation in beide Richtungen stattfindet, ist eine zweite SA in Richtung von Rechner *B* zu Rechner *A* ebenfalls nötig. Wie Abbildung 11.3-2 illustriert, wird sie nach den gleichen Prinzipien ausgehandelt.

> **Bemerkung:** Findet zwischen den beiden Rechnern *A* und *B* bereits eine nach dem IPsec gesicherte Kommunikation statt, so besteht in der Regel bereits eine TCP-Verbindung mit dem IPsec-Einsatz. In dieser können einige Sicherheits-Policies bzw. -Parameter für eine neue TCP-Verbindung direkt übernommen werden, so daß der Prozeß der SA-Aushandlung vereinfacht werden kann.

11.3.4 IP Authentication Header (AH)

Mit dem AH können folgende Sicherheitsdienste realisiert werden:

- *Authentisierung der Datenquelle*
  Um feststellen zu können, ob die Daten vom wahren (gültigen) Quellrechner stammen.

- *Datenintegrität*
  Um eine gezielte Verfälschung von Daten unterwegs zu erkennen.

- *Anti-Reply-Schutz*
  Um zu verhindern, daß man mit Hilfe von aus dem IP-Paket unterwegs illegal abgelesenen Daten auf die Daten im Zielrechner zugreifen kann.

Die Vertraulichkeit wird mit dem AH jedoch nicht unterstützt, d.h. die Daten werden unverschlüsselt übertragen und können somit unterwegs im IP-Netz interpretiert werden.

Da der AH als ganz normales Protokoll anzusehen ist, wurde ihm der Wert 51 zugewiesen. Die Struktur des zusätzlichen Headers AH zeigt Abbildung 11.3-3.

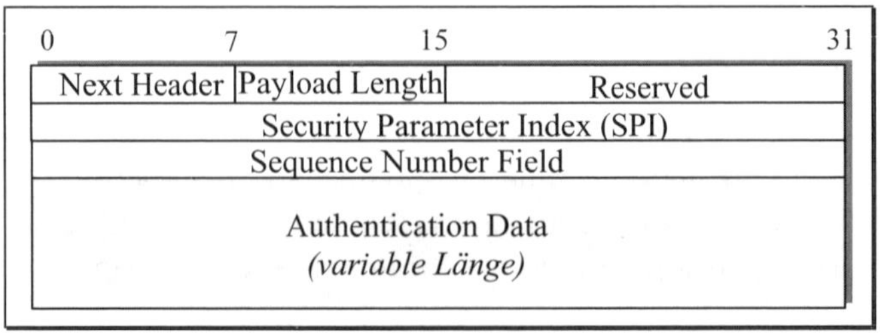

```
0          7          15                           31
| Next Header | Payload Length |        Reserved        |
|          Security Parameter Index (SPI)              |
|             Sequence Number Field                    |
|                                                      |
|              Authentication Data                     |
|                (variable Länge)                      |
```

Abbildung 11.3-3:   Struktur des Headers AH
                         AH: Authentication Header

Die einzelnen Felder im AH haben folgende Bedeutung:

- *Next Header*
  In diesem 8-Bit-Feld wird der nächste Header (wie z.B. TCP, UDP, ICMP) angegeben, der nach dem AH im IP-Paket folgt. Dieses Feld enthält die gleiche Protokollnummer, die im „normalen" IP-Header eingetragen wird, um darauf zu verweisen, zu welchem Protokoll (TCP, UDP, ICMP etc.) die im IP-Paket enthaltenen Daten übergeben werden müssen.

- *Payload Length*
  Dieses 8-Bit-Feld gibt die Länge des Headers AH minus 2 in 32-Bit-Worten an.

- *Security Parameters Index* (*SPI*)
  In diesem 32-Bit-Feld wird der Parameter SPI eingetragen. Er verweist auf die „Stelle" in der Datenbank SPD beim Zielrechner, wo die entsprechenden Informationen über die Sicherheitsparameter – wie z.B. Verschlüsselungs- und Authentisierungsverfahren, Schlüssel – abgespeichert worden sind, die für das entsprechende IP-Paket eingesetzt werden müssen. Der Parameter SPI kann als eine Identifikationsart der SA angesehen werden.

- *Sequence Number* (Sequenznummer)
  In diesem 32-Bit-Feld wird eine Sequenznummer eingetragen, die sich in einer Folge von IP-Paketen nicht wiederholen darf. Mit dieser Sequenznummer wird der Anti-Reply-Schutz für die betreffende SA realisiert. Die Sequenznummer gilt quasi als die Nummer des IP-Pakets. Der Empfänger überprüft dieses Feld, um feststellen zu können, ob bereits ein Paket für eine SA mit dieser Nummer empfangen wurde. Ist das der Fall, wird das betreffende Paket verworfen. Auf diese Art und Weise kann sich ein Rechner vor einem „Angreifer" schützen, der die bestimmten IP-Pakete wiederholt zu senden versucht.

- *Authentication Data* (Datenauthentizitätsfeld)

  In diesem Feld variabler Länge wird die Prüfsumme ICV (*Integrity Check Value*) übertragen. Diese Angabe stellt eine mit Hilfe einer HMAC-Operation und mit einem geheimen Schlüssel berechnete Prüfsumme dar (=> Abschnitt 11.3.7). Diese kryptografische Prüfsumme wird über die Daten und einige Header-Teile des übertragenen Original-IP-Pakets gebildet, um eine mögliche Verfälschung des IP-Pakets zu entdecken. Diese Angabe ermöglicht, die Sicherheitsdienste wie Authentisierung der Quelle und Datenintegrität zu realisieren.

Abbildung 11.3-4 zeigt, wie die IP-Pakete um den Header AH im Transport-Mode erweitert werden können.

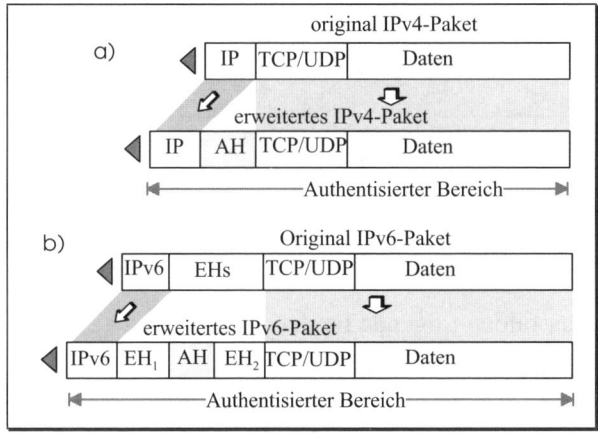

Abbildung 11.3-4:   AH im Transport-Mode in:
a) IPv4-Paketen
b) IPv6-Paketen
EH: Extension Header

Der AH kann eigenständig oder zusammen mit dem Header ESP verwendet werden. Beim Protokoll IPv6 müssen die Extension Headers wie Hop-by-Hop, Routing und Fragment direkt nach dem IPv6-Header, d.h. vor dem AH, folgen.

11.3.5 Encapsulating Security Payload (ESP)

Unter ESP ist eigentlich ein Frame zu verstehen, der sich aus einem Header und einem Trailer zusammensetzt. Mit ESP können die folgenden Sicherheitsdienste realisiert werden:

- *Vertraulichkeit*,
- *Datenauthentisierung*,
- *Datenintegrität* und
- *Anti-Reply-Schutz*.

Im Gegensatz zum AH-Einsatz wird mit ESP die Vertraulichkeit gewährleistet. ESP kann eigenständig oder kombiniert mit AH eingesetzt werden. Die Struktur des ESP-Frames zeigt Abbildung 11.3-5.

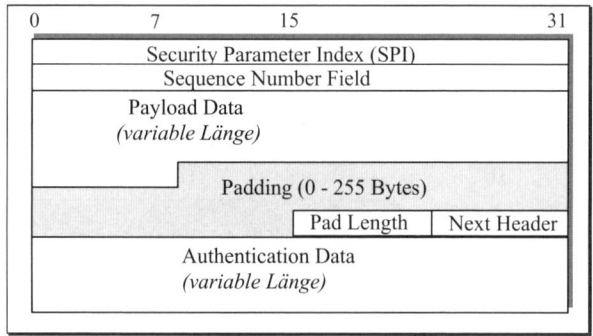

Abbildung 11.3-5:   Struktur des ESP-Frames

ESP-Header   Den ESP-Header bilden folgende Felder:

- *Security Parameters Index* (SPI)
  Dieses 32-Bit-Feld hat die gleiche Bedeutung wie das entsprechende Feld SPI im AH (=> Abbildung 11.3-3).
- *Sequence Number* (Sequenznummer)
  In dieses 32-Bit-Feld wird eine Sequenznummer eingetragen. Sie hat die gleiche Bedeutung wie die Sequenznummer beim AH.
- Das Feld *Payload Data* beinhaltet
  - im *Transport-Mode* den Inhalt des eingebetteten IP-Pakets (d.h. das Paket ohne IP-Header, => Abbildung 11.3-3),
  - im *Tunnel-Mode* das ganze IP-Paket einschließlich seines IP-Headers.

ESP-Trailer   Den ESP-Trailer bilden folgende Felder:

- *Padding* (Füllzeichen)
  In diesem Feld sind die Füllzeichen (Fülldaten) enthalten. Da einige Verschlüsselungs- und Authentisierungsverfahren die Daten blockweise „bearbeiten", muß eine Vielzahl der Datenblöcke mit konstanter Länge aus den Daten entstehen. Ist dies nicht der Fall, müssen die zu übertra-

genden Daten um einige Füllzeichen ergänzt werden, so daß eine Vielzahl an Datenblöcken entsteht.

- *Pad Length* (Länge des Padding-Feldes)
  In diesem 8-Bit-Feld wird die Länge der Fülldaten angegeben. Damit
  wird dem Empfänger mitgeteilt, wie viel von Fülldaten zu den Nutztda-
  ten hinzugefügt wurde, so daß er die Länge der tatsächlichen Nutzdaten
  herausfinden kann. Diese Angabe wird somit beim Empfänger zum Verwerfen des Padding-Feldes verwendet.

- *Next Header*
  In diesem 8-Bit-Feld wird der nächste Header (z.B. TCP, UDP, ICMP)
  angegeben, der nach dem ESP-Header im IP-Paket folgt. Dieses Feld hat
  die gleiche Bedeutung wie das entsprechende Feld beim AH.

- *Authentication Data* (Datenauthentizitätsfeld)
  In diesem Feld variabler Länge wird die Prüfsumme ICV (*Integrity
  Check Value*) übertragen (=> Abbildung 13.3-3). Diesem Feld kommt
  ähnliche Bedeutung wie dem entsprechenden Feld beim AH zu.

Abbildung 11.3-6 zeigt, wie die IP-Pakete um den ESP-Header und -Trailer
im Transport-Mode erweitert werden.

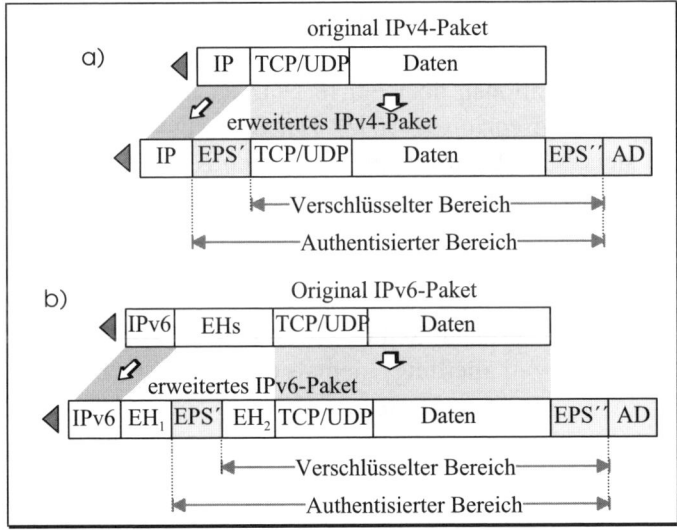

Abbildung 11.3-6:   ESP-Angaben beim Transport-Mode in:
a) IPv4-Paketen
b) IPv6-Paketen
EPS´: EPS-Header (SPI, Sequence Number) EPS´´: EPS-Trailer
(Padding, Pad Length, Next Header), AD: Authentication Data

11.3.6 Datenverschlüsselung beim IPsec

Der ESP kann auch zum Verschlüsseln der im IP-Paket übertragenen Daten verwendet werden. Hierfür werden folgende symmetrische Verschlüsselungsverfahren eingesetzt:

- *Data Encryption Standard* (*DES*)
- *Triple-DES* (*3DES*)
- *International Data Encryption Algorithm* (*IDEA*)

Um eine sichere Kommunikation zu ermöglichen, müssen zwei der kommunizierenden Rechner die gleichen Verschlüsselungs/Entschlüsselungsmethoden einsetzen sowie natürlich auf den gleichen gemeinsamen Schlüssel zugreifen können, allerdings ohne daß der (geheime) Schlüssel über ein Netz gesendet wird, so daß die Sicherheit ernsthaft gefährdet wäre.

Schlüssel Bei einem Schlüssel handelt es sich um den geheimen Code, der zum Verschlüsseln (=> Datensicherung) und zum Entschlüsseln von gesicherten Daten erforderlich ist. Die Erzeugung eines gemeinsamen und geheimen Schlüssels erfolgt nach dem IPsec automatisch.

Internet Key Exchange Die Richtlinien zum IPsec-Einsatz legen fest, wie oft ein neuer Schlüssel während der Kommunikation erstellt wird. Die Generierung erfolgt nach dem Verfahren, das man als dynamische Schlüsselneuerzeugung IKE (*Internet Key Exchange,* => RFC 2409) bezeichnet.

Diffie-Hellman-Algorithmus Um Schlüsselinformationen über ein IP-Netz zu tauschen, verwendet man den *Diffie-Hellman-Algorithmus* (*DH*). Der DH-Algorithmus gehört zu den ältesten und sichersten Algorithmen, die für den Austausch der Schlüsselinformation verwendet werden. Die beiden kommunizierenden Rechner tauschen öffentlich nur die Schlüsselinformation aus. Keiner der beiden Rechner sendet den tatsächlichen Schlüssel. Nachdem die beiden Rechner bereits die Schlüsselinformation ausgetauscht haben, kann jeder der beiden Rechner den identischen gemeinsamen Schlüssel für sich selbst generieren. Der tatsächliche Schlüssel wird allerdings niemals über das Netz ausgetauscht.

11.3.7 Datenquelle-Authentisierung und Datenintegrität

Die Authentisierung der Datenquelle eines IP-Pakets dient als dessen Echtheitsnachweis und ermöglicht am Ziel, herauszufinden, ob das betreffende IP-Paket wirklich aus der Quelle stammt, die im Paket vorgegeben ist und mit der das Ziel einen geheimen Schlüssel teilt. Die Prüfung der Datenintegrität im IP-Paket ermöglicht es herauszufinden, ob das IP-Paket unterwegs

manipuliert wurde, d.h. ob das IP-Paket auch dem entspricht, das abgeschickt wurde.

Die Authentisierung der Datenquelle und die Prüfung der Datenintegrität *Authenti-*
beim IP-Paket kann als die Prüfung der Echtheit dieses Pakets angesehen *sierung*
werden. Hierbei spielen sog. Einweg-*Hashfunktionen* eine entscheidende
Rolle.

Eine Hashfunktion ist eine Rechenvorschrift, mit der eine „Eingangs"-   *Hashfunktion*
Zeichenfolge beliebiger Länge in eine „Ausgangs"-Zeichenfolge fester (im
allgemeinen kürzerer) Länge umgewandelt wird. Eine Einweg-Hashfunktion
funktioniert nur in einer Richtung, d.h. aus der „Eingangs"-Zeichenfolge
läßt sich einfach die „Ausgangs"-Zeichenfolge berechnen, aber es ist sehr
schwer bis unmöglich, zu einer „Ausgangs"-Zeichenfolge passende „Eingangs"-Zeichenfolgen zu berechnen.

Die heutzutage oft benutzten Einweg-Hashfunktionen sind:

- *MD5* (*Message Digest 5*)
  Sie wird im RFC 1321 beschrieben. Diese Funktion erzeugt die „Ausgangs"-Zeichenfolge mit der Länge von 128 Bits (16 Zeichen).

- *SHA* (*Secure Hash Algorithm*)
  Die Hashfunktion wird verwendet, um eine Prüfsumme MAC *(Message
  Authentication Code)* zu berechnen, mit der man ein zu sendendes IP-
  Paket signieren kann. Somit ist diese Prüfsumme mit der digitalen Si-
  gnatur vergleichbar.

Beim IPsec wird eine sog. *Keyed-Hashfunktion* verwendet, die wiederum *Keyed-*
von einer bestimmten Einweg-Hashfunktion Gebrauch macht. Eine beson- *Hashfunktion*
dere Form der Keyed-Hashfunktion wird als HMAC-Funktion bezeichnet
(=> RFC 2104). Sie kann mit jeder beliebigen Einweg-Hashfunktion, d.h.
sowohl mit MD5 als auch mit SHA, benutzt werden. Die HMAC-Funktion
auf der Basis der Einweg-Hashfunktion *H* ist folgendermaßen definiert (=>
RFC 2104):

$$Y = \text{HMAC}(X, K) = H(K \text{ XOR opad}, H(K \text{ XOR ipad}, X)),$$

wobei:

K:	gemeinsamer und geheimer Schlüssel
X:	zu übertragende Daten
Y:	Prüfsumme als Signatur von übertragenen Daten
XOR:	Operation Bitweise Exclusive OR
ipad:	Sequenz von B Bytes x'36'
opad:	Sequenz von B Bytes x'5C'

Bei der Berechnung der Hashfunktion *H* werden zunächst die Daten in Blöcke mit der Länge von *B* Bytes aufgeteilt und danach der Wert der Funktion iterativ ermittelt. Man verwendet B = 64.

Echtheits-prüfung mit HMAC Abbildung 11.3-7 illustriert das Prinzip, nach dem die HMAC-Funktion beim IPsec verwendet wird, um die Echtheit von Daten zu prüfen. Wie hier ersichtlich ist, wird beim Absender (Quellrechner) zuerst eine Prüfsumme *Y* nach der HMAC-Funktion berechnet. Die Prüfsumme *Y* stellt den Inhalt des Feldes *Authentication Data* im AH bzw. im EPS (=> Abbildungen 11.3-3 und 11.3-5). Das zu sendende IP-Paket wird mit dem AH bzw. EPS erweitert (=> Abbildungen 11.3-4 und 11.3-6). Zu dem Zielrechner (Empfänger) werden somit die Daten *X* mit der Prüfsumme *Y* übermittelt. Auf diese Art und Weise werden die zu sendenden IP-Pakete signiert.

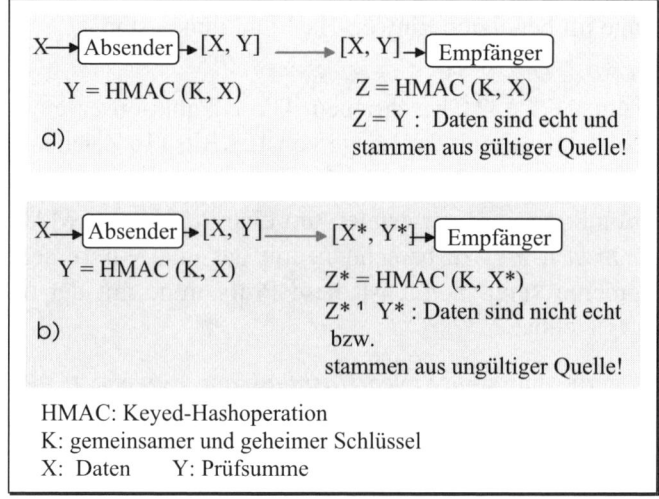

Abbildung 11.3-7:   Authentisierung der Datenquelle und Prüfung der Datenintegrität:
a) Ergebnis ist positiv
b) Ergebnis ist negativ

Der geheime Schlüssel, den man in der HMAC-Funktion verwendet, wird bei der Aushandlung der entsprechenden SA zwischen den kommunizierenden Rechnern vereinbart (=> Abbildung 11.3-2). Dieser Vorgang erfolgt nach den im IKE-Standard dargestellten Prinzipien.

Beim Empfänger wird die gleiche HMAC-Funktion durchgeführt. Stimmt die beim Empfänger ermittelte Prüfsumme *Z* mit der beim Absender ermittelten Prüfsumme *Y* überein, so stellt man fest, daß die Daten im betreffenden IP-Paket echt sind (Datenintegrität) und aus der gültigen Quelle stammen (Authentizität der Datenquelle).

Für IPsec stehen folgende HMAC-Funktionen zur Verfügung:

HMAC-
Funktionen

- *MHAC-MD5*
  Sie generiert aus den Daten variabler Länge eine Prüfsumme mit der Länge von 128 Bits. Man verwendet hier *Message Digest Algorithm 5* (MD5) als Hashfunktion *H*. Falls die Prüfsumme so „abgeschnitten" wird, daß nur die ersten 96 Bits im AH bzw. ESP übertragen werden, spricht man von *MHAC-MD5-96* (=> RFC 2403).

- *MHAC-SHA-1*
  Sie generiert aus den Daten variabler Länge eine Prüfsumme mit der Länge von 160 Bits. Man verwendet hierbei den Algorithmus *SHA* (*Secure Hash Algorithm*) als die Hashfunktion *H*. Die Prüfsumme, bis zu 96 Bits, wird „abgeschnitten". Falls man nur die ersten 96 Bits der Prüfsumme im AH bzw. ESP verwendet, wird diese Variante als MHAC-SHA-1-96 bezeichnet (=> RFC 2404).

11.3.8 IPsec-Einsatz im Tunnel-Mode

Beim IPsec unterscheidet man zwei Betriebsarten: den Tunnel-Mode und den Transport-Mode. Die Erweiterung der IP-Pakete im Transport-Mode mit dem AH bzw. ESP wurde bereits in den Abbildungen 11.3-1 und 11.3-4 dargestellt.

Den IPsec-Einsatz im Tunnel-Mode zwischen zwei Sicherheits-Gateways SG (*Security Gateway*) entsprechend bei einem NSP (*Network Service Provider*) und in einem NAS (*Network Access Server*) eines Unternehmensnetzes illustriert Abbildung 11.3-8.

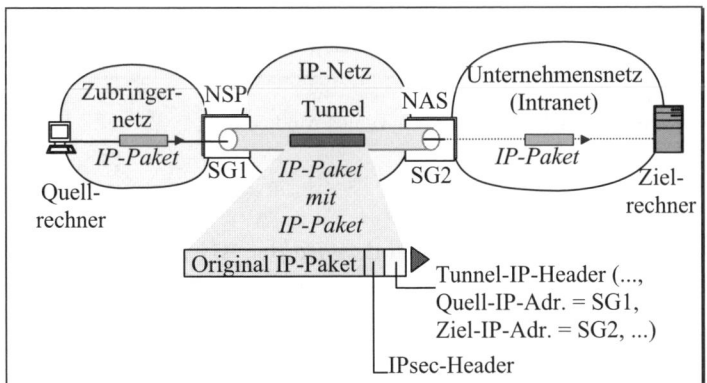

Abbildung 11.3-8:   IPsec-Einsatz im Tunnel-Mode
                        SG: Security Gateway

Hierbei werden zuerst zusätzliche Sicherheitsparameter als AH oder ESP dem zu sendenden IP-Paket vorangestellt (=> D1 in Abbildung 11.3-13). Das so erweiterte Original-IP-Paket wird nachher noch um einen IP-Tunnel-Header ergänzt, in dem die Quell- und Ziel-IP-Adressen der beiden Tunnel-Endpunkte enthalten sind. Der Tunnel-Mode hat den Vorteil, daß Quelle und Ziel der Kommunikation versteckt und nur die Tunnel-Endpunkte bei der Übermittlung über ein IP-Netz sichtbar sind.

Authentica-
tion Header Wie die IP-Pakete im Tunnel-Mode um den Header AH erweitert werden, zeigt Abbildung 11.3-9. Beim Protokoll IPv4 werden die Sicherheitspara-meter im Tunnel-Mode als *Authentication Header* (AH) zwischen dem zu-sätzlichen Tunnel-IP-Header und dem Original-IP-Paket eingebettet. Somit kann das gesamte Original-IP-Paket in seiner ursprünglichen Form für die Übermittlung über ein IP-Netz gesichert werden. Da der Tunnel-IP-Header nur die Quell- und Ziel-IP-Adressen der beiden Tunnel-Endpunkte enthält, sind Quelle und Ziel der Kommunikation versteckt und nur die Tunnel-Endpunkte erkennbar.

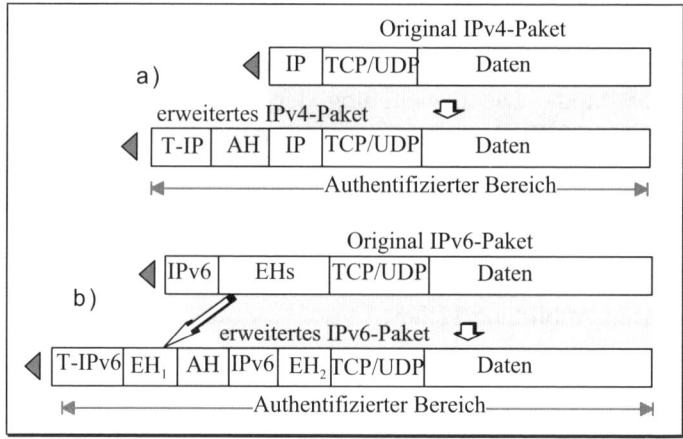

Abbildung 11.3-9:   AH-Angaben beim Tunnel-Mode in:
a) IPv4-Paketen
b) IPv6-Paketen

Beim Protokoll IPv6 im Tunnel-Mode wird der AH ebenfalls zwischen dem zusätzlichen Tunnel-IPv6-Header und dem Original-IPv6-Paket eingebettet. Hierbei werden einige Extension Headers (EH$_i$) wie Hop-by-Hop, Routing und Fragment dem AH vorangestellt.

Extension Die Erweiterung der IP-Pakete im Tunnel-Mode um die ESP-Angaben zeigt
Header Abbildung 11.3-10. Beim Protokoll IPv4 wird der ESP-Header (ESP´) zwi-schen dem zusätzlichen Tunnel-IP-Header und dem Original-IP-Paket ein-

gebettet. Der ESP-Trailer (ESP´´) folgt nach dem Original-IP-Paket. Das erweiterte IP-Paket wird mit dem Feld AD abgeschlossen, in dem eine Prüfsumme enthalten ist (=> Abbildung 11.3-5).

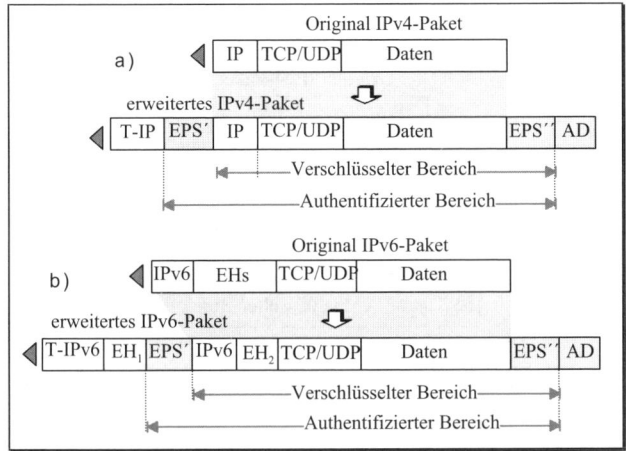

Abbildung 11.3-10:   ESP-Angaben beim Tunnel-Mode in:
a) IPv4-Paketen
b) IPv6-Paketen
EPS´: EPS-Header (SPI, Sequence Number), EPS´´: EPS-Trailer
(Padding, Pad Length, Next Header), AD: Authentication Data

Beim Protokoll IPv6 wird der ESP-Header (ESP´) zwischen dem zusätzlichen Tunnel-IPv6-Header und dem Original-IPv6-Paket eingebettet. Der ESP-Trailer (ESP´´) folgt nach dem Original-IP-Paket. Beim IPv6 im Tunnel-Mode werden einige Extension Headers (EH$_i$) wie Hop-by-Hop, Routing und Fragment dem ESP-Header vorangestellt.

Abbildung 11.3-11 illustriert, wie ein zu übertragendes IPv4-Paket verarbeitet wird, um die Vertraulichkeit, Datenintegrität und Authentizität zu erreichen.

Bei der Erweiterung eines IPv4-Pakets mit ESP sind folgende Schritte zu unterscheiden: *IPv4-Pakete mit ESP*

1. Das zu übertragende IPv4-Paket wird um den ESP-Header (ESP´) und den ESP-Trailer (ESP´´) erweitert.
2. Der vertrauliche Bereich (Original IP-Paket und ESP´´) wird nach einem Verschlüsselungsverfahren (z.B. 3-DES) verschlüsselt.
3. Aus dem verschlüsselten Bereich und dem ESP´wird die HMAC-Funktion (*Hash based Message Authentication Code*) errechnet, und das Ergebnis wird als die Prüfsumme im ESP-Feld AD am Ende des Pakets

übertragen (=> Abbildung 11.3-7). Als HMAC-Funktion kann hierbei sowohl MHAC-MD5 als auch MHAC-SHA-1 verwendet werden.

4. Es wird ein neuer Tunnel-IP-Header generiert und den zu übertragenden Daten vorangestellt.

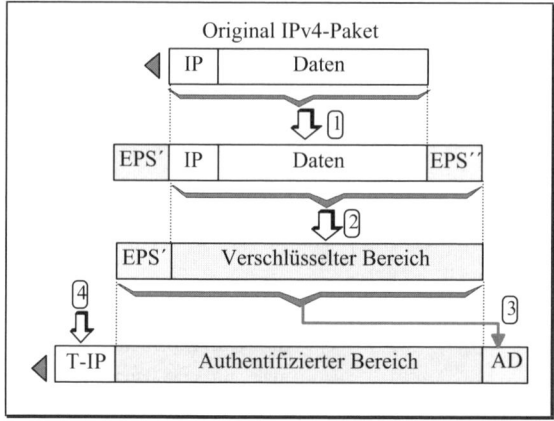

Abbildung 11.3-11:   Schritte bei der Erweiterung eines IPv4-Pakets mit ESP
AD: Authentication Data, T-IP: Tunnel-IP-Header

11.3.9 Standort-zu-Standort-VPN mit IPsec

Das IPsec ermöglicht den Aufbau von allen VPN-Arten. Die Möglichkeiten des Einsatzes von IPsec zum Aufbau von Standort-zu-Standort-VPNs zeigt Abbildung 11.3-12. Es werden hier zwei Fälle vorgestellt:

• Tunnel über IP-WAN

• Tunnel über IP-WAN und SA (*Security Association*) intern

Um einen Tunnel über ein IP-WAN aufzubauen, muß das IPsec im Tunnel-Mode realisiert werden. Sollte die Kommunikation über den Tunnel in beide Richtungen erfolgen, so muß der Tunnel als zwei entgegengerichtete SAs eingerichtet werden (=> Abbildung 11.3-2). Das IP-Paket (d.h. der Teil IP[xxxxx]) wird typischerweise verschlüsselt übertragen und der Teil ESP[IP[xxxxx] mit einer Prüfsumme gesichert, um so Verfälschungen während der Übertragung zu erkennen (=> D1 in Abbildung 11.3-12).

Falls die Kommunikation innerhalb des Unternehmensnetzes auch vertraulich sein soll, bietet sich an, das IPsec im Transport-Mode zu implementieren. Hierfür kann eine gesicherte virtuelle Verbindung vom Tunnel zu den bestimmten Endsystemen nach Bedarf aufgebaut werden. Eine derartige

Verbindung stellt eine SA im Transport-Mode dar. Hier wird das Original-IP-Paket so gesichert, daß ein Header AH bzw. ESP zwischen dem IP-Header und der Nutzlast [xxxxx] eingebettet wird (=> D2 in Abbildung 11.3-12). Dadurch wird die Nutzlast verschlüsselt und der Teil [AH/ESP[xxxxx]] kann mit einer Prüfsumme gegen Verfälschungen gesichert werden.

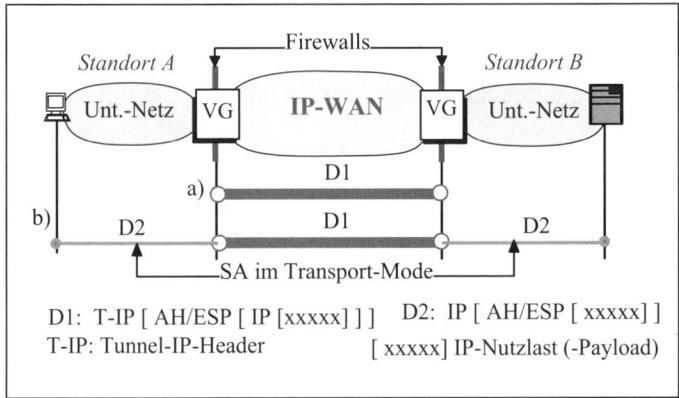

Abbildung 11.3-12:   Standort-zu-Standort-VPN mit IPsec
                          D1, D2: Struktur von übertragenen Daten, SA: Security Association,
                          VG: VPN-Gateway (VG = SG in Abbildung 11.3-9)

11.3.10 IPsec-Einsatz zum Aufbau von VPNs mit Remote Access

Die Möglichkeiten des IPsec-Einsatzes zum Aufbau von Remote-Access-VPNs zeigt Abbildung 11.3-13.

Hier wurde angenommen, daß die Firewalls im Unternehmensnetz zweistufig realisiert werden. Zwischen der ersten und der zweiten Firewall-Stufe im Unternehmensnetz entsteht eine sog. *demilitarisierte Zone DMZ (DeMilitarised Zone)*. Für die Sicherung der Datenübertragung innerhalb der DMZ müssen normalerweise noch bestimmte Sicherheitsmaßnahmen ergriffen werden. Hierbei sind mehrere IPsec-Einsatzszenarien denkbar (Fall: a, b, c und , => Abbildung 11.3-3). *DeMilitarised Zone*

In Fall a) handelt es sich um eine solche Situation, in der ein IPsec-Tunnel nur über das IP-WAN zwischen einem Network Service Provider (NSP) und dem ersten Security Gateway (SG1) im Unternehmensnetz eingerichtet wurde. Das IPsec wird über das IP-WAN im Tunnel-Mode betrieben. Ein Remote-Benutzer (A) hat den Zugang zum Tunnel über eine PPP- *Fall a)*

Verbindung (*Point-to-Point Protocol*). Mit dem Protokoll *CHAP (Challenge Handshake Authentication Protocol*), das im PPP enthalten ist, kann er beim NSP authentisiert werden. Innerhalb des Unternehmensnetzes wird das IPsec bei dieser VPN-Lösung nicht implementiert.

Fall b) In Fall b) wird das IPsec auch im Zugangsbereich implementiert. Dies bedeutet, daß eine Security Association (SA) über eine PPP-Verbindung eingerichtet wird. Auf diese Weise kann die Nutzlast der über das Zugangsnetz übertragenen IP-Pakete verschlüsselt und der [AH/ESP[xxxxx]] Teil so gesichert werden, daß sich mögliche Verfälschungen entdecken lassen. Wird eine Verfälschung entdeckt, ist das betreffende IP-Paket einfach zu verwerfen.

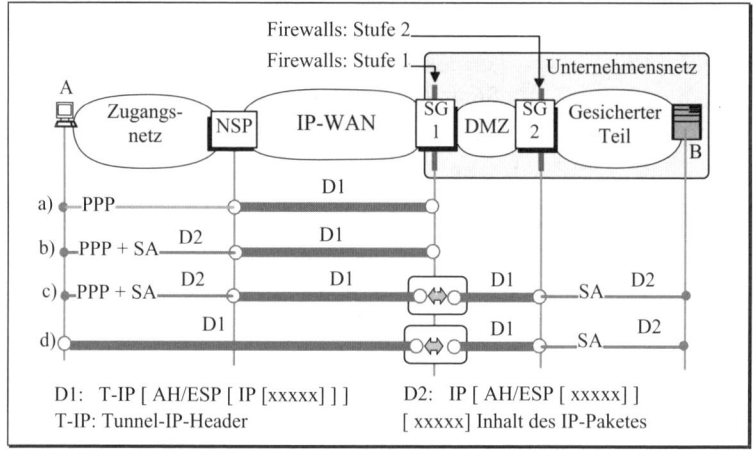

Abbildung 11.3-13:   IPsec-Einsatz bei VPNs mit Remote Access
D1, D2: Struktur von übertragenen Daten, SA: Security Association,
VG: VPN-Gateway (Security Gateway)

Fall c) Fall c) stellt eine solche Systemlösung dar, wo die Kommunikation auch innerhalb des Unternehmensnetzes gesichert wird. Auf der ersten Firewall-Stufe findet eine Überprüfung der Authentizität von Remote-Benutzern und der Integrität von Daten statt, und erst dann, falls die Überprüfung positiv war, wird der IPsec-Tunnel bis zur zweiten Firewall-Stufe verlängert. Im Sicherheits-Gateway SG1 ist hierfür eine Art von *Tunnel-Switching-Funktion* nötig. Im gesicherten Teil des Unternehmensnetzes wird das IPsec auch eingesetzt. Dies bedeutet, daß das IPsec im Transport-Mode für die Kommunikation zwischen einem Endsystem und dem SG2 eingesetzt wird. Somit wird eine SA im Transport-Mode zwischen dem Endsystem und dem SG2 aufgebaut, die als gesicherte virtuelle Verbindung zu sehen ist.

In Fall d) wird das IPsec im Tunnel-Mode für die Kommunikation sowohl *Fall d)* über das IP-WAN als auch über das Zubringernetz eingesetzt. Somit kann ein Remote-Benutzer einen Tunnel initiieren, der direkt (d.h. über die Systemkomponenten beim NSP transparent) bis zum Unternehmensnetz geführt wird.

11.3.10.1 Wichtige IPsec-Besonderheiten

Die wichtigen IPsec-Besonderheiten sind:

- IPsec garantiert vollständige Sicherheit:
  - Authentizität (*Authentication*): Die Vortäuschung einer falschen Identität (z.B. des Paßworts) durch einen Angreifer wird entdeckt.
  - Datenintegrität (*Data Integrity*): Die gezielte Verfälschung von übertragenen Daten durch einen Angreifer ist erkennbar.
  - Vertraulichkeit (*Confidentiality*): Die Daten werden verschlüsselt übertragen.
- Zwischen zwei Security Gateway können gleichzeitig mehrere Tunnels eingerichtet werden:
  - Parallele Tunnels über das Internet (bzw. ein anderes IP-WAN) zwischen zwei Standorten eines Unternehmens.
- Zwischen zwei Rechnern (Hosts) können parallel mehrere gesicherte virtuelle Verbindungen ASs (*Security Associations*) aufgebaut werden:
  - Hierbei kann eine AS den AH und eine andere den ESP verwenden.
  - Dadurch kann die Unterstützung der Sicherheit von der Anwendung gemacht werden.
- Nach IPsec lassen sich über einen Tunnel mehrere „Unter"-Tunnels parallel einzurichten.
- IPsec kann auch beim Einsatz des neuen IP-Protokolls (d.h. IPv6) eingesetzt werden.
- Beim IPsec können auch SSL (*Secure Socket Layer*) und SET (*Secure Electronic Transactions*) genutzt werden (wichtig für E-Commerce-Anwendungen).

11.4 Einsatzgebiete von VPNs

Die wichtigsten Einsatzgebiete von VPN sind:

- Nutzung von virtuellen Standleitungen, um Kosten zu reduzieren,

- Kostengünstige Vernetzung von LANs über Internet,
- VPN-basierte Intranets bzw. Extranets,
- Remote Access über VPNs,
- VPN-basierte Intranets bzw. Extranets.

Ein VPN kann teure angemietete „physikalische" Standleitungen zwischen verschiedenen Standorten durch Tunnels als eine Art virtueller Standleitungen ersetzen. Derartige virtuelle Standleitungen können nach Bedarf aktiviert werden, so daß keine Kosten für ungenutzte Bandbreite der Verbindung entstehen. Die konventionellen Lösungen über direkte Standleitungen verursachen hohe Investitions- und Betriebskosten. Speziell in jenen Bereichen, wo lange Entfernungen zu überbrücken sind, ist der Einspareffekt besonders hoch, sofern die Anforderungen in bezug auf Verfügbarkeit, Sicherheit, Performance erfüllt werden. Das Internet kann z.B. nicht für Anwendungen zugrunde gelegt werden, die eine Verfügbarkeit von ca. 99% der Verbindung benötigen.

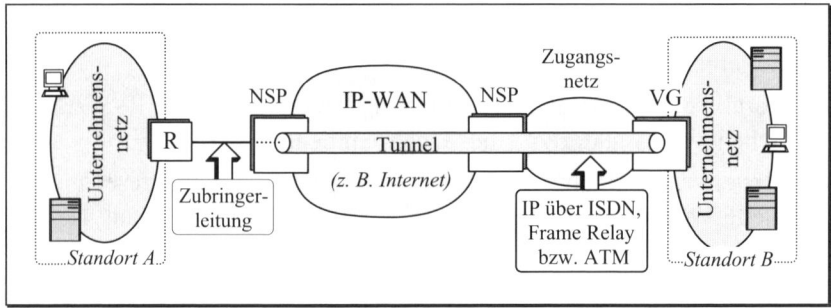

Abbildung 11.4-1:   Einsatz eines Tunnels als virtuelle Standleitung
KE: Kopplungselement (Router, Switch),
NSP: Network Service Provider, VG: VPN-Gateway

Virtuelle Ein Beispiel für den Einsatz von virtuellen Standleitungen zeigt Abbildung
Standleitung 11.4-1. Soll eine Niederlassung (Standort *A*) mit der Zentrale (Standort *B*) kostengünstig verbunden werden, so kann dies über ein IP-WAN (z.B. Internet) erfolgen. Hierfür kann die Niederlassung beispielsweise über eine angemietete Zubringerleitung mit einem NSP (in der Nähe des Standortes A) verbunden werden. Die Zentrale kann hingegen über ein Zugangsnetz an das IP-WAN angebunden werden. Als ein Zugangsnetz kann das ISDN mit der Bündelung von B-Kanälen bzw. Frame-Relay- oder ATM-Netz dienen. Da die Übertragung über eine private Leitung für die fremden Angreifer eigentlich unzugänglich ist, kann diese Zubringerleitung beim NSP quasi direkt an den Tunnel angebunden werden. Der Tunnel stellt eine virtuelle

Standleitung dar und wird über das IP-WAN und das Zugangsnetz bis zum VPN-Gateway im Unternehmensnetz geführt. Zwischen zwei Standorten eines Unternehmens entsteht somit eine „heterogene" Standleitung, die sich aus einem physikalischen und einem virtuellen Teil zusammensetzt.

Neben der direkten Kopplung von mehreren lokalen Netzinfrastrukturen gewinnt auch die Anbindung von kleinen Niederlassungen und anderen Remote-Benutzern zunehmend an Bedeutung. Verfügt ein Unternehmen sowohl über eine Vielzahl von Mitarbeitern als *Teleworker* und als auch einige kleine Außenstellen, kann ein VPN mit der Remote-Access-Unterstützung eine Lösung sein, um allen Mitarbeitern den Zugang zu den zentralen Ressourcen im Unternehmensnetz zu ermöglichen. Eine solche Lösung illustriert Abbildung 11.4-2. *Remote-Access Lösung*

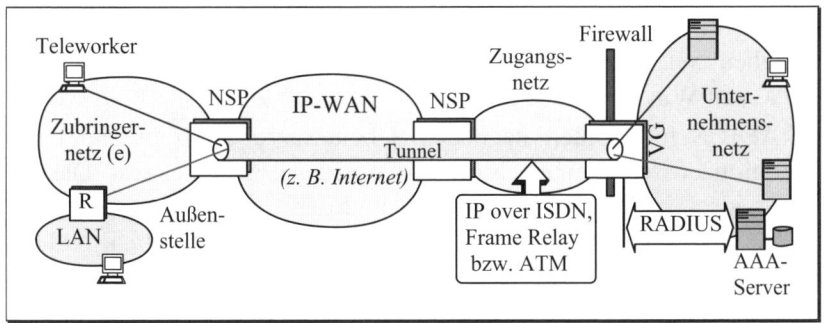

Abbildung 11.4-2:	Beispiel für ein VPN mit Remote Access (*Remote-Accesss-VPN*)
	NPS: Network Service Provider, R: Router; VG: VPN-Gateway

Optional kann ein Tunneling-Protokoll z.B. L2TP bzw. IPsec bei den Remote-Benutzern bzw. in Routern zwischen den „Außenstellen"-LANs und Zubringernetzen installiert werden. Somit können die Daten auf der Strecke zum NSP verschlüsselt sowie auch gegen eine gezielte Verfälschung gesichert übertragen werden. Ein Mitarbeiter im Außendienst wählt sich dann einfach bei einem NSP zum Ortstarif ein und baut eine sichere, verschlüsselte Verbindung zu seinem Unternehmensnetzwerk auf. Ein NSP kann über eine Zugangsplattform verfügen, so daß der Zugang zum Tunnel über alle Weitverkehrsnetze (wie ISDN, Telefonnetz, Frame-Relay) möglich ist. *Außendienst-Anbindung*

Die Authentisierung von „Remote"-Benutzern wird beim Eingang zum Unternehmen übernommen. Hierfür kann ein besonderer AAA-Server (*Authentisierung, Autorisierung, Accounting*) im Unternehmensnetz eingesetzt werden. Die Übermittlung von Daten zwischen dem AAA-Server und dem VPN-Gateway wird in der Regel verschlüsselt erfolgen nach dem Protokoll RADIUS (*Remote Authentication Dial-In User Service*). Im VPN-Gateway muß zusätzlich eventuell die Funktion eines Routers (d.h. als ein Übergang zu einem anderen Subnetz) untergebracht werden.

11.5 Einsatz des Protokolls RADIUS

Bei der Realisierung der Remote Access Services (RAS) in großen Unternehmensnetzen ist ein sog. *AAA-Server* notwendig, in dem die Daten abgespeichert werden, die man benötigt, um die auf das Unternehmensnetz zugreifenden Remote-Benutzer zu überprüfen. Für die RAS-Zwecke wird ein *Network Access Server* (*NAS*) zwischen dem Unternehmensnetz und einem öffentlichen Netz installiert. Das RADIUS (*Remote Authentication Dial-In User Service*) ist ein Protokoll zur Übermittlung von Authentisierungsinformationen zwischen dem AAA-Server und dem NAS an der Grenze zum öffentlichen Netz. RADIUS ist im IETF-Standard RFC 2138 definiert und wird u.a. von Windows 2000 unterstützt.

Das RADIUS funktioniert nach dem Client/Server-Konzept und legt die Kooperation zwischen einem NAS und einem AAA-Server fest. Die Daten werden zwischen dem RADIUS-Client und dem -Server in der Regel verschlüsselt übertragen. Das RADIUS wird in Netzen mit dem Protokoll IP eingesetzt und verwendet das Transportprotokoll UDP.

11.5.1 Network Access Server und RADIUS

Das RAS-Konzept illustriert Abbildung 11.5-1. Mit RAS kann sich ein Remote-Benutzer in einem ihm erlaubten Unternehmensnetz einwählen. Nach der Einwahl erhält dieser Benutzer dieselben Rechte wie jeder lokale Benutzer.

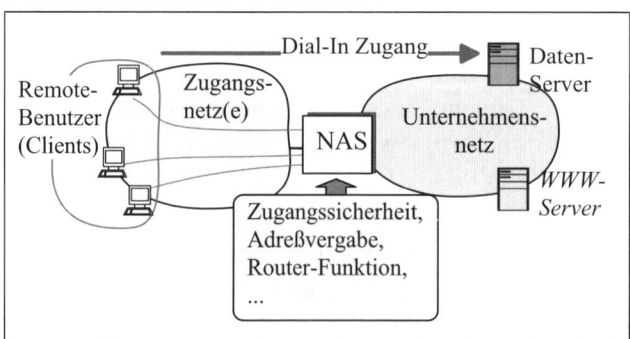

Abbildung 11.5-1:   Bedeutung von RAS

Die Remote-Benutzer können auf diesem Weg vollständig in das Unternehmensnetz integriert werden und genauso arbeiten, wie sie es von einem direkt angeschlossenen Arbeitsplatz am Netzwerk gewohnt sind. Somit ist es mit RAS-Hilfe möglich, ein Unternehmensnetz räumlich uneingeschränkt zu erweitern. Um eine RAS-Lösung realisieren zu können, ist ein *Network Access Server* (NAS) notwendig, der an der Grenze zwischen dem Zugangsnetz und dem Unternehmensnetz installiert werden muß. Ein NAS fungiert daher auch oft als Router. *Network Access Server*

Beim Remote Access spricht man vom *Dial-In Zugang*, falls ein Remote-Benutzer auf das Unternehmensnetz zugreift.

Jeder NAS muß u.a. folgende Funktionen unterstützen:

* *Authentisierung*: Wer ist das?
* *Autorisierung* von Remote-Benutzern: Was darf er?
* *Accounting* (Abrechnung): Was hat er gemacht?

Mit der Öffnung eines Unternehmensnetzes nach außen besteht immer die Gefahr des Zuganges durch unberechtigte Benutzer. Um dies zu vermeiden, muß im NAS eine Überprüfung der *Authentizität* jedes Remote-Benutzers stattfinden. Diesen Vorgang nennt man *Authentisierung* (*Authentifizierung*). Nur wenn die Authentizität sichergestellt ist, können weitere Maßnahmen wie Autorisierung und Accounting wirkungsvoll sein. Nach der Authentisierung ist der Remote-Benutzer (im Rahmen seines Benutzerprofils) berechtigt, auf alle Ressourcen im Unternehmensnetz zuzugreifen, so als befände er sich lokal innerhalb des Netzes. *Authentisierung*

Unter *Autorisierung* versteht man die vom jeweiligen Benutzer abhängige Einschränkung des Netzzugriffs. Hierfür werden sog. Benutzer-Profile in einer Benutzerdatenbank (=> RADIUS-Server) abgespeichert. Man verwendet die Autorisierung: *Autorisierung*

* um den Zugriff auf Ressourcen einzuschränken
* um bestimmte Gruppenprofile (Benutzerklassen) zu bilden und somit den Konfigurationsaufwand zu verringern.

Unter *Accounting* versteht man die Art und Weise, wie Rechnungen für den Verbrauch von Netz-Ressourcen und Nutzung von dessen Diensten erstellt werden. Ein Accounting ist nicht nur für kommerzielle Anbieter von Online-Diensten für die Rechnungserstellung notwendig. Auch für die Absicherung der Fernzugänge gegenüber Mißbrauch und zur Trendanalyse der Auslastung wird ein Abrechnungssystem benötigt. *Accounting*

In großen Unternehmensnetzen ist die Anzahl von Remote-Benutzern so groß, daß es sinnvoll ist, die Funktionen *AAA-Server*

- *Authentisierung*,
- *Autorisierung* und
- *Accounting* (Abrechnung)

zu zentralisieren und sie vom NAS zu trennen. Dies wird von speziellen dedizierten Servern im Unternehmensnetz übernommen. Ein solcher Server kann im allgemeinen als *AAA-Server* bezeichnet werden. Eine derartige Lösung illustriert Abbildung 11.5-2.

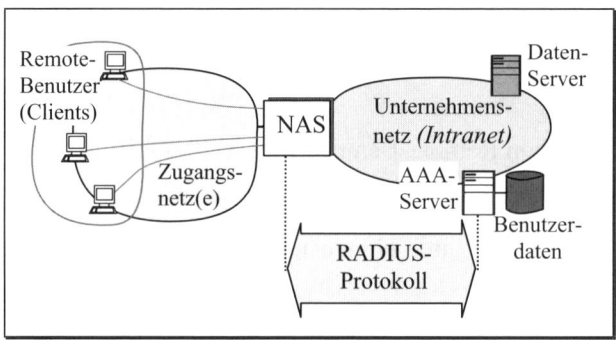

Abbildung 11.5-2:   Einsatz eines AAA-Servers

Für solche Lösungen sprechen folgende Gründe:

- um die NAS-Komplexität so gering wie möglich zu halten und damit die Fehleranfälligkeit zu reduzieren;
- um die Sicherheit zu erhöhen.

Mit Hilfe eines AAA-Servers können die Authentisierungs-, Autorisierungs- und Accounting-Daten zentral verwaltet und ausgewertet werden. Die allgemeinen Informationen im AAA-Server über jeden Remote-Benutzer umfassen in der Regel solche Angaben wie: Name, Telefonnummer, E-Mail-Adresse und Standort. Neben den Nutzungsrechten werden für jeden Remote-Benutzer weitere sicherheitsbezogene Daten wie Kennwort, Art der Authentisierung etc. gespeichert. Benutzerspezifisch sollen die Remote-Verbindungen auch überwacht werden, um Daten für die Zuordnung von Verbindungskosten zu liefern.

11.5.2 Konzept von RADIUS

Der Datenaustausch zwischen dem NAS und dem AAA-Server findet nach einem Protokoll RADIUS statt. RADIUS funktioniert nach dem Client/-

Server-Konzept und legt die Kooperation zwischen einem NAS und einem AAA-Server fest. Beim RADIUS werden zwei logische Komponenten definiert:

- *RADIUS-Server* und
- *RADIUS-Client*.

Der RADIUS-Server kann als AAA-Server gesehen werden, in dem sämtliche Informationen über Remote-Benutzer zur Verfügung stehen. Der RADIUS-Client stellt ein Funktionsmodul dar, das auf dem NAS installiert wird. Das RADIUS-Konzept zeigt Abbildung 11.5-3.

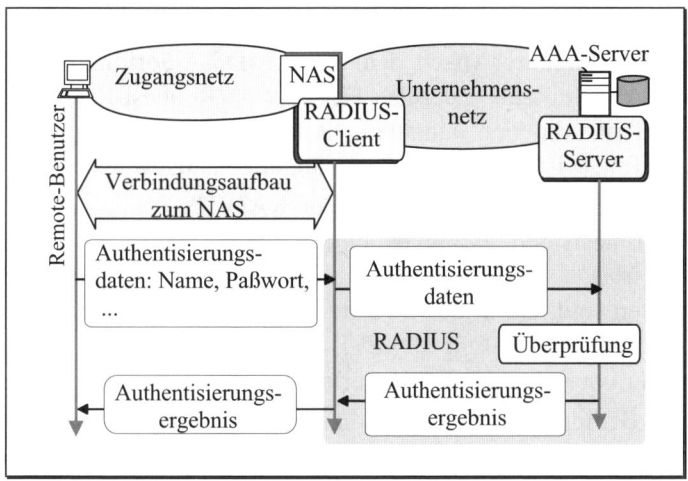

Abbildung 11.5-3:   Authentisierung eines Remote-Benutzers mit RADIUS

Ein Remote-Benutzer, der sich auf dem NAS einwählen möchte, wird entsprechend überprüft (authentisiert). Sobald ein Remote-Benutzer seine Informationen für die Authentisierung in den RADIUS-Client einträgt, beginnt die Authentisierung nach dem RADIUS-Protokoll.

Übermittelt ein Remote-Benutzer beispielsweise seine Benutzerdaten mit Hilfe des Protokolls *CHAP* (*Challenge Handshake Authentication Protocol*), erstellt der RADIUS-Client ein Paket *Access-Request* (Zugriffsanforderung), in dem Attribute wie beispielsweise der Name des Benutzers, das Kennwort, die Kennung des RADIUS-Client und die Anschlußkennung enthalten sind, auf die der Benutzer zugreift. Ist ein Paßwort vorhanden, wird das Paßwort durch CHAP mittels eines Verfahrens verschlüsselt, das auf dem *RSA MD5*-Algorithmus (*Rivest-Shamir-Adleman Message Digest 5*) basiert.

Challenge Handshake Authentication Protocol

Access-
Request
Das Paket Access-Request wird an den RADIUS-Server übermittelt. Kommt innerhalb einer bestimmten Zeitperiode keine Antwort an, kann die Übertragung des Access-Request-Pakets mehrmals wiederholt werden. Für den Fall, daß der RADIUS-Server ausgefallen oder nicht erreichbar ist, kann der RADIUS-Client die Zugriffsanforderung auch an einen alternativen Server bzw. mehrere alternative Server weiterleiten.

Nach Eingang des Access-Request-Pakets beim RADIUS-Server überprüft dieser zunächst den RADIUS-Client, der das Paket abgeschickt hat. Bei der Überprüfung wird festgestellt, ob das Access-Request-Paket von einem konfigurierten RADIUS-Client abgeschickt worden ist. Wurde das Access-Request-Paket von einem gültigen RADIUS-Client abgeschickt (bei dem RADIUS-Client sind digitale Signaturen aktiviert), wird die im Paket enthaltene digitale Signatur (nach dem RSA MD5-Algorithmus) anhand des gemeinsamen Schlüssels geprüft. Ein Access-Request-Paket von einem RADIUS-Client, für den auf dem RADIUS-Server kein gemeinsamer Schlüssel definiert ist, wird ohne Rückmeldungen abgewiesen.

RADIUS-
Benutzer-
konto
Ist der RADIUS-Client gültig, sucht der RADIUS-Server in einer Benutzerdatenbank nach dem Benutzer, dessen Name im Access-Request-Paket eingetragen ist. Das Benutzerkonto enthält eine Liste mit Voraussetzungen, die zu erfüllen sind, damit der Remote-Benutzer einen Zugang erhält. Darunter fallen die Überprüfung des Paßworts, aber auch die Festlegung, ob dem Benutzer überhaupt ein Zugriff erlaubt ist.

Paket Access-
Reject
Sollte eine Bedingung für die Authentisierung oder Autorisierung nicht erfüllt werden, sendet der RADIUS-Server als Antwort das *Paket Access-Reject* (Zugriffsverweigerung) zurück und meldet, daß der Authentisierungsversuch des Remote-Benutzers ungültig ist.

Sind alle Bedingungen vom Remote-Benutzer erfüllt, wird eine Liste von Konfigurationsangaben (als sog. *RADIUS-Attribute*) für den Remote-Benutzer im Paket Access-Accept (Zugriff erlaubt) an den RADIUS-Client zurückgesendet. Zu diesen Angaben gehören alle notwendigen Parameter, die für die Bereitstellung des gewünschten Zugangs erforderlich sind. Im Falle des Zugangs mit dem Protokoll PPP kann es sich bei diesen Werten um eine IP-Adresse, Subnetzmaske bzw. die Art der Komprimierung handeln.

11.5.3 RADIUS-Pakete

Die Daten zwischen RADIUS-Client und -Server werden in Form sog. *RADIUS-Pakete* übermittelt. Hierfür wird das Transportprotokoll UDP (*User Datagram Protocol*) verwendet (Abbildung 11.5-4). Das RADIUS stellt eine UDP-Anwendung dar, der die Port-Nummer 1813 zugeordnet wurde. Bei manchen älteren Implementierungen wird die Port-Nummer 1645 verwendet.

Für die Übermittlung der RADIUS-Pakete verwendet man das verbindungs- und zustandslose Transportprotokoll UDP. Der Grund hierfür besteht darin, daß ein Ersatz-RADIUS-Server in der Regel dupliziert werden muß. Fällt ein RADIUS-Server aus, so wird direkt der Ersatz-Server in Anspruch genommen, ohne eine Verbindung zum Server aufbauen zu müssen.

Die einzelnen Felder im RADIUS-Paket haben folgende Funktionen:

- *Code*: Dieses Feld ist 1 Byte lang und gibt den Typ des RADIUS-Pakets an. Es werden folgende RADIUS-Pakettypen definiert:

Code (Dezimal)	Paket
1	Access-Request (Zugriffsanforderung)
2	Access-Accept (Zugriffserlaubnis)
3	Access-Reject (Zugriffsverweigerung)
4	Accounting-Request
5	Accounting-Response
11	Access-Challenge
12	Status-Server (experimentell)
13	Status-Client (experimentell)

Tabelle 11.5-1:   RADIUS-Pakettypen

- *Identifier*: Dieses Feld ist 1 Byte lang. Die Identifikation wird dazu verwendet, um die Pakete als Antworten vom RADIUS-Server beim -Client den abgeschickten Anforderungen eindeutig zuzuordnen.

- *Length*: Dieses Feld ist 2 Bytes lang und gibt die Gesamtlänge des Pakets an.

- *Authenticator (Authentisierer):* Dieses Feld ist 16 Bytes lang und enthält die Informationen, die der RADIUS-Client und -Server zur gegenseitigen Authentisierung verwenden.

- *Attribute*: Ein RADIUS-Paket kann ein oder mehrere Attribute enthalten, in denen die Authentisierungs-, Autorisierungs- und Konfigurationsangaben eingetragen sind.

Aus Abbildung 11.5-4 ist auch die Struktur der RADIUS-Attribute ersichtlich. Bei Attributen wird das allgemeine *Typ-Länge-Wert-Format* verwendet. Die einzelnen Felder beim Attribut haben folgende Bedeutung:

RADIUS-Attribute

- *Type*: Dieses Feld ist 1 Byte lang und gibt die Bedeutung des Attributs an.
- *Length*: Dieses Feld ist 1 Byte lang und gibt die Länge des Attributs an.
- *Value*: Dieses Feld ist variabel in der Länge und enthält Attributsangaben. Das Format und die Länge des Value-Feldes hängt vom Typ des Attributs ab.

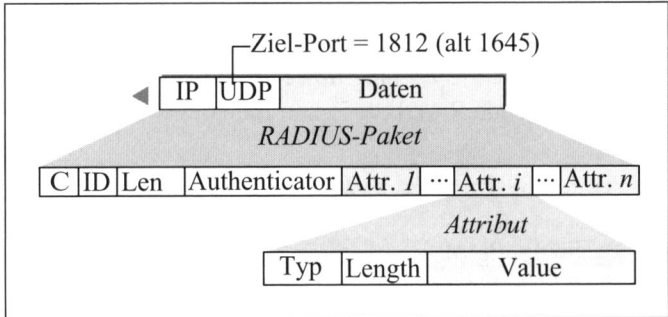

Abbildung 11.5-4:   Aufbau von RADIUS-Paketen
C: Code, ID: Identifier, Len: Length

Informationen über die Attribute und deren Verwendung finden sich in den RFCs 2138 und 2139. Die RADIUS-Attribute sind u.a.:

Type	Attribut
1	User-Name
2	User-Password
3	NAS-IP-Address
5	NAS-Port
7	Framed-Protocol (z.B. SLIP, PPP)
8	Framed-IP-Address (IP-Adr. des Benutzers)
9	Framed-IP-Netmask (IP-Netzmaske beim Benutzer)
12	Framed-MTU (maximale IP-Paketlänge)
13	Framed-Compression (Komprimierungsverfahren)
26	Vendor-Specific (herstellerspezifisches Attribut)
32	NAS-Identifier

Tabelle 11.5-2:   RADIUS-Attribute

Beim RADIUS werden auch herstellerspezifische Attribute VSAs (*Vendor-Specific Attributs*) unterstützt. Sie sind dafür gedacht, daß die Hersteller eigene Attribute festlegen können, die nicht in der RADIUS-Spezifikation RFC 2138 definiert werden.

11.5.4 Einsatz von mehreren RADIUS-Servern

Große Netzwerke mit dem Protokoll IP werden in der Regel auf mehrere Subnetze aufgeteilt. Die Verwaltung von Namen mit Hilfe von DNS (*Domain Name System*) wird ebenfalls so strukturiert, daß mehrere sog. *DNS-Zonen* mit eigenen Name-Servern gebildet werden. Die Authentisierung von Remote-Benutzern und die DNS-Implementierung beeinflussen sich gegenseitig. Werden mehrere Zonen innerhalb eines Unternehmensnetzes gebildet, können mehrere RADIUS-Server implementiert werden, die auf die einzelnen Zonen beschränkt sind. In solchen Fällen ist ein sog. *Proxy-RADIUS-Server* nötig. Wie Abbildung 11.5-5 zeigt, fungiert ein Proxy dem RADIUS-Client im NAS gegenüber als ein Vertreter von allen RADIUS-Servern.

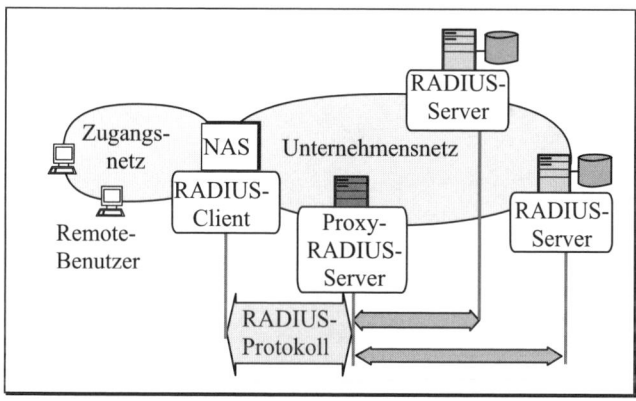

Abbildung 11.5-5:   Einsatz mehrerer RADIUS-Server

Die Aufgabe des Proxy-RADIUS-Servers besteht vor allem darin, die Anforderungen vom RADIUS-Client nach bestimmten Kriterien (z.B. IP-Adresse des Remote Clients, Zugangsnetz, ...) an einen RADIUS-Server weiterzuleiten. Falls mehrere RADIUS-Server eingesetzt werden, sind sie entsprechend priorisiert einstufbar. Wenn ein primärer RADIUS-Server nicht innerhalb einer festgelegten Zeitperiode antwortet, wird die Anforderung vom RADIUS-Client automatisch an den nächsten nach der Prioritätsstufe vorgesehenen RADIUS-Server übermittelt.

Proxy-RADIUS-Server

Access- Bei erfolgreicher Authentisierung bei einem RADIUS-Server sendet letzte-
Accept rer an den Proxy das Paket *Access-Accept,* und dieser leitet das Paket an den
RADIUS-Client im NAS weiter.

Da RADIUS ein IETF-Standard (d.h. Internet-Standard) ist, spielt dieses
Protokoll vor allem in heterogenen Umgebungen eine wichtige Rolle. Des
weiteren wird das RADIUS bereits oft implementiert, und es steht eine Reihe von Accounting-Werkzeugen zur Verfügung, die RADIUS-konform sind.

12 Multimedia über IP

Unter multimedialer Kommunikation (bzw. Multimedia-Kommunikation) versteht man in der Regel einen Kommunikationsvorgang, bei dem unterschiedliche Informationsarten wie Daten, Sprache und Video gleichzeitig übermittelt werden. Die Nutzung des Internet Protokolls IP für die multimediale Kommunikation gewinnt ständig an Bedeutung. Dies führte auch zur Entstehung der *Multiservice-Netze*, in denen verschiedene physikalische Netze (LANs, ISDN, Frame-Relay- und ATM-Netze) so miteinander gekoppelt werden, daß eine integrierte, heterogene Netzstruktur entsteht. Innerhalb einer solchen Netzstruktur wird das Protokoll IP als eine homogene „Protokoll-Plattform" für alle Arten von Anwendungen verwendet.

Die Systeme für die Übertragung der Sprache über IP-Netze, oft *als Voice over IP* (*VoIP*) bezeichnet, befinden sich auf dem besten Weg, eine Pionierrolle in Sachen Multimedia-Kommunikation in IP-Netzen zu übernehmen. Die Sprach- und Videokommunikation stellen eine Art der Echtzeitkommunikation dar. Diese Kommunikationsart verlangt, daß besondere QoS-Anforderungen (*Quality of Service*) erfüllt werden müssen.

Die klassischen LANs wie Ethernet oder Token Ring stellen keine dedizierte Übertragungsbandbreite (im Vergleich zu virtuellen Verbindungen in ATM-Netzen bzw. B-Kanälen im ISDN) zur Verfügung, so daß sie keine QoS garantieren. Die Protokolle für die Multimedia-Kommunikation in Netzen ohne QoS-Garantie legt der Standard *H.323* von ITU-T fest. Der Standard H.323 stellt eigentlich ein Rahmenwerk dar, in dem festgelegt wird, wie die einzelnen anderen Standards wie z.B. H.225, H.245 und spezielle Protokolle innerhalb der TCP/IP-Protokollfamilie wie z.B. RTP (*Real Time Transport Protocol*), RSVP (*Ressource reSerVation Protocol*) einzusetzen sind.

12.1 QoS-Anforderungen multimedialer Kommunikation

Die multimediale Kommunikation stellt an Übermittlungsnetze bestimmte QoS-Anforderungen. Sie betreffen vor allem die Übertragungszeit und deren Schwankungen sowie die Datenverfälschung und -verluste. Die wichtigsten Klassen von QoS-Anforderungen sind:

- *Übertragungszuverlässigkeit* (zulässige Bitfehlerrate),
- *Übertragungszeitverhalten* (zulässige Übertragungszeit und Schwankungen der Übertragungszeit).

Abbildung 12.1-1 zeigt, wie die Bitfehlerrate und das Übertragungszeitverhalten wichtige Kommunikationsarten beeinflussen.

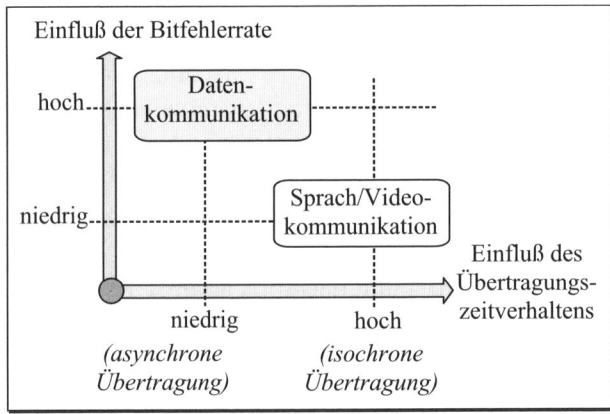

Abbildung 12.1-1:   Einfluß der Bitfehlerrate und des Übertragungszeitverhaltens

Übertragungszuverlässigkei Unter der *Übertragungszuverlässigkeit* ist die Garantie für die Übertragung eines Bitstroms ohne Bitfehler und ohne Bitverluste zu verstehen. Die Übertragungszuverlässigkeit hat für verschiedene Dienste unterschiedliche Bedeutung. Beispielsweise sind die Anforderungen bezüglich der Zuverlässigkeit für Sprachübertragung geringer als für Datenübertragung.

Übertragungszeitverhalten Bei der Sprachübertragung über ein IP-Netz ist das *Übertragungszeitverhalten* für eine gute Qualität wichtiger als der Empfang aller übertragenen IP-Pakete. Die Kontrolle der Laufzeit der Pakete mit der Sprache über das Netz und deren Schwankungen sind entscheidend bei der Sprachübertragung. Im Gegensatz zu reinen Datenanwendungen wie Überprüfungen von Kreditkarten, bei denen der Verlust von nur einem Paket die gesamte Anwendung zum Scheitern bringt, ist der Verlust eines Pakets bei der Sprachübertragung nicht so folgenschwer.

Das Übertragungszeitverhalten ist von der Verzögerung im Netz abhängig und spiegelt die Zeitverhältnisse (Zeitabstände) zwischen den einzelnen IP-Paketen eines Bitstroms ab. Bei der Verzögerung unterscheidet man zwei Parameter:

- die *Ende-zu-Ende-Verzögerung* (Laufzeit, Delay) und
- *Verzögerungsschwankungen* (Laufzeitschwankungen, Jitter).

Hinsichtlich des Übertragungszeitverhaltens kann die Übertragung *asynchron* oder *isochron* sein. Bei einer asynchronen Übertragung bestehen keinerlei Einschränkungen des Verhaltens bezüglich der Übertragungszeit. Verzögerungen und deren Schwankungen sollen möglichst klein sein, sind aber i.d.R. nicht kritisch. Die Datenkommunikation in Netzwerken und anderen Datennetzen (z.B. Frame-Relay-Netze) ist ein gutes Beispiel für diese Verkehrsart. Bei isochroner Übertragung müssen die Zeitabstände zwischen den aufeinanderfolgenden Paketen auf Sende- und Empfangsseite identisch sein. Sprach- und Videokommunikation verlangen eine isochrone Übertragungsart. *(Asynchrone oder isochrone Übertragung)*

Wie Abbildung 12.1-2 illustriert, setzt sich die Ende-zu-Ende-Verzögerung auf einer virtuellen Verbindung über ein IP-Netz hauptsächlich wie folgt zusammen: *(Verzögerungen auf einer virtuellen Verbindung)*

- aus der Summe von Signallaufzeiten in den einzelnen physikalischen Leitungen

$$TA = t0 + t1 + \ldots + tm$$

- und aus der Summe von Verzögerungen in den Puffern einzelner Router vor den physikalischen Leitungen

$$TB = \tau0 + \tau1 + \ldots + \tau m$$

Die Verzögerung *TA* wird durch die Laufzeiten des Signals in den einzelnen physikalischen Leitungen bestimmt und ist konstant. Die Verzögerung *TB* ist variabel und vom Verkehrsaufkommen in den einzelnen Routern abhängig. Somit wird die maximale Verzögerung auf einer virtuellen Verbindung über ein IP-Netz durch eine feste Verzögerung *TA* und eine variable Zwischenspeicherungszeit *TB* bestimmt.

Die gesamte Zwischenspeicherungszeit *TB* kann durch die Reservierung einer entsprechenden Bandbreite innerhalb einzelner physikalischer Leitungen verringert werden. Eine solche Reservierung kann mit Hilfe des Protokolls RSVP vorgenommen werden. *(Bandbreitenreservierung mit RSVP)*

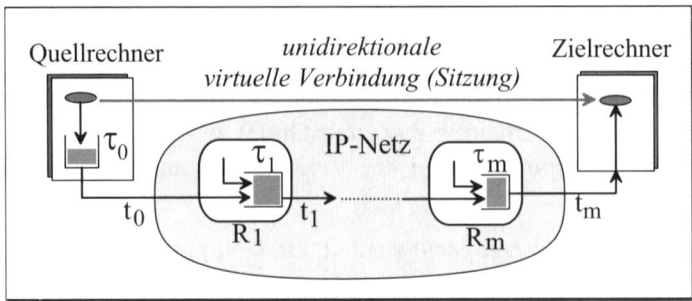

Abbildung 12.1-2:   Verzögerungen auf einer virtuellen Verbindung
R: Router

Es läßt sich feststellen:

- Die QoS-Anforderungen in IP-Netzen führen zur Reduzierung der gesamten Zwischenspeicherungszeit auf der Strecke

  Quell-Anwendung => Ziel-Anwendung (Abbildung 12.1-2).

Sprach- Problematisch bei der Sprachübertragung in IP-basierten Netzen ist die Ga-
qualität und rantie der gewohnten Sprachqualität. Ein Hauptproblem bei der Übertragung
Verzögerung von Echtzeitdaten über IP-Netze stellen die Verzögerungen sowie Paketverluste dar. Um Gespräche in Telefonqualität führen zu können, ist eine
Lösung dieses Problems unabdingbar. Die Abhängigkeit der Sprachqualität
von der Verzögerung demonstriert Abbildung 12.1-3.

Untersuchungen haben ergeben, daß Verzögerungen unter 150 ms von den
Teilnehmern meistens nicht wahrgenommen werden. In der Regel werden
die Verzögerungen zwischen ca. 150 und 400 ms noch akzeptiert. Dagegen
werden Werte über ca. 400 ms normalerweise nicht mehr akzeptiert. Die
Verbesserung der Qualität der Sprachübertragung über IP-Netze ist vor allem durch die Minimierung von Verzögerungen zu erreichen. Dies bedeutet
u.a.:

- weniger Verzögerung in Rechnern als Endsystemen,

- weniger Verzögerung im IP-Netz (Router, Leitungen) und

- geringere Jitter.

MOS-Werte Die Sprachqualität stellt natürlich ein subjektives Kriterium dar. Es ist je-
doch gelungen, ein objektives Kriterium einzuführen, die sog. *MOS-Werte*
(*Mean Opinion Score*). Man ermittelt sie durch einen standardisierten
Testaufbau, bei dem Hörproben vorgespielt werden und anschließend der
Höreindruck anhand festgelegter Befragungen ermittelt wird. Die klassi-
sche, analoge Telefonie erzielt hierbei MOS-Werte zwischen 3.5 und 4.0.

Sprachübertragungen über das ISDN erzielen mit 5.0 die besten Werte. Hochwertige VoIP-Implementierungen bieten eine Sprachqualität zwischen 3.8 und 4.7, je nach verwendeter Sprachkodierung. Somit sind VoIP-Systeme in der Qualität herkömmlicher analoger Telefonnetze mindestens ebenbürtig.

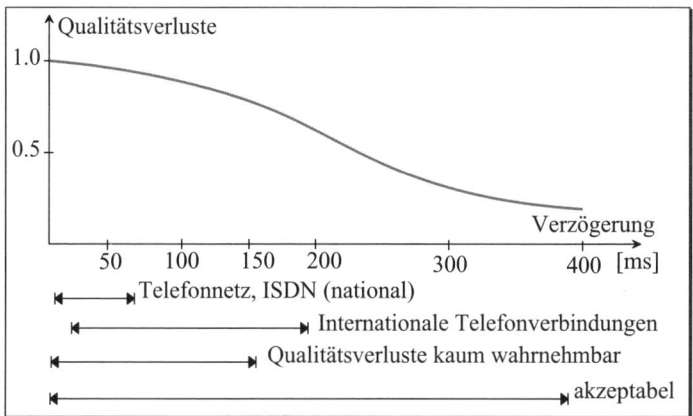

Abbildung 12.1-3:   Sprachqualität in Abhängigkeit von der Verzögerung

12.2 H.323 als Basis für Multimedia über IP

Der ITU-T-Standard H.323 beschreibt das Konzept für die Übermittlung von Audio und optional auch Video in LANs ohne garantierte QoS und stellt damit u.a. auch die Basis für die Multimedia-Kommunikation dar. Es ist zu erwarten, daß der Standard H.323 in IP-Netzen von fundamentaler Bedeutung sein wird .

H.323 gehört zu einer Familie von ITU-T-Standards (H.32x), die die Übertragung von multimedialen Informationen über verschiedene Arten von Netzen regeln. H.323 stellt eigentlich ein Rahmenwerk dar, in dem festgelegt wird, wie die einzelnen anderen Standards wie z.B. H.225, H.245 und spezielle Protokolle wie z.B. RTP, RSVP innerhalb der TCP/IP-Protokollfamilie eingesetzt werden sollen.

IP-Subnetz als H.323-Zone

H.323 beschreibt u.a. die Architektur und die Funktionen einzelner Systemkomponenten für die Übermittlung von Voice und Video in Netzen ohne QoS-Garantie sowie ein Signalisierungsprotokoll, das dem D-Kanal-Protokoll vom ISDN entspricht. Dabei wird eine sog. *H.323-Zone* definiert, die aus verschiedenen Funktionskomponenten besteht und weitgehend einem IP-Subnetz entspricht. Abbildung 12.2-1 illustriert eine H.323-Zone.

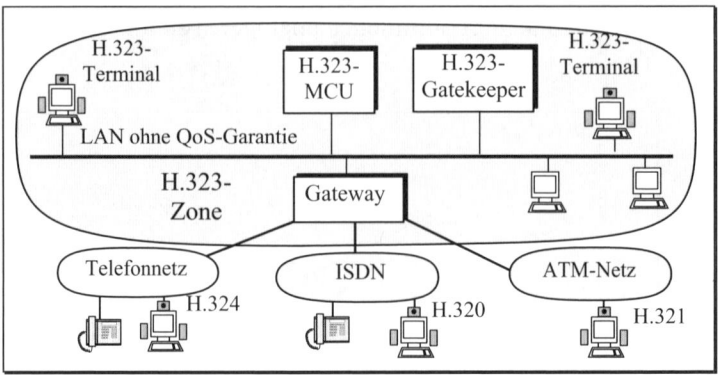

Abbildung 12.2-1:   H.323-Zone in einem LAN

Gatekeeper Eine wichtige Funktionalität im Multimedia-Netzwerk nach H.323 stellt der sogenannte *Gatekeeper* dar. Er ist für die Steuerung innerhalb seiner H.323-Zone sowie für QoS-Garantie verantwortlich und bestimmt die Ziel-IP-Adressen. Diese Funktion sorgt für die Umwandlung standardmäßiger Rufnummern (E.164) bzw. von E-Mail-Adressen in die zugehörigen IP-Adressen. Außerdem ist er für das Bandbreiten-Management bei einer Ende-zu-Ende-Verbindung und Zugangskontrolle (Berechtigungsprüfung) zuständig.

Multipoint Der Standard H.323 unterstützt auch Multipoint-Konferenzen. Durch den *Control Unit* Einsatz einer MCU (*Multipoint Control Unit*) wird der Auf- und Abbau von Verbindungen sowie die Datenübermittlung bei der Realisierung von Konferenzen gesteuert. Diese MCU-Funktionalität kann in einem Endgerät (PC, Server etc.) oder extern realisiert sein. Das Gateway ist für das Interworking mit der restlichen Welt zuständig und soll die Übergänge zu den anderen Netzen (Telefonnetze, ISDN, ATM-Netze) ermöglichen. Auf diese Weise können über ein Gateway beispielsweise die Verbindungen zu ISDN-Video-Einrichtungen bzw. zwischen einem multimedialen LAN-Arbeitsplatz und einem klassischen ISDN-Telefon aufgebaut werden.

12.2.1 X over IP

Den Einsatz der Protokollfamilie TCP/IP für die Unterstützung der Multimedia-Kommunikation illustriert Abbildung 12.2-2. Hier wird klar, daß man die Multimedia-Kommunikation mit IP als *X over IP* bezeichnen könnte, wobei X = Daten, Sprache und Video.

Beim Multiservice-Networking werden IP-Anwendungen in folgende Klassen eingeteilt:

- *Verbindungsorientierte Datenanwendungen*

- *Verbindungslose Datenanwendungen*

- *Echtzeitanwendungen* (z.B. Sprach/Audio- und Video-Anwendungen)

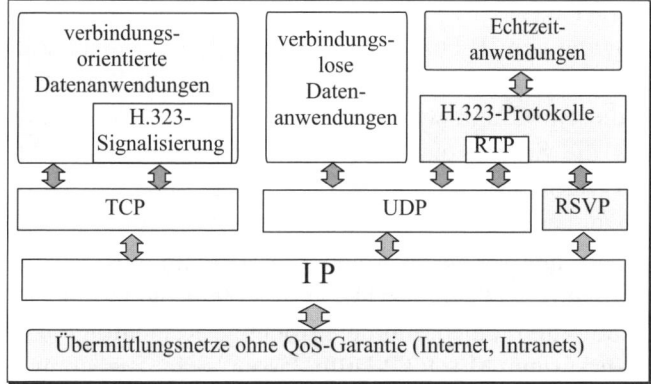

Abbildung 12.2-2:   Protokollstruktur bei X over IP

Die verbindungsorientierten Datenanwendungen (z.B. File Transfer) nutzen das Transportprotokoll TCP. Zu ihnen gehören all jene, die für die Kommunikation eine virtuelle Verbindung voraussetzen, die eine vorherige Vereinbarung zwischen Quell- und Zielrechner in bezug auf den Ablauf der Kommunikation darstellt. Eine solche Verbindung ermöglicht es, die Übertragung der IP-Pakete mit Hilfe des Protokolls TCP so zu sichern, daß eine wiederholte Übertragung der fehlerhaften bzw. unterwegs verlorengegangenen IP-Pakete vom Zielrechner veranlaßt werden kann. *Verbindungsorientierte Datenanwendungen*

Zu den verbindungslosen Datenanwendungen (z.B. Netzwerk-Management) gehören all jene, die für die Kommunikation keine virtuelle Verbindung benötigen. Diese Anwendungen nutzen für die Kommunikation das verbindungslose Protokoll UDP. *Verbindungslose Datenanwendungen*

In Zukunft werden PC-basierte Endsysteme sowohl herkömmliche Datenanwendungen als auch integrierte Sprach- und Video-Anwendungen unterstützen müssen. Die Sprach- und Video-Anwendungen zeichnen sich einerseits dadurch aus, daß sie eine bestimmte Bandbreite im Netz verlangen. Andererseits handelt es sich um Echtzeitanwendungen, die stark zeitkritisch *Echtzeitanwendungen* sind, so daß keine wiederholte Übertragung der unterwegs verlorengegangenen IP-Pakete mit Sprache bzw. Video möglich ist. Um die Echtzeitanwendungen mit dem IP-Protokoll zu ermöglichen, wurde von ITU-T der Standard H.323 entwickelt. H.323 stellt ein Rahmenwerk dar, in dem mehrere Protokolle (sog. H.323-Protokolle) enthalten sind.

Warum Echtzeitdaten über UDP? Für die Übermittlung von Sprache und Video (d.h. von Echtzeitdaten) kann das Transportprotokoll TCP nicht eingesetzt werden. Das TCP ist ein Sicherungsprotokoll zwischen den kommunizierenden Rechnern und verwendet Quittungen, um eine wiederholte Übertragung von verlorengegangenen bzw. fehlerhaften IP-Paketen zu veranlassen (=> Abschnitt 4.2.1). Eine wiederholte Übertragung von IP-Paketen mit Sprache bzw. Video hat keinen Sinn, weil die wiederholt übertragenen IP-Pakete bereits der Vergangenheit angehören. Aus diesem Grund wird das Protokoll *RTP* (*Real Time Transport Protocol*) für die Sprach- und Video-Anwendungen eingesetzt. Das RTP kann als ein verbindungsorientiertes Protokoll ohne Fehlerkontrolle (=> ohne Quittungen) angesehen werden.

Das RTP stellt quasi eine Anwendung oberhalb des verbindungslosen Transportprotokolls UDP dar. RTP vergibt Zeitstempel an die Datensegmente mit Audio und Video, um deren richtige Reihenfolge beim Empfänger zu gewährleisten. Mit RTP-Hilfe lassen sich netzbedingte Verzögerungsschwankungen (*Jitter-Effekte*) einigermaßen ausgleichen.

H.323-Signalisierung über TCP Da Sprach- und Video-Anwendungen eine Synchronisation erfordern, setzen sie eine verbindungsorientierte Kommunikation nach RTP voraus. Somit ist ein Protokoll für die Signalisierung (d.h. für die Verbindungssteuerung) über IP-Netze nötig. Die H.323-Signalisierung basiert zum größten Teil auf dem Standard Q.931 (d.h. auf der Signalisierung im ISDN). Die H.323-Signalisierung erfolgt über eine TCP-Verbindung (Sitzung), die auf vollkommene Weise dem D-Kanal des ISDN entspricht.

Protokoll RSVP Bei der Sprach- und Video-Kommunikation wird vom IP-Netz die Erfüllung bestimmter Werte einiger QoS-Parameter gefordert. Die Folge davon ist, daß gewisse Ressourcen im Netz reserviert werden müssen. Hierfür wurde das Protokoll *RSVP* (*Ressource reSerVation Protocol*) vorgesehen. Das RSVP ermöglicht die dynamische Reservierung von Ressourcen in IP-Netzen, um die geforderten QoS-Parameter für die Übermittlung von Sprache oder Video zur Verfügung zu stellen. Das Protokoll RSVP nutzen die H.323-Protokolle, um die benötigten Ressourcen für die QoS-Garantie im IP-Netz zu reservieren. Die Reservierung ist allerdings nur dann möglich, wenn alle Router auf der Strecke RSVP unterstützen. Auf das RSVP wird in Abschnitt 12.5 näher eingegangen.

RSVP ist ein komplexes Protokoll, bei dessen Implementierung die Hersteller noch zurückhaltend sind. Der RSVP-Einsatz hat nur dann einen Sinn, wenn möglichst alle Router auf dem Transportweg im IP-Netz zwischen Quell- und Zielrechner RSVP ebenfalls unterstützen. Dies läßt sich nicht so schnell erreichen. Deswegen wird heutzutage eine einfache Lösung bevorzugt, die auf der Priorisierung von Anwendungen basiert. Hierfür wird das ToS-Feld (*Type of Service*) in IP-Paketen verwendet. Mit Hilfe von Prioritätsangaben in diesem Feld werden mehrere Service-Klassen definiert. Die Lösung wird als *Differentiated Services* bezeichnet (=> Abschnitt 3.2.1).

Differentiated Services

12.2.2 Protokollarchitektur nach H.323

Die Protokollarchitektur für die multimediale Kommunikation nach H.323 zeigt Abbildung 12.2-3. Zu dem H.323-Aufgabenbereich gehören folgende Funktionen:

- *Verbindungssteuerung* (Signalisierung)
  Den Ablauf der Signalisierung (Steuerung beim Verbindungsauf- und -abbau, etc.) legen die Standards H.225.0 (Protokoll) und H.245 (Aufbau von Nachrichten) fest. Die hierfür notwendigen Nachrichten werden vom Standard Q.931 (Signalisierung im ISDN) übernommen.

- *Übermittlung von Echtzeitdaten*
  Die Übermittlung von Echtzeitdaten erfolgt nach dem Protokoll RTP. Als Transportprotokoll wird hier das verbindungslose UDP verwendet. RTP vergibt Zeitstempel an die Datenpakete von Echtzeitanwendungen (Audio und Video), damit deren richtige Reihenfolge beim Empfänger gewährleistet werden kann.

- *Bearbeitung von Audio- und Video-Signalen*
  Die Bearbeitung von Audio-Signalen findet in sog. Audio-Codecs statt. Hier gelten die ITU-T-Standards G.712, G.722, G.723, G.728 und G.729. Für die Bearbeitung von Videosignalen sind sog. Video-Codecs erforderlich. Hier gelten die ITU-T-Standards H.262 und H.263. In der Praxis werden die beiden Codec-Arten auf Audio/Video-Adapterkarten untergebracht. Die Video- und Audio-Signale werden durch eine am PC angeschlossene analoge Videokamera und durch ein externes Mikrofon zum „Codec" übertragen und dort digitalisiert und komprimiert. Bei der Ausgabe werden die Daten dekomprimiert und zum Bildschirm bzw. Lautsprecher übertragen. Für H.323-Terminals ist ein Audio-Codec gemäß G.712 als Minimalkonfiguration vorgesehen. Weitere Audio-Codecs mit anderen Bandbreiten sind optional und können zusätzlich implementiert werden.

Common
Intermediate
Format
Sofern Video unterstützt wird, ist ein Video-Codec H.261 mit dem Bildformat *QCIF* (*Quarter Common Intermediate Format*) vorgeschrieben. Auch hier sind Optionen (CIF oder H.263 mit allen Formaten) möglich. Da Sender und Empfänger (abhängig von der jeweiligen Implementierung) ggf. über unterschiedliche Codecs verfügen können, müssen sie sich vor dem Aufbau eines Kanals über die zu verwendenden Codecs einigen. Dies entspricht einer Prüfung der Kompatibilität bei Verbindungsaufbau im ISDN.

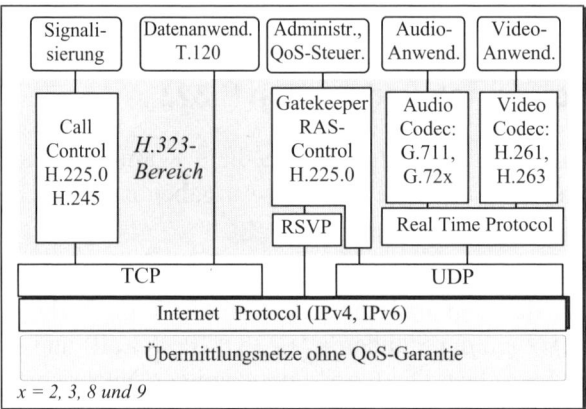

Abbildung 12.2-3:   Protokollarchitektur für multimediale Kommunikation nach H.323

- *RAS-Steuerung* (Registration, Admission and Status)
  Hier handelt es sich um die Steuerung, die zwischen den aktiven Terminals und dem Gatekeeper abläuft. Der Gatekeeper stellt quasi eine Zentrale innerhalb einer H.323-Zone dar. Ein Terminal kann eine Verbindung nur dann initiieren, wenn es beim Gatekeeper registriert wurde. Beim Verbindungsaufbau kann ein Terminal die benötigte Bandbreite beim Gatekeeper anmelden. Letztere wird von ihm mit Hilfe des Protokolls RSVP reserviert.

- *Unterstützung von Datenanwendungen nach T.120*
  Der T.120-Standard von ITU-T beschreibt die Prinzipien der Datenkommunikation bei PC-basierten Videokonferenzen und ist in H.323 integrierbar.

12.3 Protokolle: RTP, RTCP

Das Protokoll RTP (*Real Time Transport Protocol*) dient zur Übermittlung von Echtzeitdaten (Audio-, Video-Daten) in IP-Netzen. Das RTP wird im Internet-Standard RFC 1889 festgelegt. Das RTP vergibt neben einer Sequenznummer einen Zeitstempel an die Datenpakete mit Audio und Video, um deren richtige Reihenfolge beim Empfänger zu gewährleisten. Für die Überwachung der QoS-Parameter (*Quality of Service*) sowie die zusätzliche Steuerung zwischen Sender und Empfänger wird das *Hilfsprotokoll RTP Control Protocol* (*RTCP*) verwendet. RTCP kann auch als Bestandteil von RTP betrachten werden.

Die RTP-Anwendungen sind u.a. Internet-Telefonie, Videokonferenzen und multimediale Kommunikation. Das RTP erlaubt das Versenden unterschiedlicher Datenformate, die durch sog. *Profile* genau bezeichnet sind. Diese Profile sind in RFC 1890 spezifiziert.

12.3.1 RTP und Protokollfamilie TCP/IP

Das RTP kann als eine Anwendung oberhalb des Transportprotokolls UDP gesehen werden. Dies illustriert Abbildung 12.3-1.

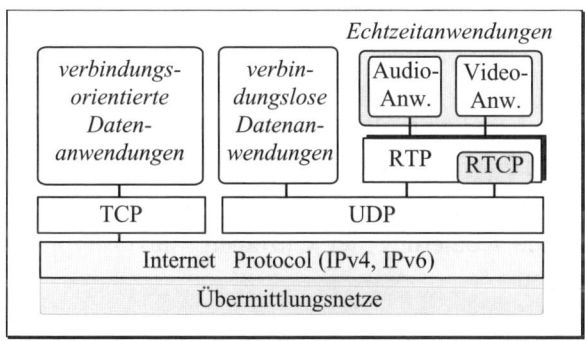

Abbildung 12.3-1:   RTP als eine UDP-Anwendung

Die Übermittlung von Audio und Video (d.h. von Echtzeitdaten) kann mit dem Transportprotokoll TCP nicht erfolgen. Das TCP ist ein Sicherungsprotokoll zwischen den kommunizierenden Rechnern und verwendet Quittungen, um eine wiederholte Übertragung von verlorengegangenen bzw. fehlerhaften IP-Paketen zu veranlassen. Eine wiederholte Übertragung von IP-Paketen mit Audio bzw. mit Video hat keinen Sinn, da die wiederholt übertragenen IP-Pakete bereits der Vergangenheit angehören. Aus diesem

Warum RTP und UDP ?

Grund wird das Protokoll RTP für die Übermittlung von Echtzeitdaten auf dem verbindungslosen Trasnsportprotokoll UDP aufgesetzt. Somit stellt das RTP eine UDP-Anwendung dar.

Die Echtzeitdaten werden nach dem Protokoll RTP als eine zusammenhängende Folge von RTP-Dateneinheiten transportiert.

12.3.2 Steuerungsangaben in RTP-Dateneinheiten

RTP-Dateneinheiten werden mit dem vorangestellten UDP-Header in IP-Paketen transportiert. Wie Abbildung 12.3-2 zeigt, setzt sich jede Dateneinheit aus einem Header und einem Nutzlastteil (*Payload*) zusammen.

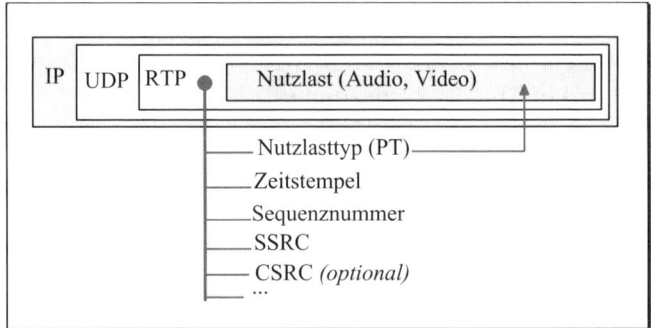

Abbildung 12.3-2:   RTP-Dateneinheit und -Steuerungsangaben

Aufbau des RTP-Headers

Die wesentlichen Angaben im RTP-Header sind:

- *Payload Type PT* (Nutzlasttyp)
  Hier wird die Art der Echtzeitdaten (z.B. Audio, Video, Simulation etc.) angegeben. Die Kodierung der einzelnen Nutzlasttypen wird im RFC 1890 festgelegt.

- *Timestamp* (Zeitstempel)
  Der Zeitstempel dient dazu, den Zeitpunkt der Generierung der Nutzlast zu markieren. Der Wert des Zeitstempels ist vom Nutzlasttyp abhängig. Bei der Übertragung von Audio mit konstanter Bitrate wird der Zeitstempel für jeden Abtastwert inkrementiert.

- *Sequence Number* (Sequenznummer)
  Jede RTP-Dateneinheit wird mit einer Sequenznummer versehen, die es dem Empfänger erlaubt, den Verlust von Dateneinheiten festzustellen bzw. die richtige Reihenfolge der Dateneinheiten wiederherzustellen, falls die Daten in einer falschen Reihenfolge angekommen sind. Die

Rückgewinnung von Echtzeitdaten (Sprache, Video etc.) muß normalerweise von der RTP-Anwendung übernommen werden.

- *Synchronization Source Identifier SSRC*
  Der SSRC dient zur Identifikation der Quelle von übertragenen Echtzeitdaten und muß eindeutig sein. Die Sequenznummer und der Zeitstempel gelten jeweils für einen Datenstrom mit dem gleichen SSRC. Zwei verschiedene Quellen müssen unterschiedliche SSRC haben, um zu gewährleisten, daß der Empfänger die Datenströme aus den verschiedenen Quellen unterscheiden kann.

- *Contributing Source Identifiers CSRC*
  Das CSRC-Feld ist optional und wird verwendet, falls die Nutzlast nicht direkt vom „Original"-Sender kommt, sondern von einem Zwischensystem (sog. Mixer) empfangen, verändert und von ihm weitergesendet wurde. CSRC ist eine Liste von „Original"-Quellen der Datenströme, aus denen sich die Nutzlast zusammensetzt. Der CSRC-Inhalt wird von einem Mixer festgelegt.

12.3.3 Mixer- und Translator-Funktionen

Mit einem Mixer können mehrere Datenströme zu einem gemischten Datenstrom zusammengefügt werden. Die Mixer-Funktion illustriert Abbildung 12.3-3.

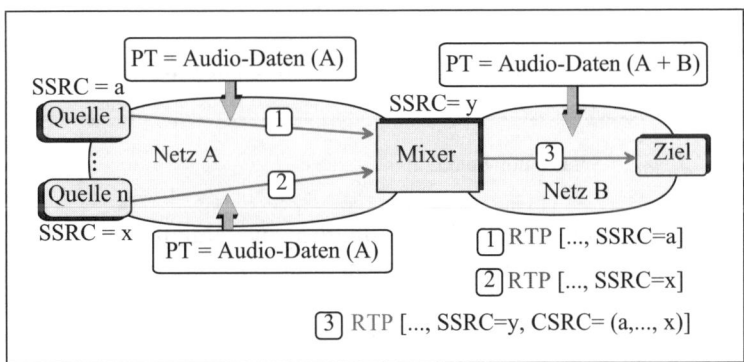

Abbildung 12.3-3:   Mixer-Funktion
                        RTP [...]: RTP-Dateneinheit

Angenommen, es werden oft Audiodaten von mehreren Quellen am Netz A *Mixer-* an ein Ziel am Netz *B* übertragen. Die Übertragungsrate im Netz A ist nied- *Funktion* riger als die Übertragungsrate im Netz *B*. Um die höhere Übertragungsrate ausnutzen zu können, kann in diesem Fall ein Mixer an der Grenze zwischen den beiden Netzen eingesetzt werden. Dieser Mixer ist dann in der Lage, ankommende RTP-Dateneinheiten vom Netz *A* auf die jeweilige Übertragungsrate im Netz *B* anzupassen. Hierbei werden mehrere Audio-Datenströme zu einem gemischten Strom zusammengesetzt. Der Mixer darf Audioströme mischen, weil sie beim Empfänger ohnehin über den gleichen Lautsprecher ausgegeben werden.

CSRC/SSRC Bei der Bildung eines gemischten Stroms wird angegeben, welche Quellen die einzelnen Ströme ursprünglich generiert haben. Wie aus Abbildung 12.3-3 hervorgeht, erstellt der Mixer damit eine Liste von Quellen (d.h. CSRC), auf der die Identifikation (SSRC) jeder Quelle eingetragen wird. Damit kann der Empfänger erkennen, welche Quellen die einzelnen Ströme von Echtzeitdaten generiert haben.

Ein Mixer kann auch Zeitanpassungen innerhalb der einzelnen Ströme vornehmen, um eine Kombination zu ermöglichen, z.B. bei verschiedenen Audiodaten das Mischen von Audio-Strömen, die zur gleichen Zeit aufgenommen wurden.

Translator-Funktion Ein Translator empfängt die RTP-Dateneinheiten in einem Format, übersetzt sie in ein anderes und schickt sie weiter. Wie Abbildung 12.3-4 zu entnehmen ist, wird hierbei die Identifikation SSRC nicht geändert.

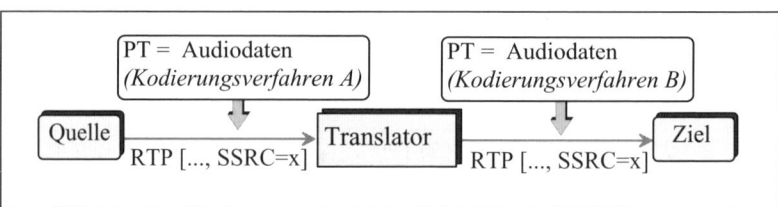

Abbildung 12.3-4:   Translator-Funktion

ACELP Ein Translator kann zusätzlich die übertragene Nutzlast verändern, z.B. durch die Umkodierung von Audiodaten in ein anderes Verfahren, beispielsweise von PCM mit 64 kbit/s nach *ACELP* (*Algebraic Code-Excited Linear Prediction*) mit 8 kbit/s (Standard G.729). Hierbei ist allerdings nur ein Datenstrom betroffen.

Die Translatoren können z.B. zum Einsatz kommen, wenn sich Teilnehmer hinter sog. Firewalls (=> Notwendigkeit einer Umkodierung) befinden und nicht direkt erreicht werden können. Die Mixer- und Translator-Aufgaben sind noch weit vielfältiger. Allgemeine Protokollanpassungen und das Mischen von Video-Bildern sind nur einige davon.

12.3.4 Bedeutung des Protokolls RTCP

Beim RTP wird ein zusätzliches „Monitoring"-Protokoll *RTCP* (*RTP Control Protocol*) verwendet, um die Qualität der Übermittlung zu überwachen, was zur Unterstützung der QoS-Garantie dienen soll. Den RTCP-Einsatz illustriert Abbildung 12.3-5.

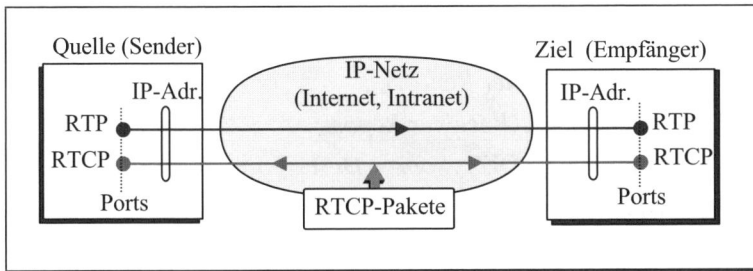

Abbildung 12.3-5: Bedeutung des Protokolls RTCP

Für die Übermittlung von Echtzeitdaten von einem Sender zu einem Empfänger wird eine unidirektionale Verbindung aufgebaut, die als eine RTP-Sitzung (*RTP Session*) interpretiert werden kann. Eine RTP-Sitzung stellt einen RTP-Kanal für die gerichtete Übertragung von Echtzeitdaten zur Verfügung. Die Endpunkte dieses Nutzkanals werden durch die Paare (IP-Adresse, RTP-Port-Nummer) identifiziert. *RTP-Session*

Bei der Übermittlung von Echtzeitdaten lassen sich die klassischen Verfahren aus dem Gebiet der Datenkommunikation nicht mehr einsetzen. Der Empfang von Echtzeitdaten kann dem Sender nicht mehr quittiert werden. Gerade um die Übermittlung von Echtzeitdaten über den RTP-Kanal überwachen zu können, wurde das Protokoll RTCP eingeführt. Für die Überwachung der Übermittlung von Echtzeitdaten wird zusätzlich eine bidirektionale RTCP-Kontrollverbindung aufgebaut. Die Endpunkte dieser Kontrollverbindung legen die Paare (IP-Adresse, RTCP-Port-Nummer) fest.

Unterschiedliche Echtzeitdaten (Audio, Video) werden über separate RTP-Kanäle transportiert. Für jeden RTP-Kanal ist wiederum eine RTCP-Kontrollverbindung nötig.

Ein RTP-Kanal entspricht einem B-Kanal vom ISDN. Eine RTCP-Verbindung kann als D-Kanal vom ISDN interpretiert werden. *RTP-Kanal als Signalisierung*

Das RTP definiert keine Mechanismen, um eine RTP-Sitzung auf- und abzubauen. Auch sind keine Mechanismen im RTCP für den Auf- und Abbau von RTCP-Kontrollverbindungen enthalten. Der Auf- und Abbau von RTP- und RTCP-Verbindungen muß durch andere Protokolle (sog. *Signalisie-*

rungsprotokolle) bzw. RTP-Applikationen übernommen werden. Da die beiden Protokolle RTP und RTCP Bestandteile des ITU-T-Standards H.323 sind, stellt das Rahmenwerk H.323 zusätzliche Standards (H.225.0, H.245) zum Auf- und Abbau von RTP- und RTCP-Verbindungen zur Verfügung.

RTCP- Die Funktion des Protokolls RTCP besteht in der Überwachung der Über-
Funktionen tragung von Echtzeitdaten über den RTP-Kanal. Dies erfolgt durch den Austausch bestimmter Nachrichten in sog. *RTCP-Paketen* zwischen Sender und Empfänger. Folgende RTCP-Pakettypen sind zu unterscheiden:

- Sender-Report SR (*Sender Report*),
- Empfänger-Report RR (*Receiver Report*),
- Quellenbeschreibung SDES (*Source Description*),
- Goodbye (*BYE*),
- Anwendungsspezifisches Paket APP (*Application-defined Packet*).

Die einzelnen Aufgaben des Protokolls RTCP sind:

- Überwachung der Dienstqualität (QoS) und Überlastkontrolle
  Um die Überlast beim Empfänger zu vermeiden, kann dem Empfänger die Sende-Datenrate mit Hilfe von Sender-Reports mitgeteilt werden. Damit kann sich der Empfänger im voraus auf die ankommende Daten-menge einstellen. Die Dienstqualität wird mit Hilfe von Empfänger-Reports überwacht. Hierbei können die Angaben bezüglich der Qualität der Übermittlung dem Sender zugänglich gemacht werden (z.B. Paket-verlust-, Jitter-Werte).

- Zusätzliche Identifikation der Quelle
  Hierfür überträgt RTCP eine feste Transport-Level-Identifikation der Quelle, d.h. einen sog. kanonischen Namen CNAME (*Canonical Name*). Im Gegensatz zur Identifikation über das SSRC, das im Konfliktfall ge-ändert wird, bleibt der CNAME immer fest. Empfänger können einem Sender anhand des CNAMEs verschiedene Ströme eindeutig zuordnen und entsprechend weiterverarbeiten (z.B. Lippensynchronität).

- Übermittlung der Information über eine RTP-Sitzung
  Dies läßt sich z.B. nutzen, um die Namen der Teilnehmer einer Konfe-renz anzuzeigen.

Bei der Multimedia-Kommunikation (d.h. gemischte Audio-, Video- und Daten-Kommunikation) muß ein bestimmtes Level der Dienstqualität (*QoS*) vom Netz garantiert werden. Somit müssen bestimmte Ressourcen im Netz reserviert werden. Hierfür wurde das Protokoll RSVP vorgesehen. Die Protokolle RTP, RTCP und RSVP (=> Abschnitt 12.5) bilden die Grundlagen für die Multimedia-Kommunikation in IP-Netzen.

12.4 Voice over IP

Eines der größten Wachstumspotentiale wird derzeit der Sprach- und Datenintegration auf IP-Basis zugesprochen. Wird die Sprache über ein IP-Netz übertragen, so bezeichnet man dies als *Voice over IP* (*VoIP*). Stellt das IP-Netz ein Intranet bzw. das Internet dar, so spricht man auch von Intranet- bzw. *Internet-Telefonie*. Häufig bezieht sich VoIP auf den professionellen Einsatz von IP-Telefonie in Firmennetzen oder in VPNs (*Virtual Private Networks*) auf Basis von IP-Netzen.

Ein PC am Intranet/Internet benötigt für die VoIP-Anwendungen eine Hardware- und Software-Erweiterung. Die Komponenten für Ein- und Ausgabe der Sprache (Mikrofon, Headset, evtl. Lautsprecher) werden in der Regel über eine Audio/Video-Adapterkarte mit dem PC verbunden. Die Sprache (bzw. auch Fax und Video) wird durch die Adapterkarte digitalisiert und komprimiert. Eine Software auf dem PC sorgt für die Verpackung der digitalisierten Sprache in IP-Pakete.

Die am häufigsten verwendete Sprachkomprimierung nach dem ITU-T-Standard G.729 erfordert eine Bandbreite von lediglich 8 kbit/s für ein Gespräch von relativ guter Qualität. Für besonders hochwertige Übertragungen kann eine Kodierung nach dem Standard G.712 erfolgen. Hierbei wird die Bandbreite von 64 kbit/s benötigt.

12.4.1 Anwendungsarten von VoIP

Grundsätzlich sind folgende Arten der Sprachkommunikation mit VoIP zu unterscheiden:

* Kommunikation: PC-zu-PC,
* Kommunikation: PC-zu-Telefon,
* Kommunikation: Telefon-zu-Telefon

Bei der VoIP-Kommunikation PC-zu-PC (Abbildung 12.4-1) muß man darauf achten, daß die Sprache auf beiden Seiten nach dem gleichem Prinzip komprimiert wird (z.B. nach G.729). Hier besteht allerdings keine Möglichkeit, einen Teilnehmer im Telefonnetz bzw. ISDN anzurufen. Bei solchen Anwendungsszenarien ist es oftmals nicht möglich, eine ausreichende Bandbreite zu reservieren und damit die Gesprächsqualität zu beeinflussen.

VoIP-Kommunikation: PC-zu-PC

Somit kann es zu Paketverlusten, Paketverzögerungen und damit Minderung der Sprachqualität kommen.

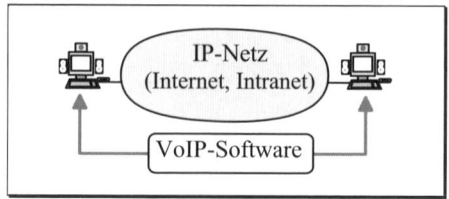

Abbildung 12.4- 1:   VoIP-Kommunikation PC-zu-PC

VoIP-Kom- Die VoIP-Kommunikation: PC-zu-Telefon illustriert Abbildung 12.4-2.
munikation: Hierbei verfügt Teilnehmer *A* (Tln. *A*) über einen PC am IP-Netz (z.B. In-
PC-zu- ternet, Intranet) und eine VoIP-Software. Die Verbindung zu ISDN-Teil-
Telefon nehmer *B* erfolgt über ein VoIP-Gateway, das einerseits die IP-Pakete mit
der Sprache aus dem Intranet in einen „Sprach"-Bitstrom umwandelt und
ihn in die angeschlossene ISDN-TK-Anlage bzw. in das ISDN weiterleitet.
Andererseits wird die digitale Sprache aus dem ISDN im VoIP-Gateway in
die IP-Pakete „verpackt" und an den PC am Intranet paketweise übermittelt.
Das VoIP-Gateway muß auch für eine Umsetzung der Adressen
(Telefonnummer und IP-Adresse) sorgen (=> Abbildung 12.4-8). Bei dieser
Lösung können alle Teilnehmer an der ISDN-TK-Anlage bzw. am ISDN
erreicht werden.

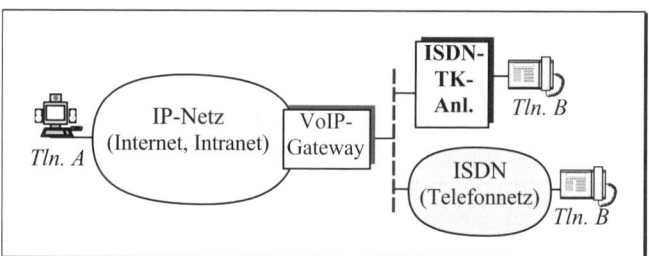

Abbildung 12.4 -2:   VoIP-Kommunikation: PC-zu-Telefon

Der Einsatz eines VoIP-Gateways dürfte beispielsweise für Unternehmen
mit mehreren und weltweit verteilten Standorten eine gute Möglichkeit sein,
Fernverbindungskosten für die Sprachkommunikation über ein IP-Netz ein-
zusparen. Dabei bleibt an den einzelnen Standorten die TK-Infrastruktur so
erhalten, wie sie ist.

Bei der VoIP-Kommunikation: Telefon-zu-Telefon (Abbildung 12.4-3) *VoIP-Kom-*
kommen auf beiden Seiten die VoIP-Gateways zum Einsatz. Ein Anruf ge- *munikation:*
langt zu einem VoIP-Gateway und wird von dort über das Intranet zu einem *Telefon-zu-*
zweiten Gateway weitergeleitet. Diese Variante stellt die Basis für eine *Telefon*
„zusätzliche" Kopplung von firmeninternen ISDN-TK-Anlagen über unter-
nehmensweite „Extranets" dar.

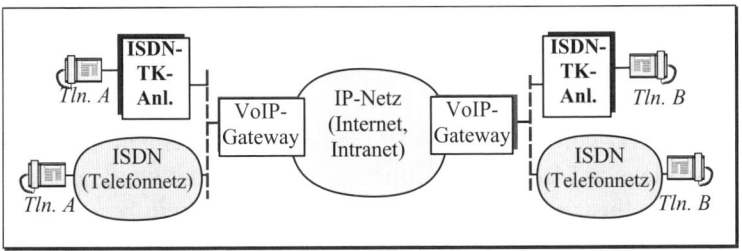

Abbildung 12.4-3:   VoIP-Kommunikation: Telefon-zu-Telefon

12.4.2 Beispiele für den VoIP-Einsatz

Mit den VoIP-Lösungen lassen sich Daten und Sprache über ein gemeinsa-
mes IP-Datennetz übermitteln. Die Nutzung des vorhandenen IP-Netzes
zusätzlich auch für die Sprachkommunikation, sofern die Auslastung des
Netzes dies zuläßt, führt direkt zu einer Reduktion der Kommunikationsko-
sten.

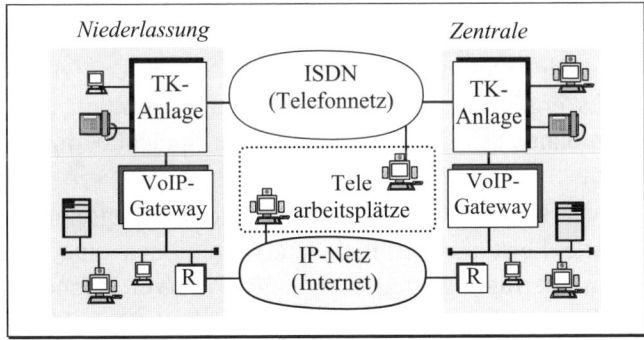

Abbildung 12.4-4:   Beispiel für eine VoIP-basierte Systemlösung

Abbildung 12.4-4 zeigt eine Systemlösung für die Übermittlung der Sprache
in IP-Paketen sowohl im lokalen Netzwerk als auch standortübergreifend.
Hier wird die ISDN-TK-Anlage mit dem Netzwerk (LAN) an jedem Stand-

ort über ein VoIP-Gateway verbunden. Einige PCs im Netzwerk können so erweitert werden, daß sie auch Multimedia-Kommunikation unterstützen, d.h. sie sind H.232-Terminals (=> Abbildung 12.2-1). Eine solche PC-Erweiterung besteht in der Regel aus einer Audio/Video-Adapterkarte und entsprechender Software für Audio/Video-Bearbeitung.

Bei dieser Lösung erhalten alle Endgeräte (PCs, Telefonapparate), die an die TK-Anlage angeschlossen sind, die Möglichkeit, über das lokale Netzwerk zu telefonieren. Eine bereits vorhandene Datenverbindung über das IP-Netz wird so zur kostenlosen Telefonverbindung zwischen einer Niederlassung und der Unternehmenszentrale.

IP-Netzwerk als eine virtuelle TK-Anlage In einem IP-Netzwerk mit der VoIP-Unterstützung können die Funktionen einer TK-Anlage auf Basis eines Intranets nachgebildet werden. Eine solche Systemlösung illustriert Abbildung 12.4-5. Hierfür ist ein besonderer Server nötig (als VoIP-Server bezeichnet), mit dem die Nachbildung einer TK-Anlage realisiert wird.

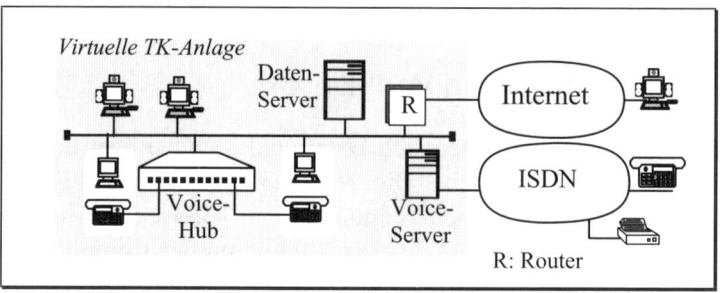

Abbildung 12.4-5:   Netzwerk als virtuelle TK-Anlage

Voice-Hubs Die Anbindung der Telefonapparate an das Netzwerk erfolgt mit Hilfe von Voice-Hubs. Es ergibt sich hier ein Einsparungspotential, da vorhandene Datenleitungen ohne zusätzliche Kosten für die Sprachübermittlung genutzt werden können.

Der VoIP-Server kann die Funktion einer Vermittlungseinrichtung übernehmen und alle Leistungsmerkmale und Funktionen einer komfortablen TK-Anlage zur Verfügung stellen. Im VoIP-Server können zusätzliche Dienste wie z.B. Anrufbeantworter, Voice-Box, Automatic ACD (*Automatic Call Distribution*) sowie Funktionen eines Gateways zur Weiterleitung von Telefongesprächen über das Telefonnetz bzw. ISDN implementiert werden.

Zudem bietet der VoIP-Server die Möglichkeit der Telefonie mit einem Multimedia-PC, der zusätzlich zu einer Netzwerkadapterkarte mit einer entsprechenden Audio/Video-Adapterkarte ausgestattet ist. Ein Vorteil einer

virtuellen TK-Anlage auf der Netzwerkbasis besteht darin, daß die Telefon-
verkabelung nicht mehr nötig ist, denn die Telefonapparate werden über
Voice-Hubs direkt an das LAN angeschlossen und sind über dieses mit dem
VoIP-Server verbunden.

12.4.3 Protokolle für VoIP

Einheitliche Protokolle für die VoIP-Unterstützung existieren bislang noch
nicht, doch haben sich bereits einige Ansätze herauskristallisiert. Die Verbindungen und Protokolle bei VoIP sind aus Abbildung 12.4-6 ersichtlich.

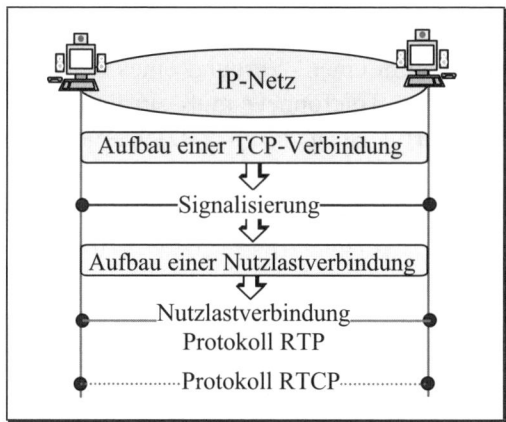

Abbildung 12.4-6:   Verbindungen und Protokolle bei VoIP

Vor Übermittlung der Sprache in IP-Paketen wird eine TCP-Verbindung
zwischen den kommunizierenden PCs aufgebaut. Diese Verbindung dient
der Signalisierung, d.h. der Übermittlung der Steuerung, um eine Nutzver-
bindung für die Sprachübermittlung aufzubauen. Es haben sich bereits zwei
wichtige Ansätze für die Signalisierung bei den VoIP-Anwendungen herauskristallisiert:

• Signalisierung nach dem Standard H.225.0,

• Signalisierung nach dem Protokoll *SIP (Session Initiation Protocol)* .

Der Standard H.225.0 gehört zum ITU-T-Rahmenwerk H.323 und entspricht   *Session*
weitgehend dem Standard Q.931 für die Signalisierung im ISDN. Das Pro-   *Initiation*
tokoll SIP wird im IETF-Standard RFC 2543 festgelegt. Im SIP haben viele   *Protocol*
Merkmale klassischer Telefonie keine Berücksichtigung gefunden. Somit ist
der SIP-Einsatz bei der Intranet-Integration mit einer ISDN-TK-Anlage
problematisch. In diesem Fall sind dem Standard H.225.0 bessere Chancen

einzuräumen. Alle bedeutenden Hersteller von VoIP-Lösungen haben ihre Bereitschaft signalisiert, zukünftig H.323-konform zu sein. Das SIP im Vergleich zum H.225.0 ist ein „leichtes" Protokoll und eignet sich gut für die multimediale Kommunikation über das Internet.

Wie aus Abbildung 12.4-6 ersichtlich ist, wird mit Hilfe der Signalisierung eine virtuelle Nutzlastverbindung aufgebaut. Über die Verbindung wird die Sprache in IP-Paketen nach dem Protokoll RTP (*Real Time Transport Protocol*) übermittelt. Somit ist die Nutzlastverbindung als ein virtueller RTP-Kanal zu sehen. Um die Übermittlung der Sprache zu kontrollieren, wird das Protokoll RTCP (*RTP Control Protocol*) verwendet. Dieses Protokoll stellt auch bestimmte Nachrichten für die QoS-Unterstützung (*Quality of Service*) zur Verfügung (=> Abschnitt 12.3.4).

Media Gateway Control Protocol Für VoIP-Anwendungen in einem Verbund eines IP-Netzes mit dem ISDN bzw. mit einem digitalen Telefonnetz muß ein besonderes VoIP-Gateway eingesetzt werden. Hierfür ist auch ein spezielles Protokoll nötig, das sowohl die Funktionsweise des VoIP-Gateways als auch die Signalisierung für diesen Fall festlegt. Als ein derartiges Protokoll dient das Protokoll MGCP (*Media Gateway Control Protocol*) (=> RFC 2705). Den MGCP-Einsatz illustriert Abbildung 12.4-7.

Signaling System Number 7 Eine Verbindung zwischen einem Teilnehmer am IP-Netz und einem anderen am ISDN setzt sich aus einer physikalischen Verbindung über das ISDN und einer virtuellen Nutzlastverbindung mit dem Protokoll RTP zusammen (=> Abbildung 12.4-8). Diese beiden Verbindungsteile werden mit Hilfe der Komponente MG im VoIP-Gateway miteinander verbunden. Mit der Komponente MGC wird die ISDN-Signalisierung SS7 (*Signaling System Number 7*) auf das Protokoll MGCP umgesetzt.

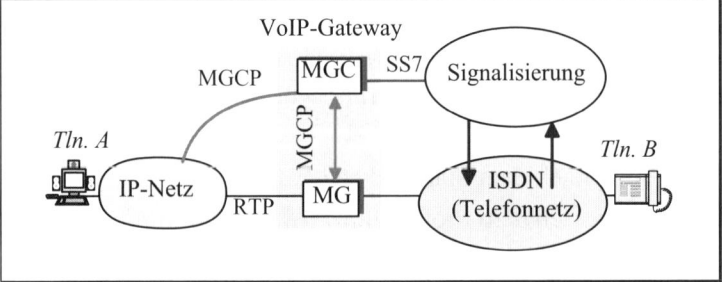

Abbildung 12.4-7:   Einsatz des Protokolls MGCP
MG: Media Gateway, MGC: Media Gateway Controller,
SS7: Signalisierungs-System Nr. 7, Tln.: Teilnehmer

Der professionelle Einsatz von VoIP-Systemen wird zunächst auf private Intranets und Extranets beschränkt bleiben. Nur in diesen Netzen kann zuerst eine ausreichende Qualität der Sprachübertragung garantiert werden. Der Einsatz des öffentlichen Internets für die professionelle Sprachkommunikation ist jedoch problematisch. Das heute weitgehend auf den klassischen Routern basierende Internet muß um Mechanismen erweitert werden, die es ermöglichen, eine geforderte Qualität der Sprachübertragung zu garantieren. Hierzu gehört u.a. der Einsatz des Protokolls RSVP. Der RSVP-Einsatz hat nur dann einen Sinn, wenn alle Router auf dem Datenpfad dieses Protokoll unterstützen. Dies läßt sich nicht so schnell erreichen. Deswegen werden oft einfache Lösungen implementiert, die auf der Priorisierung von übertragenen IP-Paketen basieren.

12.4.4 Voice over IP im LAN-Verbund mit ISDN

Im allgemeinen besteht das VoIP-Prinzip bei der Sprachkommunikation zwischen einem ISDN-Telefon am ISDN und einem IP-Telefon am LAN darin, daß zwischen den beiden Telefonen eine „heterogene" Ende-zu-Ende-Verbindung besteht. Wie Abbildung 12.4-8 zeigt, setzt sich eine derartige Verbindung aus einer physikalischen B-Kanal-Verbindung zwischen ISDN-Telefon und VoIP-Gateway und einer virtuellen Verbindung zwischen VoIP-Gateway und IP-Telefon zusammen. Da das Protokoll RTP (*Real Time Transport Protocol*) für die Sprachübermittlung im LAN verwendet wird, bezeichnet man die virtuelle Verbindung für die Sprachübertragung über das LAN als *RTP-Kanal*.

Die Schritte beim Aufbau einer Verbindung (nach dem Standard H.323) zwischen einem ISDN-Telefon und einem IP-Telefon am LAN sind Abbildung 12.4-8 zu entnehmen. Hierbei ging man davon aus, daß die Verbindung das ISDN-Telefon initiiert. Um die Sprachkommunikation im Verbund ISDN und LAN zu realisieren, muß jedes IP-Telefon am LAN über eine Telefonrufnummer verfügen. Zwischen dem ISDN-Telefon und dem VoIP-Gateway erfolgt die Verbindungssteuerung nach dem D-Kanal-Protokoll. Die Verbindungssteuerung zwischen dem VoIP-Gateway und dem IP-Telefon erfolgt nach dem Standard H.323. *(Aufbau einer VoIP-Verbindung)*

Das ISDN-Telefon initiiert eine Verbindung durch das Absenden der Nachricht SETUP des D-Kanal-Protokolls. In dieser Nachricht wird die Ziel-Rufnummer *B* des IP-Telefons am LAN angegeben. Nach Empfangen dieser Nachricht beim VoIP-Gateway wird die Mitteilung „Verbindung im Aufbau" (*Call Proceeding*) zum ISDN-Telefon abgeschickt und gleichzeitig die *(Call Proceeding)*

IP-Adresse des IP-Telefons beim Gatekeeper (=> Abbildung 12.2-1) abgefragt.

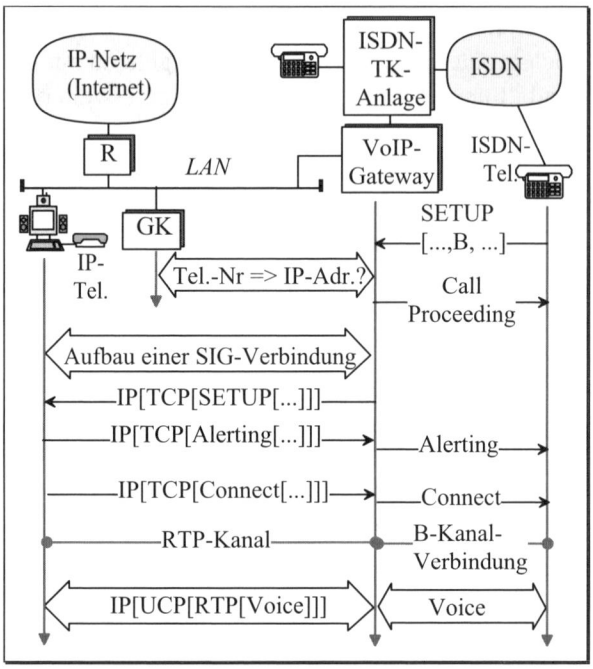

Abbildung 12.4-8:   Schritte von der Sprachübertragung im LAN
GK: Gatekeeper, R: Router, RTP: Real Time Transport Protocol,
SIG: Signalisierung

Im nächsten Schritt wird eine virtuelle TCP-Verbindung zwischen dem
VoIP-Gateway und dem Ziel-IP-Telefon aufgebaut. Diese Verbindung dient
als die Signalisierungsverbindung und kann als ein „virtueller" D-Kanal
vom ISDN über das LAN gesehen werden. Über die Signalisierungsverbindung zwischen dem VoIP-Gateway und dem Ziel-IP-Telefon erfolgt die
Signalisierung nach dem Standard H.225.0 aus dem „Umbrella"-Standard
H.323. Es ist hervorzuheben, daß der Standard H.225.0 als eine Realisierung
des D-Kanal-Protokolls vom ISDN über TCP-Verbindungen angesehen
werden kann. Die Nachrichten des D-Kanal-Protokolls werden zwischen
dem VoIP- Gateway und dem IP-Telefon in den IP-Paketen übermittelt. Das
Protokoll TCP dient hierbei als ein Sicherungsprotokoll. Das TCP ermöglicht es, fehlerhafte bzw. verlorengegangene IP-Pakete zu entdecken, so daß
sie wiederholt übertragen werden können.

Hat das IP-Telefon die Nachricht *SETUP* empfangen, sendet es die Nach- *IP-Telefonie*
richt *Alerting* an das VoIP-Gateway, um darauf zu verweisen, daß es beim
Ziel-IP-Telefon „klingelt". Das VoIP-Gateway leitet *Alerting* an das ISDN-
Telefon weiter. Falls der Hörer beim IP-Telefon abgehoben wird, sendet das
IP-Telefon die Nachricht *Connect*. Erreicht diese Nachricht das VoIP-
Gateway, steht eine virtuelle Verbindung zwischen dem IP-Telefon und
VoIP-Gateway für die Sprachübertragung im LAN zur Verfügung. Da das
RTP für die Sprachübertragung verwendet wird, bezeichnet man diese virtu-
elle Verbindung als RTP-Kanal. Erreicht die Nachricht *Connect* das ISDN-
Telefon, wird der Aufbau einer B-Kanal-Verbindung zwischen dem VoIP-
Gateway und dem ISDN-Telefon abgeschlossen.

Zwischen dem ISDN-Telefon und dem IP-Telefon am LAN erfolgt die *Sprach-*
Sprachübertragung nach folgenden Prinzipien: *übertragung*

- Zwischen ISDN-Telefon und VoIP-Gateway wird die Sprache über eine
  ISDN-Verbindung als ein kontinuierlicher Bitstrom mit der Bitrate 64
  kbit/s übertragen.

- Zwischen VoIP-Gateway und IP-Telefon wird die Sprache in IP-Paketen
  über einen virtuellen RTP-Kanal übertragen. Hierbei werden die Protokolle UDP und RTP verwendet (=> Abbildung 12.4-8). Der virtuelle
  RTP-Kanal stellt quasi eine Verlängerung der ISDN-Verbindung über
  das LAN dar.

Die Schritte nach der Sprachübertragung im LAN illustriert Abbildung 12.4-
9. Hier ging man davon aus, daß der Abbau der Verbindung vom ISDN-
Telefon initiiert wird.

Um die bestehende ISDN-Verbindung abzubauen, sendet das ISDN-Telefon *Abbau einer*
die Nachricht *DISC* ab. Diese Nachricht wird vom VoIP mit *REL (Release)* *VoIP-*
bestätigt. Als Reaktion darauf gibt das ISDN-Telefon den B-Kanal frei. Die *Verbindung*
Nachricht *REL* wird vom ISDN-Telefon mit *REL COM (Release Complete)*
quittiert. Auf diese Art und Weise wird die ISDN-Verbindung zwischen
dem ISDN-Telefon und dem VoIP-Gateway abgebaut.

Nach Empfangen der Nachricht *DISC* beim VoIP-Gateway wird der Abbau
des virtuellen RTP-Kanals im LAN initiiert. Hierfür sendet das VoIP-
Gateway die Nachricht *EndSessionCommand* (nach dem Standard H.225.0,
=> Abbildung 12.2-3). Diese Nachricht wird mit *REL* bestätigt. Den *REL*-
Empfang quittiert das VoIP-Gateway mit der Nachricht *REL COM*. Hiermit
wird der Abbau des RTP-Kanals abgeschlossen. Im letzten Schritt wird die
noch bestehende Signalisierungsverbindung (d.h. eine TCP-Sitzung) abgebaut.

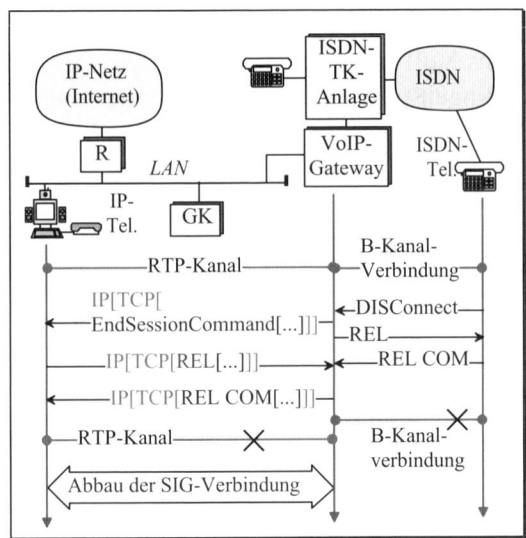

Abbildung 12.4-9:   Schritte nach der Sprachübertragung im LAN

12.5 Protokoll RSVP

Das RSVP (*Resource reSerVation Protocol*) ist ein Protokoll, nach dem die Ressourcen in Netzen mit dem klassischen Internet Protokoll (IPv4) bzw. in Netzen mit dem neuen Protokoll IPv6 reserviert werden können, um eine von der Anwendung geforderte Dienstqualität QoS (*Quality of Service*) zu garantieren. Um die Reservierung von Ressourcen zu initiieren, schickt ein Quellrechner zunächst an den Zielrechner eine Path-Nachricht mit der Angabe der geforderten Ressourcen. Jeder Router trägt unterwegs seine IP-Adresse in dieser Nachricht ein. Hat die Path-Nachricht den Zielrechner erreicht, enthält sie die optimale Route vom Quell- zum Zielrechner. Nach dem Empfang der Path-Nachricht sendet der Zielrechner eine Resv-Nachricht an den Quellrechner. Diese Nachricht läuft über die gleichen Router zurück zum Quellrechner, und jeder Router wertet unterwegs die Resv-Nachricht aus und reserviert die entsprechenden Ressourcen.

Unidirek-tionale Re-servierung Eine Reservierung mit dem RSVP bezieht sich immer auf eine unidirektionale, virtuelle Verbindung. Für eine Vollduplex-Verbindung mit QoS-Garantie sind zwei Reservierungen erforderlich, je eine für beide Kommunikationsrichtungen. Das RSVP kann sowohl für die Reservierung bei Punkt-zu-Punkt- als auch bei Punkt-zu-Mehrpunkt-Verbindungen eingesetzt werden.

12.5.1 Token-Bucket-Modell

Wie bereits in Abbildung 12.1-2 zum Ausdruck gebracht wurde, führen die QoS-Anforderungen in IP-Netzen zur Reduzierung der gesamtem Zwischenspeicherungszeit auf der Strecke: Quell-Anwendung => Ziel-Anwendung. Diese Zwischenspeicherungszeit kann dadurch kontrolliert werden, daß die zu dieser Verbindung gehörenden IP-Pakete in den einzelnen Routern unterwegs nach einer von vornherein festgelegten Regel gesendet werden. Diese Regel basiert auf dem *Token-Bucket-Modell*, das mit den Parametern

- B = Bucket-Größe [Bytes],
- R = Token-Rate [Bytes/s]

beschrieben wird.

Das Token-Bucket-Modell liegt dem Protokoll RSVP zugrunde und wird vom Paket-Scheduler des Protokolls RSVP verwendet, um die gesamte Zwischenspeicherungszeit auf einer virtuellen Verbindung zu kontrollieren und damit die geforderten QoS-Parameter zu garantieren.

Den Einsatz des Token-Bucket-Modells im Paket-Scheduler eines Routers illustriert Abbildung 12.5-1. Ein Token stellt hier eine Dateneinheit dar. Beim Protokoll RSVP wird angenommen: Token = Byte. Das Token-Bucket-Modell beschreibt das Verhalten beim Senden von Daten einer virtuellen Verbindung (Sitzung). Der Parameter *R* stellt die dauerhaft vom Netz unterstützte (garantierte) Datenrate für eine virtuelle Verbindung dar. *[Token-Bucket und Paket-Scheduler]*

Der Behälter (*Bucket*) wird mit der Rate von *R* Bytes pro Sekunde gefüllt. Die Variable *x* beschreibt den aktuellen Zustand des Behälters (Bucketgröße) in Bytes und besagt, wie viele Bytes zu jeder Zeit gesendet werden dürfen. Ein IP-Paket darf somit nur dann gesendet werden, wenn der Behälter genügend Bytes enthält. Die Funktionsweise des Paket-Schedulers beim Senden eines IP-Pakets mit der Länge von *a* Bytes läßt sich folgendermaßen beschreiben: *[Bucket]*

- Falls a < x ist, wird das IP-Paket gesendet und der Inhalt des Behälters um a dekrementiert, d.h. x <= x-a.
- Falls x < a bzw. x = 0 ist, muß das IP-Paket so lange warten, bis der Zustand *x* den Wert *a* erreicht hat. Erst dann wird das IP-Paket gesendet und der Inhalt des Behälters um a dekrementiert.

Nach dem Token-Bucket-Modell dürften nicht mehr als R*T + B [Bytes] während eines Zeitintervalls T auf der virtuellen Verbindung gesendet werden. Somit gibt der Parameter *B* an, um wie viele Bytes die mittlere Datenmenge gemäß der garantierten Datenrate R bei einem unregelmäßigen (burstartigen) Datenverkehr zusätzlich überschritten werden darf.

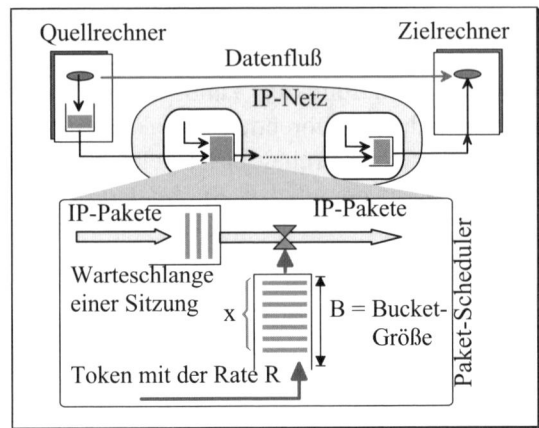

Abbildung 12.5-1:   Packet-Scheduler nach dem Token-Bucket-Modell

12.5.2 RSVP-Funktionsmodule

Für die RSVP-Realisierung werden mehrere Funktionsmodule definiert. Abbildung 12.5-2 zeigt diese Module im Quellrechner und im Router. Das Protokoll RSVP ist der Transportschicht (Schicht 4) zuzuordnen. Das RSVP ist aber kein Transportprotokoll, sondern ausschließlich für die Überwachung des Datentransports zuständig. Bei der Überwachung des Datentransports unterscheidet man hauptsächlich zwischen der Policy- und der Verkehrskontrolle. Die einzelnen RSVP-Funktionsmodule sind:

- Zulassungskontrolle (*Admission Control*),
- Policy-Kontrolle (*Policy Control*),
- Paket-Klassifizierer (*Packet Classifier*),
- Paket-Scheduler (*Packet Scheduler*).

Wird eine neue Reservierung von Ressourcen gefordert, müssen sowohl im Quellrechner als auch in Routern folgende Fragen beantwortet werden:

- Sind die geforderten Ressourcen verfügbar?
- Ist der Benutzer (Anwendung) berechtigt, diese Ressourcen zu reservieren?

Mit der Zulassungskontrolle (*Admis Cntrl*) im Quellrechner bzw. im Router *QoS bei* wird festgestellt, ob die benötigten Ressourcen (z.B. Bandbreite) verfügbar *RSVP* sind, um die geforderten QoS-Parameter zu garantieren. Mit Hilfe der Policy-Kontrolle wird festgestellt, ob der Benutzer (bzw. die Anwendung im Quellrechner) berechtigt ist, die Reservierung der geforderten Ressourcen vorzunehmen. Der Paket-Klassifizierer (kurz: Klassifizierer) hat die Aufgabe, die ankommenden IP-Pakete den festgelegten QoS-Klassen zuzuordnen. Diese QoS-Klassen können den Prioritäten im Header des Protokolls IP entsprechen. Der Paket-Scheduler funktioniert nach dem in Abbildung 12.5-1 dargestellten Token-Bucket-Modell und bestimmt die Zeitpunkte, zu denen die versandbereiten Pakete einer virtuellen Verbindung gesendet werden sollen. Mit Hilfe des Paket-Schedulers wird somit die Bandbreite einer Leitung (als eine Ressourcen-Art) für eine virtuelle Verbindung bereitgestellt.

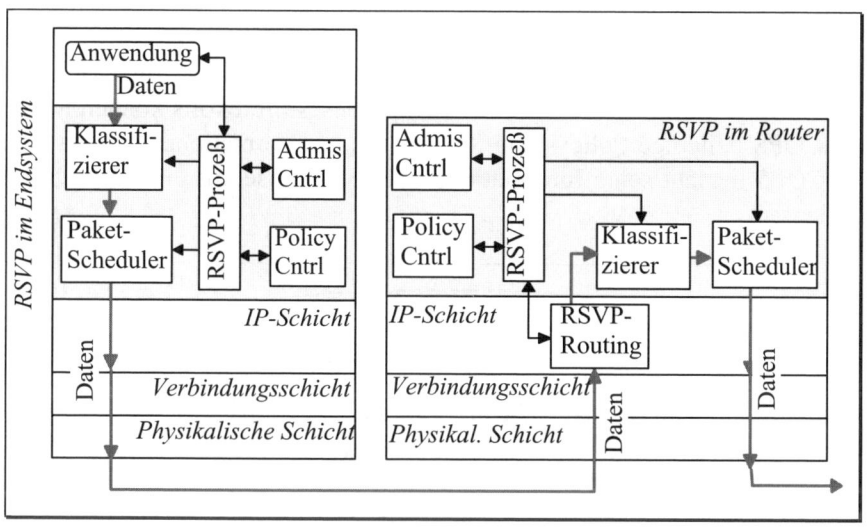

Abbildung 12.5-2: Funktionsmodule des Protokolls RSVP
Admis Cntrl: Admission Control, Policy Cntrl: Policy Control

Aus Abbildung 12.5-2 ist auch ersichtlich, welche Funktionsmodule bei der Datenübermittlung direkt beteiligt sind. Ein RSVP-fähiger Router enthält innerhalb der IP-Schicht das Funktionsmodul *RSVP-Routing*. Durch die Bezeichnung „RSVP-Routing" sollte hervorgehoben werden, daß die Weiterleitung der IP-Pakete auf einer virtuellen Verbindung, den herkömmlichen Routing-Prinzipien in IP-Netzen (z.B. nach dem Protokoll RIP bzw. OSPF) nicht mehr entspricht, falls für diese Verbindung die Ressourcen im IP-Netz reserviert wurden. Wurden die Ressourcen für eine Verbindung reserviert, so wird eine Route für die Dauer der Verbindung von vornherein festgelegt (=> Abbildung 12.5-3). Die Weiterleitung der IP-Pakete auf einer Verbindung mit den reservierten Netz-Ressourcen entspricht weitgehend den sog. Source-Routing-Prinzipien.

12.5.3 Prinzip der Reservierung von Ressourcen

Das Prinzip der Reservierung von Ressourcen für eine virtuelle Punkt-zu-Punkt-Verbindung illustriert Abbildung 12.5-3. Ein Quellrechner signalisiert seine QoS-Anforderungen durch das Absenden der RSVP-Nachricht Path zum Zielrechner. Diese Nachricht wird nach den herkömmlichen Routing-Prinzipien über das IP-Netz dem Zielrechner übermittelt. Jeder RSVP-fähige Router analysiert unterwegs die Path-Nachricht. Der Router kann eventuell über einen externen Policy-Server überprüfen, ob eine gewünschte Reservierung von Ressourcen zulässig ist.

COPS Für diese Aufgabe ist ein sog. *Common-Open-Policy-Server* (*COPS*) zuständig. Die Kommunikation zwischen Router und COPS erfolgt nach dem COPS-Protokoll (=> RFC 2748). Mit Hilfe dieses Protokolls können Router und COPS beliebige Policy- und Konfigurationsinformationen austauschen. Ein COPS bezieht seine Informationen beispielsweise aus einem Verzeichnisdienst.

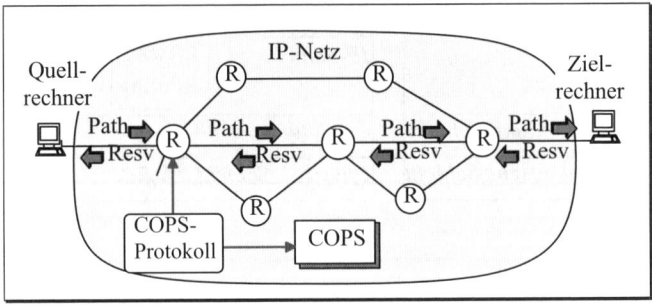

Abbildung 12.5-3:   Reservierung von Ressourcen nach RSVP

Path- In der Path-Nachricht werden die IP-Adressen aller Router eingetragen, über *Nachricht* die diese Nachricht übermittelt wurde. Hat die Path-Nachricht den Zielrech-*Resv* ner erreicht, enthält sie eine zu diesem Zeitpunkt optimale Route vom Quell- zum Zielrechner nach dem verwendeten Routing-Protokoll, z.B. RIP bzw. OSPF.

Die eigentliche Reservierung von Ressourcen initiiert der Zielrechner durch das Absenden der RSVP-Nachricht *Resv* (*Reservierung*) an den Quellrechner. Die Resv-Nachricht wird nach der Routenangabe in der im Zielrechner empfangenen Path-Nachricht, d.h. auf dem gleichen Weg von Router zu Router wie die Path-Nachricht übermittelt. Jeder Router überprüft unterwegs, ob er die in der Resv-Nachricht angegebenen QoS-Anforderungen erfüllen kann. Es kommen zwei Möglichkeiten in Frage:

- Die QoS-Anforderungen können im Router erfüllt werden. In diesem Fall leitet der betreffende Router die in der Resv-Nachricht enthaltenen QoS-Parameter ohne Veränderungen weiter.

- Die QoS-Anforderungen können vom Router nicht erfüllt werden. In diesem Fall „reduziert" der betreffende Router die Werte von QoS-Parametern in der empfangenen Resv-Nachricht so weit, daß er sie erfüllen kann, und leitet die Resv-Nachricht mit den so modifizierten QoS-Parametern weiter.

Hat der Quellrechner die Resv-Nachricht empfangen, enthält sie die Werte von QoS-Parametern, die auf dem festgelegten Weg zum Zielrechner von allen Routern unterwegs erfüllt werden können. Diese QoS-Parameter gelten nur für eine virtuelle Verbindung vom Quell- zum Zielrechner.

Da sich die optimale Route im IP-Netz ändern kann, wird der in Abbildung 12.5-3 dargestellte Vorgang (d.h. das Absenden von Path- und Resv-Nachrichten) in bestimmten Zeitabständen periodisch wiederholt. Dies dient dem Zweck, die Reservierungen regelmäßig aufzufrischen. Falls ein Router innerhalb einer festgelegten Zeitperiode (*Time Out*) keine Reservierungsnachrichten empfängt, werden die im Router reservierten Ressourcen wieder freigegeben. Ein derartiges Auffrischen von „Reservierungszuständen" wird beim RSVP als *Soft-State-Verfahren* bezeichnet. *Soft-State*

12.5.4 RSVP-Nachrichtentypen

RSVP nutzt die Nachrichtentypen *Path*, *Resv*, *PathErr*, *ResvErr*, *PathTear*, *ResvTear* sowie *ResvConf*, auf die nun näher eingegangen werden sollen.

Die Bedeutung der Path-Nachricht (Nachricht zur Bestimmung des Datenpfads) wurde bereits in Abbildung 12.5-3 dargestellt. Diese Nachricht wird vom Quellrechner gesendet, um einen Pfad (eine Route) zum Zielrechner zu bestimmen, auf dem bestimmte QoS-Parameter garantiert werden. *Path-* *Nachricht*

Die Path-Nachricht enthält folgende Objekte:

```
<Path Message> :: = <Common Header>
   [<INTEGRITY>]
          <SESSION> <RSVP_HOP>
          <TIME_VALUES>[<POLICY_DATA>]
```

[<Sender Descriptor>]

<Sender Descriptor> :: = <SENDER_TEMPLATE>
<SENDER_TSPEC> [<ADSPEC>]

Die in Klammern [...] enthaltenen Objekte sind optional, d.h. sie kommen nur nach Bedarf vor.

Resv- Die Bedeutung der Resv-Nachricht ist ebenfalls aus der Abbildung 12.5-3
Nachricht ersichtlich. Diese Nachricht wird vom Zielrechner gesendet, um auf dem von der Path-Nachricht festgelegten Datenpfad (Route) die geforderten Ressourcen zu reservieren.

Die Resv-Nachricht enthält folgende Objekte:

<Resv Message> :: = <Common Header>
[<INTEGRITY>] <SESSION>
 <RSVP_HOP> <TIME_VALUS>
[<RESV_CONFIRM>] [<SCOPE>]
[<POLICY_DATA> ...] <STYLE>
[<Flow Descriptor List>]

<Flow Descriptor List> :: = <FLOWSPEC> <FILTER_SPEC>

Die in Klammern [...] enthaltenen Objekte sind optional.

* PathErr-Nachricht (*Path Error*)
  Diese Nachricht wird verwendet, um dem Absender bestimmte Fehler in der empfangenen Path-Nachricht mitzuteilen.
* ResvErr-Nachricht (*Resv Error*)
  Diese Nachricht dient dazu, dem Absender dieser Nachricht das Vorhandensein von Fehlern in der empfangenen Resv-Nachricht zu signalisieren.
* *PathTear*-Nachricht
  Diese Nachricht wird vom Quellrechner verwendet, falls keine Resv-Nachricht als eine Antwort auf die abgeschickte Path-Nachricht in einem bestimmten Zeitraum (Time-Out) ankommt. Die PathTear-Nachricht dient somit Diagnosezwecken.
* *ResvConf*-Nachricht
  Eine Bestätigung der Resv-Nachricht kann gefordert werden. Hierfür enthält diese Nachricht das Objekt RESV-CONFIRM. Für die Übertragung dieser Bestätigung wird die ResvConf-Nachricht verwendet.

- *ResvTear*-Nachricht
  Diese Nachricht wird vom Zielrechner bzw. von einem Router gesendet, falls die Resv-Nachricht in einem bestimmten Zeitraum nicht bestätigt wird. Die ResvTear-Nachricht kann als eine Diagnose-Nachricht gesehen werden.

12.5.5 Aufbau einer Punkt-zu-Punkt-Verbindung mit QoS-Garantie

Die QoS-Garantie bezieht sich immer auf eine gerichtete virtuelle Verbindung, die beim RSVP als Session (Sitzung) bezeichnet wird. Den Ablauf des RSVP-Protokolls beim Aufbau einer virtuellen Punkt-zu-Punkt-Verbindung mit QoS-Garantie illustriert Abbildung 12.5-4. Der Quellrechner sendet zunächst eine Path-Nachricht an den Zielrechner, um folgendes zu erreichen:

- einen Pfad (eine Route) vom Quellrechner bis zum Zielrechner für die Übermittlung der IP-Pakete festzulegen,
- dem Zielrechner die geforderten QoS-Parameter mitzuteilen.

Um die QoS-Anforderungen in den RSVP-Nachrichten zu spezifizieren, müssen folgende Angaben gemacht werden:

Der Beginn der Session wird durch IP-Quelladresse (*IP SrcAddress*) und Quell-Port (*SrcPort*) der Anwendung angegeben. Für die Übermittlung dieser Angaben dient: *Beginn der Session*

- in der Path-Nachricht das Objekt SENDER_TEMPLETE
- in der Resv-Nachricht das Objekt FILTER_SPEC

Das Ende der Session wird im RSVP-Objekt SESSION durch: IP-Zieladresse (*IP DestAddress*), Protokollidentifikation (*ProtID*), d.h. TCP-oder UDP-Nummer, und Zielport (*DstPort*) der Anwendung angegeben. *Ende der Session*

Die QoS-Parameter werden angegeben: *Angabe von QoS-Parametern*

- in der Path-Nachricht im Objekt SENDER_TSPEC (*Sender Traffic Specification*),
- in der Resv-Nachricht im Objekt FLOWSPEC (*Flow Specification*).

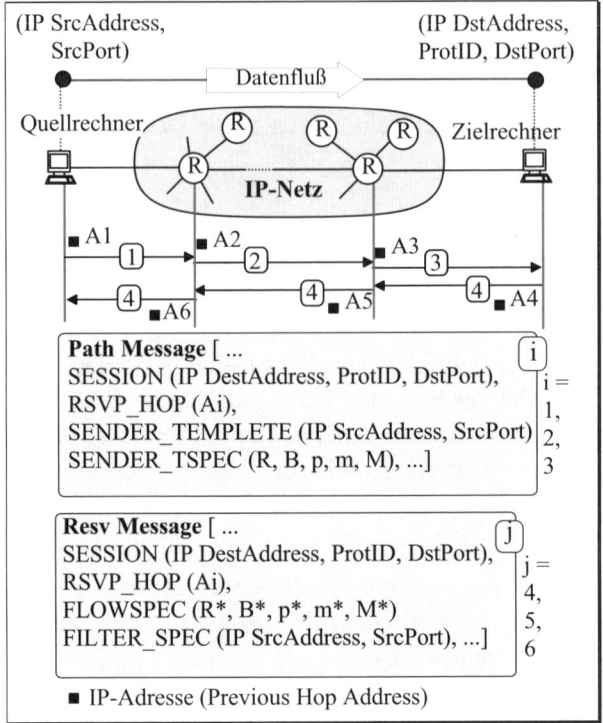

Abbildung 12.5-4:   Aufbau einer Verbindung mit QoS-Garantie
                         B: Bucket Size, m: Minimum Policed Unit, M: Maximum Packet Size,
                         p: Peak Data Rate, R: Token Bucket Rate

Path-Nachricht Objekte

In der Path-Nachricht sind folgende Objekte enthalten:

• SESSION
  Hier wird das Ziel der Session angegeben.

• RSVP_HOP
  In diesem Objekt wird die IP-Adresse des Absenders (Quellrechners, Routers) angegeben. Dieses Objekt kann zusätzlich die Identifikation des logischen Interfaces (Ports) enthalten (sog. *Logical Interface Handle*). Hierbei handelt es sich um den logischen Port auf der physikalischen Ausgangsleitung beim Absender, falls auf dieser Leitung mehrere logische Kanäle realisiert werden (z.B. nach dem ATM-Prinzip). Die in diesem Objekt enthaltene IP-Adresse wird im Router abgespeichert. Somit wird der Datenpfad über das IP-Netz mit Hilfe von RSVP_HOP in den Routern unterwegs markiert.

• SENDER_TEMPLETE
  Hier wird die Quelle der virtuellen Verbindung angegeben. Beim Proto-

koll IPv6 enthält das Objekt SENDER_TEMPLETE zusätzlich die Angabe Flow Label.

- SENDER_TSPEC (*Sender Traffic Specification*)
  Hier werden die geforderten QoS-Parameter angegeben, die sich u.a. auf das Token-Bucket-Modell beziehen (=> Abbildung 12.5-1). Diese Parameter sind:
  - R: geforderte Datenrate (Bandbreite) der Quelle in Bytes/s. Die Angabe ist bis zu Terabytes/s möglich.
  - B: Bucket-Größe aus dem Bereich 1 ... 250 Gigabytes.

  Zusätzlich zu den Parametern des Token-Bucket-Modells werden folgende Verkehrsparameter angegeben:
  - p: Peak Data Rate (Spitzen-Datenrate). Sie wird durch die Bitrate von physikalischen Leitungen limitiert.
  - m: minimale Länge der IP-Pakete.
  - M: maximale Länge der IP-Pakete auf dem Datenpfad zwischen Quell- und Zielrechner.

Nach Eintreffen einer Path-Nachricht beim Zielrechner sendet er eine Resv-Nachricht an den Quellrechner, um auf dem bereits festgelegten Datenpfad die erforderlichen Ressourcen in den unterwegs liegenden Routern zu reservieren. Die Resv-Nachricht enthält folgende Objekte: *Resv-Nachricht Objekte*

- SESSION
  Hier wird das Ziel der Session angegeben.
- RSVP_HOP
  Hier ist die IP-Adresse des Absenders (Zielrechners, Routers) enthalten.
- FLOWSPEC (*Flow Specification*)
  Hier werden diese Werte R*, B*, p*, m*, M* der in SENDER_TSPEC der Path-Nachricht geforderten QoS-Parameter R, B, p, m, M angegeben, die unterwegs in allen Routern garantiert werden können.

Die Resv-Nachricht wird in der Richtung vom Zielrechner (Datenflußende) zum Quellrechner (Datenflußbeginn) übermittelt. Jeder Router überprüft unterwegs, ob er die in der Resv-Nachricht angegebenen QoS-Anforderungen erfüllen kann. *Prinzip der Ressourcen Reservierung*

Falls die QoS-Anforderungen im Router erfüllt werden können, reserviert er die hierfür notwendigen Ressourcen und leitet die in der Resv-Nachricht enthaltenen QoS-Parameter ohne Veränderungen weiter.

Falls die QoS-Anforderungen im Router nicht erfüllt werden können, „reduziert" der betreffende Router die Werte von QoS-Parametern in der empfangenen Resv-Nachricht so weit, daß er sie erfüllen kann; dann reserviert er die entsprechenden Ressourcen und leitet die Resv-Nachricht mit den so modifizierten QoS-Parametern weiter.

Sendet der Router Ri die Resv-Nachricht mit den Werten R*, B*, p*, m*, M* in Richtung des Quellrechners, bedeutet dies, daß diese Werte auf dem Datenpfad vom Router Ri bis zum Zielrechner garantiert werden. Die Angaben im Objekt FLOWSPEC einer beim Quellrechner angekommenen Resv-Nachricht sagen aus, welche Werte von QoS-Parametern der Session (d.h. der gerichteten virtuellen Verbindung) vom Quell- bis zum Zielrechner erfüllt werden.

12.5.6 RSVP-Filterung

Bei IP-Paketen mit der gleichen IP-Zieladresse und gleichem UDP/TCP-Ziel-Port spricht man von Paketen einer RSVP-Session (Sitzung). Eine Session kann aus mehreren Datenflüssen bestehen. Der Fluß einer Session wird durch

FilterSpec = (Quell-IP-Adresse, UDP/TCP-Quell-Port)

identifiziert. Es kann vorkommen, daß nicht für alle Datenflüsse einer Session die entsprechenden Ressourcen reserviert werden müssen (Abbildung 12.5-5). Die *FilterSpec* definiert zusammen mit der Session-Angabe den Fluß von IP-Paketen, die nach den in *FlowSpec* (Flußspezifikation) definierten QoS-Parametern bedient werden sollen.

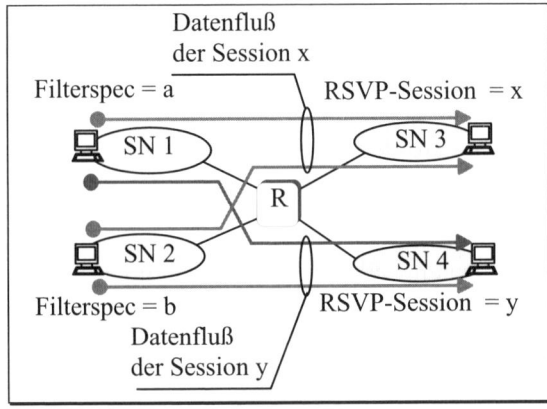

Abbildung 12.5-5:   Session aus mehreren Datenflüssen
R: Router, SN: Subnetz

Falls für eine virtuelle Verbindung keine Ressourcen reserviert werden, so *Best Effort* erfolgt die Übermittlung der IP-Pakete im Netz nach den „besten Bemühungen" (*Best Effort*). In jedem RSVP-fähigen Router muß somit geprüft werden, ob das empfangene IP-Paket dem Datenstrom mit QoS-Garantie oder dem Datenstrom ohne QoS-Garantie zuzuordnen ist. Jeder Router muß somit eine Tabelle mit den FilterSpec-Angaben verwalten.

Die Behandlung eines zu sendenden IP-Pakets in einem RSVP-fähigen Router illustriert Abbildung 12.5-6. Falls die Angaben Quell-IP-Adresse und UDP/TCP-Quell-Port im IP-Header des Pakets in der FilterSpec-Tabelle des Routers enthalten sind, bedeutet dies, daß das Paket dem RSVP-Scheduler übergeben werden soll. Sonst wird das Paket nach dem Best-Effort-Dienst (d.h. nach den „besten Bemühungen") weitergeleitet.

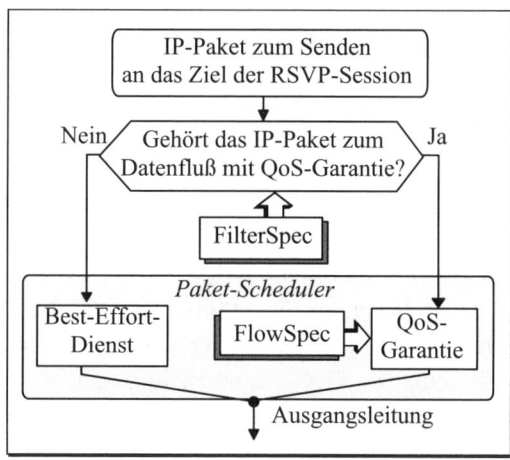

Abbildung 12.5-6:   Behandlung eines IP-Pakets im Router

12.5.7 RSVP und Multicast-Kommunikation

Das RSVP ermöglicht auch die Reservierung von Ressourcen, um die QoS-Anforderungen in einer Punkt-zu-Mehrpunktverbindung zu erfüllen. Das Prinzip der Reservierung in einer solchen Situation illustriert Abbildung 12.5-7. Der Quellrechner beginnt mit dem Aussenden der *Path-Nachricht* (mit einer Multicast-IP-Adresse) an die Multicast-Gruppe, die hier die Zielrechner x und y bilden.

Die IP-Adresse des vorangegangenen Systems (Quellrechner bzw. Router) aus dem Objekt RSVP-HOP der Path-Nachricht (=> Abbildung 12.5-4) wird in jedem Router unterwegs abgelegt. Nachdem die Path-Nachrichten alle

Zielrechner der Multicast-Gruppe erreicht haben, sind in den Routern die Pfade (Routen) zwischen dem Quellrechner und allen Zielrechnern gespeichert.

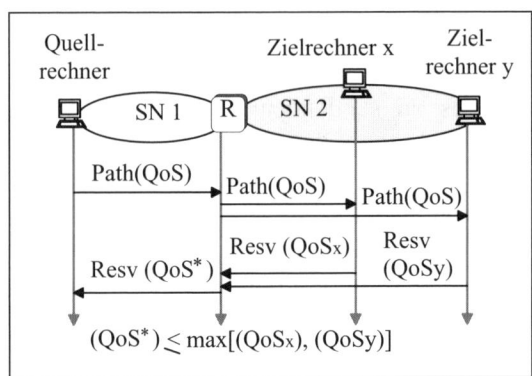

Abbildung 12.5-7:   RSVP-Einsatz bei der Multicast-Kommunikation
                        R: Router, SN: Subnetz

Ein Zielrechner, der an einer Multicast-Kommunikation teilnehmen möchte, signalisiert dies dem Quellrechner durch das Absenden der Resv-Nachricht, sobald er eine Path-Nachricht erhalten hat.

Merging Beim RSVP hat jeder Zielrechner die Möglichkeit, die Reservierungen individuell festzulegen, d.h. die QoS-Parameter verschiedener Zielrechner können unterschiedlich sein. Die QoS-Angaben in den Resv-Nachrichten werden von den Routern ausgewertet und in Richtung Quellrechner weitergeleitet. Der Router wertet die Parameter QoSx vom Zielrechner x und die Parameter QoSy vom Zielrechner y aus und generiert die neuen Parameter QoS*, die er durch die Reservierung seiner Ressourcen erfüllen kann. Dabei werden die Parameter QoSx und QoSy zu den neuen Parametern QoS* verschmolzen und in Richtung Quellrechner weitergeleitet.

Eine derartige Verschmelzung von QoS-Parametern wird beim RSVP als *Merging* bezeichnet.

RSVP-Reservierungsstile Das RSVP läßt auch solche Fälle zu, bei denen die Datenflüsse mit QoS-Garantie aus mehreren Quellrechnern innerhalb einer RSVP-Session bestehen können. Im RSVP werden folgende Varianten von Filtern spezifiziert, um die sog. Reservierungsstile für mehrere Quellrechner zu spezifizieren:

- *Fixed-Filter-Modus*
  In diesem Modus erfolgt die Reservierung für genau einen Quellrechner.

- *Shared-Filter-Modus*
  In diesem Modus teilen sich die explizit angegebenen Quellrechner die reservierten Ressourcen.

- *Wildcard-Filter-Modus*
  In diesem Modus stehen die reservierten Ressourcen für alle Pakete einer Session zur Verfügung.

Durch die verschiedenen Filter-Modi lassen sich unterschiedliche Anwendungsszenarien unterstützen. Beispielsweise ist der Fixed-Filter-Modus sinnvoll, wenn mehrere Quellrechner in einer Kommunikation gleichzeitig aktiv sind. Die anderen Filter-Modi sind in solchen Kommunikationsvorgängen sinnvoll, in denen mehrere Quellrechner beteiligt sind und zu einem Zeitpunkt nur ein einziger Quellrechner aktiv ist.

Schlußbemerkung

Die Technik der IP-Netze ist fortlaufenden Änderungen und Ergänzungen unterworfen. Als wir vor ca. zwei Jahren angefangen haben, die ersten Manuskripte zu erstellen, war das Thema IPv6 noch recht neu und die Standardisierung im Fluß begriffen. Heute sind die damaligen Internet-Drafts überarbeitet und durch mannigfaltige Implementierungen in den akutellen Betriebssystemen verfügbar.

Viele gute Bücher über TCP/IP sind daher heute veraltet. Sie reflektieren weder den aktuellen Stand der Entwicklung in den von ihnen besprochenen Sachgebieten, noch stellen sie die heutige Themenbreite adäquat dar. In *Technik der IP-Netze* haben wir uns darauf beschränkt, die *Transportfunktionen* der TCP/IP-Protokolle des Internets zu beschreiben. *Technik der IP-Netze* ist daher kein Buch, das auf TCP/IP aufbauende Applikationen umfangreich darstellt; noch ist es ein Buch, das die Netzwerkprogrammierung zum Inhalt hat.

Wir sind uns der Einschränkungen dieses Konzepts bewußt und verweisen im Literaturverzeichnis auf entsprechende Werke. Bei einer Neuauflage wollen wir folgende Themen ergänzend berücksichtigen:

- *IP über optische Netze* (*WDM*, *Sonet*)
  Entgegen unserer ursprünglichen Ankündigung findet der Leser statt dessen in Kapitel 10 eine für die Praxis relevantere Darstellung *des Multiprotokoll Label Switching* (*MPLS*).

- *Secure Socket Layer*- bzw. *Transport Socket Layer Security*
  als ergänzendem Schicht-4 VPN-Mechanismus einschließlich *stunnel* und *PGP*.

- *Domain Name Sevice* (*DNS*) für Internet Service Provider
  als zentralem Internet-Dienst mit seinen Problemen und möglichen Erweiterungen.

- *TCP/IP-Sicherheitsfunktionen*
  wie der *Internet Key Exchange*, die teilweise in Kapitel 11 erläutert sind.

Themen, die außerhalb unseres Konzeptes liegen, die aber dennoch als Technik der IP-Netze Bedeutung aufweisen:

- *Simple Network Management Protocol* einschließlich *Remote Monitoring* als IP-basiertem Netzwerküberwachungswerkzeug.
- *Common Object Request Broker Architekture*
  eine wichtige Client/Server-Infrastruktur für Intranetze.
- *Lightweight Directory Access Protocol*
  ein zukünftig zentralem Dienst für Internet- und Intranet-Applikationen.

Davon abgesehen, findet der Leser aber in *Technik der IP-Netze* eine aktuelle und weitgehend vollständige Darstellung der angesprochenen Themengebiete, wie dies auch durch Lektüre der auf der beiliegenden CD befindlichen RFCs nachgeprüft werden kann. Um das vorgestellte Material auf dem Stand der Dinge zu halten finden sich unter der Web-Adresse

> *http://www.fehcom.de/tipn/*

Ergänzungen und Korrekturen zum vorliegenden Buch.

Anhang

A. TCP/IP-Standards (RFC 1700)

Protokoll	Bezeichnung	Status	RFCs	Std-Nr
IP	Internet Protocol	Req	791	5
IP	IP Subnet Extension	Req	950	5
IP	IP Broadcast Datagrams	Req	919	5
IP	IP Broadcast Datagrams with Subnets	Req	922	5
ICMP	Internet Control Message Protocol	Req	792	5
IGMP	Internet Group Multicast Protocol	Rec	1112	5
UDP	User Datagram Protocol	Rec	768	6
TCP	Transmission Control Protocol	Rec	793	7
TELNET	Telnet Protocol	Rec	854,855	8
FTP	File Transfer Protocol	Rec	959	9
SMTP	Simple Mail Transfer Protocol	Rec	821	10
SMTP-SIZE	SMTP Service Ext for Message Size	Rec	1870	10
SMTP-EXT	SMTP Service Extensions	Rec	1869	10
MAIL	Format of Electronic Mail Messages	Rec	822	11
CONTENT	Content Type Header Field	Rec	1049	11
NTPV2	Network Time Protocol (Version 2)	Rec	1119	12
DOMAIN	Domain Name System	Rec	1034,104	13
DNS-MX	Mail Routing and the Domain System	Rec	974	14
SNMP	Simple Network Management Protocol	Rec	1157	15
SMI	Structure of Management Information	Rec	1155	16
Concise-MIB	Concise MIB Definitions	Rec	1212	16
MIB-II	Management Information Base-II	Rec	1213	17

Protokoll	Bezeichnung	Status	RFCs	Std-Nr
NETBIOS	NetBIOS Service Protocols	Ele	1001,1	19
ECHO	Echo Protocol	Rec	862	20
DISCARD	Discard Protocol	Ele	863	21
CHARGEN	Character Generator Protocol	Ele	864	22
QUOTE	Quote of the Day Protocol	Ele	865	23
USERS	Active Users Protocol	Ele	866	24
DAYTIME	Daytime Protocol	Ele	867	25
TIME	Time Server Protocol	Ele	868	26
TFTP	Trivial File Transfer Protocol	Ele	1350	33
TP-TCP	ISO Transport Service on top of TCP	Ele	1006	35
ETHER-MIB	Ethernet MIB	Ele	1643	50
PPP	Point-to-Point Protocol (PPP)	Ele	1661	51
PPP-HDLC	PPP in HDLC Framing	Ele	1662	51
IP-SMDS	IP Datagrams over the SMDS Service	Ele	1209	52
POP3	Post Office Protocol, Version 3	Ele	1939	* 53

Ele: Elective, Req: Required, Rec: Recommended

B.   IP-Protokollnummern (RFC 1700)

IP-Portokoll-Nummer	Protokoll	Bezeichnung
0		Reserved
1	ICMP	Internet Control Message
2	IGMP	Internet Group Management
3	GGP	Gateway-to-Gateway
4	IP	IP in IP (encasulation)
5	ST	Stream
6	TCP	Transmission Control
7	UCL	UCL
8	EGP	Exterior Gateway Protocol
9	IGP	any private interior gateway
10	BBN-RCC-MON	BBN RCC Monitoring
11	NVP-II	Network Voice Protocol
12	PUP	PUP
13	ARGUS	ARGUS
14	EMCON	EMCON
15	XNET	Cross Net Debugger
16	CHAOS	Chaos
17	UDP	User Datagram
18	MUX	Multiplexing
19	DCN-MEAS	DCN Measurement Subsystems
20	HMP	Host Monitoring
21	PRM	Packet Radio Measurement
22	XNS-IDP	XEROX NS IDP
23	TRUNK-1	Trunk-1
24	TRUNK-2	Trunk-2
25	LEAF-1	Leaf-1
26	LEAF-2	Leaf-2
27	RDP	Reliable Data Protocol
28	IRTP	Internet Reliable Transaction
29	ISO-TP4	ISO Transport Protocol Class
30	NETBLT	Bulk Data Transfer Protocol
31	MFE-NSP	MFE Network Services Protocol
32	MERIT-INP	MERIT Internodal Protocol
33	SEP	Sequential Exchange Protocol
34	3PC	Third Party Connect Protocol

IP-Portokoll-Nummer	Protokoll	Bezeichnung
35	IDPR	Inter-Domain Policy Routing
36	XTP	XTP
37	DDP	Datagram Delivery Protocol
38	IDPR-CMTP	IDPR Control Message Transport
39	TP++	TP++ Transport Protocol
40	IL	IL Transport Protocol
41	SIP	Simple Internet Protocol
42	SDRP	Source Demand Routing Protocol
43	SIP-SR	SIP Source Route
44	SIP-FRAG	SIP Fragment
45	IDRP	Inter-Domain Routing Protocol
46	RSVP	Reservation Protocol
47	GRE	General Routing Encapsulation
48	MHRP	Mobile Host Routing Protocol
49	BNA	BNA
50	SIPP-ESP	SIPP Encap Security Payload
51	SIPP-AH	SIPP Authentication Header
52	I-NLSP	Integrated Net Layer Security
53	SWIPE	IP with Encryption
54	NHRP	NBMA Next Hop Resolution Protocol
55-60		Unassigned
61		any host internal protocol
62	CFTP	CFTP
63		any local network
64	SAT-EXPAK	SATNET and Backroom EXPAK
65	KRYPTOLAN	Kryptolan
66	RVD	MIT Remote Virtual Disk Protocol
67	IPPC	Internet Pluribus Packet Core
68		any distributed file system
69	SAT-MON	SATNET Monitoring
70	VISA	VISA Protocol
71	IPCV	Internet Packet Core Utility
72	CPNX	Computer Protocol Network Exchange
73	CPHB	Computer Protocol Heart Beat
74	WSN	Wang Span Network
75	PVP	Packet Video Protocol
76	BR-SAT-MON	Backroom SATNET Monitoring
77	SUN-ND	SUN ND PROTOCOL-Temporary

IP-Portokoll-Nummer	Protokoll	Bezeichnung
78	WB-MON	WIDEBAND Monitoring
79	WB-EXPAK	WIDEBAND EXPAK
80	ISO-IP	ISO Internet Protocol
81	VMTP	VMTP
82	SECURE-VMTP	SECURE-VMTP
83	VINES	VINES
84	TTP	TTP
85	NSFNET-IGP	NSFNET-IGP
86	DGP	Dissimilar Gateway Protocol
87	TCF	TCF
88	IGRP	IGRP
89	OSPFIGP	OSPF IGP
90	Sprite-RPC	Sprite RPC Protocol
91	LARP	Locus Address Resolution Protocol
92	MTP	Multicast Transport Protocol
93	AX.25	AX.25 Frames
94	IPIP	IP-within-IP Encapsulation Protocol
95	MICP	Mobile Internetworking Control Protocol
96	SCC-SP	Semaphore Communications Security Protocol
97	ETHERIP	Ethernet-within-IP Encapsulation
98	ENCAP	Encapsulation Header
99		any private encryption scheme
100	GMTP	GMTP
101-254		Unassigned
255		Reserved

C.   TCP/UDP-Services (RFC 1700)

Protokoll	TCP-Port	UDP-Port	Bezeichnung
	0	0	Reserved
tcpmux	1	1	TCP Port Service Multiplexer
compressnet	2	2	Management Utility
compressnet	3	3	Compression Process
rje	5	5	Remote Job Entry
echo	7	7	Echo

Protokoll	TCP-Port	UDP-Port	Bezeichnung
discard	9	9	Discard
systat	11	11	Active Users
daytime	13	13	Daytime
qotd	17	17	Quote of the Day
msp	18	18	Message Send Protocol
chargen	19	19	Character Generator
ftp-data	20	20	File Transfer [Default Data]
ftp	21	21	File Transfer [Control]
telnet	23	23	Telnet
	24	24	any private mail system
smtp	25	25	Simple Mail Transfer
nsw-fe	27	27	NSW User System FE
msg-icp	29	29	MSG ICP
msg-auth	31	31	MSG Authentication
dsp	33	33	Display Support Protocol
	35	35	any private printer server
time	37	37	Time
rap	38	38	Route Access Protocol
rlp	39	39	Resource Location Protocol
graphics	41	41	Graphics
nameserver	42	42	Host Name Server
nicname	43	43	Who Is
mpm-flags	44	44	MPM FLAGS Protocol
mpm	45	45	Message Processing Module [recv]
mpm-snd	46	46	MPM [default send]
ni-ftp	47	47	NI FTP
auditd	48	48	Digital Audit Daemon
login	49	49	Login Host Protocol
re-mail-ck	50	50	Remote Mail Checking Protocol
la-maint	51	51	IMP Logical Address Maintenance
xns-time	52	52	XNS Time Protocol
domain	53	53	Domain Name Server
xns-ch	54	54	XNS Clearinghouse
isi-gl	55	55	ISI Graphics Language
xns-auth	56	56	XNS Authentication
	57	57	any private terminal access
xns-mail	58	58	XNS Mail
	59	59	any private file service

Protokoll	TCP-Port	UDP-Port	Bezeichnung
	60	60	Unassigned
ni-mail	61	61	NI MAIL
acas	62	62	ACA Services
covia	64	64	Communications Integrator (CI)
tacacs-ds	65	65	TACACS-Database Service
sql*net	66	66	Oracle SQL*NET
bootps	67	67	Bootstrap Protocol Server
bootpc	68	68	Bootstrap Protocol Client
tftp	69	69	Trivial File Transfer
gopher	70	70	Gopher
netrjs-1	71	71	Remote Job Service
netrjs-2	72	72	Remote Job Service
netrjs-3	73	73	Remote Job Service
netrjs-4	74	74	Remote Job Service
	75	75	any private dial out service
deos	76	76	Distributed External Object Store
	77	77	any private RJE service
vettcp	78	78	vettcp
finger	79	79	Finger
www-http	80	80	World Wide Web HTTP
hosts2-ns	81	81	HOSTS2 Name Server
xfer	82	82	XFER Utility
mit-ml-dev	83	83	MIT ML Device
ctf	84	84	Common Trace Facility
mit-ml-dev	85	85	MIT ML Device
mfcobol	86	86	Micro Focus Cobol
	87	87	any private terminal link
kerberos	88	88	Kerberos
su-mit-tg	89	89	SU/MIT Telnet Gateway
dnsix	90	90	DNSIX Securit Attribute Token Map
mit-dov	91	91	MIT Dover Spooler
npp	92	92	Network Printing Protocol
dcp	93	93	Device Control Protocol
objcall	94	94	Tivoli Object Dispatcher
supdup	95	95	SUPDUP
dixie	96	96	DIXIE Protocol Specification
swift-rvf	97	97	Swift Remote Vitural File Protocol
tacnews	98	98	TAC News

Protokoll	TCP-Port	UDP-Port	Bezeichnung
metagram	99	99	Metagram Relay
hostname	101	101	NIC Host Name Server
iso-tsap	102	102	ISO-TSAP
iso-tsap		102	ISO-TSAP
gppitnp	103	103	Genesis Point-to-Point Trans Net
acr-nema	104	104	ACR-NEMA Digital Imag. & Comm. 300
csnet-ns	105	105	Mailbox Name Nameserver
3com-tsmux	106	106	3COM-TSMUX
rtelnet	107	107	Remote Telnet Service
snagas	108	108	SNA Gateway Access Server
pop2	109	109	Post Office Protocol - Version 2
pop3	110	110	Post Office Protocol - Version 3
sunrpc	111	111	SUN Remote Procedure Call
mcidas	112	112	McIDAS Data Transmission Protocol
auth	113	113	Authentication Service
audionews	114	114	Audio News Multicast
sftp	115	115	Simple File Transfer Protocol
ansanotify	116	116	ANSA REX Notify
uucp-path	117	117	UUCP Path Service
sqlserv	118	118	SQL Services
nntp	119	119	Network News Transfer Protocol
cfdptkt	120	120	CFDPTKT
erpc	121	121	Encore Expedited Remote Pro.Call
smakynet	122	122	SMAKYNET
ntp	123	123	Network Time Protocol
ansatrader	124	124	ANSA REX Trader
locus-map	125	125	Locus PC-Interface Net Map Ser
unitary	126	126	Unisys Unitary Login
locus-con	127	127	Locus PC-Interface Conn Server
gss-xlicen	128	128	GSS X License Verification
pwdgen	129	129	Password Generator Protocol
cisco-fna	130	130	cisco FNATIVE
cisco-tna	131	131	cisco TNATIVE
cisco-sys	132	132	cisco SYSMAINT
statsrv	133	133	Statistics Service
ingres-net	134	134	INGRES-NET Service
loc-srv	135	135	Location Service
profile	136	136	PROFILE Naming System

Protokoll	TCP-Port	UDP-Port	Bezeichnung
netbios-ns	137	137	NETBIOS Name Service
netbios-dgm	138	138	NETBIOS Datagram Service
netbios-ssn	139	139	NETBIOS Session Service
emfis-data	140	140	EMFIS Data Service
emfis-cntl	141	141	EMFIS Control Service
bl-idm	142	142	Britton-Lee IDM
imap2	143	143	Interim Mail Access Protocol v2
news	144	144	NewS
uaac	145	145	UAAC Protocol
iso-tp0	146	146	ISO-IP0
iso-ip	147	147	ISO-IP
cronus	148	148	CRONUS-SUPPORT
aed-512	149	149	AED 512 Emulation Service
sql-net	150	150	SQL-NET
hems	151	151	HEMS
bftp	152	152	Background File Transfer Program
sgmp	153	153	SGMP
netsc-prod	154	154	NETSC
netsc-dev	155	155	NETSC
sqlsrv	156	156	SQL Service
knet-cmp	157	157	KNET/VM Command/Message Protocol
pcmail-srv	158	158	PCMail Server
nss-routing	159	159	NSS-Routing
sgmp-traps	160	160	SGMP-TRAPS
snmp	161	161	SNMP
snmptrap	162	162	SNMPTRAP
cmip-man	163	163	CMIP/TCP Manager
cmip-agent	164	164	CMIP/TCP Agent
xns-courier	165	165	Xerox
s-net	166	166	Sirius Systems
namp	167	167	NAMP
rsvd	168	168	RSVD
send	169	169	SEND
print-srv	170	170	Network PostScript
multiplex	171	171	Network Innovations Multiplex
cl/1	172	172	Network Innovations CL/1
xyplex-mux	173	173	Xyplex
mailq	174	174	MAILQ

Protokoll	TCP-Port	UDP-Port	Bezeichnung
vmnet	175	175	VMNET
genrad-mux	176	176	GENRAD-MUX
xdmcp	177	177	X Display Manager Control Protocol
nextstep	178	178	NextStep Window Server
bgp	179	179	Border Gateway Protocol
ris	180	180	Intergraph
unify	181	181	Unify
audit	182	182	Unisys Audit SITP
ocbinder	183	183	OCBinder
ocserver	184	184	OCServer
remote-kis	185	185	Remote-KIS
kis	186	186	KIS Protocol
aci	187	187	Application Communication Interface
mumps	188	188	Plus Five's MUMPS
qft	189	189	Queued File Transport
gacp	190	190	Gateway Access Control Protocol
prospero	191	191	Prospero Directory Service
osu-nms	192	192	OSU Network Monitoring System
srmp	193	193	Spider Remote Monitoring Protocol
irc	194	194	Internet Relay Chat Protocol
dn6-nlm-aud	195	195	DNSIX Network Level Module Audit
dn6-smm-red	196	196	DNSIX Session Mgt Module Audit Redir
dls	197	197	Directory Location Service
dls-mon	198	198	Directory Location Service Monitor
smux	199	199	SMUX
src	200	200	IBM System Resource Controller
at-rtmp	201	201	AppleTalk Routing Maintenance
at-nbp	202	202	AppleTalk Name Binding
at-3	203	203	AppleTalk Unused
at-echo	204	204	AppleTalk Echo
at-5	205	205	AppleTalk Unused
at-zis	206	206	AppleTalk Zone Information
at-7	207	207	AppleTalk Unused
at-8	208	208	AppleTalk Unused
tam	209	209	Trivial Authenticated Mail Protocol
z39.50	210	210	ANSI Z39.50
914c/g	211	211	Texas Instruments 914C/G Terminal
anet	212	212	ATEXSSTR

Protokoll	TCP-Port	UDP-Port	Bezeichnung
ipx	213	213	IPX
vmpwscs	214	214	VM PWSCS
softpc	215	215	Insignia Solutions
atls	216	216	Access Technology License Server
dbase	217	217	dBASE Unix
mpp	218	218	Netix Message Posting Protocol
uarps	219	219	Unisys ARPs
imap3	220	220	Interactive Mail Access Protocol v3
fln-spx	221	221	Berkeley rlogind with SPX auth
rsh-spx	222	222	Berkeley rshd with SPX auth
cdc	223	223	Certificate Distribution Center
sur-meas	243	243	Survey Measurement
link	245	245	LINK
dsp3270	246	246	Display Systems Protocol
pdap	344	344	Prospero Data Access Protocol
pawserv	345	345	Perf Analysis Workbench
zserv	346	346	Zebra server
fatserv	347	347	Fatmen Server
csi-sgwp	348	348	Cabletron Management Protocol
clearcase	371	371	Clearcase
ulistserv	372	372	Unix Listserv
legent-1	373	373	Legent Corporation
legent-2	374	374	Legent Corporation
hassle	375	375	Hassle
nip	376	376	Amiga Envoy Network Inquiry Proto
tnETOS	377	377	NEC Corporation
dsETOS	378	378	NEC Corporation
is99c	379	379	TIA/EIA/IS-99 modem client
is99s	380	380	TIA/EIA/IS-99 modem server
hp-collector	381	381	hp performance data collector
hp-alarm-mgr	383	383	hp performance data alarm manager
arns	384	384	A Remote Network Server System
ibm-app	385		IBM Application
ibm-app	385		IBM Application
asa	386		ASA Message Router Object Def.
asa		386	ASA Message Router Object Def.
aurp	387	387	Appletalk Update-Based Routing Pro.
unidata-ldm	388	388	Unidata LDM Version 4

Protokoll	TCP-Port	UDP-Port	Bezeichnung
ldap	389	389	Lightweight Directory Access Protocol
uis	390	390	UIS
dis	393	393	Data Interpretation System
embl-ndt	394	394	EMBL Nucleic Data Transfer
netcp	395	395	NETscout Control Protocol
netware-ip	396	396	Novell Netware over IP
mptn	397	397	Multi Protocol Trans. Net.
kryptolan	398	398	Kryptolan
work-sol	400	400	Workstation Solutions
ups	401	401	Uninterruptible Power Supply
genie	402	402	Genie Protocol
decap	403	403	decap
nced	404	404	nced
ncld	405	405	ncld
imsp	406	406	Interactive Mail Support Protocol
timbuktu	407	407	Timbuktu
prm-sm	408	408	Prospero Resource Manager Sys. Man.
prm-nm	409	409	Prospero Resource Manager Node Man.
decladebug	410	410	DECLadebug Remote Debug Protocol
rmt	411	411	Remote MT Protocol
smsp	413	413	SMSP
infoseek	414	414	InfoSeek
bnet	415	415	BNet
silverplatter	416	416	Silverplatter
onmux	417	417	Onmux
hyper-g	418	418	Hyper-G
ariel1	419	419	Ariel
smpte	420	420	SMPTE
ariel2	421	421	Ariel
ariel3	422	422	Ariel
opc-job-start	423	423	IBM Operations Planning and Control Start
opc-job-track	424	424	IBM Operations Planning and Control Track
icad-el	425	425	ICAD
smartsdp	426	426	smartsdp
svrloc	427	427	Server Location
ocs_cmu	428	428	OCS_CMU
ocs_amu	429	429	OCS_AMU

Protokoll	TCP-Port	UDP-Port	Bezeichnung
utmpsd	430	430	UTMPSD
utmpcd	431	431	UTMPCD
iasd	432	432	IASD
nnsp	433	433	NNSP
mobilip-mn	435	435	MobilIP-MN
dna-cml	436	436	DNA-CML
comscm	437	437	comscm
dsfgw	438	438	dsfgw
dasp	439	439	dasp Thomas Obermair
sgcp	440	440	sgcp
decvms-sysmgt	441	441	decvms-sysmgt
cvc_hostd	442	442	cvc_hostd
https	443	443	https MCom
snpp	444	444	Simple Network Paging Protocol
microsoft-ds	445	445	Microsoft-DS
ddm-rdb	446	446	DDM-RDB
ddm-dfm	447	447	DDM-RFM
ddm-byte	448	448	DDM-BYTE
as-servermap	449	449	AS Server Mapper
tserver	450	450	TServer
exec	512		remote process execution;
syslog		512	used by mail system to notify users
login	513		remote login a la telnet;
printer		513	maintains data bases showing who's
cmd	514		like exec, but automatic
talk		514	
printer	515	515	spooler
talk	517	517	like tenex link, but across
ntalk	518	518	
utime	519	519	unixtime
efs	520	520	extended file name server
timed	525	525	timeserver
tempo	526	526	newdate
courier	530	530	rpc
conference	531	531	chat
netnews	532	532	readnews
netwall	533	533	for emergency broadcasts
apertus-ldp	539	539	Apertus Technologies Load Determination

Protokoll	TCP-Port	UDP-Port	Bezeichnung
uucp	540	540	uucpd
uucp-rlogin	541	541	uucp-rlogin Stuart Lynne
klogin	543	543	
kshell	544	544	krcmd
new-rwho	550	550	new-who
dsf	555	555	
remotefs	556	556	rfs server
rmonitor	560	560	rmonitord
monitor	561	561	
chshell	562	562	chcmd
9pfs	564	564	plan 9 file service
whoami	565	565	whoami
meter	570	570	demon
meter	571	571	udemon
ipcserver	600	600	Sun IPC server
urm	606	606	Cray Unified Resource Manager
nqs	607	607	nqs
sift-uft	608	608	Sender-Initiated/Unsolicited File Transfer
npmp-trap	609	609	npmp-trap
npmp-local	610	610	npmp-local
npmp-gui	611	611	npmp-gui
ginad	634	634	ginad
doom	666		doom Id Software
doom	666		doom Id Software
netviewdm1		666	
elcsd	704		errlog copy/server daemon
netviewdm2		704	errlog copy/server daemon
netviewdm1	729		IBM NetView DM/6000 Server/Client
netviewdm3		729	IBM NetView DM/6000 Server/Client
netviewdm2	730		IBM NetView DM/6000 send/tcp
netgw		730	IBM NetView DM/6000 send/tcp
netviewdm3	731		IBM NetView DM/6000 receive/tcp
netrcs		731	IBM NetView DM/6000 receive/tcp
netgw	741		netGW
flexlm		741	netGW
netrcs	742		Network based Rev. Cont. Sys.
fujitsu-dev		742	Network based Rev. Cont. Sys.
flexlm	744		Flexible License Manager

Protokoll	TCP-Port	UDP-Port	Bezeichnung
ris-cm		744	Flexible License Manager
fujitsu-dev	747		Fujitsu Device Control
kerberos-adm		747	Fujitsu Device Control
ris-cm	748		Russell Info Sci Calendar Manager
loadav		748	Russell Info Sci Calendar Manager
kerberos-adm	749		kerberos administration
pump		749	kerberos administration
rfile	750		
qrh		750	
pump	751		
rrh		751	
qrh	752		
tell		752	
rrh	753		
nlogin		753	
tell	754		send
con		754	send
nlogin	758		
ns		758	
con	759		
rxe		759	
ns	760		
quotad		760	
rxe	761		
cycleserv		761	
quotad	762		
omserv		762	
cycleserv	763		
webster		763	
omserv	764		
phonebook		764	
webster	765		
vid		765	
phonebook	767		phone
cadlock		767	phone
vid	769		
rtip		769	
cadlock	770		

Protokoll	TCP-Port	UDP-Port	Bezeichnung
cycleserv2		770	
rtip	771		
notify		771	
cycleserv2	772		
acmaint_dbd		772	
submit	773		
wpages		773	
rpasswd	774		
wpgs		774	
entomb	775		
wpages	776		
concert		776	
wpgs	780		
mdbs_daemon		780	
concert	786		Concert
device		786	Concert
mdbs_daemon	800		
xtreelic		800	
device	801		
maitrd		801	
xtreelic	996		Central Point Software
puparp		996	Central Point Software
maitrd	997		
applix		997	
busboy	998		
puprouter		998	
garcon	999		
puprouter	999		
ock		999	Applix ac
		1000	
	1023		Reserved
		1024	Reserved

D.   E-Mail-Header-Felder

- Empfänger:
    - To: "Max Meister" <mm@nowhere.com" [Adressliste]
    - Cc: viele Empfänger [Adressliste}
    - Bcc: viele Empfänger [Adressliste, wird vom MUA entfernt]
- Sender:
    - From: The Boss <God@Heaven.mil>, devil@hell.de [Adressliste]
    - Sender: god@heaven.mil [Adressliste für den/die Sende-Agenten]
- Empfangsziele:
    - Responses:
    - Reply-To: [alternativer Empfänger]
    - Mail-Reply-To: [zum Empfänger (From:) und CC:]
    - Mail-Follow-Up: [Zusatzinformation für Mailinglisten]
- Ablage (Threading):
    - Message-ID: <0053300000399355000002L052*@MHS>
    - [weltweit eindeutige Message-ID, sollte den Absender-MTA bein-halten]
    - References: [für Re: Verkettung der Message-IDs]
    - In-Reply-To: Your message of 10 Jan 2000
    - Date: Wed, 12 Apr 2000 16:37:16 +0100
- Envelope-Informationen (wird vom empfangenden MTA hinzugefügt):
    - Received: *from* adsl-63-197-235-82.dsl.snfc21.pacbell.net 1-63-197-235-82.dsl.snfc21.pacbell.net [63.197.235.82])
    - *by* sphmgaaa.compuserve.com (8.9.3/8.9.3/SUN-1.9) with SMTP id CAA06248
    - *for* <erwin_hoffmann@compuserve.com>; Thu, 30 Mar 2000 02:25:39 -0500 (EST)
    - Received: (qmail 22753 invoked by uid 500); 30 Mar 2000 07:26:03 -0000
- Sonstige Felder:
    - Subject: *Re*: bounces from a spam filter
    - Disposition-Notification-To: "J.M.   Roth"   <jmroth@iip.lu> [Notifikation]

- – Comments: Authentication sender is qmailer@fehcom.de
- – Priority: normal
- – Importance: normal
- – Language: en
- – Precedence: bulk
- Spezielle Mailinglisten-Felder
  - – List-Post: <mailto:listemarkt@wdr.de>
  - – List-Help: <mailto:listemarkt-help@wdr.de>
  - – List-Unsubscribe: <mailto:listemarkt-unsubscribe@wdr.de>
  - – List-Subscribe: <mailto:listemarkt-subscribe@wdr.de>
  - – Delivered-To: mailing list listemarkt@wdr.de
  - – Delivered-To: moderator for listemarkt@wdr.de
  - – Delivered-To: listemarkt@wdr.de
- X.400-kompatible Informationen:
  - – X400-Content-Return:
  - – X400-Content-Type: [1327]
  - – X400-MTS-Identifier: [1327]
  - – X400-Originator: [1327]
  - – X400-Received: [1327]
  - – X400-Recipients: [1327]
- Private Erweiterungen (Auswahl):
  - – X-MSMail-Priority: Normal
  - – X-Mailer: Microsoft Outlook Express 5.00.2615.200
  - – X-MimeOLE: Produced By Microsoft MimeOLE V5.00.2615.200
  - – X-Newsreader:
  - – X-PMRQC:
  - – X-Priority: 1 3
  - – X-Sender:
  - – X-Status: mailbox
  - – X-X-Sender:
  - – Xref:
  - – X-Originating-IP: [212.123.187.109] - Hotmail

E. HTTP-Header-Felder

Header-Name	Req	Rsp	Ent	Gen	Beschreibung
Accept	x				to specify certain media types which are acceptable for the response
Accept-Charset	x				which character sets are acceptable for the response
Accept-Encoding	x				similar to Accept, but restricts the content-codings
Accept-Language	x				Accept, but restricts the set of natural languages that are preferred
Accept-Rangees		x			allows the server to indicate its acceptance of range requests for a resource
Age		x			The Age response-header field conveys the sender's estimate of the amount of time since the response (or its revalidation) was generated at the origin server.
Allow			x		lists the set of methods supported by the resource identified by the Request-URI
Authorization	x				A user agent that wishes to authenticate „HTTP Authentication: Basic and Digest Access Authentication"
Cache-Control				x	specify directives that MUST be obeyed by all caching mechanisms
Connection				x	allows the sender to specify options that are desired for that particular connection, includes a Connection-Token
Content-Encoding			x		modifier to the media-type
Content-Language			x		natural language(s) of the intended audience for the enclosed entity
Content-Length			x		size of the entity-body
Content-Location			x		MAY be used to supply the resource location for the entity enclosed in the message
Content-MD5			x		MD5 digest of the entity-body for the purpose of providing an end-to-end message integrity check (MIC)
Content-Range			x		sent with a partial entity-body to specify where in the full entity-body the partial body should be

Header-Name	Req	Rsp	Ent	Gen	Beschreibung
					applied
Content-Type			x		media type of the entity-body, eg. Content-Type: text/html; charset=ISO-8859-4
Date				x	represents the date and time at which the message was originated (GMT)
ETag		x			provides the current value of the entity tag
Expect	x				header field is defined with extensible syntax to allow for future extensions
Expires			x		date/time after which the response is considered stale
extension-header			x		
From	x				contain an Internet e-mail address for the human user who controls the requesting user agent
Host	x				Internet host and port number of the resource being requested
If-Match	x				updating requests, to prevent inadvertent modification of the wrong version of a resource
If-Modified-Since					requested variant has not been modified since the time specified in this field
If-None-Match	x				A client that has one or more entities previously obtained from the resource can verify that none of those entities is current by including a list of their associated entity tags in the If-None-Match header field
If-Range	x				If a client has a partial copy of an entity in its cache, and wishes to have an up-to-date copy of the entire entity in its cache
If-Unmodifiied-Since	x				If the requested resource has not been modified since the time specified in this field, the server SHOULD perform the requested operation as if the If-Unmodified-Since header were not present
Last-Modified			x		date and time at which the origin server believes the variant was last modified
Location		x			to redirect the recipient to a location other than the Request-URI for completion of the request or identification of a new resource
Keep-Alive*)	x	x			If the Keep-Alive header is sent, the corresponding connection token MUST be transmitted

Header-Name	Req	Rsp	Ent	Gen	Beschreibung
Max-Forwards	x				MUST be transmitted
MIME-Version					to indicate what version of the MIME protocol was used to construct the message
Pragma				x	implementation-specific directives
Proxy-Authenticate	x				MUST be included as part of a 407 (Proxy Authentication Required) response
Proxy-Authorization					allows the client to identify itself (or its user) to a proxy
Range	x				Byte range specifications in HTTP apply to the sequence of bytes in the entity-body
Referer	x				to specify, for the server's benefit, the address (URI) of the resource from which the Request-URI was obtained
Retry-After		x			503 (Service Unavailable) response to indicate how long the service is expected to be unavailable
Server		x			information about the software used by the origin server
TE	x				extension transfer-codings it is willing to accept in the response
Trailer				x	indicates that the given set of header fields is present in the trailer of a message encoded with chunked transfer-coding
Transfer-Encoding				x	what (if any) type of transformation has been applied to the message body
Upgrade				x	allows the client to specify what additional communication protocols it supports and would like to use if the server finds it appropriate to switch protocols
User-Agent	x				information about the user agent originating the request
Vary		x			determines, while the response is fresh, whether a cache is permitted to use the response to reply to a subsequent request without revalidation
Via				x	MUST be used by gateways and proxies to indicate the intermediate protocols and recipients between the user agent and the server on requests, and between the rigin server and the client on responses

Header-Name	Req	Rsp	Ent	Gen	Beschreibung
Warning				x	to carry additional information about the status or transformation of a message which might not be reflected in the message
WWW-Authenticate		x			MUST be included in 401 (Unauthorized) response messages

Req: Request, Rsp: Response, Ent: Entity, Gen: General

F.   HTTP-Return-Codes

Informational (1xx):	
100	Continue
101	Switching Protocols
Successfull (2xx):	
200	Ok
201	Created
202	Accepted
203	Non-Authoritive Information
204	No Content
205	Reset Content
205	Partial Content
Redirection (3xx):	
300	Multiple Choices
301	Moved Permanently
302	Moved Temproarily
303	See Others
304	Not Modified
305	Use Proxy

Client Error (4xx):	
400	Bad Request
401	Unauthorized
402	Payment Requierd
403	Forbidden
404	Not Found
405	Method Not Allowed
406	Not Acceptable
407	Proxy Authentication Requiered
408	Request Timeout
409	Conflict
410	Gone
411	Length Required
412	Precondition Failed
413	Request Entity Too Large
414	Request-URI Too Long
415	Unsupported Media Type
Server Error (5xx):	
500	Internal Server Error
501	Not Implemented
502	Bad Gateway
503	Service Unavailable
504	Gateway Timeout
505	HTTP Version Not Supported

Abkürzungsverzeichnis

A

AAA	Authentisierung, Autorisierung, Accounting
AAL	ATM Adaption Layer
ABR	Area Border Router
ACD	Automatic Call Distribution
ACELP	Algebraic Code-Excited Linear Prediction
ACK	Quittungsnummer (Acknowledgement)
AH	IP Authentication Header
ANSI	American National Standards Institute
API	Application Programming Interface
ARP	Address Resolution Protocol
AS	Autonomes System
ASBR	AS Boundary Router
ASIC	Application Specific Integrated Circuit
ATM	Asynchronous Transfer Mode
ATMARP	ATM Address Resolution Protocol

B

BER	Bit Error Rate
BGP	Border Gateway Protocol
BIND	Berkeley Internet Name Domain
B-ISDN	Breitband-ISDN
BOOTP	BOOT Protocol
BUS	Broadcast und Unknown Server

C

CAC	Connection Admission Control
CBR	Constant Bit Rate

CCITT	Comité Consultatif International Télégraphique et Téléphonique
CERN	Conseil Européen pour la Recherche Nucléaire
CGI	Common Gateway Interface
CHAP	Challenge-Handshake Authentication Protocol
CIRD	Classless Inter Domain Routing
CLIP	Classical IP over ATM
CLP	Cell Loss Priority
CNLP	Connection Less Network Protocol
COPS	Common Open Policy Server
CP-AAL	Common Part AAL
CPCS	Common Part Convergence Sublayer
CRC	Cyclic Redundancy Check
CSLIP	Compressed SLIP
CSMA/CD	Carrier Sense Multiple Access/Collision Detection

D

DA	Destination Address
DARPA	Defense Advanced Research Project
DCE	Data Communication Equipment
DCE	Distributed Computing Environment
DEE	Datenendeinrichtung
DEN	Directory Enabled Network(ing)
DES	Data Encryption Standard
DHCP	Dynamic Host Configuration Protocol
DL	Data Link
DLCI	Data Link Connection Identifier
DMZ	DeMilitarised Zone
DNS	Domain Name System (Service)
DoD	Department of Defense
DR	Designierter Router
DS	Differentiated Services
DSL	Digital Subscriber Line
DSS1	Digital Subscriber Signalling System No. 1
DTE	Data Terminal Equipment
DVMRP	Distance Vector Multicast Routing Protocol
DWDM	Dense Wavelength Division Multiplexing

E

| EAP | Extensible Authentication Protocol |
| EARN | European Academic Research Network |

EBCDIC	Extended Binary Coded Decimal Interchange Code
ECO	Electronic Commerce Forum
EE	Endeinrichtung
EH	Extension Header
ELAN	Emuliertes LAN
Emu.	Emulation
ESP	IP Encapsulating Security Payload
ES	Endsystem
Eth.	Ethernet
ETSI	European Telecommunications Standard Institute

F

FCS	Frame Check Sequence
FE	Fast Ethernet
FEC	Forwarding Equivalence Class
FDDI	Fiber Data Distributed Interface
FR	Frame Relay
FRAD	Frame Relay Assembly/Disassembly
FTP	File Transfer Protocol

G

GFC	Generic Flow Control
GiNet	Gigabit Networking
GRE	Generic Routing Encapsulation

H

HDLC	High Level Data Link Control
HDVMRP	Hierarchical DVMRP
HEC	Header Error Control
HMAC	Hash based Message Authentication Code
HS	High Speed
HS-LAN	High Speed LAN
HTML	Hypertext Markup Language
HTTP	Hypertext (Transfer) Transport Protocol

I

ICCB	Internet Configuration Control Board
IAB	Internet Activity Board
ICMP	Internet Control Message Protocol
ICV	Integrity Check Value
ID	Identifikation (Identifier)

IDEA	International Data Encryption Algorithm
IEEE	Institute of Electrical and Electronic Engineers
IETF	Internet Engineering Task Force
IF	Internetworking-Funktion
IGMP	Internet Group Management Protocol
IGP	Interior Gateway Protocol
IKE	Internet Key Exchange
IMAP	Internet Mail Access Protocol
IMP	Internet Message Processor
InARP	Inverse Address Resolution Protocol
I/O	Input/Output
IP	Internet Protocol
IPv4	Internet Protocol Version 4
IPv6	Internet Protocol Version 6
IPoATM	IP over ATM
IPsec	IP Security
IPX	Internetwork Packet eXchange
IRTF	Internet Research Task Force
ISDN	Integrated Services Digital Network
ISN	Initial Sequence Number
ISO	International Standardization Organisation
ISP	Internet Service Provider
ITU-T	International Telecommunication Union, Telecommunication Standardization Sector

K

| KE | Kopplungselement |
| KP | Kommunikationsprotokoll |

L

L2F	Layer 2 Forwarding
L2TP	Layer 2 Tunneling Protocol
LAC	L2TP Access Concentrator
LAN	Local Area Network
LANE	LAN-Emulation
LAP-B	Link Access Protocol-Balanced
LCI	Logical Channel Identifier
LCP	Link Control Protocol
LDAP	Lightweight Directory Access Protocol
LDP	Label Distribution Protocol
LE	LAN-Emulation

LEC	LE Client
LECS	LE Configuration Server
LE-D	LE-Dienste
LES	LAN-Emulation Server
LAP B	Link Access Procedure Balanced
LIB	Label Information Base
LIS	Logical IP Subnetwork
LLC	Logical Link Control
LNS	L2TP Network Server
LS	Link State
LS	Label Switching
LSA	Link State Advertisement
LSDB	Link State Database
LSP	Label Switched Path
LSR	Label Switching Router
LST	Label-Switching-Tabelle
LV	Leitungsvermittlung
LWL	Lichtwellenleiter

M

MAC	Media Access Control
MAN	Metropolitan Area Network
Mbone	Multicast Backbone
MD	Message Digest
MGCP	Media Gateway Control Protocol
MINE	Multipurpose Internet Mail Extensions
MOS	Mean Opinion Score
MOSPF	Multicast Open Shortest Path First
MPLS	Multiprotocol Label Switching
MPC	MPOA Client
MPED	MPOA Edge Device
MPOA	Multi-Protocol over ATM
MPR	MPOA Router
MPS	MPOA Server
MRIB	Multicast Routing Information Base
M-Router	Multicast-Router
MTA	Mail Transfer Agent
MTS	Message Transport System
MTU	Maximum Transfer Unit
MUX	Multiplexer

N

NAS	Network Access Service/Server
NAT	Network Address Translation
NBMA	Non-Broadcast-Multiple Access
NCP	Network Control Program
NCP	Network Control Protocol
ND	Neighbor Discovery
NDIS	Network Driver Interface Specification
NFS	Network File System
NHC	Next Hop Client
NHRP	Next Hop Resolution Protocol
NHS	Next Hop Server
NIC	Network Information Centre
NIS	Network Information Services
NLA-ID	Next Level Aggregation Identifier
NNI	Network Network Interface
NNTP	Network News Transfer Protocol
NP	Netzwerk-Protokoll (Protokoll der Netzwerkschicht)
NSAP	Network Service Access Point
NSP	Internet Service Provider
NVT	Network Virtual Terminal

O

QCIF	Quarter Common Intermediate Format
ODI	Open Data Interface
OSF	Open Software Foundation
OSI	Open System Interconnection
OSPF	Open Shortest Path First
OSPFng	OSPF für IPv6

P

PAC	PPTP Access Concentrator
PAP	Password Authentication Protocol
PDA	Personal Digital Assistant
PDH	Plesiochrone Digitale Hierarchie
PDU	Protocol Data Unit
PHY	PHYsical Layer, PHYsikalische Schicht
PGP	Pretty Good Privacy
PID	Protocol Identification
PIM	Protocol Independent Multicast
PLP	Packet Layer Protocol

PNS   PPTP Network Server
PoP   Points of Presence
POP   Post Office Protocol
PPP   Point-to-Point Protocol
PPTP   Point-to-Point Tunneling Protocol
PSTN   Public Switched Telephone Network
PT   Payload Type
PV   Paketvermittlung
PVC   Permanet Virtual Circuit

Q
QoS   Quality of Service

R
R   Router
RADIUS   Remote Authentication Dial-In User Protocol
RARP   Reverse Address Resolution Protocol
RAS   Remote Access Services
RCP   Remote Procedure Call
RF   Routing-Funktion
RFC   Request for Comments
RIB   Routing Information Base
RIP   Routing Information Protocol
RIPng   RIP für das Protokoll IPv6
RIPE   Réseaux IP Européens
RR   Ressource Record
RSA   Rivest, Shamir und Adlemann
RSVP   Resource reSerVation Protocol
RT   Routing-Tabelle
RTE   Routing Table Entry
RTP   Real-Time Transport Protocol
RTCP   Real-Time Control Protocol
RTSP   Real-Time Streaming Protocol
RTT   Round Trip Time
RUA   Remote User Agents

S
SA   Security Association
SAP   Service Access Point
SAR   Segmentation and Reassembly Sublayer
SDH   Synchronous Digital Hierarchy (Synchrone Digitale Hierarchie)

SDU	Service Data Unit
SEQ	Sequenznummer
SG	Security Gateway
SHA	Secure Hash Algorithm
S-HTTP	Secure Hypertext Transport Protocol
SIG	SIGnalisierung
SIG-P	Signalisierungs-Protokoll
SIP	Session Information Protocol
SLA-ID	Site Level Aggregation Identifier
SLIP	Serial Line Internet Protocol
SM-LAN	Shared Medium (Media) LAN
SMTP	Simple Mail Transport Protocol
SN	Subnetz (Subnetwork)
SNA	System Network Architecture
SNAP	Sub-Network Access Protocol
SNMP	Simple Network Management Protocol
SOA	Start of Authority
SONET	Synchronous Optical NETwork
SPF	Shortest Path First
SS7	Signaling System Number 7
SSCS	Service Specific Convergence Sublayer
STM	Synchronous Transfer Mode
SVC	Switched Virtual Circuit/Connection
SYN	Synchronisation

T

TCP	Transmission Control Protocol
TE	Terminal Equipment, Endeinrichtung
TK	Telekommunikation
TLA-ID	Top Level Aggregation Identifier
TLS	Transport Layer Security
TLV	Type-Length-Value
TP	Transport-Protocol (Protokoll der Transportschicht)
TLS	Transport Layer Security

U

UA	User Agent
UDP	User Datagram Protocol
UMTS	Universal Mobile Telecommunications System
UN	Unternehmensnetz
UNI	User Network Interface

UPC	User Parameter Control
VCI	Virtual Channel Identifier
VPI	Virtual Path Identifier
URI	Uniform Resource Identifier
URL	Uniform Resource Locator
URN	Universal Resource Name
UUCP	UNIX to UNIX Copy

V

VBR	Variable Bit Rate
VC	Virtual Channel
VCI	Virtual Channel Identifier
VLAN	Virtuelles LAN
VLSM	Variable Length Subnet Mask
VoD	Video on Demand
VoIP	Vice over IP
VLL	Virtual Leased Line
VP	Virtual Path
VPI	Virtual Path Identifier
VPN	Virtual Private Network

W

WAN	Wide Area Network
WAP	Wireless Access Protocol
WDM	Wavelength Division Multiplexing
WS	Workstation
WWW	World Wide Web

X

xDSL	x Digital Subscriber Line

Ergänzende Literatur

Dieses Buch ist auf der Basis zahlreicher Internet-Standards (sog. RFCs) und langjähriger Erfahrungen beider Autoren auf dem Networking-Gebiet entstanden. Daher konnte keine Literatur in Form von Bücher im Text zitiert werden. Da die sämtlichen Aspekte der IP-Netze sich in einem Buch nicht behandeln lassen, wollen wir nun die Themen nennen, die in diesem Buch nur kurz bzw. nicht dargestellt wurden, und ergänzende Literatur ersatzweise empfehlen.

- *TCP/IP allgemein*
  - Braun, T.: IPnG. dpunkt.verlag, 1999
    - IPv4 und IPv6 im Überblick sowie RSVP, Differentiated Services, IP over ATM
  - Comer, D, (Stevens, D.).: Internetworking with TCP/IP (Volume I, II und III), Prentice Hall 1991
    - Umfangreiche, aber veraltete Darstellung der TCP/IP-Protokoll-familie, Design und Implementierung sowie Programmierung
  - Murhammer, Atakan, Bretz, Pugh, Suzuki, Wood: TCP/IP Tutorial and Technical Overview (IBM), Prentice Hall. 1998
    - Umfangreiche und kompetente Einführung; ältere Version auch als IBM Redbook verfügbar (gg243376.pdf)
  - Stainov, R.: IPnG, International Thompson Publishing, 1997
    - Allgemein über das Internet Protokoll IPv6
  - Stevens W.R.: TCP/IP Illustrated (Volume I und II)
    - Sehr gute, aber in Teilen schon etwas veraltete Darstellung

- *Netztechnologien für IP-Netze*

– Badach, A., Hoffmann, E., Knauer, O.: High Speed Internetworking, Addison-Wesley Verlag, 1997

  ◆ Umfangreiche Darstellung von LAN-Technologien: Ethernet, Token Ring, FDDI, ...

– Badach, A.: Integrierte Unternehmensnetze, Hüthig Verlag, 1997

  ◆ X-25-, Frame-Relay- und ATM-Netze sowie integrierte Netzstrukturen mit LANs und WANs

– Badach, A.: Datenkommunikation mit ISDN, International Thompson Publishing, 1997

  ◆ ISDN und Integration von ISDN mit LANs, X.25- und ATM-Netzen

– Detken, K.-O.: ATM in TCP/IP-Netzen. Hüthig Verlag, 1998

  ◆ ATM-Netze und Einsatz der Protokollfamilie in ATM-Netzen

– Georg, O.: Telekommunikationstechnik, Springer Verlag, 2000

  ◆ Ein Handbuch über die technischen Grundlagen der Netze

– Siegmund, G.: Technik der ATM-Netze, Hüthig Verlag, 1997

  ◆ Schnittstellen, Technik und Protokolle der ATM-Netze

– Weppler, G.: Frame-Relay-Netze, VDE-Verlag, 1997

  ◆ Allgemein über Technik, Netzdesign und Anwendungen der Frame-Relay-Netze

– Wilde, A.: SDH in der Praxis, VDE-Verlag, 1999

  ◆ Grundlagen, Systemkomponenten und Anwendungen der SDH-Netze

• *TCP/IP-Anwendungen*

– Reinwarth, M., Schmidt, K.: Verzeichnisdienste, VDE-Verlag, 1999

  ◆ Verzeichnisdienste (Directory Services) in IP-Netzen, Protokoll LDAP

– Tischer, Jennrich: INTERNET intern (Technik & Programmierung), Data Becker 1997

  ◆ Sehr gutes, detailliertes Buch über Internet-Anwendungen und -Programmierung

• *Management der IP-Netze*

– Black, U.: Network Management Standards, McGraw Hill, 1995

  ◆ Standardwerk in Sachen SNMP, CMIP und TMN

- Hegering, Abeck, Neumair: Integriertes Managment vernetzter Systeme, dpunkt.verlag 1999
  - Aktuelle und kompetente Übersicht
- Stallings, W.: SNMP, SNMPv2 and CMIP. Addison-Wesley Publishing, 1993
  - Detaillierte Darstellung von SNMP, MIB, RMON MIB (in der neuen Auflage fehlt leider CMIP)

- *Multicasting in IP-Netzen*
  - Wittmann, R., Zitterbarz, M.: Multicast. dpunkt.verlag, 1999
    - Fundierte Darstellung aller Multicasting-Protokollen und -Anwendungen

- *Netzwerkprogrammierung*
  - Stevens, W., R.: Programmierung von UNIX Netzwerken, Hanser, 2000
    - Der Klassiker im Bereich Socket-Programmierung
  - Tischer, Jennrich: INTERNET intern (Technik & Programmierung), Data Becker 1997
    - Sehr gutes, detailliertes Buch über Internet-Anwendungen und -Programmierung

- *Routing in IP-Netzen*
  - Halabi, B.: Internet-Routing-Architekturen. Carl Hanser Verlag. 1998
    - Protokoll BGP-4, Umfangreiche Darstellung des BGP-4-Einsatzes
  - Huitema, Ch.: Routing in the Internet. Prentice Hall PRT, 1995
    - Allgemeine Darstellung von wichtigen Routing-Protokollen (RIP, OSPF, CIRD, Mobile IP, ...)

- *Sicherheit in IP-Netzen*
  - Fuhrberg, K.: Internet-Sicherheit
    - Allgemeine Sicherheitsaspekte, Firewalls, Verschlüsselungsverfahren
  - Doraswamy, N., Harkins, D.: IPsec, Addison Wesley Verlag, 2000
    - Allgemeine über die Sicherheit, Fundierte Darstellung des Protokolls IPsec
  - Martius, K.: Sicherheitsmanagement in TCP/IP-Netzen
    - Allgemein über Sicherheit, Protokoll IPsec, Schlüsselmanagement

Index

J

K

L